KB135107

한림일본학자료총서
아사히신문 외지판 10

아사히신문
외지판(조선판)
기사명 색인_제5권

This publication has been executed with grant from
the Japan Foundation(Support Program for Japanese Studies Organizations),
National Research Foundation of Korea grant funded
by the Korean Government(2017S1A6A3A01079517)
and the fund of the Institute of Japanese Studies, Hallym University.

한림대학교 일본학연구소는 이 책을 간행함에 있어
출판비용의 일부를 일본국제교류기금과 한국연구재단으로부터 지원받았고,
한림대학교 일본학연구소 발전기금을 사용하였습니다.

한림일본학자료총서
아사히신문 외지판 10

아사히신문
외지판(조선판)
기사명 색인 _ 제5권

1926.01. ~ 1926.12.

한림대학교 일본학연구소
서정완 외 12인

1926년

〈아사히신문 외지판(조선판) 기사명 색인 - 1926.1~1926.12 -〉을 간행하며

한림대학교 일본학연구소 소장

서 정 완

1. 「기사명 색인」 제10권, 「조선판」 제5권을 간행하며

한림대학교 일본학연구소는 일본 관련 연구성과는 물론이고 독자적으로 구축한 일본학 인프라를 학계와 사회에 제공하는 이른바 연구소의 사회적 역할을 매우 중요한 일로 생각하고 있다. 이러한 입장을 구체적으로 실행한 성과와 실천으로는, 한국도서관협회에 정식으로 등록된 국내 유일의 일본학 전문도서관 '일본학도서관'을 운영하는 것이 그 첫째이며, 일본학 데이터베이스 구축과 확대에 꾸준한 노력을 기울이는 것이 둘째이며, '한림일본학총서', '한림일본학자료총서' 등 일본 관련 양서를 꾸준히 간행해서 국내 일본학의 기초를 튼튼하게 만드는 데 미력하나마 공헌하는 것이 셋째이다. 그리고 연구소 본연의 역할인 연구집단으로서 연구를 수행하여 창출한 일본 관련 〈지(知)〉를 축적하고 발전적이고도 비판적인 시각을 유지하는 것이 넷째이다.

올해 2020년, 개소 26째를 맞이한 한림대학교 일본학연구소는 이러한 주요 사업과 기본방침에 대한 원칙을 바탕으로 성실하게 수행해왔으며, 그 성과는 국내 여타 연구소의 추종을 불허하는 여러 장점을 갖춘 연구소가 되는 데 커다란 동력이 되었다.

가령 일본어 원서로 가득한 일본학도서관의 장서는 6만 권을 훌쩍 넘긴 지 오래이며, 지금도 매해 많은 장서가 새로 추가되고 있다. 1874년 창간호부터 1980년대까지 모든 지면에 대해서 자유롭게 문자열 검색을 할 수 있는 『요미우리신문』데이터베이스, 1945년 전에 오키나와에서 간행된 많은 신문에 대한 데이터베이스, 『경성일보』를 인터넷 경유로 열람할 수 있는 시스템은 물론이고, 식민지 조선과 대만, 만주 등에서 배포된 『아사히신문 외지판』 및 『마이니치신문 외지판』, 식민지 대만과 관동주에서 간행된 『대만일일신보』와 『대련신문』, 일본 개회기의 상황을 그대로 전해주는 『요코하마매일신문』 등을 모두 갖춘 방대한 신문 자료는 일본학도서관과 일본학데이터베이스를 잇는 매우 소중한 인프라임과 동시에 본 연구소가 추구해 온 기본방침의 실천이었다는 것을 증명하는 증거이기도 하다.

본 연구소가 일본학자료총서의 일환으로 간행하는 『아사히신문 외지판 기사명색인』 시리즈는 현재까지 「남선판」과 「조선판」으로 나뉘며, 「남선판」은 본 연구소 일본학도서관 소장 『아사히신문외 외지판』(전68권, 별권1) 중 '남선판'(1935년~1945년)을 대상으로 한 것이며 이미 완간하였다. 한편 「조선판」은 『아사히신문 외지판 제2기』(전 37권)를 대상으로 1915년부터 1935년까지를 대상으로 하며, 이번에 간행하는 「조선판 제5권」은 1926년 12개월에 대한 기사명색인이다. 이 「조선판」은 구체적으로는 「아사히신문 선만부록(鮮滿附錄)」(1915.4.16.~1917.6), 「아사히신문 선만판(鮮滿版)」(1918.5.2.~1925.3), 「조선아사히(朝鮮朝日)」(1925.4.1.~1935.2.11.), 「조선아사히 서북판」과 「조선아사히 남선판」(각각 1935.2.12.~1935.11.30.)이라는 경과를 거친 신문이다.

『아사히신문 외지판』은 비록 식민권력 편에서 간행된 신문이나, 당시 사회상을 들여다봄으로써 지난 역사를 분석하고 반성해서 우리의 미래를 설계하는 데 도움이 되리라 믿는다. 『아사히신문 외지판(남선판) 기사명 색인』에 이은 『아사히신문 외지판(조선판) 기사명 색인』을 미력하지만 세상에 내놓는 이유이기도 하다.

2. 「조선판」 제5권의 구성·내용과 제작 일지

1) 구성·내용

독립을 갈망하는 우리나라 입장에서 1926년 한해는 4월 24일 대한제국 황제 순종의 서거와 함께 국장을 치른 6월 10일 만세운동이 벌어진 날을 빼놓고 이야기 할 수는 없을 것이다. 더욱이 대한제국 마지막 황제라는 점에서 그 안타까움은 더할 나위 없이 클 것이다. 반면에 일본에서 바라보는 1926년 한해의 가장 큰 기삿거리는 12월 25일에 천황이 서거해서 다이쇼 시대가 끝나고 히로히토가 즉위하여 쇼와 시대를 맞이한 점일 것이다. 식민지배를 하는 나라와 강제로 지배를 받는 두 나라에서 같은 해에 황제와 천황이 각각 세상을 떠나고 새로운 시대를 맞이하게 되었으나, 지배와 피지배의 관계는 변함이 없었던 1926년이고 1927년이었다.

일반적으로 다이쇼 시대는 '다이쇼 데모크라시'라는 말로 표현되듯이, 1910년대부터 1920년대에 걸쳐 민주주의 발전을 이룩한 시대로 평가받고 있다. 1890년 11월 말에 대일본제국헌법이 시행되었는데, 당시 일본 정치권을 주도하고 있던 지금의 가고시마현에 해당하는 사쓰마(薩摩)번과 지금의 야마구치현에 해당하는 조슈(長州)번 등의 주요 세력은 번 출신자들 중심으로만 권력을 장악하고 집행하려는 이른바 '번벌(藩閥)' 정치 체제를 구축하고 있었다. 그러나 이는 헌법에 어긋나는 것이며, 민의가 반영되지 않는다는 비판을 받고 있었다. 이런 외중에 1910년대와 1920년대에 '호헌운동'이 일어나 번벌정치파인 가쓰라 타로(桂太郎)를 하라 다카시(原敬)가 이김으로써 일본 최초의 정당정치가 실현되는 등 현실정치에서의 변화, 그리고 민중의 뜻에 따라서 정책이 결정되어야 한다는 요시노 사쿠조(吉野作造)의 민본주의(民本主義) 주창, 또는 천황은 국가의 일개 기관에 불과하다는 미노베 다쓰키치(美濃部達吉)의 '천황기관설(天皇機関説)'과 같은 반 권력중심적인 사상이 호응을 얻었다는 의미에서 민주주의, 민권주의가 전진한 시대였다는 평가를 오늘날 받고 있다. 물론 1914년에 발발한 제1차 세계대전과 그 여파로 1918년에 일본 전국을 뒤덮은 '쌀 소동', 1919년에 식민지 조선에서 일어난 3.1독립운동, 1923년에 일어난 관동대지진과 조선인 학살, 1926년의 교토제국대학 학생들이 검거된 교토학련사건(京都学連事件) 등의 일련의 사건과 사태는 과연 다이쇼시대를 '다이쇼 데모크라시'라고 불러도 되는가, 라는 비판적인 시점도 가능하다.

　　1926년을 되돌아보면 정치, 사회, 문화, 세계적으로는 다음과 같은 사건들이 일어난 해였다.

01월 06일 조선총독부 경복궁 내 조선총독부 청사로 이전
01월 15일 교토학련사건(京都学連事件), 교토제국대학, 도시샤대학 등에서 결성된 사회과학연구회를 권력이 치안유지법, 출판법 위반과 불경죄 등을 이유로 학생들을 체포하고 사회과학연구회활동을 금지시키고, 1928년 4월에는 도쿄제국대학 신인회(新人會)에 대해 해산명령을 내리는 등, 탄압을 자행한 사건
03월 25일 박열, 가네코 후미코(金子文子) 부부가 대역죄로 사형판결이 난 이른바 '박열' 사건
04월 01일 조선총독부, 산미증식계획 변경실시 / 경성제국대학 의학부, 법문학부로 개설
04월 24일 순종 황제 서거 / 영친왕 이은이 순종 황제의 왕위 계승
04월 05일 박열 부부, 무기징역으로 감형
05월 20일 한용운, 『님의 침묵』 간행
05월 25일 나치, 히틀러의 당내 독재권 확립
06월 10일 순종황제 국장 / 6.10만세운동
07월 01일 장제스(蔣介石)가 국민혁명군을 이끌고 북벌 시작 / 소작조정법과 노동쟁의조정법이 시행되어 제한적이나마 노동자·농민의 단결권과 쟁의권이 인정됨
07월 05일 활동사진·필름검열규직 공포
07월 20일 박열 사건 예심 중에 박열과 가네쿠 후미코가 껴안고 있는 사진이 배포됨
08월 06일 일본방송협회 설립
09월 08일 독일이 국제연맹에 가입하여 상임이사국이 됨
08월 27일 박열 사건 관련 사진을 배포한 혐의로 기타 잇키(北一輝) 검거
09월 13일 메이지제과가 '메이지 밀크초코렛' 발매
10월 01일 종로 단성사에서 나운규의 <아리랑> 상영
11월 04일 조선어연구회가 훈민정음 반포 480년을 맞아 '가갸날'을 제정
12월 10일 유일한, 유한양행 설립
12월 14일 임시정부, 국무령에 김구 취임
12월 25일 다이쇼 천황 사거

　　위에서 보는 바와 같이, 조선총독부가 광화문 경복궁 앞에 세워진 청사로 이전하는 것부터 시작하

여 일본 국내의 탄압 사건인 교토학련사건, 그리고 근래에 영화로도 상영된 박열-가네코 후미코 재판, 그리고 순종 황제 서거, 『님의 침묵』 간행, 6.10만세 운동, <아리랑> 상영, '한글날'의 전신인 '가갸날' 제정 등 많은 사건과 일이 벌어졌다.

그런데 『아사히신문 외지판』을 1월부터 펼쳤을 때, 가장 먼저 눈에 들어온 것은 1월 23일자 '춘천의 시위'라는 기사였다. 요약하면 대략 다음과 같다.

옛날 일이지만 겨우 40~50년 전(40년 전인 1886년이면 고종 때, 50년 전인 1876년에는 강화도조약)의 일인데, 조선의 왕이 조정이 위기를 맞이했을 때 왕이 피난하기 위해 별궁을 지은 것이 강원도청이 있는 곳이라고 한다. 봉의 산 산록에 있는 도청 건물이 바로 그것인데, 이 별궁의 기원이 피신용이기 때문에 은둔하기 위한 용도에서 시작된 이상, 세상에 그 존립을 알리고 싶지 않다는 점이 이른바 '은둔 도시'가 되어 문화적인 혜택도 자연스럽게 받지 못하고 발전이 늦어진 것은 아닐까 생각한다. 나는 2년 전에 눈이 녹을 때쯤 이 은둔의 고장을 방문한 적이 있다. 이전에 교통이 불편한 곳이라는 선인들의 이야기가 바로 맞아떨어져 매우 고생한 기억이 있다. 두 번째 방문했는데 입구의 길 상태가 처참한 모습에 다시 경악하였다. 신연강 강변은 작년 일어난 수해로 엉망이 되어 있었다. (중략) 춘천 시민은 몰라도 관리들에게 어딘가 좋은 곳을 찾아 도청을 옮겼으면 좋겠다는 생각이 들만도 하다. 물론 이런 생각이 동기가 된 것은 아니겠지만, 강원도 도청 이전이 문제가 되어, 작년 말, 도 평의회에서는 적당한 곳으로 도청을 이전해 달라는 제안이 있었고, 이 제안이 채택되었다. 춘천 시민에게는 청천벽력과 같은 소식이었다. 춘천 시민들은 도청 이전 반대 운동을 전개하기 위해 춘천번영회가 주최하여 군민대회를 열게 되었다. 이 도청 이전 문제는 새삼스러운 일이 아니라 이전부터 춘천 시민들은 오랫동안 이 문제로 압박을 받아왔었다. (중략) 1월 10일, 혹한 속에 춘천광장에서 군민대회가 열렸으며, 깃발을 둔 굉장한 행렬이 이어졌으며, 군민들이 시내로 진입하는 모습을 보였다. 춘천의 역사 이래 이 정도 대규모 군중들이 시위의 목소리를 낸 적은 없었다.

(국문 번역은 필자에 의함. 기사는 필명 'SPR'임)

신연강'(新延江)'이란, 춘천시 서면에 있는 하천이며, 지금은 의암댐 축조로 의암호가 된 곳이며, 당시 서울과 춘천의 유일한 통로의 초입에 있던 강이었다. 그 통로 초입부터 수해를 입은 처참한 모습을 봤다는 내용이며, 이런저런 이유로 도청을 이전하자는 이야기로 춘천 시민들은 압박을 받아온 지 꽤 된다는 내용이다. 이런 춘천에서 도청 이전을 강력하게 반대하는 시위가 시내에 전개된 모습을 보도하고 있는 기사이다. 춘천 봉의산 기슭에 자리한 한림대학교 산하 연구소로서는 관심을 가질 수밖에 없는 기사이다.

【그림1】 춘천 도청이전 반대 운동

이 외에 흥미로운 기사로 5월 8일자에 "여자 입학은 허가하지 않을 방침"이라는 제목으로 올라온 기사이며, 구체적인 내용은 경성제국대학은 내지에 있는 대학과 마찬가지로 전공과를 설치하여 남녀 청강생을 받고 있으나, 여자의 입학에 대해서는 찬반양론이 있어 현재까지도 결정되지 않고 있는데, 아마도 여자 입학생은 허가하지 않을 것이다."는 내용이다. 이유는 성적이 마음에 들지 않는다고 하는데, 이 기사는 얼마 전에 일본에서 있었던 의과대학 입학시험에서 여학생 응시자 점수를 실질적으로 감점하는 방식으로 채점하여 여학생 응시자에게 불리하도록 점수를 조작하며 남녀차별을 했던 사건을 떠올리게 한다. 이 외에는 영화 <아리랑>에 대한 소개 기사, "대호(大虎)"라는 제목으로 사진을 실은 신의주에서 백두산 호랑이를 잡은 기사도 흥미롭다.

그러나 1926년을 되돌아볼 때, 가장 큰 사건은 대한제국 황제 순종의 서거일 것이다.

아래와 같이 4월 27일자 신문에서 '이왕전하(李王殿下)'라는 우리로서는 굴욕적인 호칭으로 생전의 사진을 싣고 25일 오전 6시 10분에 서거했다는 기사를 내보내고 있다.

【그림2】 대한제국 황제 순종의 서거를 보도하는 1926년 4월 27일자 「조선아사히」

6월 11일자 신문에는 국장의 모습을 대대적으로 보도하고 있다. 당시 「조선아사히(朝鮮朝日)」라는 이름으로 간행된 아사히신문 외지판에 소개된 국장 모습은 다음과 같다.

당시 일본에 의한 식민통치 하에서 왕을 잃은 백성의 슬픔과 국장의 규모를 알 수 있으며, 이러한 상황에서 6.10만세운동이 있었다는 사실은 우리로 하여금 많은 생각을 하게 한다. 그리고 흥미로운 것은 왼쪽 사진 맨 아래 오른쪽에 4개의 눈을 가지고 있는 방상씨(方相氏)가 보인다. 망자를 저승까지 무사히 안내하는 역할을 하는 방상씨가 무서운 귀신 형상을 하고 있다.

3.1독립운동의 기폭제가 된 고종의 국장행렬과 6.10만세운동의 배경이 된 순종의 국장행렬, 즉 국권을 상실하고 천황 아래 왕족으로 격하된 조선의 왕이지만, 일본에 의한 식민통치 하에서 두 황제(국왕)의 장례식에서 독립운동을 전개해야만 했던 조선의 백성들이 감내해야 했던 아픔과 슬픔을 엿볼 수 있다. 『아사히신문 외지판』이라는 식민권력의 지면이지만, 우리가 비판적인 혜안을 가지고 그들이 어떤 식으로 당시를 묘사하고 무엇을 강조하고 주장하고 있는지를 간파할 때, 『아사히신문 외지판』 또한 그 시절에 접근할 수 있는 하나의 창이 된다고 생각하며, 이 일련의 『아사히신문 외지판 기사명 색인』이 미미하나마 유용한 도구로 사용되기를 바란다.

【그림3】 순종 국장행렬 모습.「조선아사히」(1926.6.11.)

2) 제작 일지

『아사히신문 외지판(조선판) 기사명 색인』 제5권(1926.1~1926.12)은 한림대학교 일본학연구소 일본학DB 사업의 일환으로 〈한림일본학자료총서〉로서 간행되었다. 구체적으로는 연구소장이 총괄 기획과 전체조율을 담당하고, 심재현 연구원/사서가 색인 추출작업과 출판간행을 위한 전체 구성에 대한 편집 및 교정교열 작업을 담당하였다. 그리고 본교 일본학과 학부생으로 구성된 연구보조원이

데이터 입력과 신뢰성 확보를 위한 총 세 차례에 걸친 검증작업을 통해서 오타와 기사 누락 최소화하는 작업을 수행하였다. 이처럼 이 작업은 많은 사람들이 꾸준한 노력으로 이룬 공동작업의 성과이다. 또한 이 책을 간행함에 있어서 일본국제교류기금(JapanFoundation)이 우리와 함께 해주었다. 감사드린다.

이하, 구체적인 작업일지는 다음과 같다.

(1) 1926년 1월 ~ 1926년 12월 (12개월)

작업기간: 2017년 7월~2018년 3월
작업자: 고하연(15), 김건용(13), 김유진(15), 박상진(13), 유성(17), 이윤상(12), 현정훈(12)
작업내역: 입력, 1차 수정, 2차 수정, 3차 수정

3. 데이터 현황

『아사히신문 외지판 (조선판) 기사명 색인』은 데이터 검색을 용이하게 할 수 있도록 모든 기사에 일련번호를 부여하고 있으며, 이번 권에서는 127,260~135,963(총 8,703건)을 수록하였다. 색인어는 일본어 한자음을 가나다 순으로 정리하였으며, 총 2,396개이다.

朝日新聞 外地版(조선판) 기사명 색인 제5권 1926.01.~1926.12
범 례

1. 본 DB는 『朝日新聞 外地版 朝鮮朝日』 1926.01.~1926.12.의 기사를 대상으로 하였다.

2. 본 DB는 일련번호, 판명, 간행일, 단수, 기사명 순으로 게재하였다.

3. 신문이 휴간, 결호, 발행불명인 경우 해당날짜와 함께 休刊, 缺號, 發行不明이라 표기하였다.

4. DB작업 시 색인어 입력을 병행하였다.

5. 기사명 입력은 원문의 줄 바꿈을 기준으로 '/'로 구분을 두었다.

   예) 關東廳移置問題

   　　旅順より大連へとの議

   　　第一困難なるは廳舍舍宅の設備 (이하 기사 본문)

   　　→ 關東廳移置問題/旅順より大連へとの議/第一困難なるは廳舍舍宅の設備

6. 광고 및 訂正, 取消, 正誤 등 신문내용의 수정을 알리는 기사는 생략하였다.

7. 연재물기사(번호와 저자명이 기입된 기사)는 '제목(편수)/저자명'의 형태로 입력하였다.
   이어지는 부제목은 생략하였다.

   예) 朝鮮道中記(57) 貴妃の靈に遭ふ 顔が四角で腕が達者 これが大邱一番の歌ひ女 大阪にて瓢齊
   　　(이하 기사 본문)

   　　→ 朝鮮道中記(57)/大阪にて瓢齊翁

8. 연관기사(연계기사)는 '기사명1/기사명2/기사명3'의 형태로 표시한다. 이때 하나의 기사명 내에서는 상기의 줄 바꿈 표시인 '/' 대신 '스페이스(공백)'를 사용하였다. 또한, 기사명 전체를 이탤릭체(기울임꼴)로 변환하였다.

   예) 朝鮮の土を踏むのは今度が最初 家內に教はる積り机上の學問は駄目 何の事業も無く慚愧の至りです (이하 기사본문)

   　　→ *朝鮮の土を踏むのは今度が最初 家內に教はる積り机上の學問は駄目/何の事業も無く慚愧の至りです*

9. 기사명의 내용과 문맥이 이어지는 기사는 '상위 기사명(하위 기사명/하위 기사명)' 형태로 입력하였다.

10. 괄호로 묶어서 입력한 하위 기사명은 '슬래쉬(/)'로 구분하였다.

    예) 米穀收用と影響 朝鮮の各地方に於ける 大邱地方 慶山地方 金泉地方 浦項地方 (이하 기사본문)

    　　→ 米穀收用と影響/朝鮮の各地方に於ける(大邱地方/慶山地方/金泉地方/浦項地方)

11. 신문기사에 있는 숫자, !, ?, ´, "", 「」 등의 기호는 모두 전각으로 입력하였다. 단, '()'와 '슬래쉬(/)'는 반각으로 입력하였다.

12. 촉음과 요음은 현행 표기법에 맞게 고쳐서 입력하였다.

    예) ちよつと → ちょっと, ニユース → ニュース, ２ヶ月 → ２ヶ月

13. 기사명에 사용된 '◆', '……' '='와 같은 기호들은 생략하고 중점은 한글 아래아(·)로 입력하였다.

14. 한자는 원문에 약자로 표기되어있어도 모두 정자로 통일해서 입력할 것을 원칙으로 했다. 단 오늘날 일본에서 쓰이는 이체자(異體字)는 원문대로 입력하였다.

15. 이체자 중 PC에서 입력이 불가능한 경우 현대에서 통용되는 한자로 표기, 범례에 표기하는 형태를 취하였다.

아사히신문 외지판(조선판) 기사명 색인

1926년

1926년 1월 (조선아사히)

일련번호	판명	간행일	단수	기사명
127260	朝鮮朝日	1926-01-05		缺號
127261	朝鮮朝日	1926-01-06		缺號
127262	朝鮮朝日	1926-01-07		缺號
127263	朝鮮朝日	1926-01-08/1	01단	河川の改修に一段と力を注ぐ/産米増殖の上から
127264	朝鮮朝日	1926-01-08/1	01단	陸軍始新廳舍前で嚴かに擧行
127265	朝鮮朝日	1926-01-08/1	01단	年賀郵便三千二百萬通/昨年より增加
127266	朝鮮朝日	1926-01-08/1	01단	女子の競技界も搖籃時代を超ゆ明治神宮競技會に出場した選手の榮え/スポーツ界の回顧(河津先生/樂園狹隘/陸上競技)
127267	朝鮮朝日	1926-01-08/1	02단	國境道路費に二十萬圓を追加計上す
127268	朝鮮朝日	1926-01-08/1	02단	功勞警察官に功勞記章授與
127269	朝鮮朝日	1926-01-08/1	02단	滿洲粟の輸入組合を設立の計劃
127270	朝鮮朝日	1926-01-08/1	03단	寫眞說明(本社の飛行機上より見た鹿島丸の神戸入港(上)と神戸港第四突堤上屋に四勇士を出迎への五九郎一行)
127271	朝鮮朝日	1926-01-08/1	04단	鮮銀券昨年末日で一億二千萬圓
127272	朝鮮朝日	1926-01-08/1	05단	下半期の不渡手形數三百一枚
127273	朝鮮朝日	1926-01-08/1	06단	神仙爐/これでも動物愛護か
127274	朝鮮朝日	1926-01-08/1	06단	三人目の新博士/京城醫專出身
127275	朝鮮朝日	1926-01-08/1	07단	千哩券
127276	朝鮮朝日	1926-01-08/1	07단	全日本スケート大會いよいよ三十一日鴨綠江上で開催
127277	朝鮮朝日	1926-01-08/1	07단	飲み過ぎた檢束者鮮人が多い
127278	朝鮮朝日	1926-01-08/1	08단	京城の火災異狀に減少
127279	朝鮮朝日	1926-01-08/1	08단	半島の思想線上より(3)/年明けた十五年如何なる徑路を彼等は辿るべきか/思想關係の事件のかずかず
127280	朝鮮朝日	1926-01-08/1	09단	平壤の大火全燒十一戶損害六萬圓
127281	朝鮮朝日	1926-01-08/1	10단	二人連れの覆面强盜が京城に現る
127282	朝鮮朝日	1926-01-08/1	10단	演藝界
127283	朝鮮朝日	1926-01-08/2	01단	岸岱の虎(下)/永井環
127284	朝鮮朝日	1926-01-08/2	03단	朝日勝繼碁戰/第十六回(十一)
127285	朝鮮朝日	1926-01-08/2	04단	平壤財界平穩に越年/不況に馴れた結果か
127286	朝鮮朝日	1926-01-08/2	04단	慶南管內水害復舊に近く着手
127287	朝鮮朝日	1926-01-08/2	04단	西南岸と北海を結ぶ航路實現か
127288	朝鮮朝日	1926-01-09		缺號
127289	朝鮮朝日	1926-01-10	01단	遞信局の豫算三千四百萬圓で新規事業費一千萬圓
127290	朝鮮朝日	1926-01-10	01단	綿絲布の輸移入四千四百萬圓大部が內地品
127291	朝鮮朝日	1926-01-10	01단	客月中の鐵道收入額二百七十萬圓
127292	朝鮮朝日	1926-01-10	01단	仁川商議の初評議會は十一日開催
127293	朝鮮朝日	1926-01-10	01단	神仙爐/變人生に
127294	朝鮮朝日	1926-01-10	02단	新義州豫算昨年より增加

일련번호	판명	간행일	단수	기사명
127295	朝鮮朝日	1926-01-10	02단	平壤の妓生物語(下)/美しくも悲しく歌ひ囃さる十八句詩綿々盡きぬ別離の情それは名妓芙蓉の作
127296	朝鮮朝日	1926-01-10	03단	會社銀行(朝鮮土地決算/朝鮮商銀總會)
127297	朝鮮朝日	1926-01-10	03단	二百箇所の燈臺が必要/漸を逐ひ設備
127298	朝鮮朝日	1926-01-10	03단	天圖鐵道に二萬圓を融通貨車の增結をなし滯貨の一掃を企圖
127299	朝鮮朝日	1926-01-10	04단	糠蝦漁撈の會社設立は實現不可能か
127300	朝鮮朝日	1926-01-10	05단	十字街/美粧享樂
127301	朝鮮朝日	1926-01-10	05단	九州部隊の引揚期十九日まで
127302	朝鮮朝日	1926-01-10	06단	武裝して逃げた郭軍の部下が馬賊に化すのが心配と新井田少佐語る
127303	朝鮮朝日	1926-01-10	07단	沿岸近く明太魚殺到今年は豊漁か
127304	朝鮮朝日	1926-01-10	07단	看護婦養成赤十字病院で
127305	朝鮮朝日	1926-01-10	07단	鎭南浦の漁業爭議は遂に決裂か
127306	朝鮮朝日	1926-01-10	08단	釜山の火災年々に減少
127307	朝鮮朝日	1926-01-10	08단	天理教祭典參詣客五百名に達す
127308	朝鮮朝日	1926-01-10	08단	覆面強盗の巨魁を逮捕平南大同署が
127309	朝鮮朝日	1926-01-10	08단	社金二萬圓の拐帶犯人逮捕馴染の藝妓を落籍し龍岡溫泉に投宿中
127310	朝鮮朝日	1926-01-10	09단	築團長の夫人自殺？目下搜査中
127311	朝鮮朝日	1926-01-10	09단	雇ひ女を賣り飛ばす百二十圓で
127312	朝鮮朝日	1926-01-10	09단	稅關水夫の射殺犯人は嚴重搜索中
127313	朝鮮朝日	1926-01-10	10단	隧道內に鮮人の死體自殺らしい
127314	朝鮮朝日	1926-01-10	10단	貨車が脫線/死傷者なし
127315	朝鮮朝日	1926-01-10	10단	京城の小火白水が火元
127316	朝鮮朝日	1926-01-10	10단	運動界(演武始式)
127317	朝鮮朝日	1926-01-10	10단	人(須藤素氏(營林廠長)/多田榮吉氏(新義州實業家)/久保豊四郎氏(關東廳警務局長)/三浦惠一氏(朝鮮憲兵司令部副官)/實藏寺久雄氏(滿洲派遣混成旅團參謀)/小林致哲氏(新任元山中學校長)/中島司氏(殖銀本店調査役))
127318	朝鮮朝日	1926-01-10	10단	半島茶話
127319	朝鮮朝日	1926-01-12/1	01단	山林局を設置し林政の統一と國有林の經營を企圖/民有林保護の徹底を期す
127320	朝鮮朝日	1926-01-12/1	01단	浦潮、元山間滿洲粟運賃/最近引下で輸入激增せん
127321	朝鮮朝日	1926-01-12/1	01단	朝鮮郵船で運賃を値上二月一日から
127322	朝鮮朝日	1926-01-12/1	01단	會社銀行(漢銀今期決算/朝鮮水力電氣/韓一銀行總會/海東今期總會)
127323	朝鮮朝日	1926-01-12/1	01단	十字街/道廳移轉
127324	朝鮮朝日	1926-01-12/1	02단	活牛移出は容易に許さぬ/農林省の方針

일련번호	판명	간행일	단수	기사명
127325	朝鮮朝日	1926-01-12/1	02단	二十萬圓が不足/京城學校組合費授業料値上で補ふ/果して通過するか
127326	朝鮮朝日	1926-01-12/1	03단	航路社絶し叺の山/龍塘浦の
127327	朝鮮朝日	1926-01-12/1	03단	鈴木大將の榮轉稅參謀總長か
127328	朝鮮朝日	1926-01-12/1	04단	平壤飛機の空中分列式/高等飛行に觀衆を驚かす
127329	朝鮮朝日	1926-01-12/1	04단	慶南道では鵜飼を許可す/川の多い同地とて名物となるとの評判
127330	朝鮮朝日	1926-01-12/1	04단	一萬の郡民が結束して反對江原道廳移轉問題で春川郡民大會を開く/決議を齎し知事に陳情
127331	朝鮮朝日	1926-01-12/1	05단	神仙爐/增配のゐさても耳よりな
127332	朝鮮朝日	1926-01-12/1	05단	入學試驗が迫り血を吐くやうな小學生の試驗勉强/小學教科の根幹を傷けぬ範圍なれば致方なしと當局は言ふ
127333	朝鮮朝日	1926-01-12/1	06단	鯨捕の壯觀知事連が見物
127334	朝鮮朝日	1926-01-12/1	06단	支那婦人の纒足反對安東で運動
127335	朝鮮朝日	1926-01-12/1	06단	外國迄加へ大學藝品展今秋全南で
127336	朝鮮朝日	1926-01-12/1	07단	千哩券/弗々賣れる
127337	朝鮮朝日	1926-01-12/1	07단	搔拂ひの美少年遂に捕はる
127338	朝鮮朝日	1926-01-12/1	07단	元山署の混雜政府改革を叫ぶ/不逞の陰謀が發覺
127339	朝鮮朝日	1926-01-12/1	07단	火事泥逮捕/數回の犯行
127340	朝鮮朝日	1926-01-12/1	08단	反物泥棒の不良團逮捕
127341	朝鮮朝日	1926-01-12/1	08단	麵運搬夫同盟し罷業/解決は困難
127342	朝鮮朝日	1926-01-12/1	08단	またまた覆面强盜京城府民恐る
127343	朝鮮朝日	1926-01-12/1	09단	外米を混じ龍山師團に納入/奸商は鎭南浦一の大精米業者である
127344	朝鮮朝日	1926-01-12/1	09단	妻と子供の三名を絞め殺し己れも剃刀で自殺/熊本出の小學校長
127345	朝鮮朝日	1926-01-12/1	09단	稅關吏を裝ふ曲者二名/一名は射殺一名は逮捕
127346	朝鮮朝日	1926-01-12/1	09단	會(愛婦互禮會)
127347	朝鮮朝日	1926-01-12/1	09단	人(李堈公殿下/岩崎廣太郎氏(鐵道局營業課長)/澤崎修氏(鐵道局監督課長)/和田純氏(慶南知事)/長當芳介氏(慶南衛生課長)/藏川畜産局長(農林省))
127348	朝鮮朝日	1926-01-12/1	10단	大邱附近にまた强盜/嚴重搜査中
127349	朝鮮朝日	1926-01-12/1	10단	半島茶話
127350	朝鮮朝日	1926-01-12/2	01단	神宮野球戰に球兒悉く熱狂/我社の豫選大會は回を重ねて盛況/スーポツ界の回顧(對シカゴ戰/寶塚協會戰/本社の大會/釜山中學優勝/神宮野球/專門校大會/實業大會/選拔大會/京龍定期戰)
127351	朝鮮朝日	1926-01-12/2	01단	本年の財界は本年の景氣は活氣はおいおいに京電武者專務談/木浦港の輸移出入高三千三百萬圓
127352	朝鮮朝日	1926-01-12/2	01단	龍興江の河川改修は近く確定か

일련번호	판명	간행일	단수	기사명
127353	朝鮮朝日	1926-01-12/2	03단	鱈漁業の二段張りは許可しない
127354	朝鮮朝日	1926-01-12/2	03단	朝日勝繼碁戰/第十七回(一)
127355	朝鮮朝日	1926-01-12/2	04단	全州女高普いよいよ開校/全州高女の校舎を借受
127356	朝鮮朝日	1926-01-13/1	01단	稅制の整理は本年は下準備で來年から着手する
127357	朝鮮朝日	1926-01-13/1	01단	黃海道の評議會二十五日から
127358	朝鮮朝日	1926-01-13/1	01단	會社銀行(京電今期決算)
127359	朝鮮朝日	1926-01-13/1	01단	全南管內の私鐵計劃認可を申請
127360	朝鮮朝日	1926-01-13/1	01단	十字街/未熟輿論
127361	朝鮮朝日	1926-01-13/1	02단	仁川海州間定期航路休止結氷のため
127362	朝鮮朝日	1926-01-13/1	02단	內地人の專務を置く漢城銀行が
127363	朝鮮朝日	1926-01-13/1	02단	署長のお自慢(一)/角力取甚旬に豪傑節が得意この大きな掌でと/鐘路署長森六治さん
127364	朝鮮朝日	1926-01-13/1	03단	新卒業生を採用せぬ鮮銀の方針
127365	朝鮮朝日	1926-01-13/1	03단	錦江船橋の復舊は困難/流氷が多く
127366	朝鮮朝日	1926-01-13/1	03단	鐵道局豫算一千萬圓の內譯/漢江鐵橋の工事費は百二十萬圓を計上
127367	朝鮮朝日	1926-01-13/1	04단	橇運送鴨綠江の結氷上で
127368	朝鮮朝日	1926-01-13/1	04단	全鮮一の港となさう南滿府民が懸命の努力
127369	朝鮮朝日	1926-01-13/1	05단	神仙爐/産業開發はこの鐵道から
127370	朝鮮朝日	1926-01-13/1	05단	實業補習機關を各道に設置する一校乃至二校とし理論より實際を敎ふ
127371	朝鮮朝日	1926-01-13/1	05단	水原高農に農業土木課一月から開設
127372	朝鮮朝日	1926-01-13/1	06단	鮮學生の寄宿舍東京に設置
127373	朝鮮朝日	1926-01-13/1	06단	模範的な社會館京城府が新築
127374	朝鮮朝日	1926-01-13/1	07단	出迎へたは二三人派遣軍の歸り
127375	朝鮮朝日	1926-01-13/1	07단	入營壯丁が釜山に上陸/直ちに北行す
127376	朝鮮朝日	1926-01-13/1	07단	釜山元山の東海岸鐵道は非常に必要だと大村鐵道局長語る
127377	朝鮮朝日	1926-01-13/1	07단	水産試驗場を釜山に設置する/本年度に二三人の技術官を置き調査
127378	朝鮮朝日	1926-01-13/1	08단	救濟粟の配給問題で面長を排斥
127379	朝鮮朝日	1926-01-13/1	09단	金融理事が公金を費消三千百餘圓を
127380	朝鮮朝日	1926-01-13/1	09단	お女中奉公は卑賤視されると希望者がだんだん減少して行く傾向
127381	朝鮮朝日	1926-01-13/1	09단	惡性な感冒平壤で流行
127382	朝鮮朝日	1926-01-13/1	09단	鐵橋通行の鮮人轢死す/芙餘金堤間で
127383	朝鮮朝日	1926-01-13/1	09단	小切手僞造の詐欺犯逮捕元山署で
127384	朝鮮朝日	1926-01-13/1	10단	杉原部長重傷を負ふ/不逞三名を其場で射殺
127385	朝鮮朝日	1926-01-13/1	10단	武道寒稽古

일련번호	판명	간행일	단수	기사명
127386	朝鮮朝日	1926-01-13/1	10단	人(齋藤總督/湯淺政務總監/加茂正雄氏(京大教授)/引田第二十師團長/鈴木軍司令官/久保關東廳警務局長)
127387	朝鮮朝日	1926-01-13/1	10단	半島茶話
127388	朝鮮朝日	1926-01-13/2	01단	豚を屠って滴る鮮血を啜り往く年を呪阻する/不逞の輩の越年ぶり
127389	朝鮮朝日	1926-01-13/2	01단	雲岩電氣會社が許可されぬ理由は亥角組合長が幹部を獨占せんと飛躍した爲か
127390	朝鮮朝日	1926-01-13/2	01단	平北金組の預金激增す貸出は減少
127391	朝鮮朝日	1926-01-13/2	01단	滿洲動亂の經濟的影響/平南は尠少
127392	朝鮮朝日	1926-01-13/2	01단	二千噸の汽船を橫着け群山の築港
127393	朝鮮朝日	1926-01-13/2	02단	道農會の設立を企劃/咸南道で
127394	朝鮮朝日	1926-01-13/2	02단	新義州の靴下工場が十日から開業
127395	朝鮮朝日	1926-01-13/2	02단	新義州白菜京城へ送荷
127396	朝鮮朝日	1926-01-13/2	03단	咸興堤防の修築工事は愈よ實現か
127397	朝鮮朝日	1926-01-13/2	03단	朝日勝繼碁戰/第十七回(二)
127398	朝鮮朝日	1926-01-13/2	04단	大邱醫院の非難が高い當局調査す
127399	朝鮮朝日	1926-01-13/2	04단	山十組の製絲工場を平壤に設立
127400	朝鮮朝日	1926-01-14/1	01단	新廳舍會議室で中樞院會議/齋藤總督の挨拶
127401	朝鮮朝日	1926-01-14/1	01단	署長のお自慢(二)/湯玉麟中將の夫人を人質とし亂暴した支那兵を叩頭させた機轉の妙/東大門署長加藤好晴さん
127402	朝鮮朝日	1926-01-14/1	02단	明太魚の發動機漁撈禁止か解除か
127403	朝鮮朝日	1926-01-14/1	02단	朝鮮のお金が內地に逃出す/使用されぬ預金で利子だけは內地に持ち歸る/總督府も對策に腐心す
127404	朝鮮朝日	1926-01-14/1	03단	穀物大會來春五月にいよいよ開催
127405	朝鮮朝日	1926-01-14/1	04단	神仙爐/女學生の服裝
127406	朝鮮朝日	1926-01-14/1	04단	二十師團の動員打合會/擔任者を集め
127407	朝鮮朝日	1926-01-14/1	05단	新兵の入營
127408	朝鮮朝日	1926-01-14/1	05단	朝鮮で最初の少年赤十字團/京城師範附屬校にまで試驗的に設置
127409	朝鮮朝日	1926-01-14/1	06단	咸南道の本年度豫算三萬圓を增加
127410	朝鮮朝日	1926-01-14/1	07단	主人の妻を絞殺さんと圖太い少年强盜を企つ
127411	朝鮮朝日	1926-01-14/1	07단	東拓の二千坪は我々の所有地だと八千名の代表者が農林省に對し運動/東拓總督府は一笑に附す
127412	朝鮮朝日	1926-01-14/1	07단	四人組の支那人竊盜/一網打盡
127413	朝鮮朝日	1926-01-14/1	07단	順化院に忍び込んで金品を竊取
127414	朝鮮朝日	1926-01-14/1	08단	支那人四名/竊盜で逮捕
127415	朝鮮朝日	1926-01-14/1	09단	キネマ座長神田の罪科/本町署で判明
127416	朝鮮朝日	1926-01-14/1	09단	青年同盟の怪青年/鐘路署が逮捕
127417	朝鮮朝日	1926-01-14/1	09단	小火が二件

일련번호	판명	간행일	단수	기사명
127418	朝鮮朝日	1926-01-14/1	09단	本年の財界は本年の景氣は好轉の機運はめぐる/殖銀有賀頭取談
127419	朝鮮朝日	1926-01-14/1	10단	港のたより
127420	朝鮮朝日	1926-01-14/1	10단	會(産業懇談會)
127421	朝鮮朝日	1926-01-14/1	10단	人(李堈公殿下/鈴木莊六大將(朝鮮軍軍司令官)/齊綠少將(宇品陸軍運輸部長)/富永平北警察部長)
127422	朝鮮朝日	1926-01-14/1	10단	半島茶話
127423	朝鮮朝日	1926-01-14/2	01단	スーポツ界の回顧/神宮競技は軟球の登龍門/普遍的なだけに觀衆も頗る熱狂
127424	朝鮮朝日	1926-01-14/2	01단	慶南道の國費補助額二十一萬圓
127425	朝鮮朝日	1926-01-14/2	01단	首位を占むる慶北人口數二百三十萬人
127426	朝鮮朝日	1926-01-14/2	01단	新義州産の清酒は好評/各地に送荷
127427	朝鮮朝日	1926-01-14/2	01단	課樹栽培の奬勵を圖る平北道の試
127428	朝鮮朝日	1926-01-14/2	02단	新義州驛發送貨物高の著しく減少
127429	朝鮮朝日	1926-01-14/2	02단	大邱府の獸肉消費量三十餘萬圓
127430	朝鮮朝日	1926-01-14/2	02단	酷寒のため發電が不充分/遞信局も對策を攻究
127431	朝鮮朝日	1926-01-14/2	02단	狹い車輪の廢止は延期/咸南道が發令
127432	朝鮮朝日	1926-01-14/2	03단	通信いろいろ(咸興)
127433	朝鮮朝日	1926-01-14/2	03단	朝日勝繼碁戰/第十七回(三)
127434	朝鮮朝日	1926-01-14/2	04단	運動界(送別庭球大會)
127435	朝鮮朝日	1926-01-15/1	01단	卒業期を控へて賣付に當局が奔走/政務總監に賴んで內地からの侵入を拒ぐ
127436	朝鮮朝日	1926-01-15/1	01단	增配は駄目か/殖銀重役の意向/總會は二月末開催
127437	朝鮮朝日	1926-01-15/1	01단	道評議會(全北道/黃海道)
127438	朝鮮朝日	1926-01-15/1	01단	マセック型煉炭を使用/火力が强い
127439	朝鮮朝日	1926-01-15/1	02단	國境道路の速成を要望/惠山鎭住民が
127440	朝鮮朝日	1926-01-15/1	02단	スポーツ界の回顧/內地に遠征して氣を吐く女流選手/ポインを定めるミスの多いが欠點
127441	朝鮮朝日	1926-01-15/1	03단	日本ビール工場を設置今春三月頃
127442	朝鮮朝日	1926-01-15/1	03단	春川の道廳移轉は心配は要らぬと總督府が言明す/京春鐵道速成が緊急
127443	朝鮮朝日	1926-01-15/1	03단	京城酒造高昨年より增加
127444	朝鮮朝日	1926-01-15/1	04단	本年度の蠶繭高豫想三十萬石突破
127445	朝鮮朝日	1926-01-15/1	04단	教育者視察臺灣南洋へ
127446	朝鮮朝日	1926-01-15/1	04단	會社銀行(私鐵朝鐵總會)
127447	朝鮮朝日	1926-01-15/1	04단	植林關係で金鑛採掘は結局不許可
127448	朝鮮朝日	1926-01-15/1	04단	女子職業學校を鍾路校に增設/家庭と職業との二科に分ち教授
127449	朝鮮朝日	1926-01-15/1	05단	神仙爐/所謂有力者の見た朝鮮
127450	朝鮮朝日	1926-01-15/1	05단	府外生徒の入學を拒絶/京城府が

일련번호	판명	간행일	단수	기사명
127451	朝鮮朝日	1926-01-15/1	06단	容易な問題を數多く課して學校の成績や家庭の情況等を考慮する
127452	朝鮮朝日	1926-01-15/1	06단	新廳舍記念に府史を編纂/三年計劃で
127453	朝鮮朝日	1926-01-15/1	06단	京城府の徽章募集/締切を延期
127454	朝鮮朝日	1926-01-15/1	07단	警察官の大演習/參加者三百名
127455	朝鮮朝日	1926-01-15/1	07단	咸南の名物かたびら/一反十三四圓
127456	朝鮮朝日	1926-01-15/1	07단	大邱郊外の强盜逮捕/自宅に潜伏中
127457	朝鮮朝日	1926-01-15/1	07단	厭世か痴情か小學校長自殺の死因が判明せぬ
127458	朝鮮朝日	1926-01-15/1	08단	支那人の强盜團鍾路署が逮捕
127459	朝鮮朝日	1926-01-15/1	08단	勞働協員の委員を袋叩/青年會員が
127460	朝鮮朝日	1926-01-15/1	09단	京城運動場/入場者多く京城府大喜/收入四千餘圓
127461	朝鮮朝日	1926-01-15/1	09단	鮮婦人轢死/線路に飛込み
127462	朝鮮朝日	1926-01-15/1	09단	大爆發した狐捕の暴藥生命が危篤
127463	朝鮮朝日	1926-01-15/1	09단	映畫界(黃金館/京龍館)
127464	朝鮮朝日	1926-01-15/1	09단	運動界(釜中武道大會/大邱府のスケート場今春は駄目)
127465	朝鮮朝日	1926-01-15/1	10단	會(圖畫講習會/敬老慰安會/愛婦互禮會)
127466	朝鮮朝日	1926-01-15/1	10단	人(那須太三郎氏(憲兵隊司令官)/內野豫備中將(政友會代義士)/林總督府司計課長/河井民報社長)
127467	朝鮮朝日	1926-01-15/1	10단	半島茶話
127468	朝鮮朝日	1926-01-15/1	10단	キク人ハナス人/正月十四日天王寺で行ふ/ドヤドヤの由來/修正會の御守を裸で取合ふ/赤フン白フンの若い衆
127469	朝鮮朝日	1926-01-15/2	01단	舊正月の前迄に解禁して貰ふやう/補體結合檢疫の講習會を釜山で開く
127470	朝鮮朝日	1926-01-15/2	01단	平壤枝肉內地移出の契約が成立/糧抹廠に枝肉を納入元山組合が
127471	朝鮮朝日	1926-01-15/2	02단	閑散至極の新義州市場漸く立直る
127472	朝鮮朝日	1926-01-15/2	03단	朝日勝繼碁戰/第十七回(四)
127473	朝鮮朝日	1926-01-15/2	03단	缺號
127474	朝鮮朝日	1926-01-16		缺號
127475	朝鮮朝日	1926-01-17	01단	滿洲派遣の主力京城を見物し懷しの內地へ歸還すこれで全部の歸還終る/さすがの張もしよげかへる近き將來新舊思想の衝突は免れぬであらうと齋藤混成旅團長語る/カマボコの腐敗から中毒兵士達の經過頗る良好
127476	朝鮮朝日	1926-01-19	01단	崇られたる新聞紙法/三度改正の厄當局へこたる
127477	朝鮮朝日	1926-01-19	02단	醫學講習所の昇格を請願/年限を延長し
127478	朝鮮朝日	1926-01-19	03단	爲にする者の中傷策でないか/水電事業不認可につき亥角東津水利組合長談
127479	朝鮮朝日	1926-01-19	03단	全南道評議會
127480	朝鮮朝日	1926-01-19	04단	朝鮮國民大會定期大會決議

일련번호	판명	간행일	단수	기사명
127481	朝鮮朝日	1926-01-19	04段	鮮內の農家經濟調査の結果
127482	朝鮮朝日	1926-01-19	05段	相變らず婦人雜誌が讀書界の寵兒/文學物が昨今盛返す/京城の學生は讀書熱が少い
127483	朝鮮朝日	1926-01-19	05段	神仙爐/高等遊民の卵となる弊
127484	朝鮮朝日	1926-01-19	06段	靑少年の訓練費にと三百圓を計上
127485	朝鮮朝日	1926-01-19	06段	樂浪地圖を作製し全國の學校へ配布/樂浪の紹介に力瘤を入れる平南道の當局
127486	朝鮮朝日	1926-01-19	06段	光州面落成式
127487	朝鮮朝日	1926-01-19	07段	新道開鑿/進永馬山間
127488	朝鮮朝日	1926-01-19	07段	組合組織で蔬菜栽培/支那人に對抗する平南道
127489	朝鮮朝日	1926-01-19	07段	東拓理事の後任は生田內務か池田殖産か
127490	朝鮮朝日	1926-01-19	08段	鯖巾着綱を禁止せよと方魚津方面から陳情
127491	朝鮮朝日	1926-01-19	08段	一人當り五十坪に京城府の都市計劃準備
127492	朝鮮朝日	1926-01-19	09段	全鮮氷上競技大會十七日漢江で擧行
127493	朝鮮朝日	1926-01-19	09段	武道部の寒稽古
127494	朝鮮朝日	1926-01-19	09段	停學生復校は歸京後に確定
127495	朝鮮朝日	1926-01-19	09段	大正山崎街道/猪と思って人を射る
127496	朝鮮朝日	1926-01-19	09段	咸南陳列館/一日三百人の入場者がある
127497	朝鮮朝日	1926-01-19	10段	列車內で急死
127498	朝鮮朝日	1926-01-19	10段	會(商議評議員會/朝鮮酒品評會/菓子品評會/自由倶樂部總會)
127499	朝鮮朝日	1926-01-19	10段	窮民が十六萬人これが對策につき總督府が研究する
127500	朝鮮朝日	1926-01-20/1	01段	十五年度の租稅額三千七百萬圓
127501	朝鮮朝日	1926-01-20/1	01段	滿洲派遣軍首腦部の歸還、圖內は金谷參謀次長に報告する齊藤旅團長
127502	朝鮮朝日	1926-01-20/1	01段	いよいよ開かれた學校組合の本會議/授業料値上が問題
127503	朝鮮朝日	1926-01-20/1	02段	全南長興の金鑛は有望/近く始業か
127504	朝鮮朝日	1926-01-20/1	03段	生活苦から農者が轉業/一家離散も尠くない
127505	朝鮮朝日	1926-01-20/1	03段	京城銀組の預金は增加貸出は減少
127506	朝鮮朝日	1926-01-20/1	04段	第二の接吻/釜山で上映
127507	朝鮮朝日	1926-01-20/1	04段	盜まれた神牛像/微塵に碎かる
127508	朝鮮朝日	1926-01-20/1	04段	西三面事件で東拓が折れるかでなければ解決は永久に出來ぬ模樣
127509	朝鮮朝日	1926-01-20/1	04段	東洋宣教の紛擾解決か退校者を許し
127510	朝鮮朝日	1926-01-20/1	05段	女占者拘引さる
127511	朝鮮朝日	1926-01-20/1	05段	署長のお自慢(四)/土佐は好いとこ南を受け手と歌の文句をそのままに生粹の土佐つ子たる/龍山署長信田芳さん
127512	朝鮮朝日	1926-01-20/1	06段	開港記念の共進會/木浦で開催
127513	朝鮮朝日	1926-01-20/1	06段	列車に投石/犯人は不明
127514	朝鮮朝日	1926-01-20/1	06段	巡査を刺殺し犯人が逃亡す/犯人の氏名も判らぬ

일련번호	판명	간행일	단수	기사명
127515	朝鮮朝日	1926-01-20/1	06단	十字街/珍品政策
127516	朝鮮朝日	1926-01-20/1	06단	責任感から船を離れぬ沈沒船の船長溺死か
127517	朝鮮朝日	1926-01-20/1	07단	鮮人の轢死
127518	朝鮮朝日	1926-01-20/1	07단	本年の財界は本年の景氣は/昨年と同じやうにおひおひ良くならう/鮮銀井内理事談
127519	朝鮮朝日	1926-01-20/1	08단	腸チブスを面民が隱匿/患者二十餘名
127520	朝鮮朝日	1926-01-20/1	08단	郡部荒しの犯人を逮捕/本町署刑事が
127521	朝鮮朝日	1926-01-20/1	08단	人(ドミトリアス、ムルチン氏(京城露國總領事官副領事)/佐藤作郎氏(鐵道局參事)/張稷相氏(大邱商議會頭)/加藤一郎氏(同副會頭)/石口■新機械課長/中原龍山小學校夫人)
127522	朝鮮朝日	1926-01-20/1	10단	半島茶話
127523	朝鮮朝日	1926-01-20/1	10단	キク人ハナス人/アナウンサーの幻滅と思ひ出『あの人と結婚する』ため大阪の放送局をやめた巽京子
127524	朝鮮朝日	1926-01-20/2	01단	朝日勝繼碁戰/第十七回(六)
127525	朝鮮朝日	1926-01-20/2	03단	慶北産繭高四萬石を突破
127526	朝鮮朝日	1926-01-20/2	04단	理髮業者の功勞者表彰
127527	朝鮮朝日	1926-01-20/2	04단	西鮮漁業創立
127528	朝鮮朝日	1926-01-20/2	04단	春季狩獵大會大邱獵友會の
127529	朝鮮朝日	1926-01-20/2	04단	カルタ大會門田君優勝す
127530	朝鮮朝日	1926-01-20/2	04단	時機尚早の理由で參政權を拒否するは却て自治論を高むると國民協會が宣言す
127531	朝鮮朝日	1926-01-21/1	01단	十字街/江原道麾移轉說を聞いて/毅堂生
127532	朝鮮朝日	1926-01-21/1	01단	東海岸縱斷の鐵道は緊急事で要は時機の問題と大村局長の歸來談
127533	朝鮮朝日	1926-01-21/1	02단	一月上旬鐵道の成績八萬千噸で昨年より激增
127534	朝鮮朝日	1926-01-21/1	03단	局長や地方官の大異動を斷行か/或程度迄の詮衡は既に進んでゐる模樣
127535	朝鮮朝日	1926-01-21/1	03단	咸南評議會一月下旬に
127536	朝鮮朝日	1926-01-21/1	04단	咸興商校の學年延長の要望が高い
127537	朝鮮朝日	1926-01-21/1	04단	署長のお自慢(五)/李完用侯襲擊の犯人一味を捕へ安東縣に巢喰うた不逞を一網打盡にした/本町署長鈴木兵部さん
127538	朝鮮朝日	1926-01-21/1	05단	辭令(東京電話)
127539	朝鮮朝日	1926-01-21/1	05단	幹線道路の大開鑿/總工費千四百萬圓で十箇年の斷續事業/財源は受益者の負擔
127540	朝鮮朝日	1926-01-21/1	05단	家庭副業に/養兎餌料も廉く有望らしい
127541	朝鮮朝日	1926-01-21/1	06단	寒念佛で集めた金を兎囚事業に寄附
127542	朝鮮朝日	1926-01-21/1	07단	張作霖氏を暗殺の陰謀團/奉天に潛入の形跡/支那當局の大警戒
127543	朝鮮朝日	1926-01-21/1	07단	三十餘箇所の悲慘な傷の痕/巡査殺しの犯人は四人連れの阿片密賣者

일련번호	판명	간행일	단수	기사명
127544	朝鮮朝日	1926-01-21/1	07단	判事や書記が賭博犯で拘引/大田警察署で檢擧/檢事局が直接取調ぶ
127545	朝鮮朝日	1926-01-21/1	09단	銅佛寺に保衛團設置/人員二十餘名
127546	朝鮮朝日	1926-01-21/1	09단	家禽コレラ平壤に侵入
127547	朝鮮朝日	1926-01-21/1	09단	財務主任會議平北道廳で
127548	朝鮮朝日	1926-01-21/1	10단	三重縣の內鮮人爭鬪で勞動同盟が不穩文書配布
127549	朝鮮朝日	1926-01-21/1	10단	貞柏炭鑛の瓦斯爆發
127550	朝鮮朝日	1926-01-21/1	10단	人(神式全南警察部長/加藤木保次氏(慶南産業課長)/穗積眞六郎氏(新義州稅關長)/藤谷作次郎氏(新義州府尹)/須藤素氏(營林廠長))
127551	朝鮮朝日	1926-01-21/1	10단	キク人ハナス人/社會奉仕につくす奇行家吞洋翁/眞似手のない十餘年の奮鬪/鹽をなめて「百五十まで生きる」
127552	朝鮮朝日	1926-01-21/2	01단	朝日勝繼碁戰/第十七回(七)
127553	朝鮮朝日	1926-01-21/2	02단	十二月中の新義州貿易出入とも增加
127554	朝鮮朝日	1926-01-21/2	03단	元山地方に甜菜の試作日糖から頼まれ
127555	朝鮮朝日	1926-01-21/2	04단	原料の多い寒天を獎勵/慶北道が
127556	朝鮮朝日	1926-01-21/2	04단	西鮮漁業の役員決定す
127557	朝鮮朝日	1926-01-21/2	04단	映畫界(大人氣の「人間」新義州で)
127558	朝鮮朝日	1926-01-21/2	04단	通信いろいろ(咸興)
127559	朝鮮朝日	1926-01-21/2	04단	預金勉强率の全廢が叫ばれる乙種銀行に難色あるが結局近く實現せん
127560	朝鮮朝日	1926-01-22/1	01단	頻りに傳へらるゝ服部總長の辭任說/學務當局中でも眞否交々の取沙汰
127561	朝鮮朝日	1926-01-22/1	01단	署長のお自慢(完)/丹の株に靑の壁優雅な警察署に相應しい人格者の/昌德宮署長松尾三太郎さん
127562	朝鮮朝日	1926-01-22/1	01단	東拓理事の後任は誰/五月に選任か
127563	朝鮮朝日	1926-01-22/1	02단	名譽毀損の訴へは釋明の如何により罪に問はぬやう/新聞紙法を改正
127564	朝鮮朝日	1926-01-22/1	02단	辭令(東京電話)
127565	朝鮮朝日	1926-01-22/1	03단	軍人恩給は八割增/兒島事務官談
127566	朝鮮朝日	1926-01-22/1	03단	朝鮮でも簡易保險を實施の計劃
127567	朝鮮朝日	1926-01-22/1	03단	漁業權の轉貸弊害が甚しいとこれが取締り方を總督府當局に要望
127568	朝鮮朝日	1926-01-22/1	04단	獎學會の寄附割當で各面が大不平
127569	朝鮮朝日	1926-01-22/1	04단	會社銀行(湖南銀行總會)
127570	朝鮮朝日	1926-01-22/1	04단	不完全な浦項の電氣面民憤慨す
127571	朝鮮朝日	1926-01-22/1	04단	內鮮人の爭鬪は屠蘇氣分の餘波/流言蜚語を打消すため警務局が眞相を發表
127572	朝鮮朝日	1926-01-22/1	05단	大邱女高普四月から開校

일련번호	판명	간행일	단수	기사명
127573	朝鮮朝日	1926-01-22/1	05단	神仙爐/人衆を無視するお役人/釜山憤慨生
127574	朝鮮朝日	1926-01-22/1	06단	鎮海灣の飛行場/是非設置の必要がある
127575	朝鮮朝日	1926-01-22/1	06단	赤旗を下しレーニンを追悼記念す/左傾派の集會を禁じ平穏に事濟む
127576	朝鮮朝日	1926-01-22/1	06단	不穏文書配布の尹又烈遂に逮捕/血氣に逸ったもので深い根柢は無いらしい
127577	朝鮮朝日	1926-01-22/1	06단	林業家百餘名國境を視察
127578	朝鮮朝日	1926-01-22/1	07단	虎料理を御馳走/穀物大會のお客さんに
127579	朝鮮朝日	1926-01-22/1	07단	お巡りさん達が聯合して大演習/參加者二百五十名で酷寒の國境地帶で
127580	朝鮮朝日	1926-01-22/1	08단	慶南北の漁業家衝突/未だにやまぬ
127581	朝鮮朝日	1926-01-22/1	08단	競賣處分の土地問題は漸く解決す
127582	朝鮮朝日	1926-01-22/1	09단	釜山の火事三戸を全燒
127583	朝鮮朝日	1926-01-22/1	10단	會(新年川柳大會)
127584	朝鮮朝日	1926-01-22/1	10단	人(松村海軍少將(鎮海司令官)/松原純一氏(鮮銀本店營業部支配人)/エテブレ司教逝去(明治町のフランス教會天主教會司教))
127585	朝鮮朝日	1926-01-22/1	10단	半島茶話
127586	朝鮮朝日	1926-01-22/1	10단	三月末までに二千萬圓以上を収めねば豫定通りの収入に達せぬ鐵道成績
127587	朝鮮朝日	1926-01-22/2	01단	十四年度清津貿易高/間島の滞貨で昨年より減少
127588	朝鮮朝日	1926-01-22/2	01단	油房の事業平北で計劃
127589	朝鮮朝日	1926-01-22/2	01단	咸南米作高四十三萬石
127590	朝鮮朝日	1926-01-22/2	01단	咸南地方明太魚不漁しけ續きで
127591	朝鮮朝日	1926-01-22/2	01단	大田面擴張本月末告示
127592	朝鮮朝日	1926-01-22/2	02단	大田驛長會議
127593	朝鮮朝日	1926-01-22/2	02단	家內工藝の品評會大邱で開催
127594	朝鮮朝日	1926-01-22/2	02단	巨濟島の隔離病舍いよいよ着工
127595	朝鮮朝日	1926-01-22/2	02단	朝鮮酒の品評會受賞者
127596	朝鮮朝日	1926-01-22/2	02단	通信いろいろ(清州)
127597	朝鮮朝日	1926-01-22/2	03단	幼老者の收容所新設/篤志家の寄附で
127598	朝鮮朝日	1926-01-22/2	03단	朝日勝繼碁戰/第十七回(八)
127599	朝鮮朝日	1926-01-22/2	03단	穀物組合の役員決定す
127600	朝鮮朝日	1926-01-22/2	04단	咸北道が陶器を獎勵/補助金を給し
127601	朝鮮朝日	1926-01-22/2	04단	咸興府民のスケート熱女學生迄活躍
127602	朝鮮朝日	1926-01-22/2	04단	土木事業の國庫負擔内容年度割の決定額(木浦水道擴張工事/關城池波止川改修工事/山地港修築工事/光州下水改修工事/釜山水道擴張工事/晋州市街整備費/江口港修築工事/海州水道擴張工事/新義州水道工事)
127603	朝鮮朝日	1926-01-23/1	01단	京取の拂込は會社側が否定

일련번호	판명	간행일	단수	기사명
127604	朝鮮朝日	1926-01-23/1	01단	實業學校の改善を企劃/本府當局が
127605	朝鮮朝日	1926-01-23/1	01단	昔の離宮へ(1)/SPR
127606	朝鮮朝日	1926-01-23/1	01단	またも噂高い道廳移轉の說/忠南の公州から鳥致院に移ると
127607	朝鮮朝日	1926-01-23/1	02단	鍊賣出の旅券下附は領事館で交附
127608	朝鮮朝日	1926-01-23/1	03단	女學生の消防演習主婦として防火の概念を與ふるため
127609	朝鮮朝日	1926-01-23/1	03단	朝鮮美術會新に組織/作品を發表
127610	朝鮮朝日	1926-01-23/1	04단	人事課を置くか秘書課を擴張か/兎も角も人事取扱に專任の課長を設ける
127611	朝鮮朝日	1926-01-23/1	04단	辯護士の懲戒には裁判制度が必要と在鮮辯護士が要望す/倂せて判檢事の人格向上を叫ぶ
127612	朝鮮朝日	1926-01-23/1	04단	美容享樂現代女性とは？(上)/藝者から奧樣に御客さんが變る/美容の民衆化かと田中なをさん語る
127613	朝鮮朝日	1926-01-23/1	05단	珍らしい寒さ群山地方の
127614	朝鮮朝日	1926-01-23/1	06단	メートル法で郵便料値上は實際的に實行される
127615	朝鮮朝日	1926-01-23/1	06단	法院書記銃殺せらる/同じ雇から
127616	朝鮮朝日	1926-01-23/1	07단	內地に眞似て原稿の大安賣/鮮人側のプロ作家が街路に市場を設け
127617	朝鮮朝日	1926-01-23/1	07단	一月劈頭の大捕物郡部荒しが珠數つなぎ
127618	朝鮮朝日	1926-01-23/1	07단	退校されて自爆となり竊盜を動く
127619	朝鮮朝日	1926-01-23/1	08단	不逞者を奉天で逮捕
127620	朝鮮朝日	1926-01-23/1	08단	火事場で感電/卽死者の家族が家族扶助料を請求/全鮮電氣會社の恐慌
127621	朝鮮朝日	1926-01-23/1	08단	港のたより
127622	朝鮮朝日	1926-01-23/1	09단	會(修養團講演會)
127623	朝鮮朝日	1926-01-23/1	10단	人(蒔田廣城氏(子爵)/森六治氏(鍾路署長)/引田二十師團長/齋藤中佐(平壤航空隊長)/遠山一等主計正(第二十師團經理部長)/那須太三郎氏(憲兵司令官))
127624	朝鮮朝日	1926-01-23/1	10단	半島茶話
127625	朝鮮朝日	1926-01-23/1	10단	神仙爐/京仁にほこる商業學校の數
127626	朝鮮朝日	1926-01-23/2	01단	內地の銀行が私鐵社債引受/今後の事業進捗に至大な便利を得る
127627	朝鮮朝日	1926-01-23/2	01단	漁業家組合の魚市場經營は社會的から見ても必要だと當局贊成す
127628	朝鮮朝日	1926-01-23/2	01단	舊歲末で資金の動は相當多忙か
127629	朝鮮朝日	1926-01-23/2	01단	浦項港の改築を要望/土砂が堆積
127630	朝鮮朝日	1926-01-23/2	01단	十萬圓で無煙炭採掘の大擴張計劃/平壤電興が
127631	朝鮮朝日	1926-01-23/2	02단	財政難で授業料値上/釜山府が
127632	朝鮮朝日	1926-01-23/2	02단	參謀總長にしたり待命にしたりと榮轉說の傳へらる＞鈴木大將呵々大笑す

일련번호	판명	간행일	단수	기사명
127633	朝鮮朝日	1926-01-23/2	03단	朝日勝繼碁戰/第十八回(一)
127634	朝鮮朝日	1926-01-23/2	03단	朝鮮神宮の攝社合祀問題で內地在住の人達が喜ばぬ風評を立てる/事の眞相を知らぬからの問題
127635	朝鮮朝日	1926-01-24	01단	少年刑務所が二箇所では不足/增設の計劃はあるが經費百萬圓が問題
127636	朝鮮朝日	1926-01-24	01단	昔の離宮へ(2)/SPR
127637	朝鮮朝日	1926-01-24	01단	慶南道の水産試驗場いよいよ設置
127638	朝鮮朝日	1926-01-24	02단	平壤飛機の耐寒飛行/二十六日から
127639	朝鮮朝日	1926-01-24	03단	江口港の築港工事は認可次第着工
127640	朝鮮朝日	1926-01-24	03단	漁業組合へ資金を融通/總額六萬圓
127641	朝鮮朝日	1926-01-24	03단	農學校の新設を要望/慶北星州が
127642	朝鮮朝日	1926-01-24	04단	警官隊の演習終了す/國境地方の
127643	朝鮮朝日	1926-01-24	04단	群山の築港は出來るか否か/議會解散の有無を府民は頻りに憂慮す
127644	朝鮮朝日	1926-01-24	04단	神仙爐/悲しむべき天降りの理事
127645	朝鮮朝日	1926-01-24	05단	小作人を可愛がる珍らしい奇篤な地主
127646	朝鮮朝日	1926-01-24	05단	麻雀大會新義州で開催
127647	朝鮮朝日	1926-01-24	05단	咸興燒の完成未だ成就せず/山の男高原大尉に補助金を交附するか
127648	朝鮮朝日	1926-01-24	06단	猩紅熱終熄/馬山府の
127649	朝鮮朝日	1926-01-24	07단	實父確認の訴訟を提出
127650	朝鮮朝日	1926-01-24	07단	釜山の名物！蜑の潜水を禁止/但し寒い冬の間だけ
127651	朝鮮朝日	1926-01-24	07단	第二の接吻/黃金館で上映
127652	朝鮮朝日	1926-01-24	08단	圖太い少年强盜を働く
127653	朝鮮朝日	1926-01-24	08단	大田專賣所倉庫燒ける
127654	朝鮮朝日	1926-01-24	09단	左傾派の運動/根强さが無い中心人物が殆んど檢擧されたゝめ
127655	朝鮮朝日	1926-01-24	09단	釜山近海に漁船の遭難/時化續きで
127656	朝鮮朝日	1926-01-24	10단	會(支那語講習會)
127657	朝鮮朝日	1926-01-24	10단	半島茶話
127658	朝鮮朝日	1926-01-24	10단	法は死物だからこれを活かして使へ/農會令、産業組合令の發令に際し齋藤總督語る
127659	朝鮮朝日	1926-01-26/1	01단	昔の離宮へ(3)/SPR
127660	朝鮮朝日	1926-01-26/1	01단	授業料の値上は感心せぬと學務當局はいふ
127661	朝鮮朝日	1926-01-26/1	02단	平壤府の上水擴張/目鼻つくか
127662	朝鮮朝日	1926-01-26/1	03단	恢復の湯淺總監/初登廳して語る/近く議會に出席のため上京
127663	朝鮮朝日	1926-01-26/1	03단	京城會議所明年豫算賦課金增徵
127664	朝鮮朝日	1926-01-26/1	04단	鑛業令を改正
127665	朝鮮朝日	1926-01-26/1	04단	十字街/惡氣流
127666	朝鮮朝日	1926-01-26/1	05단	各學校に惠屬看護婦の設置を獎勵する

일련번호	판명	간행일	단수	기사명
127667	朝鮮朝日	1926-01-26/1	05단	神仙爐/石炭は不足かまことに塗炭の苦み
127668	朝鮮朝日	1926-01-26/1	05단	商陳移轉要望
127669	朝鮮朝日	1926-01-26/1	06단	京城師範女子演習料/京城のみで授業
127670	朝鮮朝日	1926-01-26/1	06단	寺洞問題解決
127671	朝鮮朝日	1926-01-26/1	07단	東洋宣教會事件解決す
127672	朝鮮朝日	1926-01-26/1	07단	二人組の强盜逃走
127673	朝鮮朝日	1926-01-26/1	07단	一家七人が突然發狂して爭鬪/二人は死亡との報或は食物の中毒か
127674	朝鮮朝日	1926-01-26/1	08단	商店あらしの强盜遂に捕はる/犯人は腰卷被りの大工
127675	朝鮮朝日	1926-01-26/1	08단	生活難哀話/韓國時代の陸軍參領の遺族母娘五人縊死を圖る
127676	朝鮮朝日	1926-01-26/1	08단	商店三十戸全燒す/市場より出火
127677	朝鮮朝日	1926-01-26/1	09단	六千圓を拐帶
127678	朝鮮朝日	1926-01-26/1	09단	銃器密輸事件
127679	朝鮮朝日	1926-01-26/1	09단	富豪に脅迫文
127680	朝鮮朝日	1926-01-26/1	09단	無智な地方人を喰物にする
127681	朝鮮朝日	1926-01-26/1	10단	人(森岡收氏(京城府衛生課長)/林茂樹氏(鐵道局經理課長)/高岡榮氏(第二十師團軍醫部長)/齋藤參謀(軍司令部)/伊藤少佐(二十師團參謀)/吉田茂氏(奉天總領事))
127682	朝鮮朝日	1926-01-26/1	10단	半島茶話
127683	朝鮮朝日	1926-01-26/1	10단	東拓に對し總督府が賠償し更に農民に拂下げる/宮三面事件解決か
127684	朝鮮朝日	1926-01-26/2	01단	東支線不通と粟の輸送/影響は少い
127685	朝鮮朝日	1926-01-26/2	01단	鮮牛移出近く解禁
127686	朝鮮朝日	1926-01-26/2	01단	全南海苔頗る有望
127687	朝鮮朝日	1926-01-26/2	01단	鰤の撒餌釣り撤廢で解決
127688	朝鮮朝日	1926-01-26/2	02단	朝鮮鐵道新規事業經費
127689	朝鮮朝日	1926-01-26/2	02단	鰊の連帶輸送近日から開始
127690	朝鮮朝日	1926-01-26/2	02단	松内の花柳界昨年より好況
127691	朝鮮朝日	1926-01-26/2	02단	試驗不合格の理髮業者嘆願
127692	朝鮮朝日	1926-01-26/2	03단	平壤警察署危險に瀕す
127693	朝鮮朝日	1926-01-26/2	03단	朝日勝繼碁戰/第十八回(二)
127694	朝鮮朝日	1926-01-26/2	03단	映畵界
127695	朝鮮朝日	1926-01-26/2	04단	運動界(平壤體育協會積極的に諸般運動競技獎勵/京中武道大會)
127696	朝鮮朝日	1926-01-27		缺號
127697	朝鮮朝日	1926-01-28		缺號
127698	朝鮮朝日	1926-01-29		缺號
127699	朝鮮朝日	1926-01-30		缺號
127700	朝鮮朝日	1926-01-31		缺號

1926년 2월 (조선아사히)

일련번호	판명	간행일	단수	기사명
127701	朝鮮朝日	1926-02-02/1	01단	壯快な氷上の滑走いづれも新記録をつくる名譽ある優勝旗は大連チームへ觀衆は殺到し頗る盛會を極めたオール日本スピードスケーチング選手權大會/勝敗を度外視せよそして研究は肝要だ審判員岡部平太郎氏の講評/すべては理想的に然し棄權の多いのは遺憾だ
127702	朝鮮朝日	1926-02-02/1	01단	通のお話(一)大京城府には是非なくてならぬ必要な人/汚物を總て處置する/京城府衛生課長藤本サン
127703	朝鮮朝日	1926-02-02/1	04단	新聞紙法完成する/然し實施迄に多少日を要す
127704	朝鮮朝日	1926-02-02/1	04단	ブルの擧校を燒き拂へと咸南道評議會で猛烈なる抗議/慶南道評議會
127705	朝鮮朝日	1926-02-02/1	04단	東支線問題で旅客が一番困る/然しワゴンリー會社と完全に協定が出來たと伊澤佐藤兩氏のお土産談
127706	朝鮮朝日	1926-02-02/1	05단	木浦で開催の全南物産共進會
127707	朝鮮朝日	1926-02-02/1	05단	成績の好い/平壤の枝肉
127708	朝鮮朝日	1926-02-02/1	06단	朝鮮の「金色夜叉」「長恨夢」の作製
127709	朝鮮朝日	1926-02-02/1	06단	比較的品質の良好な朝鮮産を用ひる/ハルビンの露國煙草
127710	朝鮮朝日	1926-02-02/1	06단	鴨綠江の氷/採氷の時期
127711	朝鮮朝日	1926-02-02/1	06단	本年度末には決して馘首せぬと内達を出し安心さす/朝鮮鐵道局珍なお布令
127712	朝鮮朝日	1926-02-02/1	07단	滿洲移住の鮮人歸還/産米增殖の好餌に釣られ
127713	朝鮮朝日	1926-02-02/1	08단	京南鐵道の社債募集/新線敷設費に四百萬圓を
127714	朝鮮朝日	1926-02-02/1	08단	耐寒飛行で尊き體驗/平壤の耐寒飛行成功す
127715	朝鮮朝日	1926-02-02/1	08단	漁業組合を組織して/三千浦漁業の發展をはかる
127716	朝鮮朝日	1926-02-02/1	08단	寒くとも例年より暖い新義州地方
127717	朝鮮朝日	1926-02-02/1	08단	父を罵られ友人を殺す
127718	朝鮮朝日	1926-02-02/1	09단	食ふに物なく同志討さへやる/窮乏を極めた不逞團/逃亡者の口から判る
127719	朝鮮朝日	1926-02-02/1	09단	教員室に押かけ同盟休校を宣言/平壤高普の形勢惡化す/斷乎たる處置に出でん
127720	朝鮮朝日	1926-02-02/1	09단	强盜逮捕さる
127721	朝鮮朝日	1926-02-02/1	10단	會社銀行(朝鮮勸信總會)
127722	朝鮮朝日	1926-02-02/1	10단	會(故首相追悼會)
127723	朝鮮朝日	1926-02-02/1	10단	半島茶話
127724	朝鮮朝日	1926-02-02/2	01단	科學思想普及は朝鮮を富す基だ/此意味で科學館の大成をはかりたい/と重村科學館囑託は語る
127725	朝鮮朝日	1926-02-02/2	01단	道路問題で形勢險惡/紛擾を豫期の元山豫算會議
127726	朝鮮朝日	1926-02-02/2	01단	穀物大會は盛夏の頃/開催に內定す
127727	朝鮮朝日	1926-02-02/2	01단	五年制度とし新商の生徒募集
127728	朝鮮朝日	1926-02-02/2	02단	新義州商議設置/大體の準備なる

일련번호	판명	간행일	단수	기사명
127729	朝鮮朝日	1926-02-02/2	02단	朝電發電所は近く認可さる
127730	朝鮮朝日	1926-02-02/2	02단	慶北道の林産品評會
127731	朝鮮朝日	1926-02-02/2	03단	元山近海だけ承認する/發動機手繰の明太魚漁撈
127732	朝鮮朝日	1926-02-02/2	03단	朝日勝繼碁戰/第十八回(七)
127733	朝鮮朝日	1926-02-02/2	04단	不當選擧無効
127734	朝鮮朝日	1926-02-02/2	04단	慶南道の墓籍爭議改善
127735	朝鮮朝日	1926-02-02/2	04단	淸雄航路復活
127736	朝鮮朝日	1926-02-02/2	04단	膨脹を來した/新義州府豫算
127737	朝鮮朝日	1926-02-03/1	01단	鴨綠江/氷上の橇
127738	朝鮮朝日	1926-02-03/1	01단	曖昧新聞紙を容赦なく退治る/內地から搬入の物は/釜山で嚴重檢閱する
127739	朝鮮朝日	1926-02-03/1	01단	十字街/秋風嶺
127740	朝鮮朝日	1926-02-03/1	03단	諸制度完成して開校をまつ/京城の帝大
127741	朝鮮朝日	1926-02-03/1	03단	出稼海女の代表者が評定
127742	朝鮮朝日	1926-02-03/1	03단	高女卒業生の行先/大部分は上級學校へ雄々しくも生活線上へ立つのも少なくない
127743	朝鮮朝日	1926-02-03/1	04단	水道と道路で議場混亂/活氣を呈した慶南道評議會
127744	朝鮮朝日	1926-02-03/1	04단	四年制度は何かにつけ損だ/現に上級校入學などは四年制を後廻しにすると學務當局は主張する
127745	朝鮮朝日	1926-02-03/1	05단	通のお話(二)/原作者の心を讀むこのましき人解說者からファンへ喜樂館解說者脇耕一郎君
127746	朝鮮朝日	1926-02-03/1	05단	間島方面の滯貨問題協議
127747	朝鮮朝日	1926-02-03/1	05단	鮮滿にも整理を進める/朝鮮銀行の昨今
127748	朝鮮朝日	1926-02-03/1	06단	米觀光團來鮮
127749	朝鮮朝日	1926-02-03/1	06단	御健勝で御勉學に餘念あらせられぬ王妃殿下
127750	朝鮮朝日	1926-02-03/1	06단	改修もせず二萬圓賦課/舍人面民憤慨し當局へ陳情
127751	朝鮮朝日	1926-02-03/1	06단	登校はしたが授業を受けず改善の歎願書を提出平壤高普校愈よ惡化す/學校騷動郡部へ飛火普明學院盟休
127752	朝鮮朝日	1926-02-03/1	07단	さながらに音樂の殿堂/盛會を呈した音樂大演奏會
127753	朝鮮朝日	1926-02-03/1	07단	釜山水上署に/驚戒用ボート
127754	朝鮮朝日	1926-02-03/1	09단	京城、ハルビン間徒步旅行
127755	朝鮮朝日	1926-02-03/1	09단	勞爭調停法案/反對宣傳失敗
127756	朝鮮朝日	1926-02-03/1	09단	追悼會禁止さる
127757	朝鮮朝日	1926-02-03/1	09단	大邱府廳の網紀紊亂/不正事件發覺
127758	朝鮮朝日	1926-02-03/1	09단	婿に背かれて鮮人牧師の訴訟
127759	朝鮮朝日	1926-02-03/1	10단	女房に棄られ亭主服毒自殺
127760	朝鮮朝日	1926-02-03/1	10단	三人組の强盜押入る/犯人に總督府の小使も加る
127761	朝鮮朝日	1926-02-03/1	10단	絞殺死體發見
127762	朝鮮朝日	1926-02-03/1	10단	運動界(鐵道野球大會)

일련번호	판명	간행일	단수	기사명
127763	朝鮮朝日	1926-02-03/1	10단	會(京城女教員會/全鮮通信競技)
127764	朝鮮朝日	1926-02-03/1	10단	人(菊池少將(滿洲軍特務機關)/吉田奉天領事/松田貞次郎氏(兼二浦製鐵所長))
127765	朝鮮朝日	1926-02-03/2	01단	おもちゃの虎合戦當選者/應募二萬餘/的中者を抽籤で二百名に訪歐飛行メダル
127766	朝鮮朝日	1926-02-03/2	01단	客車は途中で三日も滯在する/お客より大豆を大切にするといふ天圖鐵道
127767	朝鮮朝日	1926-02-03/2	01단	朝鮮紙の消費を望む/經濟的でよい
127768	朝鮮朝日	1926-02-03/2	01단	尚州郡に乾繭場設置
127769	朝鮮朝日	1926-02-03/2	02단	釜山府の故首相追悼會
127770	朝鮮朝日	1926-02-03/2	02단	支那産の代用として朝鮮の滑石/大阪から商談きたる
127771	朝鮮朝日	1926-02-03/2	03단	貸出準備整ふ/和義金融組合
127772	朝鮮朝日	1926-02-03/2	03단	朝日勝繼碁戰/第十八回(八)
127773	朝鮮朝日	1926-02-03/2	04단	滿洲米の移入
127774	朝鮮朝日	1926-02-04/1	01단	電信の輻湊は幾分緩和する/內鮮間海底電線工事/着々として進捗す
127775	朝鮮朝日	1926-02-04/1	01단	海底脆弱で到底埋立できぬ他に候補地はあるが試驗せねばわからぬと淺野氏釜山鎮埋立中止を語る
127776	朝鮮朝日	1926-02-04/1	01단	通のお話(三)/風貌は三寒にて心情は四溫だ冬春交錯これこそ朝鮮の現狀であらう京城中學校諭內野健兒サン
127777	朝鮮朝日	1926-02-04/1	02단	鐵道局列車區長會議と附議事項決定
127778	朝鮮朝日	1926-02-04/1	03단	朝鐵會社の今期利益
127779	朝鮮朝日	1926-02-04/1	03단	女子高普校は全州か裡里か/本府學務局はどうやら全州へ設立するらしい
127780	朝鮮朝日	1926-02-04/1	03단	準備をいそぐ新義州の商議
127781	朝鮮朝日	1926-02-04/1	03단	朝鮮一第回洋畫展覽會
127782	朝鮮朝日	1926-02-04/1	04단	鮮人兒童に教育を施す/女學院生徒が
127783	朝鮮朝日	1926-02-04/1	04단	ボロ車ばかりで殆ど用を爲さぬ/修理を急ぐと共に沿線の掃貨に努む
127784	朝鮮朝日	1926-02-04/1	05단	湖南線方面穀物出廻る
127785	朝鮮朝日	1926-02-04/1	05단	手形交換增加/京城交換所の
127786	朝鮮朝日	1926-02-04/1	05단	鮮銀職制改革と行員の異動
127787	朝鮮朝日	1926-02-04/1	06단	滿鐵の學校經營不成立に終る/總督府から貰ふ的の金が貰へぬためから
127788	朝鮮朝日	1926-02-04/1	06단	兎も角試驗的に軍事教育を行ひ成績次第で普及すると李學務局長のお話
127789	朝鮮朝日	1926-02-04/1	06단	鎮南浦の漁業紛擾解決/水産會社は今後金融もする
127790	朝鮮朝日	1926-02-04/1	06단	スポーツにより世界を輪に繫ぐ自轉車で世界走破の元氣な印度の二青年

일련번호	판명	간행일	단수	기사명
127791	朝鮮朝日	1926-02-04/1	07단	清津港へ露駐在官派遣
127792	朝鮮朝日	1926-02-04/1	07단	京師附屬新入兒童
127793	朝鮮朝日	1926-02-04/1	08단	女子就學勸誘/龍山普通校で
127794	朝鮮朝日	1926-02-04/1	08단	富豪を脅迫し大金横領/犯人逮捕の爲鍾路署の活動
127795	朝鮮朝日	1926-02-04/1	08단	支店長殿/女郎に惚ける
127796	朝鮮朝日	1926-02-04/1	08단	在奉天邦人の勞銀は頗るよい/赤白兩系の露人達は財政窮乏に弱ってゐると松井參謀のお土産話
127797	朝鮮朝日	1926-02-04/1	08단	第二の宮三面事件/荷衣島に起らんとし總督府は對策考究中
127798	朝鮮朝日	1926-02-04/1	09단	脅迫して自決を迫る愈形勢險惡な平壤高普學生
127799	朝鮮朝日	1926-02-04/1	10단	京城のチブス蔓延の兆あり
127800	朝鮮朝日	1926-02-04/1	10단	ロープを盗む
127801	朝鮮朝日	1926-02-04/1	10단	妾と實母を毆りつけ重傷を負はす加害者は富豪
127802	朝鮮朝日	1926-02-04/1	10단	狂兵士の逃亡
127803	朝鮮朝日	1926-02-04/1	10단	ピストル密輸防止の打合せ
127804	朝鮮朝日	1926-02-04/1	10단	人(石崎賴久氏(鐵道局庶務課長)/安倍大佐(龍山七十九聯隊長)/高田善彦氏(遞信省工務局電信課長)/引田中將(第二十師團長)/松井少佐(軍參謀)/竹本憲兵大尉(會寧分隊長))
127805	朝鮮朝日	1926-02-04/2	01단	神仙爐/教育者の型と朝鮮師範教育
127806	朝鮮朝日	1926-02-04/2	01단	實補機關の設置陳情/慶南道河東郡の代表者から
127807	朝鮮朝日	1926-02-04/2	01단	朝鮮に於ける女高師入學者
127808	朝鮮朝日	1926-02-04/2	01단	三線除外から大邱商議奮起
127809	朝鮮朝日	1926-02-04/2	01단	統一的に原種水田經營
127810	朝鮮朝日	1926-02-04/2	02단	慶北物産共進會/開催方を要望
127811	朝鮮朝日	1926-02-04/2	02단	煙草收穫減る
127812	朝鮮朝日	1926-02-04/2	02단	九州大學の演習林/咸北茂山郡へ
127813	朝鮮朝日	1926-02-04/2	03단	西湖津築港/實現建議提出
127814	朝鮮朝日	1926-02-04/2	03단	朝日勝繼碁戰/第十八回(九)
127815	朝鮮朝日	1926-02-04/2	04단	咸南莞草筵製造講習開催
127816	朝鮮朝日	1926-02-04/2	04단	映畫界(喜樂館)
127817	朝鮮朝日	1926-02-05/1	01단	難工事ではなく他に事情がある/其成行を氣遣はれる/釜山鎭に於る埋築問題
127818	朝鮮朝日	1926-02-05/1	01단	スケーチング大會
127819	朝鮮朝日	1926-02-05/1	01단	通のお話(四)/朝鮮には特殊な言葉は必要だそれはヱス語に限る大山時雄君の意氣込
127820	朝鮮朝日	1926-02-05/1	03단	現在のホテルは民營に移さぬ/缺損も年々減少し朝鮮の體面からも直營が必要
127821	朝鮮朝日	1926-02-05/1	04단	大學官制を法制局廻送/開校に至大の關係を齎す
127822	朝鮮朝日	1926-02-05/1	05단	冬籠りの昌慶苑動物園(上)/ウダツの上らぬ南洋のお客/雪景色も却ってうらめしさうだ

일련번호	판명	간행일	단수	기사명
127823	朝鮮朝日	1926-02-05/1	05단	稅關吏や警官の待遇が國に對する感情を支配す
127824	朝鮮朝日	1926-02-05/1	05단	在滿外國學校に支那政府の干渉/鮮人學校閉鎖を迫られ總督府大いに狼狽す
127825	朝鮮朝日	1926-02-05/1	05단	教育界の改革と學校衛生の改善/健康診斷を今後もっと嚴重に行ふことゝする
127826	朝鮮朝日	1926-02-05/1	07단	平南の米實收/五十二萬餘石
127827	朝鮮朝日	1926-02-05/1	07단	紛擾の絶えない/慶尙南北道の打瀨網漁業
127828	朝鮮朝日	1926-02-05/1	07단	巡査殺しの兇漢悉く捕はる/金巡査の殉職は眞に悲壯なる最後であった
127829	朝鮮朝日	1926-02-05/1	08단	鎭南浦の漁業紛擾は和解が成立
127830	朝鮮朝日	1926-02-05/1	08단	親のない少年が多い/開城刑務所收容兒童は
127831	朝鮮朝日	1926-02-05/1	08단	盟休學生に無期停學/平壤高普校强硬態度に出る
127832	朝鮮朝日	1926-02-05/1	08단	糧秣廠が平壤枝肉を多量に注文
127833	朝鮮朝日	1926-02-05/1	09단	秘密結社の首謀者の戒告し/善導に努めた涙ある石井平壤兵器製造所長
127834	朝鮮朝日	1926-02-05/1	09단	四名の乞食/河豚に中毒す
127835	朝鮮朝日	1926-02-05/1	10단	船夫五名溺死
127836	朝鮮朝日	1926-02-05/1	10단	强盗押入る
127837	朝鮮朝日	1926-02-05/1	10단	委員長を毆り飛ばす
127838	朝鮮朝日	1926-02-05/1	10단	人(靳雲鵬氏(中國前國務總理)/高砂政太郎氏(大阪鮮滿案內所主任)/大野中佐(龍山騎兵聯隊長)/木村大佐(龍山步兵第七十九聯隊長)/吉村中佐夫人)
127839	朝鮮朝日	1926-02-05/2	01단	神仙爐/教育者の型と朝鮮師範教育
127840	朝鮮朝日	1926-02-05/2	01단	咸興の敬老會
127841	朝鮮朝日	1926-02-05/2	01단	咸興の寒氣
127842	朝鮮朝日	1926-02-05/2	01단	紀元節奉祝祭
127843	朝鮮朝日	1926-02-05/2	01단	三線鐵道問題/愈よ具體化す
127844	朝鮮朝日	1926-02-05/2	01단	咸南武道講習
127845	朝鮮朝日	1926-02-05/2	01단	釜山の蠅買上
127846	朝鮮朝日	1926-02-05/2	02단	大田の建國祭
127847	朝鮮朝日	1926-02-05/2	02단	會社銀行(私鐵朝鐵總會/仁取の配當率)
127848	朝鮮朝日	1926-02-05/2	02단	物騷千萬な熊の仔の贈物
127849	朝鮮朝日	1926-02-05/2	02단	穀物商大會/期日を變便/八月頃開催
127850	朝鮮朝日	1926-02-05/2	03단	慶南府郡の庶務主任會議
127851	朝鮮朝日	1926-02-05/2	03단	慶南で任命の栽桑指導委員
127852	朝鮮朝日	1926-02-05/2	03단	朝日勝繼碁戰/第十八回(十)
127853	朝鮮朝日	1926-02-05/2	04단	咸南道の樹苗圃移轉
127854	朝鮮朝日	1926-02-05/2	04단	預金貸出減少/京城組合銀行の
127855	朝鮮朝日	1926-02-05/2	04단	教育功勞表彰

일련번호	판명	간행일	단수	기사명
127856	朝鮮朝日	1926-02-05/2	04단	四郡聯合の蠶種品評會/裡里農校で
127857	朝鮮朝日	1926-02-05/2	04단	會(筏橋水産會社創立/東萊家禽品評會/評議員の招待)
127858	朝鮮朝日	1926-02-06		缺號
127859	朝鮮朝日	1926-02-07	01단	社會政策を加味し下に薄く上に厚い/京城府の税制整理方針/年度替りから斷行する
127860	朝鮮朝日	1926-02-07	01단	通のお話(五)/榮枯盛衰の激しい株界を泳ぐ/度胸試しはこれからだ仲買人組合副委員白井サン
127861	朝鮮朝日	1926-02-07	02단	*法律問題とせず溫情主義で當る宮三面の土地事件と東洋拓殖會社の態度/帳簿の押收で面民騷ぐ例の宮三面問題に絡る事件*
127862	朝鮮朝日	1926-02-07	04단	商業學校出は不景氣知らず/今年の卒業生は高給でドンドン賣れて行く
127863	朝鮮朝日	1926-02-07	04단	京城と石炭消費高/溫突の改良で石炭は激增し薪炭は滅法界減る/夥しきその移入高
127864	朝鮮朝日	1926-02-07	06단	預金は減じ貸出は增す/全鮮各銀行の昨年末の帳尻
127865	朝鮮朝日	1926-02-07	06단	不景氣に惱む釜山職業紹介所/求人減少の時內地から渡來が多いと愚痴る
127866	朝鮮朝日	1926-02-07	06단	李王殿下御輕快新聞など讀ませられる
127867	朝鮮朝日	1926-02-07	07단	活牛の移出解禁/多少條件附
127868	朝鮮朝日	1926-02-07	07단	紀元節を卜し篤行者を表彰
127869	朝鮮朝日	1926-02-07	07단	收繭十萬石計劃と打合會
127870	朝鮮朝日	1926-02-07	07단	太刀洗から朝鮮の羅南まで往復長距離飛行無電機を備へつけ空地連絡をもなす
127871	朝鮮朝日	1926-02-07	08단	各道評議會無事終了(咸北道/慶南道)
127872	朝鮮朝日	1926-02-07	08단	前年と大差なき朝鮮棉花收穫
127873	朝鮮朝日	1926-02-07	08단	朝鮮陸地綿の移出は多くなる
127874	朝鮮朝日	1926-02-07	09단	奉納の學藝品で展覽會を開催/花の三月中に京城で目下準備を進めてゐる
127875	朝鮮朝日	1926-02-07	09단	船員不正事件は海運界の廓正で私として喜んでゐる多少の誤讀もあるよと恩田朝鮮郵船社長は語る
127876	朝鮮朝日	1926-02-07	09단	不當利得だと返還訴訟提起
127877	朝鮮朝日	1926-02-07	10단	肥料需要增加
127878	朝鮮朝日	1926-02-07	10단	朝鮮神宮の參拜者激增す
127879	朝鮮朝日	1926-02-07	10단	人(齋藤總督)
127880	朝鮮朝日	1926-02-07	10단	會(無電放送局總會/電話競技會/商議役員會/醫院長會議)
127881	朝鮮朝日	1926-02-09		缺號
127882	朝鮮朝日	1926-02-10		缺號
127883	朝鮮朝日	1926-02-11		缺號
127884	朝鮮朝日	1926-02-12		缺號

일련번호	판명	간행일	단수	기사명
127885	朝鮮朝日	1926-02-13/1	01단	十字路/學業差別
127886	朝鮮朝日	1926-02-13/1	01단	歸鮮勞働者が下關に殺到し/連絡船に乘り切れず悲喜劇が隨所に演ぜられる
127887	朝鮮朝日	1926-02-13/1	01단	李王家の新年祭/舊正月とて
127888	朝鮮朝日	1926-02-13/1	02단	第一回の紀元節御祭/朝鮮神宮の
127889	朝鮮朝日	1926-02-13/1	02단	入學難の癇す悲話(一)/試驗漸く迫り子供も親も一樣に/他所の見る目も哀な骨身を削る憂き思ひ
127890	朝鮮朝日	1926-02-13/1	03단	李完用候の告別式は龍山驛前で
127891	朝鮮朝日	1926-02-13/1	03단	鴨江材が注文殺到で高値氣構へ
127892	朝鮮朝日	1926-02-13/1	04단	結局京電が考慮する/値下問題で
127893	朝鮮朝日	1926-02-13/1	04단	高女の入學試驗に普通校卒業生は五科目を試驗する/中學校は內地人同樣二科目
127894	朝鮮朝日	1926-02-13/1	04단	免囚保護に寄附が多い/中流以下の人達から
127895	朝鮮朝日	1926-02-13/1	05단	立春前後(三)/SPR
127896	朝鮮朝日	1926-02-13/1	05단	京一高女が五年編入の試驗を行ふ
127897	朝鮮朝日	1926-02-13/1	05단	明太の漁業を晝間出來るやう/水産試驗場が研究
127898	朝鮮朝日	1926-02-13/1	06단	新義州一帶/珍しく暖い/例年になく
127899	朝鮮朝日	1926-02-13/1	06단	京城府內の在庫高/先月より增加
127900	朝鮮朝日	1926-02-13/1	07단	國境警官に斷髮令と禁酒を訓旨
127901	朝鮮朝日	1926-02-13/1	07단	二十師團管內の豫後備勤務演習/七月から八月へ召集
127902	朝鮮朝日	1926-02-13/1	07단	總督府廳舍の合鍵を持つ怪しい鮮人
127903	朝鮮朝日	1926-02-13/1	08단	新義州水道またも制限/一日五時間に
127904	朝鮮朝日	1926-02-13/1	08단	是非監獄に入れて吳れ/喰へぬから
127905	朝鮮朝日	1926-02-13/1	08단	變態性慾者醫專に忍入書籍を盜む
127906	朝鮮朝日	1926-02-13/1	08단	十一の少女を山中で慘殺す/學校の歸途を邀して犯人は杳して不明
127907	朝鮮朝日	1926-02-13/1	09단	倅の學費にヒモを密賣目下取調中
127908	朝鮮朝日	1926-02-13/1	10단	强盜看守は竊盜も働いた/五回に互り千餘圓を盜む
127909	朝鮮朝日	1926-02-13/1	10단	列車に投石車掌負傷す
127910	朝鮮朝日	1926-02-13/1	10단	淸津府民が電燈値下で大會を開く
127911	朝鮮朝日	1926-02-13/1	10단	人(大河內二等主計正(軍司令部)/岡崎文吉氏(工學博士內務技師))
127912	朝鮮朝日	1926-02-13/1	10단	半島茶話
127913	朝鮮朝日	1926-02-13/2	01단	米の出廻薄で舊歲末の財界至って平穩を續く大商人は新曆で決濟した
127914	朝鮮朝日	1926-02-13/2	01단	平南の表彰者紀元節當日/稀に見る奇篤の人十六年間も貧民に救與/敎化團體も表彰される/咸南の表彰者/咸北の表彰
127915	朝鮮朝日	1926-02-13/2	01단	正チャンのその後/第二の太陽(一)
127916	朝鮮朝日	1926-02-13/2	02단	咸南道の犯罪總數は前年より增加
127917	朝鮮朝日	1926-02-13/2	03단	朝日勝繼碁戰/第十九回(六)

일련번호	판명	간행일	단수	기사명
127918	朝鮮朝日	1926-02-13/2	03단	京城中心の米の出廻は依然と閑散
127919	朝鮮朝日	1926-02-13/2	03단	京春鐵道の期成會組織運動を續ける
127920	朝鮮朝日	1926-02-13/2	04단	巡回文庫の運賃を割引三月一日から
127921	朝鮮朝日	1926-02-13/2	04단	新義州の商業改善會/四十名加入
127922	朝鮮朝日	1926-02-14		缺號
127923	朝鮮朝日	1926-02-16/1	01단	十字路/女學校問題
127924	朝鮮朝日	1926-02-16/1	01단	人口から見て平壤は第三位/內地人は全戶數の四分の一に達せぬ
127925	朝鮮朝日	1926-02-16/1	01단	大邱府豫算/五十二萬圓で運動場は駄目
127926	朝鮮朝日	1926-02-16/1	02단	普校卒業者は府尹の承諾を待て入學せしむ
127927	朝鮮朝日	1926-02-16/1	02단	李王世子王殿下御見舞/近く御歸鮮
127928	朝鮮朝日	1926-02-16/1	02단	鎭海要港部土地拂不協議
127929	朝鮮朝日	1926-02-16/1	03단	朝鮮齒科醫內地受驗運動
127930	朝鮮朝日	1926-02-16/1	03단	電氣料金値下に關する決議文送致
127931	朝鮮朝日	1926-02-16/1	03단	立春前後(四)/SPR
127932	朝鮮朝日	1926-02-16/1	04단	釜山の舊正月
127933	朝鮮朝日	1926-02-16/1	04단	李完用侯葬儀
127934	朝鮮朝日	1926-02-16/1	04단	朝鮮指折の富豪/高家のお家騷動/美貌で身を持ち崩した元の養子のたくらみ
127935	朝鮮朝日	1926-02-16/1	05단	まだ京城に潛伏してゐるらしい大官暗殺首魁
127936	朝鮮朝日	1926-02-16/1	05단	左腕に「決」の入墨/平壤高普の盟休益々粉糾
127937	朝鮮朝日	1926-02-16/1	06단	百數十名が駐在所を襲撃/誤って殺された娘の仇討ちとて
127938	朝鮮朝日	1926-02-16/1	06단	一頭二體の畸形兒/達者で成育
127939	朝鮮朝日	1926-02-16/1	06단	內地と鮮內の思想團體接近を注意
127940	朝鮮朝日	1926-02-16/1	06단	固城邑の猖紅熱/消毒器送附
127941	朝鮮朝日	1926-02-16/1	07단	驢馬と衝突して汽車脱線
127942	朝鮮朝日	1926-02-16/1	07단	貧窮の盜みは時代惡だが永久惡でない
127943	朝鮮朝日	1926-02-16/1	07단	酌婦自由廢業
127944	朝鮮朝日	1926-02-16/1	08단	寄附金を强要
127945	朝鮮朝日	1926-02-16/1	08단	白魚乾燥工場から出火
127946	朝鮮朝日	1926-02-16/1	08단	慶北道に癩疹流行し死者を出す
127947	朝鮮朝日	1926-02-16/1	08단	空彈竊取犯か
127948	朝鮮朝日	1926-02-16/1	08단	大仕掛けのモヒ密賣團四名本町署に檢擧さる
127949	朝鮮朝日	1926-02-16/1	09단	組合の金を融通して滿洲に高飛
127950	朝鮮朝日	1926-02-16/1	09단	看護婦の毒死祕めた戀か
127951	朝鮮朝日	1926-02-16/1	09단	七年前の强盜捕まる
127952	朝鮮朝日	1926-02-16/1	10단	明るい雜誌京城畵報創刊
127953	朝鮮朝日	1926-02-16/1	10단	會(木浦店員表彰/京春鐵道期成會/南鮮歌留多會/電力問題委員會)

일련번호	판명	간행일	단수	기사명
127954	朝鮮朝日	1926-02-16/1	10단	人(岡崎哲郎氏(總督府水産課長)/松井房次郎氏(全南內務部長)/犬塚太郎氏(鎭海要港務部司令官)/吉田靜致氏(帝大教授))
127955	朝鮮朝日	1926-02-16/1	10단	半島茶話
127956	朝鮮朝日	1926-02-16/2	01단	神仙爐/失業者
127957	朝鮮朝日	1926-02-16/2	01단	神戸牛の前身は矢張り朝鮮牛で/最近の移出激增し釜山檢疫所の活況
127958	朝鮮朝日	1926-02-16/2	01단	大田沃川間一等道路改修
127959	朝鮮朝日	1926-02-16/2	01단	埋築出願の書類を見度い府協議員が當局に質す
127960	朝鮮朝日	1926-02-16/2	01단	正チャンのその後/第二の太陽(三)
127961	朝鮮朝日	1926-02-16/2	02단	復興債券の三十萬圓は産業開發に貸出す豫定
127962	朝鮮朝日	1926-02-16/2	02단	米國博に釜山も出品/鹽鯖其他を
127963	朝鮮朝日	1926-02-16/2	03단	市日當日の運賃割引は今後廢止す
127964	朝鮮朝日	1926-02-16/2	03단	朝日勝繼碁戰/第十九回(七)
127965	朝鮮朝日	1926-02-16/2	04단	內鮮辯護士會/無條件合同
127966	朝鮮朝日	1926-02-16/2	04단	修羅八荒上映
127967	朝鮮朝日	1926-02-17/1	01단	十字路/電氣運動
127968	朝鮮朝日	1926-02-17/1	01단	鐵道從業員に警察權附與は朝鮮では考へもの
127969	朝鮮朝日	1926-02-17/1	01단	新義州府の明年豫算/四五萬圓膨脹
127970	朝鮮朝日	1926-02-17/1	01단	新義州に飛行場の設置を陳情
127971	朝鮮朝日	1926-02-17/1	02단	新義州の學校組合豫算
127972	朝鮮朝日	1926-02-17/1	02단	入學難の癪す悲話(三)/熱にうかされ擔架で試驗場へ/合格の通知はやがて死の前觸であった
127973	朝鮮朝日	1926-02-17/1	03단	朝鮮水害罹災義金交附
127974	朝鮮朝日	1926-02-17/1	03단	時實京畿道知事/福岡市長に擬せらる滿更でもないらしい
127975	朝鮮朝日	1926-02-17/1	04단	喫茶室
127976	朝鮮朝日	1926-02-17/1	05단	立春前後(四)/SPR
127977	朝鮮朝日	1926-02-17/1	05단	電氣値下實行委員局長と會見の幕當局は明答を避く今後の成行注目さる/平壤でも電力値下漸次熱を帶びる期成會は宣言書發表
127978	朝鮮朝日	1926-02-17/1	07단	今度は內地から失業者が殺到しほとほと困る釜山當局
127979	朝鮮朝日	1926-02-17/1	07단	二階から出火放火の疑ひ
127980	朝鮮朝日	1926-02-17/1	07단	酌婦汽車自殺
127981	朝鮮朝日	1926-02-17/1	07단	戸籍法の不備に乗じ/前養子の謀計高家お家騷動
127982	朝鮮朝日	1926-02-17/1	08단	今後警察で出漁旅券下附
127983	朝鮮朝日	1926-02-17/1	08단	姑の命日に二人の嫁が毒死迷信的の噂傳はる
127984	朝鮮朝日	1926-02-17/1	09단	水害救助の預金引出不法でない
127985	朝鮮朝日	1926-02-17/1	09단	公金橫領着服
127986	朝鮮朝日	1926-02-17/1	10단	會(青年講習會/咸南水産總會/寄附金協議會/黃海道水産會/海州電氣總會)

일련번호	판명	간행일	단수	기사명
127987	朝鮮朝日	1926-02-17/1	10단	人(村山沼一郎氏(慶南警察部長)/田邊敏行氏(滿鐵地方部長)/岡崎文吉(工學博士)/齋藤少將(滿洲軍參謀長)/大村少將(四十旅團長)/吉田静致博士(東大教授)/岩佐重一氏(總督府視察官))
127988	朝鮮朝日	1926-02-17/1	10단	半島茶話
127989	朝鮮朝日	1926-02-17/2	01단	朝鮮行き巡査/內地で行った試験の答案/大體の素質は向上したがトンチンカンも矢張りあった
127990	朝鮮朝日	1926-02-17/2	01단	産業組合は一道一箇所位設置する
127991	朝鮮朝日	1926-02-17/2	01단	慶東線の分岐點を慶州に移轉
127992	朝鮮朝日	1926-02-17/2	01단	海底電信六回線に增設さる
127993	朝鮮朝日	1926-02-17/2	01단	正チャンのその後/第二の太陽(四)
127994	朝鮮朝日	1926-02-17/2	02단	朝鮮物産獎勵宣傳ビラ撒布
127995	朝鮮朝日	1926-02-17/2	02단	壽城面に記念樹植栽
127996	朝鮮朝日	1926-02-17/2	03단	元山に圖書館新設
127997	朝鮮朝日	1926-02-17/2	03단	雜煮餅を給與
127998	朝鮮朝日	1926-02-17/2	03단	朝日勝繼碁戰/第十九回(八)
127999	朝鮮朝日	1926-02-17/2	04단	讀者優待活寫
128000	朝鮮朝日	1926-02-17/2	04단	全鮮卓球大會
128001	朝鮮朝日	1926-02-18/1	01단	十字路/赤い金
128002	朝鮮朝日	1926-02-18/1	01단	咸北國境方面の鐵道網の完成は各方面から見て焦眉の急
128003	朝鮮朝日	1926-02-18/1	01단	人間商品/籠の鳥哀話(1)/ヨルダンの谿よりも業深き人間獸の牙/路傍の人たるべき異性に愛を裝ふ一夜妻の悲哀
128004	朝鮮朝日	1926-02-18/1	03단	東京から巴里まで/通し切符で旅行が出來る
128005	朝鮮朝日	1926-02-18/1	04단	李侯邸に勅使御差遣/誄詞を賜ふ
128006	朝鮮朝日	1926-02-18/1	04단	朝鮮銀行幹部級の異動
128007	朝鮮朝日	1926-02-18/1	04단	獎勵金御下賜
128008	朝鮮朝日	1926-02-18/1	04단	朝鮮博覽會催開計劃中
128009	朝鮮朝日	1926-02-18/1	04단	廣島高師入學合格者
128010	朝鮮朝日	1926-02-18/1	04단	咸興の老人會
128011	朝鮮朝日	1926-02-18/1	05단	節分過ぎ(一)/SPR
128012	朝鮮朝日	1926-02-18/1	05단	篤農家表彰
128013	朝鮮朝日	1926-02-18/1	05단	場合によっては市民大會も開き電燈料値下を運動會社側釋明に努む/羅南でも電燈料の値下げ運動
128014	朝鮮朝日	1926-02-18/1	06단	慶南水産總會
128015	朝鮮朝日	1926-02-18/1	07단	朝鮮の古音樂/保存のため樂手養成
128016	朝鮮朝日	1926-02-18/1	08단	漸進派と急進派と軋轢の不逞團
128017	朝鮮朝日	1926-02-18/1	08단	明太魚で赤ちゃん死す
128018	朝鮮朝日	1926-02-18/1	08단	飯田氏の送金で天圖鐵道一と息/滯貨漸く捌ける
128019	朝鮮朝日	1926-02-18/1	09단	不具の子殺し
128020	朝鮮朝日	1926-02-18/1	10단	煙草を密輸

일련번호	판명	간행일	단수	기사명
128021	朝鮮朝日	1926-02-18/1	10단	拳銃所持の怪しい男捕る
128022	朝鮮朝日	1926-02-18/1	10단	五人組の匪賊
128023	朝鮮朝日	1926-02-18/1	10단	人(戶田直溫氏(鐵道局參事))
128024	朝鮮朝日	1926-02-18/1	10단	半島茶話
128025	朝鮮朝日	1926-02-18/2	01단	入學難の齎す悲話(四)/小さい浪漫主義者の辿り行く人生は不合格を嘆いて校庭を去らぬ少年
128026	朝鮮朝日	1926-02-18/2	01단	正チャンのその後/第二の太陽(五)
128027	朝鮮朝日	1926-02-18/2	03단	朝日勝繼碁戰/第十九回(九)
128028	朝鮮朝日	1926-02-18/2	03단	龜山面の鹽業組合復興計劃
128029	朝鮮朝日	1926-02-18/2	04단	元山移出/米豆仕向地
128030	朝鮮朝日	1926-02-18/2	04단	運動界(春日軍勝つ/スケート大會)
128031	朝鮮朝日	1926-02-19		缺號
128032	朝鮮朝日	1926-02-20		缺號
128033	朝鮮朝日	1926-02-21		缺號
128034	朝鮮朝日	1926-02-23/1	01단	びっくり仰天して同業者會合し對策を講ず電燈料値下公營問題と全鮮電氣會社の態度/京城電氣の橫暴を絶叫し料金値下方を決議す賑へる京城府民大會/遞信當局へ値下を陳情する交涉破裂で硬化した平壤の電燈値下問題/佐々木氏を除名する 實行委員會涙を揮ひ決議す
128035	朝鮮朝日	1926-02-23/1	03단	洋畵展の入賞者決定
128036	朝鮮朝日	1926-02-23/1	04단	前途好望の滿洲産米/內地輸出は增加しよう
128037	朝鮮朝日	1926-02-23/1	04단	鮮內鐵道の統一を決議し/鐵道協會より關係の各大臣を歷訪陳情する
128038	朝鮮朝日	1926-02-23/1	04단	京城の高女を巢立しあこがれの音樂學校へ入學する音樂の天才谷口壽子孃/先生方もことの外に力を入れる
128039	朝鮮朝日	1926-02-23/1	05단	ゴテ續きの龍井民議選擧
128040	朝鮮朝日	1926-02-23/1	05단	生産と消費が一向伴はず/悲慘なる朝鮮産出の石炭/內地産や外國産に壓倒され勝で自給自足なんかは前途遼遠である
128041	朝鮮朝日	1926-02-23/1	06단	法はまげない/然し輸送を考慮すると農林省折れて出る/獸皮獸骨の檢疫問題
128042	朝鮮朝日	1926-02-23/1	06단	全鮮通信競技賞品授與式
128043	朝鮮朝日	1926-02-23/1	07단	キネマファンの藝妓/年榮は近代座へ愈よ女優生活に入る
128044	朝鮮朝日	1926-02-23/1	07단	溫泉が湧出
128045	朝鮮朝日	1926-02-23/1	07단	待遇改善の叫びに過ぎぬ/京畿道の爭議
128046	朝鮮朝日	1926-02-23/1	08단	映畵撮影中大木が倒れて俳優二名負傷
128047	朝鮮朝日	1926-02-23/1	08단	土砂崩壞し二名卽死する
128048	朝鮮朝日	1926-02-23/1	08단	痛ましの生活苦/自殺の原因はたいていこれ
128049	朝鮮朝日	1926-02-23/1	08단	優秀な技術者達もボロ車に手を燒く『天圖鐵賴むに足らず』との批難の聲又起る

일련번호	판명	간행일	단수	기사명
128050	朝鮮朝日	1926-02-23/1	08단	緑の黑髮を斬り其日の糧に代へる/不良少女の團長サン
128051	朝鮮朝日	1926-02-23/1	09단	密輸品を片端から强奪
128052	朝鮮朝日	1926-02-23/1	09단	轢殺訴訟で滿鐵會社勝つ
128053	朝鮮朝日	1926-02-23/1	10단	發疹チブス愈よ蔓延す
128054	朝鮮朝日	1926-02-23/1	10단	元山の猖紅熱
128055	朝鮮朝日	1926-02-23/1	10단	平壤高普の盟休は惡化し/當局を惱ます
128056	朝鮮朝日	1926-02-23/1	10단	惡玉營業主任橫領で捕はる
128057	朝鮮朝日	1926-02-23/1	10단	上司殺しに無期懲役求刑
128058	朝鮮朝日	1926-02-23/1	10단	會(鮮內物産陳列會)
128059	朝鮮朝日	1926-02-23/1	10단	人(ルイルジン氏/朝鮮軍司令官鈴木大將)
128060	朝鮮朝日	1926-02-23/2	01단	珍らしい豊漁周年で水産界の大當り/世界的の現象だ
128061	朝鮮朝日	1926-02-23/2	01단	高いから引下げた/三種株につき平岡京取專務談
128062	朝鮮朝日	1926-02-23/2	01단	慶北繩叺の需給打合會
128063	朝鮮朝日	1926-02-23/2	01단	咸興に靑年會設置
128064	朝鮮朝日	1926-02-23/2	01단	正チャンのその後/第二の太陽(九)
128065	朝鮮朝日	1926-02-23/2	02단	近くまとまる/大邱女子高普の敷地
128066	朝鮮朝日	1926-02-23/2	02단	釜山署で散髮屋を取締る
128067	朝鮮朝日	1926-02-23/2	02단	粟の大量輸入
128068	朝鮮朝日	1926-02-23/2	02단	清津商人の裏日本視察
128069	朝鮮朝日	1926-02-23/2	03단	清津府の豫算/二十八萬八千三十二圓
128070	朝鮮朝日	1926-02-23/2	03단	慶南の出品斷念
128071	朝鮮朝日	1926-02-23/2	03단	增額を示した/海州學校組合經費
128072	朝鮮朝日	1926-02-23/2	04단	平壤府協議會
128073	朝鮮朝日	1926-02-23/2	04단	演藝界(石井漠妹石井小浪)
128074	朝鮮朝日	1926-02-24/1	01단	値下したからとて配當率は變らないだから仲裁なんかを斥けて飽迄京電に値下を要求するとかたい決心をした朝鮮工業協會
128075	朝鮮朝日	1926-02-24/1	01단	電氣問題で議場大いに賑ひ調査機關設置を要望平壤府協議會(第三日目)/むつかしい事情で進行せぬ京電と金剛電の合併 然し早晩實現しよう
128076	朝鮮朝日	1926-02-24/1	01단	他の例もあり適當の時機に增配したい常任監事は目下の處/毫も必要を感じないと有賀殖銀頭取は聲明す
128077	朝鮮朝日	1926-02-24/1	03단	値段さえきまれば利原滑石は大阪へ出る
128078	朝鮮朝日	1926-02-24/1	03단	十字路/汽車改良
128079	朝鮮朝日	1926-02-24/1	04단	价川輕鐵の營業期間延長/免許せらる
128080	朝鮮朝日	1926-02-24/1	04단	例年より增加した/舊年末年始の鐵道貨物輸送
128081	朝鮮朝日	1926-02-24/1	04단	巡査志願者の殖えた理由

일련번호	판명	간행일	단수	기사명
128082	朝鮮朝日	1926-02-24/1	04단	朝鮮で消費される綿布類の戸籍しらべ/内地産の移入品が一等多く/外國産の輸入品は逐年影をうすめる朝鮮の機業は年々進歩の道程を辿る
128083	朝鮮朝日	1926-02-24/1	05단	釜山の商人に是非指定されたいとて靑島輸入鹽取扱につき本府を口説く
128084	朝鮮朝日	1926-02-24/1	06단	新義州貿易額
128085	朝鮮朝日	1926-02-24/1	06단	喫茶室
128086	朝鮮朝日	1926-02-24/1	07단	なんといっても咸興米はおいしいと折紙つけさすため米屋サンに投票さす
128087	朝鮮朝日	1926-02-24/1	07단	猪島線の速成要望/關係方面へ決議書送致
128088	朝鮮朝日	1926-02-24/1	08단	母乳を交換して扶けあふ/宗派を超越した社會淨化運動
128089	朝鮮朝日	1926-02-24/1	08단	鎭海訪問飛行無事に終了
128090	朝鮮朝日	1926-02-24/1	08단	安い金利で借りたい/朝鐵の希望/近く纏るか
128091	朝鮮朝日	1926-02-24/1	09단	おいしい和布が食へる/採取期の短縮で
128092	朝鮮朝日	1926-02-24/1	09단	觀音丸の犯人は朝鮮に高飛か/長崎へも手配中
128093	朝鮮朝日	1926-02-24/1	09단	咸興聯隊の摸擬戰/陸軍記念日にさかんに行ふ
128094	朝鮮朝日	1926-02-24/1	10단	海州郡に小作爭議起る
128095	朝鮮朝日	1926-02-24/1	10단	首巻で縊る
128096	朝鮮朝日	1926-02-24/1	10단	刑事と稱し白晝强奪/大膽なる犯人/遂に逮捕さる
128097	朝鮮朝日	1926-02-24/1	10단	仁川府の精米工場燒く
128098	朝鮮朝日	1926-02-24/2	01단	入學難の癪す悲話(七)/不合格から親たちは不和/そして母は一とまづ親里歸って終った
128099	朝鮮朝日	1926-02-24/2	01단	正チャンのその後/第二の太陽(十)
128100	朝鮮朝日	1926-02-24/2	03단	ポプラーを街路樹に選定
128101	朝鮮朝日	1926-02-24/2	03단	漸く解決した果物組合紛議
128102	朝鮮朝日	1926-02-24/2	03단	朝日勝繼碁戰/第十九回(十二)
128103	朝鮮朝日	1926-02-24/2	04단	群山から電氣博を見學
128104	朝鮮朝日	1926-02-24/2	04단	水利組合費で紛擾を惹起す
128105	朝鮮朝日	1926-02-24/2	04단	會(慶南府郡內務庶務會議)
128106	朝鮮朝日	1926-02-25		缺號
128107	朝鮮朝日	1926-02-26		缺號
128108	朝鮮朝日	1926-02-27		缺號
128109	朝鮮朝日	1926-02-28		缺號

1926년 3월 (조선아사히)

일련번호	판명	간행일	단수	가사명
128110	朝鮮朝日	1926-03-01		休刊
128111	朝鮮朝日	1926-03-02		缺號
128112	朝鮮朝日	1926-03-03		缺號
128113	朝鮮朝日	1926-03-04		缺號
128114	朝鮮朝日	1926-03-05/1	01단	十字街/朴烈
128115	朝鮮朝日	1926-03-05/1	01단	過ぐ年を御顧み 樂善齋の御追憶幾百年の慣例を破り洋装で妃殿下も宗廟御展閲兩殿下御滞在の第一日目/餘りの御嬉しさに眠りも給はぬ李王殿下兩殿下の御参向を待兼ねての御催促
128116	朝鮮朝日	1926-03-05/1	04단	硫安の需要は今後激増せん/産米増殖その他で昨上半期の移入は一萬噸
128117	朝鮮朝日	1926-03-05/1	04단	無電放送局の敷地決定す/貞洞附近を買收/愈よ建築かゝる
128118	朝鮮朝日	1926-03-05/1	04단	朝鮮關係陸軍異動(朝鮮軍/十九師團/第二十師團/憲兵隊)/廣島に行ったら春の海に綸を乘れ 釣でもやるよと 春海參謀長名殘惜しく語る/新司令官の森岡さんは好男子だと伊佐軍醫語る
128119	朝鮮朝日	1926-03-05/1	06단	舊正月明けで渡航鮮人激増/再渡航者以外の者は絶對に許可せぬ方針
128120	朝鮮朝日	1926-03-05/1	06단	犬猿も啻ならぬ二思想團の合同策/結局は議論倒れと當局は極めて樂觀
128121	朝鮮朝日	1926-03-05/1	07단	巷のたより
128122	朝鮮朝日	1926-03-05/1	07단	京畿道が巡査を整理/四十九圓以上を馘首する
128123	朝鮮朝日	1926-03-05/1	08단	少女殺し犯人は長病院長の甥/電話で學校から呼出/裏山で無殘に絞殺
128124	朝鮮朝日	1926-03-05/1	08단	金鑛の土砂崩壞で坑夫四名が生埋/二名だけは漸く堀出す/忠南成歡の金鑛で
128125	朝鮮朝日	1926-03-05/1	08단	平北師範の入學希望減少/受驗料のため
128126	朝鮮朝日	1926-03-05/1	08단	卒業式(龍山中學校/京城商業校/私立徽新校)
128127	朝鮮朝日	1926-03-05/1	09단	電車に投石/婦人が負傷
128128	朝鮮朝日	1926-03-05/1	09단	廣瀬隊長同乘の一機不時着陸/搭乘者は全部無事
128129	朝鮮朝日	1926-03-05/1	10단	電車が追突/火を發し乘客が火傷
128130	朝鮮朝日	1926-03-05/1	10단	會社銀行(私鐵京南總會)
128131	朝鮮朝日	1926-03-05/1	10단	人(鈴木新任參謀繪長/赤井運輸部長(宇品)/秋山練造氏(新任軍醫學校長)/岡參謀長(新任宇都宮師團)/久留島群造氏(新任金澤憲兵隊長)/齋藤少佐(京城憲兵分隊長)/小山憲兵少將(京城))
128132	朝鮮朝日	1926-03-05/1	10단	半島茶話
128133	朝鮮朝日	1926-03-05/2	01단	神仙爐/當然の使命のために
128134	朝鮮朝日	1926-03-05/2	01단	工業製産額が農産を凌駕するは原料と資源と勞銀關係から/敢て難事では無い
128135	朝鮮朝日	1926-03-05/2	01단	全南道の乾海苔生産二百餘萬圓
128136	朝鮮朝日	1926-03-05/2	01단	營林廠の材木運搬を請負はせろと島民が要望

일련번호	판명	간행일	단수	기사명
128137	朝鮮朝日	1926-03-05/2	01단	正チャンのその後/第二の太陽(十七)
128138	朝鮮朝日	1926-03-05/2	02단	慶東線では新造客車を本月から運轉
128139	朝鮮朝日	1926-03-05/2	02단	面債を起し河川を整理/光州面が
128140	朝鮮朝日	1926-03-05/2	03단	山十製絲の平壤工場は解氷後起工
128141	朝鮮朝日	1926-03-05/2	03단	墓地取締の改善を企劃/慶南道當局が
128142	朝鮮朝日	1926-03-05/2	03단	朝日勝繼碁戰/第二十回(四)
128143	朝鮮朝日	1926-03-05/2	04단	中等校設立を馬山府が要望
128144	朝鮮朝日	1926-03-05/2	04단	馬山府の遊廓移轉は當業者も希望
128145	朝鮮朝日	1926-03-06		缺號
128146	朝鮮朝日	1926-03-07		缺號
128147	朝鮮朝日	1926-03-08		休刊
128148	朝鮮朝日	1926-03-09		缺號
128149	朝鮮朝日	1926-03-10		缺號
128150	朝鮮朝日	1926-03-11/1	01단	十字街/入學試驗
128151	朝鮮朝日	1926-03-11/1	01단	入學試驗の成績發表 突如延期を命ぜらる 官界の反目か失策か 京城教育界の醜狀暴露/五年制統一と試驗成績發表と如何の關係があると府民擧って憤慨
128152	朝鮮朝日	1926-03-11/1	01단	筑柴の春を探ねて(二)/SPR
128153	朝鮮朝日	1926-03-11/1	04단	お附事務官を幼稚園に御差遣/子供の國の內鮮融和の實狀を視察せしめらる
128154	朝鮮朝日	1926-03-11/1	06단	羅南の陸戰記念
128155	朝鮮朝日	1926-03-11/1	06단	土地返還でなく名義を削除せよ/宮三面と東拓の土地繫爭問題
128156	朝鮮朝日	1926-03-11/1	06단	米觀光團京城市內を練り廻る
128157	朝鮮朝日	1926-03-11/1	07단	辭令(東京電話)
128158	朝鮮朝日	1926-03-11/1	07단	徵兵檢查日割
128159	朝鮮朝日	1926-03-11/1	07단	石炭崩落し三名壓死
128160	朝鮮朝日	1926-03-11/1	07단	護送さるゝ血まみれ怪船の船頭殺し容疑者哀號々々と妻女の嘆き
128161	朝鮮朝日	1926-03-11/1	08단	春は廻る/歌人の集ひ/歌會が取持つ緣で神の御前に戀の勝利/めぐる春の心に和して象牙の塔を築く人たち
128162	朝鮮朝日	1926-03-11/1	09단	列車の窓硝子/破壞惡戲者
128163	朝鮮朝日	1926-03-11/1	09단	會(活動寫眞會)
128164	朝鮮朝日	1926-03-11/1	09단	人(安保吳鎭守府長官/那須少將/細田憲兵大佐(京城憲兵隊長)/宮原三等主計正(陸軍運輸部附)/金井淸氏(鐵道省北京駐在官)/佐藤汎愛氏(ジャパンツーリストビューロー北京主任)/竹村平壤驛長)
128165	朝鮮朝日	1926-03-11/1	10단	半島茶話
128166	朝鮮朝日	1926-03-11/2	01단	訪歐飛行/成功記念活寫會
128167	朝鮮朝日	1926-03-11/2	01단	豆粕輸入增加せん

일련번호	판명	간행일	단수	기사명
128168	朝鮮朝日	1926-03-11/2	01단	金融組合預金增加
128169	朝鮮朝日	1926-03-11/2	01단	朝鮮森林線新線敷設決定
128170	朝鮮朝日	1926-03-11/2	01단	正チャンのその後/ドンキチ(四)
128171	朝鮮朝日	1926-03-11/2	02단	釜山の托兒部
128172	朝鮮朝日	1926-03-11/2	02단	鴨緑江の解氷例年より早い
128173	朝鮮朝日	1926-03-11/2	02단	京南鐵道決算
128174	朝鮮朝日	1926-03-11/2	03단	諫早からの線布運賃割引
128175	朝鮮朝日	1926-03-11/2	03단	京城府新廳舍竣工期豫定
128176	朝鮮朝日	1926-03-11/2	03단	勞農露國の東支鐵道/占領に關する祕密決議
128177	朝鮮朝日	1926-03-11/2	03단	朝日勝繼基戰/第二十回(八)
128178	朝鮮朝日	1926-03-11/2	04단	鈴木大將の告別の辭
128179	朝鮮朝日	1926-03-11/2	04단	濟州島の海女さん減りはせぬ
128180	朝鮮朝日	1926-03-12/1	01단	十字街/學校組合
128181	朝鮮朝日	1926-03-12/1	01단	諸員奉送裡に世子殿下御退京德惠姫も御同道/世子殿下一行釜山御通過
128182	朝鮮朝日	1926-03-12/1	01단	鍊買出し浦鹽行の旅券査證
128183	朝鮮朝日	1926-03-12/1	02단	全滿蒙日本人大會の決議文を各方面に交附す
128184	朝鮮朝日	1926-03-12/1	03단	陶磁器製造改良策
128185	朝鮮朝日	1926-03-12/1	03단	朝鮮臺灣施政調査/機關設置建議
128186	朝鮮朝日	1926-03-12/1	04단	大邱圖書館夜間開場計劃
128187	朝鮮朝日	1926-03-12/1	04단	社會淨化運動
128188	朝鮮朝日	1926-03-12/1	04단	平南中心の知事異動
128189	朝鮮朝日	1926-03-12/1	05단	金泉上水工事近く工事復活
128190	朝鮮朝日	1926-03-12/1	05단	咸興
128191	朝鮮朝日	1926-03-12/1	05단	未架設の電話を架設
128192	朝鮮朝日	1926-03-12/1	06단	筑紫の春を探ねて(三)/SPR
128193	朝鮮朝日	1926-03-12/1	06단	山に半月海に半月住む珍魚を捕獲
128194	朝鮮朝日	1926-03-12/1	06단	道路の發達と馬の數の多寡/鮮內馬匹の增加に就て池田軍醫の面白い調査
128195	朝鮮朝日	1926-03-12/1	07단	大邱高女に每夜怪漢
128196	朝鮮朝日	1926-03-12/1	07단	理不盡にも一日を延期された入學試驗成績發表/當日の兩校の狀況
128197	朝鮮朝日	1926-03-12/1	10단	縊死少年を密かに埋葬
128198	朝鮮朝日	1926-03-12/1	10단	救助の甲斐なく支那人溺死
128199	朝鮮朝日	1926-03-12/1	10단	會(土木課共濟會/全國電話會議)
128200	朝鮮朝日	1926-03-12/1	10단	人(生田內務局長/劉懋心昭氏(注淸縣知事)/加茂博士(平壤燃科研究所長))
128201	朝鮮朝日	1926-03-12/1	10단	半島茶話
128202	朝鮮朝日	1926-03-12/2	01단	訪歐飛行/成功記念活寫會

일련번호	판명	간행일	단수	기사명
128203	朝鮮朝日	1926-03-12/2	01단	小麥關稅と移出增加
128204	朝鮮朝日	1926-03-12/2	01단	農會設立協議
128205	朝鮮朝日	1926-03-12/2	01단	朝鮮海苔産額激增
128206	朝鮮朝日	1926-03-12/2	01단	正チャンのその後/ドンキチ(四)
128207	朝鮮朝日	1926-03-12/2	02단	朝鮮鐵道の資金貸入問題/入澤副社長上京
128208	朝鮮朝日	1926-03-12/2	02단	海州行きの小包陸送要望
128209	朝鮮朝日	1926-03-12/2	02단	京城の金融界手許は潤澤
128210	朝鮮朝日	1926-03-12/2	03단	靑年達に農業實地講習
128211	朝鮮朝日	1926-03-12/2	03단	忠淸北道各部技術員會
128212	朝鮮朝日	1926-03-12/2	03단	朝日勝繼基戰/第二十回(九)
128213	朝鮮朝日	1926-03-12/2	04단	金剛山電鐵豫定線考究
128214	朝鮮朝日	1926-03-12/2	04단	生牛移出解禁の時期
128215	朝鮮朝日	1926-03-12/2	04단	慶北普通學校增設計劃
128216	朝鮮朝日	1926-03-12/2	04단	新義州公立商卒業式
128217	朝鮮朝日	1926-03-13		缺號
128218	朝鮮朝日	1926-03-14		缺號
128219	朝鮮朝日	1926-03-16/1	01단	本年度における私鐵の延長線確定百四哩の豫定にして昨年より十割を增す/三線聯合輸送
128220	朝鮮朝日	1926-03-16/1	01단	製藥會社の不當利得に弱り鮮內の賣藥業代表者ら上京し救濟を陳情する
128221	朝鮮朝日	1926-03-16/1	01단	勅任官級にもうひとゆれ內務局長は白上氏か/實現は遠くあるまい
128222	朝鮮朝日	1926-03-16/1	02단	鈴木將軍の惜別の辭/『今後も朝鮮を忘れぬ』といふ
128223	朝鮮朝日	1926-03-16/1	03단	新義州中學實現ちかづく
128224	朝鮮朝日	1926-03-16/1	03단	外國無電はごくすくない
128225	朝鮮朝日	1926-03-16/1	03단	春は廻る/朝鮮宣傳と妓生/雅致に富んだ哀韻の砧に似た羯鼓の響き/選りすぐった妓生たちが花の浪華へ宣傳に出張
128226	朝鮮朝日	1926-03-16/1	04단	今度は一年生たつ/收拾できない平壤高普騷動
128227	朝鮮朝日	1926-03-16/1	04단	火事を機會に大邱醫院移轉の希望それが火事の焰よりも一層猛烈な輿論となる/大邱商議も移轉運動する/澤田知事も病院移轉贊成
128228	朝鮮朝日	1926-03-16/1	05단	平壤質商組合選擧でゴテる
128229	朝鮮朝日	1926-03-16/1	06단	隱れた畵家から議會の食堂へ南畵を贈る/亂暴な議員サン達の俗腸洗濯にがなならう
128230	朝鮮朝日	1926-03-16/1	07단	平壤電氣をくそみそに貶す/鮮婦人までが應援した平壤電料値下市民大會
128231	朝鮮朝日	1926-03-16/1	07단	龍山驛の裏へ野球場を設ける/官舍跡への設置計劃に猛烈な反對があるため
128232	朝鮮朝日	1926-03-16/1	08단	手に負へぬ不逞鮮人/おびたゞしき二月中の被害

일련번호	판명	간행일	단수	기사명
128233	朝鮮朝日	1926-03-16/1	09단	鮮銀券の內地流出減少
128234	朝鮮朝日	1926-03-16/1	09단	頻出する龍山の放火/保險金詐欺か
128235	朝鮮朝日	1926-03-16/1	10단	小娘の放火/月經時ごとに
128236	朝鮮朝日	1926-03-16/1	10단	匪賊を斃し人質を奪還/鴨綠氷上の痛快な戰ひ
128237	朝鮮朝日	1926-03-16/1	10단	母の情夫を殺す
128238	朝鮮朝日	1926-03-16/1	10단	慶南道では看護婦を養成
128239	朝鮮朝日	1926-03-16/1	10단	半島茶話
128240	朝鮮朝日	1926-03-16/2	01단	訪歐飛行/成功記念活寫會
128241	朝鮮朝日	1926-03-16/2	01단	お入用の米はお望に任せいくらでも送りやせうと釜山商議の勉强ぶり/鮮米の北海道移出漸增
128242	朝鮮朝日	1926-03-16/2	01단	大口資金の需要漸次增加か/鮮人銀行家はかく觀る
128243	朝鮮朝日	1926-03-16/2	01단	正チャンのその後/ドンキチ(八)
128244	朝鮮朝日	1926-03-16/2	02단	本府及忠北警官の本社見學
128245	朝鮮朝日	1926-03-16/2	03단	穀物大會の準備委員會議
128246	朝鮮朝日	1926-03-16/2	03단	お祭騷ぎは權威失墜すると元山側の決議
128247	朝鮮朝日	1926-03-16/2	03단	朝日勝繼基戰/第二十回(十二)
128248	朝鮮朝日	1926-03-16/2	04단	よく生むが死産も多い/京城府の出産
128249	朝鮮朝日	1926-03-16/2	04단	郡守の食言に面民の大憤慨
128250	朝鮮朝日	1926-03-16/2	04단	會(朝鮮郵船總會/歡迎演能會)
128251	朝鮮朝日	1926-03-17/1	01단	十字街/春が來た
128252	朝鮮朝日	1926-03-17/1	01단	空と地上の軍備を一層堅固となし一朝事ある秋にそなへる/軍備充實方針決定
128253	朝鮮朝日	1926-03-17/1	01단	癖になるから痛い目を見せよと京城學校組合議員ら/平井課長糺彈を決議
128254	朝鮮朝日	1926-03-17/1	01단	小學校を廢合し內容を充實する/釜山府の學校整理方針決定し愈々斷行する
128255	朝鮮朝日	1926-03-17/1	03단	勸業模範場長加藤博士任命
128256	朝鮮朝日	1926-03-17/1	03단	仁川、江陵間支線要望/仁川商議から
128257	朝鮮朝日	1926-03-17/1	03단	校長の職を擲ってハーモニカを研究/十數年の研究むくはれ/科學的吹奏法を案出す
128258	朝鮮朝日	1926-03-17/1	04단	われこそ特選に入らんと自慢の愛機を携へて統學院の庭で技を競ふ/關西寫眞聯盟朝鮮競技會
128259	朝鮮朝日	1926-03-17/1	05단	大邱醫院の移轉運動愈よ具體化し商業會議所より決議を齋藤總督に提出陳情す/移轉ならば廣い所へ何とも申譯ないと上村院長語る
128260	朝鮮朝日	1926-03-17/1	06단	筑紫の春を探ねて(五)/SPR
128261	朝鮮朝日	1926-03-17/1	06단	斤量不足による損害賠償を訴へる/何分最初の訴訟とて運輸界の注目をひく
128262	朝鮮朝日	1926-03-17/1	07단	鐵道局の石炭購入/本年度豫定は二十六萬トン

일련번호	판명	간행일	단수	기사명
128263	朝鮮朝日	1926-03-17/1	08단	航空隊へ額面贈呈揭げ場所がないと頭を捻る
128264	朝鮮朝日	1926-03-17/1	08단	學年試驗の延期聲明/平壤高普遂に醜態を爆露す
128265	朝鮮朝日	1926-03-17/1	08단	巢立する學士の卵/大學の開校は五月になるか
128266	朝鮮朝日	1926-03-17/1	09단	ブクブクふくれる朝鮮の預金高/貯蓄心の向上
128267	朝鮮朝日	1926-03-17/1	09단	樂浪古墳を嚴重警戒/盜掘されるので
128268	朝鮮朝日	1926-03-17/1	10단	驛辨當の番附
128269	朝鮮朝日	1926-03-17/1	10단	平壤旭座燒く
128270	朝鮮朝日	1926-03-17/1	10단	人(李軫鎬氏(總督府學務局長)/小倉可夫氏(元大阪師團參謀長)/岡田兼一氏(營口領事))
128271	朝鮮朝日	1926-03-17/1	10단	半島茶話
128272	朝鮮朝日	1926-03-17/2	01단	訪歐飛行/成功記念活寫會
128273	朝鮮朝日	1326-03-17/2	01단	成興公會堂いよいよ纏る
128274	朝鮮朝日	1326-03-17/2	01단	三度の飯を二度に減じ/淸津灣の埋立工事に奔走する
128275	朝鮮朝日	1326-03-17/2	01단	正チャンのその後/ドンキチ(九)
128276	朝鮮朝日	1326-03-17/2	02단	慶南線の鮮米輸送續く
128277	朝鮮朝日	1326-03-17/2	02단	預金は增加し貸出は減する
128278	朝鮮朝日	1326-03-17/2	02단	增加を示す
128279	朝鮮朝日	1326-03-17/2	03단	韓貨未回收は三十萬圓見當
128280	朝鮮朝日	1326-03-17/2	03단	産米增殖と平南水利工事
128281	朝鮮朝日	1326-03-17/2	03단	硫石密輸取締
128282	朝鮮朝日	1326-03-17/2	03단	朝日勝繼基戰/第二十回(十三)
128283	朝鮮朝日	1326-03-17/2	04단	朝鮮勞働者を使役してくれと新義府へ陳情
128284	朝鮮朝日	1326-03-17/2	04단	家庭工業展
128285	朝鮮朝日	1326-03-17/2	04단	會(石井漠舞踊會/看護師卒業式/衛生展覽會)
128286	朝鮮朝日	1326-03-18/1	01단	反目嫉視など面白からぬ風說/問題の學務局內から發し/成績發表問題を紛糾せしむ
128287	朝鮮朝日	1326-03-18/1	01단	一滴の目藥を二階からおとす/全くさうしたやうな當局の火田民救濟策
128288	朝鮮朝日	1326-03-18/1	01단	全會一致王公家權義を可決/貴院委員會で
128289	朝鮮朝日	1326-03-18/1	02단	奉天軍艦さへ退去せば武備を撤廢/列國へこの旨回答する/國民軍要人會議で決定
128290	朝鮮朝日	1326-03-18/1	02단	ひよりみをする朝鮮の新聞紙法/內地のが行惱んだためどうすることもできぬ
128291	朝鮮朝日	1326-03-18/1	04단	なかなか治まらぬ元山靑年會の除名ゴタつき
128292	朝鮮朝日	1326-03-18/1	04단	支那服を着て支那語を用ひよ/然らざれば退去を命ずと支那官憲の鮮人壓迫
128293	朝鮮朝日	1326-03-18/1	04단	豫科を巢立し愈よ最高學府へ/さかんだった豫科の第一回修了證書授與式
128294	朝鮮朝日	1326-03-18/1	05단	辭令(東京電話)

일련번호	판명	간행일	단수	기사명
128295	朝鮮朝日	1326-03-18/1	06단	航空隊は設置される/增師は難しいと新參謀長談
128296	朝鮮朝日	1326-03-18/1	06단	朝鮮經由所澤へデンマークの訪日飛行決定
128297	朝鮮朝日	1326-03-18/1	06단	學議員サンの娘が落第し問題を起す
128298	朝鮮朝日	1326-03-18/1	06단	開水と共に苦力の渡鮮/仁川へ夥しき人員上陸す
128299	朝鮮朝日	1326-03-18/1	07단	御懸念に堪へぬ李王殿下の御容態/依然一進一退の狀態で側近者は注意を怠らぬ
128300	朝鮮朝日	1326-03-18/1	07단	羅南學校組合監理者辭職し後釜でゴテつく
128301	朝鮮朝日	1326-03-18/1	07단	續々陳謝し復校する/大邱高普校は漸次舊に復す
128302	朝鮮朝日	1326-03-18/1	07단	安州郡廳舍全燒して重要書類を丸燒きしよわる
128303	朝鮮朝日	1326-03-18/1	07단	慶北の山火事三十五町燒く
128304	朝鮮朝日	1326-03-18/1	07단	發疹チブス
128305	朝鮮朝日	1326-03-18/1	07단	二年ぶりに大石環の出獄
128306	朝鮮朝日	1326-03-18/1	08단	生活に窮し故鄕を棄つ哀れな村から復舊方を陳情
128307	朝鮮朝日	1326-03-18/1	08단	府營火葬場と運動場を設ける/明年度の豫算に計上す/釜山府民の宿望かなふ
128308	朝鮮朝日	1326-03-18/1	08단	强盜殺人犯破獄逃走/元山署に於て嚴重に捜査中
128309	朝鮮朝日	1326-03-18/1	09단	早合點して阿片で自殺す
128310	朝鮮朝日	1326-03-18/1	09단	木浦府內へ防火水タンク
128311	朝鮮朝日	1326-03-18/1	09단	運動界(馬山擊劍大會)
128312	朝鮮朝日	1326-03-18/1	09단	せんてをうち自發的に直下すべく/關係會社と交涉中の新義州電氣株式會社
128313	朝鮮朝日	1326-03-18/1	10단	卒業式(淑明女子高等普通學校/京城女子高等普通學校/京城府內各小學校)
128314	朝鮮朝日	1326-03-18/1	10단	會(鐵道江畔畵會/商業評議員會)
128315	朝鮮朝日	1326-03-18/1	10단	人(富永一二氏(平北警察部長)/新田隣平氏(新任仁川稅關長)/矢野桃郎氏(新任平北財務部長))
128316	朝鮮朝日	1326-03-18/1	10단	半島茶話
128317	朝鮮朝日	1326-03-18/2	01단	神仙爐/意外に少い電氣料金値下
128318	朝鮮朝日	1326-03-18/2	01단	鮮米の出廻鈍し但今後相當の動きを只せん
128319	朝鮮朝日	1326-03-18/2	01단	電話加入者の苦情を引受ける
128320	朝鮮朝日	1326-03-18/2	01단	不印に終った馬山の繰棉
128321	朝鮮朝日	1326-03-18/2	01단	朝日勝繼基戰/第二十回(十四)
128322	朝鮮朝日	1326-03-18/2	02단	大邱學校組合昨年度豫算高
128323	朝鮮朝日	1326-03-18/2	02단	刮目すべき今年の鍊賣出し
128324	朝鮮朝日	1326-03-18/2	03단	訪歐飛行/成功記念活寫會
128325	朝鮮朝日	1326-03-18/2	03단	正チャンのその後/ドンキチ(十)
128326	朝鮮朝日	1326-03-18/2	04단	見るものは悉く珍く/邦人漁業家の熱力には驚いた
128327	朝鮮朝日	1326-03-19		缺號
128328	朝鮮朝日	1326-03-20/1	01단	十字街/參謀總長

일련번호	판명	간행일	단수	기사명
128329	朝鮮朝日	1326-03-20/1	01단	內鮮融和と産業發達のため/倭城臺に於て朝鮮博を開催/主催朝鮮新聞社/期間五月十三日より一箇月間/期待を以て迎へらる
128330	朝鮮朝日	1326-03-20/1	01단	改造に決した朝鮮勞農總同盟/勞働と農民に二分する/近く各地で大會を開催
128331	朝鮮朝日	1326-03-20/1	02단	愈認可された京城女子實業校
128332	朝鮮朝日	1326-03-20/1	03단	限定放送のほかに短波長放送/目下當局で試驗中
128333	朝鮮朝日	1326-03-20/1	04단	電氣事業を三年後に府營とする/新義州協議會の計劃/値下問題と關係なし
128334	朝鮮朝日	1326-03-20/1	04단	鳥取縣知事は內務局長に拔擢か/本人は榮轉說を打消す/然し實現すると見らる
128335	朝鮮朝日	1326-03-20/1	04단	金剛山電氣の社債成立する
128336	朝鮮朝日	1326-03-20/1	04단	複雜となる朝鮮鑛業法改正
128337	朝鮮朝日	1326-03-20/1	04단	大邱から/かすみ生
128338	朝鮮朝日	1326-03-20/1	05단	災害費の追加豫算四百四十萬圓を議會へ提出
128339	朝鮮朝日	1326-03-20/1	05단	新龍山民がやっと承知し/鐵道官舍跡地へ愈よグランドを設置する
128340	朝鮮朝日	1326-03-20/1	06단	可愛い兒童の餘興の數々/京師附屬母姉會
128341	朝鮮朝日	1326-03-20/1	06단	釜山第八回新酒褒賞授與
128342	朝鮮朝日	1326-03-20/1	07단	少年に宣傳さす巧みな不逞團/嚴重檢擧する
128343	朝鮮朝日	1326-03-20/1	07단	無條件で登校受驗/平壤高普校の騷動おさまる
128344	朝鮮朝日	1326-03-20/1	07단	無制限に墓地が膨れ/慶南道が近く整理斷行する
128345	朝鮮朝日	1326-03-20/1	08단	西本願寺が女學校を經營/京城柱山小學校內に龍谷女學校を併置す
128346	朝鮮朝日	1326-03-20/1	08단	ガーデンとなる釜山の大正公園地/開港記念館を建設しこれに圖書館を併置
128347	朝鮮朝日	1326-03-20/1	08단	含有毒素の陶磁器差押へ
128348	朝鮮朝日	1326-03-20/1	08단	中學生徒の不穩文書公表
128349	朝鮮朝日	1326-03-20/1	08단	强盜に押入り女房に斬つく
128350	朝鮮朝日	1326-03-20/1	08단	癩病藥に怪魚を買取る
128351	朝鮮朝日	1326-03-20/1	09단	血染の船觀音丸の犯人愈よ起訴/水島灘を航行中に大鉈で殺したらしい
128352	朝鮮朝日	1326-03-20/1	10단	卒業式(咸北中等學校卒業式/京城女子高普/培花校/鐵道學校)
128353	朝鮮朝日	1326-03-20/1	10단	人(伏見、山階兩殿下/林軍參謀長/山田軍高級參謀/上村朝鮮軍副官/佐藤汎愛氏(ツーリストビューロウ北京主任)/竹中政一氏(滿鐵經理部長)/小倉可夫少將(平壤三十九旅團長))
128354	朝鮮朝日	1326-03-20/1	10단	半島茶話
128355	朝鮮朝日	1326-03-20/2	01단	正チャンのその後/三ツノシロ(二)
128356	朝鮮朝日	1326-03-20/2	01단	鮮米運賃割戾問題/ナカナカ容易に解決はせぬ
128357	朝鮮朝日	1326-03-20/2	01단	沿海州の漁業視察

일련번호	판명	간행일	단수	기사명
128358	朝鮮朝日	1326-03-20/2	01단	お闕替へ/時さんより米甚知事へ
128359	朝鮮朝日	1326-03-20/2	02단	新義州の府有地賣却
128360	朝鮮朝日	1326-03-20/2	02단	新義州府の水道工費財源
128361	朝鮮朝日	1326-03-20/2	03단	大興電氣の發電機增設
128362	朝鮮朝日	1326-03-20/2	03단	優良桑園に優勝旗を授與
128363	朝鮮朝日	1326-03-20/2	03단	訪歐飛行/成功記念活寫會
128364	朝鮮朝日	1326-03-20/2	04단	會寧を中心に無盡の大競爭
128365	朝鮮朝日	1326-03-20/2	04단	演藝界(石井漠兄妹巡演の日程二十七日まで)
128366	朝鮮朝日	1926-03-21		缺號
128367	朝鮮朝日	1926-03-23/1	01단	十字街/學童貯金
128368	朝鮮朝日	1926-03-23/1	01단	産米增殖に伴ふ補助金の割當/干拓地開墾は三割/灌漑二割に地目變更二割五分(黃海道/平南道/全南道/京畿道/慶南道/咸南道/全北道/忠南道/慶北道)
128369	朝鮮朝日	1926-03-23/1	03단	北洋汽船が定期航路開設/內地諸港との
128370	朝鮮朝日	1926-03-23/1	04단	鮮米の大口取引/消費者と直接
128371	朝鮮朝日	1926-03-23/1	04단	京城二高女の五年制實施は十六年度から實現/四年制の第三高女を更に新設
128372	朝鮮朝日	1926-03-23/1	04단	講習所を取締る計劃/私學校令で
128373	朝鮮朝日	1926-03-23/1	04단	獨眼君高工卒業祝に頻りと辯ず/京城商議會頭
128374	朝鮮朝日	1926-03-23/1	05단	露國からの水害救濟金/一戶當七十五錢
128375	朝鮮朝日	1926-03-23/1	05단	新義州中學校舍を借り/開校の準備
128376	朝鮮朝日	1926-03-23/1	05단	不順な天候當分は續くか/京城に寒冒が流行
128377	朝鮮朝日	1926-03-23/1	05단	鮮人の出漁を露國から慫慂/盛漁期が來たからと淸津駐在官に對し
128378	朝鮮朝日	1926-03-23/1	06단	鴨江の流水數日遅れる
128379	朝鮮朝日	1926-03-23/1	06단	營林廠はいよいよ引揚/廳舍は病院に
128380	朝鮮朝日	1926-03-23/1	06단	支那兵士のモヒ吸飲を取締る計劃
128381	朝鮮朝日	1926-03-23/1	07단	京城から
128382	朝鮮朝日	1926-03-23/1	07단	朝鮮館/目下開會中の大牟田共進會場における
128383	朝鮮朝日	1926-03-23/1	07단	遞信局の貯金デー/小學兒童に
128384	朝鮮朝日	1926-03-23/1	07단	馬賊隊が罌粟を栽培/解氷を待ち
128385	朝鮮朝日	1926-03-23/1	08단	內地見學の儒林團/瞽嘆して歸朝
128386	朝鮮朝日	1926-03-23/1	08단	慶南昌原に溫泉/開鑿の計劃
128387	朝鮮朝日	1926-03-23/1	09단	本妻の子供を法廷に呼出し對決させて庶子か否かを決定/珍妙な今大岡裁判
128388	朝鮮朝日	1926-03-23/1	09단	戀は苦しいと遺書を認め/靑年自殺か
128389	朝鮮朝日	1926-03-23/1	09단	卒業式(京城私立技藝女學校/淸州各學校)
128390	朝鮮朝日	1926-03-23/1	10단	家禽コレラ平南地方にまた蔓延す
128391	朝鮮朝日	1926-03-23/1	10단	半島茶話

일련번호	판명	간행일	단수	기사명
128392	朝鮮朝日	1926-03-23/2	01단	正チャンのその後/三ツノシロ(四)
128393	朝鮮朝日	1926-03-23/2	01단	地下水の利用總督府で調査中/水利組合よりも割安
128394	朝鮮朝日	1926-03-23/2	01단	炭礦統一議論擡頭す
128395	朝鮮朝日	1926-03-23/2	01단	海岸引込線三月上半成績
128396	朝鮮朝日	1926-03-23/2	01단	神仙爐/朝鮮歸り
128397	朝鮮朝日	1926-03-23/2	02단	鴨緑江大豆平北道が大々的に獎勵
128398	朝鮮朝日	1926-03-23/2	02단	蛤の養殖好成績だが亂掘に困る
128399	朝鮮朝日	1926-03-23/2	03단	道是製絲創業二百萬圓で
128400	朝鮮朝日	1926-03-23/2	03단	元東貿易成績が不良/前期に比し
128401	朝鮮朝日	1926-03-23/2	03단	訪歐飛行/成功記念活寫會
128402	朝鮮朝日	1926-03-23/2	04단	公會堂の增築は延期/道路改修が急
128403	朝鮮朝日	1926-03-23/2	04단	公魚を移植/忠南地方に
128404	朝鮮朝日	1926-03-23/2	04단	高工卒業生
128405	朝鮮朝日	1926-03-24/1	01단	十字街/大塚官長
128406	朝鮮朝日	1926-03-24/1	01단	水利局新設は明年度に讓り殆んど同じ性質の土地改良部を創設
128407	朝鮮朝日	1926-03-24/1	01단	大邱乘馬會の遠乘
128408	朝鮮朝日	1926-03-24/1	03단	千五百萬圓の限外發行認可を申請
128409	朝鮮朝日	1926-03-24/1	03단	新義州豫算原案通可決
128410	朝鮮朝日	1926-03-24/1	03단	生の母さまあったならどんなにかお喜びだらうにと哀句胸に迫る「母の死に」/乙女心の優しさを見せた中道さん
128411	朝鮮朝日	1926-03-24/1	04단	朝鮮の軍備は輿論に訴へても擴張を圖る積りと森岡新司令官は語る
128412	朝鮮朝日	1926-03-24/1	04단	世界一周の印度の靑年新義州に到着
128413	朝鮮朝日	1926-03-24/1	04단	外人布教團内地を視察/四月下旬に
128414	朝鮮朝日	1926-03-24/1	04단	第二艦隊仁川鎭南浦の沖合に假泊/驅逐艦隊が淸津に入港二十二日朝
128415	朝鮮朝日	1926-03-24/1	05단	大ニコニコで鍊船の初歸り非常な豊漁の上に手續等も至って簡便
128416	朝鮮朝日	1926-03-24/1	06단	平北道の移出牛檢疫/沿道各驛で
128417	朝鮮朝日	1926-03-24/1	06단	幹部が異動/韓一銀行の
128418	朝鮮朝日	1926-03-24/1	07단	城大豫科の入學試驗二十二日終了
128419	朝鮮朝日	1926-03-24/1	07단	發動機の故障で九日間も漂流/乘組員は半死半生で隱岐海岸で救はる
128420	朝鮮朝日	1926-03-24/1	07단	鮮人の轢死/列車から飛降
128421	朝鮮朝日	1926-03-24/1	08단	大塚前局長追悼會京城公會堂で(大邱)
128422	朝鮮朝日	1926-03-24/1	08단	鄭士斌は假出獄許可/尹和洙も同樣
128423	朝鮮朝日	1926-03-24/1	09단	女教師襲はる專門學生も交る/不良學生の群れが京城府内を頻に横行

일련번호	판명	간행일	단수	기사명
128424	朝鮮朝日	1926-03-24/1	09단	女學校長が生徒を連れ行方を晦す
128425	朝鮮朝日	1926-03-24/1	09단	新義州內に僞造貨行使/巧妙な代物
128426	朝鮮朝日	1926-03-24/1	09단	卒業式(京城第二高女/淑明女子高普)
128427	朝鮮朝日	1926-03-24/1	10단	運動界(鐵道撞球大會)
128428	朝鮮朝日	1926-03-24/1	10단	會(衛生展覽會)
128429	朝鮮朝日	1926-03-24/1	10단	人(齋藤總督/森岡陸軍大將(軍司令官)/引田中將(二十團師長)/石川眞三氏(帝國鐵道協會理事)/關水武氏(平南內務部長)/釜瀨富太氏(新任咸鏡北道內務部長)/松井七夫氏(陸軍少將張作霖氏軍事顧問)/尾野實信大將/目下部少將(新任朝鮮憲兵隊司令官)/熊孟贊氏(延吉縣知事))
128430	朝鮮朝日	1926-03-24/1	10단	半島茶話
128431	朝鮮朝日	1926-03-24/2	01단	正チャンのその後/三ツノシ
128432	朝鮮朝日	1926-03-24/2	01단	流し網の制限を水産業者が嘆願/定置網を破るからと
128433	朝鮮朝日	1926-03-24/2	01단	大邱より/生みすか
128434	朝鮮朝日	1926-03-24/2	02단	遞信局專屬の電線修理船必要が叫ばる
128435	朝鮮朝日	1926-03-24/2	02단	神仙爐/唱歌會の戀遷
128436	朝鮮朝日	1926-03-24/2	03단	會社銀行(鮮內會社數/總資本金は四億九千萬圓)
128437	朝鮮朝日	1926-03-24/2	03단	訪歐飛行/成功記念活寫會
128438	朝鮮朝日	1926-03-24/2	04단	咸北道廳の燒跡を爆破/工兵の演習に
128439	朝鮮朝日	1926-03-24/2	04단	春川學藝會
128440	朝鮮朝日	1926-03-25		缺號
128441	朝鮮朝日	1926-03-26		缺號
128442	朝鮮朝日	1926-03-27		缺號
128443	朝鮮朝日	1926-03-28		缺號
128444	朝鮮朝日	1926-03-29		休刊
128445	朝鮮朝日	1926-03-30		缺號
128446	朝鮮朝日	1926-03-31		缺號

1926년 4월 (조선아사히)

일련번호	판명	간행일	단수	기사명
128447	朝鮮朝日	1926-04-01		缺號
128448	朝鮮朝日	1926-04-02		缺號
128449	朝鮮朝日	1926-04-03/1	01단	十字街/朝鮮研究
128450	朝鮮朝日	1926-04-03/1	01단	村民の希望條件を悉く容れて土地讓渡/紛糾を續けた宮三面事件/十九年振に目出度く解決
128451	朝鮮朝日	1926-04-03/1	01단	世子殿下御渡歐御別宴
128452	朝鮮朝日	1926-04-03/1	01단	共同警戒のため手も足も出なく靜寂になった國境不逞團/總督府警務當局の談
128453	朝鮮朝日	1926-04-03/1	03단	學校教育に比しあまりに低い家庭女學生の向學程度彼女等は如何なる世界を有するか/夢のやうに過したのが悔ひられる五年K・K生/今の儘では何にもならぬ氣持がする四年F・N/是非善惡の判斷だけは備はった五年H・I/理想の人苦き娘達の好きと嫌ひ/借金のない良人が欲しい四年K・O/共稼な人と眞實の生活四年C・O/直接説明は可笑い京城第二高女校長古谷傳一氏談/搦手からは不可京城第一高女校長尾形友助氏談
128454	朝鮮朝日	1926-04-03/1	04단	京城大學豫科入學者鮮人增加
128455	朝鮮朝日	1926-04-03/1	04단	三機編隊空中分列式/平壤飛行隊創立記念日
128456	朝鮮朝日	1926-04-03/1	05단	辭令(東京電話)
128457	朝鮮朝日	1926-04-03/1	05단	資本の大半は內地から
128458	朝鮮朝日	1926-04-03/1	05단	親たらにも漸く鳥人生活を許され/いよいよ操縱練習を始めた朝鮮出身の女流飛行家
128459	朝鮮朝日	1926-04-03/1	06단	森岡軍司令官初巡視豫定
128460	朝鮮朝日	1926-04-03/1	06단	仁川のマッチ會社同盟罷業
128461	朝鮮朝日	1926-04-03/1	07단	癩病の藥に人肉が利くと聞き己れの股の肉を裂き夫に進めた妻
128462	朝鮮朝日	1926-04-03/1	07단	鍬で毆り殺す
128463	朝鮮朝日	1926-04-03/1	08단	製紙會社工場より出火
128464	朝鮮朝日	1926-04-03/1	08단	牛疫發生で牛市開場停止
128465	朝鮮朝日	1926-04-03/1	09단	印刷罷業示威一名檢束さる
128466	朝鮮朝日	1926-04-03/1	09단	女房が喫煙したとて棍棒で毆る
128467	朝鮮朝日	1926-04-03/1	10단	運動界(署長武者修行)
128468	朝鮮朝日	1926-04-03/1	10단	會(蠶絲講習會/午餐會)
128469	朝鮮朝日	1926-04-03/1	10단	人(平林博士/森岡大將夫人/梅野實氏(滿鐵理事)/和田駿氏(金福鐵道監査役)/林茂樹氏(鐵道局經理課長)/大森鶴吉氏(京城府技師)/福岡大學生一行/林參謀長(軍司令部)/東北大學生一行/明治大學生一行/島居軍醫部長(軍司令部)/安田少將(四十旅團長)/李鍝公殿下/田中武雄氏(總督府高等警察課長))
128470	朝鮮朝日	1926-04-03/1	10단	半島茶話
128471	朝鮮朝日	1926-04-03/2	01단	神仙爐/玆に手本あり

일련번호	판명	간행일	단수	기사명
128472	朝鮮朝日	1926-04-03/2	01단	吉會線の終點は淸津に決定の模樣/築港は愈よ着工し漁港と電氣府營が目下の問題
128473	朝鮮朝日	1926-04-03/2	02단	鎭南浦汽船新船購入
128474	朝鮮朝日	1926-04-03/2	03단	正チャンのその後/アカイシロ(七)
128475	朝鮮朝日	1926-04-03/2	03단	訪歐飛行/成功記念活寫會
128476	朝鮮朝日	1926-04-03/2	03단	釜山の南港修築大々的に宣傳
128477	朝鮮朝日	1926-04-03/2	04단	大村鐵道局長春川視察
128478	朝鮮朝日	1926-04-03/2	04단	京城から
128479	朝鮮朝日	1926-04-04	01단	十字街/紛擾
128480	朝鮮朝日	1926-04-04	01단	一萬人近くの支那人勞働者が鮮內に入り込んだ/勞働爭議を懸念さる
128481	朝鮮朝日	1926-04-04	01단	咸興學校組合評議員選擧
128482	朝鮮朝日	1926-04-04	01단	平北道の臨時道議員會
128483	朝鮮朝日	1926-04-04	01단	京城三月末組合銀行帳尻
128484	朝鮮朝日	1926-04-04	01단	釜山會議所當選評議員
128485	朝鮮朝日	1926-04-04	02단	朝鮮の生牛は多産主義を採る/北海道は優良主義/里北海大學教授談
128486	朝鮮朝日	1926-04-04	03단	教育費の總督府補助額
128487	朝鮮朝日	1926-04-04	03단	總督府辭令
128488	朝鮮朝日	1926-04-04	03단	新義州中學授業開始/新義州中學設立寄附
128489	朝鮮朝日	1926-04-04	04단	朝鮮私鐵豐上新興起工
128490	朝鮮朝日	1926-04-04	04단	麻織物生産額
128491	朝鮮朝日	1926-04-04	04단	喫茶室(煙の代五十萬圓)
128492	朝鮮朝日	1926-04-04	04단	他所に無い海潮の發電
128493	朝鮮朝日	1926-04-04	04단	朝鮮併合史を讀む/SPR
128494	朝鮮朝日	1926-04-04	05단	南鮮四鐵道が完成の曉には四道の産米は倍加/聯合運動の火の手
128495	朝鮮朝日	1926-04-04	05단	十四年度輸送貨物成績良好
128496	朝鮮朝日	1926-04-04	06단	朝鮮博覽會第三會場準備進む
128497	朝鮮朝日	1926-04-04	07단	朝鮮美展と出品製作そろそろ着手
128498	朝鮮朝日	1926-04-04	07단	列車事故の死傷防止
128499	朝鮮朝日	1926-04-04	07단	人蔘藥品に不正品が混入し朝鮮人蔘の聲價を落す/總督府では取締る
128500	朝鮮朝日	1926-04-04	08단	復興基金に童謠音樂會/本居氏一行
128501	朝鮮朝日	1926-04-04	08단	馬山の櫻/美形の踊に歡樂境出現
128502	朝鮮朝日	1926-04-04	09단	穀物大會紛紜を惹起す
128503	朝鮮朝日	1926-04-04	09단	郵便局の公金拐帶者大阪から護送
128504	朝鮮朝日	1926-04-04	10단	飛降りて轢死
128505	朝鮮朝日	1926-04-04	10단	運動界(實業選拔野球)

일련번호	판명	간행일	단수	기사명
128506	朝鮮朝日	1926-04-04	10단	會(巡回講演會/金融組合總會)
128507	朝鮮朝日	1926-04-04	10단	人(高野貞二少佐(平壤憲兵隊長))
128508	朝鮮朝日	1926-04-04	10단	半島茶話
128509	朝鮮朝日	1926-04-06/1	01단	十字街/欠伸
128510	朝鮮朝日	1926-04-06/1	01단	*御懸念に堪へぬ李王殿下の御病狀/四日朝俄然御急變あり昌德宮は大混雜を呈す李王職は絶對にこれを否認する/急遽御歸鮮の李王世子殿下兩殿下よりお托しのお見舞品を奉持され/御憂慮の外はない李王職長官發表/御檢溫も叶はず御衰弱加はる李王殿下の御容態 李王職の發表*
128511	朝鮮朝日	1926-04-06/1	03단	釜山商議の役員選擧終る
128512	朝鮮朝日	1926-04-06/1	04단	*ふんだくりの主義を全然廢し土地に十分施肥して米の増收を圖りたいと加藤勸業模範場長の談*
128513	朝鮮朝日	1926-04-06/1	04단	*中華民國の領事館また身賣話持上る/副領事の陳サンは『阿呆らしい事だ』と辯明力む*
128514	朝鮮朝日	1926-04-06/1	04단	*脛嚙りの中に世にも稀なる苦學の青年/年來の宿望がなって佐世保商業に入學す*
128515	朝鮮朝日	1926-04-06/1	04단	*大阪の相場がゐながら判る/仁川米豆取引所のラヂオが認可さる*
128516	朝鮮朝日	1926-04-06/1	05단	計劃の成った土地改良會社
128517	朝鮮朝日	1926-04-06/1	06단	*壓迫されるだけ民業に缺陷がある/大に改良を要する譯だ/松村法務局長の大氣焰*
128518	朝鮮朝日	1926-04-06/1	06단	*賣行を見た後さらに買込む北進するにつれて賣行の惡い新來米*
128519	朝鮮朝日	1926-04-06/1	06단	*禿山若返り法/十年經ては慶南の林野は青くなる/とてもすさまじい慶南當局の意氣込*
128520	朝鮮朝日	1926-04-06/1	06단	花見列車運轉
128521	朝鮮朝日	1926-04-06/1	07단	獻木植初め式
128522	朝鮮朝日	1926-04-06/1	07단	出獄後に眞犯人/法曹界の問題となる赤行囊紛失事件の
128523	朝鮮朝日	1926-04-06/1	07단	*朴烈夫妻の恩赦/手續の前例がないので研究調査に手間取り/本人等に傳達されるは本日か*
128524	朝鮮朝日	1926-04-06/1	08단	慶南鐵社債を野村が引受く
128525	朝鮮朝日	1926-04-06/1	08단	放送局の工事を急ぐ/機械の到着が早くなるので
128526	朝鮮朝日	1926-04-06/1	08단	高麗共産黨員沙里院で逮捕
128527	朝鮮朝日	1926-04-06/1	08단	科料納め大將勞働者の募集
128528	朝鮮朝日	1926-04-06/1	09단	*不逞鮮人團の策動地へ移住し當局の頭をなやます窮迫せる鮮人のむれ/遺族から救助申請 不逞鮮人に慘殺された*
128529	朝鮮朝日	1926-04-06/1	09단	*六十三箇所に放火稀代の放火狂逮捕さる/釜山の火事全半燒十戶/春川の畫火事*
128530	朝鮮朝日	1926-04-06/1	10단	人(淺野總一郎氏/神戶市市會議員)
128531	朝鮮朝日	1926-04-06/1	10단	半島茶話

일련번호	판명	간행일	단수	기사명
128532	朝鮮朝日	1926-04-06/2	01단	神仙爐/この嘘み合ひ
128533	朝鮮朝日	1926-04-06/2	01단	起工の準備に忙しき清津築港/五月廿九日の記念日にいよいよ起工式擧行か
128534	朝鮮朝日	1926-04-06/2	01단	南支方面の新い販路/鎭南浦苹果の商談頗る好調
128535	朝鮮朝日	1926-04-06/2	01단	正チャンのその後/アオイシロ(一)
128536	朝鮮朝日	1926-04-06/2	02단	鍊船/續々歸る
128537	朝鮮朝日	1926-04-06/2	03단	訪歐飛行/成功記念活寫會
128538	朝鮮朝日	1926-04-06/2	03단	朝日勝繼碁戰/第廿二回(一)
128539	朝鮮朝日	1926-04-06/2	04단	平南水産會役員
128540	朝鮮朝日	1926-04-06/2	04단	下火となった鎭南浦の鷲口瘡
128541	朝鮮朝日	1926-04-06/2	04단	清津高女認可
128542	朝鮮朝日	1926-04-07/1	01단	十字街/妄動
128543	朝鮮朝日	1926-04-07/1	01단	昌德宮俄に緊張し異常の空氣が漂ふ內殿の出入者をも制限し事態の重大を思はしむ/六日の午後御重體に陷らる昌德宮は御見舞にてにはかに混雜を呈す/御氣分のよい時は近侍を笑はせられ御昂進のときは恰も嗜眠狀態を呈せらる/李王職では『御輕快』と發表し一方內殿の方からは御重體を傳へられる/御見舞の電報山積梨本宮を初め各大官連より/優渥なる御見舞畏き邊りより殿下にたまふ/御心痛の餘りお食事さへも攝られぬ實においたはしき車中での世子殿下/王世子殿下を釜山までお迎へする世子殿下のお歸りを只管お待兼の王殿下/森閑とした昌德宮內 御近親は徹宵御看護申上ぐ
128544	朝鮮朝日	1926-04-07/1	06단	『聖慮忝けなく聖恩海より深い』逆徒への恩命降下で齋藤總督謹みて語る
128545	朝鮮朝日	1926-04-07/1	06단	府營として南濱を改修せよと釜山府へ建議する南港期成同盟の決議
128546	朝鮮朝日	1926-04-07/1	06단	痛痒を感ぜぬ朝鮮の製絲家/收繭高は前年より三割增を豫想さる
128547	朝鮮朝日	1926-04-07/1	06단	大邱府に瓦斯會社關係者の運動猛烈を極める
128548	朝鮮朝日	1926-04-07/1	07단	日本人肥の工場設置/敷地は平壤か/金剛山の附近
128549	朝鮮朝日	1926-04-07/1	08단	甘いものゝ大品評會/全國菓子飴の品評會近づく
128550	朝鮮朝日	1926-04-07/1	08단	朝鮮の電氣界紹介/電氣協會より電氣博へ出品
128551	朝鮮朝日	1926-04-07/1	08단	雌鷄を雄鷄につくりかへる珍しい試驗に成功した增井博士の朝鮮入り
128552	朝鮮朝日	1926-04-07/1	08단	平壤、太刀洗間長距離飛行來月中旬決行
128553	朝鮮朝日	1926-04-07/1	08단	巧みな方法で詐取/大邱銀行の僞造小切手事件
128554	朝鮮朝日	1926-04-07/1	09단	少女を誘拐して暴行を企てた數名の支那人
128555	朝鮮朝日	1926-04-07/1	09단	朝鮮から內地へ內地から朝鮮へ虻蜂とらずに終った密行鮮人團三十餘名
128556	朝鮮朝日	1926-04-07/1	10단	列車を妨害

일련번호	판명	간행일	단수	기사명
128557	朝鮮朝日	1926-04-07/1	10단	一萬六千圓を詐取する仁川に於ける小切手の僞造
128558	朝鮮朝日	1926-04-07/1	10단	會(朝鮮電協總會)
128559	朝鮮朝日	1926-04-07/1	10단	人(齋藤恒少將(關東軍參謀長)/竹上常三郎中將(十九師團長)/大河內主計正(軍司令部)/大村卓一氏(鐵道局長)/新田留次郎氏(鐵道局工務課長))
128560	朝鮮朝日	1926-04-07/1	10단	半島茶話
128561	朝鮮朝日	1926-04-07/2	01단	有望でまた必要の朝鮮の水電事業/發達して居らぬだけ普及の餘地が多い(內地に比し工費が廉い/增加率は內地より高い/電燈が多く動力は尠い/大量發電の裝置が必要)
128562	朝鮮朝日	1926-04-07/2	01단	正チャンのその後/アオイシロ(二)
128563	朝鮮朝日	1926-04-07/2	03단	朝日勝繼碁戰/第廿二回(二)
128564	朝鮮朝日	1926-04-07/2	04단	福音集る公州の地/電車開通と臨港鐵道敷設
128565	朝鮮朝日	1926-04-08/1	01단	世子妃の御氣病傳はり昌德宮は一層混雜する七日朝來內鮮官民の參殿する者殊に多くなり廣場は雜沓を呈す/起き上られてお食事されるよほど御快方に向はると李王職より發表さる/斷食して御平癒を祈る老女官金女史/お痛はしくも王世子妃殿下病ませらる御病氣は扁桃腺炎にてお案じ申上る程でない/出雲大社敎の御平癒祈願玉串を昌德宮へ/擧手のお體さへお力なく拜せらる王世子殿下釜山お着直ぐ京城へ向はれる
128566	朝鮮朝日	1926-04-08/1	03단	力瘤を入れる粟の自給自足/耕種組織を適當とし目下極力試作に力む
128567	朝鮮朝日	1926-04-08/1	03단	電氣値下の猛烈なる決議/平壤府民大會で可決/今後の鼻息はあらい
128568	朝鮮朝日	1926-04-08/1	05단	公州電氣の値下申請/許可あり次第卽時實行する
128569	朝鮮朝日	1926-04-08/1	05단	滿洲粟の各驛在荷調べ
128570	朝鮮朝日	1926-04-08/1	05단	土地改良社の請負制度計劃
128571	朝鮮朝日	1926-04-08/1	05단	京城女子商業設立認可さる
128572	朝鮮朝日	1926-04-08/1	05단	炭酸水運賃割引
128573	朝鮮朝日	1926-04-08/1	06단	庭の池いぢりに過ぎぬ港灣埋築/釜山鎭埋築なんざあ朝飯前の仕事なんだと淺野サンの大氣焰
128574	朝鮮朝日	1926-04-08/1	06단	『肥沃の地を壞し路頭に迷はす』とて成川邑內間道路開設に文源里の反對
128575	朝鮮朝日	1926-04-08/1	06단	日仕舞手數を建米と同率に仁取の認可申請
128576	朝鮮朝日	1926-04-08/1	06단	受驗生から試驗料徵收/京城府において
128577	朝鮮朝日	1926-04-08/1	06단	收容出來ず入學拒絶/京城府內の普通學校が
128578	朝鮮朝日	1926-04-08/1	07단	朝鮮美術展事務所の開設
128579	朝鮮朝日	1926-04-08/1	07단	京城圖書館を大觀亭へ移轉/明治町の土地を賣りそれを費用にあてる
128580	朝鮮朝日	1926-04-08/1	07단	二人組の强盜破獄の兇漢か/文川郡の村落を荒しいづくへか逃走す

일련번호	판명	간행일	단수	기사명
128581	朝鮮朝日	1926-04-08/1	08단	よく賣れる鐵道局の哩券
128582	朝鮮朝日	1926-04-08/1	08단	咸北線四工區工事請負契約
128583	朝鮮朝日	1926-04-08/1	08단	麻田鑛の牛車夫盟休/會社狠狽する
128584	朝鮮朝日	1926-04-08/1	09단	一萬圓の詐取未遂/外人振出しの小切手を種に
128585	朝鮮朝日	1926-04-08/1	09단	魚類を氷にして/半年保たす珍しい凍結法/かたい自信を得た總督府水産試驗場
128586	朝鮮朝日	1926-04-08/1	09단	大法螺を吹き騙りあるく
128587	朝鮮朝日	1926-04-08/1	09단	實夫殺害の惡魔護送さる
128588	朝鮮朝日	1926-04-08/1	10단	さくら/馬山重砲の營內開放
128589	朝鮮朝日	1926-04-08/1	10단	關釜連絡船の動搖をふせぐ
128590	朝鮮朝日	1926-04-08/1	10단	半燒一戸で卅戸破壞/間島の火事
128591	朝鮮朝日	1926-04-08/1	10단	會(全鮮鄕軍大會/釜山修養總會)
128592	朝鮮朝日	1926-04-08/1	10단	人(神戸市都市計劃委員)
128593	朝鮮朝日	1926-04-08/2	01단	神仙爐/鮮米協會へ
128594	朝鮮朝日	1926-04-08/2	01단	近頃ふえた鮮人の內地遊學/政治、法律を學ぶ者や豫備校の在學が多い
128595	朝鮮朝日	1926-04-08/2	01단	豫算面より減收した昨年度中の鐵道局收入
128596	朝鮮朝日	1926-04-08/2	01단	正チャンのその後/アオイシロ(三)
128597	朝鮮朝日	1926-04-08/2	02단	資金だけ融通する殖銀と土地改良會社の關係
128598	朝鮮朝日	1926-04-08/2	03단	水電を用ひる龍山鐵道工場
128599	朝鮮朝日	1926-04-08/2	03단	大學病院となる總督府の醫院/院舍の增築を爲し內容をも改善する
128600	朝鮮朝日	1926-04-08/2	03단	訪歐飛行/成功記念活寫會
128601	朝鮮朝日	1926-04-08/2	03단	朝日勝繼碁戰/第廿二回(三)
128602	朝鮮朝日	1926-04-08/2	04단	亡び行く朝鮮馬/濟州島にて保護を加ふ
128603	朝鮮朝日	1926-04-09		缺號
128604	朝鮮朝日	1926-04-10/1	01단	思はしき效果を認めず侍醫は全力を盡しお持直しにつとむ/御枕頭に侍り御看護申上げおいたはしきまでに御憔悴の王世子殿下/稻田博士の拜診結果李王職發表/世子妃を見舞はる李王家より女官を派し
128605	朝鮮朝日	1926-04-10/1	03단	頗るたよりない釜山鎭の埋築/相變らずの內訌で實現の程は判らぬ
128606	朝鮮朝日	1926-04-10/1	03단	筋肉が薄弱で成績はよくない/然し壯丁の言動は非常に靜肅だった/第二十師團管下の徵兵檢査
128607	朝鮮朝日	1926-04-10/1	03단	追はれる者の悲しみを胸に抱いて當度も無く流離の旅路に彷徨ふ/農村を棄てた勞働者/幻想の夢は破れ、理想の灯も消えた
128608	朝鮮朝日	1926-04-10/1	04단	淸津記念植樹

일련번호	판명	간행일	단수	기사명
128609	朝鮮朝日	1926-04-10/1	05단	明乎暗乎の開眼供養/カケに敗れた腹癒せの宴/その實は渡邊君の開眼の供養だった
128610	朝鮮朝日	1926-04-10/1	05단	土地改良の代行は有望/手數料だけで八萬圓の収入
128611	朝鮮朝日	1926-04-10/1	06단	晋州鐵道倉庫擴張を計劃す
128612	朝鮮朝日	1926-04-10/1	06단	新興松興間輕鐵工事落札
128613	朝鮮朝日	1926-04-10/1	06단	未完成の馬山港/慶南線延長と港灣の設備が
128614	朝鮮朝日	1926-04-10/1	07단	死ぬまで朝鮮の統治に力をつくし攝政宮殿下御渡鮮を最後の望としてゐた/大塚前內務局長のことゞも/小野田洋灰の支那大量輸送
128615	朝鮮朝日	1926-04-10/1	07단	鐵道財團/天安安城間の
128616	朝鮮朝日	1926-04-10/1	08단	咸境北線の鐵道工事落札
128617	朝鮮朝日	1926-04-10/1	08단	府營事業に反對の聲起り府もまた首を捻る/釜山南港修築問題
128618	朝鮮朝日	1926-04-10/1	09단	熱風起がり眞夏の氣候
128619	朝鮮朝日	1926-04-10/1	09단	土地を種に詐欺を働く
128620	朝鮮朝日	1926-04-10/1	10단	龍山から
128621	朝鮮朝日	1926-04-10/1	10단	會(物産宣傳卽賣會/釜山繁榮例會)
128622	朝鮮朝日	1926-04-10/1	10단	人(稻田博士/練武者三氏(京電專務)/和田純氏(慶南知事)/棒葉孝平氏(總督府土木課長)/湯淺政務總監/京城商議役員の視察/方洛畫伯(支那南畫界の巨匠))
128623	朝鮮朝日	1926-04-10/1	10단	半島茶話
128624	朝鮮朝日	1926-04-10/2	01단	正チャンのその後/アオイシロ(五)
128625	朝鮮朝日	1926-04-10/2	01단	寒心に堪へぬ露國の魔の手/鮮人に共産主義を根づよくふきこむ
128626	朝鮮朝日	1926-04-10/2	01단	朝鮮博へ床柱出品/咸南から美事なる黃楊樹を
128627	朝鮮朝日	1926-04-10/2	01단	清津高女の開校を喜ぶ/愈十五日から
128628	朝鮮朝日	1926-04-10/2	03단	鴨江沿岸に牛疫流行する
128629	朝鮮朝日	1926-04-10/2	03단	水用源地をあっさり寄附
128630	朝鮮朝日	1926-04-10/2	03단	咸興體協の運動活寫公開
128631	朝鮮朝日	1926-04-10/2	03단	訪歐飛行/成功記念活寫會
128632	朝鮮朝日	1926-04-10/2	04단	仁川日粉工場埋立工事進捗
128633	朝鮮朝日	1926-04-10/2	04단	馬山の風呂屋悲鳴をあげる
128634	朝鮮朝日	1926-04-10/2	04단	普校設置運動
128635	朝鮮朝日	1926-04-10/2	04단	運動界(釜山對大邱戰)
128636	朝鮮朝日	1926-04-11	01단	御容態持直され御食慾增進さる王世子殿下も御休養/お見舞は仁政展で總て受付ける
128637	朝鮮朝日	1926-04-11	02단	家屋の建築が難かしくなる/平北道では愈よ近く建築取締規則を發布
128638	朝鮮朝日	1926-04-11	02단	五月中旬から飛行學校開校/汝矣島へは飛行場を西尾大尉の手により

일련번호	판명	간행일	단수	기사명
128639	朝鮮朝日	1926-04-11	04단	元山水電の回答を不滿とし近く市民大會を開き目的貫徹に邁進する
128640	朝鮮朝日	1926-04-11	04단	解禁最初の鮮牛移出/鎮南浦から二百餘頭を
128641	朝鮮朝日	1926-04-11	04단	土地改良會社本年改良面積
128642	朝鮮朝日	1926-04-11	05단	專任技師決定
128643	朝鮮朝日	1926-04-11	05단	罹災者を使ひ朝博會場を建築/水害復興記念協贊會が龍山の第三會場建物を
128644	朝鮮朝日	1926-04-11	05단	半減はしたが依然根絶せぬ/釜山通過の文無し勞働者の內地渡航
128645	朝鮮朝日	1926-04-11	05단	京仁取引所の合併問題擡頭/當局自ら大株主の意向をとりまとむ
128646	朝鮮朝日	1926-04-11	06단	藝術の春/赭土に芽ぐむ詩歌の世界
128647	朝鮮朝日	1926-04-11	06단	京城女子實業開校式を擧行
128648	朝鮮朝日	1926-04-11	06단	昨年中の鮮米內地移出狀況
128649	朝鮮朝日	1926-04-11	07단	遲參者と虎眼の多い釜山の徵兵檢查/宮村中佐の談
128650	朝鮮朝日	1926-04-11	07단	獎學資金を集め寄生虫學の論文に賞金を贈るの計劃/宮入博士の業蹟を記念すべく
128651	朝鮮朝日	1926-04-11	07단	五百町步に互る國有林燒失す/損害百萬圓に達す/原因は原野の火入から
128652	朝鮮朝日	1926-04-11	07단	音を出す！？不思議な甕は/九大耳鼻科で實驗/周圍の音を感ずることが判明
128653	朝鮮朝日	1926-04-11	09단	朝鮮公論の上棟式と自祝
128654	朝鮮朝日	1926-04-11	09단	七十九聯隊の軍旗拜受式典
128655	朝鮮朝日	1926-04-11	09단	訪歐飛行/成功記念活寫會
128656	朝鮮朝日	1926-04-11	10단	辭令(東京電話)
128657	朝鮮朝日	1926-04-11	10단	江華島の鐘樓修理/由緒深い建物
128658	朝鮮朝日	1926-04-11	10단	仁川の柚峴驛を上仁川驛に改稱するに決定
128659	朝鮮朝日	1926-04-11	10단	人(多木久米次郎氏(代議士)/旅順師範學堂生徒/芝崎安東副領事夫人のぶ子)
128660	朝鮮朝日	1926-04-13/1	01단	春に相應しき盆栽や繪畵を御枕邊近く陣列し御心を慰め參らす/十二日の御容態御變りなし/稻田博士を御信賴李王殿下が/御容態如何で昌德苑は或は公開中止か
128661	朝鮮朝日	1926-04-13/1	02단	福岡木浦間の定期航空路は日本航空が開始か/豫算關係で補助金は無い
128662	朝鮮朝日	1926-04-13/1	04단	演說がお氣に入り一躍高等官三等特別任用が生む奇拔な朝鮮人勅任官物語
128663	朝鮮朝日	1926-04-13/1	04단	訪日機の京城着は十七、八日頃
128664	朝鮮朝日	1926-04-13/1	04단	入境外人が百三十一名/朝鮮國境の
128665	朝鮮朝日	1926-04-13/1	04단	新義州學組賦課案を附議/府廳樓上で

일련번호	판명	간행일	단수	기사명
128666	朝鮮朝日	1926-04-13/1	04단	南港改修で總監を口說く/期成會の元老達が經營は府か個人か
128667	朝鮮朝日	1926-04-13/1	05단	伏見、山階兩宮御入京/十二日朝
128668	朝鮮朝日	1926-04-13/1	05단	辭令(八日附)
128669	朝鮮朝日	1926-04-13/1	06단	私鐵株主が拂込に反對す/補給期間の延長を實現する爲の敵本主義か
128670	朝鮮朝日	1926-04-13/1	06단	學組議員の普通選擧/新義州の
128671	朝鮮朝日	1926-04-13/1	06단	方洺畫伯の招待晚餐會/齋藤總督が
128672	朝鮮朝日	1926-04-13/1	06단	激烈となった電氣値下運動/消燈同盟も辭せぬと需要家の態度刻々と硬化
128673	朝鮮朝日	1926-04-13/1	07단	鴨江沿岸に牛疫續發す/四十頭に達す
128674	朝鮮朝日	1926-04-13/1	07단	朝鮮土地愈よ設立/政府も諒解し
128675	朝鮮朝日	1926-04-13/1	07단	學士會の穗積男追悼會/平北道廳で
128676	朝鮮朝日	1926-04-13/1	07단	中江鎭も漸く解氷し遡江船就航
128677	朝鮮朝日	1926-04-13/1	08단	黃海道の大山火事/三百町步燒失
128678	朝鮮朝日	1926-04-13/1	08단	勅語を燒く比安普校が全部燒失す
128679	朝鮮朝日	1926-04-13/1	09단	旋風で家が潰れ卽死者二名と重傷四名を出し發掘中の七名は生死不明
128680	朝鮮朝日	1926-04-13/1	09단	小學生の刃傷/參考書の貸借から/口論の末ナイフで刺す
128681	朝鮮朝日	1926-04-13/1	09단	怪しき汽船に六十名が潛伏/大規模の密航團が釜山署の手で逮捕
128682	朝鮮朝日	1926-04-13/1	09단	合鍵使用の泥棒捕はる/大邱署で
128683	朝鮮朝日	1926-04-13/1	09단	大規模のモヒ密輸團三名を逮捕
128684	朝鮮朝日	1926-04-13/1	10단	李王家の所有林が火事/山林技師急行
128685	朝鮮朝日	1926-04-13/1	10단	會(平壤聯隊軍旗祭)
128686	朝鮮朝日	1926-04-13/1	10단	半島茶話
128687	朝鮮朝日	1926-04-13/2	01단	併合史の著者より/筆者より著者へ/SPR
128688	朝鮮朝日	1926-04-13/2	01단	民間の注文で機械類を製作/平壤兵器製作所が
128689	朝鮮朝日	1926-04-13/2	01단	平安南道の植桑計劃は着々と進捗
128690	朝鮮朝日	1926-04-13/2	01단	濟州島の水産鑵詰は宣傳が必要
128691	朝鮮朝日	1926-04-13/2	01단	正チャンのその後/アオイシロ(七)
128692	朝鮮朝日	1926-04-13/2	02단	運送業者總會三十餘名出席
128693	朝鮮朝日	1926-04-13/2	03단	江景展覽會觀覽者五千人
128694	朝鮮朝日	1926-04-13/2	03단	在鄕軍人の演武場新築
128695	朝鮮朝日	1926-04-13/2	03단	朝日碁戰臨時手合(二)
128696	朝鮮朝日	1926-04-13/2	04단	鮮人記者大會馬山で開催
128697	朝鮮朝日	1926-04-13/2	04단	朝鮮鼈絲が女工を表彰/五十二名を
128698	朝鮮朝日	1926-04-13/2	04단	大邱競馬會十六日から
128699	朝鮮朝日	1926-04-13/2	04단	運動界(東、京兩大の劍道選手が平壤で試合/土木課勝つ道廳野球戰)

일련번호	판명	간행일	단수	기사명
128700	朝鮮朝日	1926-04-14/1	01단	王世子妃殿下の流暢な鮮語で御見舞の御言葉に李王殿下悉く御喜び/多忙を極むる昌德宮の藥房吏員は徹夜の大車輪/御習慣を破り洋藥を進める今回の御平癒に鑑み食事等も御改めになる/漸次に御良好岩淵博士語る/李王殿下御容態十三日發表
128701	朝鮮朝日	1926-04-14/1	02단	官邸の一夜/鮮支畫家の寄せ書
128702	朝鮮朝日	1926-04-14/1	03단	內地へ流出する朝鮮の資金は一箇月百萬圓から二百萬圓にも達する
128703	朝鮮朝日	1926-04-14/1	03단	新義州に油房工場が設置される
128704	朝鮮朝日	1926-04-14/1	04단	採木公司が支那に抗議/採木稅の徵收に關し
128705	朝鮮朝日	1926-04-14/1	04단	朝鮮勸信愈解散か/債權の取立が相當影響せん
128706	朝鮮朝日	1926-04-14/1	04단	遞信局の移動郵便船擴張を計劃
128707	朝鮮朝日	1926-04-14/1	04단	水電會社が弗々設立さる/工事費は內地より割安
128708	朝鮮朝日	1926-04-14/1	05단	高女建議書は總督のお手許で或は握潰しとなるか/子供の喧嘩じみたと總督府笑ふ
128709	朝鮮朝日	1926-04-14/1	05단	群山電氣の府營問題は飽迄努力す
128710	朝鮮朝日	1926-04-14/1	06단	訪日機を大歡迎平壤府民が/平壤到着は十五日頃か
128711	朝鮮朝日	1926-04-14/1	07단	金融組合の規則改正は近く發布か
128712	朝鮮朝日	1926-04-14/1	07단	苗木の移入が恐ろしく殖えた/三月一杯の數量が昨年の總數よりも多い
128713	朝鮮朝日	1926-04-14/1	08단	電燈値下で市民大會/參加者四百名
128714	朝鮮朝日	1926-04-14/1	08단	相客殺し自首の途中逮捕される
128715	朝鮮朝日	1926-04-14/1	09단	府保管の金を値下運動費に寄附して貰ひたい/電燈閥が妨害に努める
128716	朝鮮朝日	1926-04-14/1	09단	九機入り交り空中を亂舞す/宙返りや低空飛行に觀衆を喜ばせた五周年祝典
128717	朝鮮朝日	1926-04-14/1	09단	一夜の裡に泥棒が三件/同一人らしい
128718	朝鮮朝日	1926-04-14/1	10단	子供を轢殺/釜山電車が
128719	朝鮮朝日	1926-04-14/1	10단	會(全北物産卽賣會)
128720	朝鮮朝日	1926-04-14/1	10단	人(王世子妃殿下)
128721	朝鮮朝日	1926-04-14/1	10단	半島茶話
128722	朝鮮朝日	1926-04-14/2	01단	正チャンのその後/キイロイシロ(一)
128723	朝鮮朝日	1926-04-14/2	01단	鍊買出船が强盜に襲はれた/物騷な話も聞いたと秋山技師の視察談
128724	朝鮮朝日	1926-04-14/2	01단	中學問題の平北追加豫算/評議會で可決
128725	朝鮮朝日	1926-04-14/2	01단	三月中の淸津貿易高/百六十餘萬圓
128726	朝鮮朝日	1926-04-14/2	02단	慈城の大豆/値段が高く商談出來ぬ
128727	朝鮮朝日	1926-04-14/2	02단	鴨江名物の白魚に加工/移出を計劃
128728	朝鮮朝日	1926-04-14/2	03단	白粉の原料/咸南滑石を採掘の計劃
128729	朝鮮朝日	1926-04-14/2	03단	生徒に託し仔豚を飼育/非常に好成績

일련번호	판명	간행일	단수	기사명
128730	朝鮮朝日	1926-04-14/2	03단	滿洲穀類の輸入は激少/昨年に比し
128731	朝鮮朝日	1926-04-14/2	03단	警察に届けぬ看護婦達に釜山署が注意
128732	朝鮮朝日	1926-04-14/2	03단	訪歐飛行/成功記念活寫會
128733	朝鮮朝日	1926-04-14/2	04단	娼妓慰安會/春の一日を
128734	朝鮮朝日	1926-04-14/2	04단	米や大豆の宣傳歌募集/穀物聯合會が
128735	朝鮮朝日	1926-04-14/2	04단	運動界(體育協會の事業豫定十七年度の/鐵道軍勝つ/職員軍勝つ)
128736	朝鮮朝日	1926-04-15		缺號
128737	朝鮮朝日	1926-04-16/1	01단	强ひての進に寸暇を偸んで世子、妃殿下秘苑を御散策小鳥の聲に興ぜらる/宮家から御見舞 御菓子一折を
128738	朝鮮朝日	1926-04-16/1	01단	二十五萬町の開墾を行ふのが朝鮮土地會社の仕事/僕の東拓入は嘘だと池田局長語る
128739	朝鮮朝日	1926-04-16/1	03단	日露の貿易に色眼鏡は不要/露國通の島田滋氏北行の途上に語る
128740	朝鮮朝日	1926-04-16/1	04단	金組合融では七分九厘は利率が低過る
128741	朝鮮朝日	1926-04-16/1	04단	辭令(東京電話)
128742	朝鮮朝日	1926-04-16/1	04단	勞農露國の鮮人取締は非常に寬大
128743	朝鮮朝日	1926-04-16/1	04단	高女學年問題は有耶無耶には葬らぬと/李學務局長言明す
128744	朝鮮朝日	1926-04-16/1	04단	鐵道協會員鮮內を視察/講演會も開く
128745	朝鮮朝日	1926-04-16/1	05단	城大敎授近く着任/服部總長以下
128746	朝鮮朝日	1926-04-16/1	05단	慶南鐵道の社債と借入/總會で可決
128747	朝鮮朝日	1926-04-16/1	05단	猪島線の敷設要望/鎭南浦府民が主となり
128748	朝鮮朝日	1926-04-16/1	05단	要望通りの値下は出來ぬと會社が發表
128749	朝鮮朝日	1926-04-16/1	06단	電力調査を其筋に要望/大邱商議が
128750	朝鮮朝日	1926-04-16/1	06단	其後の御容態安心は許されぬ/御食事と御排尿が益々減少の憂がある
128751	朝鮮朝日	1926-04-16/1	06단	東海岸線の視察隊を特派/甲乙二班に分れて四月から六月まで
128752	朝鮮朝日	1926-04-16/1	06단	訪日機は通過だけ/平壤上空を
128753	朝鮮朝日	1926-04-16/1	06단	地球兩極の航空路地圖を製作する要があると渡歐の田中館博士語る
128754	朝鮮朝日	1926-04-16/1	07단	淺田賢介氏十三日逝去/元覆審法院長
128755	朝鮮朝日	1926-04-16/1	07단	大邱聯隊の軍旗祭十八日擧行
128756	朝鮮朝日	1926-04-16/1	08단	平壤飛行隊記念祝典の假裝兵士
128757	朝鮮朝日	1926-04-16/1	08단	光化門は移轉/本年度に取壞し明年度二千萬圓で景福宮內に移築する
128758	朝鮮朝日	1926-04-16/1	08단	抱妓を抵當に樓主が金策する/税金の滯りが多く遊廓の全部を差押
128759	朝鮮朝日	1926-04-16/1	08단	集配人が結束罷業す/平北批峴局の
128760	朝鮮朝日	1926-04-16/1	09단	世界一周の印度靑年が新義州到着

일련번호	판명	간행일	단수	기사명
128761	朝鮮朝日	1926-04-16/1	09단	支那人の竊盜團八名を逮捕
128762	朝鮮朝日	1926-04-16/1	10단	前科者だデ仕事が無いと靴泥棒が涙で語る
128763	朝鮮朝日	1926-04-16/1	10단	警官を裝ふ三人組の强盜/慶州に現る
128764	朝鮮朝日	1926-04-16/1	10단	朝鮮人市場十四戶全燒/火鉢の火から
128765	朝鮮朝日	1926-04-16/1	10단	人(谷多喜磨氏(平北知事)/萩原彦三氏(審議室事務官)/入澤重磨氏(朝鐵重役)/木島信次氏(釜山信託支配人))
128766	朝鮮朝日	1926-04-16/1	10단	半島茶話
128767	朝鮮朝日	1926-04-16/2	01단	神仙爐/五年制問題
128768	朝鮮朝日	1926-04-16/2	01단	土地改良會社七月迄に成立/せしめ度いものと松山代議士は語る
128769	朝鮮朝日	1926-04-16/2	01단	內鮮銀行の利率の統一は左程影響せぬ
128770	朝鮮朝日	1926-04-16/2	01단	淸州製絲の設立は近い/株引受好成績
128771	朝鮮朝日	1926-04-16/2	01단	正チャンのその後/キイロイシロ(三)
128772	朝鮮朝日	1926-04-16/2	02단	新義州穀信解散を協議/臨時總會で
128773	朝鮮朝日	1926-04-16/2	02단	天草採取の延期を協議/海女が問題
128774	朝鮮朝日	1926-04-16/2	03단	東津水利の水路工事はいよいよ着手
128775	朝鮮朝日	1926-04-16/2	03단	慶南水産會評議員選擧/五月中旬執行
128776	朝鮮朝日	1926-04-16/2	03단	訪歐飛行/成功記念活寫會
128777	朝鮮朝日	1926-04-16/2	03단	朝日碁戰臨時手合(四)
128778	朝鮮朝日	1926-04-16/2	04단	新義州金組評議員改選/定期總會で
128779	朝鮮朝日	1926-04-16/2	04단	大邱鎭南間視察員歸着/歡迎を受け
128780	朝鮮朝日	1926-04-16/2	04단	春川郡展會發會式擧行
128781	朝鮮朝日	1926-04-16/2	04단	春川武道試合
128782	朝鮮朝日	1926-04-17/1	01단	中等學校生の軍事敎育は全鮮十五校に互り五月一日から實施
128783	朝鮮朝日	1926-04-17/1	01단	參與官中から誰が知事に進む/朝鮮人勅任官中に異動の噂が高い
128784	朝鮮朝日	1926-04-17/1	01단	社長は荒井氏/櫻井氏も入社か/朝鮮土地の創立は愈よ進み近く東京で創立總會
128785	朝鮮朝日	1926-04-17/1	02단	三月中の貿易高/輸移出入とも三千萬圓臺
128786	朝鮮朝日	1926-04-17/1	02단	四月上旬の鮮鐵在荷高/前旬より減少
128787	朝鮮朝日	1926-04-17/1	03단	荷車業者の組合を組織/京城附近の
128788	朝鮮朝日	1926-04-17/1	03단	十六日の御容態/御排尿少し
128789	朝鮮朝日	1926-04-17/1	03단	寫眞說明(十五日大阪市土佐堀靑年會館で開かれた朝鮮勞働總同盟大會の席上議長金天海氏の挨拶)
128790	朝鮮朝日	1926-04-17/1	04단	會社銀行(朝鮮勸信總會)
128791	朝鮮朝日	1926-04-17/1	04단	平北定州で農民聯合會參加團體二十二
128792	朝鮮朝日	1926-04-17/1	04단	借地人が値下を要求/結束を固め
128793	朝鮮朝日	1926-04-17/1	05단	有漏雜染/SPR
128794	朝鮮朝日	1926-04-17/1	05단	平壤飛機の大飛行/五月二十日頃太刀洗に向ふ

일련번호	판명	간행일	단수	기사명
128795	朝鮮朝日	1926-04-17/1	05단	訪日機の來着で平壤の大多忙/今後は歡迎方法を一定して接待する
128796	朝鮮朝日	1926-04-17/1	06단	喫茶室/御嫁さんを貰へば十圓/咸南道廳內食堂の罰金
128797	朝鮮朝日	1926-04-17/1	07단	櫻咲く/釜商校內を無自覺な人が遊蕩地化す
128798	朝鮮朝日	1926-04-17/1	07단	密航鮮人の乘込船が沈沒/海上を漂流中救はれ/四國宇和島に上陸
128799	朝鮮朝日	1926-04-17/1	07단	砂糖二十俵の大密輸/三橋川の下流から陸揚
128800	朝鮮朝日	1926-04-17/1	08단	朝鮮神宮の柵を乘越え鮮人が忍入
128801	朝鮮朝日	1926-04-17/1	08단	夫を嫌ふ義妹を賣飛す/三百五十圓で
128802	朝鮮朝日	1926-04-17/1	09단	あはや血の雨青年會員等が衡平社を襲擊して大爭鬪を開始す
128803	朝鮮朝日	1926-04-17/1	09단	女子大學出の怪美人捕はる/赤い本を携帶入城し主義の宣傳に努めた
128804	朝鮮朝日	1926-04-17/1	09단	二十戸を全燒/平北熙川郡で
128805	朝鮮朝日	1926-04-17/1	09단	平壤府の放火か失火か/七戸が全燒す
128806	朝鮮朝日	1926-04-17/1	09단	離緣を悲み人妻投身す/生活苦の果
128807	朝鮮朝日	1926-04-17/1	09단	幼兒二名が無慙の燒死/救はんとした兄も燒死ぬ
128808	朝鮮朝日	1926-04-17/1	10단	麝香二斤の密輸を企て新義州で發覺
128809	朝鮮朝日	1926-04-17/1	10단	會(淸津高女開校式/水源地觀櫻會)
128810	朝鮮朝日	1926-04-17/1	10단	人(伊田町會議員團/宮崎町村長團/小學校長團)
128811	朝鮮朝日	1926-04-17/1	10단	半島茶話
128812	朝鮮朝日	1926-04-17/2	01단	正チャンのその後/キイロイシロ(四)
128813	朝鮮朝日	1926-04-17/2	01단	木の香新しい新建築が增加/百姓の鍬を捨つべき時か/道廳移轉一年後の釜山
128814	朝鮮朝日	1926-04-17/2	01단	穀物大會の議案打合/穀物商組合が
128815	朝鮮朝日	1926-04-17/2	01단	三水利組合認可さる(黃龍水利組合/蟾津江水利組合/同和水利組合)
128816	朝鮮朝日	1926-04-17/2	02단	雜穀實收高/槪して不良
128817	朝鮮朝日	1926-04-17/2	02단	營林廠の木材運搬を鮮人が請負
128818	朝鮮朝日	1926-04-17/2	02단	朝鮮博に極力應援す町洞總代が決議をなす
128819	朝鮮朝日	1926-04-17/2	03단	釜山府の助興稅徵收/困難を極む
128820	朝鮮朝日	1926-04-17/2	03단	臨港鐵道の沿線を視察/鐵道當局が
128821	朝鮮朝日	1926-04-17/2	03단	訪歐飛行/成功記念活寫會
128822	朝鮮朝日	1926-04-17/2	04단	咸興學組の議員改選十三日執行
128823	朝鮮朝日	1926-04-17/2	04단	鎭南浦に公會堂設立/工費が問題
128824	朝鮮朝日	1926-04-17/2	04단	小學校新築に二百圓を寄附/感心な鮮靑年
128825	朝鮮朝日	1926-04-18	01단	怪し氣な日本語で日米親善を說く/日本系の米人達が滿鮮を視察の途上
128826	朝鮮朝日	1926-04-18	01단	平壤各工場昨年度生產高/千二十餘萬圓
128827	朝鮮朝日	1926-04-18	01단	鞍馬天狗を御耳に入る/山階典醫が

일련번호	판명	간행일	단수	기사명
128828	朝鮮朝日	1926-04-18	01단	鹽田の擴張計劃/一年の消費は約四億斤
128829	朝鮮朝日	1926-04-18	02단	第六回全國菓子飴展京城で開催
128830	朝鮮朝日	1926-04-18	02단	本年度の鮮米の移出/二百萬石以上と觀測さる
128831	朝鮮朝日	1926-04-18	03단	訪日機は平壤一泊/豫定を變更
128832	朝鮮朝日	1926-04-18	03단	肝腎の料率は如何に落付くか/總監や局長を訪ひ實行員が更に陳情
128833	朝鮮朝日	1926-04-18	04단	値下迄は料金を拂はぬ/平壤電氣値下ますます猛烈
128834	朝鮮朝日	1926-04-18	04단	龍山聯隊の軍旗記念式/第十一回目の
128835	朝鮮朝日	1926-04-18	04단	盛漁期に郵便出張所/黃海道に設置
128836	朝鮮朝日	1926-04-18	04단	佛教信者がだんだん殖える/外人宣教師との間に意志が疎隔した結果
128837	朝鮮朝日	1926-04-18	05단	平壤より一筆申上侯/新田生
128838	朝鮮朝日	1926-04-18	05단	進永驛の道路擴張を阻止すべく陳情
128839	朝鮮朝日	1926-04-18	05단	慶州博物館本府で直營
128840	朝鮮朝日	1926-04-18	05단	仁川府營の公設市場は時日を要する
128841	朝鮮朝日	1926-04-18	05단	衡平社大會二十四日に京城で開催
128842	朝鮮朝日	1926-04-18	06단	新羅三姓の始祖王陵の祭典を執行本年度から
128843	朝鮮朝日	1926-04-18	06단	聯隊を見學/在鄕軍人が
128844	朝鮮朝日	1926-04-18	06단	萬歲騷の際憲兵を殺した巨魁を逮捕/丁度八年振
128845	朝鮮朝日	1926-04-18	07단	獨立黨の中隊長逮捕/平南警察で
128846	朝鮮朝日	1926-04-18	07단	船車聯絡の改善論が擡頭/貴賓室の設備もなく雨天の際は民衆は丸濡の有樣
128847	朝鮮朝日	1926-04-18	08단	大阪サッカー一體協の招聘で近く入京す
128848	朝鮮朝日	1926-04-18	08단	猩紅熱發生/馬山府內に
128849	朝鮮朝日	1926-04-18	08단	平壤府外にチブス流行/手が着けられぬ
128850	朝鮮朝日	1926-04-18	08단	普通校訓導が金を捲上ぐ/稅務員と僞り
128851	朝鮮朝日	1926-04-18	09단	春に背く者
128852	朝鮮朝日	1926-04-18	09단	運動界(野球審判協會京城に組織/實業團の全鮮野球大會十六チーム參加/南鮮競技大會出場者三百名/選拔野球大會五月下旬擧行/追悼競技會故河津氏の/記者團遠征新義州に)
128853	朝鮮朝日	1926-04-18	10단	會(金融組合總會/全州俱樂部總會/在鄕軍人會/方洺畵伯展覽會/大邱女高普開校式)
128854	朝鮮朝日	1926-04-18	10단	人(池上四郎氏(元大阪市長)/フルデル・チ–・レグ氏(大連駐在獨逸領事)/武藤大佐(第十師團參謀))
128855	朝鮮朝日	1926-04-18	10단	半島茶話
128856	朝鮮朝日	1926-04-20/1	01단	密度の高い京城府の人口/十人當り十二坪で死亡率も非常に高い
128857	朝鮮朝日	1926-04-20/1	01단	他所の見る目も氣の毒な程に多忙を極むる昌德宮の門衛たち/李王殿下御不例以來

일련번호	판명	간행일	단수	기사명
128858	朝鮮朝日	1926-04-20/1	01단	おめでたやらふめでたやら近くおこなはれる總督府異動下馬評
128859	朝鮮朝日	1926-04-20/1	03단	川崎汽船の仁川寄港が高唱される
128860	朝鮮朝日	1926-04-20/1	03단	新義州の油房工場六月から操業
128861	朝鮮朝日	1926-04-20/1	03단	毎年毎年陸地が陷落/鴨江の流水で
128862	朝鮮朝日	1926-04-20/1	03단	睡眠貯金の覺醒研究/特に鮮人間にそれがおほい
128863	朝鮮朝日	1926-04-20/1	04단	平壤より一筆申上侯/新田生
128864	朝鮮朝日	1926-04-20/1	04단	産繭貸出は生絲慘落で幾らか減少か
128865	朝鮮朝日	1926-04-20/1	04단	勸信の解散愈よ紛糾/在鮮重役を無視したと
128866	朝鮮朝日	1926-04-20/1	04단	二年の後には稅制の整理も目鼻がつかうと草間財務局長語る
128867	朝鮮朝日	1926-04-20/1	05단	競馬/大邱川畔で擧行
128868	朝鮮朝日	1926-04-20/1	05단	アットホーム/霧島艦上で
128869	朝鮮朝日	1926-04-20/1	05단	戶毎に印をとる平壤電氣の値下げ陳情/値下運動が新聞に飛火 不買同盟から
128870	朝鮮朝日	1926-04-20/1	06단	荷車組合の急進的態度一騷動あるか
128871	朝鮮朝日	1926-04-20/1	06단	滿鮮方面の軍事研究/明大學生一行京城府へ來る
128872	朝鮮朝日	1926-04-20/1	07단	朝鮮人の間に天理敎が流行/信者五萬人に達す
128873	朝鮮朝日	1926-04-20/1	07단	國境の牛疫/やゝ下火
128874	朝鮮朝日	1926-04-20/1	07단	騷擾學生も暴擧を悔い謹愼の意を表す
128875	朝鮮朝日	1926-04-20/1	07단	自轉車で世界を一周する印度靑年/繪葉書を賣り旅費を得/總督のサインを貰ひ大喜び
128876	朝鮮朝日	1926-04-20/1	08단	咲かぬ櫻/全州公園に毛蟲が發生
128877	朝鮮朝日	1926-04-20/1	08단	天然痘がまたまた發生/淸津府に
128878	朝鮮朝日	1926-04-20/1	09단	慘殺死體の身許が判る
128879	朝鮮朝日	1926-04-20/1	09단	密航者七十餘名が釜山に送還さる/警察で保護を加へ渡航或は歸鄉さす
128880	朝鮮朝日	1926-04-20/1	09단	一雨あったがまだ降足らぬ/國境の早魃
128881	朝鮮朝日	1926-04-20/1	09단	留置場を破り五名逃走す/仁川署の椿事
128882	朝鮮朝日	1926-04-20/1	10단	狗峴嶺で自動車顚覆/平北一の難所
128883	朝鮮朝日	1926-04-20/1	10단	會(軍經理會/軍事輸送會/守備隊軍旗祭)
128884	朝鮮朝日	1926-04-20/1	10단	人(谷口中將/滿鮮戰史旅行團/竹上師團長/鄭氏逝去/服部城大總長/里見寬二氏(京城地方法院檢事)/橫田藥劑長(東京鐵道病院))
128885	朝鮮朝日	1926-04-20/1	10단	半島茶話
128886	朝鮮朝日	1926-04-20/2	01단	正チャンのその後/キイロイシロ(六)
128887	朝鮮朝日	1926-04-20/2	01단	先づ小手調に織物製品から明年度より實行する/朝鮮總督府稅制整理
128888	朝鮮朝日	1926-04-20/2	01단	新義州の三月貿易高/七百三萬圓
128889	朝鮮朝日	1926-04-20/2	01단	春川水利組合近く認可か
128890	朝鮮朝日	1926-04-20/2	01단	南川水電の設置準備は着々と進捗

일련번호	판명	간행일	단수	기사명
128891	朝鮮朝日	1926-04-20/2	02단	精米工場は休業が多い/出廻不足で
128892	朝鮮朝日	1926-04-20/2	02단	大邱中學も軍事教育實施/五月から
128893	朝鮮朝日	1926-04-20/2	02단	旱魃で大弱/咸南地方が
128894	朝鮮朝日	1926-04-20/2	02단	評議員改選/永同學組の
128895	朝鮮朝日	1926-04-20/2	03단	朝日碁戰臨時手合(六)
128896	朝鮮朝日	1926-04-20/2	03단	簡易圖書館新義州に設立
128897	朝鮮朝日	1926-04-20/2	03단	穀物檢査所名稱や位置を道令で改正
128898	朝鮮朝日	1926-04-20/2	03단	普通江渡橋式私財で竣工
128899	朝鮮朝日	1926-04-20/2	04단	十八郡聯合物産品評會/明春鎭海で
128900	朝鮮朝日	1926-04-20/2	04단	理髮業試驗三十三名合格
128901	朝鮮朝日	1926-04-20/2	04단	自動車の運轉手試驗/合格者十一名
128902	朝鮮朝日	1926-04-21/1	01단	隣接面を合併し大京城建設に向って都市計劃實施の大方針/當事者愼重に頭をひねる
128903	朝鮮朝日	1926-04-21/1	01단	米穀移出調節に鮮米の中間取扱具體案調査中
128904	朝鮮朝日	1926-04-21/1	01단	巾着網の船數を制限
128905	朝鮮朝日	1926-04-21/1	02단	平壤府の市區改正第二期實施
128906	朝鮮朝日	1926-04-21/1	02단	艦隊入港で鎭南浦賑ふ
128907	朝鮮朝日	1926-04-21/1	03단	全州醫院新築計劃成る
128908	朝鮮朝日	1926-04-21/1	03단	朝鮮農事の開發に投資するは投機的商業より確實/前の池上大阪市長談
128909	朝鮮朝日	1926-04-21/1	03단	新義州警察いよいよ新築/工費八萬圓で
128910	朝鮮朝日	1926-04-21/1	03단	全北水電成立行惱む多木氏煮切らず
128911	朝鮮朝日	1926-04-21/1	04단	東亞日報發行停止解除
128912	朝鮮朝日	1926-04-21/1	04단	やっとこせで豫算をつくる/龍井內地人會
128913	朝鮮朝日	1926-04-21/1	04단	質店利息の日計が問題
128914	朝鮮朝日	1926-04-21/1	05단	釜山埠頭に貴賓室を新設
128915	朝鮮朝日	1926-04-21/1	05단	清津時局講演
128916	朝鮮朝日	1926-04-21/1	05단	湯淺總監夫人昌德宮へ伺候
128917	朝鮮朝日	1926-04-21/1	05단	日本藥學會通俗講演會
128918	朝鮮朝日	1926-04-21/1	05단	辭令(東京電話)
128919	朝鮮朝日	1926-04-21/1	05단	支那官憲も熱心に參觀/朝鮮人民會の種子品評會を
128920	朝鮮朝日	1926-04-21/1	05단	慶北道農會いよいよ創立
128921	朝鮮朝日	1926-04-21/1	06단	水利組合貯水池に淡水魚の養殖奬勵/シラサギの養殖良好
128922	朝鮮朝日	1926-04-21/1	06단	開會期切迫した朝鮮博覽會/準備着々進む
128923	朝鮮朝日	1926-04-21/1	06단	降雹と雷鳴/開花間際の櫻にかなりの影響
128924	朝鮮朝日	1926-04-21/1	06단	釜山署が渡航阻止で警官を增員
128925	朝鮮朝日	1926-04-21/1	06단	左側通行を大宣傳/交通事故に惱む釜山府
128926	朝鮮朝日	1926-04-21/1	07단	帝通京城支社業務を擴張
128927	朝鮮朝日	1926-04-21/1	07단	平北道で施政宣傳の活寫班巡廻

일련번호	판명	간행일	단수	기사명
128928	朝鮮朝日	1926-04-21/1	07단	大邱萃果のマークを統一
128929	朝鮮朝日	1926-04-21/1	07단	鮮人のために紹介所と隣保館愈よ下關へ設置する/山口縣社會事業協會で
128930	朝鮮朝日	1926-04-21/1	08단	南鮮辯護士會大會の議案
128931	朝鮮朝日	1926-04-21/1	08단	大邱競馬に藝妓の騎手人氣を呼ぶ
128932	朝鮮朝日	1926-04-21/1	09단	艀顚覆し二百名溺死との浮說傳はり平壤府民騷ぐ
128933	朝鮮朝日	1926-04-21/1	09단	癩病患者が馬山に蟠居/立退を肯ぜぬ
128934	朝鮮朝日	1926-04-21/1	09단	列車から飛び降りて遂に死亡
128935	朝鮮朝日	1926-04-21/1	10단	不逞團員二名逮捕さる
128936	朝鮮朝日	1926-04-21/1	10단	棧橋で血の雨
128937	朝鮮朝日	1926-04-21/1	10단	帆船から墜落船員行方不明
128938	朝鮮朝日	1926-04-21/1	10단	人(湯淺政務總監/在鮮米人一行/服部海軍少將/島原重行氏/大谷勝信氏(大谷光演氏實弟))
128939	朝鮮朝日	1926-04-21/1	10단	半島茶話
128940	朝鮮朝日	1926-04-21/2	01단	正チャンのその後/キイロイシロ(七)
128941	朝鮮朝日	1926-04-21/2	01단	平原鐵道愈よ着工
128942	朝鮮朝日	1926-04-21/2	01단	金融機關の調査準備/委員會設置か
128943	朝鮮朝日	1926-04-21/2	01단	線絲布の移入稅/撤廢の機運
128944	朝鮮朝日	1926-04-21/2	01단	全北鐵道下半期成績
128945	朝鮮朝日	1926-04-21/2	02단	京南鐵道の社債と借入金
128946	朝鮮朝日	1926-04-21/2	02단	三月末の各銀行貸出高/八千七百萬圓
128947	朝鮮朝日	1926-04-21/2	02단	運動界(南鮮體育競技大會/京城記者團新義州遠征/全鮮弓道大會/對抗陸土競技/釜山の野球戰/蹴鞠試合)
128948	朝鮮朝日	1926-04-21/2	03단	朝日碁戰臨時手合(七)
128949	朝鮮朝日	1926-04-21/2	04단	會(軍樂演奏會/音樂研究會/家族慰安會/山岳登山會/人蔘耕作授賞/慈善音樂會/海軍事情講演會/釜商評議員會/店員野遊會/朝鮮酒喇酒會)
128950	朝鮮朝日	1926-04-22/1	01단	有望な對支貿易勃海航路開始を遞信局が計劃
128951	朝鮮朝日	1926-04-22/1	01단	學生の研究は研究で實際運動は嚴禁/京城大學の總長服部宇之吉博士談
128952	朝鮮朝日	1926-04-22/1	02단	警察部長會議十七日から
128953	朝鮮朝日	1926-04-22/1	02단	稅務書記任命
128954	朝鮮朝日	1926-04-22/1	02단	憲兵下士待遇改善實施
128955	朝鮮朝日	1926-04-22/1	03단	軍事輸送會議
128956	朝鮮朝日	1926-04-22/1	03단	音樂研究會
128957	朝鮮朝日	1926-04-22/1	03단	昌德苑の夜櫻を王殿下の思召で公開さる
128958	朝鮮朝日	1926-04-22/1	03단	在滿鮮人救濟に補助金を計上し低利資金を融通
128959	朝鮮朝日	1926-04-22/1	04단	平壤より/新田生
128960	朝鮮朝日	1926-04-22/1	04단	咸興聯隊軍旗祭

일련번호	판명	간행일	단수	기사명
128961	朝鮮朝日	1926-04-22/1	05단	産米計劃に伴ひ水利組合の增加/今後の出願も續出
128962	朝鮮朝日	1926-04-22/1	05단	鴨綠江木材の採伐徵稅問題/領事交涉の推移多大に注目さる
128963	朝鮮朝日	1926-04-22/1	05단	社會事業の功勞者として年金を受ける二孃
128964	朝鮮朝日	1926-04-22/1	06단	南風烈しく關釜連絡船沖かゝり
128965	朝鮮朝日	1926-04-22/1	07단	辭令(東京電話)
128966	朝鮮朝日	1926-04-22/1	07단	列車に投石/犯人不明
128967	朝鮮朝日	1926-04-22/1	07단	貴金屬專門の三人組の賊
128968	朝鮮朝日	1926-04-22/1	07단	賃金の値下から京城製絲の罷業/女工百五十名が結束して盟休
128969	朝鮮朝日	1926-04-22/1	07단	平壤靴下職賃金增額要求に決定
128970	朝鮮朝日	1926-04-22/1	08단	囚人同志刃傷
128971	朝鮮朝日	1926-04-22/1	08단	自動車の衝突
128972	朝鮮朝日	1926-04-22/1	08단	橋の袂で悶死
128973	朝鮮朝日	1926-04-22/1	08단	水源地の涵養林燒く
128974	朝鮮朝日	1926-04-22/1	09단	上海假政府と氣脈を通じて儒林團が武器や軍資金の調達
128975	朝鮮朝日	1926-04-22/1	09단	三人組の强盜
128976	朝鮮朝日	1926-04-22/1	09단	見習事務員の小切手僞造
128977	朝鮮朝日	1926-04-22/1	09단	會(平壤聯隊の軍旗祭/慶山連動會/小作籾品評會/慶北果物總會/衡平社總會/春李射擊大會)
128978	朝鮮朝日	1926-04-22/1	10단	人(婦人見學團/大學劍道選手/齋藤總督/森岡大將(軍司令官)/戶田直溫氏(鐵道局理事)/諸富鹿四郎氏(鐵道局副參事)/吉林教育視察團/永安海軍中將/弘茂一二氏(淸津地方法院豫審判事)/本居長世氏(音樂家))
128979	朝鮮朝日	1926-04-22/2	01단	正チャンのその後/キイロイシロ(八)
128980	朝鮮朝日	1926-04-22/2	01단	製絲工場の增加とその資金の需給關係/某銀行家のはなし
128981	朝鮮朝日	1926-04-22/2	01단	同和水利組合工事に着手
128982	朝鮮朝日	1926-04-22/2	01단	昨年中の質屋業績
128983	朝鮮朝日	1926-04-22/2	02단	無利息で種籾を貸與
128984	朝鮮朝日	1926-04-22/2	02단	干潟地の苗代害蟲驅除
128985	朝鮮朝日	1926-04-22/2	03단	朝日碁戰臨時手合(八)
128986	朝鮮朝日	1926-04-22/2	03단	鴨綠江遊覽船
128987	朝鮮朝日	1926-04-22/2	03단	奬忠壇行電車線路竣工
128988	朝鮮朝日	1926-04-22/2	03단	訪歐飛行/成功記念活寫會
128989	朝鮮朝日	1926-04-22/2	04단	麥酒消費量增加の見込
128990	朝鮮朝日	1926-04-22/2	04단	開港記念の貿易品展覽會
128991	朝鮮朝日	1926-04-22/2	04단	夜學會の校舍を新築
128992	朝鮮朝日	1926-04-22/2	04단	運動界(對抗陸上競技)
128993	朝鮮朝日	1926-04-23/1	01단	愁雲漸く霽れ/御看護の餘暇には御勉學の德惠姬
128994	朝鮮朝日	1926-04-23/1	01단	群電を買收し府營を決行する/調査いよいよ進む/群山の電氣問題經過

일련번호	판명	간행일	단수	기사명
128995	朝鮮朝日	1926-04-23/1	04단	『朝』の創刊/SPR
128996	朝鮮朝日	1926-04-23/1	04단	平壤學校組合議員選擧五月廿一日
128997	朝鮮朝日	1926-04-23/1	04단	齋藤總督湖南地方巡視
128998	朝鮮朝日	1926-04-23/1	04단	松井司令官憲兵隊巡閱
128999	朝鮮朝日	1926-04-23/1	04단	樂浪古墳の臺帳作製/盜難甚大
129000	朝鮮朝日	1926-04-23/1	05단	第五回聯合音樂大會六月五日に決定
129001	朝鮮朝日	1926-04-23/1	05단	平北守備隊初年兵配屬
129002	朝鮮朝日	1926-04-23/1	05단	不逞團の根據を一掃するために國境に警視增員
129003	朝鮮朝日	1926-04-23/1	05단	慰安列車いよいよ出發
129004	朝鮮朝日	1926-04-23/1	05단	警察官の外遊候補者
129005	朝鮮朝日	1926-04-23/1	06단	支那人子弟普通學校入學
129006	朝鮮朝日	1926-04-23/1	06단	朝鮮視察の山口縣校長團
129007	朝鮮朝日	1926-04-23/1	06단	辭令(東京電話)
129008	朝鮮朝日	1926-04-23/1	06단	三千年前の穴居の跡/宮崎縣の巖窟を發掘
129009	朝鮮朝日	1926-04-23/1	07단	五百餘戶を燒き死者六名を出す全南求禮郡の大火/羅災民千八百人炊き出しや救援に混雜を極む 後報
129010	朝鮮朝日	1926-04-23/1	07단	一府三郡に亘り放火して廻った/恐るべき放火犯人の騷ぐのが面白くて止められぬと嘯く
129011	朝鮮朝日	1926-04-23/1	07단	釜山の火事放火の疑ひ
129012	朝鮮朝日	1926-04-23/1	08단	六棟七戶燒失
129013	朝鮮朝日	1926-04-23/1	08단	松豊里大火の原因は農家の溫突
129014	朝鮮朝日	1926-04-23/1	08단	告訴の仕合で糞鬪劇の仕だら/平壤電氣問題惡化
129015	朝鮮朝日	1926-04-23/1	09단	大邱地方の寒さ後返る/薄氷と降霜
129016	朝鮮朝日	1926-04-23/1	09단	人事相談所に教化部を新設
129017	朝鮮朝日	1926-04-23/1	09단	朝鮮勸信解散には反對の形勢
129018	朝鮮朝日	1926-04-23/1	10단	帽兒山に馬賊現れ警官隊と交戰
129019	朝鮮朝日	1926-04-23/1	10단	白魚と見せ車海老の密漁稅官で發覺
129020	朝鮮朝日	1926-04-23/1	10단	盟休集配人は全部懲戒解傭
129021	朝鮮朝日	1926-04-23/1	10단	人(松井憲兵中將/服部宇之吉氏/北村檢事/內地視察團)
129022	朝鮮朝日	1926-04-23/2	01단	正チャンのその後/キイロイシロ(九)
129023	朝鮮朝日	1926-04-23/2	01단	江界邑の水道施設計劃進む
129024	朝鮮朝日	1926-04-23/2	01단	靴下職工の勞働團體組織
129025	朝鮮朝日	1926-04-23/2	01단	釜山遊廓の納稅成績良好/表彰さる
129026	朝鮮朝日	1926-04-23/2	01단	相愛會の大寄宿舍場所物色中
129027	朝鮮朝日	1926-04-23/2	02단	元山信託設立
129028	朝鮮朝日	1926-04-23/2	02단	大正水利組合地主側反對/更に運動開始
129029	朝鮮朝日	1926-04-23/2	02단	第六回全國菓子飴品
129030	朝鮮朝日	1926-04-23/2	02단	鐵道局で枕木と石炭の調査研究會
129031	朝鮮朝日	1926-04-23/2	03단	朝日碁戰臨時手合(九)

일련번호	판명	간행일	단수	기사명
129032	朝鮮朝日	1926-04-23/2	03단	産繭豫想高
129033	朝鮮朝日	1926-04-23/2	03단	南大門ビル新築計劃成る
129034	朝鮮朝日	1926-04-23/2	03단	訪歐飛行/成功記念活寫會
129035	朝鮮朝日	1926-04-23/2	04단	列車內の輕便枕賃貸し
129036	朝鮮朝日	1926-04-23/2	04단	映畫修羅八荒釜山で大モテ
129037	朝鮮朝日	1926-04-23/2	04단	運動界(海軍側大敗)
129038	朝鮮朝日	1926-04-23/2	04단	會(釜山競馬大會/南鮮土木園遊會/分掌局長會議)
129039	朝鮮朝日	1926-04-24	01단	時には朝鮮服で櫻の下を御散策/御看護のため御歸鮮中の世子、妃兩殿下の御近狀
129040	朝鮮朝日	1926-04-24	01단	木綿織物に對する關稅の撤廢は明年度から實現か
129041	朝鮮朝日	1926-04-24	01단	顔觸はまだ揃はぬが旣に運動開始/馬山學校議員
129042	朝鮮朝日	1926-04-24	01단	漫然たる內地渡航阻止を宣傳
129043	朝鮮朝日	1926-04-24	02단	平壤學校組合有權者名簿
129044	朝鮮朝日	1926-04-24	02단	東津水利の收用地價問題
129045	朝鮮朝日	1926-04-24	03단	大邱授業料徵集復活認可
129046	朝鮮朝日	1926-04-24	03단	九龍浦築港の竣工期近し
129047	朝鮮朝日	1926-04-24	03단	辭令(東京電話)
129048	朝鮮朝日	1926-04-24	03단	總督府辭令
129049	朝鮮朝日	1926-04-24	03단	朝鮮國境ものがたり(一)/莫大小の襯衣で汗みどろの富樫左衛門/鴨綠江渡れば廣漠南滿洲の
129050	朝鮮朝日	1926-04-24	04단	慶南の肥料獎勵資金/新規貸出に融通
129051	朝鮮朝日	1926-04-24	04단	都市と村落の貸出し限度を同一程度とする/金融組合規則改正
129052	朝鮮朝日	1926-04-24	04단	京城師範の優良卒業生へ賞牌を授與
129053	朝鮮朝日	1926-04-24	05단	春川の茶話會復活
129054	朝鮮朝日	1926-04-24	05단	日鮮移民の待遇改善運動/宣敎師歸米
129055	朝鮮朝日	1926-04-24	05단	京城組合銀行預金減少
129056	朝鮮朝日	1926-04-24	05단	資本一千萬圓で忠南の臨港鐵道延長六千五哩の廣軌でいよいよ調査を開始
129057	朝鮮朝日	1926-04-24	06단	服部城大總長着任
129058	朝鮮朝日	1926-04-24	06단	咸北水産會議員の改選
129059	朝鮮朝日	1926-04-24	06단	平元鐵道施工
129060	朝鮮朝日	1926-04-24	07단	龜城警察署新築落成式
129061	朝鮮朝日	1926-04-24	07단	淸津金融組合總會と落成式
129062	朝鮮朝日	1926-04-24	08단	日露役の勇士が病氣のため不遇の居侯
129063	朝鮮朝日	1926-04-24	08단	電話加入增加と度數制の實施/本年度までは不可能だが明年には計上
129064	朝鮮朝日	1926-04-24	08단	雷鳴交りに新義州大荒れ
129065	朝鮮朝日	1926-04-24	08단	咸興の暴風雨
129066	朝鮮朝日	1926-04-24	08단	平壤の痲疹罹病數

일련번호	판명	간행일	단수	기사명
129067	朝鮮朝日	1926-04-24	08단	大連から新義州まで歩きつゝけ商賣に失敗し
129068	朝鮮朝日	1926-04-24	09단	線路內の通行人のため列車急停車
129069	朝鮮朝日	1926-04-24	09단	不逞團と衝突して交戰
129070	朝鮮朝日	1926-04-24	09단	小學生を山中に誘出し絞殺した公判
129071	朝鮮朝日	1926-04-24	10단	十五戸燒失/仁橋面の火事
129072	朝鮮朝日	1926-04-24	10단	六棟を燒失
129073	朝鮮朝日	1926-04-24	10단	釜山の火事
129074	朝鮮朝日	1926-04-24	10단	大火の怪我人三十九名
129075	朝鮮朝日	1926-04-24	10단	火災季節で山火事の頻發
129076	朝鮮朝日	1926-04-24	10단	人(今泉國太郎氏(會計檢査院檢査官)/林駒生氏(水産協會理事長、東洋水産新聞社長)/野口日主師(日運宗元宗務總監)/弘茂一二氏(鐵原支廳判事)/中根彌吉氏(四逃鐵路事務段長))
129077	朝鮮朝日	1926-04-25	01단	山林局を新設し砂防事業を遂行する/十五年度に六十萬圓を計上/各道の配給額と面積
129078	朝鮮朝日	1926-04-25	01단	期成會を設け鐵道網の速成に向って具體的運動委員の顔觸も決る/鐵道網の促進講習會
129079	朝鮮朝日	1926-04-25	02단	漢川港の改修に近く着手
129080	朝鮮朝日	1926-04-25	02단	朝鮮國境ものがたり(二)/燒酎入りの竹の杖と鑄掛道具のからくり/魔術師の幻術も及ばぬ孫吳の韜略
129081	朝鮮朝日	1926-04-25	03단	新義州中學設立認可/早速生徒募集
129082	朝鮮朝日	1926-04-25	03단	牡丹臺公園の循環道路が竣工した
129083	朝鮮朝日	1926-04-25	04단	平原郡の牡蠣養殖/五千町步に石塊を投入
129084	朝鮮朝日	1926-04-25	04단	何度阻止されても內地へ渡りたい中には一箇月以上も滯在する渡航信者
129085	朝鮮朝日	1926-04-25	04단	流れ初めた鴨綠江の筏
129086	朝鮮朝日	1926-04-25	05단	鴨綠江材の秦皇島輸出
129087	朝鮮朝日	1926-04-25	05단	關稅改正で滿洲粟の輸入增加
129088	朝鮮朝日	1926-04-25	05단	資本金五百萬圓の製鹽會社を計劃/鮮內鹽の自給自足を解決せんとの目論見
129089	朝鮮朝日	1926-04-25	06단	奧村刀自の銅像除幕式
129090	朝鮮朝日	1926-04-25	06단	産米增殖計劃資金調達
129091	朝鮮朝日	1926-04-25	07단	仕事がなくて靑年の思想惡化/鮮內專門學校出の鮮人四百名以上
129092	朝鮮朝日	1926-04-25	07단	警備の手薄に乗じ馬賊の襲來頻々/官憲の嚴重な警戒
129093	朝鮮朝日	1926-04-25	08단	仁川高女講演部新設
129094	朝鮮朝日	1926-04-25	08단	平壤靴下の紛爭解決
129095	朝鮮朝日	1926-04-25	08단	朝鮮獨立を企て軍資金を恐喝した統義府祕書の公判
129096	朝鮮朝日	1926-04-25	09단	地方送りの文房具を車ぐるみ盜み賣り步く
129097	朝鮮朝日	1926-04-25	09단	國語を解せぬとて毆る

일련번호	판명	간행일	단수	기사명
129098	朝鮮朝日	1926-04-25	09단	新聞社長の名譽毀損公判
129099	朝鮮朝日	1926-04-25	10단	掛金を集め商會員の拐帶
129100	朝鮮朝日	1926-04-25	10단	自動車に振落され負傷
129101	朝鮮朝日	1926-04-25	10단	操車方の負傷
129102	朝鮮朝日	1926-04-25	10단	運動界(春季射擊大會/蹴鞠試合)
129103	朝鮮朝日	1926-04-25	10단	會(賣店組合總會/教育改善協議/平南農會創立/衡平社野遊會)
129104	朝鮮朝日	1926-04-25	10단	人(齋藤總督)
129105	朝鮮朝日	1926-04-27/1	01단	李王殿下薨去/元帥の禮遇畏き邊りより特に李王殿下に賜ふ/御使用の品を大造殿に飾り各殿下や御近親者悲嘆の涙にくれらる/雪の金剛から山人蔘を探し李王殿下に參らせる美しいエピソード/續々として高官連伺候昌德宮内は混雜を呈す/御墓所は裕陵と決定閔妃御墓所のお隣へ御埋葬/御葬儀當日休校する鮮内各學校/屋内や屋外の集會を禁止し警戒峻烈をきはめる今の處大した事なし/李王殿下の御事ども『移居を勸告するは不孝を勸めると同じだ』と昌德宮入りを拒絶され故尹藤博文公をヘコませられる/鮮人の群は哀號を叫ぶ昌德宮前は混雜を呈す/御健康狀態の瀨踏みをされ初の上京を遊ばさる御元氣なりし當時の李王殿下/御規律正しき殿下の御日常書や漢詩をよくされ卽興的に御揮毫さる/鍬を握られて畑を耕作され民の心をくませらる御仁慈ふかき王殿下
129106	朝鮮朝日	1926-04-27/1	04단	囚人も休業し敬悼の意を表す
129107	朝鮮朝日	1926-04-27/1	10단	鮮人學校に警告する言動注意方を
129108	朝鮮朝日	1926-04-27/1	10단	朝鮮こそ藥物の寶庫/研究の要あり/長井博士語る
129109	朝鮮朝日	1926-04-27/1	10단	慶北道の大山火事/國有林百二十町步燒失す
129110	朝鮮朝日	1926-04-27/1	10단	料理屋を檢査
129111	朝鮮朝日	1926-04-27/1	10단	貴族の子を欺く惡金貸
129112	朝鮮朝日	1926-04-27/2	01단	正チャンのその後/三ツノイロ(二)
129113	朝鮮朝日	1926-04-27/2	01단	成績のよい黃海水産學校
129114	朝鮮朝日	1926-04-27/2	01단	盈德支廳の復活を要望
129115	朝鮮朝日	1926-04-27/2	01단	前景氣のよい朝鮮美術展覽會
129116	朝鮮朝日	1926-04-27/2	01단	咸南道の産業案内出版
129117	朝鮮朝日	1926-04-27/2	02단	京城に於て理髮師大會
129118	朝鮮朝日	1926-04-27/2	02단	菓子飴品評會受賞者決定す
129119	朝鮮朝日	1926-04-27/2	02단	京城で開く公職者大會
129120	朝鮮朝日	1926-04-27/2	02단	頗る巧妙な支那絹の密輸
129121	朝鮮朝日	1926-04-27/2	02단	興海公普の兒童盟休する
129122	朝鮮朝日	1926-04-27/2	03단	朝日碁戰臨時手合(十二)
129123	朝鮮朝日	1926-04-27/2	03단	國境の馬賊退治
129124	朝鮮朝日	1926-04-27/2	03단	神域を冒す

일련번호	판명	간행일	단수	기사명
129125	朝鮮朝日	1926-04-27/2	03단	訪歐飛行/成功記念活寫會
129126	朝鮮朝日	1926-04-27/2	04단	運動界(隻方讓らず引分ける京城の蹴球戰)
129127	朝鮮朝日	1926-04-28/1	01단	王世子殿下には昌德宮を御繼承謁見の御儀を行はせらる今後は昌德宮李王垠殿下と申上げる/愁雲こむる昌德宮哀號そのものゝやうに憂色深く御殿をつゝむ/御多忙のため御寢のお閉なき李王垠殿下と妃殿下近侍の者ら恐懼する/陸軍儀仗兵と參列軍人詮衡李太王國葬儀に鑒み儀仗兵の規模を定む/御葬儀參列の軍艦派遣されん李太王當時の例に基き但し派遣艦はきまらぬ/哀號の聲滿ち憂愁の氣唆る齋藤總督以下文武官御弔辭を謹て言上す/太鼓を叩いて哀號をさけぶ學生は靜肅に服喪し一般商店續々休業す/尹澤榮侯歸城し故殿下を拜禮/國葬は五月末か又は六月初旬/鍾路商家の休業理由二つどちらも絹麻布に色んな關係をもつ
129128	朝鮮朝日	1926-04-28/1	06단	李王薨去と鮮內各地方(平壤/大邱/海州/垠殿下から御禮言上元帥禮遇を賜ふたので/御洋行前とて洌に遺憾朴平安參與談/村山社長から敬弔を奏請す)
129129	朝鮮朝日	1926-04-28/1	07단	殖銀の異動
129130	朝鮮朝日	1926-04-28/1	07단	陸接關稅の存續陳情安東商議から我國外務省へ
129131	朝鮮朝日	1926-04-28/1	08단	認可された朝鮮思想通信
129132	朝鮮朝日	1926-04-28/1	08단	解散に贊成/朝鮮勸業信託の
129133	朝鮮朝日	1926-04-28/1	08단	樂浪古墳を繼續研究する/陳列館と研究所を建て十箇年間に互り
129134	朝鮮朝日	1926-04-28/1	08단	丁抹機は平壤に一泊/一氣に大阪へ
129135	朝鮮朝日	1926-04-28/1	08단	不都合を詰り大亂鬪/悲みの慟哭は修羅場と化す
129136	朝鮮朝日	1926-04-28/1	09단	不正肥料商を取締る/豫算緊縮から適當な方法で
129137	朝鮮朝日	1926-04-28/1	09단	日清役當時の戰歿遺骨發掘
129138	朝鮮朝日	1926-04-28/1	09단	平南孟山郡積雪二寸に及ぶ
129139	朝鮮朝日	1926-04-28/1	10단	新義州に瘡痘
129140	朝鮮朝日	1926-04-28/1	10단	水銀療法にて黴毒患者死ぬ
129141	朝鮮朝日	1926-04-28/1	10단	怪支那人ら要塞を撮影
129142	朝鮮朝日	1926-04-28/1	10단	强盜犯姦の重大犯を自白
129143	朝鮮朝日	1926-04-28/1	10단	大石を投げ叔父を殺す
129144	朝鮮朝日	1926-04-28/1	10단	運動界(京城師範勝つ)
129145	朝鮮朝日	1926-04-28/2	01단	平壤より一筆上げ候/新田生
129146	朝鮮朝日	1926-04-28/2	01단	淸津築港年度制決定/同時に淸津は急に活氣づく
129147	朝鮮朝日	1926-04-28/2	01단	特定賃率の恩惠に浴せぬ馬山商人の陳情
129148	朝鮮朝日	1926-04-28/2	01단	正チャンのその後/ネムケサマシ(一)
129149	朝鮮朝日	1926-04-28/2	02단	銀安のため滿洲粟の買占
129150	朝鮮朝日	1926-04-28/2	02단	メーデーに創立祝賀會

일련번호	판명	간행일	단수	기사명
129151	朝鮮朝日	1926-04-28/2	03단	新義商議の法利經濟講習
129152	朝鮮朝日	1926-04-28/2	03단	訪歐飛行/成功記念活寫會
129153	朝鮮朝日	1926-04-28/2	03단	朝日碁戰臨時手合(十三)
129154	朝鮮朝日	1926-04-28/2	04단	平北管內の金融理事會議
129155	朝鮮朝日	1926-04-28/2	04단	金融機關の改善論議さる
129156	朝鮮朝日	1926-04-29		缺號
129157	朝鮮朝日	1926-04-30		缺號

1926년 5월 (조선아사히)

일련번호	판명	간행일	단수	기사명
129158	朝鮮朝日	1926-05-01/1	01단	元帥刀を捧持し三雲事務官渡鮮す/すべての形式を廢して速かにお手渡し申上る
129159	朝鮮朝日	1926-05-01/1	01단	黑田侍從から聖旨を言上す昌德宮宣政殿に於て李王と侍從の御對面/喪主として靈前に立たれ哀號を唱へらるれば御近親は唱和せらる成服の儀の次第/昌德宮の櫻は風なきに散り弔問者や哀號の聲に一入と哀愁をそゝる
129160	朝鮮朝日	1926-05-01/1	03단	昌德因山奉悼會を組織して擧士を決定/故殿下の御贈名純宗孝皇帝と決定する
129161	朝鮮朝日	1926-05-01/1	03단	朝鮮國境ものがたり(四)/臭い煙草を嫌ふ臭い人間を見張る稅關/煙草密輸入に伴ふ念入りの悲喜劇ととても物凄い罰則や犯則檢擧の方法
129162	朝鮮朝日	1926-05-01/1	04단	飛行機が參列するか/參列の場合は歐米に倣ふか
129163	朝鮮朝日	1926-05-01/1	04단	韓國皇帝として大邱行幸の思出お若かりし殿下には非常にお氣輕だった/八十五年前に作った御靈柩正式梓柩加漆の儀は二十八日間毎日行ふ/學校團體の奉悼方針總督府より各道へ通牒/キーサンの哀號慟哭平壤の空氣餘程緩和す
129164	朝鮮朝日	1926-05-01/1	09단	國葬委員決定し上奏御裁可を仰ぐ/ミソヒト文字でお悼み申上たいと滿鮮へ歌行脚する歌人川田順サンの話/各校適宜に慟哭する京城府內の各鮮人學校/慶北の遙拜式/釜山の望哭式/慶南道でも休校續出道當局から諭告を發す/海州高普も缺席者續出す/入京者多く交通の整理
129165	朝鮮朝日	1926-05-01/1	10단	新義州の火事
129166	朝鮮朝日	1926-05-01/2	01단	正チャンスのその後/ネムケサマシ(四)
129167	朝鮮朝日	1926-05-01/2	01단	麻布類は俄然/奔騰をたどりまだまだ强氣で押す/絹物だけは依然軟弱
129168	朝鮮朝日	1926-05-01/2	01단	海藻採取のイザコザ解決し慶南東部漁業組合を組織して仲よくやる
129169	朝鮮朝日	1926-05-01/2	01단	明太漁業の不振から靑い息する咸南水產界
129170	朝鮮朝日	1926-05-01/2	03단	朝日碁戰臨時手合(二)
129171	朝鮮朝日	1926-05-01/2	03단	木材運賃の特定割引/當業者から存續を要望
129172	朝鮮朝日	1926-05-01/2	03단	赤い書物の處分にこまる
129173	朝鮮朝日	1926-05-01/2	03단	訪歐飛行/成功記念活寫會
129174	朝鮮朝日	1926-05-01/2	04단	釜山商議の役員配屬決定
129175	朝鮮朝日	1926-05-01/2	04단	慶北金融聯合大會
129176	朝鮮朝日	1926-05-01/2	04단	大密航バレる
129177	朝鮮朝日	1926-05-02/1	01단	混雜の昌德宮前で殺傷事件突發す/卽死一人重輕傷者二人犯人は二人の朝鮮人

일련번호	판명	간행일	단수	기사명
129178	朝鮮朝日	1926-05-02/1	01단	同民會に對する示威的の兇行かこの方面から共犯の容疑者を多數引致す/背後の首魁に煽動されたか犯人依然實を吐かず取調の係官を弱らす/形相物凄く塀を楯に白刃を揮ふ犯人宋の兇暴な抵抗仁枝憲兵上等兵の談/放縱に身を持ち崩しヤケとなった犯人宋の素性/傷ついた吳巡査死亡 殺傷事件にて
129179	朝鮮朝日	1926-05-02/1	03단	朝鮮國境ものがたり(五)/深夜に而も氷上の張番/すまじきものは宮仕か/みんどと密輸し損ねた二人の餘憤と免れた者の興味ある談話のカズカズ
129180	朝鮮朝日	1926-05-02/1	07단	御成服式とて大衆陸續參集し平伏して哀號を唱ふ昌德宮前依然混雜す/杖に縋る盲人の慟哭初七日祭とて昌德宮前混雜
129181	朝鮮朝日	1926-05-02/1	08단	國葬終了まで每夜獻燈/哀悼の意を表す
129182	朝鮮朝日	1926-05-02/1	09단	靜肅の裡に望哭する釜山の望哭式/御葬儀費の端にと金一圓をさし出す殊勝な老人に係官も懇ろに其厚意を謝す/風薫る南山公園で招魂祭を執り行ふ參列者多數に上って式典は盛大をきはむ/達城公園の盛んな望哭式/三雲事務官京城到着元帥刀は直ぐ昌德宮に入る/國葬委員ら朝鮮へ出張
129183	朝鮮朝日	1926-05-02/2	01단	正チャンのその後/ネムケサマシ(五)
129184	朝鮮朝日	1926-05-02/2	01단	王子製紙會社殖電を買收/今後新義州電氣へは格安送電を期待さる
129185	朝鮮朝日	1926-05-02/2	01단	新羅始祖の祭祀を每年行ふ/まづ本年の春から今後春秋の二回に
129186	朝鮮朝日	1926-05-02/2	01단	最後の値下交涉/なほ駄目なら大會をひらく
129187	朝鮮朝日	1926-05-02/2	03단	朝日碁戰臨時手合(三)
129188	朝鮮朝日	1926-05-02/2	03단	平南牛市中止
129189	朝鮮朝日	1926-05-02/2	03단	活躍し出した咸北道の木炭
129190	朝鮮朝日	1926-05-02/2	03단	訪歐飛行/成功記念活寫會
129191	朝鮮朝日	1926-05-02/2	04단	遙に滿洲から福島縣へ移住
129192	朝鮮朝日	1926-05-02/2	04단	運動界(咸南各署の優勝武道大會)
129193	朝鮮朝日	1926-05-04		缺號
129194	朝鮮朝日	1926-05-05	01단	御陵墓選定は御近親の御意を尊重して定め度い湯淺葬儀委員長談/內地人も加る奉悼會の輿士大斂小斂を奉搬/德惠姬の御歸京は御葬儀終了後/御葬儀事務所總督府に設置/奉輿者は人選中二十五歲から四十歲まで/御葬儀の柩を舁ぐ輿士軍の豫習/奉悼打合昌德宮附近の町洞民達が/御葬儀參列を布木商協議
129195	朝鮮朝日	1926-05-05	01단	櫻咲く前後(一)/SPR
129196	朝鮮朝日	1926-05-05	04단	南山の春の宵/SPR
129197	朝鮮朝日	1926-05-05	04단	何十年の間御育で申した李王殿下御薨去は感慨無量だと泣伏す/警察から叱られた人三萬人に達す/哀悼のため登校せぬ礪產普校生

일련번호	판명	간행일	단수	기사명
129198	朝鮮朝日	1926-05-05	06단	鮮支協約以來領事を無視す/この批難を釋明すべく兩課滿州に出張す
129199	朝鮮朝日	1926-05-05	07단	昨年度の棉作高一億四千萬斤
129200	朝鮮朝日	1926-05-05	07단	希くば明察を垂れ神宮の神前結婚を御停止相成度候と京城神社の氏子達が陳情す
129201	朝鮮朝日	1926-05-05	08단	鮮展委員任命
129202	朝鮮朝日	1926-05-05	08단	渡航證明の贋造を企て鮮人に密賣
129203	朝鮮朝日	1926-05-05	08단	京城の小火
129204	朝鮮朝日	1926-05-05	08단	醉漢暴れる小刀で斬付
129205	朝鮮朝日	1926-05-05	09단	龍山に飛行學校いよいよ設置
129206	朝鮮朝日	1926-05-05	09단	柔道衣を着て昌德宮に進入した國粹會員の行動に辯護士記者團が對策を講ず
129207	朝鮮朝日	1926-05-05	10단	娘十八/火事で燒死/精神異狀者
129208	朝鮮朝日	1926-05-05	10단	會(密陽教育會/中鐵期成會)
129209	朝鮮朝日	1926-05-05	10단	人(松井中將/熊本師範生/鹿兒島高女生/玉名中學生)
129210	朝鮮朝日	1926-05-05	10단	半島茶話
129211	朝鮮朝日	1926-05-06	01단	御陵は金谷に決定御近親御協議の末綠照映ふ閑靜な地で李太王殿下の御陵にも近い/前妃の御墓を移轉の都合で御葬儀の日も變更/總督や司令官の自決を促がす國粹會員の進入に責任を負へと決議/御供物總督其他が殯殿に供進/奉昇者のお稽古足並や振鈴を
129212	朝鮮朝日	1926-05-06	03단	農事改良資金振向額が決定/八割を肥料資金に二割を購入改良等の費用に充當
129213	朝鮮朝日	1926-05-06	04단	鮮米の移出高三百八十萬石でなほ二百二十萬石は移出可能と觀らる
129214	朝鮮朝日	1926-05-06	05단	職業婦人界の第一頁を飾る/平壤慈惠の西村さん忙しき務の暇を割いて勉强/遂に醫師試驗に美事に合格
129215	朝鮮朝日	1926-05-06	05단	奉昇の人の練習
129216	朝鮮朝日	1926-05-06	05단	會社銀行(淸州製絲計劃/韓一出張所/全鐵重役再選)
129217	朝鮮朝日	1926-05-06	06단	山林局官制法制局で審議/局長は須藤氏
129218	朝鮮朝日	1926-05-06	06단	米穀大會六月に延期
129219	朝鮮朝日	1926-05-06	07단	稅整調査民間からも委員■依囑
129220	朝鮮朝日	1926-05-06	07단	喫茶室/酒仙老總督蟹のウニを無性に喜ぶ
129221	朝鮮朝日	1926-05-06	07단	制度改正の鮮展/前回入選者は無鑑査とする
129222	朝鮮朝日	1926-05-06	08단	華美になった鮮婦人の服裝/都市から田園へと羽二重の需要が增加
129223	朝鮮朝日	1926-05-06	08단	天圖鐵道の輸送力回復機關車修繕で
129224	朝鮮朝日	1926-05-06	08단	京城兩高女鮮語を教ふ/當分は課外
129225	朝鮮朝日	1926-05-06	09단	儒生團の陰謀事件取調進捗す

일련번호	판명	간행일	단수	기사명
129226	朝鮮朝日	1926-05-06	10단	巡査殺し三名は死刑一名は七年
129227	朝鮮朝日	1926-05-06	10단	三戸を全燒京城本町で
129228	朝鮮朝日	1926-05-06	10단	毆打する先生を排斥/鳥山普通校の六年生が盟休
129229	朝鮮朝日	1926-05-06	10단	會(服部總長歡迎會)
129230	朝鮮朝日	1926-05-06	10단	人(鐵道協議員/靜岡靑年團/林駒生氏(釜山、水産家)
129231	朝鮮朝日	1926-05-06	10단	半島茶話
129232	朝鮮朝日	1926-05-07/1	01단	私鐵幹線は國有が理想と鐵道協會の一員/國澤新兵衛氏語る
129233	朝鮮朝日	1926-05-07/1	01단	滿洲粟輸送の日子の短縮を滿鐵と總督に陳情/一箇年の鮮內輸入は三十萬噸
129234	朝鮮朝日	1926-05-07/1	01단	*裕陵の奉運工事設計を急ぐ/裕陵奉運は御葬儀前に擧行の豫定/國葬委員京城に到着昌德宮に伺候*
129235	朝鮮朝日	1926-05-07/1	01단	金谷御陵の山神祭終了次第に工事に着手
129236	朝鮮朝日	1926-05-07/1	02단	支那貨暴落の責任者として張、吳、馮の三氏を排斥
129237	朝鮮朝日	1926-05-07/1	02단	慈雨/國境地方甦る
129238	朝鮮朝日	1926-05-07/1	03단	日鮮滿の聯絡會議/東京で開催
129239	朝鮮朝日	1926-05-07/1	03단	土地改良課部に擴張/部長は安達氏
129240	朝鮮朝日	1926-05-07/1	03단	全國商議の事務協議會/案件は全部次回に繰越す
129241	朝鮮朝日	1926-05-07/1	03단	會社銀行(北鮮土地創立/朝鮮汽船決算)
129242	朝鮮朝日	1926-05-07/1	03단	築港實現のお祝ひ十六日擧行
129243	朝鮮朝日	1926-05-07/1	04단	充軍亭の櫻綻ぶ沿線からの夥しき人出
129244	朝鮮朝日	1926-05-07/1	04단	出品者から參與を選んで個性の表現を重視した/鮮展の制度改正
129245	朝鮮朝日	1926-05-07/1	04단	女子高普校を釜山に設置か/十六年度に實現したいと道當局は調査中
129246	朝鮮朝日	1926-05-07/1	05단	櫻咲く前後(三)/SPR
129247	朝鮮朝日	1926-05-07/1	06단	高山氏殺の宋學生/豫審に廻る
129248	朝鮮朝日	1926-05-07/1	07단	不逞團が農會を襲擊/金品を强奪す
129249	朝鮮朝日	1926-05-07/1	07단	女學校の校主が刃渡り三尺の刀で下女の兄を斬殺す/酒癖の悪いで名物男
129250	朝鮮朝日	1926-05-07/1	07단	十三歲の放火狂家庭の不和が生んだ悲劇
129251	朝鮮朝日	1926-05-07/1	07단	平壤賑町の心中騒ぎ憐な娼妓に同情した職工
129252	朝鮮朝日	1926-05-07/1	08단	李完用侯の墓を毀ったは解雇された恨
129253	朝鮮朝日	1926-05-07/1	08단	ラヂオの料金を貪る/始めての反則
129254	朝鮮朝日	1926-05-07/1	08단	不況續きの漁民を救濟/義捐金を蒐め
129255	朝鮮朝日	1926-05-07/1	09단	少女轢死す荷馬車に轢れ
129256	朝鮮朝日	1926-05-07/1	09단	會(新聞記者大會/精米業者會/全鮮在鄉軍人會/釜商役員會)
129257	朝鮮朝日	1926-05-07/1	10단	人(葬儀委員一行/都城商校生/廣瀨大藏省事務官/黑金拓殖事務局長)
129258	朝鮮朝日	1926-05-07/1	10단	半島茶話

일련번호	판명	간행일	단수	기사명
129259	朝鮮朝日	1926-05-07/2	01단	正チャンのその後/ネムケサマシ(八)
129260	朝鮮朝日	1926-05-07/2	01단	牡蠣の養殖に垂下法を採用/慶南道で獎勵する
129261	朝鮮朝日	1926-05-07/2	01단	勃海航路/朝郵が開始
129262	朝鮮朝日	1926-05-07/2	01단	咸興炭の生産增加す/昨年度は五萬七千噸
129263	朝鮮朝日	1926-05-07/2	01단	慈城地方産米增加す/當局の獎勵で
129264	朝鮮朝日	1926-05-07/2	02단	群山築港の出張所設置
129265	朝鮮朝日	1926-05-07/2	02단	中央鐵道の期成聯合會大邱で開催
129266	朝鮮朝日	1926-05-07/2	02단	平元鐵道の工事入札が一日擧行さる
129267	朝鮮朝日	1926-05-07/2	03단	朝日碁戰臨時手合(六)
129268	朝鮮朝日	1926-05-07/2	03단	釜山府の市街税徵集/頗る好成績
129269	朝鮮朝日	1926-05-07/2	03단	府協議員が都市計劃で各地を視察
129270	朝鮮朝日	1926-05-07/2	03단	商店改善のマーケット新義州で開催
129271	朝鮮朝日	1926-05-07/2	04단	京畿道管內四月中事故一千七十餘件
129272	朝鮮朝日	1926-05-07/2	04단	平安神社祭祭式だけで餘興は延期
129273	朝鮮朝日	1926-05-07/2	04단	運動界(實業野球大會八日から擧行/咸興聯隊に野球部組織臼田大尉肝煎で/群山競馬大會)
129274	朝鮮朝日	1926-05-08/1	01단	都市計劃の調査漸く進捗/十八年迄に終了し財政に應じ實行す
129275	朝鮮朝日	1926-05-08/1	01단	女子の入學は許可せぬ方針/成績が面白くないと學務當局は觀測
129276	朝鮮朝日	1926-05-08/1	01단	先妃殿下の御墳墓奉遷/六月四日に
129277	朝鮮朝日	1926-05-08/1	01단	平元線の起工式六日に擧行
129278	朝鮮朝日	1926-05-08/1	01단	總督府辭令
129279	朝鮮朝日	1926-05-08/1	01단	金融組合の貸出高六千餘萬圓
129280	朝鮮朝日	1926-05-08/1	02단	滿洲粟凭れ氣味/需要減退で
129281	朝鮮朝日	1926-05-08/1	02단	舊慣の墨守は開發に害ありと是が可否を調査し適宜の改廢を行ふ
129282	朝鮮朝日	1926-05-08/1	02단	京平間の郵便飛行李氏が開始
129283	朝鮮朝日	1926-05-08/1	03단	元山組合銀行四月中交換高/二百三十萬圓
129284	朝鮮朝日	1926-05-08/1	03단	有望な亞鉛鑛/埋量料が多い
129285	朝鮮朝日	1926-05-08/1	03단	平壤太刀洗の連絡飛機は大邱に着陸
129286	朝鮮朝日	1926-05-08/1	04단	鮮飛行家が鄕土飛行を內地人に依賴
129287	朝鮮朝日	1926-05-08/1	04단	鎭海に飛行場いよいよ設置
129288	朝鮮朝日	1926-05-08/1	04단	改良代金は京城で統轄し貸出は支店でも扱ふ/渡邊東拓總裁は語る
129289	朝鮮朝日	1926-05-08/1	04단	櫻咲く前後(三)/SPR
129290	朝鮮朝日	1926-05-08/1	05단	金剛水電今期配當一割一分
129291	朝鮮朝日	1926-05-08/1	05단	慶北の春蠶/掃立九萬枚四萬石の見込
129292	朝鮮朝日	1926-05-08/1	05단	鮮展の出品數一千點を突破
129293	朝鮮朝日	1926-05-08/1	05단	新聞關係者協議會五月末日開催

일련번호	판명	간행일	단수	기사명
129294	朝鮮朝日	1926-05-08/1	05단	朝鮮勸信の解散事務所京城に設置
129295	朝鮮朝日	1926-05-08/1	06단	平南地方雨で甦る/早魃を免る
129296	朝鮮朝日	1926-05-08/1	06단	南京蟲の跳梁/關釜連絡船弱る/幾ら消毒しても翌日は平氣でまた飛び出す
129297	朝鮮朝日	1926-05-08/1	06단	英國罷業に激勵電報/京城總同盟が
129298	朝鮮朝日	1926-05-08/1	06단	巡査の産婆/國境で見る珍らしい話
129299	朝鮮朝日	1926-05-08/1	06단	一文も無い求職者/最近頻に增加
129300	朝鮮朝日	1926-05-08/1	07단	外人宣教師が娼妓救濟事務所を設置
129301	朝鮮朝日	1926-05-08/1	07단	鮮人移民團が密偵と誤られ露支國境の山中で赤軍の爲銃殺さる
129302	朝鮮朝日	1926-05-08/1	08단	日本一の大鐵橋/漢江鐵橋が延長される
129303	朝鮮朝日	1926-05-08/1	08단	校長が無能と私學生達が盟休を企つ
129304	朝鮮朝日	1926-05-08/1	08단	鍾路署の事故防止デー/違反者が多い
129305	朝鮮朝日	1926-05-08/1	09단	不定納入の事件は免訴/檢查控告棄却
129306	朝鮮朝日	1926-05-08/1	09단	親切ごかしに人影の無い所へ連行き追剝を働く
129307	朝鮮朝日	1926-05-08/1	10단	會(馬山音樂會)
129308	朝鮮朝日	1926-05-08/1	10단	人(修學旅行團/靜岡靑年團/金谷陸軍中將(參謀本部次長)/矢野侍從武官/松井少佐(朝鮮軍參謀))
129309	朝鮮朝日	1926-05-08/1	10단	半島茶話
129310	朝鮮朝日	1926-05-08/2	01단	正チャンのその後/ネムケサマシ(九)
129311	朝鮮朝日	1926-05-08/2	01단	可能性の乏しい臨港鐵道の敷設/慶南線を群山まで延長するが得策と鐵道側は觀測
129312	朝鮮朝日	1926-05-08/2	01단	他に流用の憂が多く肥料資金の貸出に苦心
129313	朝鮮朝日	1926-05-08/2	01단	朝鮮視察のお客增加鐵道局喜ぶ
129314	朝鮮朝日	1926-05-08/2	02단	國境道路の開鑿工事は兎も角も着手
129315	朝鮮朝日	1926-05-08/2	02단	新義州電氣の買收に應ぜず同値段で王子製紙に賣却された滿鮮殖電
129316	朝鮮朝日	1926-05-08/2	03단	朝日碁戰臨時手合(七)
129317	朝鮮朝日	1926-05-08/2	03단	東海岸鐵道速成聯盟會いよいよ組織
129318	朝鮮朝日	1926-05-08/2	04단	公場疾病に終身年金/遞信部內の共濟組合擴張
129319	朝鮮朝日	1926-05-08/2	04단	第二艦隊の入港確實で鎭海活氣づく
129320	朝鮮朝日	1926-05-09	01단	將來は鮮人にも加入して貰ふ朝鮮協會の理事/阿部充家氏は語る
129321	朝鮮朝日	1926-05-09	01단	國葬當日は在鄕軍人や靑年團も堵列
129322	朝鮮朝日	1926-05-09	01단	全鮮內の郵貯高/二千百萬圓
129323	朝鮮朝日	1926-05-09	01단	支那麻布の輸入變らず爲替回復で
129324	朝鮮朝日	1926-05-09	01단	朝鮮国境ものがたり(六)/楚々たる白面美人の靴に秘めたる不穩の文書/數百名の乘客の人達を見張り警戒に努める列車乘組の警官

일련번호	판명	간행일	단수	기사명
129325	朝鮮朝日	1926-05-09	02단	鮮展審査員何れも入京
129326	朝鮮朝日	1926-05-09	02단	棉花栽培の作付增加す平南管内の
129327	朝鮮朝日	1926-05-09	03단	鎭海商船校工事が進捗/開校は明年
129328	朝鮮朝日	1926-05-09	04단	內地渡航の勞働者減少/釜山署安堵す
129329	朝鮮朝日	1926-05-09	04단	樂浪時代の鬼瓦/花模樣で完全なもの
129330	朝鮮朝日	1926-05-09	05단	櫻咲く前後(四)/SPR
129331	朝鮮朝日	1926-05-09	06단	殺人に絡んで怪しからぬ噂被害者の娘に暴行し金まで無心した三島女校主/學校丈は校主を替へ維持させる/酒氣醒めぬ三島翁 案外平氣で裁きを待つ
129332	朝鮮朝日	1926-05-09	08단	京城紡績の女工盟休/組合組織を壓迫したで
129333	朝鮮朝日	1926-05-09	08단	女を毆って快味を貪る/變能心理の所有者二人
129334	朝鮮朝日	1926-05-09	08단	樺太に渡り酌婦に住込む/鮮婦人が多いとて樺太廳が取締を懇願する
129335	朝鮮朝日	1926-05-09	08단	密輸入品を掠奪する不逞鮮人が
129336	朝鮮朝日	1926-05-09	09단	巷のたより
129337	朝鮮朝日	1926-05-09	10단	退職された先生に同情し普校生の盟休
129338	朝鮮朝日	1926-05-09	10단	半島茶話
129339	朝鮮朝日	1926-05-11/1	01단	臨時調査部を設け具體案作成中の朝鮮鐵道綱
129340	朝鮮朝日	1926-05-11/1	01단	道農會設立もぼつぼつ進捗し朝鮮農會設立は本年秋頃の見込
129341	朝鮮朝日	1926-05-11/1	02단	城津學校組合評議員
129342	朝鮮朝日	1926-05-11/1	03단	圖們江鐵橋架設計劃進む
129343	朝鮮朝日	1926-05-11/1	03단	四月中の釜山貿易高二百萬圓增加
129344	朝鮮朝日	1926-05-11/1	04단	一時永影を絶った釜山電車府營/いよいよ具體化すか
129345	朝鮮朝日	1926-05-11/1	04단	擴張論もあるが結局は縮小か釜山府立病院改革問題
129346	朝鮮朝日	1926-05-11/1	04단	商船學校敷地は齋藤灣附近に決定/仁川の海員養成所をそのまゝ移すだけ
129347	朝鮮朝日	1926-05-11/1	04단	釜山實女改革問題
129348	朝鮮朝日	1926-05-11/1	05단	北鮮地方奧地の郵便局利用は頗る廣い範圍で局舍の內容充實計劃
129349	朝鮮朝日	1926-05-11/1	06단	大造殿贊侍室
129350	朝鮮朝日	1926-05-11/1	06단	道知事會議は六月十五日
129351	朝鮮朝日	1926-05-11/1	06단	咸南警察部事務刷新統一
129352	朝鮮朝日	1926-05-11/1	06단	朝鮮博の開館準備進む/十三日開館式
129353	朝鮮朝日	1926-05-11/1	06단	國葬當日の警戒準備萬全を期す/國葬事務所改設さる/作瓶家の儀
129354	朝鮮朝日	1926-05-11/1	07단	今まで絶對になかった鮮人間の情死がぼつぼつ現はれて來た內地人に教養された結果
129355	朝鮮朝日	1926-05-11/1	07단	相助會の解散を條件に復職/京城紡盟休
129356	朝鮮朝日	1926-05-11/1	07단	拾った金の報酬金を辭退/眞面目な中學生

일련번호	판명	간행일	단수	기사명
129357	朝鮮朝日	1926-05-11/1	08단	人肉が性病に利くと吹聽して說論さる
129358	朝鮮朝日	1926-05-11/1	09단	尹澤榮侯の債務總額三百五十萬/久し振りの歸鮮を機會に債務履行訴訟
129359	朝鮮朝日	1926-05-11/1	09단	全財産を纏め出奔した息子/教唆した不良靑年が蔭にあるらしい
129360	朝鮮朝日	1926-05-11/1	09단	唆かされた少年家出する
129361	朝鮮朝日	1926-05-11/1	09단	離緣を迫られ夫毒殺を企つ
129362	朝鮮朝日	1926-05-11/1	10단	會(仁川女高落成式)
129363	朝鮮朝日	1926-05-11/1	10단	人(萩原彦三氏(總督府文書課長)/岩崎俊彌氏(旭硝子株式會社長)/牧山耕藏氏(朝鮮新聞社長)/佐々木志賀二氏(上院議員)/吉岡重寶氏(釜山府協議員))
129364	朝鮮朝日	1926-05-11/1	10단	半島茶話
129365	朝鮮朝日	1926-05-11/2	01단	正チャンのその後/大オトコ(二)
129366	朝鮮朝日	1926-05-11/2	01단	鮮人の渡來者/五月中に一萬五千/新來者が過半數で下關で事故頻發
129367	朝鮮朝日	1926-05-11/2	01단	三南と商業兩行合同纏りは疑問
129368	朝鮮朝日	1926-05-11/2	01단	赴戰江の水力電氣と窒素製造/野口專務談
129369	朝鮮朝日	1926-05-11/2	02단	殖銀債券償還
129370	朝鮮朝日	1926-05-11/2	02단	全鮮銀行大會/九月か十月頃に開催か
129371	朝鮮朝日	1926-05-11/2	02단	新義州驛の貨物發送高/一萬一千噸
129372	朝鮮朝日	1926-05-11/2	03단	朝日碁戰臨時手合(九)
129373	朝鮮朝日	1926-05-11/2	03단	運動界(慶熙對殖産野球戰無勝負/京城醫專勝つ/府廳軍大勝す/全鮮實業野球第二日目勝負/鮮銀商銀庭球/柔道有段者の紅白大會/滿鮮對抗競技)
129374	朝鮮朝日	1926-05-12/1	01단	金谷裕陵見取略圖
129375	朝鮮朝日	1926-05-12/1	01단	京龍間に介在して連絡繁榮を阻害する/兵器支廠と陸軍倉庫の移轉明年度に實現か
129376	朝鮮朝日	1926-05-12/1	01단	國葬儀の祭典順序いよいよ決定/朝鮮古代の儀禮と折衷/李王垠殿下は六月末日には一先づ御歸京
129377	朝鮮朝日	1926-05-12/1	02단	朝鮮博愈よ十三日から開く
129378	朝鮮朝日	1926-05-12/1	03단	全鮮酒造業聯合大會
129379	朝鮮朝日	1926-05-12/1	03단	朝鮮國境ものがたり(七)/忍ぶれど色に出て罪持つ人と怪まれ/物や思ふと警官から質され遂に繩目の憂目を見る人達
129380	朝鮮朝日	1926-05-12/1	04단	京城浦潮間の直通電信線は古障が頻發する
129381	朝鮮朝日	1926-05-12/1	04단	京城大學選科生の選拔試驗
129382	朝鮮朝日	1926-05-12/1	04단	中華民國教育家連學事視察
129383	朝鮮朝日	1926-05-12/1	04단	全鮮公職者大會/李王殿下奉悼文並に高山氏弔意可決
129384	朝鮮朝日	1926-05-12/1	06단	釜山府の警官派出所增設さる
129385	朝鮮朝日	1926-05-12/1	06단	數字を示せば言論壓迫/だから見せぬと藤原高等課長談

일련번호	판명	간행일	단수	기사명
129386	朝鮮朝日	1926-05-12/1	07단	巷のたより
129387	朝鮮朝日	1926-05-12/1	07단	鐵道局員のパス給與規定改正
129388	朝鮮朝日	1926-05-12/1	07단	朝鮮博開館式に祝賀飛機の亂舞/團體參觀者も繰り込む
129389	朝鮮朝日	1926-05-12/1	07단	産米計劃と東拓理事駐在
129390	朝鮮朝日	1926-05-12/1	08단	釜山の天然痘國際事務所に始めて報告
129391	朝鮮朝日	1926-05-12/1	09단	橋の架替へから支那人の彌次馬/三百餘名が不穩
129392	朝鮮朝日	1926-05-12/1	10단	船員の刃傷
129393	朝鮮朝日	1926-05-12/1	10단	會(海軍記念會)
129394	朝鮮朝日	1926-05-12/1	10단	人(渡邊勝三郎氏(東拓總裁))
129395	朝鮮朝日	1926-05-12/1	10단	半島茶話
129396	朝鮮朝日	1926-05-12/2	01단	正チャンのその後/大オトコ(三)
129397	朝鮮朝日	1926-05-12/2	01단	東拓と共力して土地改良をやる/朝鮮土地會社につき有賀殖銀頭取談
129398	朝鮮朝日	1926-05-12/2	01단	松鶴港の臨港鐵道/期成會の陳情事項/公州の大意氣込み
129399	朝鮮朝日	1926-05-12/2	02단	神仙爐/內地の讀者より
129400	朝鮮朝日	1926-05-12/2	03단	慶南卵下關で大好評
129401	朝鮮朝日	1926-05-12/2	03단	平北道の增産豫定
129402	朝鮮朝日	1926-05-12/2	03단	豆粕入荷數量著しく增加
129403	朝鮮朝日	1926-05-12/2	03단	四月中の清津貿易高/前月より減退
129404	朝鮮朝日	1926-05-12/2	04단	穀物商大會
129405	朝鮮朝日	1926-05-12/2	04단	江景、論山地方電車線路敷設
129406	朝鮮朝日	1926-05-12/2	04단	鐵山郡の勤儉者表彰
129407	朝鮮朝日	1926-05-12/2	04단	マラリヤ豫防宣傳の退散劇
129408	朝鮮朝日	1926-05-13	01단	教員の素質低く寒心に堪へぬ初等教育/內地人は老朽鮮人は粗製濫造/師範教育改善を急ぐ
129409	朝鮮朝日	1926-05-13	01단	大邱の學組議員選擧期近づき理想選擧を申合せ逐鹿氣分漸く漲る
129410	朝鮮朝日	1926-05-13	01단	産業開發の先驅をなす鐵道網の完成
129411	朝鮮朝日	1926-05-13	02단	朝鮮國境ものがたり(八)/列車ボーイへのチップ/五圓の新紙幣から足を出した大金持逃の新夫婦陸軍省の雇ひとその情婦
129412	朝鮮朝日	1926-05-13	03단	産米資金の貸出方法
129413	朝鮮朝日	1926-05-13	03단	頗る莊嚴な先妃の御柩奉遷いよいよ十六日から色々の御儀式始まる/鹵簿の御道筋委員會で決定
129414	朝鮮朝日	1926-05-13	04단	總督府辭令
129415	朝鮮朝日	1926-05-13	04단	辭令(東京電話)
129416	朝鮮朝日	1926-05-13	04단	騎馬巡查增員
129417	朝鮮朝日	1926-05-13	05단	全鮮の在鄉軍人京城で大會を開く本部から安藤中將出席
129418	朝鮮朝日	1926-05-13	05단	鰮綱目制限を撤廢し別途の保護法を各方面で研究中
129419	朝鮮朝日	1926-05-13	05단	內鮮滿連絡飛行は郵便遞送な利用/遞信局で便宜を與へる

일련번호	판명	간행일	단수	기사명
129420	朝鮮朝日	1926-05-13	05단	單級小學に生徒自治最初の試み
129421	朝鮮朝日	1926-05-13	07단	倭小な朝鮮馬に蒙古とアラビヤ馬の血を混ぜて改良し軍用馬を養成
129422	朝鮮朝日	1926-05-13	07단	借財の整理も見込みつかず國葬終了後再び北京落ちの尹澤榮候
129423	朝鮮朝日	1926-05-13	07단	驛の小荷物係が大金を橫領して在支不逞團を賴り北京に逃走したか
129424	朝鮮朝日	1926-05-13	08단	靑年會の幹部三名檢擧
129425	朝鮮朝日	1926-05-13	08단	虹橋附近の支那人不穩/邦人袋叩に遭ふ
129426	朝鮮朝日	1926-05-13	09단	朝鮮博覽會第一會場小火
129427	朝鮮朝日	1926-05-13	09단	拳銃を連發して逃ぐ重大犯人か
129428	朝鮮朝日	1926-05-13	09단	巡査を襲ひ婦女子に暴行/遂に捕はる
129429	朝鮮朝日	1926-05-13	09단	會社も需要者も雙方とも讓らず形勢はますます險惡/元山の電燈値下問題
129430	朝鮮朝日	1926-05-13	10단	運動界(實業團野球第二回戰)
129431	朝鮮朝日	1926-05-13	10단	人(矢島音次氏(慶南內務部長)/西原八十八氏(慶南水産課長))
129432	朝鮮朝日	1926-05-13	10단	半島茶話
129433	朝鮮朝日	1926-05-14/1	01단	滿洲の鮮人學校滿鐵に移管する/條件つきで纏るか
129434	朝鮮朝日	1926-05-14/1	01단	土地改良課の外に水利開墾二課を新設/改良部は明年度に新設實現せしむる
129435	朝鮮朝日	1926-05-14/1	01단	全鮮公職者大會第二日目
129436	朝鮮朝日	1926-05-14/1	01단	海事審判は二審制實現か/地方審判所の位置が相當問題
129437	朝鮮朝日	1926-05-14/1	03단	精密な機械を仁川に据ゑつけ朝鮮の地震を研究
129438	朝鮮朝日	1926-05-14/1	03단	淸津築港の新計劃の採擇を土木會議に運動
129439	朝鮮朝日	1926-05-14/1	04단	鐵道局の實行豫算
129440	朝鮮朝日	1926-05-14/1	05단	平壤の無煙炭(一)/新田生
129441	朝鮮朝日	1926-05-14/1	05단	國葬當日派遣の軍艦
129442	朝鮮朝日	1926-05-14/1	05단	公平な價格で事業全部の買收なら喜んで應ずる/府營の可否は問題でない
129443	朝鮮朝日	1926-05-14/1	06단	木村府尹が調停に起つ/元山の電燈料値下問題
129444	朝鮮朝日	1926-05-14/1	06단	鮮人の支那歸化は日本の土地所有の魂膽と睨み容易に許容せぬ
129445	朝鮮朝日	1926-05-14/1	07단	立案を了った出版物會/主なる內容
129446	朝鮮朝日	1926-05-14/1	07단	延平島に郵便所出場所
129447	朝鮮朝日	1926-05-14/1	07단	野邊の學園今年から開始
129448	朝鮮朝日	1926-05-14/1	07단	朝鮮美展開く
129449	朝鮮朝日	1926-05-14/1	07단	*盛況裡に朝鮮博開く/開會式順序*
129450	朝鮮朝日	1926-05-14/1	08단	海州電氣の値下實行
129451	朝鮮朝日	1926-05-14/1	08단	慶北知事に榮轉の須藤氏

일련번호	판명	간행일	단수	기사명
129452	朝鮮朝日	1926-05-14/1	08단	金思國告別式
129453	朝鮮朝日	1926-05-14/1	09단	釜山實女の法人組織實現するか
129454	朝鮮朝日	1926-05-14/1	09단	箕林里青年會長等の判決近し
129455	朝鮮朝日	1926-05-14/1	09단	半島茶話
129456	朝鮮朝日	1926-05-14/1	10단	奉天票の僞造紙幣所持
129457	朝鮮朝日	1926-05-14/1	10단	主家の小切手千五百圓を盜み逃走
129458	朝鮮朝日	1926-05-14/1	10단	韓一出張所
129459	朝鮮朝日	1926-05-14/1	10단	會(龍山聯隊軍旗祭/林産共進會)
129460	朝鮮朝日	1926-05-14/1	10단	人(本山大每社長/滿鮮視察團)
129461	朝鮮朝日	1926-05-14/2	01단	平壤より/新田生
129462	朝鮮朝日	1926-05-14/2	01단	鮮內製絲業者に優先權を與へ所有春繭を除外し殘餘を一般に入札
129463	朝鮮朝日	1926-05-14/2	01단	釜山を通る旅客增加
129464	朝鮮朝日	1926-05-14/2	01단	正チャンのその後/大オトコ(五)
129465	朝鮮朝日	1926-05-14/2	02단	神仙爐/不可解な教育家の言動
129466	朝鮮朝日	1926-05-14/2	03단	朝日碁戰臨時手合(十一)
129467	朝鮮朝日	1926-05-14/2	04단	至急電話本年度架設數
129468	朝鮮朝日	1926-05-14/2	04단	肥料會社の鮮內販路擴張
129469	朝鮮朝日	1926-05-14/2	04단	裡里東拓支店原鹽販賣開始
129470	朝鮮朝日	1926-05-14/2	04단	運動界(職員軍勝つ)
129471	朝鮮朝日	1926-05-15	01단	歐亞連絡に伴ふ日支直通列車/實現の機運に向ふ協議のため支那代表渡日
129472	朝鮮朝日	1926-05-15	01단	咸北炭の總督府直營は鳥渡實現困難か
129473	朝鮮朝日	1926-05-15	01단	京城府の新廳舍工事漸く進む
129474	朝鮮朝日	1926-05-15	01단	朝鮮國境ものがたり(九)/草を分けて立つ國境警備の警官の勞苦/川を渡れば異國の土地で始末の惡い鮮匪の出沒
129475	朝鮮朝日	1926-05-15	02단	京城府の圖書館移轉決定
129476	朝鮮朝日	1926-05-15	03단	內鮮連絡郵便飛行六月中決行
129477	朝鮮朝日	1926-05-15	03단	朝鮮步兵移轉を機に廢止か縮小か總督軍司令官と十四日密かに協議
129478	朝鮮朝日	1926-05-15	03단	北滿移住施設いよいよ調査開始し低利資金を融通
129479	朝鮮朝日	1926-05-15	03단	訓練のため平戸旅順出港
129480	朝鮮朝日	1926-05-15	04단	國葬儀仗兵
129481	朝鮮朝日	1926-05-15	04단	專賣局長會議協議事項
129482	朝鮮朝日	1926-05-15	04단	全鮮穀商大會
129483	朝鮮朝日	1926-05-15	05단	平壤の無煙炭(二)/新田生
129484	朝鮮朝日	1926-05-15	05단	內地よりも一足お先きに獨立した出版物法を實施したい希望
129485	朝鮮朝日	1926-05-15	05단	王妃殿下は國葬にも舊慣により御參列なし
129486	朝鮮朝日	1926-05-15	07단	關東州周水子に陸軍飛行場新設/軍隊も駐屯せしむる

일련번호	판명	간행일	단수	기사명
129487	朝鮮朝日	1926-05-15	07단	北滿開拓に移り東支鐵道と競爭/滿鐵の運轉政策に鮮鐵の應援を依賴
129488	朝鮮朝日	1926-05-15	07단	靑島鹽の朝鮮輸入/中日實業の仲介實現か
129489	朝鮮朝日	1926-05-15	08단	十五年度の增設電話
129490	朝鮮朝日	1926-05-15	09단	朝鮮貿易輸移出減退
129491	朝鮮朝日	1926-05-15	09단	鮮人勞働者五百名を招き大阪蘆原校の慰安會
129492	朝鮮朝日	1926-05-15	09단	人を殺した女學校主/取調べ終り近く公判開廷
129493	朝鮮朝日	1926-05-15	09단	良人の轢死を悲しみ/石で胸を打碎き妻女自殺せんとす同情金を集めて慰撫
129494	朝鮮朝日	1926-05-15	10단	鮮銀券發行高著しく減退
129495	朝鮮朝日	1926-05-15	10단	廣東より入京してゐる靑年
129496	朝鮮朝日	1926-05-15	10단	十三戶を燒く
129497	朝鮮朝日	1926-05-15	10단	滿鮮對抗競技
129498	朝鮮朝日	1926-05-16	01단	海外の移住者八十五萬人で滿洲が一番多い/警務局での調査
129499	朝鮮朝日	1926-05-16	01단	髮飾を落し白綿の御服で何かと御心遣ひの李王妃殿下の昨今/御墓奉遷にまた問題一泊の要がある
129500	朝鮮朝日	1926-05-16	01단	朝鮮國境ものがたり(十)/あすをも知れぬ身を眠前の悅樂に醉ふ不逞團/彼等も若干の戰術を心得て巧妙な懸引の下に掠奪をやる
129501	朝鮮朝日	1926-05-16	02단	鐵道用地の拂下はうまく解決しよう/女學校增築も遊廓の移轉も豫定通りやる/寺島馬府尹かたる
129502	朝鮮朝日	1926-05-16	03단	五月迄に四百萬石鮮米移出高
129503	朝鮮朝日	1926-05-16	03단	國母陛下が葦蓆御買上/御蠶室用に
129504	朝鮮朝日	1926-05-16	04단	本年春蠶掃立數五十八萬石
129505	朝鮮朝日	1926-05-16	04단	東新株の短期上場京城市場で
129506	朝鮮朝日	1926-05-16	04단	三島女史を實習女校長に父兄會で推す
129507	朝鮮朝日	1926-05-16	04단	辭令(東京電話)
129508	朝鮮朝日	1926-05-16	05단	平壤の無煙炭(三)/新田生
129509	朝鮮朝日	1926-05-16	05단	さながらに文化の縮小圖/至れりつくせりの觀ある朝鮮博覽會
129510	朝鮮朝日	1926-05-16	06단	平壤飛機は十八日出發/太刀洗に向ふ
129511	朝鮮朝日	1926-05-16	06단	第五回鮮展特選者十三日發表(東洋畫/西洋畫/彫刻/書/四君子)
129512	朝鮮朝日	1926-05-16	07단	巷のたより
129513	朝鮮朝日	1926-05-16	07단	佛敎內鮮敬愛會大阪で盛大な發會式を擧ぐ
129514	朝鮮朝日	1926-05-16	07단	レーノー氏病の學說を覆へし醫學界に一大衝動を與へた岩井醫學博士
129515	朝鮮朝日	1926-05-16	07단	汽車の煤煙で村を引越すから移轉料を支拂へと部落民が鐵道局に陳情
129516	朝鮮朝日	1926-05-16	08단	頭道江普校盟休原因は敎員の不品行から
129517	朝鮮朝日	1926-05-16	09단	物に魂げて癒るとてマラリヤの老婆が轢死

일련번호	판명	간행일	단수	기사명
129518	朝鮮朝日	1926-05-16	09단	殺人校長起訴近く公判開廷
129519	朝鮮朝日	1926-05-16	09단	會社銀行(朝窯解散配當)
129520	朝鮮朝日	1926-05-16	10단	會(醫生藥種大會/都市金融總會)
129521	朝鮮朝日	1926-05-16	10단	人(本山大毎社長一行)
129522	朝鮮朝日	1926-05-16	10단	半島茶話
129523	朝鮮朝日	1926-05-18/1	01단	合併後初めてひらく全鮮在鄉軍人大會/大陸接續の第一線に立つ渡鮮鄉軍の一大會合にて此機に士氣を鼓舞する/今後も引續いて開催する
129524	朝鮮朝日	1926-05-18/1	01단	ふたをあけた水害復興博覽會/各館には目新しい出品物が陣列さる
129525	朝鮮朝日	1926-05-18/1	01단	營養不良から牛乳は少ない/釜山の乳牛だけでは府民一人當りに一匙
129526	朝鮮朝日	1926-05-18/1	01단	朝鮮美展の粹
129527	朝鮮朝日	1926-05-18/1	03단	臭い物に蓋の平壤の電氣料値下げ問題/事態は樂觀を許さず當局の解決策が急務
129528	朝鮮朝日	1926-05-18/1	04단	葬式執事の任命運動/地主や富豪が大金を投じて
129529	朝鮮朝日	1926-05-18/1	04단	一坪わずかに三十錢の美田/穀物大會で咸南道の涎の垂れさうな宣傳
129530	朝鮮朝日	1926-05-18/1	04단	日本の領土ならば知らぬ土地のない怪鮮童/搔つ拂ひで釜山署を手古摺らし金太郎の名を貰って威張り返る
129531	朝鮮朝日	1926-05-18/1	05단	鮮展漫評(１)/SPR
129532	朝鮮朝日	1926-05-18/1	05단	避難か難船か行方不明の怪しの帆船
129533	朝鮮朝日	1926-05-18/1	06단	大搭鬪の末強盜逮捕/一名山中で拳銃にて自殺
129534	朝鮮朝日	1926-05-18/1	06단	薩摩守殿が逃げそこなふ
129535	朝鮮朝日	1926-05-18/1	06단	男に逢へず娼妓自殺す
129536	朝鮮朝日	1926-05-18/1	07단	亂暴きわまる惡宣傳をなし或意味の芝居を打つ支那側の惡辣な手段/指を嚙みきり血書をしめし道尹公署に押しかく血迷へる支那人の大會
129537	朝鮮朝日	1926-05-18/1	07단	三年ぶりで殺人犯人逮捕
129538	朝鮮朝日	1926-05-18/1	07단	奉天から歩き新義州まで來る
129539	朝鮮朝日	1926-05-18/1	08단	飛んでもない執達吏サン
129540	朝鮮朝日	1926-05-18/1	09단	馬山を荒した兇賊逮捕さる
129541	朝鮮朝日	1926-05-18/1	09단	群山の火事/精米所を燒く
129542	朝鮮朝日	1926-05-18/1	09단	飾窓破り逮捕
129543	朝鮮朝日	1926-05-18/1	10단	會(物産協會總會/鐵鋼同盟會)
129544	朝鮮朝日	1926-05-18/1	10단	半島茶話
129545	朝鮮朝日	1926-05-18/2	01단	正チャンのその後/大オトコ(八)
129546	朝鮮朝日	1926-05-18/2	01단	アンペラ小屋から陽氣な三味の音色/物價は箆棒に高くて女がやたらにもてる名物延平島ソロソロ漁期に入る

일련번호	판명	간행일	단수	기사명
129547	朝鮮朝日	1926-05-18/2	01단	鰮漁に對する咸南の通告各府郡に對し
129548	朝鮮朝日	1926-05-18/2	01단	四月中の內鮮貿易高
129549	朝鮮朝日	1926-05-18/2	02단	元咸聯合の穀物大會準備
129550	朝鮮朝日	1926-05-18/2	03단	朝日碁戰臨時手合/第廿三回(一)
129551	朝鮮朝日	1926-05-18/2	03단	元山高女の五年制認可
129552	朝鮮朝日	1926-05-18/2	03단	元山港の移出米豆量
129553	朝鮮朝日	1926-05-18/2	03단	訪歐飛行/成功記念活寫會
129554	朝鮮朝日	1926-05-18/2	04단	滿州方面の土地買占計劃
129555	朝鮮朝日	1926-05-18/2	04단	新義州港四月の貿易
129556	朝鮮朝日	1926-05-18/2	04단	初切出しの筏到着する
129557	朝鮮朝日	1926-05-19/1	01단	二十四時間にわたり暴行の限りを盡し/檢擧された首魁を奪還せんとして警備船を包圍し警官隊と衝突する/楸子島漁民の大暴行
129558	朝鮮朝日	1926-05-19/1	01단	國葬の準備順調に進捗し昌德宮の多忙さは日を逐うて加はる/極めて質素な喪服を召されお窶れの色を拜する最近の王妃方子殿下/春雨の中で老人の慟哭舊恩を忘れず弔旗を奉納す
129559	朝鮮朝日	1926-05-19/1	01단	朝鮮美の粹
129560	朝鮮朝日	1926-05-19/1	03단	朝鮮宣傳は徹底した/內地に關所が多くて弱つた(池田殖産局長歸來談)
129561	朝鮮朝日	1926-05-19/1	04단	鮮展漫評(２)/SPR
129562	朝鮮朝日	1926-05-19/1	04단	內鮮滿の郵便飛行/今年だけは往復共六回
129563	朝鮮朝日	1926-05-19/1	04단	辭令
129564	朝鮮朝日	1926-05-19/1	04단	師範教育の改善腹案/一箇年延長し充實をはかる
129565	朝鮮朝日	1926-05-19/1	05단	滿鐵のために滅法界損をし/鮮內の粟取扱商から損害賠償方を交涉す
129566	朝鮮朝日	1926-05-19/1	05단	鐵舟十隻を新造して水害に備へる/雨期切迫と救助準備
129567	朝鮮朝日	1926-05-19/1	05단	一箇月早く精米休止/平壤の失業者巷に溢れ出る
129568	朝鮮朝日	1926-05-19/1	05단	農家の轉業はうんとふえる/十五萬人以上に達し今後もふえる見込み
129569	朝鮮朝日	1926-05-19/1	06단	朝鮮二箇所の修道院廢止/ボストンと合併に決す
129570	朝鮮朝日	1926-05-19/1	07단	大げさな家宅搜査/平壤驛創庫を中心に大盜難
129571	朝鮮朝日	1926-05-19/1	07단	支那强盜に襲擊され/二千八百圓强奪される
129572	朝鮮朝日	1926-05-19/1	07단	五戶を燒く/釜山府の火事
129573	朝鮮朝日	1926-05-19/1	08단	精神異狀の少女が放火
129574	朝鮮朝日	1926-05-19/1	08단	癩病患者が釜山へ集まり/これではたまらぬと當局者が頭を惱ます(朝火と再保/火保料率決定)
129575	朝鮮朝日	1926-05-19/1	08단	會社銀行(京取の決算)
129576	朝鮮朝日	1926-05-19/1	09단	半島茶話

일련번호	판명	간행일	단수	기사명
129577	朝鮮朝日	1926-05-19/1	10단	運動界(釜山運勝つ鐵道野球大會/兵器製造所勝つ/平壤專賣局勝つ)
129578	朝鮮朝日	1926-05-19/1	10단	會(慶南巡回活寫會/慶南金融聯合會/間道領事館落成/東拓支店長會議)
129579	朝鮮朝日	1926-05-19/1	10단	人(本宿直次郎氏(鎭海要港部參謀長)/大西惠隣氏(九大敎授醫學博士)/副島道正伯(京城日報社長)/津村重舍氏(貴族院議員)/忠南江景婦人團見學)
129580	朝鮮朝日	1926-05-19/2	01단	正チャンのその後/キューピーサン(一)
129581	朝鮮朝日	1926-05-19/2	01단	內地資金の流入が增加し/一流筋にしてやらる繭資金の需要しらべ
129582	朝鮮朝日	1926-05-19/2	01단	關稅改正は無影響/對外貿易に
129583	朝鮮朝日	1926-05-19/2	01단	朝鮮私鐵の豫定線/資金三百萬圓は調達濟み
129584	朝鮮朝日	1926-05-19/2	02단	共生學園移轉
129585	朝鮮朝日	1926-05-19/2	02단	混合列車に二等車連結
129586	朝鮮朝日	1926-05-19/2	03단	朝日勝繼碁戰/第廿三回(二)
129587	朝鮮朝日	1926-05-19/2	03단	鐵道運賃の學生割引値上
129588	朝鮮朝日	1926-05-19/2	03단	京城兩高女の連絡を密接に
129589	朝鮮朝日	1926-05-19/2	03단	訪歐飛行/成功記念活寫會
129590	朝鮮朝日	1926-05-19/2	04단	チブスの排菌調査/慶南道で行ふ
129591	朝鮮朝日	1926-05-19/2	04단	一向氣乘せぬ馬山の學議戰
129592	朝鮮朝日	1926-05-20/1	01단	有望なる潮力發電/內地よりも割安につき算盤さへ立てば儲かる/一方電氣事業基本調査大いに進む
129593	朝鮮朝日	1926-05-20/1	01단	參奉任用は嚴重に詮衡し不正な行爲を取締る任用條件も大體決定/御戒名は非公式だ國葬に用ひぬ李王職員の談/新願寺を建立故李王の御冥福を祈る/國葬當日は官廳學校休業
129594	朝鮮朝日	1926-05-20/1	02단	反基督敎熱で宣敎師の覺醒/李王の御冥福を祈り國葬の代表者が參列
129595	朝鮮朝日	1926-05-20/1	02단	平壤兵器で飛機製造/兵器製造所を利用されたい/吉田陸軍造兵廠長官談
129596	朝鮮朝日	1926-05-20/1	03단	債鬼に惱む尹澤榮侯/昌德宮の奧深く隱れ姿を見せぬ
129597	朝鮮朝日	1926-05-20/1	04단	問題となった朝鮮の步兵隊/廢止、縮小、存續三波に分れ容易に決定せぬ
129598	朝鮮朝日	1926-05-20/1	04단	産米增殖上/火田民を取締る/目下その方法考究中で萬難を覺悟の上でやる/火入れ禁止で火田民弱る
129599	朝鮮朝日	1926-05-20/1	04단	相反撥し合ふ魂を宗敎の力で融合を圖る/安寧水利組合完成後には基督敎を中心に日鮮農民を眞に握手させる/東拓の矢野君の固い信念
129600	朝鮮朝日	1926-05-20/1	05단	朝鮮最初の軍事教育/打合せ會議で大體方針決定

일련번호	판명	간행일	단수	기사명
129601	朝鮮朝日	1926-05-20/1	05단	平壤太刀洗間往復飛行計劃 惡天候を衝いて五機平壤出發途中から一機引返す第一日は大邱へ一泊/秋風嶺の險を突破して四機大邱倒着初の難飛行
129602	朝鮮朝日	1926-05-20/1	06단	採炭直營は絶對の嘘/總督府の當局強く否認する
129603	朝鮮朝日	1926-05-20/1	06단	馬山煎子組合認可
129604	朝鮮朝日	1926-05-20/1	07단	許可漁業とする焚き奇せ漁業/鰮の濫獲防止のため慶南道令を改定する
129605	朝鮮朝日	1926-05-20/1	07단	女學生の音樂會延期/小學生も同樣/李王の薨去で
129606	朝鮮朝日	1926-05-20/1	07단	生き殘った密航者送還/嚴原警察から釜山に向けて
129607	朝鮮朝日	1926-05-20/1	07단	鎮平銀は國幣でない/覆審法院で判決
129608	朝鮮朝日	1926-05-20/1	08단	古い恨みから人を刺す/蛇のやうな無頼の鮮人
129609	朝鮮朝日	1926-05-20/1	08단	姦夫姦婦が協力して本夫を殺し/子供の口からバレて遂に死刑を求刑さる
129610	朝鮮朝日	1926-05-20/1	09단	鮮外の患者も救濟する/モヒ中毒者を此際根滅する
129611	朝鮮朝日	1926-05-20/1	09단	中學生の家出
129612	朝鮮朝日	1926-05-20/1	10단	借自動車で囚人を護送
129613	朝鮮朝日	1926-05-20/1	10단	會(旅館協會總會/全鮮床屋大會)
129614	朝鮮朝日	1926-05-20/1	10단	人(澤慶治郎氏(新任新義州稅關長)/光州高普生修學旅行/須藤素氏(新任慶北知事)/穗積眞六郎氏(總督府會計課長)/松村少將母堂逝く/大藏省廣瀬書記官一行)
129615	朝鮮朝日	1926-05-20/1	10단	半島茶話
129616	朝鮮朝日	1926-05-20/2	01단	正チャンのその後/キューピーサン(二)
129617	朝鮮朝日	1926-05-20/2	01단	川口開鑿案を考慮されたしと清津築港について府民から本府へ請願
129618	朝鮮朝日	1926-05-20/2	01단	線路と經濟の調査班を設置/鐵道網完成を急ぐ
129619	朝鮮朝日	1926-05-20/2	01단	鴨綠江上流に珍魚生棲發見
129620	朝鮮朝日	1926-05-20/2	02단	パチ物多く絹商人弱る/檢査員來鮮し近く解決する
129621	朝鮮朝日	1926-05-20/2	03단	朝日勝繼碁戰/第廿三回(三)
129622	朝鮮朝日	1926-05-20/2	03단	慶南道內の春蠶增收豫想
129623	朝鮮朝日	1926-05-20/2	03단	老朽府尹ビクつく/近く一二名の異動ある豫定
129624	朝鮮朝日	1926-05-20/2	04단	訪歐飛行/成功記念活寫會
129625	朝鮮朝日	1926-05-20/2	04단	吉林に於て勞働組合/此種眞面目な事業歡迎さる
129626	朝鮮朝日	1926-05-21/1	01단	釜山郊外に文化村/地主が聯合し愈よ建設する
129627	朝鮮朝日	1926-05-21/1	01단	ウダツのあがらぬ南鮮地方の小作人/地主の橫暴いよいよ募るばかりでこのまゝでは小作人が亡ぶ外ない/重大問題として憂慮さる
129628	朝鮮朝日	1926-05-21/1	01단	おやさしく太妃をお慰め申上げる李王妃殿下の御孝心近待も御稱讚申上ぐ/王殿下は內殿へ太妃殿下には樂善齋御移居/盲人組合の哀號慟哭國葬の當日に大學豫科前で

일련번호	판명	간행일	단수	기사명
129629	朝鮮朝日	1926-05-21/1	01단	命令航路を南支那臺灣へ延長希望果して實現するか/斯界の主意を惹く
129630	朝鮮朝日	1926-05-21/1	03단	國境守備を永久に存置し/一守備區を增加して危急の場合に備へる
129631	朝鮮朝日	1926-05-21/1	03단	湯淺夫人の幼稚園視察
129632	朝鮮朝日	1926-05-21/1	03단	セメントの販賣競爭/全鮮の消費高大約五十萬樽
129633	朝鮮朝日	1926-05-21/1	04단	殖産局長のお土産話
129634	朝鮮朝日	1926-05-21/1	04단	鑛業令の一部改正/六月一日より實施に決定す
129635	朝鮮朝日	1926-05-21/1	05단	鮮展漫評(３)/SPR
129636	朝鮮朝日	1926-05-21/1	04단	鮮人就學兒童の語數を調査しこれによって教科書改正の基礎をつくる
129637	朝鮮朝日	1926-05-21/1	05단	松井府尹から調停を申込み/委員と意見を戰はす/平壤の電氣値下問題
129638	朝鮮朝日	1926-05-21/1	05단	支那動亂のために四散した朝鮮の飛行家/このまゝ放任すれば朝鮮飛行界の發達にとり一大損失だと憂慮され呼び戾し策を研究さる
129639	朝鮮朝日	1926-05-21/1	06단	缺員しても補充せず/漸次縮小して移轉の步兵隊
129640	朝鮮朝日	1926-05-21/1	07단	鹽水港製糖の朝鮮進出開始
129641	朝鮮朝日	1926-05-21/1	07단	國粹日日支社設置
129642	朝鮮朝日	1926-05-21/1	07단	法網を潜り競爭する/統營附近の小汽船會社
129643	朝鮮朝日	1926-05-21/1	08단	巷のたより
129644	朝鮮朝日	1926-05-21/1	08단	金貸を殺害し/死體を河中へ投込む/父子共謀の上の兇行
129645	朝鮮朝日	1926-05-21/1	09단	奔馬のため數名重傷/市のまん中へあばれこんで
129646	朝鮮朝日	1926-05-21/1	09단	銃身竊盜の犯人逮捕/重大な犯罪でない事判明す
129647	朝鮮朝日	1926-05-21/1	10단	三菱組の大勝/兼二浦の庭球
129648	朝鮮朝日	1926-05-21/1	10단	會(京畿金組總會)
129649	朝鮮朝日	1926-05-21/1	10단	半島茶話
129650	朝鮮朝日	1926-05-21/2	01단	正チャンのその後/キューピーサン(三)
129651	朝鮮朝日	1926-05-21/2	01단	金融組合令をこの際改正し/中産以下に對しても均霑する計劃を樹つ
129652	朝鮮朝日	1926-05-21/2	01단	經營困難な郵便所の救濟/切手賣捌料引上か/國庫で補助するか
129653	朝鮮朝日	1926-05-21/2	01단	平壤の無煙炭(四)/新田生
129654	朝鮮朝日	1926-05-21/2	03단	朝日勝繼碁戰/第廿三回(四)
129655	朝鮮朝日	1926-05-21/2	03단	訪歐飛行/成功記念活寫會
129656	朝鮮朝日	1926-05-21/2	04단	慶南各郡に農業倉庫建設
129657	朝鮮朝日	1926-05-22	01단	地久節の佳き日に發團式を擧行する/京城の朝鮮少年赤十字團/漸次全鮮各地に及ぼす

일련번호	판명	간행일	단수	기사명
129658	朝鮮朝日	1926-05-22	01단	國葬儀仗兵の堵列隊きまる 前隊後隊にわかれ二十一發の弔砲發射/昌德宮へ勅使參向 宮內省から通知きたる/國葬輿士軍服裝檢査終る/昌德宮にて儀仗兵打合せ
129659	朝鮮朝日	1926-05-22	02단	一面一校の理想を早く實現させたい/一般道民の擔稅力が増すやうな事はない/金慶南道學務課長語る
129660	朝鮮朝日	1926-05-22	02단	朝鮮國境ものがたり(十一)/貴婦人に見せたい匪賊と戰ふ警察官の妻/夫の不在中銃をとって戰ひ卽死したといふ涙なくしては聞かれない悲話
129661	朝鮮朝日	1926-05-22	03단	平壤府の學議員選擧
129662	朝鮮朝日	1926-05-22	04단	一方で阻止し一方で求める/釜山警察へ內地から人夫の供給を申込む
129663	朝鮮朝日	1926-05-22	04단	首無し男女と幼兒の死體釜山へ漂着す/何處の者とも判明せぬ親子三人の心中死體か
129664	朝鮮朝日	1926-05-22	05단	支店長らの公金費消/九萬圓に上り/一味逮捕さる
129665	朝鮮朝日	1926-05-22	06단	巷のたより
129666	朝鮮朝日	1926-05-22	06단	連絡船から投身したか
129667	朝鮮朝日	1926-05-22	06단	支那竊盜團官舍を荒す/その被害高は數萬圓に上る
129668	朝鮮朝日	1926-05-22	07단	鮮童を配下に大阪中を荒す/棄てられた女を怨みヤケ糞になった鮮人
129669	朝鮮朝日	1926-05-22	09단	中根デブ君らど月枝サン歸る
129670	朝鮮朝日	1926-05-22	09단	七戶を全燒し五十戶半燒す 又も京城の火事/京城の火事太平通燒ける
129671	朝鮮朝日	1926-05-22	09단	運動界(春季競馬大會平壤で擧行/選拔野球大會/春季武道大會/醫專大勝す)
129672	朝鮮朝日	1926-05-22	10단	半島茶話
129673	朝鮮朝日	1926-05-23/1	01단	故李王國葬彙報國葬輿士軍の服裝檢査/國葬の警戒は京畿道でやる萬一の場合他道から應援警官を派遣する/京城府から榊一對獻納/故李王國葬の發靷時刻決定/輿士の行列
129674	朝鮮朝日	1926-05-23/1	01단	小作制度の改善を行ひ/不合理な貸借關係の惡弊を根本的に除去
129675	朝鮮朝日	1926-05-23/1	03단	內鮮間無電の完備を企圖し/鮮內各無線電信局の完成を極力進行する
129676	朝鮮朝日	1926-05-23/1	03단	內地の教育は歐米に劣らず/充實してゐたのにはたゞたゞ驚くばかり/外人教育者の視察談
129677	朝鮮朝日	1926-05-23/1	03단	各金融組合に遊金だぶつく/金利高で組合員外の預金を吸收したため
129678	朝鮮朝日	1926-05-23/1	03단	長期借入金期限前償還/金融組合から殖銀への希望
129679	朝鮮朝日	1926-05-23/1	05단	亂脈を極めた清津の賴母子/取調べた警察も呆れる/知名の商人にも波及

일련번호	판명	간행일	단수	기사명
129680	朝鮮朝日	1926-05-23/1	05단	特殊な方面に貸出しを行ひ/回收に困難をきたし遂に不正を働いたか/殖銀櫻井理事はかたる
129681	朝鮮朝日	1926-05-23/1	05단	朝鮮の海から姿を消した三重縣の海女
129682	朝鮮朝日	1926-05-23/1	05단	平壤の無煙炭(五)/新田生
129683	朝鮮朝日	1926-05-23/1	06단	殖銀の異動
129684	朝鮮朝日	1926-05-23/1	06단	束拓會社の土地改良職制
129685	朝鮮朝日	1926-05-23/1	07단	巷のたより
129686	朝鮮朝日	1926-05-23/1	07단	增加を告げた/京城組合銀行の貸出し
129687	朝鮮朝日	1926-05-23/1	07단	公金費消事件の眞相/偶然の機會で不正事實發覺
129688	朝鮮朝日	1926-05-23/1	07단	脾肉の嘆を洩す勇士/平壤飛行隊員依然大邱滯在
129689	朝鮮朝日	1926-05-23/1	08단	新羅時代の遺物發掘/慶北慶州の停車場から
129690	朝鮮朝日	1926-05-23/1	08단	顚覆船を救助
129691	朝鮮朝日	1926-05-23/1	08단	各道聯合して癩療養所設置か/慶尚南道では釜山府へ委さず對策に頭を捻る
129692	朝鮮朝日	1926-05-23/1	09단	龍山の火事/四戸を全燒
129693	朝鮮朝日	1926-05-23/1	09단	娘可愛さに放火する/保險金欲さに隣家の天井へ
129694	朝鮮朝日	1926-05-23/1	10단	會(津崎教授の外遊)
129695	朝鮮朝日	1926-05-23/1	10단	半島茶話
129696	朝鮮朝日	1926-05-23/2	01단	裏から覗いた朝鮮の質屋サン/元金一圓につき一日七錢の利子/内地と比較にならず眞に下層民泣かせだ
129697	朝鮮朝日	1926-05-23/2	01단	朝鮮美展の粹
129698	朝鮮朝日	1926-05-23/2	02단	兒童一人當り五圓十錢/成績良好の學童貯金高
129699	朝鮮朝日	1926-05-23/2	02단	遊金だぶつく京城組合銀行
129700	朝鮮朝日	1926-05-23/2	03단	咸鏡平壤炭を使用する鐵道局の方針
129701	朝鮮朝日	1926-05-23/2	03단	大邱學議選擧
129702	朝鮮朝日	1926-05-23/2	03단	著く增加した滿洲粟の輸入
129703	朝鮮朝日	1926-05-23/2	03단	一向氣乘らぬ群山の議員選擧
129704	朝鮮朝日	1926-05-23/2	03단	訪歐飛行/成功記念活寫會
129705	朝鮮朝日	1926-05-23/2	04단	土地改良會社株式募集終る
129706	朝鮮朝日	1926-05-23/2	04단	會社銀行(朝鮮燐寸決算/會寧電氣配當)
129707	朝鮮朝日	1926-05-23/2	04단	群山消防組に自動車ポンプ
129708	朝鮮朝日	1926-05-23/2	04단	記念祝賀延期/群山の消防組
129709	朝鮮朝日	1926-05-23/2	04단	松毛蟲の驅除/忠南道一齊に
129710	朝鮮朝日	1926-05-23/2	04단	大田神社遷座
129711	朝鮮朝日	1926-05-23/2	04단	會(小品席上揮毫會)
129712	朝鮮朝日	1926-05-25/1	01단	歲入の增加を圖り極力事業を進める/殊に鐵道開發は最大の急務と湯淺政務總監語る
129713	朝鮮朝日	1926-05-25/1	01단	滿鐵も承諾した豆粕運賃の割引/農會の證明あるものに限る/鮮鐵も三割に引下

일련번호	판명	간행일	단수	기사명
129714	朝鮮朝日	1926-05-25/1	01단	京南鐵道の延長を協議/群山商議が
129715	朝鮮朝日	1926-05-25/1	01단	朝鮮國境ものがたり(十二)/朝鮮統治の大道に名も無く散る小さな花/露營の夢も覺め勝に一意治案に任ず警官の人々
129716	朝鮮朝日	1926-05-25/1	02단	棉花の移出高/漸次増加す
129717	朝鮮朝日	1926-05-25/1	03단	鮮鐵の業績大體良好/豫算の比し八萬圓増收
129718	朝鮮朝日	1926-05-25/1	03단	墓籍整理を道當局が獎勵
129719	朝鮮朝日	1926-05-25/1	03단	入營の期日を數回に分つべく/朝鮮師團が研究中/除隊の際の兵員減少を憂へ
129720	朝鮮朝日	1926-05-25/1	03단	當局の注意も效なく消燈が續出す/流石の宮川社長も頻りに弱り切る
129721	朝鮮朝日	1926-05-25/1	04단	平壤の無煙炭(六)/新田生
129722	朝鮮朝日	1926-05-25/1	04단	慶南水産課が漁撈試驗/鯖流し綱の
129723	朝鮮朝日	1926-05-25/1	05단	學議選擧に府尹が干渉か/誰々に入れては不可と電話で學校職員に勸告
129724	朝鮮朝日	1926-05-25/1	05단	巷の噂
129725	朝鮮朝日	1926-05-25/1	06단	綠濃き神宮境內で盛大に開かれた/第一回在鄉軍人大會/出席者五百名に達す
129726	朝鮮朝日	1926-05-25/1	07단	ソウル派と北風會和解/合同を企つ
129727	朝鮮朝日	1926-05-25/1	07단	鴨綠江の初筏/二十日に到着
129728	朝鮮朝日	1926-05-25/1	08단	明瞭な回答を與へねば總退學/備品を大學に持去られて京城醫專生の憤慨
129729	朝鮮朝日	1926-05-25/1	08단	五百年を經た木乃伊/水原で發見
129730	朝鮮朝日	1926-05-25/1	08단	債券百萬圓の僞造を企て/大邱府で逮捕さる/連累者多數の見込
129731	朝鮮朝日	1926-05-25/1	08단	櫻兒を殺し己れも縊死す/妻を離緣した男が子供の始末に窮し
129732	朝鮮朝日	1926-05-25/1	09단	前科三犯の竊盜が潜伏/新義州府に
129733	朝鮮朝日	1926-05-25/1	10단	誤って射殺す
129734	朝鮮朝日	1926-05-25/1	10단	會(石川啄木追想會/東西醫學研究會/南畫院展覽會/初等教育研究會)
129735	朝鮮朝日	1926-05-25/1	10단	人(長岡外務省條約局長/口古橋卓四郎氏)
129736	朝鮮朝日	1926-05-25/1	10단	半島茶花
129737	朝鮮朝日	1926-05-25/2	01단	神仙爐/融和問題/雪岳將
129738	朝鮮朝日	1926-05-25/2	01단	穀物聯合會の陳情に對する/總督府側の回答
129739	朝鮮朝日	1926-05-25/2	01단	林檎苗木の移入激增/百二十餘萬本
129740	朝鮮朝日	1926-05-25/2	01단	正チャンのその後/キューピーサン(四)
129741	朝鮮朝日	1926-05-25/2	02단	新義州稅關改築に着手/來月初旬から
129742	朝鮮朝日	1926-05-25/2	03단	一段當り百三十七斤/陸地棉作況
129743	朝鮮朝日	1926-05-25/2	03단	群山商議が全州裡里の實業家と懇談
129744	朝鮮朝日	1926-05-25/2	03단	朝日勝繼碁戰/第廿三回(五)
129745	朝鮮朝日	1926-05-25/2	04단	學組議員改選/平北義州の

일련번호	판명	간행일	단수	기사명
129746	朝鮮朝日	1926-05-25/2	04단	馬山學議戰/當選確定す
129747	朝鮮朝日	1926-05-25/2	04단	運動界(短艇競漕會鐵道局友會の/實業野球大會準優勝戰優勝成績/寶塚球團來る五月末日頃)
129748	朝鮮朝日	1926-05-26/1	01단	小作制度の改善を企圖す/肥料資金の貸出で
129749	朝鮮朝日	1926-05-26/1	01단	五月上半期は九百四十萬圓/對外貿易の總額
129750	朝鮮朝日	1926-05-26/1	01단	閣員代表は岡田文相/六月六日渡鮮
129751	朝鮮朝日	1926-05-26/1	01단	適當な審査が必要/草間局長談
129752	朝鮮朝日	1926-05-26/1	01단	景氣の恢復は一寸困難だと京城某銀行語る
129753	朝鮮朝日	1926-05-26/1	01단	勅任その他(一)/第一頂異動評/慶北の卷
129754	朝鮮朝日	1926-05-26/1	02단	辭令
129755	朝鮮朝日	1926-05-26/1	03단	平壤飛聯隊の海峽橫斷飛行/五機無事太刀洗着
129756	朝鮮朝日	1926-05-26/1	03단	四機だけ大邱發/太刀洗に向ふ
129757	朝鮮朝日	1926-05-26/1	03단	學議當選の異議申立/平壤の選擧で
129758	朝鮮朝日	1926-05-26/1	04단	會社銀行(朝鮮汽船業績/道是製絲總會/圖們今期決算)
129759	朝鮮朝日	1926-05-26/1	04단	青年同盟の幹部を檢擧/儒林一派の連累者らしい
129760	朝鮮朝日	1926-05-26/1	05단	好況な海運界/內地不況を他所に鮮米の移出增加で
129761	朝鮮朝日	1926-05-26/1	05단	聯絡上から必要ありと學校の先生が料亭で懇親會
129762	朝鮮朝日	1926-05-26/1	05단	獨逸紙幣を僞造行使/被害三十萬圓
129763	朝鮮朝日	1926-05-26/1	05단	首無死體は不義者/逃亡の成の果
129764	朝鮮朝日	1926-05-26/1	06단	教育界の陰謀が暴露/裏面の大活躍/京城より
129765	朝鮮朝日	1926-05-26/1	06단	藝妓三名が手を携へ逃亡/雨を冒して
129766	朝鮮朝日	1926-05-26/1	06단	優れた技倆の持主であった/空中衝突の殉職者八島中尉の事ども
129767	朝鮮朝日	1926-05-26/1	07단	竣工した間島領事館/工費四十萬圓
129768	朝鮮朝日	1926-05-26/1	07단	絞殺して所持金を強奪/兩名共謀し
129769	朝鮮朝日	1926-05-26/1	08단	同情と見せ誘拐し弱身に附込み鮮婦人を弄ぶ
129770	朝鮮朝日	1926-05-26/1	08단	收入印紙を剝取り賣却/大阪に高飛す
129771	朝鮮朝日	1926-05-26/1	09단	狂犬咬廻る/馬山府內を
129772	朝鮮朝日	1926-05-26/1	09단	「凝視の一年」記念短歌會
129773	朝鮮朝日	1926-05-26/1	09단	巷のたより
129774	朝鮮朝日	1926-05-26/1	10단	會(琵琶演奏會)
129775	朝鮮朝日	1926-05-26/1	10단	人(山川勝之助氏(宮崎縣教育會副會長))
129776	朝鮮朝日	1926-05-26/1	10단	半島茶話
129777	朝鮮朝日	1926-05-26/2	01단	平壤より/新田生
129778	朝鮮朝日	1926-05-26/2	01단	有望となった北鮮の諸航路/木材木炭の移出が漸次增加の狀態で
129779	朝鮮朝日	1926-05-26/2	01단	薄荷栽培の成績に注目/慶南道廳が
129780	朝鮮朝日	1926-05-26/2	01단	海州水道の擴張工事はいよいよ着工
129781	朝鮮朝日	1926-05-26/2	01단	釜山學議戰非常に賑ふ/候補者續出す

일련번호	판명	간행일	단수	기사명
129782	朝鮮朝日	1926-05-26/2	01단	正チャンのその後/キューピーサン(五)
129783	朝鮮朝日	1926-05-26/2	02단	元山府が徽章を募集
129784	朝鮮朝日	1926-05-26/2	02단	運動界(選拔野球大會第一回戰績/釜山軍優勝選拔野球戰で/短評/野球聯盟戰平壤で擧行)
129785	朝鮮朝日	1926-05-26/2	03단	朝日勝繼碁戰/第廿三回(六)
129786	朝鮮朝日	1926-05-27/1	01단	米國流を排し日本式に改る/鮮內の私立學校が內地人教師を招聘
129787	朝鮮朝日	1926-05-27/1	01단	金融組合の預金利子が高く/打擊を蒙る銀行團/組合外の預金は斷れと叫ぶ
129788	朝鮮朝日	1926-05-27/1	01단	彩輿/國葬に御使用の
129789	朝鮮朝日	1926-05-27/1	02단	水利組合の法令改正 殖産局に移管と同時に/全鮮內の水電出力二百萬馬力
129790	朝鮮朝日	1926-05-27/1	03단	困難の多い繭資金の貸出/銀行業者が研究中
129791	朝鮮朝日	1926-05-27/1	03단	金利引下具體化すか/會議所を中心に
129792	朝鮮朝日	1926-05-27/1	03단	土地會社の鮮人重役/顏觸決定す
129793	朝鮮朝日	1926-05-27/1	03단	四百萬石を突破す/鮮米の移出高
129794	朝鮮朝日	1926-05-27/1	03단	木材市場伸惱む/米材の壓迫で
129795	朝鮮朝日	1926-05-27/1	04단	勅任その他(二)/第一次異動評/藤原君曰く
129796	朝鮮朝日	1926-05-27/1	04단	太刀洗を發し三機打ち揃ひ 歸途に着く平壤機 二機は故障を修理後出發の筈/三機は一泊 一機だけ歸還 太刀洗往復飛機が大邱に中間着陸
129797	朝鮮朝日	1926-05-27/1	05단	課稅問題を直言する/議員が欲しい釜山學議戰
129798	朝鮮朝日	1926-05-27/1	05단	露國汽船が釜山に入港/浦潮に向ふ
129799	朝鮮朝日	1926-05-27/1	06단	模範場技師に兼任された二氏/快活な滿田教授と植物病理の中田教授
129800	朝鮮朝日	1926-05-27/1	06단	喫茶室/アナ恐ろし子供の寄生蟲
129801	朝鮮朝日	1926-05-27/1	07단	黃金の雨/咸南地方で
129802	朝鮮朝日	1926-05-27/1	07단	死ぬに宜き朝鮮海峽の噂/連絡船からの死損じか釜山に來て投身する
129803	朝鮮朝日	1926-05-27/1	07단	大きな事件の起る虞は無い/國葬を前に控へて警務當局著しく緊張を示す
129804	朝鮮朝日	1926-05-27/1	07단	巷のたより
129805	朝鮮朝日	1926-05-27/1	08단	白軍避難者哈爾賓に向ふ/間島を退去し
129806	朝鮮朝日	1926-05-27/1	09단	赤電團長拘留さる/儒林一派に關係ありと
129807	朝鮮朝日	1926-05-27/1	09단	採木公司が作業中止/馬賊の橫行で
129808	朝鮮朝日	1926-05-27/1	09단	牛馬用の給水槽設置/釜山府內で
129809	朝鮮朝日	1926-05-27/1	10단	會(小學教師講習會/平壤商議評議會/金組理事會議/酒類講演會/專賣支局長會議)
129810	朝鮮朝日	1926-05-27/1	10단	人(岡崎卓氏)

일련번호	판명	간행일	단수	기사명
129811	朝鮮朝日	1926-05-27/1	10단	半島茶話
129812	朝鮮朝日	1926-05-27/2	01단	府尹の動き相當大きな波瀾があるか/京城より
129813	朝鮮朝日	1926-05-27/2	01단	有望になった鮮內絹織物/需要が増加したのと支那絹輸入の杜絶で
129814	朝鮮朝日	1926-05-27/2	01단	春醤出廻り幾らか遅延/氣溫の低下で
129815	朝鮮朝日	1926-05-27/2	01단	咸南産の木炭の移出/著しく激増
129816	朝鮮朝日	1926-05-27/2	01단	神仙爐/不急の鐵道と地方發展策妄動を愼め/西夏生
129817	朝鮮朝日	1926-05-27/2	02단	正チャンのその後/キューピーサン(六)
129818	朝鮮朝日	1926-05-27/2	02단	殘作の甜菜/漸く發芽す
129819	朝鮮朝日	1926-05-27/2	03단	釜山鎭の埋立/愈よ着工の運び/六月初旬に許可の模様
129820	朝鮮朝日	1926-05-27/2	04단	官吏軍人の鐵道優待を六月から廢止
129821	朝鮮朝日	1926-05-27/2	04단	釜山商業の學級増加を當局に要望
129822	朝鮮朝日	1926-05-27/2	04단	日本製のレールを使用/平元鐵道に
129823	朝鮮朝日	1926-05-27/2	04단	運動界(乘馬競技會/春川庭球大會)
129824	朝鮮朝日	1926-05-28/1	01단	無電の受信所や着陸場を設ける/國境守備の必要から兵舍も來年度の改築
129825	朝鮮朝日	1926-05-28/1	01단	大無電發局の準備漸く進捗/波長の調節如何でラジオには影響せぬ
129826	朝鮮朝日	1926-05-28/1	01단	産業組合令を道知事に諮問/六月下旬實施の豫定
129827	朝鮮朝日	1926-05-28/1	01단	殖産銀行に常任監査設置/不當貸出事件で
129828	朝鮮朝日	1926-05-28/1	01단	朝鮮水電が鐵道を敷設/新興松興間に
129829	朝鮮朝日	1926-05-28/1	02단	靑島鹽の輸入問題で當業者協議す
129830	朝鮮朝日	1926-05-28/1	02단	府協議員を増員か/平壤府が
129831	朝鮮朝日	1926-05-28/1	03단	お馴染も殖え喜んで居たにと上内氏令夫人名殘を惜しむ
129832	朝鮮朝日	1926-05-28/1	04단	勅任その他(三)/第一次異動評/大地震來る？
129833	朝鮮朝日	1926-05-28/1	04단	會社銀行(清算重役)
129834	朝鮮朝日	1926-05-28/1	04단	金融組合の利子引下/銀行側の請願
129835	朝鮮朝日	1926-05-28/1	04단	京城だけのフィルム檢閲/八月頃から
129836	朝鮮朝日	1926-05-28/1	05단	列車內の衛生檢査を今夏實施する
129837	朝鮮朝日	1926-05-28/1	05단	多人數集らず靜肅に哀悼の誠意を披瀝せよと支那當局が訓令す
129838	朝鮮朝日	1926-05-28/1	05단	期限內迄に工事を始めねば釜山鎭埋立は取消す/總督府の意向らしい
129839	朝鮮朝日	1926-05-28/1	05단	國境の匪賊が著しく減少す/架空的な夢が醒め
129840	朝鮮朝日	1926-05-28/1	06단	平壤府の猩紅熱またまた流行
129841	朝鮮朝日	1926-05-28/1	07단	未決在監人が三倍に増加す/事件が復雜になり審理が長びく結果
129842	朝鮮朝日	1926-05-28/1	07단	判らぬ病死は全部が神經病/宜い加減の醫生の診斷書に慶南道當局困惑す

일련번호	판명	간행일	단수	기사명
129843	朝鮮朝日	1926-05-28/1	07단	干海苔會社全南に設立/資本百萬圓
129844	朝鮮朝日	1926-05-28/1	07단	重要なる一技を授く/平北補修校が
129845	朝鮮朝日	1926-05-28/1	07단	巷のたより
129846	朝鮮朝日	1926-05-28/1	09단	餞を渡せと刃物を携へて警察署に怒鳴込む/殺された遺族連が
129847	朝鮮朝日	1926-05-28/1	09단	依然と困る密航者/釜山署の大弱
129848	朝鮮朝日	1926-05-28/1	09단	短艇顚覆し學生一名が行方不明
129849	朝鮮朝日	1926-05-28/1	10단	會(鐵道大弓大會/修養團講演)
129850	朝鮮朝日	1926-05-28/1	10단	人(廣瀬豐作氏(大藏省事務官)/香椎源太郎氏(釜山商議會頭))
129851	朝鮮朝日	1926-05-28/1	10단	半島茶話
129852	朝鮮朝日	1926-05-28/2	01단	正チャンのその後/キューピーサン(七)
129853	朝鮮朝日	1926-05-28/2	01단	ぞう蟲の習性を町田技手が研究/西鮮地方に棲息し內地の桃吸蟲と類似
129854	朝鮮朝日	1926-05-28/2	01단	農會の設立/道が三つに郡島が二百十九
129855	朝鮮朝日	1926-05-28/2	01단	忠清南北道の麥作と苗代/何れも良好
129856	朝鮮朝日	1926-05-28/2	01단	平壤より/新田生
129857	朝鮮朝日	1926-05-28/2	02단	面吏員を實施に指導/平北道內の
129858	朝鮮朝日	1926-05-28/2	03단	朝日勝繼碁戰/第廿三回(七)
129859	朝鮮朝日	1926-05-28/2	03단	新義州の學議選擧は九日に執行
129860	朝鮮朝日	1926-05-28/2	03단	道是製紙の創立總會/二十五日開催
129861	朝鮮朝日	1926-05-28/2	03단	教育行政の幹部の混じる不純な分子/京城より
129862	朝鮮朝日	1926-05-28/2	04단	新義州府の納稅成績不良/未納額二萬圓
129863	朝鮮朝日	1926-05-28/2	04단	海州醫院の新築工事入札/工費十萬圓
129864	朝鮮朝日	1926-05-28/2	04단	運動界(新義州競馬會四日から擧行/全鮮實業の優勝野球戰三十日擧行)
129865	朝鮮朝日	1926-05-29/1	01단	鐵道建設以外に地方の産業施設を助長すべく考慮された明年度の豫算の內容
129866	朝鮮朝日	1926-05-29/1	01단	國葬の參列者左の如く決定す/國葬を前に取締峻烈怪しい者は片端から檢擧/儀仗兵の近衛隊九日朝入京
129867	朝鮮朝日	1926-05-29/1	01단	教員の素質問題(一)/馬野府尹一札强要の件(教育界の渦卷/聲明書は取る)
129868	朝鮮朝日	1926-05-29/1	03단	古建物研究に關野博士が渡鮮/全鮮に互り調査す
129869	朝鮮朝日	1926-05-29/1	03단	六十歳以上の赤貧で孤獨な老人を收容して救濟するの計劃
129870	朝鮮朝日	1926-05-29/1	04단	國葬當日の御勅使/松浦氏に決定(勅使/皇后宮御使/東宮同妃御使)
129871	朝鮮朝日	1926-05-29/1	05단	本社見學/京城第一女高生
129872	朝鮮朝日	1926-05-29/1	05단	綠の牡丹臺上勇姿を現はし/フワリと翼を休めた日本入りの丁抹機
129873	朝鮮朝日	1926-05-29/1	06단	大塚氏の基碑を建立/京城府內に
129874	朝鮮朝日	1926-05-29/1	07단	出迎機が不時着陸 發動機故障で/丁抹機國境通過 二十八日朝

일련번호	판명	간행일	단수	기사명
129875	朝鮮朝日	1926-05-29/1	07단	二十日來降續き南鮮の大出水昨年の水害に懲り居住民は戰々恟々/大邱附近鐵道不通出水のため/全南の大水害人畜には死傷が無い
129876	朝鮮朝日	1926-05-29/1	07단	二千戶を超ゆる平壤の消燈戶數/會社の不誠意と期成會の微溫に遲緩しがる鮮人靑年
129877	朝鮮朝日	1926-05-29/1	08단	不當貸出は共謀か/殖銀支店の
129878	朝鮮朝日	1926-05-29/1	09단	阿片數萬圓を密輸入/間島の支那人が
129879	朝鮮朝日	1926-05-29/1	09단	兄の金一萬餘圓を拐帶し逃亡
129880	朝鮮朝日	1926-05-29/1	09단	軍資金とて四百圓を受取/赤電團長が
129881	朝鮮朝日	1926-05-29/1	10단	旅費を騙らる/贗造紙幣の百圓に釣られ
129882	朝鮮朝日	1926-05-29/1	10단	密航者を一網打盡/首謀者は逃亡
129883	朝鮮朝日	1926-05-29/1	10단	會(紫雲英講演會/物産共進會)
129884	朝鮮朝日	1926-05-29/1	10단	半島茶話
129885	朝鮮朝日	1926-05-29/2	01단	巷のたより
129886	朝鮮朝日	1926-05-29/2	01단	恐ろしい程な大羽鰯の豊漁/慶南の水揚高だけで例年の朝鮮水産物總高と匹敵
129887	朝鮮朝日	1926-05-29/2	01단	鑛産物運賃の割引を要望す/朝鮮鐵道協會が鐵道局に對して
129888	朝鮮朝日	1926-05-29/2	01단	竹工界の巨匠を迎へ講習會を開く
129889	朝鮮朝日	1926-05-29/2	01단	正チャンのその後/キューピーサン(八)
129890	朝鮮朝日	1926-05-29/2	02단	肥料資金の借替は可能/農事改良/低利資金
129891	朝鮮朝日	1926-05-29/2	03단	繭賣買の出願期日は五月末日迄
129892	朝鮮朝日	1926-05-29/2	03단	訪歐飛行/成功記念活寫會
129893	朝鮮朝日	1926-05-29/2	03단	朝日勝繼碁戰/第廿三回(八)
129894	朝鮮朝日	1926-05-29/2	04단	新義州學議定員に達せず/票數爭奪が問題
129895	朝鮮朝日	1926-05-29/2	04단	滿洲米の無屆輸入は發見次第處分
129896	朝鮮朝日	1926-05-30/1	01단	大修正を加へられた清津の築港工事吉會鐵道が解決せば現工事を打切り更に大計劃
129897	朝鮮朝日	1926-05-30/1	01단	鐵道局の豫算/建設改良費が約二千萬圓の上り/今年に比し五百萬圓を增加
129898	朝鮮朝日	1926-05-30/1	01단	聖上より榊を供御奉訣式場に/仙石子渡鮮國葬參列に
129899	朝鮮朝日	1926-05-30/1	01단	教員の素質問題(二)/二つの學校長會議の話(口火を點た者/三案の決議/小學校長の會/柏木課長出現)
129900	朝鮮朝日	1926-05-30/1	03단	十四年農産物十三億圓突破/前年度收護に比し一億七千萬圓を增加
129901	朝鮮朝日	1926-05-30/1	03단	スミス博士勳四等を賜ふ/歸國に際し
129902	朝鮮朝日	1926-05-30/1	03단	全州女高普/二十八日認可
129903	朝鮮朝日	1926-05-30/1	03단	醫生達が病院を見學/初めて電車を見た者もある
129904	朝鮮朝日	1926-05-30/1	04단	辭令
129905	朝鮮朝日	1926-05-30/1	04단	光化門局本廳舍新築十一月に完成

일련번호	판명	간행일	단수	기사명
129906	朝鮮朝日	1926-05-30/1	04단	會社銀行(鐵原倉庫計劃/果物聯合會/土地改良事務所)
129907	朝鮮朝日	1926-05-30/1	04단	墓地が增加し植林に大困り/一箇年の届出だけで六百町步に達する
129908	朝鮮朝日	1926-05-30/1	05단	猛虎現る/慶北奉化郡に
129909	朝鮮朝日	1926-05-30/1	05단	意識深き記念祭/鎭海要港部の海軍記念日
129910	朝鮮朝日	1926-05-30/1	06단	戰跡記念の忠魂碑/義州に設立
129911	朝鮮朝日	1926-05-30/1	06단	絶間なき雨で弗々交通が杜絶 一週間の降雨量が雨期の一箇月分の總量に達す/出水が心配 馬山地方も
129912	朝鮮朝日	1926-05-30/1	06단	憧れの日本に早く着き度いと前途を急いだ丁抹機 大邱着の際垂直に逆立す/心からの援助を謝す平壤出發時に本社員に語る/日丁兩機の空中交驩平壤飛機が/三機雁行し大邱を發し平壤に歸還
129913	朝鮮朝日	1926-05-30/1	08단	巷のたより
129914	朝鮮朝日	1926-05-30/1	08단	某高官の收賄事件司直の手に移る
129915	朝鮮朝日	1926-05-30/1	08단	帆船が坐礁/元山灣內で
129916	朝鮮朝日	1926-05-30/1	08단	鮮內各地に連累者が多い/獨逸紙幣僞造事件/大邱だけの被害が一萬四千圓
129917	朝鮮朝日	1926-05-30/1	09단	假政府員京城驛で逮捕/目下取調中
129918	朝鮮朝日	1926-05-30/1	09단	男へ面當に自殺を企つ/鮮人藝妓が
129919	朝鮮朝日	1926-05-30/1	09단	平壤中學勝つ/野球爭覇戰に
129920	朝鮮朝日	1926-05-30/1	09단	會(醫生藥種商會/慶北農具展覽會/宮館府尹送別會/婦人兒童講演會)
129921	朝鮮朝日	1926-05-30/1	10단	人(臺灣視察團)
129922	朝鮮朝日	1926-05-30/1	10단	半島茶話
129923	朝鮮朝日	1926-05-30/2	01단	正チャンのその後/リスノユメ(ソノ一)
129924	朝鮮朝日	1926-05-30/2	01단	北滿粟の品凭/思惑買の輸入と消化力が減退の爲/各地の滯貨增加す
129925	朝鮮朝日	1926-05-30/2	01단	全鮮內の賣女/內地人二千餘人/鮮人が一千四百人
129926	朝鮮朝日	1926-05-30/2	01단	釜山行待合の改善を要望/鐵道局に
129927	朝鮮朝日	1926-05-30/2	01단	西北鮮の麥作は不況/降雨が少くて
129928	朝鮮朝日	1926-05-30/2	02단	木村氏の當選は有效/平壤學議戰
129929	朝鮮朝日	1926-05-30/2	03단	朝日勝繼碁戰/第廿三回(九)
129930	朝鮮朝日	1926-05-30/2	03단	野犬狩の方法を改善/釜山署が
129931	朝鮮朝日	1926-05-30/2	03단	咸興より
129932	朝鮮朝日	1926-05-30/2	03단	社會事業を二分し實行機關の充實と社會教育團體の善導に釜山府が努力する
129933	朝鮮朝日	1926-05-30/2	03단	訪歐飛行/成功記念活寫會
129934	朝鮮朝日	1926-05-30/2	04단	國粹日々の朝鮮支社を京城に設立

1926년 6월 (조선아사히)

일련번호	판명	간행일	단수	기사명
129935	朝鮮朝日	1926-06-01/1	01단	國境の兵舍を永久的に改築/黃瀬大藏省事務官實狀を視察して語る
129936	朝鮮朝日	1926-06-01/1	01단	飛行機が鳥を追ひ松毛蟲ふえる/熊本蟻で驅除すべく平壤地方で研究さる
129937	朝鮮朝日	1926-06-01/1	01단	朝鮮に取引所令/東京某所から群山へ通知す
129938	朝鮮朝日	1926-06-01/1	01단	産米增殖の金肥施與面積
129939	朝鮮朝日	1926-06-01/1	02단	學議選擧に普選制採用
129940	朝鮮朝日	1926-06-01/1	02단	*國葬行列のお道筋決定/國葬鹵簿樣式委員會で決定*
129941	朝鮮朝日	1926-06-01/1	03단	劈頭賑はった平壤學議會
129942	朝鮮朝日	1926-06-01/1	03단	等閑すべき問題で無いと金融組合の預金吸收に關し銀行業者對策を講究
129943	朝鮮朝日	1926-06-01/1	03단	丁抹機
129944	朝鮮朝日	1926-06-01/1	04단	教員の素質問題(三)/湯淺總監の意見を求む
129945	朝鮮朝日	1926-06-01/1	05단	五機とも歸隊平壤太刀洗往復飛行
129946	朝鮮朝日	1926-06-01/1	05단	平壤太刀洗間飛行全く終る
129947	朝鮮朝日	1926-06-01/1	05단	浦項濱田間の航路改善さる/毎月三回の定期とし一回は舞鶴まで延長
129948	朝鮮朝日	1926-06-01/1	05단	滿鮮新聞記者大會/報道の自由を絶叫し重要諸問題を可決す
129949	朝鮮朝日	1926-06-01/1	06단	內滿鮮の電信連絡協議
129950	朝鮮朝日	1926-06-01/1	07단	囚人二人が作業中に逃走/外部と連絡があるか
129951	朝鮮朝日	1926-06-01/1	07단	空家に巢喰ふ六人組の竊盜團捕る
129952	朝鮮朝日	1926-06-01/1	07단	朝郵事件の海産商人縊死
129953	朝鮮朝日	1926-06-01/1	07단	醜惡なる收賄事實/慶南山淸郡の疑獄事件の裏
129954	朝鮮朝日	1926-06-01/1	08단	死刑望むところ/下手な辯護無用と親子殺の兇漢嘯く
129955	朝鮮朝日	1926-06-01/1	09단	半島茶話
129956	朝鮮朝日	1926-06-01/1	10단	春川の宵火事/十戶を燒失し負傷者を出す
129957	朝鮮朝日	1926-06-01/1	10단	運動界(平壤の春季庭球リーグ戰)
129958	朝鮮朝日	1926-06-01/1	10단	會(集會所協議/金融組合總會)
129959	朝鮮朝日	1926-06-01/1	10단	人(黑金拓殖局長/內田康哉伯/穴澤三郎氏(新任淸津植銀支店長代理)/長富芳介氏(慶南衛生課長)/村山沼一郎氏(慶南警察部長))
129960	朝鮮朝日	1926-06-01/2	01단	朝日勝繼棋戰/第廿三回(十)
129961	朝鮮朝日	1926-06-01/2	01단	漁船建造に補助金
129962	朝鮮朝日	1926-06-01/2	01단	慶南道の棉作獎勵
129963	朝鮮朝日	1926-06-01/2	01단	神仙爐/高い利子安い利子
129964	朝鮮朝日	1926-06-01/2	02단	繭絲質の試驗所を新設する計劃
129965	朝鮮朝日	1926-06-01/2	02단	農事改良低利資金貸付方法
129966	朝鮮朝日	1926-06-01/2	03단	正チャンその後/リスノユメ(ソノ一)
129967	朝鮮朝日	1926-06-01/2	03단	金融組合に內地から預金利子高率で
129968	朝鮮朝日	1926-06-01/2	03단	訪歐飛行/成功記念活寫會

일련번호	판명	간행일	단수	기사명
129969	朝鮮朝日	1926-06-01/2	04단	慶南各地の銀行預金總額
129970	朝鮮朝日	1926-06-01/2	04단	金融組合の預金利子引下影響は甚大
129971	朝鮮朝日	1926-06-02/1	01단	隣接面を併合し大京城建設の計劃/調査を進めてゐる各地區/經費は五億圓を要す
129972	朝鮮朝日	1926-06-02/1	01단	朝鮮を中心の內地及び滿洲の無電交信能率は著しく增加する
129973	朝鮮朝日	1926-06-02/1	02단	山林部長は園田寬氏か
129974	朝鮮朝日	1926-06-02/1	02단	馬山の第二艦隊歡迎
129975	朝鮮朝日	1926-06-02/1	03단	血の出るやうな激戰を續けて釜山學議戰は終了
129976	朝鮮朝日	1926-06-02/1	03단	國葬前後の警戒連絡協議
129977	朝鮮朝日	1926-06-02/1	03단	叺の檢査規則目下立案中
129978	朝鮮朝日	1926-06-02/1	03단	齋藤總督の新聞記者招待
129979	朝鮮朝日	1926-06-02/1	04단	馬山高女の教室增築着手
129980	朝鮮朝日	1926-06-02/1	04단	總督府に山林部設置閣議で決定
129981	朝鮮朝日	1926-06-02/1	04단	研究會から上井子か入閣/改造內閣の顔觸決定內相に濱口氏が轉す
129982	朝鮮朝日	1926-06-02/1	05단	*鍋公、鍵公兩殿下御歸鮮國葬御參列/貴院からの國葬參列者/國葬儀豫習/國葬の御道筋/裕陵に於る靈柩奉遷の儀*
129983	朝鮮朝日	1926-06-02/1	06단	地形も氣像も飛行家の樂園/この朝鮮に飛行士養成所を西尾氏が設立の計劃
129984	朝鮮朝日	1926-06-02/1	06단	鴨綠江鐵橋架替着手
129985	朝鮮朝日	1926-06-02/1	06단	間島地方面喜雨/春の發芽良好
129986	朝鮮朝日	1926-06-02/1	06단	掘出した銅製の甕/池の主として埋めたものか
129987	朝鮮朝日	1926-06-02/1	07단	二頭二尾の牛の畸形兒
129988	朝鮮朝日	1926-06-02/1	07단	清津の賴母子講事件
129989	朝鮮朝日	1926-06-02/1	07단	不正肥料商の横行を監視
129990	朝鮮朝日	1926-06-02/1	08단	里民と人夫と大亂鬪を演じ負傷者數十名を出す/東津水利組合工事
129991	朝鮮朝日	1926-06-02/1	09단	脱監囚の一人捕まる
129992	朝鮮朝日	1926-06-02/1	09단	保險金慾しさの防火か
129993	朝鮮朝日	1926-06-02/1	10단	二人組の覆面强盜妻君を縛り金品を强奪
129994	朝鮮朝日	1926-06-02/1	10단	會(勸信總會期/精米業者大會/連絡電信會議)
129995	朝鮮朝日	1926-06-02/1	10단	人(內田伯一行/矢島音次氏/三雲事務官)
129996	朝鮮朝日	1926-06-02/1	10단	半島茶話
129997	朝鮮朝日	1926-06-02/2	01단	盛漁期の鴨綠江口
129998	朝鮮朝日	1926-06-02/2	01단	北陸汽船の横斷航路改善/清津から新舞鶴へ
129999	朝鮮朝日	1926-06-02/2	01단	朝鮮民曆中央氣象臺に編纂を依囑
130000	朝鮮朝日	1926-06-02/2	01단	咸北線起工式
130001	朝鮮朝日	1926-06-02/2	01단	粟と豆粕輸入高增加
130002	朝鮮朝日	1926-06-02/2	02단	鮮內春鼈掃立增加

일련번호	판명	간행일	단수	기사명
130003	朝鮮朝日	1926-06-02/2	02단	大羽鰯の豊漁
130004	朝鮮朝日	1926-06-02/2	03단	漢江でも鮎は育つ實物がとれた
130005	朝鮮朝日	1926-06-02/2	03단	運動界(滿鮮對抗柔道/殖産銀行優勝/釜山の公設運動場設置運動/馬山の東京相撲/野球リーグ戰)
130006	朝鮮朝日	1926-06-02/2	03단	朝日勝繼碁戰/第廿四回(一)
130007	朝鮮朝日	1926-06-03/1	01단	朝鮮でも簡保實施を急ぐ/關東州の成績良好に鑒み
130008	朝鮮朝日	1926-06-03/1	01단	國葬參列辭令
130009	朝鮮朝日	1926-06-03/1	01단	國葬參列の外務省代表者
130010	朝鮮朝日	1926-06-03/1	01단	靈前に香木を焚かる李王殿下御禮拜
130011	朝鮮朝日	1926-06-03/1	01단	龍山水害復舊博/本社出品
130012	朝鮮朝日	1926-06-03/1	02단	沖合漁業に補助する平安南道では先づ漁船建造
130013	朝鮮朝日	1926-06-03/1	03단	平安南道の農會成立/畜産を加へて新機軸を出す
130014	朝鮮朝日	1926-06-03/1	03단	なんとかして妥協がしたい/長官の更送を機會に再び交渉を開始する/東支鐵道につき滿鐵副社長談
130015	朝鮮朝日	1926-06-03/1	03단	九州方面連絡周遊券發行
130016	朝鮮朝日	1926-06-03/1	03단	儀禮艦の入港
130017	朝鮮朝日	1926-06-03/1	03단	京城簡閱點呼
130018	朝鮮朝日	1926-06-03/1	03단	軍人にも學議選擧權を附與せよ
130019	朝鮮朝日	1926-06-03/1	04단	教員の素質問題(四)/李學務局長の突放し
130020	朝鮮朝日	1926-06-03/1	04단	京城府の火保契約解決
130021	朝鮮朝日	1926-06-03/1	04단	照宮樣に平壤硯を獻上
130022	朝鮮朝日	1926-06-03/1	04단	辭令
130023	朝鮮朝日	1926-06-03/1	05단	新義州堤防擴張
130024	朝鮮朝日	1926-06-03/1	05단	成歡役の忠魂碑除幕式
130025	朝鮮朝日	1926-06-03/1	06단	京城附近に雹が降る
130026	朝鮮朝日	1926-06-03/1	07단	出願したが不許可となり密輸する/首魁大塚は近く護送火藥密輸入事件の眞相
130027	朝鮮朝日	1926-06-03/1	07단	慶北道內を無錢で一周
130028	朝鮮朝日	1926-06-03/1	07단	幕籍欲しさ贈賂する/慶南山淸郡の不正事件眞相
130029	朝鮮朝日	1926-06-03/1	08단	重大事件の主犯者京城に護送
130030	朝鮮朝日	1926-06-03/1	08단	巷のたより
130031	朝鮮朝日	1926-06-03/1	09단	重大事件の共犯者發覺
130032	朝鮮朝日	1926-06-03/1	10단	人(黑金拓殖局長/澤田豐丈氏/奧山仙三氏(慶北學務課長)/平井三男氏(本府學務課長)/田中治六氏(東洋大學教長)/石垣孝治氏(朝郵重役)/矢島高次氏(慶南內務部長)/松村純氏(鎭海要港部司令官)/連絡台議支那委員一行)
130033	朝鮮朝日	1926-06-03/1	10단	半島茶話
130034	朝鮮朝日	1926-06-03/2	01단	神仙爐/雪岳將氏に呈す/橋本生

일련번호	판명	간행일	단수	기사명
130035	朝鮮朝日	1926-06-03/2	01단	全鮮の農家數鮮人が一千萬人內地人が三萬餘人支那人が五千餘人
130036	朝鮮朝日	1926-06-03/2	01단	教育界消息(開校記念日/講座新設/女子實業徽章)
130037	朝鮮朝日	1926-06-03/2	01단	馬賊團の蠢動開始間島奧地に
130038	朝鮮朝日	1926-06-03/2	01단	滿洲油房業者大取引開始
130039	朝鮮朝日	1926-06-03/2	02단	京城の手形交換高
130040	朝鮮朝日	1926-06-03/2	02단	朝鮮商銀增築
130041	朝鮮朝日	1926-06-03/2	02단	朝鮮官製煙草需要增加
130042	朝鮮朝日	1926-06-03/2	03단	産米計劃の貸金貸出時期
130043	朝鮮朝日	1926-06-03/2	02단	平壤驛の改造
130044	朝鮮朝日	1926-06-03/2	04단	朝日勝繼碁戰/第廿四回(二)
130045	朝鮮朝日	1926-06-03/2	03단	龍山水害復興記念博
130046	朝鮮朝日	1926-06-03/2	04단	運動界(盛大なる運動場開き平壤府公設グランド/東京大相撲)
130047	朝鮮朝日	1926-06-04/1	01단	準備も整ひ國葬順序も決定 二十餘町に互る行列/裕陵奉遷の儀/記者大會の哀悼に御挨拶
130048	朝鮮朝日	1926-06-04/1	01단	北朝鮮地方開發と交通整備/物資は頗る豊富
130049	朝鮮朝日	1926-06-04/1	01단	臨港鐵道群山延長實現運動
130050	朝鮮朝日	1926-06-04/1	01단	元山學議當選
130051	朝鮮朝日	1926-06-04/1	02단	京城幹線道路宗廟貫通は絶對にせぬ
130052	朝鮮朝日	1926-06-04/1	03단	仁川水原間輕鐵工事着手
130053	朝鮮朝日	1926-06-04/1	03단	新義州の制限給水は撤廢困難
130054	朝鮮朝日	1926-06-04/1	03단	生徒側の請願は至當京城醫專
130055	朝鮮朝日	1926-06-04/1	03단	教員の素質問題(五)/素質挽回運動の結末
130056	朝鮮朝日	1926-06-04/1	04단	申込順に無抽籤で架設/京城急設電話
130057	朝鮮朝日	1926-06-04/1	04단	會社銀行(京取今期決算)
130058	朝鮮朝日	1926-06-04/1	04단	喫茶室(煙管の吸口で目ン玉をザクリ)
130059	朝鮮朝日	1926-06-04/1	04단	スミス博士送別音樂會
130060	朝鮮朝日	1926-06-04/1	05단	新義州の降雹
130061	朝鮮朝日	1926-06-04/1	06단	巷のたより
130062	朝鮮朝日	1926-06-04/1	07단	阿房宮の雙璧尹子の別莊と/龍山の總督官邸買手は勿論借手も無い
130063	朝鮮朝日	1926-06-04/1	08단	風雨に惱された太刀洗飛行
130064	朝鮮朝日	1926-06-04/1	09단	鎭海禮拜堂暴行事件公判
130065	朝鮮朝日	1926-06-04/1	09단	修學旅行の生徒が喧嘩
130066	朝鮮朝日	1926-06-04/1	09단	重大事件の容疑者檢擧
130067	朝鮮朝日	1926-06-04/1	10단	人(岸原製鐵動力部長/加藤木保次氏(慶南産業課長)/志賀潔博士)
130068	朝鮮朝日	1926-06-04/1	10단	半島茶話
130069	朝鮮朝日	1926-06-04/2	01단	朝日勝繼碁戰/第廿四回(三)
130070	朝鮮朝日	1926-06-04/2	01단	內地移出鮮米の四等級切り下げは實現一寸困難か

일련번호	판명	간행일	단수	기사명
130071	朝鮮朝日	1926-06-04/2	01단	溫突の燃料に石炭を用ひさせ山林濫伐を防止する平安南道で計劃する
130072	朝鮮朝日	1926-06-04/2	01단	京城組合銀行五月末の帳尻
130073	朝鮮朝日	1926-06-04/2	01단	朝鮮臺灣航路寄港補助
130074	朝鮮朝日	1926-06-04/2	02단	綿絲布商の移入稅撤廢を組合總會で協議
130075	朝鮮朝日	1926-06-04/2	03단	間島奧地の滯貨漸次減少
130076	朝鮮朝日	1926-06-04/2	03단	鮮米移出高と外米輸入高
130077	朝鮮朝日	1926-06-04/2	03단	咸南道の麥類減收見込
130078	朝鮮朝日	1926-06-04/2	03단	國境一帶に贋造貨が多い可なり大仕掛な犯行があるらしい
130079	朝鮮朝日	1926-06-04/2	04단	慶南農村電化誘蛾燈設置
130080	朝鮮朝日	1926-06-04/2	04단	鰯が獲れ鯖が獲れぬ潮流の變化と關東大地震
130081	朝鮮朝日	1926-06-04/2	04단	會(平商評議員會/小野氏初老宴/學校組合會)
130082	朝鮮朝日	1926-06-05/1	01단	先妃の大輿奉遷
130083	朝鮮朝日	1926-06-05/1	01단	朝鮮鐵道豫算の私鐵買收は別箇に/十年計劃から引離して要求延長線の哩數と槪略
130084	朝鮮朝日	1926-06-05/1	01단	朝鮮鐵道の補給率引上げ調査
130085	朝鮮朝日	1926-06-05/1	03단	龍山無電通信を開始
130086	朝鮮朝日	1926-06-05/1	03단	京城に綜合女大建設を企む
130087	朝鮮朝日	1926-06-05/1	04단	釜山學議選擧の候補者公認から町總代世話人が面目つぶれで紛糾
130088	朝鮮朝日	1926-06-05/1	04단	李王殿下の司令部御部屋
130089	朝鮮朝日	1926-06-05/1	04단	元帥代表の國葬參列 上原元帥の到着と朝鮮軍/國葬參列の近衛儀仗兵/國葬儀の拜觀奉送協議
130090	朝鮮朝日	1926-06-05/1	04단	教員の素質問題(六)/當局善後處置を言明す
130091	朝鮮朝日	1926-06-05/1	06단	巷のたより
130092	朝鮮朝日	1926-06-05/1	06단	裕陵に軍隊を宿營
130093	朝鮮朝日	1926-06-05/1	06단	朝鮮軍司令部移轉いよいよ決定
130094	朝鮮朝日	1926-06-05/1	06단	高等飛行開催
130095	朝鮮朝日	1926-06-05/1	06단	爾今流れに於て蔬菜食器の洗滌罷りならずの道令
130096	朝鮮朝日	1926-06-05/1	07단	甜菜を棉と混作して蟲害から免る
130097	朝鮮朝日	1926-06-05/1	07단	平壤のチブス豫防
130098	朝鮮朝日	1926-06-05/1	08단	郵便所長の共濟貯金橫領
130099	朝鮮朝日	1926-06-05/1	08단	滿洲に實業會社創立を企む/セミヨノフ將軍
130100	朝鮮朝日	1926-06-05/1	09단	平壤より/新田生
130101	朝鮮朝日	1926-06-05/1	09단	平壤の興行先から天勝一座の花形/野呂かめ子姿を消す浮草の身を厭うて
130102	朝鮮朝日	1926-06-05/1	10단	鐘路署の活動催忠鎬の歸鮮
130103	朝鮮朝日	1926-06-05/1	10단	人(岡田文相/黑金拓殖局長)

일련번호	판명	간행일	단수	기사명
130104	朝鮮朝日	1926-06-05/1	10단	半島茶話
130105	朝鮮朝日	1926-06-05/2	01단	神仙爐/教員問題について/京畿道一校長
130106	朝鮮朝日	1926-06-05/2	01단	天圖鐵道の滯貨一掃
130107	朝鮮朝日	1926-06-05/2	01단	釜山鎭の埋築工事いよいよ實現
130108	朝鮮朝日	1926-06-05/2	01단	圖們鐵橋の大綱協定
130109	朝鮮朝日	1926-06-05/2	02단	鮮米の容量取引改善希望
130110	朝鮮朝日	1926-06-05/2	02단	慶南金融組合貸付金增加
130111	朝鮮朝日	1926-06-05/2	02단	産業組合設立資金融通利率
130112	朝鮮朝日	1926-06-05/2	02단	總督府の窮農救濟策
130113	朝鮮朝日	1926-06-05/2	03단	官鹽の採取高六割方增加
130114	朝鮮朝日	1926-06-05/2	03단	石炭需給狀況
130115	朝鮮朝日	1926-06-05/2	03단	朝日勝繼碁戰/第廿四回(四)
130116	朝鮮朝日	1926-06-05/2	04단	五月中の歸還鮮人減少
130117	朝鮮朝日	1926-06-05/2	04단	平安南道の麥は減收豫想
130118	朝鮮朝日	1926-06-05/2	04단	大邱時の宣傳
130119	朝鮮朝日	1926-06-05/2	04단	會社銀行(朝鮮火災配當)
130120	朝鮮朝日	1926-06-06	01단	釜山南港の埋築實現の機運に向ふ指令あり次第着工
130121	朝鮮朝日	1926-06-06	01단	牛皮移出減少
130122	朝鮮朝日	1926-06-06	01단	朝鮮土地調査記念塔建設
130123	朝鮮朝日	1926-06-06	01단	四日黌島で行はれた裕陵遷奉內儀の大輿遣奠(下)と竹鞍馬竹散馬(上)
130124	朝鮮朝日	1926-06-06	02단	東拓金融部監督官新設
130125	朝鮮朝日	1926-06-06	03단	鮮米移出に信用狀徵は時期でない
130126	朝鮮朝日	1926-06-06	03단	離れ難なき名殘を惜みつゝスミス博士出發
130127	朝鮮朝日	1926-06-06	05단	郵便所長に鮮人を採用
130128	朝鮮朝日	1926-06-06	05단	喫茶室
130129	朝鮮朝日	1926-06-06	05단	教員の素質問題(七)監督權快用の惡風
130130	朝鮮朝日	1926-06-06	06단	朝鮮美展の李王職買上品
130131	朝鮮朝日	1926-06-06	06단	漢江上の人道橋から投身者減る
130132	朝鮮朝日	1926-06-06	07단	國葬彙報(畏き邊から供進の御榊着根の儘積送/奉訣式豫行/國葬參列代表入城日程/國葬參列の服裝に就て山縣委員談/國葬儀に派遣軍艦入港/廢朝と郵便事務所休止/死刑執行停止)
130133	朝鮮朝日	1926-06-06	09단	陸軍官舍の賊は不良少年
130134	朝鮮朝日	1926-06-06	10단	嫉妬の寢刃
130135	朝鮮朝日	1926-06-06	10단	驛に保管の米を盜む
130136	朝鮮朝日	1926-06-06	10단	電報の暗號を携へて潛入を企てた女
130137	朝鮮朝日	1926-06-06	10단	五人組の留置場破り一名捕まる
130138	朝鮮朝日	1926-06-06	10단	自殺の目的で河豚を喰ひ望通り死亡
130139	朝鮮朝日	1926-06-06	10단	會(遞信局長會議)

일련번호	판명	간행일	단수	기사명
130140	朝鮮朝日	1926-06-06	10단	人(滿鮮視察團)
130141	朝鮮朝日	1926-06-08/1	01단	弔旗もしめやかに嚴肅を極めた國葬の豫習 十萬からの觀衆殺到し京城空前の混雜を呈す/三千名の大行列は七里の道を練り 鮮人土下座哀號を叫ぶ莊嚴な先妃御陵遷奉儀/御葬儀行列の通過道路完成/國葬參列の代表者渡鮮/警備艦『名取』釜山に入港す/各道からの國葬參列者
130142	朝鮮朝日	1926-06-08/1	05단	仁取が京取を合併する形式をとる 兩社大株主會を開いて具體的の方法を協議す/合併後は必ず建株とならう合併の可能性は勿論十分に備はってゐる兩取引所合併に對する財界の觀察/京取仁取の合併條件 重役會へ發表
130143	朝鮮朝日	1926-06-08/1	05단	國葬を前に天道教の大陰謀事件發覺し 一味九十餘名は檢擧され不穩文書武器も押收さる/主要人物ら悉く收容さる一味中に中學校長やソール系幹部もある/女の口から大事發覺男のみならず女も多數交る/證據物件を續々押收 鍾路警察の大活動續く/事件中心の最近の天道教 教主代理の就任後は暗鬪も表面は靜まる/二千の警官で京城を警戒陰謀發覺から/知らなかったらそれこそ大變これを檢擧したのは署員の活動と天祐だ 森鍾路署長喜んで語る/發表の自由を有しない制令違反と治安妨害か
130144	朝鮮朝日	1926-06-08/1	07단	メガホン(脚氣で死ぬ/馬賊季節來る/乞食餓死する/北川面の紛擾/全州高普惡化/支那から密輸)
130145	朝鮮朝日	1926-06-08/1	07단	五百年前の王陵發掘/木印やら古錢木棺など出る
130146	朝鮮朝日	1926-06-08/1	07단	朝鮮最初の腦脊髓膜炎
130147	朝鮮朝日	1926-06-08/1	09단	不利益な點は强情に否認し釜山署を手古摺らす/火藥密輸事件の一味
130148	朝鮮朝日	1926-06-08/1	10단	不逞鮮人監房で縊死/上海で監禁の決死隊李英善
130149	朝鮮朝日	1926-06-08/1	10단	會社銀行(朝鮮物産會社/京電今期業績)
130150	朝鮮朝日	1926-06-08/1	10단	鮮人中學校野球リーグ戰(鐵道軍勝つ)
130151	朝鮮朝日	1926-06-08/2	01단	棧橋漫語/お役人の健康は潮風のお蔭事程左樣に繁く大官をお迎する
130152	朝鮮朝日	1926-06-08/2	01단	朝鮮大豆は慘落せん齎す材料は悉くわるい
130153	朝鮮朝日	1926-06-08/2	01단	時の記念日を各地方繰下(京城府/平北道)
130154	朝鮮朝日	1926-06-08/2	01단	日本式教育に反對し盟休
130155	朝鮮朝日	1926-06-08/2	02단	京南鐵道の社線入札終了
130156	朝鮮朝日	1926-06-08/2	02단	咸北道廳の農家副業獎勵
130157	朝鮮朝日	1926-06-08/2	02단	日陞公司の豆粕生産擴張
130158	朝鮮朝日	1926-06-08/2	02단	大田啓老會
130159	朝鮮朝日	1926-06-08/2	02단	鎭南浦の學議員選擧
130160	朝鮮朝日	1926-06-08/2	03단	産米增殖で金肥移入增加
130161	朝鮮朝日	1926-06-08/2	03단	肥料運賃の割引發表國有鐵道の

일련번호	판명	간행일	단수	기사명
130162	朝鮮朝日	1926-06-08/2	04단	釜山棧橋は一部改造する
130163	朝鮮朝日	1926-06-08/2	04단	國立紹介所の奪取起らん
130164	朝鮮朝日	1926-06-08/2	04단	成績のよい慶南の飲料水
130165	朝鮮朝日	1926-06-08/2	04단	鐵道問題で全州の報告會
130166	朝鮮朝日	1926-06-08/2	04단	平壤府協議會
130167	朝鮮朝日	1926-06-08/2	04단	國粹會の平壤支部設置
130168	朝鮮朝日	1926-06-09/1	02단	日韓合併の元勳とお別れする悲しき日いと莊嚴に行はせらるゝ故李王殿下の國葬儀順序/奉送の現場で解散を許さぬ/元帥刀や勳章捧持者/勅使と御使
130169	朝鮮朝日	1926-06-09/2	01단	大輿進發(七日御執行の故李王國葬豫習)
130170	朝鮮朝日	1926-06-09/2	01단	森嚴なる靈域金谷の新裕陵/返虞式後まで喪主が御陵に御宿泊相成る
130171	朝鮮朝日	1926-06-09/2	02단	脚氣/治療界の革命
130172	朝鮮朝日	1926-06-09/2	03단	國葬第一日に賜誄の御儀式/勅使昌德宮に參向しいと嚴肅に行はれる
130173	朝鮮朝日	1926-06-10/1	01단	國葬前日は夥しき人出/警察官憲兵消防夫ら總出動し嚴重に警戒
130174	朝鮮朝日	1926-06-10/1	01단	土地改良課を三課にわかち適當なる增員を行ふ目下分掌規定起案中
130175	朝鮮朝日	1926-06-10/1	02단	頭道溝民會ゴテつく署長の排斥に官民奔走する
130176	朝鮮朝日	1926-06-10/1	03단	出版法違反と治安妨害か陰謀事件は芋蔓式にその系統漸次判明す
130177	朝鮮朝日	1926-06-10/1	05단	平氣を裝ふ陰謀事件の一味徒黨獄中における生活振/新人同盟の幹部拘引 陰謀事件で嚴重取調ぶ/主義者を襲ひ多數檢束同時に圖書や不穩文書を押收/國葬終了まで檢束者を留置/不穩文書を頒布し檢束/侍天教にも關係を有す
130178	朝鮮朝日	1926-06-10/1	05단	優良蠶繭地を中心に製絲工場續出する/金利も內地に比較して漸次薄鞘となって來る
130179	朝鮮朝日	1926-06-10/1	06단	新義州の學議選擧不穩に終了す
130180	朝鮮朝日	1926-06-10/1	07단	道路問題コぢれる當局は成行の監視を怠らぬ
130181	朝鮮朝日	1926-06-10/1	07단	母と娘を絞殺/慘忍極まる倅の兇行/犯人遂に逮捕される
130182	朝鮮朝日	1926-06-10/1	08단	メガホン(盟休解決/塗物屋鐵砲自殺/漁業の惡弊一掃/卑怯千萬な巡官/病の巢窟を掃除/濡衣から放火す)
130183	朝鮮朝日	1926-06-10/1	08단	寢臺會社と特約成立/西伯利行は便利になった
130184	朝鮮朝日	1926-06-10/1	08단	慶州で石室發掘
130185	朝鮮朝日	1926-06-10/1	09단	會社銀行(殼信今期決算/土地會社總會)
130186	朝鮮朝日	1926-06-10/1	09단	巡査罪人を蹴り殺す癲癇を虛病と誤解した結果
130187	朝鮮朝日	1926-06-10/1	10단	鳥人山田君所澤入り/陸軍へ入って益々技を磨く

일련번호	판명	간행일	단수	기사명
130188	朝鮮朝日	1926-06-10/1	10단	運動界(西鮮庭球豫選鄭朴組優勝す/全鐵道軍優平壤野球リーグ戰)
130189	朝鮮朝日	1926-06-10/1	10단	會(金組懇話會)
130190	朝鮮朝日	1926-06-10/1	10단	人(湯村氏令孃逝く)
130191	朝鮮朝日	1926-06-10/2	01단	城津上水道完成
130192	朝鮮朝日	1926-06-10/2	01단	頗る蟲のよい平電の御托宣/世の批難を恐れてかステートメント發表/消燈は不穩だ 思ひとゞまれと平南警察部長から理髮屋の注意を與ふ
130193	朝鮮朝日	1926-06-10/2	01단	穀物大會へ各地から提案/何れも刻下の重要な案件にて多數に上る
130194	朝鮮朝日	1926-06-10/2	03단	慶南道では麥の早刈獎勵
130195	朝鮮朝日	1926-06-10/2	03단	獸醫官服務規定を公布
130196	朝鮮朝日	1926-06-10/2	03단	朝日勝繼碁戰/第廿四回(六)
130197	朝鮮朝日	1926-06-10/2	04단	干拓地の害蟲驅除成功したら福音を齎す
130198	朝鮮朝日	1926-06-10/2	04단	亢羅機業組合創立を申請す
130199	朝鮮朝日	1926-06-10/2	04단	忠南道蠅驅除
130200	朝鮮朝日	1926-06-11/1	01단	限りなき哀みの裡に故李王の國葬行はる 喪主殿下、太妃を始め御近親ら盡きせぬ名殘りを惜しまれる 國葬は空前の盛儀を極む/諸員の慟哭に哀愁の氣漲る後の裝飾を終って道奠の御儀行はる/敦化門前より大輿發靷する 午前八時昌德宮から順路齋場訓練院へ向ふ 『吹きなす笛』の曲もかなしく御葬列肅々とすゝみ沿道黑山の如く奉送/不穩文書押收/訓練院齋場で奉訣式を行ふ弔砲殷々として轟き涙新たなるものあり/純朝鮮古式の御葬列金谷へ薄暮漸くにして到着 奉送の人黑山を築く/突如萬歲を連呼して鹵簿の秩序を亂し 奉送席は大混亂を呈す喪主殿下は雄々しき御態度を示さる國葬當 日の京城府/弔意を表し休業する廢朝で淋しき國葬日の京城/軍隊出動して示威行進をやる不穩文書撒布事件は相當系統あるらしい/凡ゆる階級を網羅せる一味 大した魂膽もなくて鮮人通有の病癖から/又しても不穩文書朝鮮佛敎代表の名で撒布す/斷乎として處分する學生に對する當局者の決心/藤原祕書官夫人負傷する/血書を懷中の老人捕まる
130201	朝鮮朝日	1926-06-11/1	07단	鮮內各地遙拜式(新義州/光州/淸津/大邱/龍井/平壤/釜山)
130202	朝鮮朝日	1926-06-11/2	01단	模範的實業補習校を必ず設立せしめる敎育界多年の懸案たる實業敎育の普及に着手
130203	朝鮮朝日	1926-06-11/2	04단	近く改正の出港稅令細則一部の改正も行ふ
130204	朝鮮朝日	1926-06-11/2	05단	時々の降雨に筏夫達喜ぶ
130205	朝鮮朝日	1926-06-11/2	06단	軍事專門に使へない經濟的方面も考慮すべきだ/軍事輸送會議代表語る

일련번호	판명	간행일	단수	기사명
130206	朝鮮朝日	1926-06-11/2	06단	俄然仁取側に反對の聲起り兩取引合倂コヂれる兩取引所當事者の談
130207	朝鮮朝日	1926-06-11/2	07단	釜山署の贓賣品檢査
130208	朝鮮朝日	1926-06-11/2	09단	交通宣傳後に電車人を轢く
130209	朝鮮朝日	1926-06-11/3	01단	棧橋漫語/御苦勞千萬な主義者の調べ商賣なればこそなかなか難しい
130210	朝鮮朝日	1926-06-11/3	04단	內地の遙拜式(若松市/八幡市/下關市)
130211	朝鮮朝日	1926-06-11/3	06단	荷動きを豫想し出荷主の便宣を圖る鐵道局の貨物輸送計劃
130212	朝鮮朝日	1926-06-11/3	08단	目貫の場所に貸家札はられ職業紹介の申込殺到/釜山不景氣に見舞はる
130213	朝鮮朝日	1926-06-11/3	09단	教員の素質問題(八)/最近學校行政の推移(自由教育の經緯/有吉氏の刷新案/學務行政の矢)
130214	朝鮮朝日	1926-06-11/3	10단	愈よ開校する全州女子高普
130215	朝鮮朝日	1926-06-11/3	10단	工務課長會議
130216	朝鮮朝日	1926-06-11/3	11단	おっそろしい細字書の名人/二十一字の歌を米粒へ書き米穀大會へ寄贈す成興の岡本房明君
130217	朝鮮朝日	1926-06-11/4	01단	當選無效の異議を申立つ/釜山學議吉岡重實氏の資格遂に問題となる
130218	朝鮮朝日	1926-06-11/4	01단	京城府の學議選擧投票總數實に一萬五十九票
130219	朝鮮朝日	1926-06-11/4	03단	大興統營の兩電台倂認可
130220	朝鮮朝日	1926-06-11/4	03단	全北道にて稻整條植獎勵
130221	朝鮮朝日	1926-06-11/4	03단	朝日勝繼碁戰/第廿四回(七)
130222	朝鮮朝日	1926-06-11/4	04단	過激分子多數檢束/國葬を前にし大邱署の活動
130223	朝鮮朝日	1926-06-11/4	04단	半島茶話
130224	朝鮮朝日	1926-06-12/1	01단	故李王殿下とはの眠りにつかせらる哀みの裡に行はせられた/莊嚴なる下玄宮の御儀式
130225	朝鮮朝日	1926-06-12/1	05단	妄動した學生らの不穩事件內容發表/大した根據とてはなく關係者殆んど檢擧さる
130226	朝鮮朝日	1926-06-12/2	01단	京城は次第に靜穩に復す/妄動學生に對しては斷乎として處分する
130227	朝鮮朝日	1926-06-12/2	01단	平壤電氣我を折り松井府尹に調停を一任
130228	朝鮮朝日	1926-06-12/2	01단	御警備連絡に傳書鳩成績頗る良好
130229	朝鮮朝日	1926-06-12/2	01단	低利資金の融通方針固定資を避け活用をしたい(松本理財課長の談)
130230	朝鮮朝日	1926-06-12/2	01단	棧橋漫語/怨みは深し玄海の仇浪/投身は絶えぬ代り出產も時々はある
130231	朝鮮朝日	1926-06-12/2	02단	目下審査中の來年度治水工事關係地方民からの申請本府土木課に山積する(落東江/漢江/載寧江、萬頃江/大同江、城川江/龍興江/大寧江)

일련번호	판명	간행일	단수	기사명
130232	朝鮮朝日	1926-06-12/2	03단	咸興の酷暑
130233	朝鮮朝日	1926-06-12/2	04단	本年度の鐵道局購入枕木の價格八十五萬圓
130234	朝鮮朝日	1926-06-12/2	04단	豪農の妻が夫を訴ふ手切金一萬圓を早く吳れと
130235	朝鮮朝日	1926-06-12/2	04단	東西合併相撲釜山で興行する
130236	朝鮮朝日	1926-06-13	01단	魂殿返虞の御儀を最後に國葬儀終る/故李王殿下の御靈は昌德宮に御歸還遊さる
130237	朝鮮朝日	1926-06-13	01단	國葬活寫を翌日公開する/觀衆陸續殺到してまれな盛況を呈す
130238	朝鮮朝日	1926-06-13	01단	總督府に對し不信認からか兩取引所合併につき一般經濟界かう見る
130239	朝鮮朝日	1926-06-13	02단	返虞御儀後の昌德宮御祠り
130240	朝鮮朝日	1926-06-13	02단	棧橋漫語/さても賑かな釜山の棧橋春夏秋冬ともに見送人が絶えぬ
130241	朝鮮朝日	1926-06-13	03단	政治や思想に別段關係なく單に殺人罪で取調ぶ宋學善の豫審決定す
130242	朝鮮朝日	1926-06-13	04단	李堈公殿下病まれる/金谷裕陵より御歸邸遊さる
130243	朝鮮朝日	1926-06-13	04단	水害救濟金を各戶に配布
130244	朝鮮朝日	1926-06-13	04단	朝鮮鑛業令改正案を公布
130245	朝鮮朝日	1926-06-13	04단	妄動事件を早くから察知し當局の態度を注視する
130246	朝鮮朝日	1926-06-13	05단	氣乘薄の群山商議選擧
130247	朝鮮朝日	1926-06-13	05단	受命會社の業務成績朝郵が筆頭で北陸之に亞ぐ
130248	朝鮮朝日	1926-06-13	05단	退職軍人を中等教員に
130249	朝鮮朝日	1926-06-13	06단	殖産銀行の水利資金貸出
130250	朝鮮朝日	1926-06-13	06단	期待以上の相場現出/新繭に對する昨今の相場値
130251	朝鮮朝日	1926-06-13	06단	春川醫院長の更送
130252	朝鮮朝日	1926-06-13	06단	朝鮮博の會期を延長
130253	朝鮮朝日	1926-06-13	06단	上半期は成績不良京城の銀行は配當を据置く
130254	朝鮮朝日	1926-06-13	07단	出世した「龜の尾」宮內官一同は咸南米に舌鼓を打ち常食に決す
130255	朝鮮朝日	1926-06-13	07단	捜査された李先鎬の家
130256	朝鮮朝日	1926-06-13	07단	お天氣樣の內鮮融和ぶり
130257	朝鮮朝日	1926-06-13	07단	兩取代表者立場に苦しむ
130258	朝鮮朝日	1926-06-13	07단	何事もなく警官安堵する然し當分は警戒を緩めぬ事に決定する
130259	朝鮮朝日	1926-06-13	07단	新義州府民飲料水に苦む
130260	朝鮮朝日	1926-06-13	08단	大阪朝日新聞社謹寫/故李王殿下國葬儀/映畫公開
130261	朝鮮朝日	1926-06-13	09단	妄動の學生
130262	朝鮮朝日	1926-06-13	09단	昌德宮前で主意學生逮捕
130263	朝鮮朝日	1926-06-13	09단	普通檢束者全部を放免
130264	朝鮮朝日	1926-06-13	09단	私生兒を絞殺

일련번호	판명	간행일	단수	기사명
130265	朝鮮朝日	1926-06-13	10단	夫を絞殺す
130266	朝鮮朝日	1926-06-13	10단	二人共謀し主人を殺す
130267	朝鮮朝日	1926-06-13	10단	會(水産技手會議)
130268	朝鮮朝日	1926-06-13	10단	人(澤田豊丈氏(東拓理事))
130269	朝鮮朝日	1926-06-13	10단	半島茶話
130270	朝鮮朝日	1926-06-15/1	01단	大阪を起點とし小郡、京城、大連間を連絡する試驗飛行七月下旬頃に第一回を決行/朝鮮航空界の一紀元
130271	朝鮮朝日	1926-06-15/1	01단	五月中對內貿易四千三百餘萬圓で百八十餘萬圓の出超
130272	朝鮮朝日	1926-06-15/1	01단	全鮮の收繭高三十萬石突破か總督府當局調査
130273	朝鮮朝日	1926-06-15/1	01단	李王、妃殿下大造殿に御引移り
130274	朝鮮朝日	1926-06-15/1	02단	李王職制の一部改正人の異動はない
130275	朝鮮朝日	1926-06-15/1	02단	矢吹次官が淸津を視察間島に赴く
130276	朝鮮朝日	1926-06-15/1	03단	鮮臺航路の實現を期すべく遞信當局の意氣込官民共に非常に期待/基陸仁川間の航路開通せば移入額數倍せん
130277	朝鮮朝日	1926-06-15/1	04단	學議選擧で問題が起る鎭南浦の
130278	朝鮮朝日	1926-06-15/1	05단	知事會議二十九日から
130279	朝鮮朝日	1926-06-15/1	05단	早魃黃海農民が田植に困惑
130280	朝鮮朝日	1926-06-15/1	05단	頑强な宮川氏遂に屈服して府尹に無條件で一任平壤電氣問題終熄す
130281	朝鮮朝日	1926-06-15/1	05단	新設せらるゝ山林部の組織/四課に分って林政の統一を期する計劃
130282	朝鮮朝日	1926-06-15/1	05단	間島の豊作で鮮人續々歸還/敦化縣在住者減少す
130283	朝鮮朝日	1926-06-15/1	07단	舊韓國旗に不穩文字國葬當日に
130284	朝鮮朝日	1926-06-15/1	07단	ソレ爆彈と大騷ぎの裡に縋りつく小學生を慰めて自若として群衆を整理した感ずべき本町署の某警察官
130285	朝鮮朝日	1926-06-15/1	07단	不穩文書事件に卷込まれるを恐れた鮮人父兄達が子供を故鄉へ連歸る
130286	朝鮮朝日	1926-06-15/1	07단	惡店員の小切手僞造遊廓で豪遊
130287	朝鮮朝日	1926-06-15/1	08단	京城電車の正面衝突數名負傷す
130288	朝鮮朝日	1926-06-15/1	08단	世を果敢なみ若い女が投身自殺す
130289	朝鮮朝日	1926-06-15/1	09단	長文の遺書を學務局長に宛て/高等普通學校生が南山の松林で縊死す
130290	朝鮮朝日	1926-06-15/1	09단	會(大每招待會)
130291	朝鮮朝日	1926-06-15/1	09단	人(中野咸北知事/井上十九師團長/野方技師)
130292	朝鮮朝日	1926-06-15/1	10단	巷のたより(覆面の三人强盜/京城學議初顔合/手に手を取って)
130293	朝鮮朝日	1926-06-15/1	10단	半島茶話
130294	朝鮮朝日	1926-06-15/2	01단	朝日勝繼碁戰/第廿四回(九)
130295	朝鮮朝日	1926-06-15/2	01단	七ヶ年計劃で航路標識を增設/百七十萬圓の豫算で來年度から着手す

일련번호	판명	간행일	단수	기사명
130296	朝鮮朝日	1926-06-15/2	01단	天草の培養に水産業者が着目釜山近海に移植する
130297	朝鮮朝日	1926-06-15/2	01단	黃海道の麥作豫想高七十二萬石
130298	朝鮮朝日	1926-06-15/2	01단	鎭南浦の穀物移動高持越九萬石
130299	朝鮮朝日	1926-06-15/2	02단	全北道の春繭豫想高一萬三千石
130300	朝鮮朝日	1926-06-15/2	02단	綿布移入稅の撤廢を協議組合聯合會で
130301	朝鮮朝日	1926-06-15/2	03단	全北陸地棉不作を憂慮降雨が尠い
130302	朝鮮朝日	1926-06-15/2	03단	府協議員が十名を增加平壤府の
130303	朝鮮朝日	1926-06-15/2	03단	龍井村の民議補缺選擧浦本氏當選
130304	朝鮮朝日	1926-06-15/2	03단	奉天票暴落で物價騰貴する
130305	朝鮮朝日	1926-06-15/2	03단	刑務所製品のマークを入れ品質も大に改善し販路擴張に努むる
130306	朝鮮朝日	1926-06-15/2	04단	滿鮮人の記者大會は當分延期さる
130307	朝鮮朝日	1926-06-15/2	04단	ヌクテ狩り
130308	朝鮮朝日	1926-06-15/2	04단	運動界(陸技豫選に出場の選手新義州府の/慶北選手も大邱を出發/プール公開十六日から)
130309	朝鮮朝日	1926-06-16/1	01단	朝鮮の大衆も興味を持つまい國葬日の騷擾事件で粟山代議士は語る
130310	朝鮮朝日	1926-06-16/1	01단	軍敎の結果は生徒の動作が頗る規律的になった植民地に於ける成績
130311	朝鮮朝日	1926-06-16/1	01단	朝郵の增資は資本家も諒解し來期總會までに愈よ具體化するか
130312	朝鮮朝日	1926-06-16/1	01단	失意と懊惱の彼女の隱れる愛の巢の赤い家/朝鮮キネマ後日譚
130313	朝鮮朝日	1926-06-16/1	03단	齋藤總督に御挨拶/垠殿下の意を受け閔長官が
130314	朝鮮朝日	1926-06-16/1	03단	道農會長には內務部長を任命/副會長は民間から聯合農會は今秋頃成立か
130315	朝鮮朝日	1926-06-16/1	03단	慶北道農會役員が決定/會長は古橋氏
130316	朝鮮朝日	1926-06-16/1	03단	旱魃續きで防穀令の發布說が傳る
130317	朝鮮朝日	1926-06-16/1	03단	頭山翁の朝鮮視察/九月初旬に
130318	朝鮮朝日	1926-06-16/1	04단	代議十團の昌德宮伺候弔詞を捧呈
130319	朝鮮朝日	1926-06-16/1	04단	警察部長會議/三日間開催
130320	朝鮮朝日	1926-06-16/1	04단	辭令
130321	朝鮮朝日	1926-06-16/1	04단	司法官會議/七月七日から
130322	朝鮮朝日	1926-06-16/1	05단	新繭の走り最高百三圓
130323	朝鮮朝日	1926-06-16/1	05단	滿洲製油の保險問題/會社側の釋明
130324	朝鮮朝日	1926-06-16/1	05단	假政府と連絡ある靑年團檢擧
130325	朝鮮朝日	1926-06-16/1	05단	上海から不穩文書を運搬した形跡
130326	朝鮮朝日	1926-06-16/1	05단	酒でも飮まうと流暢な日本語で愛嬌を振り撒いた 平壤着の丁抹飛行士/丁抹機の大邱通過 十五日午後

일련번호	판명	간행일	단수	기사명
130327	朝鮮朝日	1926-06-16/1	06단	成歡役を其まゝ模擬戰を行ふ/松崎大尉の忠魂碑は未亡人の手で除幕
130328	朝鮮朝日	1926-06-16/1	06단	普天敎祖の遺骨を渡せと女婿が請求
130329	朝鮮朝日	1926-06-16/1	06단	火事より水だと火事場にも行かず/水汲に一生懸命の新義州の水ひでり
130330	朝鮮朝日	1926-06-16/1	07단	平壤機が不時着陸/搭乘者は無事
130331	朝鮮朝日	1926-06-16/1	07단	支那巡警が鮮匪を追ひ三名を射殺
130332	朝鮮朝日	1926-06-16/1	07단	夫には別れ子に先立たれ世を果敢なみ自殺した彼女
130333	朝鮮朝日	1926-06-16/1	08단	釜山港外でいろは丸坐洲/燈臺が消えて針路を誤り
130334	朝鮮朝日	1926-06-16/1	08단	學議革新で全州農校盟休/二年生達が
130335	朝鮮朝日	1926-06-16/1	09단	不穩文書五萬枚を巧に持込んだ假政府の不逞一味は鐘路署で愈よ取調開始
130336	朝鮮朝日	1926-06-16/1	09단	學生だけの單純な企なら成るべく寬大の處置を當局は取る模樣である
130337	朝鮮朝日	1926-06-16/1	09단	二人運れの强盜を逮捕
130338	朝鮮朝日	1926-06-16/1	09단	七名運れの少年の放火の火事の面白さに
130339	朝鮮朝日	1926-06-16/1	09단	會(總督晚餐會/發動機講習會/聖體擧動式/代議士團請待會)
130340	朝鮮朝日	1926-06-16/1	09단	人(矢吹次官/上原元帥/湯淺政務總監/石原博氏(大每記者))
130341	朝鮮朝日	1926-06-16/1	10단	半島茶話
130342	朝鮮朝日	1926-06-16/2	01단	朝日勝繼碁戰/第廿四回(十)
130343	朝鮮朝日	1926-06-16/2	01단	五月中に於ける對內外貿易高/前年より七百萬圓の增進/一月以降の入超二百八十三萬圓
130344	朝鮮朝日	1926-06-16/2	01단	天候の順調で天日鹽は豊作/旣に十一割の增收
130345	朝鮮朝日	1926-06-16/2	01단	官民合同で金融制度調査/理財課の一部に金融經濟調査係を新設
130346	朝鮮朝日	1926-06-16/2	03단	全北沿岸に牡蠣を養殖/試驗的に
130347	朝鮮朝日	1926-06-16/2	03단	全北木炭の品質改善で技術員を配置
130348	朝鮮朝日	1926-06-16/2	03단	群山學議戰/十三日擧行
130349	朝鮮朝日	1926-06-16/2	03단	內外酒の移入年を逐ひ減少/鮮內需要の大部は鮮産品で供給可能
130350	朝鮮朝日	1926-06-16/2	04단	諺文記者大會新義州で開催
130351	朝鮮朝日	1926-06-16/2	04단	鐵道傷害の事故防止日/釜山事務所で
130352	朝鮮朝日	1926-06-16/2	04단	運動界(釜山高女の陸上競技會十四日擧行/鎭南浦勝つ對抗庭球戰で/民報軍勝つ大邱野球戰/大邱の相撲二日間興行)
130353	朝鮮朝日	1926-06-17/1	01단	統一を缺く憾があったと山林局設置に關し/齋藤總督は語る
130354	朝鮮朝日	1926-06-17/1	01단	朝鮮の倭小馬を根本的に改良/斯界の權威者たる鈴木氏を渡鮮せしめ
130355	朝鮮朝日	1926-06-17/1	01단	國葬委員會閉鎖さる
130356	朝鮮朝日	1926-06-17/1	01단	警察官の大異動/京畿道內の

일련번호	판명	간행일	단수	기사명
130357	朝鮮朝日	1926-06-17/1	01단	辭令
130358	朝鮮朝日	1926-06-17/1	02단	買手のない府廳舍跡/切賣はせぬ
130359	朝鮮朝日	1926-06-17/1	02단	素質の話(一)(不祥事の突發)
130360	朝鮮朝日	1926-06-17/1	03단	港灣協會員北韓を視察/十六日淸津着
130361	朝鮮朝日	1926-06-17/1	03단	京取仁取の合倂談が進捗/有利とする理由の數々
130362	朝鮮朝日	1926-06-17/1	03단	出發前より達者になった/全國自轉車一周の樽見少年は語る
130363	朝鮮朝日	1926-06-17/1	04단	日淸戰役の追悼會/大島旅團の幕營地跡で
130364	朝鮮朝日	1926-06-17/1	04단	丁抹機の新義州通過/十六日朝に
130365	朝鮮朝日	1926-06-17/1	05단	水うねる
130366	朝鮮朝日	1926-06-17/1	05단	藥水湧出/慶南線の月見山腹に
130367	朝鮮朝日	1926-06-17/1	05단	お伽王國のおぢさん久留島氏が幼稚園視察
130368	朝鮮朝日	1926-06-17/1	06단	奇拔な朝鮮視察船を仕立てゝ裏日本の物産を彼地で廉賣/來月下旬舞鶴出帆
130369	朝鮮朝日	1926-06-17/1	06단	朝鮮に遠征する九大の野球部/愈よ十七日內地出發/京城を振り出しに各地に轉戰
130370	朝鮮朝日	1926-06-17/1	08단	第二艦隊のアットホーム/霧島艦上で
130371	朝鮮朝日	1926-06-17/1	08단	虎列拉で船舶を警戒/上海奇航の
130372	朝鮮朝日	1926-06-17/1	08단	公金拐帶犯が假政府に逃込/今後模倣者を出してはと警務當局部下を督勵
130373	朝鮮朝日	1926-06-17/1	09단	鮮銀員の行金橫領二千圓餘を
130374	朝鮮朝日	1926-06-17/1	09단	筏夫の死/鴨綠江岸で
130375	朝鮮朝日	1926-06-17/1	09단	ずぶ濡れで警察に驅込/死に損じた內地靑年が
130376	朝鮮朝日	1926-06-17/1	10단	死因怪しき鮮人死體/他殺の疑濃厚
130377	朝鮮朝日	1926-06-17/1	10단	二人連れの覆面の强盗百三十圓を强奪
130378	朝鮮朝日	1926-06-17/1	10단	兄を斬殺し己れも縊死/精神病者が
130379	朝鮮朝日	1926-06-17/1	10단	半島茶話
130380	朝鮮朝日	1926-06-17/2	01단	行詰った現狀を如何に打破するか近く京城で開かれる綿絲布商工會で協議
130381	朝鮮朝日	1926-06-17/2	01단	弗々出始めた春繭の新資金/木浦の道是製絲にも五十萬圓を融通する
130382	朝鮮朝日	1926-06-17/2	01단	春繭出廻盜ん春川地方の
130383	朝鮮朝日	1926-06-17/2	01단	鐘紡工場の繭買付手配/資金百五十萬圓
130384	朝鮮朝日	1926-06-17/2	01단	朝日勝繼碁戰/第廿四回(十一)
130385	朝鮮朝日	1926-06-17/2	02단	ころ合ひの新煙草/賣出すべく目下研究中
130386	朝鮮朝日	1926-06-17/2	03단	煙草栽培の産地擴張/四千町步を
130387	朝鮮朝日	1926-06-17/2	03단	朝鮮鐵道大增收/國葬其地で
130388	朝鮮朝日	1926-06-17/2	03단	日用必需品の附帶運送費を減少すべく審議
130389	朝鮮朝日	1926-06-17/2	03단	全鮮生産品の陳列館を設け通過旅客に縱寬せしめやうと釜山の有力者が協議

일련번호	판명	간행일	단수	기사명
130390	朝鮮朝日	1926-06-17/2	03단	檢疫繫留で生牛の移出が六千九百頭を減少す/一月から五月迄の間に
130391	朝鮮朝日	1926-06-17/2	04단	山羊乳の取締規則を釜山で發布
130392	朝鮮朝日	1926-06-17/2	04단	第二艦隊が鎮海入港/總數二十七隻
130393	朝鮮朝日	1926-06-17/2	04단	人(港灣調査團/李鍵公/九山脉吉氏/山縣式部官/湯淺政務總監)
130394	朝鮮朝日	1926-06-18/1	01단	中央部も諒解した國境守備の完成計劃/六百萬圓の事業は大構想の準備に過ぎぬ
130395	朝鮮朝日	1926-06-18/1	01단	設備費だけで十萬圓を要す船舶の無電強制法が朝郵に適用さるれば
130396	朝鮮朝日	1926-06-18/1	01단	も一度花を咲かせる氣は人格者が出なければと朝鮮キネマ後日譚
130397	朝鮮朝日	1926-06-18/1	02단	李王殿下司令部御成/十七日朝に
130398	朝鮮朝日	1926-06-18/1	03단	税制整理の委員決定/十四日發表
130399	朝鮮朝日	1926-06-18/1	03단	既設線買收を議會に提案かそれだけの補助金で更に新線を敷設する
130400	朝鮮朝日	1926-06-18/1	03단	京奉線と滿鐵の貨物連絡に就ては日支兩國の季員會を奉天で開き協議する
130401	朝鮮朝日	1926-06-18/1	04단	京城學議の初顔合/十八日午後
130402	朝鮮朝日	1926-06-18/1	04단	湯淺總監の視察日程/南鮮方面の
130403	朝鮮朝日	1926-06-18/1	05단	衆議員團が平壤を視察/三日に互り
130404	朝鮮朝日	1926-06-18/1	05단	喫茶室(上り藤か下り藤か穀物大會で)
130405	朝鮮朝日	1926-06-18/1	06단	全鮮穀物大會(第一日目咸興で)
130406	朝鮮朝日	1926-06-18/1	06단	電燈料引下七分見當/京城電氣の
130407	朝鮮朝日	1926-06-18/1	06단	肉食や妻帶を大ビラに許す/近く寺籍法を改正し財産處分も監督する
130408	朝鮮朝日	1926-06-18/1	06단	韓國時代の軍人が總督を訪問し恩給下賜を請願す/恩給增加の規定を誤解し
130409	朝鮮朝日	1926-06-18/1	07단	簡閲點呼/いよいよ始る
130410	朝鮮朝日	1926-06-18/1	07단	世界一周の從步旅行者澁谷君語る
130411	朝鮮朝日	1926-06-18/1	08단	辭令
130412	朝鮮朝日	1926-06-18/1	08단	米國や布哇と通信に成功す/短波長の無電放送頗る好成績を收む
130413	朝鮮朝日	1926-06-18/1	08단	三百五十名の面民が大亂鬪/面所有の松林を無斷で伐ったとて
130414	朝鮮朝日	1926-06-18/1	08단	挿秧未了で旱魃に悩む京畿道農民
130415	朝鮮朝日	1926-06-18/1	08단	亂脈の賴母子被害總額が十萬圓に達す
130416	朝鮮朝日	1926-06-18/1	09단	交通整理を實地で演習/見學の巡査が
130417	朝鮮朝日	1926-06-18/1	09단	妄動城大生退學を命ぜらる
130418	朝鮮朝日	1926-06-18/1	09단	不良少年の親玉を逮捕/竊盜働かせた
130419	朝鮮朝日	1926-06-18/1	10단	釜山の小火

일련번호	판명	간행일	단수	기사명
130420	朝鮮朝日	1926-06-18/1	10단	會(弘法大師降誕會/珠算講演會)
130421	朝鮮朝日	1926-06-18/1	10단	人(湯淺政務總監/森岡軍司令官/日下部少將/鍋島侯爵/廣瀨林也氏/京都高普校生徒/姬路滿鮮軍隊慰問/河井朝雄氏(朝鮮民報社長))
130422	朝鮮朝日	1926-06-18/1	10단	半島茶話
130423	朝鮮朝日	1926-06-18/2	01단	四等米の移出禁止や口米の廢止は議論多く決定せぬと池田殖産局長語る
130424	朝鮮朝日	1926-06-18/2	01단	穀物大會で審議された提案/可決されたのは八件
130425	朝鮮朝日	1926-06-18/2	01단	朝日勝繼碁戰/第廿四回(十二)
130426	朝鮮朝日	1926-06-18/2	03단	慶南の麥作三割減/氣候不順で
130427	朝鮮朝日	1926-06-18/2	03단	三日目は元山で各種案件を議し盛大な宴會に終る
130428	朝鮮朝日	1926-06-18/2	03단	開港記念の展覽會/全鮮貿易品の
130429	朝鮮朝日	1926-06-18/2	03단	チブスの排菌試驗/頗る好成績
130430	朝鮮朝日	1926-06-18/2	04단	水原學議選擧
130431	朝鮮朝日	1926-06-18/2	04단	慶北道の繭の出廻り/五萬九千石
130432	朝鮮朝日	1926-06-18/2	04단	輸入煙草の品種決定で專賣局の會議
130433	朝鮮朝日	1926-06-19/1	01단	朝鮮だけ獨立し簡易保險を實施/三ヶ年間は缺損を見越しいよいよ明年度から
130434	朝鮮朝日	1926-06-19/1	01단	內地案を基礎に民事訴訟法を改正/十七年度から實施す
130435	朝鮮朝日	1926-06-19/1	01단	作付反別は增加し收穫は減少す十五年度の麥作豫想
130436	朝鮮朝日	1926-06-19/1	01단	李王殿下の初登廳/軍司令部に
130437	朝鮮朝日	1926-06-19/1	01단	素質の話(二)(取縋る學童/普通學校教員/人格の所有者)
130438	朝鮮朝日	1926-06-19/1	02단	三府尹の待遇が昇格/閣議で決定
130439	朝鮮朝日	1926-06-19/1	03단	李王展下の御洋行/案外早く御決行か
130440	朝鮮朝日	1926-06-19/1	03단	喫茶室/お前見たいはナップンが府尹になれるか上內氏番人から叱らる
130441	朝鮮朝日	1926-06-19/1	04단	辭令(東京電話)
130442	朝鮮朝日	1926-06-19/1	04단	繭資金に鮮銀の資出/百六十萬圓突破
130443	朝鮮朝日	1926-06-19/1	04단	釜山無電局は愈よ着工/電力一基半
130444	朝鮮朝日	1926-06-19/1	04단	互讓の精神で交捗を進めば急轉直下的に解決を見るかと松井府尹語る
130445	朝鮮朝日	1926-06-19/1	04단	會社銀行(仁取大株主會)
130446	朝鮮朝日	1926-06-19/1	04단	御獻穀田の插秧式/論山夫赤面で
130447	朝鮮朝日	1926-06-19/1	05단	初登廳の李王殿下(軍司令部で)
130448	朝鮮朝日	1926-06-19/1	05단	準備整ふ冒險飛行來月初旬擧行
130449	朝鮮朝日	1926-06-19/1	06단	鵜飼/鮎の名所の晋州南江で
130450	朝鮮朝日	1926-06-19/1	06단	京城大學の夏季講習會/第一高女校で
130451	朝鮮朝日	1926-06-19/1	06단	旱魃は京城以北が甚だしい

일련번호	판명	간행일	단수	기사명
130452	朝鮮朝日	1926-06-19/1	07단	圖們江の架橋/日支の意見纏りいよいよ工事に着手/竣工期は明年の夏頃
130453	朝鮮朝日	1926-06-19/1	07단	勃海、台灣の兩航路の一を來年度に實現の計劃
130454	朝鮮朝日	1926-06-19/1	07단	二人を慘殺し溝中へ放棄/强盗の所爲らしい
130455	朝鮮朝日	1926-06-19/1	07단	統計を基礎に仕入法を研究/釜山の商人達が
130456	朝鮮朝日	1926-06-19/1	07단	漁船が沈沒/釜山港外で
130457	朝鮮朝日	1926-06-19/1	08단	巨大な鐘乳洞平北楚山で發見/數十町に亘る白臘の大石灰石が充滿す
130458	朝鮮朝日	1926-06-19/1	09단	貧じき擔軍/少年を救ふ食ふや食はずの身を顧みず
130459	朝鮮朝日	1926-06-19/1	09단	三萬圓を持出して家出/釜山で警戒
130460	朝鮮朝日	1926-06-19/1	09단	藝妓達のお芝居好評/馬山料亭の
130461	朝鮮朝日	1926-06-19/1	09단	相愛會の行爲を詰問/思想團體が
130462	朝鮮朝日	1926-06-19/1	10단	十五日に時の宣傳を新義州府が
130463	朝鮮朝日	1926-06-19/1	10단	會(馬山夏季講座/領事館落成式/郡技術員會)
130464	朝鮮朝日	1926-06-19/1	10단	人(森岡朝鮮軍司令官/日下部朝鮮憲兵司令官)
130465	朝鮮朝日	1926-06-19/1	10단	半島茶話
130466	朝鮮朝日	1926-06-19/2	01단	全鮮の盲啞者二萬五千餘人/啞者が內地より少いのは血族結婚をせぬから
130467	朝鮮朝日	1926-06-19/2	01단	鮑の代用として有望な瀨戶貝/支那輸出に好望で慶南當局が養殖奬勵に努む
130468	朝鮮朝日	1926-06-19/2	01단	五月中の新義州貿易七百七十萬圓
130469	朝鮮朝日	1926-06-19/2	01단	馬山府の上水道設備協議會で附議
130470	朝鮮朝日	1926-06-19/2	01단	釜山を去る矢島音次君/靑山生
130471	朝鮮朝日	1926-06-19/2	02단	公州郡農會/春繭共同販賣鐘紡に落礼
130472	朝鮮朝日	1926-06-19/2	03단	朝日勝繼碁戰/第廿五回(一)
130473	朝鮮朝日	1926-06-19/2	03단	慶南道の麥作被害は噂ほど無い
130474	朝鮮朝日	1926-06-19/2	03단	慶南棉作の成績が不良/天候不順で
130475	朝鮮朝日	1926-06-19/2	04단	新義州の簡易圖書館/十四日開館
130476	朝鮮朝日	1926-06-19/2	04단	運動界(鐵道野球部九大と戰ふ龍山運動場で/野球爭覇戰中等學校の/馬山撞球大會)
130477	朝鮮朝日	1926-06-20/1	01단	鐵道局幹部の異動說が傳る/大村局長辭任の噂と戶田理事の後任說
130478	朝鮮朝日	1926-06-20/1	01단	産米增殖の預金部低資は七月初旬に交付か/東拓殖銀の社債で
130479	朝鮮朝日	1926-06-20/1	01단	警官異動/平北管內の
130480	朝鮮朝日	1926-06-20/1	01단	素質の話(三)(ぞっとした生活/不見識な敎員/廣島閥の示威)
130481	朝鮮朝日	1926-06-20/1	02단	辭令
130482	朝鮮朝日	1926-06-20/1	02단	平壤驛の改築は遠からず實現か
130483	朝鮮朝日	1926-06-20/1	03단	私鐵の拂込/果してどう？/補給金その他の言質を與へねば容易でない

일련번호	판명	간행일	단수	기사명
130484	朝鮮朝日	1926-06-20/1	03단	愼重な態度で民事訴訟法の改正に着手すると松寺法務局長語る
130485	朝鮮朝日	1926-06-20/1	03단	移住鮮人頻に歸還/滿鐵沿線の旱害により
130486	朝鮮朝日	1926-06-20/1	04단	會社銀行(京取大株主會)
130487	朝鮮朝日	1926-06-20/1	04단	慶州古蹟の不檢分/瑞典皇太子の御來遊を前に
130488	朝鮮朝日	1926-06-20/1	05단	湯淺總監の初巡視/大邱府內を
130489	朝鮮朝日	1926-06-20/1	05단	平壤電氣の公營論が擡頭/府協議委員會で秘密裡に協議さる
130490	朝鮮朝日	1926-06-20/1	06단	大阪朝鮮の合同勞働會/大阪で開催
130491	朝鮮朝日	1926-06-20/1	06단	量よりも質/征空の要諦は優秀なる飛行機と卓越せる技倆の持主
130492	朝鮮朝日	1926-06-20/1	07단	傳染か遺傳か學界のパヅル/癩病の研究に必要な死體が朝鮮では容易に手に入る
130493	朝鮮朝日	1926-06-20/1	07단	汽車や船で水を運ぶ新義州府の水道涸渇し
130494	朝鮮朝日	1926-06-20/1	07단	尹澤榮侯に破産申請/債權者達が
130495	朝鮮朝日	1926-06-20/1	08단	燒殘品の見積で反目した重役が告發したのでは無いか/滿洲製油保險金問題
130496	朝鮮朝日	1926-06-20/1	08단	外部で事を大きくしたが事實は少さい事だ/國葬前後の不穩事件
130497	朝鮮朝日	1926-06-20/1	09단	度胸の宜い鮮女の自殺/身許は不明
130498	朝鮮朝日	1926-06-20/1	10단	支那絹物の密輸增加/關稅改正で
130499	朝鮮朝日	1926-06-20/1	10단	列車顚覆を企てた犯人/目下嚴探中
130500	朝鮮朝日	1926-06-20/1	10단	人(生田內務局長)
130501	朝鮮朝日	1926-06-20/1	10단	半島茶話
130502	朝鮮朝日	1926-06-20/2	01단	合併の必要が何處にあるか株主の利益も曖昧だと仁取の一株主は言ふ
130503	朝鮮朝日	1926-06-20/2	01단	鰯の廻游狀況を慶南當局が調査/次は大羽鰯を調査
130504	朝鮮朝日	1926-06-20/2	01단	狹軌式複線で兩側には人道/愈よ七月から着工の圖們江の大鐵橋
130505	朝鮮朝日	1926-06-20/2	01단	日本育兒院が朝鮮に進出/孤兒を救濟
130506	朝鮮朝日	1926-06-20/2	01단	朝日勝繼碁戰/第廿五回(二)
130507	朝鮮朝日	1926-06-20/2	02단	春蠶豫想二十四萬石/前年に比し一萬石增收
130508	朝鮮朝日	1926-06-20/2	03단	煙草の賣行昨年より增加/平北管內の
130509	朝鮮朝日	1926-06-20/2	03단	鎭海商船校/學務局に移管/近く校舍新築
130510	朝鮮朝日	1926-06-20/2	03단	鬱陵島の山林所廢止/局課の廢合で
130511	朝鮮朝日	1926-06-20/2	03단	海軍廠燃料の坑區が延び/市場移轉で紛糾
130512	朝鮮朝日	1926-06-20/2	03단	二百餘名中十一名を除き/他は全部快癒したモヒ患者の治療成績
130513	朝鮮朝日	1926-06-20/2	04단	水原學議選擧
130514	朝鮮朝日	1926-06-20/2	04단	送還されたモヒ患者/釜山署面喰ふ

일련번호	판명	간행일	단수	기사명
130515	朝鮮朝日	1926-06-20/2	04단	運動界(九大慘敗す十六對一で/野球聯盟戰專門學校の/庭球大會春川で擧行)
130516	朝鮮朝日	1926-06-22/1	01단	國境守備隊の兵舍改築と整備/明年度に斷行か
130517	朝鮮朝日	1926-06-22/1	01단	朝鮮鐵道綱の速成運動のため渡邊會頭等上京
130518	朝鮮朝日	1926-06-22/1	01단	京城を中心の主要な航空路/但し五十年後の豫想
130519	朝鮮朝日	1926-06-22/1	01단	素質の話(四)(柏木君の惡戲/茗溪派の跋扈/廣島閥の擡頭)
130520	朝鮮朝日	1926-06-22/1	02단	江景學校組合議員當選
130521	朝鮮朝日	1926-06-22/1	03단	龍塘浦築港/基本調査
130522	朝鮮朝日	1926-06-22/1	03단	金刀比羅さん
130523	朝鮮朝日	1926-06-22/1	04단	朝鮮ホテル宿料値上/宿屋組合から更に値上要望
130524	朝鮮朝日	1926-06-22/1	05단	悲しみの生活に聖地は生れた/それは二人の愛の巢/朝鮮キネマ後日譚
130525	朝鮮朝日	1926-06-22/1	05단	釜山南港の埋築/當局の命ずる條件に應ずるなら許可？
130526	朝鮮朝日	1926-06-22/1	05단	少年裁判法を施行する計劃で法務當局が調査中/たゞ問題は經費の點
130527	朝鮮朝日	1926-06-22/1	06단	特用作物收穫
130528	朝鮮朝日	1926-06-22/1	07단	辭令(東京電話)
130529	朝鮮朝日	1926-06-22/1	07단	乾繭場の火災
130530	朝鮮朝日	1926-06-22/1	07단	傳染病患者數/本年一月から五月迄の統計
130531	朝鮮朝日	1926-06-22/1	07단	琿春方面の不動産登記
130532	朝鮮朝日	1926-06-22/1	07단	支那の取締が嚴重となって歸順を申立る不逞者が漸次增加して來た
130533	朝鮮朝日	1926-06-22/1	08단	金翼喚の公判/懲役八箇月
130534	朝鮮朝日	1926-06-22/1	08단	夜店で買った彈丸で怪我
130535	朝鮮朝日	1926-06-22/1	08단	密輸したとて罰金七千圓
130536	朝鮮朝日	1926-06-22/1	09단	港のうはさ(モヒ中患者治療/片足は京城驛に/便所掃除に强要/昌慶苑開苑)
130537	朝鮮朝日	1926-06-22/1	09단	自轉車で日本無錢一周/樽見少年來社
130538	朝鮮朝日	1926-06-22/1	10단	會(憲兵隊晚餐會)
130539	朝鮮朝日	1926-06-22/1	10단	人(湯淺政務總監)
130540	朝鮮朝日	1926-06-22/1	10단	半島茶話
130541	朝鮮朝日	1926-06-22/2	01단	平安南道の繭買收獨占權を山十組に與へた道當局の措置に批難
130542	朝鮮朝日	1926-06-22/2	01단	旱天續きで硫安相場騰貴
130543	朝鮮朝日	1926-06-22/2	01단	麥酒消費增加と麥酒會社の商戰
130544	朝鮮朝日	1926-06-22/2	01단	朝日勝繼碁戰/第廿五回(三)
130545	朝鮮朝日	1926-06-22/2	02단	本年第二回春蠶豫想
130546	朝鮮朝日	1926-06-22/2	02단	運動界(グラウンド開き陸上競技/全鮮高等專門野球大會/全鮮庭球大會/全鮮軟式庭球/中等庭球大會/鮮鐵軍勝つ)

일련번호	판명	간행일	단수	기사명
130547	朝鮮朝日	1926-06-23/1	01단	內鮮電信輻湊と無電施設の急務/北九州との直通線も必要
130548	朝鮮朝日	1926-06-23/1	03단	京城無電放送局建物設計終る
130549	朝鮮朝日	1926-06-23/1	03단	朝鮮と天津を結びつける新航路の實現に努力する
130550	朝鮮朝日	1926-06-23/1	04단	憲兵補充教育/今年の開催地
130551	朝鮮朝日	1926-06-23/1	04단	專門學校入學檢定試驗
130552	朝鮮朝日	1926-06-23/1	05단	素質の話(五)(赤木王國の盛期/良視學の選定/迷惑がる先生)
130553	朝鮮朝日	1926-06-23/1	05단	傳染病流行と水中病菌檢查
130554	朝鮮朝日	1926-06-23/1	05단	喫茶室/鰻酒に酔ふ
130555	朝鮮朝日	1926-06-23/1	05단	群山會議所/初評議員會
130556	朝鮮朝日	1926-06-23/1	05단	漁場を一定し爆藥使用公認/可否打合せ
130557	朝鮮朝日	1926-06-23/1	06단	活動寫眞を囚人教化に利用/各刑務所を巡回
130558	朝鮮朝日	1926-06-23/1	06단	更に六名の主議者等を檢束/不穩文書配布事件/なほ擴大するか
130559	朝鮮朝日	1926-06-23/1	06단	片倉製絲の罷業解決
130560	朝鮮朝日	1926-06-23/1	07단	頭道溝の署長彈劾/民會の態度俄かに軟化
130561	朝鮮朝日	1926-06-23/1	07단	朝鮮火災支配人を背任罪で起訴
130562	朝鮮朝日	1926-06-23/1	08단	大邱附近の强盜團捕る
130563	朝鮮朝日	1926-06-23/1	08단	釜山署の風紀取しまり
130564	朝鮮朝日	1926-06-23/1	08단	有名無實の看板で騙る
130565	朝鮮朝日	1926-06-23/1	09단	非募債主義で鐵道計劃に齟齬/今後は早く敷設する/南鮮視察中の湯淺總監談
130566	朝鮮朝日	1926-06-23/1	09단	郵便物の特殊取扱/移動郵便所
130567	朝鮮朝日	1926-06-23/1	09단	父の金を拐帶して彷徨/四人連の中學生
130568	朝鮮朝日	1926-06-23/1	10단	人(矢吹外務政務次官)
130569	朝鮮朝日	1926-06-23/1	10단	半島茶話
130570	朝鮮朝日	1926-06-23/2	01단	平安産繭の買收獨占問題/斬捨御免式
130571	朝鮮朝日	1926-06-23/2	01단	産米計劃と鮮米協會の內地宣傳
130572	朝鮮朝日	1926-06-23/2	01단	産米資金融通認可とその内容
130573	朝鮮朝日	1926-06-23/2	01단	朝日勝繼碁戰/第廿五回(四)
130574	朝鮮朝日	1926-06-23/2	02단	外米在高と商内活況
130575	朝鮮朝日	1926-06-23/2	03단	大山面で市場新設請願
130576	朝鮮朝日	1926-06-23/2	03단	川崎汽船の鮮臺航路使命
130577	朝鮮朝日	1926-06-23/2	03단	間島地方旱天
130578	朝鮮朝日	1926-06-23/2	04단	水稲の植付と麥の枯死/旱害甚し
130579	朝鮮朝日	1926-06-23/2	04단	釜山卸商/回漕業者決議
130580	朝鮮朝日	1926-06-23/2	04단	盛況裡に朝鮮博閉づ
130581	朝鮮朝日	1926-06-23/2	04단	警察官招魂祭
130582	朝鮮朝日	1926-06-23/2	04단	舒川水利竣工式

일련번호	판명	간행일	단수	기사명
130583	朝鮮朝日	1926-06-24/1	01단	二千トン級の汽船を岸壁に横つけにする 愈よ修築起工式を擧げる群山築港計劃案の大體/築港問題の解決は基礎を築いた迄 完成後の考慮を要す 赤松繁夫氏談
130584	朝鮮朝日	1926-06-24/1	01단	素質の話(六)(質の惡い先生/先生も人間也/貧しき者の子)
130585	朝鮮朝日	1926-06-24/1	02단	間島領事館/新廳舍落成式
130586	朝鮮朝日	1926-06-24/1	03단	總督府辭令
130587	朝鮮朝日	1926-06-24/1	03단	熱心に詳細に總監の南鮮視察/二十二日釜山來着
130588	朝鮮朝日	1926-06-24/1	04단	馬山中學設立期成運動
130589	朝鮮朝日	1926-06-24/1	04단	舊韓國の軍人優遇/請願運動
130590	朝鮮朝日	1926-06-24/1	05단	大邱靴下製造講習會
130591	朝鮮朝日	1926-06-24/1	05단	鴨綠江流域の流し筏は減水で不能
130592	朝鮮朝日	1926-06-24/1	06단	慶南當局の內地渡航阻止を撤廢せよと在釜の鮮人有志者が運動
130593	朝鮮朝日	1926-06-24/1	06단	滿洲の防穀令で北滿穀類輸入の鹿兒島當業者困惑/目下對策を講究中
130594	朝鮮朝日	1926-06-24/1	07단	露領事館近況
130595	朝鮮朝日	1926-06-24/1	07단	首謀者と目すべき十五名を起訴/不穩事件の取調べいよいよ近く完了
130596	朝鮮朝日	1926-06-24/1	08단	新馬山地先/海面埋立認可
130597	朝鮮朝日	1926-06-24/1	08단	三萬圓の橫領犯人逮捕
130598	朝鮮朝日	1926-06-24/1	08단	脫營兵の自首
130599	朝鮮朝日	1926-06-24/1	09단	不穩文書を國外から持ち込んだ權の取調べ
130600	朝鮮朝日	1926-06-24/1	09단	相場に失敗し行金を胡魔化し一萬圓を消費し逃走したが捕まる
130601	朝鮮朝日	1926-06-24/1	09단	會(敎員夏季講習會/慶北道農會/野外活動寫眞會/馬山學校評議會)
130602	朝鮮朝日	1926-06-24/1	10단	人(渡邊東拓總裁/鳥居朝鮮軍醫部長/渡邊獸醫部長/久留島武彦氏)
130603	朝鮮朝日	1926-06-24/1	10단	半島茶話
130604	朝鮮朝日	1926-06-24/2	01단	鮮內製産品の自給自足を圖る/鮮品充用獎勵の記念大會を開いて運動
130605	朝鮮朝日	1926-06-24/2	01단	北滿を中心に日露支の經濟戰/いろいろの鐵道計劃
130606	朝鮮朝日	1926-06-24/2	01단	朝日勝繼碁戰/第廿五回(五)
130607	朝鮮朝日	1926-06-24/2	03단	馬山で開く納涼物陳/大裂裟に準備中
130608	朝鮮朝日	1926-06-24/2	03단	小運送の改善問題調査
130609	朝鮮朝日	1926-06-24/2	03단	日銀利下は見當つかぬ/殖銀産業課長談
130610	朝鮮朝日	1926-06-24/2	04단	朝鮮水電水路工事起工
130611	朝鮮朝日	1926-06-24/2	04단	十四年度煙草收納實績
130612	朝鮮朝日	1926-06-24/2	04단	京城、仁川兩取引所合併折合ふらしい

일련번호	판명	간행일	단수	기사명
130613	朝鮮朝日	1926-06-24/2	04단	咸興刑務所の製作品廉賣會
130614	朝鮮朝日	1926-06-24/2	04단	運動界(聯隊チーム編成/徽文高普再勝/曉星俱樂部優勝)
130615	朝鮮朝日	1926-06-25/1	01단	鮮內各道に於ける主要農作物旱害狀況/二十四日總督府から發表
130616	朝鮮朝日	1926-06-25/1	01단	旱害見越しで京城の米價騰貴小賣値四十一錢五厘/更に五厘騰貴
130617	朝鮮朝日	1926-06-25/1	01단	全鮮に互りて飲料水も缺乏/雨はなかなかに降りさうにもない
130618	朝鮮朝日	1926-06-25/1	03단	國立職業紹介所/明年度に新設か/目下調査研究中
130619	朝鮮朝日	1926-06-25/1	03단	六月上中旬の穀類出廻狀況
130620	朝鮮朝日	1926-06-25/1	03단	京春道路の改修遲延
130621	朝鮮朝日	1926-06-25/1	04단	道知事會議とその日程
130622	朝鮮朝日	1926-06-25/1	04단	運轉手も協會に加入/慶南自動車協會
130623	朝鮮朝日	1926-06-25/1	05단	素質の話(七)(視學の改善/學務行政刷新/職員と父兄へ)
130624	朝鮮朝日	1926-06-25/1	05단	春繭出廻漸增
130625	朝鮮朝日	1926-06-25/1	05단	京城に夜間銀行/尙早との說もある
130626	朝鮮朝日	1926-06-25/1	05단	別府を中心に考古學の御研究/近く御來朝あるべき瑞典の皇太子殿下が
130627	朝鮮朝日	1926-06-25/1	05단	女學校主の殺人公判/七年を求刑
130628	朝鮮朝日	1926-06-25/1	06단	小學教員試驗
130629	朝鮮朝日	1926-06-25/1	06단	昌慶園無料公開
130630	朝鮮朝日	1926-06-25/1	06단	就寢中の夫を絞殺せんとす
130631	朝鮮朝日	1926-06-25/1	07단	釜山移出牛檢查所視察の湯淺總監一行
130632	朝鮮朝日	1926-06-25/1	07단	女に裏切られ二人を殺さんと寢込みを襲うて男と父を斬る
130633	朝鮮朝日	1926-06-25/1	08단	禮山農學校百餘名盟休/內地人教員排斥が原因
130634	朝鮮朝日	1926-06-25/1	09단	火に襲はれた東北大學工學部/八百餘坪を全燒す/原因は漏電らしい
130635	朝鮮朝日	1926-06-25/1	09단	半島茶話
130636	朝鮮朝日	1926-06-25/1	10단	運動界(慶凞軍惜敗)
130637	朝鮮朝日	1926-06-25/1	10단	人(湯淺政務總監)
130638	朝鮮朝日	1926-06-25/2	01단	朝鮮物語(一)/細井肇
130639	朝鮮朝日	1926-06-25/2	01단	昙應後の大院君
130640	朝鮮朝日	1926-06-25/2	03단	天日鹽は本年は豊作
130641	朝鮮朝日	1926-06-25/2	03단	朝日勝繼碁戰/第廿五回(六)
130642	朝鮮朝日	1926-06-25/2	04단	土地改良低資貸出高
130643	朝鮮朝日	1926-06-25/2	04단	繭の出廻と資金貸出增加
130644	朝鮮朝日	1926-06-25/2	04단	米資金の回收多少遲延
130645	朝鮮朝日	1926-06-25/2	04단	肥料資金貸出/一口三百萬圓
130646	朝鮮朝日	1926-06-26/1	01단	山車や假裝行列で湧き返るやうな賑ひ齋藤總督も親しく臨場し群山築港起工式擧げらる

일련번호	판명	간행일	단수	기사명
130647	朝鮮朝日	1926-06-26/1	02단	內地の勞働者さへ困ってゐる今日/鮮人の渡來は考へもの/大野社會局書記官釜山で語る
130648	朝鮮朝日	1926-06-26/1	03단	西歐行き通し切符發賣
130649	朝鮮朝日	1926-06-26/1	03단	舒川水利組合竣工式
130650	朝鮮朝日	1926-06-26/1	04단	會社銀行(朝窯解散配當/仁取合併調査/商銀今期業績)
130651	朝鮮朝日	1926-06-26/1	04단	容易に得られぬバケツ一杯の水 水汲賃の騰貴でホクホクものゝ水汲ヨボ/七月初めまで降雨なき場合は蕎麥、ヒ工等を栽培 背水の陣で慈雨を待つ
130652	朝鮮朝日	1926-06-26/1	05단	總督府辭令
130653	朝鮮朝日	1926-06-26/1	05단	愚民を迷はす巫女取締
130654	朝鮮朝日	1926-06-26/1	05단	特殊會社の重役天降りに排斥の聲起る
130655	朝鮮朝日	1926-06-26/1	06단	加藤神社例祭
130656	朝鮮朝日	1926-06-26/1	06단	招魂碑除幕式
130657	朝鮮朝日	1926-06-26/1	06단	肺ヂストマ豫防とガ二類/生徒が驅除
130658	朝鮮朝日	1926-06-26/1	06단	不良少年の黑リスト/釜山署で作製
130659	朝鮮朝日	1926-06-26/1	07단	短刀をつきつけ脅迫して强奪
130660	朝鮮朝日	1926-06-26/1	07단	高商醫專を破る第一回高等專門學校/野球大會優勝戰
130661	朝鮮朝日	1926-06-26/1	08단	駈落の對手の男から女と追手の保護を願ふ/さて下關で取押へたものゝ/どう捌いてよいか警察迷ふ
130662	朝鮮朝日	1926-06-26/1	08단	郡農會燒く繭乾燥場も
130663	朝鮮朝日	1926-06-26/1	08단	不穩文書事件/五十名は起訴
130664	朝鮮朝日	1926-06-26/1	09단	巷のうはさ(列車の食堂改善/親子心中を圖る/藝妓キネマ入り/列車顚覆を企つ/助骨三枚を折る)
130665	朝鮮朝日	1926-06-26/1	10단	人(全寬鉉氏(咸南知事)/岩口官房主事/土屋咸南地方課長))
130666	朝鮮朝日	1926-06-26/1	10단	半島茶話
130667	朝鮮朝日	1926-06-26/2	01단	朝鮮物語(二)/細井肇
130668	朝鮮朝日	1926-06-26/2	01단	金汶根の書(金の女は哲宗の王妃)
130669	朝鮮朝日	1926-06-26/2	03단	朝日勝繼碁戰/第廿五回(七)
130670	朝鮮朝日	1926-06-26/2	04단	支那人の出稼者增加
130671	朝鮮朝日	1926-06-26/2	04단	癩患者の集り來る/釜山の悩み
130672	朝鮮朝日	1926-06-26/2	04단	勞働者の傷疾救濟協定
130673	朝鮮朝日	1926-06-27/1	01단	一と先づ東京に落つかれる李王殿下 喪明け後に御洋行 李王職制は早晩改正/一說では七月末に御歸鮮?/李王殿下御禮言上に妃殿下と共に御上京/李王家明年度豫算 二百萬圓に達する模樣 膨脹額の捻出方法/早天に御同情 秋風嶺御通過
130674	朝鮮朝日	1926-06-27/1	03단	一割以上の引下げは困難/電燈料金問題
130675	朝鮮朝日	1926-06-27/1	04단	大田學議戰/候補出揃ふ
130676	朝鮮朝日	1926-06-27/1	05단	永登浦學議當選者
130677	朝鮮朝日	1926-06-27/1	05단	辭令(東京電話)

일련번호	판명	간행일	단수	기사명
130678	朝鮮朝日	1926-06-27/1	05단	會社銀行(安取今期業績/證券會社設立)
130679	朝鮮朝日	1926-06-27/1	05단	季節郵便所/九味浦に設置
130680	朝鮮朝日	1926-06-27/1	05단	煙草耕作地擴張計劃
130681	朝鮮朝日	1926-06-27/1	05단	資金の行詰りで工事期限が來ても實現は殆ど困難
130682	朝鮮朝日	1926-06-27/1	06단	金泉法院支廳落成式
130683	朝鮮朝日	1926-06-27/1	06단	各道視學會議
130684	朝鮮朝日	1926-06-27/1	06단	吉敦鐵道工事支障なく進む
130685	朝鮮朝日	1926-06-27/1	07단	基督教北監理派年會
130686	朝鮮朝日	1926-06-27/1	07단	全鮮に互りて慈雨蘇り畑作物やうやく蘇る期米も氣崩れの氣配/黃海道の喜雨
130687	朝鮮朝日	1926-06-27/1	08단	朝鮮漁業取締規則改正
130688	朝鮮朝日	1926-06-27/1	08단	春繭の格漸騰
130689	朝鮮朝日	1926-06-27/1	08단	本年度に於ける農事改良費の資金の振當決定
130690	朝鮮朝日	1926-06-27/1	08단	慶南道の副業養鷄/成績良好
130691	朝鮮朝日	1926-06-27/1	09단	四面聯合/各種品評會
130692	朝鮮朝日	1926-06-27/1	09단	行路病死者の大供養施餓鬼/釜山で施行
130693	朝鮮朝日	1926-06-27/1	10단	新羅前の王族の遺物/多數發掘
130694	朝鮮朝日	1926-06-27/1	10단	水原高農同盟休校
130695	朝鮮朝日	1926-06-27/1	10단	巷のうはさ
130696	朝鮮朝日	1926-06-27/1	10단	會(釜山誌友會總會)
130697	朝鮮朝日	1926-06-27/1	10단	人(平井三男氏(總督府學務課長))
130698	朝鮮朝日	1926-06-27/2	01단	朝鮮物語(三)/細井肇
130699	朝鮮朝日	1926-06-27/2	02단	漢銀の整理/具體案出來
130700	朝鮮朝日	1926-06-27/2	03단	精神病者數
130701	朝鮮朝日	1926-06-27/2	03단	學校生徒に養鷺獎勵
130702	朝鮮朝日	1926-06-27/2	03단	咸興郡の春繭
130703	朝鮮朝日	1926-06-27/2	03단	朝日勝繼碁戰/第廿五回(八)
130704	朝鮮朝日	1926-06-27/2	04단	數量に於て幾分は增加/夏物の賣行
130705	朝鮮朝日	1926-06-27/2	04단	朝鐵咸南線水電の專用線
130706	朝鮮朝日	1926-06-27/2	04단	慶南道車輛數
130707	朝鮮朝日	1926-06-27/2	04단	內地人生徒父兄の職業別
130708	朝鮮朝日	1926-06-29/1	01단	總て鮮內品を用ひた鮮産品充用記念大會/より以上鮮內産品を愛用して充用の普及を期すと決議する
130709	朝鮮朝日	1926-06-29/1	01단	湯淺總監から皆サンへ希望/鮮內産品をより愛用し官民一致國産振興につとめられたい
130710	朝鮮朝日	1926-06-29/1	01단	手にをへない松毛蟲の蔓延/この上は松樹を減じ驅除するより途ない
130711	朝鮮朝日	1926-06-29/1	03단	咸北の森林は天下無敵だ/此開發には是非とも鐵道綱の必要がある/武井農林省技師折紙をつける

일련번호	판명	간행일	단수	기사명
130712	朝鮮朝日	1926-06-29/1	03단	水害を蒙った農民を救濟/地租の減免稅をやり職を與へる慶南の方針
130713	朝鮮朝日	1926-06-29/1	03단	ハルビンの遞信局長視察
130714	朝鮮朝日	1926-06-29/1	04단	京取株の分布
130715	朝鮮朝日	1926-06-29/1	04단	近來激增の振替貯金/この分なれば內地を凌がん
130716	朝鮮朝日	1926-06-29/1	05단	旱魃に苦んだ間島地方に雨 面も素 晴しい豪雨で被害地も少なくない/雨！雨！！ 黃金の雨 慶南の農民よみがへる
130717	朝鮮朝日	1926-06-29/1	05단	咸南の田不植能一割七分の見込
130718	朝鮮朝日	1926-06-29/1	05단	忠南道の旱害
130719	朝鮮朝日	1926-06-29/1	05단	國境警備の電話開通箇所
130720	朝鮮朝日	1926-06-29/1	05단	御東上の李王、同妃殿下(京城驛にて)
130721	朝鮮朝日	1926-06-29/1	06단	日陞公司の新義州工場
130722	朝鮮朝日	1926-06-29/1	06단	貧困鮮人の運賃割延引期
130723	朝鮮朝日	1926-06-29	06단	既往數箇年の間に抱娼妓八名を解放する奇篤な鎭海玉川樓の主人/若し再び苦海へ舞戻る不心得者があったら容赦なく貸金を取り立る
130724	朝鮮朝日	1926-06-29/1	07단	農會令による農會續々設立
130725	朝鮮朝日	1926-06-29/1	07단	安東支那街に柞蠶工場設立
130726	朝鮮朝日	1926-06-29/1	07단	嫌がる物の多いに此上糞攻は酷だ/部落を建設し糞攻を免るべく計の麻劃浦民
130727	朝鮮朝日	1926-06-29/1	07단	愛妻を無理から姦夫に買はれ金は惡人に騙られたと稱する男逮捕さる
130728	朝鮮朝日	1926-06-29/1	08단	七六聯隊露營演習
130729	朝鮮朝日	1926-06-29/1	08단	第三種教員に學力補充講習
130730	朝鮮朝日	1926-06-29/1	08단	忠淸南道教育夏季講習
130731	朝鮮朝日	1926-06-29/1	09단	住友林業所の舍宅に强盜
130732	朝鮮朝日	1926-06-29/1	09단	釜山にて空券發行/財界の有力者續々召喚さる
130733	朝鮮朝日	1926-06-29/1	09단	僞刑事の徘徊
130734	朝鮮朝日	1926-06-29/1	09단	鍬を携へ警察へ咸興在の百姓/水爭ひをやる
130735	朝鮮朝日	1926-06-29/1	10단	釜山國際館に帝劇一座來る
130736	朝鮮朝日	1926-06-29/1	10단	長崎方面の密漁船取締
130737	朝鮮朝日	1926-06-29/1	10단	惡店員二人/一人は逃走し一人は捕まる
130738	朝鮮朝日	1926-06-29/1	10단	放送局の入礼
130739	朝鮮朝日	1926-06-29/1	10단	運動界(全鮮中學校庭球大會開催)
130740	朝鮮朝日	1926-06-29/1	10단	人(獨乙海相/河合書記官長/飛行家の入城/三矢警務局長/村山沼一郎氏(慶南警察部長))
130741	朝鮮朝日	1926-06-29/2	01단	朝鮮物語(四)/細井肇
130742	朝鮮朝日	1926-06-29/2	02단	朝日勝繼碁戰/第廿五回(九)
130743	朝鮮朝日	1926-06-29/2	03단	旱害にて麥作減收/平均一割減る

일련번호	판명	간행일	단수	기사명
130744	朝鮮朝日	1926-06-29/2	03단	水害に鑑み治水調査開始
130745	朝鮮朝日	1926-06-29/2	04단	總督府辭令
130746	朝鮮朝日	1926-06-29/2	04단	會社銀行(京取今期業績/京電總會期日)
130747	朝鮮朝日	1926-06-29/2	04단	手荷運搬賃を全鮮的に値上
130748	朝鮮朝日	1926-06-29/2	04단	稅制調査委員會開かる
130749	朝鮮朝日	1926-06-30/1	01단	『廢校を辭せず』の一言一般の同情を失ふ 愈よこぢれて收拾出來ぬ水原高等農林學校の騒ぎ/暑休に歸らず請願書を出し內容の改善をせまる 京城醫專學生の態度
130750	朝鮮朝日	1926-06-30/1	01단	新羅時代の古器物(慶州驛から發掘)
130751	朝鮮朝日	1926-06-30/1	02단	不穩分子には斷乎たる處置をとれ 産業や教育の振興は財政の許す限り努むと知事會議で總督の訓示/知事會議の諮問事項
130752	朝鮮朝日	1926-06-30/1	04단	産米增植の低資貸出期
130753	朝鮮朝日	1926-06-30/1	04단	難工事も順調に進み竣工する箇所もある/咸鏡線各工區の現況
130754	朝鮮朝日	1926-06-30/1	04단	成績よき傳書鳩/將來警察で利用の方針
130755	朝鮮朝日	1926-06-30/1	05단	總督府辭令
130756	朝鮮朝日	1926-06-30/1	05단	忠北沃川の電話開通する
130757	朝鮮朝日	1926-06-30/1	05단	木浦に水先人
130758	朝鮮朝日	1926-06-30/1	05단	この上杉謙信殿は聲ばかりで鹽を送らぬ靑島鹽の輸入問題進まず/鮮內の鹽屋は支那に愛想をつかす
130759	朝鮮朝日	1926-06-30/1	06단	群山築港基石沈奠式(二十五日擧行)
130760	朝鮮朝日	1926-06-30/1	06단	朝鮮馬は基儘で改良して行きたい/大きくしても戻るから駄目だ/馬博士の領木竹麿サンは語る
130761	朝鮮朝日	1926-06-30/1	06단	早魃は魚にも影響漁師弱る/水溫高きため魚は海底を選び網にか〼らぬ
130762	朝鮮朝日	1926-06-30/1	08단	メガホン(汽車脱線/帆般顚覆する/試驗兎を殺す/飛だ羅南違ひ/僞造事件結審/無高聲の電話)
130763	朝鮮朝日	1926-06-30/1	08단	今から避難の準備にか〼る/昨年の水害に懲りた鐵道局の早手廻し振
130764	朝鮮朝日	1926-06-30/1	08단	內地から騎兵旅團移駐/兵舍は平南平川里に內定してゐるらしい
130765	朝鮮朝日	1926-06-30/1	08단	人妻の家出/朝鮮方面に高飛びか
130766	朝鮮朝日	1926-06-30/1	09단	不穩事件の取調急ぐ/近く檢事局へ送られるはず
130767	朝鮮朝日	1926-06-30/1	10단	運動界(鮮人中學校野球リーグ戰/養正勝つ/中央勝つ/平壤精糖勝つ)
130768	朝鮮朝日	1926-06-30/1	10단	會(京仁綿絲布總會/算術科講習會/倫理講習會)
130769	朝鮮朝日	1926-06-30/1	10단	人(荒井賢太郎氏/松井房次郎氏(慶南內務部長)/佐々木藤太郎氏(東亞勸業重役))
130770	朝鮮朝日	1926-06-30/2	01단	朝鮮物語(五)/細井肇
130771	朝鮮朝日	1926-06-30/2	01단	朝日勝繼碁戰/第廿五回(十)

일련번호	판명	간행일	단수	기사명
130772	朝鮮朝日	1926-06-30/2	02단	影薄き內地硫安/價格でも引下げねば到底外品に楯つけぬ
130773	朝鮮朝日	1926-06-30/2	03단	*鮮內炭をより多く使ふ方針だ/より多くなる鮮炭の消費量*
130774	朝鮮朝日	1926-06-30/2	04단	黃金の雨で煙草移植/大助かりだと耕作者の喜び
130775	朝鮮朝日	1926-06-30/2	04단	軍人割引は從來通り鐵道と軍の交涉略纏る
130776	朝鮮朝日	1926-06-30/2	04단	日時を要する漢銀の整理
130777	朝鮮朝日	1926-06-30/2	04단	殖銀下半期の貸出率引下か
130778	朝鮮朝日	1926-06-30/2	04단	釜山の點呼

1926년 7월 (조선아사히)

일련번호	판명	간행일	단수	기사명
130779	朝鮮朝日	1926-07-01/1	01단	電氣事業を府營にする平壤電氣調査會で決議す/四箇月に亙り喧しかった平壤の電氣爭議もこれを以て解決せん(決定書)
130780	朝鮮朝日	1926-07-01/1	01단	選擧權を與へよ/吳れねば陸軍部內で別に學校を經營する/軍人間で學議選擧權を要望
130781	朝鮮朝日	1926-07-01/1	01단	清流を戀ふころ/大同江畔にて
130782	朝鮮朝日	1926-07-01/1	03단	慶北盈德で大龜獲れる
130783	朝鮮朝日	1926-07-01/1	03단	平壤に對する海州民の希望/朝鐵海州延長につき平壤に應援を求める
130784	朝鮮朝日	1926-07-01/1	03단	意外に早く臺鮮航路實現/補助金を問題にせず新航路開發に努める
130785	朝鮮朝日	1926-07-01/1	04단	夏の六村より(一)/SPR生
130786	朝鮮朝日	1926-07-01/1	05단	釜山元山間の自動車遞送/遞信當局にて其實現に力む
130787	朝鮮朝日	1926-07-01/1	05단	『元の古巢へ又歸った何分よろしく』(松井陸南內務部長談)
130788	朝鮮朝日	1926-07-01/1	05단	道內の要所に關所を設置し/增水の非常に備へる慶南當局の水害豫防
130789	朝鮮朝日	1926-07-01/1	06단	故李王殿下の御親用品陳列/一般に對し公開する李王職の準備すゝむ
130790	朝鮮朝日	1926-07-01/1	07단	産聲をあげる/少年赤十字團各種の事業を行ふ
130791	朝鮮朝日	1926-07-01/1	08단	服役年限の短縮は未定但し立案中/齋藤參謀談/軍事敎練の普及程度など判らぬから
130792	朝鮮朝日	1926-07-01/1	09단	清津に不穩文書/別に大した物でもない
130793	朝鮮朝日	1926-07-01/1	09단	醫專設置の運動を繼續/大邱公職者協議會で申合せ委員を選定す
130794	朝鮮朝日	1926-07-01/1	09단	ツナミで堤防崩潰潮水氾濫する(平南樂滿面の出來事)
130795	朝鮮朝日	1926-07-01/1	09단	運動界(春川庭球大會/九大の勝利)
130796	朝鮮朝日	1926-07-01/1	10단	平壤飛行隊に赤痢發生七七聯隊にも同時に發生
130797	朝鮮朝日	1926-07-01/2	01단	朝鮮物語(六)/細井肇
130798	朝鮮朝日	1926-07-01/2	01단	朝日勝繼碁戰/第廿五回(十一)
130799	朝鮮朝日	1926-07-01/2	03단	朝鮮は養鼈の好適地だ/鼈種の改良は刻下の緊急事(見波京都高鼈敎授談)
130800	朝鮮朝日	1926-07-01/2	03단	有名無實な小運送の協定/合同問題は全鮮的に煽り氣味を帶て來る
130801	朝鮮朝日	1926-07-01/2	03단	忠南臨海鐵道敷設延期出願
130802	朝鮮朝日	1926-07-01/2	04단	朝鮮史學の講演會開催
130803	朝鮮朝日	1926-07-01/2	04단	湯淺總監の告示槪要/稅制調查委員會で試みたる
130804	朝鮮朝日	1926-07-02/1	01단	大田、沙里院、鐵原の三箇所に道立病院經費の許す範圍內にて十六年度豫算に計上する
130805	朝鮮朝日	1926-07-02/1	01단	金融經濟の調查機關設置/半永久的に存置して斯界の向上に資する

일련번호	판명	간행일	단수	기사명
130806	朝鮮朝日	1926-07-02/1	01단	世界一周の選手元氣よく朝鮮通過/米國式の愛嬌を湛へ道中の苦心をかたる(通過/通過)
130807	朝鮮朝日	1926-07-02/1	01단	夏の六村より(二)/SPR生
130808	朝鮮朝日	1926-07-02/1	04단	利權運動には特に主意せよ/官有財産讓與に懲り總督から各道へ通牒
130809	朝鮮朝日	1926-07-02/1	04단	金剛探勝團を募集する
130810	朝鮮朝日	1926-07-02/1	04단	國境地方民の希望を容れる森岡軍司令官談
130811	朝鮮朝日	1926-07-02/1	04단	鮮內に神社が矢鱈に出來する/總督府はこれに對し維持方法を講ぜしむ
130812	朝鮮朝日	1926-07-02/1	05단	發明された複式レンズ
130813	朝鮮朝日	1926-07-02/1	06단	水原の殉職警官招魂碑
130814	朝鮮朝日	1926-07-02/1	06단	漸く解決した京城醫專改善問題/佐藤教授の聲明に生徒側納得す
130815	朝鮮朝日	1926-07-02/1	06단	地價の標準を慶南道で調査/酒造稅の引上は寧ろ酒造家側でよろこぶ
130816	朝鮮朝日	1926-07-02/1	07단	公娼制度の改善を警察部長會議へ諮問解放すべきかせざるべきか/目下各道において愼重考慮を拂ふ
130817	朝鮮朝日	1926-07-02/1	08단	總督府辭令
130818	朝鮮朝日	1926-07-02/1	08단	空券事件で全部引致/釜山警察の取調べ進む
130819	朝鮮朝日	1926-07-02/1	08단	制令違反で送局する/例の國葬前の陰謀事件一味
130820	朝鮮朝日	1926-07-02/1	08단	喧嘩をしたから野球試合はならぬ咸興高普校の狹量に一般ファンの大不平/中央高普勝つ/廣陵中學來鮮/大邱中學優勝
130821	朝鮮朝日	1926-07-02/1	09단	目下のところは刑事問題は起らぬ/咸興朝日精米所主は大邱の妾宅で捕はる
130822	朝鮮朝日	1926-07-02/1	09단	ス博士睨まる
130823	朝鮮朝日	1926-07-02/1	10단	海州高普の同盟休校/背後に主義者が潜んでゐる
130824	朝鮮朝日	1926-07-02/1	10단	幼兒の溺死
130825	朝鮮朝日	1926-07-02/1	10단	人(石本堅氏(慶北道警察部長)/古橋卓四郎氏(慶北內務部長)/竹內健郎氏(山林課長)/赤星鐵馬氏(實業家)/長■弼氏(在米實業家)/西原八十八氏(慶南水産課長))
130826	朝鮮朝日	1926-07-02/2	01단	朝鮮物語(七)/細井肇
130827	朝鮮朝日	1926-07-02/2	01단	朝日勝繼碁戰/第廿五回(十二)
130828	朝鮮朝日	1926-07-02/2	03단	肥料移入は倍數に達す/慶南道の現況
130829	朝鮮朝日	1926-07-02/2	03단	不良少年の取締に苦心/內地のやうにやれず京畿警察部なやむ
130830	朝鮮朝日	1926-07-02/2	03단	大田學議選擧/大激戰を演ず
130831	朝鮮朝日	1926-07-02/2	04단	産米增殖で肥料販賣戰
130832	朝鮮朝日	1926-07-02/2	04단	鎭海要港部の遺骨合葬計劃

일련번호	판명	간행일	단수	기사명
130833	朝鮮朝日	1926-07-03/1	01단	材料を絶やされては全く商賣にはならぬなんとか考へて貰ひたい/平壤の繭仲買人は商議の應援を得て平南當局に蠶繭買收特權取消を迫る
130834	朝鮮朝日	1926-07-03/1	01단	肺牛の發生で牛乳屋の恐慌/罹病牛を處分する法令なく慶南道弱る
130835	朝鮮朝日	1926-07-03/1	01단	夏の六村より(三)/SPR生
130836	朝鮮朝日	1926-07-03/1	03단	不渡手形が漸增する/財界の好轉は單な噂ばかり
130837	朝鮮朝日	1926-07-03/1	03단	農會に爭議を調停せしめる
130838	朝鮮朝日	1926-07-03/1	04단	釜山府主催の貿易品展覽會
130839	朝鮮朝日	1926-07-03/1	04단	穴民村さへ自治制を布き/彼らはお役人サンの見學をのぞんでゐる
130840	朝鮮朝日	1926-07-03/1	05단	帝通支社移轉
130841	朝鮮朝日	1926-07-03/1	05단	總督府辭令
130842	朝鮮朝日	1926-07-03/1	05단	各種移入稅の撤廢は出來ぬ/これによって失はれる財源を補ふ道がない/東上の途草間財務局長談
130843	朝鮮朝日	1926-07-03/1	06단	鎭南浦米市場結局解散か
130844	朝鮮朝日	1926-07-03/1	06단	リンチ事件とその後の經過/ヘスマーは大に恐縮し/面民の條件を容れる官憲はどう處置する
130845	朝鮮朝日	1926-07-03/1	07단	メカホン(巡査を毆打/京城の鳥瞰寫眞/府歌募集締切り/院長と怪我乞食/老人强盜を一喝)
130846	朝鮮朝日	1926-07-03/1	07단	また起った銀行詐欺/殖産銀行から三千圓を騙る
130847	朝鮮朝日	1926-07-03/1	07단	龍頭山神社境內で惡辣なインチキ/數十名の一味の者が參拜者を丸裸にする
130848	朝鮮朝日	1926-07-03/1	09단	可愛い娘を賣ってわずかに五圓しか貰へぬ/可憐な女の血を搾り骨まで食ふ惡辣な人肉の市の裏面あばかる
130849	朝鮮朝日	1926-07-03/1	09단	主犯者は市內に潛伏か
130850	朝鮮朝日	1926-07-03/1	09단	守田勘彌一行釜山で開演
130851	朝鮮朝日	1926-07-03/1	10단	馬山昌信校の同盟休校/素行不良の教員問題で
130852	朝鮮朝日	1926-07-03/1	10단	海州高普生突如盟休する
130853	朝鮮朝日	1926-07-03/1	10단	會社銀行(殖銀今期業績/商銀配當七分/韓一總會期日/海東今期決算)
130854	朝鮮朝日	1926-07-03/1	10단	人(渡邊定一郎氏(京城商業會頭)/大村友之丞氏(同書記長)/藤井寬太郎氏(不二興業專務))
130855	朝鮮朝日	1926-07-03/2	01단	朝鮮物語(八)/細井肇
130856	朝鮮朝日	1926-07-03/2	02단	鐵道豫算は膨脹を免れぬ/これまではあまりに緊縮しすぎたるため
130857	朝鮮朝日	1926-07-03/2	02단	朝日勝繼碁戰/第廿五回(十三)
130858	朝鮮朝日	1926-07-03/2	04단	出來るだけ世話する/鮮人について山口縣知事談
130859	朝鮮朝日	1926-07-03/2	04단	振替貯金局を南鮮に新設

일련번호	판명	간행일	단수	기사명
130860	朝鮮朝日	1926-07-03/2	04단	上海の虎疫と京畿道の警戒
130861	朝鮮朝日	1926-07-03/2	04단	京城の傳染病
130862	朝鮮朝日	1926-07-03/2	04단	牛の結核豫防
130863	朝鮮朝日	1926-07-04/1	01단	今後十五箇年間に國有林野を整理同時に火田も十年間に適當な方法で整理する
130864	朝鮮朝日	1926-07-04/1	01단	預金者を訪れ貯金を集める平壤分掌局が管內の局所を督勵して行ふ
130865	朝鮮朝日	1926-07-04/1	01단	夏の六村より(四)/SPR生
130866	朝鮮朝日	1926-07-04/1	03단	平電會社を府に買收 平壤協議會で正式に可決す/群電の料金値下要請 府營不可能で態度を變更す
130867	朝鮮朝日	1926-07-04/1	03단	在內地の失業鮮人を使用し/直接朝鮮から雇はぬ警察部長會議で決定
130868	朝鮮朝日	1926-07-04/1	03단	大田繁榮策のため飛行機着陸場/當局も其必要を感じ能ふ限り便宜を圖る
130869	朝鮮朝日	1926-07-04/1	05단	朝鮮米輸出は前年より増加
130870	朝鮮朝日	1926-07-04/1	05단	舊領事館の財産しらべ/釜山へ露國領事館を設置の前提と見らる
130871	朝鮮朝日	1926-07-04/1	05단	税制整理に大藏省の參加を總督府が希望す
130872	朝鮮朝日	1926-07-04/1	05단	世界一周選手ウエルス氏(京城驛で)
130873	朝鮮朝日	1926-07-04/1	07단	これは又御苦勞な長い漢江鐵橋上の警戒/夜風に吹かれながらあの世へ旅立つ者がボツボツふえて來た
130874	朝鮮朝日	1926-07-04/1	07단	漫然內地へ遊學するな/鮮內の學校を選べと齋藤總督指示す
130875	朝鮮朝日	1926-07-04/1	07단	漢江の水や溝水で洗ふ不潔な野菜/それを平氣で買取る一般家庭の蟲のよさ
130876	朝鮮朝日	1926-07-04/1	08단	鐵道省計劃の北鮮觀光中止
130877	朝鮮朝日	1926-07-04/1	08단	教育界(單級講習會/初等教員試驗)
130878	朝鮮朝日	1926-07-04/1	09단	昌慶丸延着で鐵道當局狼狽
130879	朝鮮朝日	1926-07-04/1	09단	罪の社會に通用の隱語/警察の旦那を動物にたとへる番犬の『姑』や刑事巡査の『蝙蝠』などが振ってゐる
130880	朝鮮朝日	1926-07-04/1	09단	通行人を傷つけ同乘者を殺す
130881	朝鮮朝日	1926-07-04/1	10단	商賣に損して強盗の狂言
130882	朝鮮朝日	1926-07-04/1	10단	殺人校主に七年の判決
130883	朝鮮朝日	1926-07-04/1	10단	幽靈汽船會社の不正事件/釜山水上署の捜査繼續する
130884	朝鮮朝日	1926-07-04/1	10단	會社銀行(朝土今期業績/朝鮮火災配當)
130885	朝鮮朝日	1926-07-04/1	10단	人(一宮輝雄氏/ジョンソン博士一行)
130886	朝鮮朝日	1926-07-04/2	01단	朝鮮物語(九)/細井肇
130887	朝鮮朝日	1926-07-04/2	01단	朝日勝繼碁戰/第廿五回(十四)
130888	朝鮮朝日	1926-07-04/2	03단	平壤と大邱の醫專校設置は頗る有望/敷地の豫定もあるが結局は時期の問題か

일련번호	판명	간행일	단수	기사명
130889	朝鮮朝日	1926-07-04/2	03단	愈よ存續する/鎭南浦行之會
130890	朝鮮朝日	1926-07-04/2	04단	咸南地方に大雨いたる
130891	朝鮮朝日	1926-07-06/1	01단	不逞輩の歸順が增加して來た/警察部長會議での齋藤總督の訓示
130892	朝鮮朝日	1926-07-06/1	01단	個人所得稅を取るか取らぬか/稅制調査の大眼目小委員會で研究する
130893	朝鮮朝日	1926-07-06/1	02단	豫算緊縮を道知事に通達
130894	朝鮮朝日	1926-07-06/1	03단	防穀令は解禁か/滿洲粟の成育良好で
130895	朝鮮朝日	1926-07-06/1	03단	兌換券は減り手形交換は增加財界はなほ變態か
130896	朝鮮朝日	1926-07-06/1	03단	映畫の檢閱を總督府で統一/八月一日から實施
130897	朝鮮朝日	1926-07-06/1	04단	夏の六村より(五)/SPR生
130898	朝鮮朝日	1926-07-06/1	04단	慶南道評議會/十五日頃開催
130899	朝鮮朝日	1926-07-06/1	04단	金千代座いよいよ竣工/工費十二萬圓
130900	朝鮮朝日	1926-07-06/1	05단	國境地帶の兵舍建築/繼續年度延長か
130901	朝鮮朝日	1926-07-06/1	05단	徵兵稅の實現を早めたい實現するとしたなら約一千萬圓の收入だ/齋藤軍參謀かたる
130902	朝鮮朝日	1926-07-06/1	05단	工兵の手で鐵道を敷設/鐵道局の鎭昌線を
130903	朝鮮朝日	1926-07-06/1	06단	齋藤總督が警官を表彰/國葬警衛の功勞者を
130904	朝鮮朝日	1926-07-06/1	06단	工場取締の調査に着手/幼年と女子の
130905	朝鮮朝日	1926-07-06/1	07단	交通の不備で發掘されぬ金鑛/噸當り十三圓が埋沒/中川鑛業會理事談
130906	朝鮮朝日	1926-07-06/1	07단	生徒の處分を校長に嚴命/國葬當日に際して萬歲を唱へた徒輩の
130907	朝鮮朝日	1926-07-06/1	07단	殉職警官の招魂祭/勤政殿で執行
130908	朝鮮朝日	1926-07-06/1	07단	早手廻の水害避難/龍山の人達が
130909	朝鮮朝日	1926-07-06/1	08단	慈雨(漸く雨期に入る)
130910	朝鮮朝日	1926-07-06/1	09단	全州消防演習/多佳公園で
130911	朝鮮朝日	1926-07-06/1	09단	盟休生徒が校長を胴上げ/一隊は電話を遮り他の隊は入口を見張
130912	朝鮮朝日	1926-07-06/1	10단	水爭ひから人を絞殺す/携へた手拭で
130913	朝鮮朝日	1926-07-06/1	10단	少年の家出/金を持出し
130914	朝鮮朝日	1926-07-06/1	10단	支那地主が鮮人に亂暴/小作人達に
130915	朝鮮朝日	1926-07-06/1	10단	會(牧山社長招宴)
130916	朝鮮朝日	1926-07-06/1	10단	人(村山沼一郎氏(慶南警察部長)/芳賀文三氏(忠南度財務部長)/古橋卓四郎氏(慶北內務部長)/日下部少將(朝鮮憲兵司令官))
130917	朝鮮朝日	1926-07-06/2	01단	朝鮮物語(十)/細井肇
130918	朝鮮朝日	1926-07-06/2	01단	朝日勝繼碁戰/第廿六回(一)
130919	朝鮮朝日	1926-07-06/2	03단	日本の鐵道は申分ない/補助機關だけチト物足らぬ(ジョンソン博士語る)

일련번호	판명	간행일	단수	기사명
130920	朝鮮朝日	1926-07-06/2	03단	鹽叭の暴騰/天井知らずの相場に鎮南浦の鹽屋よわる
130921	朝鮮朝日	1926-07-06/2	04단	大邱女高普の敷地を收容/値が廉いと應ぜぬので
130922	朝鮮朝日	1926-07-06/2	04단	葛原冷藏の工場擔保流れ/殖銀が經營
130923	朝鮮朝日	1926-07-06/2	04단	九大軍勝つ/對大邱野球戰
130924	朝鮮朝日	1926-07-06/2	04단	廣陸中勝つ/九A對八で全大邱敗る
130925	朝鮮朝日	1926-07-07/1	01단	例年の水害に懲り各河川の大改修/漢江、洛東、龍興、大同の四江の工事內容が決定
130926	朝鮮朝日	1926-07-07/1	01단	夏の六村より(六)/SPR生
130927	朝鮮朝日	1926-07-07/1	02단	勸業補助費の割當額が決定/總督府本年度の
130928	朝鮮朝日	1926-07-07/1	03단	土地改良の資金貸出十五日から
130929	朝鮮朝日	1926-07-07/1	04단	清津雄基の築港起工/總監も臨席す
130930	朝鮮朝日	1926-07-07/1	04단	北支臺灣の船路補助/明年度に計上か
130931	朝鮮朝日	1926-07-07/1	04단	辭令(東京電話)
130932	朝鮮朝日	1926-07-07/1	04단	校舍新築を當局に要望/法學專門の學生大會で
130933	朝鮮朝日	1926-07-07/1	04단	忠南道農會いよいよ成立
130934	朝鮮朝日	1926-07-07/1	05단	夜行く道を猛虎が護って/送り屆けたとの揷話がある篤行家を總監が表彰
130935	朝鮮朝日	1926-07-07/1	05단	質屋の利子の引下が叫ばる/警察部長會議で近く營業規則改正か
130936	朝鮮朝日	1926-07-07/1	05단	七分の配當は困難で無い/唯基礎を固めるため今期は五分に止める
130937	朝鮮朝日	1926-07-07/1	06단	大邱機關區の列車運轉競技十二日終了
130938	朝鮮朝日	1926-07-07/1	07단	メカホン(女の投身/窓口で百圓紛失/病妻と無理心中/學生連縮み上る)
130939	朝鮮朝日	1926-07-07/1	07단	忠南陸地棉豫想より減少
130940	朝鮮朝日	1926-07-07/1	07단	龍井里市場の撤廢を協議/附近商人に影響すると
130941	朝鮮朝日	1926-07-07/1	07단	電話交換の能率向上に/京城交換局が腐心從業員の健康に注意
130942	朝鮮朝日	1926-07-07/1	09단	統營附近の鰮の不漁/例年に比し三分の一
130943	朝鮮朝日	1926-07-07/1	09단	各地の雨量/殖産局の情報
130944	朝鮮朝日	1926-07-07/1	09단	控訴斷念を頻に勸告三島殺人校主に井浦辯護士が
130945	朝鮮朝日	1926-07-07/1	10단	空券事件の被告送付/釜山檢事局に
130946	朝鮮朝日	1926-07-07/1	10단	釜山の泥棒/金庫を盜む
130947	朝鮮朝日	1926-07-07/1	10단	會(清津商議開所式/食料品展覽會/殉職警官招魂祭)
130948	朝鮮朝日	1926-07-07/1	10단	人(奧田農學博士(九大敎授)/松本伊織氏(總督府水産課長)/池田殖産局長/和田純氏(慶南知事)/園田總督府山林部長/西川虎次郎中將/池田總督府殖産局長)
130949	朝鮮朝日	1926-07-07/1	10단	半島茶話
130950	朝鮮朝日	1926-07-07/2	01단	朝鮮物語(十一)/細井肇
130951	朝鮮朝日	1926-07-07/2	02단	朝日勝繼碁戰/第廿六回(二)

일련번호	판명	간행일	단수	기사명
130952	朝鮮朝日	1926-07-07/2	03단	運動界(南浦高女優勝女子庭球で/廣陵軍連勝釜山の野球戰/仁川庭球大會)
130953	朝鮮朝日	1926-07-08/1	01단	二千萬圓を投じ大貯水池を設けて/モミ五十萬石の增收を圖る/平南の大水利事業
130954	朝鮮朝日	1926-07-08/1	01단	兼二浦校に御下附の御眞影到着四日京城驛に
130955	朝鮮朝日	1926-07-08/1	01단	夏の六村より(七)/SPR生
130956	朝鮮朝日	1926-07-08/1	02단	振替貯金が著しく增す/大口利用者も少なくない
130957	朝鮮朝日	1926-07-08/1	03단	またも揉める電燈料の値下/料率や計數が判らず實行委員間に議論が沸騰す
130958	朝鮮朝日	1926-07-08/1	04단	會社銀行(商銀今期決算)
130959	朝鮮朝日	1926-07-08/1	04단	鮮銀券は漸減し/夏枯氣分が頗る濃厚
130960	朝鮮朝日	1926-07-08/1	05단	こおどりして市民が喜ぶ/清津港の築港起工式
130961	朝鮮朝日	1926-07-08/1	05단	資金も餘り氣味で預金利子の勉强は下半期頃に廢止か
130962	朝鮮朝日	1926-07-08/1	05단	日支合同の圖們江鐵橋七八月頃入札
130963	朝鮮朝日	1926-07-08/1	05단	仁川栗本里の海軍基地を鎭海に移す
130964	朝鮮朝日	1926-07-08/1	06단	辭令(東京電話)
130965	朝鮮朝日	1926-07-08/1	06단	慶南道の田うゑ八割方終る
130966	朝鮮朝日	1926-07-08/1	06단	間島にも慈雨降る/平年作の見込
130967	朝鮮朝日	1926-07-08/1	06단	高見氏と對質の床次氏の取調/七日夜十一時終了す
130968	朝鮮朝日	1926-07-08/1	07단	ファンが洗練され愉快にプレーした/貴紙を通じ謝意を表すと九大ナインは語る
130969	朝鮮朝日	1926-07-08/1	07단	貯金宣傳講話各地で開催
130970	朝鮮朝日	1926-07-08/1	07단	漫然と遊學する鮮人學生が增加/文部省と打合せて弊を矯める計劃
130971	朝鮮朝日	1926-07-08/1	08단	高師學生の戰蹟視察/滿鮮兩地を
130972	朝鮮朝日	1926-07-08/1	08단	大田電氣の料金値下/五日附で許可
130973	朝鮮朝日	1926-07-08/1	08단	かごの鳥の切ないのぞみ/警察での調べでは大抵はお金の問題
130974	朝鮮朝日	1926-07-08/1	09단	偏刑事現る一夜に二箇所に
130975	朝鮮朝日	1926-07-08/1	09단	夫の愛を得るため先夫の子を海に投込む
130976	朝鮮朝日	1926-07-08/1	10단	惡病の子の退學を迫る發病せぬ限り通學は禁じられぬ
130977	朝鮮朝日	1926-07-08/1	10단	逃走兵捕はる竊盜を働いて
130978	朝鮮朝日	1926-07-08/1	10단	會(學校議員茶話會/蠶業事務打合會)
130979	朝鮮朝日	1926-07-08/1	10단	半島茶話
130980	朝鮮朝日	1926-07-08/2	01단	朝鮮物語(十二)/細井肇
130981	朝鮮朝日	1926-07-08/2	02단	朝日勝繼碁戰/第廿六回(三)
130982	朝鮮朝日	1926-07-08/2	04단	原鑛連搬の料金値下/鑛業會から當局に陳情
130983	朝鮮朝日	1926-07-08/3	04단	京城府內の傳染病/六月中七十七名
130984	朝鮮朝日	1926-07-08/4	04단	甘浦港の防波堤工事/依然續行する
130985	朝鮮朝日	1926-07-08/5	04단	新村への送電工事は近く開始する

일련번호	판명	간행일	단수	기사명
130986	朝鮮朝日	1926-07-08/6	04단	人(古橋卓四郎氏(慶北内務部長))
130987	朝鮮朝日	1926-07-09/1	01단	兵士一千名を國境に増配/守備隊の數が七となり明年の豫算に計上
130988	朝鮮朝日	1926-07-09/1	01단	八月十日からいよいよ飛ぶ/内鮮滿の郵便飛行大阪大連間に十四時間を要す
130989	朝鮮朝日	1926-07-09/1	01단	漢城銀行の低資借入/いよいよ決定五百萬圓ほど
130990	朝鮮朝日	1926-07-09/1	01단	夏の六村より(八)/SPR生
130991	朝鮮朝日	1926-07-09/1	02단	金融組合の設立申請を各道に慫憑
130992	朝鮮朝日	1926-07-09/1	02단	元山の米殆ど出盡す/この上の出廻は尠い
130993	朝鮮朝日	1926-07-09/1	03단	航路標識朝鮮の沿岸四十四箇所に
130994	朝鮮朝日	1926-07-09/1	03단	金剛電鐵の線路が延ぶ金化炭甘間が
130995	朝鮮朝日	1926-07-09/1	03단	仁取の意見がなかなか判らぬ/京取との合併問題なほ相當ひまどるか
130996	朝鮮朝日	1926-07-09/1	04단	辭令(東京電話)
130997	朝鮮朝日	1926-07-09/1	04단	懸賞中の元山の紋所八月頃發表
130998	朝鮮朝日	1926-07-09/1	04단	無一文の求職者がだんだん増す
130999	朝鮮朝日	1926-07-09/1	05단	西の釜山に大きな市街を現出すべき土地の整理地價は鰻上りに騰る
131000	朝鮮朝日	1926-07-09/1	05단	魚類の回游を徹底的に調査す先づ鱈からはじめ同種類の鰤に及ぶ
131001	朝鮮朝日	1926-07-09/1	05단	新切手の御目見え八九月頃か
131002	朝鮮朝日	1926-07-09/1	06단	御用の繩のかけ方を統一/急ぎ研究中
131003	朝鮮朝日	1926-07-09/1	06단	朝鮮語でもラヂオを放送パコタ公園では擴聲器で一般に聞かせる
131004	朝鮮朝日	1926-07-09/1	07단	關大劍道部武者修業/全鮮を巡游
131005	朝鮮朝日	1926-07-09/1	07단	支那馬車の好況を嫉み人力車夫が暴行を目論む
131006	朝鮮朝日	1926-07-09/1	07단	生徒側の御詫びで海州高普の盟休は解決
131007	朝鮮朝日	1926-07-09/1	08단	文具の共同買入はやめて欲しい大邱の文具屋さんが聯盟でのろしをあぐ
131008	朝鮮朝日	1926-07-09/1	08단	わらじ脚絆で廣島からはるばる危篤の父を訪ねて徒歩で歸る健氣な鮮人學生
131009	朝鮮朝日	1926-07-09/1	08단	不穩文書の首犯を逮捕清津潜伏中を
131010	朝鮮朝日	1926-07-09/1	09단	井戸に落ち子供三人/一時に溺死
131011	朝鮮朝日	1926-07-09/1	09단	巡査の劍を奪って斬る怪漢が現れ
131012	朝鮮朝日	1926-07-09/1	09단	昨年六月の宿屋殺しは共犯者があったと一年後の今日に判明
131013	朝鮮朝日	1926-07-09/1	10단	精神病者が警察に投石六十の老鮮人
131014	朝鮮朝日	1926-07-09/1	10단	軍用林の松樹を盜伐憲兵に發見さる
131015	朝鮮朝日	1926-07-09/1	10단	會(算博士講演會)
131016	朝鮮朝日	1926-07-09/1	10단	人(湯淺政務總監/雷權太夫氏(東京角力協會取締役))

일련번호	판명	간행일	단수	기사명
131017	朝鮮朝日	1926-07-09/1	10단	半島茶話
131018	朝鮮朝日	1926-07-09/2	01단	朝鮮物語(十三)/細井肇
131019	朝鮮朝日	1926-07-09/2	02단	お米の増殖にも劣らぬ水の富/低資の融通も實行問題から見てさまで困難であるまい池田殖産局長は語る
131020	朝鮮朝日	1926-07-09/2	04단	記念事業の寄附が集らぬ運動場設備費
131021	朝鮮朝日	1926-07-09/2	04단	咸南道廳舍改築案の成否
131022	朝鮮朝日	1926-07-09/2	04단	交通の關係上騎兵は必要然し其設置はまだきまらぬ
131023	朝鮮朝日	1926-07-09/2	04단	運動界(全鮮中等校の庭球大會延期雨のために/同大野球部大邱と戰ふ十五日午後)
131024	朝鮮朝日	1926-07-10/1	01단	素地の優良な産業の團體を組合に引直す計劃/産業組合の認可方針が決定
131025	朝鮮朝日	1926-07-10/1	01단	平元線の第三區はいよいよ着工
131026	朝鮮朝日	1926-07-10/1	01단	防穀令は名義だけ粟の輸入に支障は無い
131027	朝鮮朝日	1926-07-10/1	01단	書畫の堪能より今は美しい顔/明るい色彩の二百餘名羽衣の天女舞ふ妓生學校
131028	朝鮮朝日	1926-07-10/1	02단	民心の趨向を察し思想を善導せよ法官會議で總督が訓示(小作爭議及び/民事訴訟改正)
131029	朝鮮朝日	1926-07-10/1	03단	政務總監視察の日程京城發は九日
131030	朝鮮朝日	1926-07-10/1	03단	釜山電車の府營が叫ばる一件書類を携へて泉崎府尹が急ぎ東上
131031	朝鮮朝日	1926-07-10/1	04단	會社銀行(漢銀今期決算/京電上半業績)
131032	朝鮮朝日	1926-07-10/1	04단	別府にて/下村海南
131033	朝鮮朝日	1926-07-10/1	05단	福寧當樣御引移桂洞で餘世を送らる
131034	朝鮮朝日	1926-07-10/1	05단	賣手と買手が睨合ひの姿で繭の商談が頗る少く資金の需要も起らぬ
131035	朝鮮朝日	1926-07-10/1	07단	恩賜金の返上を決意/李鎧健氏が
131036	朝鮮朝日	1926-07-10/1	07단	炎天の讚美!!全鮮中等學校野球大會/主催朝鮮體育協會/後援大阪朝日京城支局
131037	朝鮮朝日	1926-07-10/1	07단	李局長を學生が訪問校舍改築の決議を提出
131038	朝鮮朝日	1926-07-10/1	07단	辭令
131039	朝鮮朝日	1926-07-10/1	07단	氣候不順で赤痢が多い府立病院が注射を實施
131040	朝鮮朝日	1926-07-10/1	07단	上海のコ疫で仁川の警戒檢便を開始
131041	朝鮮朝日	1926-07-10/1	08단	繭仲買人達が生死の問題と共同販賣に反對の猛烈な運動を起す
131042	朝鮮朝日	1926-07-10/1	08단	釜山署の浮浪者狩掻拂の常習者
131043	朝鮮朝日	1926-07-10/1	08단	水害期が迫り京城府の總動員組織的な防水計劃
131044	朝鮮朝日	1926-07-10/1	08단	李王殿下の銅像を作ると僞って金を集めた犯人が逃走
131045	朝鮮朝日	1926-07-10/1	09단	コカインを飲んで死ぬ腹藥と誤り
131046	朝鮮朝日	1926-07-10/1	10단	不起訴の學生を歡迎培材校生が

일련번호	판명	간행일	단수	기사명
131047	朝鮮朝日	1926-07-10/1	10단	問題となった先生が罷め昌信學校の盟休は解決
131048	朝鮮朝日	1926-07-10/1	10단	教育界消息(代議員會議/視學官會議)
131049	朝鮮朝日	1926-07-10/1	10단	會(同大音樂團/忠南靑年講習會/同民會夏季大學)
131050	朝鮮朝日	1926-07-10/1	10단	人(生田內務局長/廣高師附屬中學校生)
131051	朝鮮朝日	1926-07-10/1	10단	半島茶話
131052	朝鮮朝日	1926-07-10/2	01단	朝鮮物語(十四)/細井肇
131053	朝鮮朝日	1926-07-10/2	01단	朝日勝繼碁戰/第廿六回(四)
131054	朝鮮朝日	1926-07-10/2	03단	煙草の移植ほゞ纏る面積は一萬坪
131055	朝鮮朝日	1926-07-10/2	03단	六月中の釜山の貿易一千八百萬圓
131056	朝鮮朝日	1926-07-10/2	04단	棉作は至極豊作異變なき限り
131057	朝鮮朝日	1926-07-10/2	04단	私鐵綿の車輛改良機關車を新造
131058	朝鮮朝日	1926-07-10/2	04단	二十萬圓で水道の計劃全南麗水に
131059	朝鮮朝日	1926-07-10/2	04단	六月元山の手形交換高一千二百萬圓
131060	朝鮮朝日	1926-07-10/2	04단	運動界(平壤の野球同大軍來襲)
131061	朝鮮朝日	1926-07-10/2	04단	九十萬圓を投じ幹線道路の大工事/明年から五ケ年間に平壤府の大土木工事
131062	朝鮮朝日	1926-07-11/1	01단	鮮人農夫の水汲/水溜からセツセと
131063	朝鮮朝日	1926-07-11/1	01단	中央農會は今秋ごろ創立/道農會も漸次できる
131064	朝鮮朝日	1926-07-11/1	03단	頭取の候補と言ふ意味で石井理事が本店に歸るか櫻井殖銀理事の後任に
131065	朝鮮朝日	1926-07-11/1	03단	炎天の讚美!!全鮮中等學校野球大會/主催朝鮮體育協會/後援大阪朝日京城支局
131066	朝鮮朝日	1926-07-11/1	03단	朝鮮水電の材料輸送に運賃を割引
131067	朝鮮朝日	1926-07-11/1	04단	辭令(東京電話)
131068	朝鮮朝日	1926-07-11/1	04단	鐵道ホテルの宿料値上/食堂車の料金も改正
131069	朝鮮朝日	1926-07-11/1	04단	白頭山で實地講習博物を研究
131070	朝鮮朝日	1926-07-11/1	05단	新規土地改良に使ふお金がほゞ九百萬圓で四百萬圓は舊組合に交附す
131071	朝鮮朝日	1926-07-11/1	05단	孤立無援となった昨年の苦しみに鑒み水底無電、ラヂオと三方策で通信の完成を計劃
131072	朝鮮朝日	1926-07-11/1	06단	今秋朝鮮で山林大會各地で開催
131073	朝鮮朝日	1926-07-11/1	06단	下駄一足でも內地から買ふ物價高で有名な釜山/購買組合を作り商人の自覺を促す
131074	朝鮮朝日	1926-07-11/1	07단	ゴシップ文字の惡戲(上)/下村海南
131075	朝鮮朝日	1926-07-11/1	07단	百六十萬圓の入超仁川の貿易
131076	朝鮮朝日	1926-07-11/1	07단	自家用の繭か殖え移出が減ず
131077	朝鮮朝日	1926-07-11/1	07단	昨年に比べ火事が減る全鮮に亙り
131078	朝鮮朝日	1926-07-11/1	07단	大杉榮の部下が潜入本町署で取調
131079	朝鮮朝日	1926-07-11/1	08단	浮浪少年を一齊に檢擧/百箇所を荒す

일련번호	판명	간행일	단수	기사명
131080	朝鮮朝日	1926-07-11/1	08단	寫眞撮影を取締る釜山要塞地で
131081	朝鮮朝日	1926-07-11/1	08단	女官達が退官を協議/李王家が改革と聞き
131082	朝鮮朝日	1926-07-11/1	09단	情婦と逃げた傳票僞造の海事課員が大田で逮捕
131083	朝鮮朝日	1926-07-11/1	09단	會(歷史講習會/早大校友會/婦人常識講座/生活改善講演會/大邱夏季大會)
131084	朝鮮朝日	1926-07-11/1	09단	松島の風光を愛で大に若返るもくろみ咸興在中の老翁たちが
131085	朝鮮朝日	1926-07-11/1	10단	人(コツブ大使/內村博士令息/三吉一少將(陸軍騎兵監)/岸銀二郎大尉/井尾格少尉/東京商科大學生十二名/池田殖産局長/西原八十八氏(慶南水産課長)/犬塚太郎氏(鎭海要港部司令官)/佐々木志賀二氏(貴族院議員))
131086	朝鮮朝日	1926-07-11/1	10단	半島茶話
131087	朝鮮朝日	1926-07-11/2	01단	朝鮮物語(十五)/細井肇
131088	朝鮮朝日	1926-07-11/2	01단	朝日勝繼碁戰/第廿六回(五)
131089	朝鮮朝日	1926-07-11/2	04단	五萬圓での改築は徹底を缺くと同窓生が協議
131090	朝鮮朝日	1926-07-11/2	04단	滿洲粟の輸入高/月別による
131091	朝鮮朝日	1926-07-11/2	04단	豆粕の運賃二割減/滿鐵安奉線の
131092	朝鮮朝日	1926-07-11/2	04단	著しく目立つ咸南の痘瘡半歲で六十五名
131093	朝鮮朝日	1926-07-13/1	01단	いよいよ八月十日を皮切りに年內に六回/內鮮滿連絡郵便飛行使用機操縱士など決る
131094	朝鮮朝日	1926-07-13/1	01단	爭議の頻發で工場を閉鎖する/新義州に押され氣味の平壤の靴下製造業
131095	朝鮮朝日	1926-07-13/1	01단	ゴシップ文字の惡戲(下)/下村海南
131096	朝鮮朝日	1926-07-13/1	02단	辭令
131097	朝鮮朝日	1926-07-13/1	02단	來議會に提出すべき朝鮮の法律案
131098	朝鮮朝日	1926-07-13/1	03단	喫茶室/今年やアバタのあたり年
131099	朝鮮朝日	1926-07-13/1	03단	一部反對も納り釜山の高普校十六年度から建設
131100	朝鮮朝日	1926-07-13/1	04단	大觀亭に移轉して內容外觀共に改善する京城府立圖書館
131101	朝鮮朝日	1926-07-13/1	04단	金海面の公立農學校設立運動
131102	朝鮮朝日	1926-07-13/1	04단	光州女高普設置請願
131103	朝鮮朝日	1926-07-13/1	05단	小學校長團の京城視察日程
131104	朝鮮朝日	1926-07-13/1	05단	鐘路署史編纂
131105	朝鮮朝日	1926-07-13/1	05단	南鮮洪水一周年記念の活動寫眞會
131106	朝鮮朝日	1926-07-13/1	05단	元山中學の野外演習
131107	朝鮮朝日	1926-07-13/1	05단	鴨綠江の減水で流筏が減り木材の騰貴
131108	朝鮮朝日	1926-07-13/1	05단	湯淺總監の北鮮地方巡視
131109	朝鮮朝日	1926-07-13/1	06단	メガホン(骨箱を置き忘る/安東光を混ぜる/機關車撒水裝置/機關車運轉競技/泥醉辯護士暴る)
131110	朝鮮朝日	1926-07-13/1	06단	電燈料金の最低が決ったら非公式に內示する/京電の料金引下につき委員連蒲原局長と會見

일련번호	판명	간행일	단수	기사명
131111	朝鮮朝日	1926-07-13/1	06단	間島地方の木材漸く流る
131112	朝鮮朝日	1926-07-13/1	06단	黃川郡地方水田が龜裂
131113	朝鮮朝日	1926-07-13/1	06단	ヂストマ媒介のザリ蟹燒棄
131114	朝鮮朝日	1926-07-13/1	06단	殺されたと邪推して三百餘名押かく
131115	朝鮮朝日	1926-07-13/1	07단	水泳中に溺死
131116	朝鮮朝日	1926-07-13/1	07단	解雇女工に同情して罷業
131117	朝鮮朝日	1926-07-13/1	07단	犯人の豫想も皆目わからぬ東小門派出所での德永巡査襲擊事件/生命には別狀ないらし
131118	朝鮮朝日	1926-07-13/1	08단	自動車に少年轢殺さる
131119	朝鮮朝日	1926-07-13/1	09단	會(慶南記者俱樂部/社會改良講習會)
131120	朝鮮朝日	1926-07-13/1	09단	朝鮮物語(十六)/細井肇
131121	朝鮮朝日	1926-07-13/1	10단	人(森岡軍司令官/大森山口縣知事/松寺總督府法務局長/ペンケ獨逸海軍大將)
131122	朝鮮朝日	1926-07-13/2	01단	在庫品は消化せず相場は暴落し不景氣をかこつ南鮮のてんぐさ市場
131123	朝鮮朝日	1926-07-13/2	01단	集約農法を完成するために不二興業未拂金徵收か
131124	朝鮮朝日	1926-07-13/2	01단	長崎大連間命令航路三十六航海に增加する
131125	朝鮮朝日	1926-07-13/2	01단	支那勞働者に課稅せよとの論持上る
131126	朝鮮朝日	1926-07-13/2	01단	六月中の淸津港貿易高
131127	朝鮮朝日	1926-07-13/2	02단	昨年に比し滿洲粟の輸入增加す
131128	朝鮮朝日	1926-07-13/2	02단	基督教が衰へて天道教が大はやり朝鮮の宗教の移り
131129	朝鮮朝日	1926-07-13/2	02단	北鮮牛の移入檢疫時日變更請願
131130	朝鮮朝日	1926-07-13/2	03단	始末に困るほど獲れた城川の鮎が影を潜める
131131	朝鮮朝日	1926-07-13/2	03단	朝日勝繼碁戰/第廿六回(六)
131132	朝鮮朝日	1926-07-13/2	04단	次第にふえる京城の戶數七萬三千戶
131133	朝鮮朝日	1926-07-13/2	04단	釜山府議の增員を認定九日附で
131134	朝鮮朝日	1926-07-13/2	04단	釜山を通る外國のお客六月中で四百
131135	朝鮮朝日	1926-07-13/2	04단	空家が減少京城府內の
131136	朝鮮朝日	1926-07-13/2	04단	湖南銀行支店開設
131137	朝鮮朝日	1926-07-13/2	04단	廣陵中學遠征(廣陵軍再敗す)
131138	朝鮮朝日	1926-07-14/1	01단	大洪水の慘害を再び繰返さぬやう三百萬圓を投じ十ヶ年計劃で大同江を改修
131139	朝鮮朝日	1926-07-14/1	01단	內地渡航制限は暫らく續ける/新聞紙法改正は日時がある村山慶南警察部長談
131140	朝鮮朝日	1926-07-14/1	01단	實生活に卽した教育の向上に努められたいと視學會議の總督訓示
131141	朝鮮朝日	1926-07-14/1	02단	慶南道の府郡守會議
131142	朝鮮朝日	1926-07-14/1	03단	旣設線買收の例が開くれば株主も安心して投資し豫定線は着々建設出來る

일련번호	판명	간행일	단수	기사명
131143	朝鮮朝日	1926-07-14/1	03단	各地の海水浴場開く
131144	朝鮮朝日	1926-07-14/1	04단	淡水魚養魚池造成
131145	朝鮮朝日	1926-07-14/1	04단	在郷軍人の召集事務講習
131146	朝鮮朝日	1926-07-14/1	04단	永登浦懇談會
131147	朝鮮朝日	1926-07-14/1	05단	小學教員の免許制を實施統一を圖る
131148	朝鮮朝日	1926-07-14/1	05단	平電を買收し府營に決した平壤の電氣事業/爭議も圓滿に解決
131149	朝鮮朝日	1926-07-14/1	05단	辭令
131150	朝鮮朝日	1926-07-14/1	05단	日本語を何故使ふかと女學生が詰りネヂ込まる
131151	朝鮮朝日	1926-07-14/1	05단	朝鮮鐵道增收
131152	朝鮮朝日	1926-07-14/1	05단	炎天の讚美！！全鮮中等學校野球大會/主催朝鮮體育協會/後援大阪朝日京城支局
131153	朝鮮朝日	1926-07-14/1	06단	仁川府民の合併反對決議
131154	朝鮮朝日	1926-07-14/1	06단	少年の兩頰に鹽酸で盜賊と書いた米宣教師は愈よ起訴
131155	朝鮮朝日	1926-07-14/1	07단	平壤に劇場ができた
131156	朝鮮朝日	1926-07-14/1	07단	暴行生徒九名檢事局送
131157	朝鮮朝日	1926-07-14/1	07단	石佛が倒れて子供の負傷
131158	朝鮮朝日	1926-07-14/1	08단	運動界(鮮滿選手大會)
131159	朝鮮朝日	1926-07-14/1	09단	會(慶北林産共進會/畜牛肥育品評會/民力涵養講習會/記念園遊會/歡迎練習會/修養團講演會)
131160	朝鮮朝日	1926-07-14/1	09단	朝鮮物語(十七)/細井肇
131161	朝鮮朝日	1926-07-14/1	10단	人(早大軍教視察團/武者京軍專務/長富芳介氏(慶南術生課長)/西原八十八氏(慶南水産課長)/三矢警務局長)
131162	朝鮮朝日	1926-07-14/2	01단	藤原義江と關門の因緣(一)/天才音樂家の數奇物がたり/デンマーク貴族のお孃さんに思はれ嬌慢のクライマックスにある彼の瞳に結んだ謎の露の玉
131163	朝鮮朝日	1926-07-14/2	01단	京城、仁川兩取引所の合併は打切か仁川側に難色
131164	朝鮮朝日	1926-07-14/2	01단	小運送店の合同と改善問題/注目さるゝその推移
131165	朝鮮朝日	1926-07-14/2	01단	朝日勝繼碁戰/第廿六回(七)
131166	朝鮮朝日	1926-07-14/2	03단	學童貯金實施の成績
131167	朝鮮朝日	1926-07-14/2	03단	都市金融組合分布と割合
131168	朝鮮朝日	1926-07-14/2	04단	黃海道に經濟線を敷設
131169	朝鮮朝日	1926-07-14/2	04단	質屋の營業規則改正と公設質屋
131170	朝鮮朝日	1926-07-14/2	04단	織物類の需要が增した
131171	朝鮮朝日	1926-07-14/2	04단	沙里院の實業協會役員
131172	朝鮮朝日	1926-07-15/1	01단	若人の聖き誇！炎天下に熱球飛ぶ全國中等野球大會の鮮內豫選大會近づく
131173	朝鮮朝日	1926-07-15/1	03단	後の雁が先になり醫專を設立し共進會はその上で開催するらしい
131174	朝鮮朝日	1926-07-15/1	04단	商業學校改善市民大會

일련번호	판명	간행일	단수	기사명
131175	朝鮮朝日	1926-07-15/1	04단	孝子節婦に總監より贈金
131176	朝鮮朝日	1926-07-15/1	04단	京城無線局十月頃に竣工
131177	朝鮮朝日	1926-07-15/1	05단	咸興電氣問題の市民大會
131178	朝鮮朝日	1926-07-15/1	05단	細民漁業者に低利の資金を明年度から貸つける十箇年に一千萬圓
131179	朝鮮朝日	1926-07-15/1	05단	光化門いよいよ移轉
131180	朝鮮朝日	1926-07-15/1	05단	湯淺總監の北鮮視察と間島の陳情
131181	朝鮮朝日	1926-07-15/1	05단	韓國時代の保安法がまだ有效/平壤靴下職工組合問題
131182	朝鮮朝日	1926-07-15/1	06단	殖銀理事後任渡邊氏拔擢か
131183	朝鮮朝日	1926-07-15/1	06단	煙草名産地のエヂプトから朝鮮産の內地種煙草の注文來る
131184	朝鮮朝日	1926-07-15/1	07단	松島海水浴場開く
131185	朝鮮朝日	1926-07-15/1	07단	晋州遊廓藝娼妓の待遇改善方法要點
131186	朝鮮朝日	1926-07-15/1	07단	米宣教師のリンチから間島の排米熱
131187	朝鮮朝日	1926-07-15/1	08단	人(湯淺政務總監/佐々木、市川南氏/服部京城帝大謝長/フリオ夫人)
131188	朝鮮朝日	1926-07-15/1	09단	朝鮮物語(十八)/細井肇
131189	朝鮮朝日	1926-07-15/2	01단	藤原義江と關門の因緣(二)/天才音樂家の數寄物がたり/千代菊はんの生んだ碧い眼をした赤ん坊大阪の海産問屋の旦那は自分の子とのみ思ってゐた
131190	朝鮮朝日	1926-07-15/2	01단	來年度から臺灣と天津の二航路新設計劃/各五萬圓の補助計上
131191	朝鮮朝日	1926-07-15/2	01단	勸信が讓らねば打切る外ない京仁兩取引合併問題/若松仁取社長談
131192	朝鮮朝日	1926-07-15/2	01단	成績あまり面白くない私鐵の營業
131193	朝鮮朝日	1926-07-15/2	02단	開城燒酎會社新設さる
131194	朝鮮朝日	1926-07-15/2	02단	捗々しくない春繭の買つけ
131195	朝鮮朝日	1926-07-15/2	03단	鎭海側優勝
131196	朝鮮朝日	1926-07-15/2	03단	朝日勝繼碁戰/第廿六回(八)
131197	朝鮮朝日	1926-07-15/2	04단	新著批判(朝(鮮展特別號)/朝鮮時論(七月))
131198	朝鮮朝日	1926-07-16/1	01단	內地渡航制限は總督府の大方針/上京の途にある三矢警務局長談
131199	朝鮮朝日	1926-07-16/1	01단	如何に財界が不況だからとて貸出制限なんかせぬ矢鍋殖銀理事談
131200	朝鮮朝日	1926-07-16/1	02단	雄基港修築起工式告辭
131201	朝鮮朝日	1926-07-16/1	03단	今年竹/橋田東聲
131202	朝鮮朝日	1926-07-16/1	03단	船舶職員試驗
131203	朝鮮朝日	1926-07-16/1	03단	生果の作柄/今年は良好
131204	朝鮮朝日	1926-07-16/1	03단	兵事主任會議/附議事項
131205	朝鮮朝日	1926-07-16/1	04단	飛行隊の實彈射擊演習行はる

일련번호	판명	간행일	단수	기사명
131206	朝鮮朝日	1926-07-16/1	04단	來年度豫算は本年と同じ程度/公債を增額する可能性は十分ある/草間財務局長歸來談
131207	朝鮮朝日	1926-07-16/1	04단	情狀酌量の餘地はないと死刑を求刑された金虎門事件公判
131208	朝鮮朝日	1926-07-16/1	05단	戀の邪推から僧の寢込を襲ひ金梃で頭を亂打
131209	朝鮮朝日	1926-07-16/1	06단	視學官會議指示事項
131210	朝鮮朝日	1926-07-16/1	06단	春川學議の選擧近く
131211	朝鮮朝日	1926-07-16/1	06단	辭令(東京電話)
131212	朝鮮朝日	1926-07-16/1	07단	年期制度から步合制度へ/京畿道の娼妓待遇改善
131213	朝鮮朝日	1926-07-16/1	07단	民族運動の成行を監視中
131214	朝鮮朝日	1926-07-16/1	07단	僞造小切手で銀行から金を引出さんとす
131215	朝鮮朝日	1926-07-16/1	07단	巡査狙擊の目星ついたか
131216	朝鮮朝日	1926-07-16/1	08단	平壤物産同情罷業解決
131217	朝鮮朝日	1926-07-16/1	08단	暴行學生九名檢事局へ
131218	朝鮮朝日	1926-07-16/1	08단	朝鮮物語(十八)/細井肇
131219	朝鮮朝日	1926-07-16/1	09단	ピストルと彈丸とを押收
131220	朝鮮朝日	1926-07-16/1	09단	會(規約改正協議會/鮮銀總會/殉職警官招魂祭)
131221	朝鮮朝日	1926-07-16/1	09단	人(佐々木忠右術門氏/股部宇之吉博士(城大總長))
131222	朝鮮朝日	1926-07-16/2	01단	藤原義江と關門の因緣(三)/天才音樂家の數奇物がたり/キユウピーさんそっくりの混血兒はやうやくリード青年に認知だけされるにはされた
131223	朝鮮朝日	1926-07-16/2	01단	苦痛の少い縊死が一番多い昨年三月から今年三月汔の自殺者統計
131224	朝鮮朝日	1926-07-16/2	01단	いよいよ見込ない京仁兩取引所の合併問題
131225	朝鮮朝日	1926-07-16/2	01단	上半期に輸入した滿洲特産物
131226	朝鮮朝日	1926-07-16/2	02단	自家用煙草は近き將來に廢止する
131227	朝鮮朝日	1926-07-16/2	03단	間島の穀物輸送能力
131228	朝鮮朝日	1926-07-16/2	03단	朝日勝繼碁戰/第廿六回(九)
131229	朝鮮朝日	1926-07-16/2	04단	水稻植付面積
131230	朝鮮朝日	1926-07-16/2	04단	運動界(全鮮中學競技大田で開催)
131231	朝鮮朝日	1926-07-17/1	01단	私鐵買收計劃の急を要する諸線と廣軌式改築及延長/經費一億二千萬圓を要す
131232	朝鮮朝日	1926-07-17/1	01단	海岸無線局を更に設置する/明年度豫算に要求
131233	朝鮮朝日	1926-07-17/1	01단	咸興電氣問題の市民大會
131234	朝鮮朝日	1926-07-17/1	01단	梅雨しぐれ(一)/SRP
131235	朝鮮朝日	1926-07-17/1	03단	騎兵旅團を會寧に設置すべく運動
131236	朝鮮朝日	1926-07-17/1	03단	大田に飛行機着陸場設置運動
131237	朝鮮朝日	1926-07-17/1	04단	釜山實習學校/改革運動具體化
131238	朝鮮朝日	1926-07-17/1	04단	釜山署の娼妓待遇調査
131239	朝鮮朝日	1926-07-17/1	04단	御慰勞の御午餐に

일련번호	판명	간행일	단수	기사명
131240	朝鮮朝日	1926-07-17/1	05단	兒童學用品の共同購入決議
131241	朝鮮朝日	1926-07-17/1	05단	中部地方に豪雨 洪水の被害はない 龍山方面一時脅さる/鴨綠江増水で筏も流れ農民も喜ぶ
131242	朝鮮朝日	1926-07-17/1	07단	大邱刑務所囚人慰安施設
131243	朝鮮朝日	1926-07-17/1	07단	リンチ事件/宜教師の公判/二十七日ごろ
131244	朝鮮朝日	1926-07-17/1	07단	會(農會創立組合/忠南教育總會/黃海道郡守會議/初等教育研究會/職員新和會/大邱女教員會)
131245	朝鮮朝日	1926-07-17/1	07단	機業傳習所の女生徒が斷食して同盟休業/鮮人助手の叱責から
131246	朝鮮朝日	1926-07-17/1	08단	半島茶話
131247	朝鮮朝日	1926-07-17/1	08단	朝鮮物語(十九)/細井肇
131248	朝鮮朝日	1926-07-17/1	09단	人(湯淺政務總監)
131249	朝鮮朝日	1926-07-17/2	01단	藤原義江と關門の因緣(四)/天才音樂家の數奇物がたり/混血兒をつれてあちこちと流れる西村樓の情けで再び下關へ子ゆえに苦勞する彼の母
131250	朝鮮朝日	1926-07-17/2	01단	製絲業の發達に深い關係がある/改良製絲家の活躍
131251	朝鮮朝日	1926-07-17/2	01단	總督府で明年開く教育展覽會
131252	朝鮮朝日	1926-07-17/2	01단	朝鮮穀類の需要は漸次增大
131253	朝鮮朝日	1926-07-17/2	02단	國有財産法は別に急がぬ
131254	朝鮮朝日	1926-07-17/2	02단	殖産債券は出來るだけ早くする
131255	朝鮮朝日	1926-07-17/2	04단	朝日勝繼碁戰/第廿六回(十)
131256	朝鮮朝日	1926-07-17/2	04단	東京仕向けの鮮米增加
131257	朝鮮朝日	1926-07-17/2	04단	綿布先物取引商談がない
131258	朝鮮朝日	1926-07-17/2	04단	鮮米協會補助/一萬圓を申請
131259	朝鮮朝日	1926-07-17/2	04단	會社銀行(海東銀行總會/朝鮮釀造創立/私鐵朝鐵總會/勸信淸算總會)
131260	朝鮮朝日	1926-07-18/1	01단	戰ひの日も間ぢかく各校の陣容漸く整ひ おのおの猛練習を開始 決定した參加校のメンバー/高專野球西部豫選 第一戰績
131261	朝鮮朝日	1926-07-18/1	01단	主要列車の發着時間改正の內容發表さる一、二、三各等急行列車と二、三等急列車も運轉/九州線は九月中旬頃改正される
131262	朝鮮朝日	1926-07-18/1	03단	東萊溫泉を東洋の樂園に 慶南當局が色々人工的に施設する
131263	朝鮮朝日	1926-07-18/1	03단	昨年水害の慘狀にかんがみ漢江上流の增水を早く知らせる設備/漢江の增水で數百戶に浸水す 橋梁の流失もある
131264	朝鮮朝日	1926-07-18/1	05단	朝鮮教育財團組織を議決
131265	朝鮮朝日	1926-07-18/1	05단	京畿道府尹郡守會議
131266	朝鮮朝日	1926-07-18/1	06단	肥料取締法/實施の成行
131267	朝鮮朝日	1926-07-18/1	06단	步合制度により借金を早く返す/京畿道の娼妓待遇改善の大體方針
131268	朝鮮朝日	1926-07-18/1	07단	メガホン(龍山市民の浮腰/斷髮美人取調べ/替玉て營業停止/狂人自殺を圖る)

일련번호	판명	간행일	단수	기사명
131269	朝鮮朝日	1926-07-18/1	07단	會社銀行(鹽田築造計劃/土地改良認可)
131270	朝鮮朝日	1926-07-18/1	07단	戀を得たものゝ結婚はできず丙年を苦にして瓦斯で母子心中
131271	朝鮮朝日	1926-07-18/1	08단	泰仁普校燒く
131272	朝鮮朝日	1926-07-18/1	08단	半島茶話
131273	朝鮮朝日	1926-07-18/1	09단	朝鮮物語(二十)/細井肇
131274	朝鮮朝日	1926-07-18/1	10단	會(釜商交通部會/鐵道敷設期成會/慶南署長會議)
131275	朝鮮朝日	1926-07-18/2	01단	藤原義江と關門の因緣(五)/天才音樂家の數奇物がたり/手に負へぬ茶目に母もホトホト困る/大阪の大火に燒け出されて下關で親子の對面をする
131276	朝鮮朝日	1926-07-18/2	01단	旱害もあったが昨年より良い棉の發芽反別
131277	朝鮮朝日	1926-07-18/2	01단	貿易好調本年は入超
131278	朝鮮朝日	1926-07-18/2	01단	郵便列車擴張計劃
131279	朝鮮朝日	1926-07-18/2	02단	植桑獎勵補助金割當額
131280	朝鮮朝日	1926-07-18/2	02단	兩取引所合併/結局は不能か
131281	朝鮮朝日	1926-07-18/2	03단	組合銀行の勉强率廢止と乙種銀行對金融組合問題
131282	朝鮮朝日	1926-07-18/2	03단	朝日勝繼碁戰/第廿六回(十一)
131283	朝鮮朝日	1926-07-18/2	04단	女學校改築と第三小學新設/平壤學校組合
131284	朝鮮朝日	1926-07-20/1	01단	目鼻が着いて來た朝鮮師團の增設/平壤に師團を置き平安南北、黃海道を管區とす
131285	朝鮮朝日	1926-07-20/1	01단	鮮鐵速成會發會式/二十三日擧行
131286	朝鮮朝日	1926-07-20/1	01단	預金貸出共に減少/前月末に比し
131287	朝鮮朝日	1926-07-20/1	01단	梅雨しぐれ(二)/SPR
131288	朝鮮朝日	1926-07-20/1	02단	會社銀行(朝鐵今期利益)
131289	朝鮮朝日	1926-07-20/1	02단	群山電氣一割値下/一段落を告ぐ
131290	朝鮮朝日	1926-07-20/1	03단	牛疫の侵入を根絶すべくワクチンの大量製造 九月頃から着手する/內地移出の牛が減る疫病發生で五千頭餘が
131291	朝鮮朝日	1926-07-20/1	04단	比安水利の設立を申請/十七日本府へ
131292	朝鮮朝日	1926-07-20/1	04단	まだ暫らく給水を制限/新義州水道
131293	朝鮮朝日	1926-07-20/1	05단	鐵道の商賣ホテルの損が昨年中で十一萬餘圓儲かるのは釜山だけ
131294	朝鮮朝日	1926-07-20/1	05단	大田上空で冒險飛行/名古屋飛機が
131295	朝鮮朝日	1926-07-20/1	05단	準備進む納涼展/慶南馬山の
131296	朝鮮朝日	1926-07-20/1	05단	ぽつぽつ起って來た中部地方の洪水騷ぎ 各地の道路も數箇所杜絶し慶東線はついに不通/旅客たちが立往生慶東線不通で/鮮女一名遂に溺死 大邱の水害
131297	朝鮮朝日	1926-07-20/1	06단	公文書變造で辯護士を引致/關稅法違反追徵の領收書を變造する
131298	朝鮮朝日	1926-07-20/1	07단	墓を發掘し死肉を喰ふ/癩病患者の迷信
131299	朝鮮朝日	1926-07-20/1	08단	半島茶話

일련번호	판명	간행일	단수	기사명
131300	朝鮮朝日	1926-07-20/1	08단	どうしても死なして吳れ病鮮人が駄々をこぬ
131301	朝鮮朝日	1926-07-20/1	08단	朝鮮物語(二十一)/細井肇
131302	朝鮮朝日	1926-07-20/1	09단	會(教育親和會/文化講演會)
131303	朝鮮朝日	1926-07-20/1	09단	人(中央大學滿鮮視察團)
131304	朝鮮朝日	1926-07-20/2	01단	藤原義江と關門の因緣(六)/天才音樂家の數奇物がたり/蛙の子はやはり蛙唱歌はうまかった/それにしてもなにがために搖籃の地下關を忘れたか
131305	朝鮮朝日	1926-07-20/2	01단	だんだん殖える貯金の會員/內鮮滿洲を通じて二萬三千人に達す
131306	朝鮮朝日	1926-07-20/2	01단	フィルム檢閱の手數料減額を當業者が集り協議/總督府に陳情する
131307	朝鮮朝日	1926-07-20/2	01단	慶尙北道の秋蠶の掃立/一萬七千枚
131308	朝鮮朝日	1926-07-20/2	02단	新義州港の六月中貿易/五百五十萬圓
131309	朝鮮朝日	1926-07-20/2	03단	義州驛前の廣地を賣却/一萬二千坪を
131310	朝鮮朝日	1926-07-20/2	03단	朝日勝繼碁戰/第廿六回(十二)
131311	朝鮮朝日	1926-07-20/2	04단	灌漑電氣の實現を獎勵/平北道當局が
131312	朝鮮朝日	1926-07-20/2	04단	金剛山探勝の團體を募る/釜山事務所が
131313	朝鮮朝日	1926-07-21/1	01단	作業費の方では一枚の紙をも節約して經費の節減を圖る/鐵道局の來年度豫算
131314	朝鮮朝日	1926-07-21/1	01단	涼味まさに千金/馬山の海水浴賑ふ
131315	朝鮮朝日	1926-07-21/1	02단	同情はするが公布した以上變改は出來ぬ/映畵檢閱問題
131316	朝鮮朝日	1926-07-21/1	03단	陸軍の定期異動
131317	朝鮮朝日	1926-07-21/1	03단	事業會社設立の機運が作られて朝鮮開拓に努力/高野省三氏談
131318	朝鮮朝日	1926-07-21/1	03단	梅雨しぐれ(三)/SPR
131319	朝鮮朝日	1926-07-21/1	04단	山口安憲氏本府事務官兼任となる
131320	朝鮮朝日	1926-07-21/1	04단	辭令(東京電氣)
131321	朝鮮朝日	1926-07-21/1	04단	四案を作り研究中/京電の値下
131322	朝鮮朝日	1926-07-21/1	05단	京仁兩取引の合併は打切か內海氏と勤信の反對論が强硬で
131323	朝鮮朝日	1926-07-21/1	05단	土地改良と業務を京城に置いて駐在理事が統轄す/齋藤東拓理事語る
131324	朝鮮朝日	1926-07-21/1	05단	時局標榜の脅迫狀捕へて見れば/賭博に負けての所爲
131325	朝鮮朝日	1926-07-21/1	06단	繫留中の牛炭疽病に罹る
131326	朝鮮朝日	1926-07-21/1	06단	ラヂオ放送局は近く實現する/漁業資金は不足してゐない/有賀殖銀頭取談
131327	朝鮮朝日	1926-07-21/1	07단	會(寄附募集音樂會)
131328	朝鮮朝日	1926-07-21/1	07단	人(湯淺政務總監)
131329	朝鮮朝日	1926-07-21/1	08단	半島茶話
131330	朝鮮朝日	1926-07-21/1	08단	朝鮮物語(二十二)/細井肇
131331	朝鮮朝日	1926-07-21/2	01단	明年度から是非撤廢したい綿絲布輸入關稅

일련번호	판명	간행일	단수	기사명
131332	朝鮮朝日	1926-07-21/2	01단	棄兒や墮胎に慈悲の考慮を內地では加へても朝鮮ではまだまだ/總督府法務當局談
131333	朝鮮朝日	1926-07-21/2	01단	段當りの收益高/三十八圓の繭が一番
131334	朝鮮朝日	1926-07-21/2	01단	朝日勝繼碁戰/第廿六回(十三)
131335	朝鮮朝日	1926-07-21/2	03단	葛原冷藏の復活說/殖銀が經營か
131336	朝鮮朝日	1926-07-21/2	03단	養考院の設置を計劃/佛敎の信者李元植氏が
131337	朝鮮朝日	1926-07-21/2	03단	內地出稼人の送金が多い/一年二十萬圓
131338	朝鮮朝日	1926-07-21/2	03단	支那絹布の密輸入が增す/關稅改定の影響で當局に取締を請願
131339	朝鮮朝日	1926-07-21/2	04단	飢民を救ふ奇篤な巡査/面民感泣す
131340	朝鮮朝日	1926-07-21/2	04단	慶南道評議員/補缺選擧
131341	朝鮮朝日	1926-07-21/2	04단	東拓の異動/一部を發表
131342	朝鮮朝日	1926-07-21/2	04단	京城簡閱點呼/二十日から
131343	朝鮮朝日	1926-07-21/2	04단	新著批判(國語敎育の根本問題)
131344	朝鮮朝日	1926-07-22/1	01단	産米增殖の低資が交付/鮮銀の手を經て東拓殖銀に融通
131345	朝鮮朝日	1926-07-22/1	01단	東拓の新職制/二十一日發表
131346	朝鮮朝日	1926-07-22/1	01단	李王殿下の御墓は來秋頃完成
131347	朝鮮朝日	1926-07-22/1	01단	李王殿下御調度品の陳列は中止
131348	朝鮮朝日	1926-07-22/1	01단	金融組合の新設希望/四十七に及ぶ
131349	朝鮮朝日	1926-07-22/1	02단	助役就任と同時に辭職/山口安憲氏
131350	朝鮮朝日	1926-07-22/1	02단	鰻の輸送を鮮魚扱ひに鐵道が諒解
131351	朝鮮朝日	1926-07-22/1	02단	無電や航路標識を充分に設備し海難事故を少くするやうに遞信當局が計劃
131352	朝鮮朝日	1926-07-22/1	02단	梅雨しぐれ(四)/SPR
131353	朝鮮朝日	1926-07-22/1	03단	辭令
131354	朝鮮朝日	1926-07-22/1	03단	漢江鐵橋改築は來年雨期前に是非とも竣工
131355	朝鮮朝日	1926-07-22/1	04단	果然暴風雨の警報さへ出て人心はますます不安 浸水戶數六百に達す/漢江また增水 家財を纏めて龍山府民避難に努む 忠南地方の豪雨 損害はない/危險の際は汽笛を吹き列車を仕立て避難に努める
131356	朝鮮朝日	1926-07-22/1	05단	女郎蜘蛛/豊田鳴子
131357	朝鮮朝日	1926-07-22/1	06단	女學生達の弓のお稽古/咸興高女の
131358	朝鮮朝日	1926-07-22/1	06단	お禮も言はず其まゝ立去った坐礁帆船/漁業組合怒る
131359	朝鮮朝日	1926-07-22/1	06단	涙ぐんだ怪しい少年/自殺の虞あり釜山署で保護
131360	朝鮮朝日	1926-07-22/1	06단	結婚前の人は利用して欲しい/性病の檢査を一週に一度/釜山の港務醫局で行ふ
131361	朝鮮朝日	1926-07-22/1	07단	評判娘との戀に破れ二十の靑年自殺を企つ
131362	朝鮮朝日	1926-07-22/1	08단	半島茶話
131363	朝鮮朝日	1926-07-22/1	08단	解けぬ謎を抱いて果敢なく逝った/ひで女に絡まる取調で父矢部氏は戶籍法に問はれん

일련번호	판명	긴행일	단수	기사명
131364	朝鮮朝日	1926-07-22/1	08단	病を苦にし鮮人の自殺/連絡船から
131365	朝鮮朝日	1926-07-22/1	08단	朝鮮物語(二十三)/細井肇
131366	朝鮮朝日	1926-07-22/1	09단	會(教育講習會)
131367	朝鮮朝日	1926-07-22/1	09단	人(澤永海事課長/郡山智氏(拓殖局書記官)/戶田貞三氏(京大教授)/藤井健治郎氏(京大教授))
131368	朝鮮朝日	1926-07-22/2	01단	水利組合の成行その他を各代表集りて協議
131369	朝鮮朝日	1926-07-22/2	01단	商工業者の懇話會/隔月一回開催
131370	朝鮮朝日	1926-07-22/2	01단	消防組の合同演習/咸南道內の
131371	朝鮮朝日	1926-07-22/2	01단	楚山溫井の道路改修を郡有志が請願
131372	朝鮮朝日	1926-07-22/2	01단	朝日勝繼碁戰/第廿七回(一)
131373	朝鮮朝日	1926-07-22/2	02단	三線連絡の促進期成會/馬山で組織
131374	朝鮮朝日	1926-07-22/2	03단	編筏用のミヅナラが三百萬圓の生産を示す
131375	朝鮮朝日	1926-07-22/2	03단	新義州檢查所米豆檢查數/鴨江減水で大豆は減少
131376	朝鮮朝日	1926-07-22/2	03단	不二興業社株金の拂込/四十萬圓の資金を調達
131377	朝鮮朝日	1926-07-22/2	03단	東京在住の鮮人數/一萬二千人
131378	朝鮮朝日	1926-07-22/2	04단	京春電鐵は認可取消/延期願を期限までに提出せぬので
131379	朝鮮朝日	1926-07-22/2	04단	水稻植付は百四十萬町/昨年より減少
131380	朝鮮朝日	1926-07-22/2	04단	鴨江の流筏/漸く復活せん
131381	朝鮮朝日	1926-07-22/2	04단	會社銀行(朝鮮土地改良/合倂問題協議)
131382	朝鮮朝日	1926-07-22/2	04단	運動界(咸興庭球戰)
131383	朝鮮朝日	1926-07-22/2	04단	新著批判/SRP
131384	朝鮮朝日	1926-07-23/1	01단	また始まった水害 大漢江の水かさは刻々と增加し來り浸水家屋が千と三百 警官、消防、靑年が總出で警戒/人道橋が頗る危險 徹宵修理す/萬一の準備は出來て居るし昨年の如き慘狀は見せぬと信田龍山署長語る/今明日中に開通せぬ列車の顚覆で不通の箇所は/機關車と貨車が濁流中に橫轉 行方不明の死體は減水待って搜査/大田の混雜 列車不通で/鐵道の損害三四萬圓の程度らしい/午後に至り胸なで下す京城の府民 靑雲を見て/飛行機が押流され大破の見込/混合列車顚覆し火夫が卽死/刻々に迫る危險を前にし賃金の問題から人夫達がゴタつく/顚覆列車の損害は輕微 貨車が免れたるため/乘客には焚出を送る 鳥致院から
131385	朝鮮朝日	1926-07-23/1	01단	鮮支協約ができて匪賊の害は減じたが在滿鮮農は追はれ各處に放浪して苦しみ不逞輩を激增せしめた憾み
131386	朝鮮朝日	1926-07-23/1	01단	世界に少ない潮力の發電を五箇年の繼續事業で明年度から調査開始
131387	朝鮮朝日	1926-07-23/1	03단	朝鮮第一主義に反するものだ/東拓の職制改正に反對の聲が聞える
131388	朝鮮朝日	1926-07-23/1	04단	會社銀行(商銀株主總會)
131389	朝鮮朝日	1926-07-23/1	04단	豫選大會迫る/日本球界の花甲子園の球場に駒を進めるは誰か/戰はいよいよ二十九日から京城て

일련번호	판명	간행일	단수	기사명
131390	朝鮮朝日	1926-07-23/1	05단	縦にふるかそれとも横か支那通顧問に擬せられた大村鐵道局長の頭
131391	朝鮮朝日	1926-07-23/1	05단	私刑博士は本國に返す/安息教會が
131392	朝鮮朝日	1926-07-23/1	06단	釜商改革で父兄も奮起委員を選び目的に突進
131393	朝鮮朝日	1926-07-23/1	07단	農事改良に技術員を増加/經費三萬餘圓
131394	朝鮮朝日	1926-07-23/1	07단	虎疫の注射藥十四萬人分をセツセと製造/上海の流行に備へて
131395	朝鮮朝日	1926-07-23/1	07단	共産黨の首魁を逮捕/鐘路署大活動
131396	朝鮮朝日	1926-07-23/1	08단	大邱の醫專設置運動/十萬圓を寄附
131397	朝鮮朝日	1926-07-23/1	08단	王家に對し不敬だと儒林團憤慨/大會を開く
131398	朝鮮朝日	1926-07-23/1	09단	一萬圓の詐欺男/元山で逮捕
131399	朝鮮朝日	1926-07-23/1	09단	一の矢こと櫟の公判/賭博傷害罪の
131400	朝鮮朝日	1926-07-23/1	09단	朝鮮物語(二十四)/細井肇
131401	朝鮮朝日	1926-07-23/1	10단	會(部長新任披露會)
131402	朝鮮朝日	1926-07-23/1	10단	人(赤塚駐墺公使/湯淺政務總監/生田內務局長一行)
131403	朝鮮朝日	1926-07-23/2	01단	養蠶に力を入れる農家の懷は非常に豊當となって納税成績も極めて良好
131404	朝鮮朝日	1926-07-23/2	01단	赤露の領事分館釜山だけに設置/京城駐在の總領事來釜して調査
131405	朝鮮朝日	1926-07-23/2	01단	防穀令が長びけば鮮米移出が減少しよう
131406	朝鮮朝日	1926-07-23/2	01단	淡水魚の養殖計劃をたてる
131407	朝鮮朝日	1926-07-23/2	01단	長津江の大水電事業を計劃
131408	朝鮮朝日	1926-07-23/2	02단	慶北道評議會/二十一日から
131409	朝鮮朝日	1926-07-23/2	02단	朝日勝繼碁戰/第廿七回(二)
131410	朝鮮朝日	1926-07-23/2	03단	動力繰線機使用法講習會
131411	朝鮮朝日	1926-07-23/2	03단	一戶當りが四十圓の所得/しかも女子供でも出來る希望者の多い煙草店
131412	朝鮮朝日	1926-07-23/2	04단	原料不足で煙草の耕作を極力奬勵す
131413	朝鮮朝日	1926-07-23/2	04단	海外各地の見本市に補助を與へて鮮産品を紹介
131414	朝鮮朝日	1926-07-23/2	04단	醫專設置を大邱が要望/二十萬圓の寄附を提げ
131415	朝鮮朝日	1926-07-23/2	04단	代行手數料は事業費單價を算出し決定
131416	朝鮮朝日	1926-07-24/1	01단	災難の飛行機
131417	朝鮮朝日	1926-07-24/1	01단	冒險飛行の機體大破/大田の洪水で
131418	朝鮮朝日	1926-07-24/1	01단	深夜の豪雨にうたれ七里の道を徒歩で突破 水害で不通となった京釜線を一番がけした五名の學生たち/窓際に囓りついて來るべき災難を今か今かと待って居たと列車顛覆の一遭難者は語る/判明した水害狀況 警務局着報/線路の破壊は意外に酷く復舊の見込立たず立往生の旅客で釜山は大混雜/忠北線の開通期は十日の後か/二十四日の夜は開通 徹宵修理して不通の京釜線は/刻々増水洛東江も/慶北の交通遂に杜絶 河の川氾濫で/列車の不通で停滯の郵便は汽船で輸送を開始

일련번호	판명	간행일	단수	기사명
131419	朝鮮朝日	1926-07-24/1	02단	慶北道の評議會終る全部を可決し
131420	朝鮮朝日	1926-07-24/1	03단	內地と切離して新聞紙法を改正/三矢局長が東上打合今秋までには實施
131421	朝鮮朝日	1926-07-24/1	03단	公示の賃率を度外視して無謀な競爭を續ける運送店は鐵道局が取締る方針
131422	朝鮮朝日	1926-07-24/1	03단	慶南警察部署長會議/思想問題の取締を敎導
131423	朝鮮朝日	1926-07-24/1	04단	葛原冷藏は個人名義で殖銀が經營
131424	朝鮮朝日	1926-07-24/1	05단	內地さまざま(太くなった八幡/投書箱で希望を/五高遂に優勝す/小判掘出の計劃/二千餘斤の大鰲/野球王國の佐賀)
131425	朝鮮朝日	1926-07-24/1	05단	妥協の餘地或は有るか/京仁取引所合併の問題
131426	朝鮮朝日	1926-07-24/1	05단	寒い朝鮮にバナナがなる溫室で無い裸樹に
131427	朝鮮朝日	1926-07-24/1	06단	殉職署長警視に昇任/二十二日附
131428	朝鮮朝日	1926-07-24/1	06단	大邱署の野犬狩撲殺はせぬ
131429	朝鮮朝日	1926-07-24/1	06단	アジヤ民族會議の反對を決議す/朝鮮の各思想團體が警祭は集會を禁止
131430	朝鮮朝日	1926-07-24/1	07단	出刃庖丁で斬かゝる逮浦の警官に
131431	朝鮮朝日	1926-07-24/1	08단	宋學先は遂に死刑/覺悟せしか更に動ぜず
131432	朝鮮朝日	1926-07-24/1	08단	朝鮮物語(二十五)/細井肇
131433	朝鮮朝日	1926-07-24/1	09단	半島茶話
131434	朝鮮朝日	1926-07-24/1	09단	辭令(東京電話)
131435	朝鮮朝日	1926-07-24/2	01단	果してどうなる！釜山の電車府營/泉崎府尹と坂田府協議の東上は何を意味する
131436	朝鮮朝日	1926-07-24/2	01단	鮮米の移出/四百八十萬石で昨年より七十萬石增加
131437	朝鮮朝日	1926-07-24/2	01단	技師を增して道を巡視させ産米檢査を統一する
131438	朝鮮朝日	1926-07-24/2	01단	朝日勝繼碁戰/第廿七回(三)
131439	朝鮮朝日	1926-07-24/2	02단	社會事業の協會を設立/慶南當局が
131440	朝鮮朝日	1926-07-24/2	03단	一石二斗の增收/一反步當り/水利組合組織の結果
131441	朝鮮朝日	1926-07-24/2	03단	鯵の豐漁/慶南沿岸の早天に慈雨に喜ぶ漁民たち
131442	朝鮮朝日	1926-07-24/2	03단	肥料販賣者の不正を取締る法規は旣に脫稿されて經費を來年度豫算に計上
131443	朝鮮朝日	1926-07-24/2	04단	十萬尾以上の鯖の漁獲/慶南東海岸で
131444	朝鮮朝日	1926-07-24/2	04단	群山馬山線/速成運動の委員が決定
131445	朝鮮朝日	1926-07-24/2	04단	實行委員を選んで運動/大邱醫專の設置かたを
131446	朝鮮朝日	1926-07-24/2	04단	春川學議選擧平穩に終了
131447	朝鮮朝日	1926-07-25/1	01단	懷に這入った窮鳥を射るやうな橫暴な旅館/泣かされた女や子供までも雨の七里の線路を辿る
131448	朝鮮朝日	1926-07-25/1	01단	また襲來する南支の低氣壓 豫定通り行ったら南鮮はまたも大雨/面民五百名が大亂鬪を演ず防水堤を破壞して/忠北道が最も酷い今度の水害/京城釜山間臨時列車 二十四日夜/二時間遲

일련번호	판명	간행일	단수	기사명
131448	朝鮮朝日	1926-07-25/1	01단	*れ釜山着 京城發列車が/觀光を見て大喜び 罹災民達が*
131449	朝鮮朝日	1926-07-25/1	03단	水利組合の代行は纏りがなかなか困難殊にその年数の問題は兩者間に開きがある
131450	朝鮮朝日	1926-07-25/1	04단	農事改良の貸出利率漸く決定す
131451	朝鮮朝日	1926-07-25/1	04단	お國のレデーの優美なお姿と可愛らしいお子達は忘れられぬとエリオ夫人語る
131452	朝鮮朝日	1926-07-25/1	04단	學校費稅率の増加を要望/慶南道稅務當局が目下その下研究中
131453	朝鮮朝日	1926-07-25/1	05단	辭令(東京電話)
131454	朝鮮朝日	1926-07-25/1	06단	づうづうしいモヒの密輸入/一ヶ年に三十萬圓/稅關檢査の罰が經いから
131455	朝鮮朝日	1926-07-25/1	06단	李王垠殿下參謀部員に轉ぜらる
131456	朝鮮朝日	1926-07-25/1	06단	線路に石を並べ列車顛覆を圖る 觀光を終へ/歸國のエリオ夫人も乘車して居た
131457	朝鮮朝日	1926-07-25/1	06단	上海から潛入の學生/本町署で逮捕
131458	朝鮮朝日	1926-07-25/1	06단	左傾分子の大檢擧/二十三日來
131459	朝鮮朝日	1926-07-25/1	07단	匪賊が潛入/四名を殺す平北龜城で
131460	朝鮮朝日	1926-07-25/1	07단	一箇月がゝりで暗號が讀めて遂に檢擧の手が延びる
131461	朝鮮朝日	1926-07-25/1	07단	二十萬元を餌に天道教を釣る共産黨の片山氏が自個の勢力抹殖のため
131462	朝鮮朝日	1926-07-25/1	08단	內地さまざま(渡る世に鬼なし/自動車川に墜つ/分水問題は解決/籠の鳥はなたる)
131463	朝鮮朝日	1926-07-25/1	08단	首謀者に退校を命ず/松部盟休生に
131464	朝鮮朝日	1926-07-25/1	08단	人(齋藤總督/淺野總一郎氏/恩田銅吉氏(朝郵社長))
131465	朝鮮朝日	1926-07-25/1	09단	朝鮮物語(二十六)/細井肇
131466	朝鮮朝日	1926-07-25/2	01단	釜山の電車府營で社長と記者の對話/あまり踏みつけさへせねば何時でも手離すさ
131467	朝鮮朝日	1926-07-25/2	01단	忠北と慶北の兩線が有望か私鐵線の敷設候補/黃海も可なり有力
131468	朝鮮朝日	1926-07-25/2	01단	絲價の慘落と桑の成育不良で産繭高は減少の見込
131469	朝鮮朝日	1926-07-25/2	01단	値が合はず敷地買收で紛糾を續く
131470	朝鮮朝日	1926-07-25/2	01단	第廿七回朝日勝繼碁戰(四)
131471	朝鮮朝日	1926-07-25/2	03단	朝鮮銀行大異動
131472	朝鮮朝日	1926-07-25/2	03단	幸德一味の飛松新聞發行を計劃/信仰に立脚して正しい職を見出したいと聖恩に感泣して語る
131473	朝鮮朝日	1926-07-25/2	04단	商工業者の懇話會/第一回例會
131474	朝鮮朝日	1926-07-27/1	01단	今一步の處で資金難に困る/鑛業家が顔る多く是が救濟策が叫ばれる
131475	朝鮮朝日	1926-07-27/1	01단	新聞辭令だよと打消しながら荷造に忙しい堀大佐の一家/咸興旅團長に榮轉の

일련번호	판명	간행일	단수	기사명
131476	朝鮮朝日	1926-07-27/1	01단	梅雨しぐれ(五)/SPR
131477	朝鮮朝日	1926-07-27/1	02단	故李王殿下百日祭安邊の釋玉寺で
131478	朝鮮朝日	1926-07-27/1	03단	辭令
131479	朝鮮朝日	1926-07-27/1	03단	故王妃殿下へ練絹を獻上/鮮人女工が
131480	朝鮮朝日	1926-07-27/1	04단	夏二題/岡本一平
131481	朝鮮朝日	1926-07-27/1	04단	氣配される雨模樣/橫須賀空隊の日本海橫斷
131482	朝鮮朝日	1926-07-27/1	04단	京城府に大雷雨/一時電車も不通となる
131483	朝鮮朝日	1926-07-27/1	05단	教育界(教育關係會議/倫理講習會/教授法講習/京師林間教授)
131484	朝鮮朝日	1926-07-27/1	05단	國境の雨で鴨江の流筏は漸次增加する見込
131485	朝鮮朝日	1926-07-27/1	06단	内地さまざま(調停纏らず發狂/有明貝の北米輸出/殺人工學で退校/ラムネ不買同盟/天草漁民の亂鬪/熊本益城の火事/列車便所臭氣拔/幸運の手紙流行)
131486	朝鮮朝日	1926-07-27/1	07단	安東縣にも防穀令/八月半から
131487	朝鮮朝日	1926-07-27/1	07단	河豚の中毒三名を殺す
131488	朝鮮朝日	1926-07-27/1	07단	避難者に下痢患が多數續出す
131489	朝鮮朝日	1926-07-27/1	07단	櫻に商の帽章と絣の女の心中/列車が釜山鎭に着く頃ほい物蔭から飛び込んで
131490	朝鮮朝日	1926-07-27/1	08단	出身學校に忍び入って金品を竊取
131491	朝鮮朝日	1926-07-27/1	09단	警官と誤られ不逞の射擊で鮮人卽死す
131492	朝鮮朝日	1926-07-27/1	09단	支那人强盜が手斧で毆る/新義州府外で
131493	朝鮮朝日	1926-07-27/1	09단	半島茶話
131494	朝鮮朝日	1926-07-27/1	10단	小切手僞造/一萬圓犯人一部を自白
131495	朝鮮朝日	1926-07-27/1	10단	風變な駈落抱へ俥夫と
131496	朝鮮朝日	1926-07-27/1	10단	會(地主懇話會/穀物商聯合會/救濟音樂會/機械編實習會)
131497	朝鮮朝日	1926-07-27/2	01단	朝鮮の製絲業者が高値に買進み氣遣はれた春蠶の賣行も案外良好に進んだ
131498	朝鮮朝日	1926-07-27/2	01단	内閣其他に決議を電送/三線連絡の期成會から
131499	朝鮮朝日	1926-07-27/2	01단	平北金組の六月貸付高四十三萬圓
131500	朝鮮朝日	1926-07-27/2	01단	朝日勝繼碁戰/第廿七回(五)
131501	朝鮮朝日	1926-07-27/2	02단	新義州驛の貨物發送高三千九百噸
131502	朝鮮朝日	1926-07-27/2	02단	渡航乘客は運賃を割引/島谷汽船が
131503	朝鮮朝日	1926-07-27/2	02단	平北地方東拓の貸出/百六十萬圓回收は順調
131504	朝鮮朝日	1926-07-27/2	02단	慶南道の傳染病增加/昨年に比べ
131505	朝鮮朝日	1926-07-27/2	03단	京畿道農會いよいよ設立
131506	朝鮮朝日	1926-07-27/2	03단	肥料の檢査所を各道に設けて不正業者の取締を徹底的に屬行する
131507	朝鮮朝日	1926-07-27/2	03단	鴨綠江の巡邏船に機關銃を備付
131508	朝鮮朝日	1926-07-27/2	03단	齒磨原料の滑石の採掘希望者が多い
131509	朝鮮朝日	1926-07-27/2	03단	外事係を釜山に配置/通行外人が增加するので

일련번호	판명	간행일	단수	기사명
131510	朝鮮朝日	1926-07-27/2	04단	京仁取引所合併は保留/荒井渡邊氏の歸城するまで
131511	朝鮮朝日	1926-07-27/2	04단	鯖節の講習/輸送しきれぬ時の用意にと
131512	朝鮮朝日	1926-07-27/2	04단	電氣公營の期成會を組織/咸興面民が
131513	朝鮮朝日	1926-07-27/2	04단	府尹郡守會議全鮮各道の
131514	朝鮮朝日	1926-07-28/1	01단	飛行機から投下の處女球を受けて鈴木司令官の始球式/全國中等學校豫選野球大會
131515	朝鮮朝日	1926-07-28/1	01단	夏二題/岡本一平
131516	朝鮮朝日	1926-07-28/1	01단	戀と親子の愛が彼女の小さな胸に今クルクル廻りをやって居る/津田靑楓畫伯の元夫人
131517	朝鮮朝日	1926-07-28/1	03단	今期議會の提出案/ほゝ決定す
131518	朝鮮朝日	1926-07-28/1	04단	鐵道期成の役員決定/二十六日東京で
131519	朝鮮朝日	1926-07-28/1	04단	改良會社は一日開業/荒井氏も入城
131520	朝鮮朝日	1926-07-28/1	04단	釜山鎭だって放っては置かぬよ仁川埋築に渡鮮の淺野翁が釜山で語る
131521	朝鮮朝日	1926-07-28/1	05단	會社銀行(土地會社創立)
131522	朝鮮朝日	1926-07-28/1	05단	江原道春繭賣上高/百二十萬圓
131523	朝鮮朝日	1926-07-28/1	05단	內鮮飛行の托送物/郵便葉書だけ
131524	朝鮮朝日	1926-07-28/1	05단	徒らに朝鮮史を封ずるは良くない/朝鮮での講演を終へ歸東の吉田博士語る
131525	朝鮮朝日	1926-07-28/1	06단	低資貸付の利率が高い/財務局を批難
131526	朝鮮朝日	1926-07-28/1	06단	忠南地方の水害狀況 警務局着電/山潮が襲ひ六名溺死す
131527	朝鮮朝日	1926-07-28/1	06단	電車と衝突/人事不省に陷る
131528	朝鮮朝日	1926-07-28/1	06단	呪文を貰ひ怯え上る鮮人
131529	朝鮮朝日	1926-07-28/1	07단	內地さまざま(鋪裝路がとける/またも娼妓解放/娼妓の張店廢止)
131530	朝鮮朝日	1926-07-28/1	07단	男のハモニカに女は讚美歌をともに奏でた死出の曲/若い男女の戀の心中
131531	朝鮮朝日	1926-07-28/1	07단	浦鹽の監獄で內鮮人に赤化宣傳/幽閉された囚人達に
131532	朝鮮朝日	1926-07-28/1	07단	被害者の一族犯人を待伏せ毆らんとして巡査と搭鬪
131533	朝鮮朝日	1926-07-28/1	07단	不良少年の一團を逮捕/掏摸の片割れ
131534	朝鮮朝日	1926-07-28/1	07단	自殺未遂三件
131535	朝鮮朝日	1926-07-28/1	08단	半島茶話
131536	朝鮮朝日	1926-07-28/1	09단	朝鮮物語(二十七)/細井肇
131537	朝鮮朝日	1926-07-28/1	10단	會(共同倉庫總會/釜山商議役員會)
131538	朝鮮朝日	1926-07-28/1	10단	人(荒井賢太郎氏(朝鮮土地改良會社長/赤木萬二郎氏(官立京城師範校長))
131539	朝鮮朝日	1926-07-28/2	01단	鞣革として人間のは申分の無い皮である/毛によって哺乳動物を分類する/望月血淸所長の研究

일련번호	판명	간행일	단수	기사명
131540	朝鮮朝日	1926-07-28/2	01단	移出米の半は阪神間で消費/上半期中の移出高は玄、精米で三百萬石
131541	朝鮮朝日	1926-07-28/2	01단	總督府辭令
131542	朝鮮朝日	1926-07-28/2	01단	朝日勝繼碁戰/第廿七回(六)
131543	朝鮮朝日	1926-07-28/2	03단	大閤堀開鑿と金銃鐵道の速成を叫び市民大會開催
131544	朝鮮朝日	1926-07-28/2	03단	當然な改善で多少の打擊は己むを得ぬことだと娼妓問題で鈴木本町署長語る
131545	朝鮮朝日	1926-07-28/2	04단	北鎭大楡間道路の改修/八月一日から
131546	朝鮮朝日	1926-07-28/2	04단	江原道原州で電氣會社を設立の計劃
131547	朝鮮朝日	1926-07-28/2	04단	全咸南平に郵便所新設八月一日から
131548	朝鮮朝日	1926-07-28/2	04단	春川學議選擧
131549	朝鮮朝日	1926-07-29/1	01단	水害等萬一の場合郵便物を飛行機で京城春川間を運送する着陸場などを照會中
131550	朝鮮朝日	1926-07-29/1	01단	涙ぐましい熱心/鮮人達の教育に尊い努力を續ける濟義校の高橋さん/年々その成績は擧る
131551	朝鮮朝日	1926-07-29/1	02단	妥當の値段で牛內に買收するいろんな噂もあるが悲觀すべきではない平電府營につき平南內務局長談
131552	朝鮮朝日	1926-07-29/1	02단	公債を買はねば居住を許さぬ奉天省鮮人を脅かす我領事館は嚴重抗議
131553	朝鮮朝日	1926-07-29/1	04단	明年度豫算に稅法の改正を加味
131554	朝鮮朝日	1926-07-29/1	04단	鎭南浦醫院愈よ竣工す
131555	朝鮮朝日	1926-07-29/1	05단	釜山でうっかりと寫眞を撮せない警察署や憲兵隊など嚴重に目をひからす
131556	朝鮮朝日	1926-07-29/1	05단	秋吉の洞穴/下村海南
131557	朝鮮朝日	1926-07-29/1	05단	辭令(東京電話)
131558	朝鮮朝日	1926-07-29/1	05단	清津で開いた北鮮商工聯合會
131559	朝鮮朝日	1926-07-29/1	06단	暑休を短縮し勉强する新義州中學
131560	朝鮮朝日	1926-07-29/1	06단	日本海橫斷の海軍機元山着
131561	朝鮮朝日	1926-07-29/1	06단	五人組の强盜夫遂四人捕まる
131562	朝鮮朝日	1926-07-29/1	06단	馬山府民激昂して南鮮日報を責む故なくして寺島府尹を攻擊したからとて
131563	朝鮮朝日	1926-07-29/1	07단	內地さまざま(關門のトンネル/民族大會危まる/野生七面鳥飛來/曲藝飛行機おつ/俸給を支拂へぬ)
131564	朝鮮朝日	1926-07-29/1	07단	心中男女の身許判る男は郵便所員/女は女學校生徒
131565	朝鮮朝日	1926-07-29/1	07단	半島茶話
131566	朝鮮朝日	1926-07-29/1	08단	五萬圓案には滿足できない/なんとかしてくれと釜山一商代表の陳情
131567	朝鮮朝日	1926-07-29/1	08단	朝鮮物語(二十八)/細井肇
131568	朝鮮朝日	1926-07-29/1	09단	見張勤務の巡查に暴行

일련번호	판명	간행일	단수	기사명
131569	朝鮮朝日	1926-07-29/2	01단	私鐵百八十餘哩の買收案を提出/私鐵補助年限は差當つて問題でない
131570	朝鮮朝日	1926-07-29/2	01단	國境方面に商租權を確立せねば發展覽束なし
131571	朝鮮朝日	1926-07-29/2	01단	葉煙草の耕作地を擴張する
131572	朝鮮朝日	1926-07-29/2	01단	朝日勝繼碁戰/第廿七回(七)
131573	朝鮮朝日	1926-07-29/2	02단	京城電話局電話改善
131574	朝鮮朝日	1926-07-29/2	03단	洛東江岸の水害狀況/土木課では徹宵で警戒
131575	朝鮮朝日	1926-07-29/2	03단	外出禁止を緩うする娼妓優遇の調査を進む
131576	朝鮮朝日	1926-07-29/2	03단	咸南線の開通豫定期
131577	朝鮮朝日	1926-07-29/2	03단	會社銀行(京電今期決算/私鐵朝鐵總會)
131578	朝鮮朝日	1926-07-29/2	04단	新著批判(朝鮮史話と史蹟)
131579	朝鮮朝日	1926-07-29/2	04단	歌集「柊」上梓
131580	朝鮮朝日	1926-07-29/2	04단	運動界(朝鮮豫選番組決る/咸南武道大會)
131581	朝鮮朝日	1926-07-30/1	01단	災害の場合は減税されたいと慶南道水産會より和田知事に陳情する
131582	朝鮮朝日	1926-07-30/1	01단	ドル箱がなくとも大いにやるよ釜山鎭埋築なんざあ/庭の池いぢり程度だ/淺野老大氣焰をあぐ
131583	朝鮮朝日	1926-07-30/1	01단	朝鐵慶東線の橋が河流を遮り氾濫を來すとて住民より改造を迫る
131584	朝鮮朝日	1926-07-30/1	01단	投稿歡迎薄謝進呈
131585	朝鮮朝日	1926-07-30/1	02단	各河川又もや増水
131586	朝鮮朝日	1926-07-30/1	02단	倉庫番から重砲大隊長に面喰ひますよ兒島信士中佐談
131587	朝鮮朝日	1926-07-30/1	03단	冷評をいかり米人を襲擊す勞働問題から
131588	朝鮮朝日	1926-07-30/1	03단	九龍浦の藝妓優待/成績は良い
131589	朝鮮朝日	1926-07-30/1	03단	おしや降雨で豫選大會中止/入場式も始球式も終る/天候回復次第再開する
131590	朝鮮朝日	1926-07-30/1	04단	妄動學生の公判開廷延期
131591	朝鮮朝日	1926-07-30/1	04단	茂山對岸に馬賊迫る/極力警戒中
131592	朝鮮朝日	1926-07-30/1	04단	四千元を強奪
131593	朝鮮朝日	1926-07-30/1	04단	線路上の石で機關車が脱線/子供の悪戲
131594	朝鮮朝日	1926-07-30/1	04단	博愛正義を說く身で私刑を加ふとは何事ぞ/立會檢事峻烈に論告し懲役三ヶ月を求刑する/人道の敵ヘースマーの公判開かる
131595	朝鮮朝日	1926-07-30/1	05단	一旦拉致してすぐ釋放する不逞の徒につかまり命拾ひした男かへる
131596	朝鮮朝日	1926-07-30/1	05단	慶山邑附近に一大旋風おこり倉庫二棟倒壊し負傷者數名を出す
131597	朝鮮朝日	1926-07-30/1	05단	帆船沈沒する
131598	朝鮮朝日	1926-07-30/1	06단	宋學先控訴す

일련번호	판명	간행일	단수	기사명
131599	朝鮮朝日	1926-07-30/1	06단	道路上の浸水/六尺以上に達し渡船で連絡をとる
131600	朝鮮朝日	1926-07-30/1	07단	內地さまざま(娼妓の人格尊重/無産團體もめる/重傷者をさらす/學校衛生日設定/刑事問題化する)
131601	朝鮮朝日	1926-07-30/1	07단	會(歡迎短歌會/仲買人協議會/靑年評議員會)
131602	朝鮮朝日	1926-07-30/1	07단	人(前田綾子孃漸く/世界徒步旅行家)
131603	朝鮮朝日	1926-07-30/1	08단	朝鮮物語(二十九)/細井肇
131604	朝鮮朝日	1926-07-30/1	09단	半島茶話
131605	朝鮮朝日	1926-07-30/2	01단	國境警備施設に更に一步を進め素質も改善し人員も增す
131606	朝鮮朝日	1926-07-30/2	01단	酒や醬油の釀造高が增す/朝鮮米は內地米より酒造に適す
131607	朝鮮朝日	1926-07-30/2	01단	五師團隨一の美男院長/羅南病院長に榮轉の高橋氏
131608	朝鮮朝日	1926-07-30/2	01단	盛んだった釜山商工懇話會/種々の希望が續出して脹ふ
131609	朝鮮朝日	1926-07-30/2	02단	喫茶室/幸運の葉書またはやる
131610	朝鮮朝日	1926-07-30/2	02단	多木農場の移出米が禁止されて問題となる
131611	朝鮮朝日	1926-07-30/2	03단	郵便局長に稅關吏を兼務/郵便物の檢查を屬行
131612	朝鮮朝日	1926-07-30/2	03단	國運と通運又も對立
131613	朝鮮朝日	1926-07-30/2	03단	朝日勝繼碁戰/第廿七回(八)
131614	朝鮮朝日	1926-07-30/2	04단	郵便局所の改築方針
131615	朝鮮朝日	1926-07-30/2	04단	新著批判(教育勅語眞髓)
131616	朝鮮朝日	1926-07-30/2	04단	會寧無盡會社
131617	朝鮮朝日	1926-07-30/2	04단	漢銀今期總會/海東銀行決算
131618	朝鮮朝日	1926-07-31/1	01단	劈頭大接戰を演じあぶらが乘りきるあひついで出る美技にみるもの悉く醉はさる ふたをあけた全鮮豫選大會/接戰實に十六合 京城師範仁商をやぶる 京城師範8仁川商業4/大邱中學奪戰してからくも勝つ これもまた接戰する 大邱中學8裡里農7/降雨のため入場式のみで第一日は遂に中止 森岡大將の始球式 全鮮中等野球豫選
131619	朝鮮朝日	1926-07-31/1	04단	咸南道廳の敷地がアクビ/新築が捗らず
131620	朝鮮朝日	1926-07-31/1	04단	明大野球團
131621	朝鮮朝日	1926-07-31/1	05단	馬賊の一隊が領事館を狙ふ/館員は茂山に避難し應援の警官を繰出す
131622	朝鮮朝日	1926-07-31/1	05단	電信と電話の共用線が惡く改善の急務を叫ばる然し直ちに實現せぬ
131623	朝鮮朝日	1926-07-31/1	05단	朝鮮土地改良の代行の根本問題決す/その形式は包括的委託と代理委託との二形式
131624	朝鮮朝日	1926-07-31/1	06단	元山へ艦隊入港
131625	朝鮮朝日	1926-07-31/1	06단	奉賀帳を廻し金を强要/實に圖々しい放免者の惡事
131626	朝鮮朝日	1926-07-31/1	06단	死傷者夥しく其慘狀目もあてられぬ公州郡未曾有の大水害/減水後やうやくにしてわかる
131627	朝鮮朝日	1926-07-31/1	07단	寫眞說明(リンチ事件の公判(起立したのが被告ヘースマー))

일련번호	판명	간행일	단수	기사명
131628	朝鮮朝日	1926-07-31/1	07단	辭令(東京電話)
131629	朝鮮朝日	1926-07-31/1	07단	朝鮮物語(三十)/細井肇
131630	朝鮮朝日	1926-07-31/1	08단	會(元山夏季講習會/全鮮射擊大會/自動車相互會)
131631	朝鮮朝日	1926-07-31/1	08단	人(內地町村長視察團)
131632	朝鮮朝日	1926-07-31/2	01단	峰の白雪消ゆるともの歌で名高い白頭山/全鮮の教育家五十餘名が登山隊を組織し探險
131633	朝鮮朝日	1926-07-31/2	01단	安い氷の濫費から在庫品の激減を來し京城の氷が高くなる
131634	朝鮮朝日	1926-07-31/2	01단	今すぐには實現せぬ慶北浦項築港/移出牛檢疫所
131635	朝鮮朝日	1926-07-31/2	01단	十年計劃が容られぬ場合第二段の策
131636	朝鮮朝日	1926-07-31/2	01단	朝日勝繼碁戰/第廿七回(九)
131637	朝鮮朝日	1926-07-31/2	02단	朝鮮無煙炭內地移入增加
131638	朝鮮朝日	1926-07-31/2	02단	雨期に入って四苦八苦の夜店商人
131639	朝鮮朝日	1926-07-31/2	03단	平安漁業株割當
131640	朝鮮朝日	1926-07-31/2	03단	京取と仁取の合併は面倒
131641	朝鮮朝日	1926-07-31/2	03단	息子を殺した人に會はせて下さい/怨の数々が云ひたい！/鮮人の老母から嘆願書
131642	朝鮮朝日	1926-07-31/2	04단	私刑事件の外紙の論調に反省を促す
131643	朝鮮朝日	1926-07-31/2	04단	分院の新設/準備を急ぐ
131644	朝鮮朝日	1926-07-31/2	04단	不穩の書籍『軍隊と赤化』鮮內に配布の形跡がある
131645	朝鮮朝日	1926-07-31/2	04단	愈よ着工する元山グランド

1926년 8월 (조선아사히)

일련번호	판명	간행일	단수	기사명
131646	朝鮮朝日	1926-08-01/1	01단	齋藤總督今回の上京は攝政宮殿下の行啓を仰ぐためか/新しい總督室を今に使はぬのもその邊に深い意味があるらしい/總監は何も知らぬといふ
131647	朝鮮朝日	1926-08-01/1	01단	廿年の東京生活はこれで終了した/殿下とお別れするは何よりも名殘りが多い/高中樞院參議の述懷話
131648	朝鮮朝日	1926-08-01/1	01단	夏の元山より(七)/SPR
131649	朝鮮朝日	1926-08-01/1	03단	元山中學は始終壓迫され十六對零のスコアで釜山中學大勝す/釜山商業も大勝す
131650	朝鮮朝日	1926-08-01/1	04단	江原道の大水害/死傷者多く被害者大きい
131651	朝鮮朝日	1926-08-01/1	05단	短評/Y生(京師對仁商/大邱中對裡里)
131652	朝鮮朝日	1926-08-01/1	06단	映畵女優の內幕にあきれて年榮かへる/もうあんなあさましい仲間には二度と入らぬ愚痴をこぼす
131653	朝鮮朝日	1926-08-01/1	06단	ひいらきの花杉村楚人冠
131654	朝鮮朝日	1926-08-01/1	07단	接戰十九合五高遂に優勝/野球史上の新記錄/全國高專野球
131655	朝鮮朝日	1926-08-01/1	07단	樹齡八百年と稱するめづらしい古木咸南道の名木しらべ
131656	朝鮮朝日	1926-08-01/1	08단	突然發狂し妻を斬り己れも自殺
131657	朝鮮朝日	1926-08-01/1	08단	朝鮮物話(三十一)/細井肇作/梨本久畫
131658	朝鮮朝日	1926-08-01/1	09단	雨の中に女兒をすつ
131659	朝鮮朝日	1926-08-01/1	09단	京城の怪火
131660	朝鮮朝日	1926-08-01/1	09단	黃金往生を遂ぐ
131661	朝鮮朝日	1926-08-01/2	01단	婦人會員が婦人を請待し城南道の宣傳/宣傳に力める/今度こそ神仙爐を多數用意して行く
131662	朝鮮朝日	1926-08-01/2	01단	就學までに覺えた用語をしらべる/先づ鮮童を先にして漸次內地兒童に及ぼす
131663	朝鮮朝日	1926-08-01/2	01단	客足をひく/慶南物産館
131664	朝鮮朝日	1926-08-01/2	01단	朝日勝繼碁戰/第廿七回(十)
131665	朝鮮朝日	1926-08-01/2	03단	五萬圓を計上し沖合漁業獎勵
131666	朝鮮朝日	1926-08-01/2	03단	軍隊の護衛で白頭山へ登る
131667	朝鮮朝日	1926-08-01/2	03단	設備の充實を慶南道に懇ふ/各警察署から
131668	朝鮮朝日	1926-08-01/2	03단	來年度に終る金融經濟調査
131669	朝鮮朝日	1926-08-01/2	04단	尹澤榮侯爵が大連市に居住
131670	朝鮮朝日	1926-08-01/2	04단	新義州府の水害避難場所
131671	朝鮮朝日	1926-08-01/2	04단	木浦共進會に軍艦を廻航
131672	朝鮮朝日	1926-08-01/2	04단	京城府內の簡閱點呼成績
131673	朝鮮朝日	1926-08-01/2	04단	龍山署の流行病豫防
131674	朝鮮朝日	1926-08-01/2	04단	大村局長の留任希望電請
131675	朝鮮朝日	1926-08-01/2	04단	おちつく處は三厘見當か/金融組合の日步

일련번호	판명	간행일	단수	기사명
131676	朝鮮朝日	1926-08-03/1	01단	戰ひ正に高潮 全鮮野球三日目/龍山中學京師を敗る 三對零/京城中學大勝す 十一對一/京城中學對釜山中學 龍山中學對釜山第一商業
131677	朝鮮朝日	1926-08-03/1	01단	全鮮銀行大會/今年は中止か
131678	朝鮮朝日	1926-08-03/1	01단	通度寺住職宋氏再び當選
131679	朝鮮朝日	1926-08-03/1	01단	夏の元山より(下)/SPR
131680	朝鮮朝日	1926-08-03/1	02단	故李王卒哭祭
131681	朝鮮朝日	1926-08-03/1	02단	獨立面の新設を要望
131682	朝鮮朝日	1926-08-03/1	03단	諺文雜誌開闢發行禁止
131683	朝鮮朝日	1926-08-03/1	03단	忠淸兩道が最も被害激甚 水害復舊費 一千萬圓/公州郡の水害甚し/京畿道郡部に又も出水交通杜絶す/慶南線の不通/死者三十四名行方不明十三名/江原道の出水の被害/私設鐵道の水害復舊費用
131684	朝鮮朝日	1926-08-03/1	04단	海事局出張所新義州に移轉
131685	朝鮮朝日	1926-08-03/1	04단	慶南地方に浮塵子が發生
131686	朝鮮朝日	1926-08-03/1	05단	すかれ百合/土岐善磨
131687	朝鮮朝日	1926-08-03/1	05단	新義州の大雨
131688	朝鮮朝日	1926-08-03/1	06단	警官派出所襲擊犯の一味捕まる
131689	朝鮮朝日	1926-08-03/1	06단	各地を荒し廻る竊盜團捕る
131690	朝鮮朝日	1926-08-03/1	07단	德永巡査を狙擊した犯人依然不明/巡査斬りの容疑者を逮捕
131691	朝鮮朝日	1926-08-03/1	07단	日本人醫師赤露官憲に逮捕さる
131692	朝鮮朝日	1926-08-03/1	07단	民族會議に反對の團體を嚴重に監視
131693	朝鮮朝日	1926-08-03/1	07단	朴烈の兄が文子の遺骨を引取り葬る
131694	朝鮮朝日	1926-08-03/1	08단	哀れな鮮人が公園で死亡す/鮮人仲仕の同情
131695	朝鮮朝日	1926-08-03/1	08단	朝鮮物話(三十二)/細井肇作梨本久畫
131696	朝鮮朝日	1926-08-03/1	09단	電車に落雷し數名負傷す
131697	朝鮮朝日	1926-08-03/1	09단	人(渡邊十九師團長(東京電話)/鳩谷陽氏/永井潛氏(醫學博士)/柿原琢郎氏(東京覆審法院檢事)/堀江歸一氏(法博)烏賀陽良然氏(法博)佐藤寛次氏(農博)/西宅修五郎氏(岡山醫大出身))
131698	朝鮮朝日	1926-08-03/2	01단	朝鮮無煙炭の需要が增しても後顧の憂はない/黑木鑛務課長談
131699	朝鮮朝日	1926-08-03/2	01단	內地市場での鮮米の聲價を維持し得るやう穀物檢査規定改正
131700	朝鮮朝日	1926-08-03/2	01단	堆肥改善計劃と指導
131701	朝鮮朝日	1926-08-03/2	01단	京電値下の正式認可は十日頃か
131702	朝鮮朝日	1926-08-03/2	02단	慶北道農會第一回總會
131703	朝鮮朝日	1926-08-03/2	03단	內地への移出牛は減少
131704	朝鮮朝日	1926-08-03/2	03단	黃海道で畜牛改良獎勵
131705	朝鮮朝日	1926-08-03/2	03단	朝日勝繼碁戰/第廿七回(十一)
131706	朝鮮朝日	1926-08-03/2	04단	垂下式のカキ養殖/成績良好
131707	朝鮮朝日	1926-08-03/2	04단	平北道の秋蠶掃立增加

일련번호	판명	간행일	단수	기사명
131708	朝鮮朝日	1926-08-03/2	04단	新義州の着筏增加見込
131709	朝鮮朝日	1926-08-04/1	01단	煙草耕作地の增加計劃と擴張面積/明年度に四千百餘町步經費百萬圓を豫算に計上
131710	朝鮮朝日	1926-08-04/1	01단	台灣との航路が開くれば果物移輸出は激增する
131711	朝鮮朝日	1926-08-04/1	01단	ホーム・チームの出場に異常の人氣を呼び華々しい戰端を開いた全鮮豫選の準優勝戰
131712	朝鮮朝日	1926-08-04/1	02단	府債借欵は先づ成功/泉崎釜山府尹談
131713	朝鮮朝日	1926-08-04/1	03단	相變らずの財政難には困るだが鐵道直營その他事業は着々進む/齋藤總督談
131714	朝鮮朝日	1926-08-04/1	04단	京城府の徽章審査囑託
131715	朝鮮朝日	1926-08-04/1	04단	行商しながら東洋民情視察
131716	朝鮮朝日	1926-08-04/1	05단	單級小學の臨海敎育
131717	朝鮮朝日	1926-08-04/1	05단	濟州島に軍馬の補充部を設けて改良せよ/林朝鮮軍參謀長談
131718	朝鮮朝日	1926-08-04/1	05단	國境警備の大任が務るか危ぶんでゐる/堀少將語る
131719	朝鮮朝日	1926-08-04/1	05단	釜山の女高普設置は經費の點で本府の態度未決
131720	朝鮮朝日	1926-08-04/1	07단	大邱の兒童公園計劃さる
131721	朝鮮朝日	1926-08-04/1	07단	おさよ/柳田國男
131722	朝鮮朝日	1926-08-04/1	07단	朝鮮物話(三十三)/細井肇作梨本久畫
131723	朝鮮朝日	1926-08-04/1	08단	敎育檢定試驗
131724	朝鮮朝日	1926-08-04/1	08단	暴風雨で電信線の故障が多い
131725	朝鮮朝日	1926-08-04/1	08단	大邱の秘密結社暴露
131726	朝鮮朝日	1926-08-04/1	08단	會(敎育會總會/農事實習會)
131727	朝鮮朝日	1926-08-04/1	08단	內地さまざま(金が蓄って狂ふ/飛行を中止せよ/お金持逃げ出す/胃袋を切り取る/水の都が荒れる/戒名だいて轢死)
131728	朝鮮朝日	1926-08-04/2	01단	産米增殖問題私見/鈴木文助(寄)
131729	朝鮮朝日	1926-08-04/2	01단	運送會社合同と鮮內の輸送貨物/小資本の斯業者は漸次影がうすれる
131730	朝鮮朝日	1926-08-04/2	01단	大同江の船夫組合創立總會
131731	朝鮮朝日	1926-08-04/2	02단	兩取引所合倂實現か
131732	朝鮮朝日	1926-08-04/2	02단	ゴム工業漸次活況
131733	朝鮮朝日	1926-08-04/2	03단	京畿道の農作物改良と施肥の申合
131734	朝鮮朝日	1926-08-04/2	03단	朝日勝繼碁戰/第廿七回(十二)
131735	朝鮮朝日	1926-08-04/2	04단	京南鐵道工事所用資金借入方決定
131736	朝鮮朝日	1926-08-04/2	04단	會社銀行(朝鮮火災總會)
131737	朝鮮朝日	1926-08-05/1	01단	西尾大尉の祝賀飛行に一段の光彩を添へ/觀衆また醉へるが如く全鮮野球の決勝戰終る
131738	朝鮮朝日	1926-08-05/1	01단	*大接戰の後京中遂に勝つ 京中5釜商2/榮ある優勝旗は授與され大會全く終る/槪評 SPR*
131739	朝鮮朝日	1926-08-05/1	05단	感謝/大邱朝日京城通信局

일련번호	판명	간행일	단수	기사명
131740	朝鮮朝日	1926-08-05/1	05단	國境守備隊相互の連絡を圖るため無線電話を設置/經費十萬圓を要求
131741	朝鮮朝日	1926-08-05/1	06단	松下村藝下村海南
131742	朝鮮朝日	1926-08-05/1	06단	稅制調査委員會設置/規程公布さる
131743	朝鮮朝日	1926-08-05/1	06단	需要者の負擔を輕減するために一割一厘三毛引下げ 京城電氣の料金問題/遞信局が査定した電燈料の値下率 京城仁川始め馬山鎭海等
131744	朝鮮朝日	1926-08-05/1	07단	故李王御百日祭/一日釋國寺にて
131745	朝鮮朝日	1926-08-05/1	07단	四日現在の京城傳染病者
131746	朝鮮朝日	1926-08-05/1	07단	殉職警察官追悼
131747	朝鮮朝日	1926-08-05/1	08단	忠南七ケ郡の夥しい洪水被害/罹災者救濟會を組織して寄附金募集/江原道の水災害も相當大きい
131748	朝鮮朝日	1926-08-05/1	08단	妹の米國遊學を見送りの歸途 洋裝美人と靑年對馬沖で心中/許されぬ戀の前途を悲觀してか
131749	朝鮮朝日	1926-08-05/1	09단	釜山港の虎列拉豫防/二萬人に注射
131750	朝鮮朝日	1926-08-05/1	09단	資産家を欺いて數萬圓を橫領した株の仲買人捕る
131751	朝鮮朝日	1926-08-05/1	10단	數十名でスリ歩いた團長捕まる
131752	朝鮮朝日	1926-08-05/1	10단	子供轢かる
131753	朝鮮朝日	1926-08-05/2	01단	北支那航路と福岡寄港開始/朝郵の來年度計劃
131754	朝鮮朝日	1926-08-05/2	01단	史蹟や遺物保存登錄
131755	朝鮮朝日	1926-08-05/2	01단	海岸無電局東海岸に/新設する
131756	朝鮮朝日	1926-08-05/2	01단	朝日勝繼碁戰/第廿七回(十三)
131757	朝鮮朝日	1926-08-05/2	02단	在鮮官吏の義務貯金施行
131758	朝鮮朝日	1926-08-05/2	02단	京城組合銀行/七月末帳尻
131759	朝鮮朝日	1926-08-05/2	02단	債券發行許可
131760	朝鮮朝日	1926-08-05/2	02단	黃海道の畜牛移出と運輸經路
131761	朝鮮朝日	1926-08-05/2	03단	今年夏秋蠶の掃立枚數增加/繭價の割高に刺戟され
131762	朝鮮朝日	1926-08-05/2	03단	東拓の權限擴張さる/東拓と朝鮮關係の事務につき吉田業務部主任は語る
131763	朝鮮朝日	1926-08-05/2	03단	スッポンの保護法を考究
131764	朝鮮朝日	1926-08-05/2	04단	兩取引所重役辭表撤回
131765	朝鮮朝日	1926-08-05/2	04단	東拓の事業候補地
131766	朝鮮朝日	1926-08-05/2	04단	馬鈴薯や甘藷栽培獎勵
131767	朝鮮朝日	1926-08-06/1	01단	また豪雨/被害多し鐵道事故頻發し橋流れ道路決潰が多い/刻々に被害判明する
131768	朝鮮朝日	1926-08-06/1	01단	イザとなって稷の財産を出し澁る模樣があり釜山鎭女高普問題行き惱む
131769	朝鮮朝日	1926-08-06/1	01단	寫眞說明(凱歌を擧げる京中應援團(上)と岩城主將(右)/橫山捕手(中)/小杉投手(下))

일련번호	판명	간행일	단수	기사명
131770	朝鮮朝日	1926-08-06/1	03단	辭令(東京電話)
131771	朝鮮朝日	1926-08-06/1	03단	山林會員歡迎/金剛探勝を機會に咸南道の山林を紹介
131772	朝鮮朝日	1926-08-06/1	04단	人(李鍝公殿下/大阪夕陽丘高女生徒)
131773	朝鮮朝日	1926-08-06/1	04단	朝鮮の開發は鐵道第一主義にある/促進期成會組織/渡邊京商會頭談
131774	朝鮮朝日	1926-08-06/1	04단	戀の心中が導火線となり鮮人の自殺が流行はせぬかと當局が非常な心配
131775	朝鮮朝日	1926-08-06/1	05단	戰蹟を顧みて/朝鮮豫選大會終る/SPR生
131776	朝鮮朝日	1926-08-06/1	05단	チン、チョッパー/小倉當茂登
131777	朝鮮朝日	1926-08-06/1	06단	北鮮間島地方の馬賊團の勢力は評判のやうにはない薄田事務官視察談
131778	朝鮮朝日	1926-08-06/1	06단	內地さまざま
131779	朝鮮朝日	1926-08-06/1	07단	朝鮮物話(三十四)/細田肇さしゑ梨本久
131780	朝鮮朝日	1926-08-06/1	08단	僞造紙幣の一圓を發見
131781	朝鮮朝日	1926-08-06/2	01단	産米增殖問題私見(二)/鈴木文助(寄)
131782	朝鮮朝日	1926-08-06/2	01단	古站トンネル一年早く貫通/考古學上の好資料を工事中に多數發掘す
131783	朝鮮朝日	1926-08-06/2	01단	朝日勝繼碁戰/第廿七回(十四)
131784	朝鮮朝日	1926-08-06/2	03단	咸南警官の武術有段者
131785	朝鮮朝日	1926-08-06/2	03단	漁船に無電を明年度から設置/魚群の回游を通報する
131786	朝鮮朝日	1926-08-06/2	04단	馬山野球團の復活を決議す
131787	朝鮮朝日	1926-08-06/2	04단	早稻の走り一斤十六錢で御祝儀商ひ
131788	朝鮮朝日	1926-08-07/1	01단	釜山鎭埋築の許可さかる/愈よ三箇月以內には三派協調で着工する
131789	朝鮮朝日	1926-08-07/1	01단	合成校財産の提供はできぬ/これには反對すると設立者から苦情出る
131790	朝鮮朝日	1926-08-07/1	01단	電燈料の値下げに取殘された大邱/値下の聲漸く高まる/警察部の態度が觀物
131791	朝鮮朝日	1926-08-07/1	01단	不需要期のため天日鹽あまる
131792	朝鮮朝日	1926-08-07/1	02단	裏口から見た朝鮮(一)/凡悟樓生
131793	朝鮮朝日	1926-08-07/1	03단	公共貨付は年八步/殖産銀行の
131794	朝鮮朝日	1926-08-07/1	03단	鮮銀券大縮小/大正七年以來の
131795	朝鮮朝日	1926-08-07/1	03단	辭令(東京電話)
131796	朝鮮朝日	1926-08-07/1	03단	沖合漁業獎勵
131797	朝鮮朝日	1926-08-07/1	04단	浦項へ艦隊
131798	朝鮮朝日	1926-08-07/1	04단	成興高女生金剛山探勝
131799	朝鮮朝日	1926-08-07/1	04단	水産試驗場を實現すると/慶南道力瘤を入れる/經費は十萬圓を要す
131800	朝鮮朝日	1926-08-07/1	04단	宗像郡的場松濤

일련번호	판명	간행일	단수	기사명
131801	朝鮮朝日	1926-08-07/1	05단	スパイクの跡(一)/山縣生
131802	朝鮮朝日	1926-08-07/1	05단	平北道の虎疫豫防 上海の流行に怖氣をふるひ/虎疫豫防の第一期施行 一萬人に對し
131803	朝鮮朝日	1926-08-07/1	05단	案外ひどい國境水害 浸水五百戸にのぼり鴨綠江八尺增水する/京畿道內の水害高 二十四五萬圓/大漢江また增水 浸水二千戸
131804	朝鮮朝日	1926-08-07/1	06단	流筏を急がす
131805	朝鮮朝日	1926-08-07/1	06단	在天の神が人間に降るから大切に育てろと添書のついた棄兒
131806	朝鮮朝日	1926-08-07/1	07단	七星臺の管理者二人も出る/軍配を何れへ祈禱所を佛敎式に改めんとして爭ふ
131807	朝鮮朝日	1926-08-07/1	07단	錐揉みの姿で飛行機が墜落/裡里の練習飛行中に福永氏無慙の最期
131808	朝鮮朝日	1926-08-07/1	07단	不正置屋の征伐始る/先づ釜山署が
131809	朝鮮朝日	1926-08-07/1	08단	朝鮮物話(三十五)/細田肇さしゑ梨本久
131810	朝鮮朝日	1926-08-07/1	09단	會(鍾路署武道大會)
131811	朝鮮朝日	1926-08-07/1	09단	人(中村大佐)
131812	朝鮮朝日	1926-08-07/2	01단	産米增殖問題私見(三)/鈴木文助(寄)
131813	朝鮮朝日	1926-08-07/2	01단	信用ある團體が一分も高い/金を借ってゐる有樣/債券發行が許されぬので
131814	朝鮮朝日	1926-08-07/2	01단	奉天票の慘落で/輸入が振ふ
131815	朝鮮朝日	1926-08-07/2	01단	朝日碁戰臨時手合(一)
131816	朝鮮朝日	1926-08-07/2	03단	夏繭は製絲に面白くない/鐘紡は買はぬ
131817	朝鮮朝日	1926-08-07/2	03단	滿洲米の輸出取締令
131818	朝鮮朝日	1926-08-07/2	04단	茂山守備隊配屬を變更/羅南聯隊に
131819	朝鮮朝日	1926-08-07/2	04단	群山中學の補助金陳情/政府總監に
131820	朝鮮朝日	1926-08-07/2	04단	成興簡閱點呼
131821	朝鮮朝日	1926-08-07/2	04단	成興署夏稽古
131822	朝鮮朝日	1926-08-07/2	04단	全南谷城より
131823	朝鮮朝日	1926-08-08/1	01단	漢江は刻々に增水して龍山の住民避難する/京城の空家がふさがる/增水十メートルを突破
131824	朝鮮朝日	1926-08-08/1	01단	意外に酷い水の被害/忠南道內の
131825	朝鮮朝日	1926-08-08/1	01단	王殿下御病氣は心配する程の御容態では無いと御附武官魚少將語る
131826	朝鮮朝日	1926-08-08/1	01단	殖銀配當年九步/總會は二十三日
131827	朝鮮朝日	1926-08-08/1	01단	京南鐵道の延長を要望/群山商議所が
131828	朝鮮朝日	1926-08-08/1	02단	葛原冷藏庫營業を開始/八月五日から
131829	朝鮮朝日	1926-08-08/1	02단	來年度に建造の學校官署の振分/繼續事業を除けば百萬圓位の見込か
131830	朝鮮朝日	1926-08-08/1	02단	裏口から見た朝鮮(二)/凡悟樓生
131831	朝鮮朝日	1926-08-08/1	03단	辭令(東京電話)

일련번호	판명	간행일	단수	기사명
131832	朝鮮朝日	1926-08-08/1	03단	遞信局査定の損料と手數料/電氣料金のうち
131833	朝鮮朝日	1926-08-08/1	04단	吉敦線の工事豫定通り進む/松花江の鐵橋工事は特別に念入りでやる
131834	朝鮮朝日	1926-08-08/1	04단	京南線問題で群山奮起する/鐵道會社を創立して對抗策を講ずる方針
131835	朝鮮朝日	1926-08-08/1	04단	編輯局選
131836	朝鮮朝日	1926-08-08/1	05단	時價一萬圓の鑛石が沈む/大同江の中に
131837	朝鮮朝日	1926-08-08/1	05단	八日の飛行は中止か/福永氏の死で
131838	朝鮮朝日	1926-08-08/1	05단	殉職警視の弔慰金募集/官民有志か
131839	朝鮮朝日	1926-08-08/1	06단	スパイクの跡(二)/山縣生
131840	朝鮮朝日	1926-08-08/1	06단	平壤の名妓と情夫が駐在所で心中/驅落してとらへられ取調中隙をみて決行
131841	朝鮮朝日	1926-08-08/1	06단	かく亂風の怪しい疫病/東萊で流行死者を出す
131842	朝鮮朝日	1926-08-08/1	06단	演習林の農大生の溺死/激流に流され
131843	朝鮮朝日	1926-08-08/1	07단	阿片製造の不正業者/栽培を取消
131844	朝鮮朝日	1926-08-08/1	07단	本年十月ごろ平南の野で演習を擧行の計劃/參加部隊は龍山、大田、大邱、平壤
131845	朝鮮朝日	1926-08-08/1	07단	僅かな俸給を割き貧しき母へ仕送る/奇篤な兵士河内君/近く上司から表彰されん
131846	朝鮮朝日	1926-08-08/1	07단	朝鮮物話(三十六)/細田肇さしゑ梨本久
131847	朝鮮朝日	1926-08-08/1	08단	人(大江素天氏(本社經理部長))
131848	朝鮮朝日	1926-08-08/2	01단	産米增殖問題私見(四)/鈴木文助(寄)
131849	朝鮮朝日	1926-08-08/2	01단	産米增産の低資融通方針 土地改良關係會社と總督府の打合會で決定/東拓が殖銀に資金を融通 土地改良の
131850	朝鮮朝日	1926-08-08/2	01단	朝日碁戰臨時手合(二)
131851	朝鮮朝日	1926-08-08/2	03단	七月中の釜山貿易高/千五百五十萬圓
131852	朝鮮朝日	1926-08-08/2	03단	蒲鉾製造の講習を聞き/發達を圖る
131853	朝鮮朝日	1926-08-08/2	03단	水層を縱斷し動き方を知る/海洋調査を開始す/漁撈上にも效果があるか
131854	朝鮮朝日	1926-08-08/2	04단	東海岸鐵道期成聯盟會/八月溫井里で
131855	朝鮮朝日	1926-08-08/2	04단	元山點呼/成績は良好
131856	朝鮮朝日	1926-08-08/2	04단	運動界(全鮮野球の慶南豫選會六月から擧行/明大軍勝つ對殖銀野球戰で)
131857	朝鮮朝日	1926-08-10/1	01단	增車と車輛補充の二計劃大體きまる/經費二千二百萬圓を要し/將來北鮮に工場を設ける
131858	朝鮮朝日	1926-08-10/1	01단	增員問題から東拓ごたつく/社外から高級社員を招聘は怪しからぬと
131859	朝鮮朝日	1926-08-10/1	01단	痺をきらして値下を叫ぶ/横暴なる全北電氣に全州民愛想をつかす

일련번호	판명	간행일	단수	기사명
131860	朝鮮朝日	1926-08-10/1	02단	大阪大連間の郵飛延期/着陸場浸水と格納庫未完で
131861	朝鮮朝日	1926-08-10/1	02단	批難するほど高くないと鮮人質屋の代表から金利引下反對を陳情
131862	朝鮮朝日	1926-08-10/1	03단	夏の夕べ/橋田東聲
131863	朝鮮朝日	1926-08-10/1	03단	不合格米から多木氏の强談
131864	朝鮮朝日	1926-08-10/1	04단	地曳綱工鯛が獲れる/魚族の回游に變化をきたす
131865	朝鮮朝日	1926-08-10/1	04단	杉原巡査に工勞記章授與
131866	朝鮮朝日	1926-08-10/1	04단	運送店合同に俄然反對の聲/京仁の當業者達から大會へ反對案を提出
131867	朝鮮朝日	1926-08-10/1	04단	投身者がふえ船員を苦める/昨今の關釜連絡船
131868	朝鮮朝日	1926-08-10/1	04단	安寧と平安の水利組合出願
131869	朝鮮朝日	1926-08-10/1	04단	光化門の移轉/九月中に終る
131870	朝鮮朝日	1926-08-10/1	05단	趣味の婦人(一)/歌は婦人の情操を培ふ/その意味から歌道へ 歌人市山靜子サン
131871	朝鮮朝日	1926-08-10/1	05단	私刑事件から安息教大弱り 信用を恢復するため近く幹部が內鮮する/私刑博士に檢查控訴 人道の公敵に實刑を科せと
131872	朝鮮朝日	1926-08-10/1	06단	慶南陳列館の夜間開館開始
131873	朝鮮朝日	1926-08-10/1	06단	大同江の船夫/丸福へ押寄す
131874	朝鮮朝日	1926-08-10/1	06단	夥しい密輸品/新義州稅關の
131875	朝鮮朝日	1926-08-10/1	06단	上海經由船に嚴重なる檢疫
131876	朝鮮朝日	1926-08-10/1	07단	言語に絶した鮮人側の暴行/結局騷擾罪で處罰か/大邱府內の亂鬪事件
131877	朝鮮朝日	1926-08-10/1	07단	內地さまざま(御召軍艦の準備/テントのホテル/殺人自白は狂言/暴彈投下て擊沈/捨てる神拾ふ神/溫泉へケーブル)
131878	朝鮮朝日	1926-08-10/1	08단	ひどかった全北道の水害
131879	朝鮮朝日	1926-08-10/1	08단	釋放方を露國へ陳情/柳生丸船長は今猶抑留さる
131880	朝鮮朝日	1926-08-10/1	09단	これはまた不思議/四肢四翼の雛平北の田舍で孵化
131881	朝鮮朝日	1926-08-10/1	09단	天安廣川間八日から復舊
131882	朝鮮朝日	1926-08-10/1	09단	間島の豪雨/水害を憂慮す
131883	朝鮮朝日	1926-08-10/1	09단	佛國軍艦入港
131884	朝鮮朝日	1926-08-10/1	10단	運動界(明大軍來壞し鐵道軍を戰ふ/京城中學軍甲子園へ向ふ/竣工を告げた平壤グランド/金剛探勝出發期)
131885	朝鮮朝日	1926-08-10/1	10단	會(咸南水産集談會/府尹郡守會議/誌友講演會)
131886	朝鮮朝日	1926-08-10/1	10단	人(李鍵公殿下/長岡駐獨大使/池上當三郎氏(新任十二師團長)/演田實氏(大每記者)/篠田李王職次官)
131887	朝鮮朝日	1926-08-10/2	01단	裏口から見た朝鮮(三)/凡悟樓生
131888	朝鮮朝日	1926-08-10/2	01단	計劃された朝鮮民興會/當局が目を光らせて趣意書を假差押する
131889	朝鮮朝日	1926-08-10/2	01단	簡保內容/目下審議中の

일련번호	판명	간행일	단수	기사명
131890	朝鮮朝日	1926-08-10/2	01단	新義州府の飲料水が剩る
131891	朝鮮朝日	1926-08-10/2	01단	長連航路の計劃變更/三十四回の航海をやる
131892	朝鮮朝日	1926-08-10/2	02단	鐵道急設の應援方を依賴
131893	朝鮮朝日	1926-08-10/2	02단	鴨綠江減水し流筏近く出來る
131894	朝鮮朝日	1926-08-10/2	02단	肥料增施計劃
131895	朝鮮朝日	1926-08-10/2	02단	不正を働く肥料商取締り
131896	朝鮮朝日	1926-08-10/2	03단	愈建築する/新義州警察署
131897	朝鮮朝日	1926-08-10/2	03단	成興附近の築港基本調査
131898	朝鮮朝日	1926-08-10/2	03단	朝日碁戰臨時手合(三)
131899	朝鮮朝日	1926-08-10/2	04단	實地調査する/灌漑電化事業
131900	朝鮮朝日	1926-08-10/2	04단	殖銀の異動
131901	朝鮮朝日	1926-08-10/2	04단	煙草が眞瓜に/奇妙なる現象
131902	朝鮮朝日	1926-08-11/1	01단	內地さまざま(變った靑年訓練/旭硝子爭議惡化/魚輸送時間短縮/門司の水道斷水/市長サンの投書)
131903	朝鮮朝日	1926-08-11/1	01단	各地の電氣問題はこの際値下斷行か/京城電氣が解決したので各會社が料金改正を申請
131904	朝鮮朝日	1926-08-11/1	01단	廣い陷沒地を水田とする/經費四十萬圓を投じ鴨江水利組合生れん
131905	朝鮮朝日	1926-08-11/1	01단	昨年度中の鮮內小作爭議
131906	朝鮮朝日	1926-08-11/1	02단	電信電話の回線增設/經費の關係上短區間に止む
131907	朝鮮朝日	1926-08-11/1	02단	趣味の婦人(二)/友の大自然が妾を文學へ導いてくれたのです線の太い內野郁さん
131908	朝鮮朝日	1926-08-11/1	03단	殖産局所管の豫査定さる
131909	朝鮮朝日	1926-08-11/1	04단	二面に一局所/郵便局所の理想
131910	朝鮮朝日	1926-08-11/1	04단	良酒をウンと供給させる/京畿道の方針/この際酒稅行政の過渡期に善處する
131911	朝鮮朝日	1926-08-11/1	04단	勞働爭議を激勵して/民族的色彩を盛んに吹込む
131912	朝鮮朝日	1926-08-11/1	05단	水害のため穴居生活/北淸における/內鮮人の生活
131913	朝鮮朝日	1926-08-11/1	05단	豊田鳴子
131914	朝鮮朝日	1926-08-11/1	05단	移入稅撤廢で酒屋が結束し頻りに對抗策を講ず驤て全鮮的となるか
131915	朝鮮朝日	1926-08-11/1	06단	孤兒の世話に半生を捧げたカミ口師表彰される/その尊き半生の苦心
131916	朝鮮朝日	1926-08-11/1	06단	淸津にチブス蔓延の兆あり
131917	朝鮮朝日	1926-08-11/1	06단	局長の實姉が般中で發狂す
131918	朝鮮朝日	1926-08-11/1	07단	匪賊を射殺したと嘘をついて免官/實は賞與が欲しさに一芝居うって大失敗
131919	朝鮮朝日	1926-08-11/1	07단	朴烈の實兄は東上を見合す/彼は第と全然反對の思想をもつ實直な男

일련번호	판명	간행일	단수	기사명
131920	朝鮮朝日	1926-08-11/1	07단	朝鮮物話(三十七)/細田肇さしゑ梨本久
131921	朝鮮朝日	1926-08-11/2	01단	裏口から見た朝鮮(四)/凡悟樓生
131922	朝鮮朝日	1926-08-11/2	01단	出來得る限り便利を與へる/帝國鐵道協會總會と大村鐵道局長の方針
131923	朝鮮朝日	1926-08-11/2	01단	群山の當豪が株主となり/京南鐵を援助するか意味深い會頭の入城
131924	朝鮮朝日	1926-08-11/2	01단	北海道から鼈の注文來る
131925	朝鮮朝日	1926-08-11/2	01단	耕地整理を農家が希望/弊害があると本府が許さぬ
131926	朝鮮朝日	1926-08-11/2	03단	土地改良代行/豫定面積決定
131927	朝鮮朝日	1926-08-11/2	03단	白頭登山隊が鴨綠江を下航
131928	朝鮮朝日	1926-08-11/2	03단	新義州中學の敷地決定する
131929	朝鮮朝日	1926-08-11/2	04단	イリコの山統營の豊漁
131930	朝鮮朝日	1926-08-11/2	04단	校長會と講習/平北道で開く
131931	朝鮮朝日	1926-08-11/2	04단	馬山の政防演習
131932	朝鮮朝日	1926-08-11/2	04단	鐵道延長協議
131933	朝鮮朝日	1926-08-11/2	04단	馬山軍借敗す/鐵工１３馬山１２
131934	朝鮮朝日	1926-08-12/1	01단	世のなかさまざま(囚人に簡保勸誘/別府市の共進會/海軍棧橋の破壞/黑嶽を踏査する/琉球娼妓の自廢/廢艦彌生の最期)
131935	朝鮮朝日	1926-08-12/1	01단	樂浪の古墳を無暗に發掘させぬ總督府の方針きまる
131936	朝鮮朝日	1926-08-12/1	01단	プールが汚なく病氣がうつる/吃驚して試驗したらいふ程でないと判る/評判の悪い大邱のプール
131937	朝鮮朝日	1926-08-12/1	01단	鐵道のことを教科書に採用されたいと申し來る
131938	朝鮮朝日	1926-08-12/1	02단	內地渡航者が北鮮行に變る/さて効果如何
131939	朝鮮朝日	1926-08-12/1	03단	鐵橋々脚の擴張方を警告
131940	朝鮮朝日	1926-08-12/1	03단	趣味の婦人(三)/女性の沈黙を破りたいととってもすさまじい草世木輝子サンの氣焰
131941	朝鮮朝日	1926-08-12/1	04단	四十萬圓では物にならない/釜山牧島連絡
131942	朝鮮朝日	1926-08-12/1	04단	營業稅を設定/所得稅は後廻し賦課の範圍內定する/稅收入を各道で調査
131943	朝鮮朝日	1926-08-12/1	04단	麻布輸入稅をうんと引上げ綿布移入稅のみ半減/其他は据置にきまる
131944	朝鮮朝日	1926-08-12/1	04단	幸運の葉書釜山ではやる
131945	朝鮮朝日	1926-08-12/1	05단	火夫鐵砲自殺
131946	朝鮮朝日	1926-08-12/1	06단	軌道枕に寝て列車に刎飛さる
131947	朝鮮朝日	1926-08-12/1	06단	食ふにものがなくて塵箱をあさる/哀れな京城の貧困者
131948	朝鮮朝日	1926-08-12/1	06단	不良鮮人又も支那人を襲ふ/重なる暴行に鮮支の間に深い溝ができる
131949	朝鮮朝日	1926-08-12/1	07단	世界一周徒步旅行家の秋光氏來門
131950	朝鮮朝日	1926-08-12/1	07단	夏の蝶/下關岡原梅之進

일련번호	판명	간행일	단수	기사명
131951	朝鮮朝日	1926-08-12/1	07단	キーサンの女王が毒藥自殺を企つ/社會主義者の情夫が收容されたを悲觀し
131952	朝鮮朝日	1926-08-12/1	08단	大阪の男女が服毒心中/兩人ともに生命が危篤
131953	朝鮮朝日	1926-08-12/1	08단	酒を強ひた上/突然斬り付く
131954	朝鮮朝日	1926-08-12/1	09단	穀物組合の不正事件暴露
131955	朝鮮朝日	1926-08-12/1	09단	日本大學生が人妻に暴行
131956	朝鮮朝日	1926-08-12/1	09단	朝鮮物話(三十八)/細田肇さしゑ梨本久
131957	朝鮮朝日	1926-08-12/1	10단	鮮滿案內備付
131958	朝鮮朝日	1926-08-12/1	10단	人(李鍵公殿下)
131959	朝鮮朝日	1926-08-12/2	01단	裏口から見た朝鮮(五)/凡悟樓生
131960	朝鮮朝日	1926-08-12/2	01단	産米增殖問題私見(五)/鈴木文助(寄)
131961	朝鮮朝日	1926-08-12/2	02단	朝日碁戰臨時手合(四)
131962	朝鮮朝日	1926-08-12/2	03단	停滯木材流筏/フルハトの增水
131963	朝鮮朝日	1926-08-12/2	04단	元山線延長を慶南道へ陳情
131964	朝鮮朝日	1926-08-12/2	04단	名古屋商品の見本市を開く
131965	朝鮮朝日	1926-08-12/2	04단	龍井にポンプ
131966	朝鮮朝日	1926-08-12/2	04단	慶北實業大會/大邱で今秋開く
131967	朝鮮朝日	1926-08-12/2	04단	機動演習は咸北で行ふ
131968	朝鮮朝日	1926-08-13/1	01단	內地さまざま(江戶の仇長崎で/國枝機不時着陸/三笠炭坑の罷業/郵便飛行の復活/齒科醫師會奮起/門司上水に批難)
131969	朝鮮朝日	1926-08-13/1	01단	金剛山に近代的の一大ホテルが建つ/總督府は極力これを援助する/勸銀の古建物をゆづりうけて
131970	朝鮮朝日	1926-08-13/1	01단	週報をくばりフ井ルムを統一/不統一に手を燒いてあらての方法をとる
131971	朝鮮朝日	1926-08-13/1	01단	大阪大連間の郵便飛行時間
131972	朝鮮朝日	1926-08-13/1	01단	淸津へ無電局
131973	朝鮮朝日	1926-08-13/1	02단	釜山電車の府營協議/今後は輿論の喚起に努める
131974	朝鮮朝日	1926-08-13/1	03단	辭令(東京電話)
131975	朝鮮朝日	1926-08-13/1	03단	公債をもって平電買收/府尹が本府と打合せて決定
131976	朝鮮朝日	1926-08-13/1	03단	スエーデンの皇太子を迎へ/生徒の運動を台覽に供し/スポーツ式御歡迎を申上る京城府の方針
131977	朝鮮朝日	1926-08-13/1	04단	平壤高女增築
131978	朝鮮朝日	1926-08-13/1	04단	平壤電氣延長
131979	朝鮮朝日	1926-08-13/1	04단	勝敗は別問題です/たゞ戰ふばかりだと岩城京城中學主將昂然と語る/京城中學は旭川商業と鉾を交る
131980	朝鮮朝日	1926-08-13/1	04단	牛と馬の闘爭/馬突き殺さる
131981	朝鮮朝日	1926-08-13/1	05단	平北道の豪雨/生死不明三十名/死體九個を發見する/倒壞せる家屋十四戶
131982	朝鮮朝日	1926-08-13/1	05단	放牛うろつき汽車をとゞむ

일련번호	판명	간행일	단수	기사명
131983	朝鮮朝日	1926-08-13/1	05단	府民慰安の納凉音樂會/京城の各所で
131984	朝鮮朝日	1926-08-13/1	05단	遊興費不拂を娼妓に轉嫁/あきれかへる樓主達の不正
131985	朝鮮朝日	1926-08-13/1	06단	密漁し大怪俄
131986	朝鮮朝日	1926-08-13/1	06단	篦棒なこの暑さに行路病者がふえ/毎日一件以上もあり釜山府の衛生係弱る
131987	朝鮮朝日	1926-08-13/1	06단	幸運の手紙が新義州で流行
131988	朝鮮朝日	1926-08-13/1	06단	列車の中で大金盜まる
131989	朝鮮朝日	1926-08-13/1	07단	賭撞球バレて多數紳士召喚
131990	朝鮮朝日	1926-08-13/1	07단	馬賊の頭目逮捕さる/炊事夫と化け新義州府外で
131991	朝鮮朝日	1926-08-13/1	07단	小倉田上耕作
131992	朝鮮朝日	1926-08-13/1	07단	突き倒されて監督絶命する
131993	朝鮮朝日	1926-08-13/1	08단	大邱署の鐵槌/遊廓に下らん
131994	朝鮮朝日	1926-08-13/1	08단	朝鮮物話(三十九)/細田肇さしゑ梨本久
131995	朝鮮朝日	1926-08-13/1	09단	運動界(北鮮野球豫選/國境庭球大會)
131996	朝鮮朝日	1926-08-13/1	09단	人(中山天理敎管長)
131997	朝鮮朝日	1926-08-13/2	01단	産米增殖問題私見(六)/鈴木文助(寄)
131998	朝鮮朝日	1926-08-13/2	01단	釜山で食止め咸南道へ送る/鮮人勞働者の希望があれば今後も續ける
131999	朝鮮朝日	1926-08-13/2	01단	馬山の半島美術展
132000	朝鮮朝日	1926-08-13/2	01단	小作令制定/明年度豫算に調査費を計上
132001	朝鮮朝日	1926-08-13/2	01단	思はしくない/七月の元山貿易
132002	朝鮮朝日	1926-08-13/2	02단	鎭南浦鄕軍役員
132003	朝鮮朝日	1926-08-13/2	02단	國境各地にて虎疫豫防注射
132004	朝鮮朝日	1926-08-13/2	03단	平壤の人口增加
132005	朝鮮朝日	1926-08-13/2	03단	修正を要する/金融組合法改正
132006	朝鮮朝日	1926-08-13/2	03단	朝日碁戰臨時手合(五)
132007	朝鮮朝日	1926-08-13/2	04단	肥料檢査機關/産米增殖で設置
132008	朝鮮朝日	1926-08-13/2	04단	産業成功者を廣く紹介する
132009	朝鮮朝日	1926-08-13/2	04단	仁川水原間に鐵道敷設申請
132010	朝鮮朝日	1926-08-13/2	04단	平壤測候所が新廳舍へ移轉
132011	朝鮮朝日	1926-08-13/2	04단	新義州競馬會
132012	朝鮮朝日	1926-08-13/2	04단	西鮮競馬大會
132013	朝鮮朝日	1926-08-14/1	01단	割合に成績のよい無電の短波長放送/なほ今後試驗をつゞけ完全ならば備へつける
132014	朝鮮朝日	1926-08-14/1	01단	きはめて御元氣で漢學に親しまる/音樂と英語は御中止/李王太妃の御日常
132015	朝鮮朝日	1926-08-14/1	01단	道知事の異動十三日閣議で決定す/三名依願免官となる
132016	朝鮮朝日	1926-08-14/1	01단	初めよく/終り惡し鐵道の收入狀態/豫想よりも減收してあて事全くはずれる

일련번호	판명	간행일	단수	기사명
132017	朝鮮朝日	1926-08-14/1	03단	大いに辯じ久留米へ/竹上將軍赴任
132018	朝鮮朝日	1926-08-14/1	03단	趣味の婦人(四)/歌道は妾の唯一の友です/妾は歌に生きたいと近江惠子サンは語る
132019	朝鮮朝日	1926-08-14/1	04단	文官普通試驗合格者の發表
132020	朝鮮朝日	1926-08-14/1	04단	雨ぼたる/鈴木花蓑
132021	朝鮮朝日	1926-08-14/1	04단	圖書館の本に性の惡い惡戲/一人の樂書が幾人かに傳染大切な頁をこっそり失敬するやつもある
132022	朝鮮朝日	1926-08-14/1	05단	京城中學軍エール高唱(本社の選手會にて)
132023	朝鮮朝日	1926-08-14/1	05단	國境道路を完成する/匪賊の横行に鑒みたる結果
132024	朝鮮朝日	1926-08-14/1	05단	鮮人の出版熱/頗る盛んになる/概ね文藝の諺文飜譯/圖書課多忙をきはむ
132025	朝鮮朝日	1926-08-14/1	06단	瓦電府營を府に要望/釜山府議員の有志が決議す
132026	朝鮮朝日	1926-08-14/1	07단	鮮內へ絶對に虎疫を入れぬ/釜山の大警戒
132027	朝鮮朝日	1926-08-14/1	07단	終りをつげた教科書の編纂/引續き國語と實業の兩教科書編纂に着手
132028	朝鮮朝日	1926-08-14/1	07단	國境の水害は慘狀をきはむ 情報のいたるごとにそのひどさがわかる/平南道の水害/忠南の水害 二百萬圓
132029	朝鮮朝日	1926-08-14/1	08단	內地さまざま(關門隧道着工期/大鐘乳洞を發見/旱天で發電減退/助役の村稅横領/農民組合の對立)
132030	朝鮮朝日	1926-08-14/1	08단	船主憤慨して船を差押へる/大同江船夫の罷業は斯て惡化するばかり
132031	朝鮮朝日	1926-08-14/1	08단	舊惡がバレる
132032	朝鮮朝日	1926-08-14/1	09단	美男の支那人絞殺される
132033	朝鮮朝日	1926-08-14/1	09단	上海の假政府もろくも寂滅/殘された部下の者が遂に乞食になり下る
132034	朝鮮朝日	1926-08-14/1	10단	黑い腹を出し勘定はこれで圖太い無錢飲食
132035	朝鮮朝日	1926-08-14/1	10단	楊在憲製絲に爭議勃發する
132036	朝鮮朝日	1926-08-14/1	10단	惡辣な手段で貴族を欺き/大金を捲上ぐ奇怪なる鮮人
132037	朝鮮朝日	1926-08-14/2	01단	裏口から見た朝鮮(六)/凡悟樓生
132038	朝鮮朝日	1926-08-14/2	01단	淸津港貿易額/一月以降累計
132039	朝鮮朝日	1926-08-14/2	01단	京城少年團の幹部幕營地へ
132040	朝鮮朝日	1926-08-14/2	01단	總督府で救貧事業/目下社會課で材料を蒐集中
132041	朝鮮朝日	1926-08-14/2	02단	棉花査定競技
132042	朝鮮朝日	1926-08-14/2	02단	慶南の酒造稅
132043	朝鮮朝日	1926-08-14/2	02단	平南の棉は增收を豫想
132044	朝鮮朝日	1926-08-14/2	02단	世界一周家朝鮮に入る
132045	朝鮮朝日	1926-08-14/2	02단	平元線の一部本月中に起工
132046	朝鮮朝日	1926-08-14/2	02단	明年度豫算殆んど出揃ふ
132047	朝鮮朝日	1926-08-14/2	03단	水利請負と低利振當決定

일련번호	판명	간행일	단수	기사명
132048	朝鮮朝日	1926-08-14/2	03단	平壤衛生狀態
132049	朝鮮朝日	1926-08-14/2	03단	朝日碁戰臨時手合(六)
132050	朝鮮朝日	1926-08-14/2	04단	地方財政難で本府憂慮する
132051	朝鮮朝日	1926-08-14/2	04단	鎭南浦の桃や林檎が出初む
132052	朝鮮朝日	1926-08-14/2	04단	蟹退治をやる
132053	朝鮮朝日	1926-08-15/1	01단	接續地のコレラ流行で鮮內各地神經を尖らす 萬一にも京畿道へ侵入した場合には七日間で三十五萬人に豫防注射する/亂殺しに檢疫する 虎疫の侵入を恐れる平南道/共同で豫防 慶南と山口が極力つとめる
132054	朝鮮朝日	1926-08-15/1	01단	日盛り/馬公も炎熱を避けて
132055	朝鮮朝日	1926-08-15/1	03단	强慾の地主に收用法を適用
132056	朝鮮朝日	1926-08-15/1	03단	千古の秘密境白頭山を探檢/秘密の池はとても凄く噴火口の下にある/山上は頗る美しい/登山隊の一行解散する
132057	朝鮮朝日	1926-08-15/1	04단	文具問題解決
132058	朝鮮朝日	1926-08-15/1	04단	四十萬圓で綜合大學/取敢ず實施の延禧專門學校
132059	朝鮮朝日	1926-08-15/1	04단	朝鮮物産の獎勵デー
132060	朝鮮朝日	1926-08-15/1	04단	行啓の奏請は噂に過ぎない/總督にはそんな考は或はあるかも知れぬ/三矢警務局長の土産話
132061	朝鮮朝日	1926-08-15/1	05단	京城中學軍の觀戰(甲子園のスタンドにて)
132062	朝鮮朝日	1926-08-15/1	05단	鮮內で造る日本酒は前途頗る有望/今後滿洲方面へ擴張
132063	朝鮮朝日	1926-08-15/1	05단	總督府辭令
132064	朝鮮朝日	1926-08-15/1	06단	愈明年度から水利局を新設/約六百萬圓の豫算で土地改良事業をやる
132065	朝鮮朝日	1926-08-15/1	06단	大邱に劣らず運動せよと平壤府民は醫專設置に大わらわになって奔走
132066	朝鮮朝日	1926-08-15/1	07단	辭令(東京電話)
132067	朝鮮朝日	1926-08-15/1	07단	生牛をふやし多く移出する/牛疫も全く終熄してボツボツ移出始まる
132068	朝鮮朝日	1926-08-15/1	08단	鮮語になやみ更に內地語宣敎師よわる/どうでも內鮮兩語を習はなければならぬ
132069	朝鮮朝日	1926-08-15/1	08단	運輸課長名で多額の金作取
132070	朝鮮朝日	1926-08-15/1	08단	海事審判の二審制採用/明年度の豫算に計上/海事法規統一近づく
132071	朝鮮朝日	1926-08-15/1	09단	穀物檢査官を本府直屬とし/嚴正な檢査を行はしむ總督府の方針決定する
132072	朝鮮朝日	1926-08-15/1	09단	四十餘年間思出深い/チョン髷を落し文字の遺骨取に朴烈の實兄上京する
132073	朝鮮朝日	1926-08-15/1	10단	無理心中/女は生命危篤/男は卽死する
132074	朝鮮朝日	1926-08-15/1	10단	死體十七發見/廿六名は不明

일련번호	판명	간행일	단수	기사명
132075	朝鮮朝日	1926-08-15/1	10단	釜山の火事/二棟四戸を燒く煙草の火から
132076	朝鮮朝日	1926-08-15/1	10단	線路で假睡し遂に轢殺さる
132077	朝鮮朝日	1926-08-15/2	01단	裏口から見た朝鮮(七)/凡悟樓生
132078	朝鮮朝日	1926-08-15/2	01단	適當な箇所を選びテングサ養殖/慶南水産會でやる
132079	朝鮮朝日	1926-08-15/2	01단	七夕の夜を別付であかす/美しい泉都の一夜に少年達限りなく喜ぶ/京城少年團の幕營
132080	朝鮮朝日	1926-08-15/2	02단	絹布麻布の共同作業場
132081	朝鮮朝日	1926-08-15/2	03단	慶南の稻作は發育頗るよい
132082	朝鮮朝日	1926-08-15/2	03단	秋芳洞探勝團
132083	朝鮮朝日	1926-08-15/2	03단	朝日碁戰臨時手合(七)
132084	朝鮮朝日	1926-08-15/2	04단	地方改良講習/慶南道で開く
132085	朝鮮朝日	1926-08-15/2	04단	人(新舊羅南師團長)
132086	朝鮮朝日	1926-08-15/2	04단	運動界(關大軍の來邱)
132087	朝鮮朝日	1926-08-17/1	01단	千古の秘密境白頭山を極む 嚴しい護衛兵付で困苦と戰って踏査 幾多貴重なる資料を採取する 靈湖に舟を泛べんとして失敗 踏査隊一行歸る/草花に埋まる天上の樂園境 新發見の溫泉に浸り七日間の汗をあらふ 踏査團長高橋サンの話/これはまた不思議 羽のないバッタ 自然科學研究資料の寶庫ともいふべきだ 三明京城第二高女教諭の話/日本アルプス登山と異る意義があるもっと長く專門家が研究の要ありと思ふ 川崎地質調査所長の話
132088	朝鮮朝日	1926-08-17/1	05단	勅任のうごき/苦心のあと歷然と現はる湯淺總監の手盛加減果して公平な異動か/今度の知事異動評
132089	朝鮮朝日	1926-08-17/1	05단	踏査ゴシップ
132090	朝鮮朝日	1926-08-17/1	06단	土岐善麿
132091	朝鮮朝日	1926-08-17/1	07단	平壤の賑ひ/平元線着工と運動場開きで
132092	朝鮮朝日	1926-08-17/1	07단	釜山瓦電會社値さげを聲明/世論動し難きを知り大勢順應に決定する
132093	朝鮮朝日	1926-08-17/1	07단	虎疫を一步も侵入さすな/新義州の警戒
132094	朝鮮朝日	1926-08-17/1	08단	楊在憲製絲の盟休解決する
132095	朝鮮朝日	1926-08-17/1	08단	運動界(鐵道軍殖銀を屠る/鐵道１２殖銀３/中央豫選大會)
132096	朝鮮朝日	1926-08-17/1	09단	虎疫來らばたゞちに擊退/平壤府の準備
132097	朝鮮朝日	1926-08-17/1	09단	濟州島の火事三十六棟を燒く/消防意の如くならず/たゞ燃えるにまかす
132098	朝鮮朝日	1926-08-17/1	09단	突然少年の首をしめあぐ
132099	朝鮮朝日	1926-08-17/1	10단	某重大事件の犯人收容さる
132100	朝鮮朝日	1926-08-17/1	10단	面の公金橫領遺言で判明す
132101	朝鮮朝日	1926-08-17/1	10단	會(樂浪文化講演會/農具改良講習會/平壤均一陣列會/釜山の納凉大會)
132102	朝鮮朝日	1926-08-17/1	10단	人(湯淺總監西部視察/養鷄視察團內地へ/渡邊十九師團長)

일련번호	판명	간행일	단수	기사명
132103	朝鮮朝日	1926-08-17/2	01단	建設費だけは平壤で負擔し建物ができあがれば國費にうつす方針だ/醫專問題につき靑木平南知事談
132104	朝鮮朝日	1926-08-17/2	01단	何かよい就職口はおまへんかと一箇年紹介所へ通ふ/相變ず賑ふ京城紹介所
132105	朝鮮朝日	1926-08-17/2	01단	新設の山林署/本月上旬から事務を開始す
132106	朝鮮朝日	1926-08-17/2	01단	赤い國の領事館増築/東京大使館に匹敵する建物
132107	朝鮮朝日	1926-08-17/2	02단	鐵道問題にて營山浦民大會
132108	朝鮮朝日	1926-08-17/2	02단	總督府辭令
132109	朝鮮朝日	1926-08-17/2	02단	執行官から賞詞
132110	朝鮮朝日	1926-08-17/2	02단	咸鏡北部線の工事入札すむ
132111	朝鮮朝日	1926-08-17/2	03단	中學設置陳情/馬山の有志が
132112	朝鮮朝日	1926-08-17/2	03단	司廚の組合/朝鮮同友會今度新しく生る/高級船員も計劃
132113	朝鮮朝日	1926-08-17/2	03단	平南炭の年産百萬トン計劃
132114	朝鮮朝日	1926-08-17/2	03단	死體解剖が外から見える/咸興醫院修築
132115	朝鮮朝日	1926-08-17/2	04단	直指寺川の護岸修築完了
132116	朝鮮朝日	1926-08-17/2	04단	よい酒で對抗する/それより外に方針とてない/移入税撤廢と當局の話
132117	朝鮮朝日	1926-08-17/2	04단	慶北林産共進會
132118	朝鮮朝日	1926-08-17/2	04단	大邱の競馬會
132119	朝鮮朝日	1926-08-17/2	04단	性質の惡い鑿業令違反
132120	朝鮮朝日	1926-08-18/1	01단	何人もよせつけず三時間に互り取調べ 問はるゝまゝ叮嚀に際どい所まで答へる 松島事件に關する湯淺總監の取調べ/巧みな擊退で記者連の苦心 窓下へも近寄られず耳の働きを封ぜらる
132121	朝鮮朝日	1926-08-18/1	03단	遁走馬賊と咸南の警戒/白頭山附近に警戒網を張る
132122	朝鮮朝日	1926-08-18/1	03단	プロペラ船で郵便物を遞送 京城以北方面の豪雨 就中國境の被害多し/鴨緑江増水新義州危し 十五日からの雨今に降續く
132123	朝鮮朝日	1926-08-18/1	04단	興味をそゝる鮮滿對抗競技 滿洲軍はトラックに朝鮮軍はフヰールド 雙方對策に腐心する/鮮滿對抗競技プログラム
132124	朝鮮朝日	1926-08-18/1	04단	盆燈節/若松素仙
132125	朝鮮朝日	1926-08-18/1	05단	救濟金を贈る/平北公北面の山崩れ
132126	朝鮮朝日	1926-08-18/1	05단	浮浪者調べ/京城本町署で
132127	朝鮮朝日	1926-08-18/1	05단	打って打って打ち捲り京城中學旭川商業を屠る 中途危ふしと見た岩城主將は負傷の身を顧ず涙を流して出場を懇請する/勝った勝った 京城が湧き返り視電を宿舍に飛ばす すばらしい熱狂ぶり
132128	朝鮮朝日	1926-08-18/1	06단	多産になやみ墮胎藥をのむ
132129	朝鮮朝日	1926-08-18/1	07단	姉をたづねる哀れな聾啞者
132130	朝鮮朝日	1926-08-18/1	07단	馬賊威壓の發火演習/國境の各地で成績頗るよい
132131	朝鮮朝日	1926-08-18/1	08단	朝鮮物語(四十)/細井肇さしゑ梨本久

일련번호	판명	간행일	단수	기사명
132132	朝鮮朝日	1926-08-18/1	09단	半島茶話
132133	朝鮮朝日	1926-08-18/2	01단	府民本位とし料金をさげる/動かすことのできぬ平壤の電氣府營問題
132134	朝鮮朝日	1926-08-18/2	01단	滿鐵主催の全國小學會議(協議題/談話題)
132135	朝鮮朝日	1926-08-18/2	01단	小型の機船を內地で登錄/端數を認めてくれぬからと
132136	朝鮮朝日	1926-08-18/2	01단	要求の一割を漸く承認さる各道土木事業
132137	朝鮮朝日	1926-08-18/2	01단	朝日碁戰臨時手合(八)
132138	朝鮮朝日	1926-08-18/2	02단	警務局側の豫算廻附さる
132139	朝鮮朝日	1926-08-18/2	02단	東海岸線で釜山の要望/會議所側から鐵道局へ陳情
132140	朝鮮朝日	1926-08-18/2	03단	辭令(東京電話)
132141	朝鮮朝日	1926-08-18/2	03단	全州李一族に土地を拂下る
132142	朝鮮朝日	1926-08-18/2	03단	豫想以上の成績を收めた勞働者の募集
132143	朝鮮朝日	1926-08-18/2	03단	店先で客と話するのがあたし達の樂みですと警察の張店制撤廢案に對して平壤のお女郎が猛烈に反對する
132144	朝鮮朝日	1926-08-18/2	04단	運動界(グランド開き決定　平壤體育協會に於てきまる/體育デー一變更　十月一日と決定/大邱軍の再勝　南鮮庭球大會/馬山の遠泳會)
132145	朝鮮朝日	1926-08-19/1	01단	病投手岩城を押立てた京城軍の奮戰報はれず大連をして名を成さしむ/興味を唆る二人の議論
132146	朝鮮朝日	1926-08-19/1	03단	朝鮮馬を軍馬にあらためる朝鮮軍の計劃/改良馬の優秀なのに齋藤總督がよろこぶ
132147	朝鮮朝日	1926-08-19/1	04단	ガス會社競願/大邱を中心に
132148	朝鮮朝日	1926-08-19/1	04단	京城府の上水擴張愈明年度から/着工にきまる
132149	朝鮮朝日	1926-08-19/1	04단	學級增加案を異議なく可決
132150	朝鮮朝日	1926-08-19/1	04단	とても變った天道敎の勳章制/敎勢擴張の功勞者に勳章を授與する計劃
132151	朝鮮朝日	1926-08-19/1	05단	實業學校の志望者增加/實業に對してめざめた結果
132152	朝鮮朝日	1926-08-19/1	05단	綱輯局選
132153	朝鮮朝日	1926-08-19/1	05단	佛艦仁川へ
132154	朝鮮朝日	1926-08-19/1	05단	不都合極まる/債券月賦販賣
132155	朝鮮朝日	1926-08-19/1	06단	初めて迎へる內地人の知事/昔ならした柔道の猛者中野サン咸南道へ榮轉
132156	朝鮮朝日	1926-08-19/1	06단	注射代に窮し惡事をかさねる/あさましいモヒ患者をみつけ次第に處分する
132157	朝鮮朝日	1926-08-19/1	06단	全鮮銀行大會來年春に開くか
132158	朝鮮朝日	1926-08-19/1	06단	大熊を銃殺す
132159	朝鮮朝日	1926-08-19/1	07단	チブスが減り赤痢がふえる/平壤の傳染病
132160	朝鮮朝日	1926-08-19/1	07단	妻を毆殺する
132161	朝鮮朝日	1926-08-19/1	07단	赤痢患者が釜山へ上陸

일련번호	판명	간행일	단수	기사명
132162	朝鮮朝日	1926-08-19/1	07단	降雨漸くやむ/鴨江は依然增水/安東縣の被害甚しく損害莫大の高に上る
132163	朝鮮朝日	1926-08-19/1	07단	京畿道管內豪雨の被害六十萬圓に上る
132164	朝鮮朝日	1926-08-19/1	08단	村民大擧して豹狩を行ふ
132165	朝鮮朝日	1926-08-19/1	08단	大連藝妓から母の所在照會
132166	朝鮮朝日	1926-08-19/1	08단	妻を殺さんとし長男をころす
132167	朝鮮朝日	1926-08-19/1	09단	半島茶話
132168	朝鮮朝日	1926-08-19/1	09단	朝鮮物語(四十一)/細井肇さしゑ梨本久
132169	朝鮮朝日	1926-08-19/2	01단	産米增殖問題私見(七)/鈴木文助(寄)
132170	朝鮮朝日	1926-08-19/2	01단	咸南行の勞働者/釜山にて
132171	朝鮮朝日	1926-08-19/2	01단	癩療養所を增設したい/さうしたなら目的通りゆく/石川衛生課長語る
132172	朝鮮朝日	1926-08-19/2	02단	釜山府の歲入財源增收計劃
132173	朝鮮朝日	1926-08-19/2	03단	國境線は是非必要/鐵道當局も考へてゐる/靑木平南道知事の話
132174	朝鮮朝日	1926-08-19/2	03단	朝日碁戰臨時手合(九)
132175	朝鮮朝日	1926-08-19/2	04단	平南道各地に害蟲發生の兆
132176	朝鮮朝日	1926-08-19/2	04단	各公共團體の債券は許可か
132177	朝鮮朝日	1926-08-19/2	04단	平壤二次市區改正
132178	朝鮮朝日	1926-08-20/1	01단	郵便飛行京春間を計劃　當分の間週二回だけ飛ぶ　朝鮮飛行練習所の出願に對して遞信局も乘氣になって研究する
132179	朝鮮朝日	1926-08-20/1	01단	速力增加など不可能だと京城電車の出願に對し道保安課首を橫にふる
132180	朝鮮朝日	1926-08-20/1	01단	入札制度の改善要望/大邱土木建築組合から陳情
132181	朝鮮朝日	1926-08-20/1	01단	趣味の婦人(五)/文藝の畑へ鍬をうちこみ/自然の美を吸いたい/勝氣な岩田よしのサン
132182	朝鮮朝日	1926-08-20/1	02단	運送店を免許制にして貰ひたい/當業者の希望
132183	朝鮮朝日	1926-08-20/1	02단	豆粕の運賃は近く引下らる/目下鐵道局において愼重研究されてゐる
132184	朝鮮朝日	1926-08-20/1	03단	編輯局選
132185	朝鮮朝日	1926-08-20/1	04단	改修によって面目一新する/平壤の大同江
132186	朝鮮朝日	1926-08-20/1	04단	山林部新設と山林大會開催
132187	朝鮮朝日	1926-08-20/1	05단	赤松を植つけ出水を防止する/總督府造林課の計劃
132188	朝鮮朝日	1926-08-20/1	05단	ちとうるさい道財務部長會議/稅制整理の根本方針でやかましく論議されん
132189	朝鮮朝日	1926-08-20/1	05단	京仁取引所の反對を陳情す/仁取の社長も總監に反對者の慰撫を願ふ
132190	朝鮮朝日	1926-08-20/1	05단	福永飛行士の追悼會を營む追悼飛行もある
132191	朝鮮朝日	1926-08-20/1	06단	運動界(關大軍勝つ 關大１１<(A)大邱０/淸津體育協會發會式をあぐ/大連商業來壤 各チームと戰ふ)

일련번호	판명	간행일	단수	기사명
132192	朝鮮朝日	1926-08-20/1	06단	豪雨北鮮を襲ふ/淸津方面は危險/圖們江增水八尺に及ぶ/上三堡橋梁危險に瀕す
132193	朝鮮朝日	1926-08-20/1	07단	ヂストマの宿蟹サン退治/三十萬を捕獲
132194	朝鮮朝日	1926-08-20/1	07단	鴨江で漕難し乘客四名溺死
132195	朝鮮朝日	1926-08-20/1	07단	謀判で騙取す
132196	朝鮮朝日	1926-08-20/1	07단	强殺犯が減り小犯罪が增える
132197	朝鮮朝日	1926-08-20/1	07단	女郎自殺を企つ
132198	朝鮮朝日	1926-08-20/1	08단	半島茶話
132199	朝鮮朝日	1926-08-20/1	08단	懷中無一文で娼妓を總揚げ
132200	朝鮮朝日	1926-08-20/1	08단	會(廣島物産卽賣會/道內務部長會議/平壤の音樂會)
132201	朝鮮朝日	1926-08-20/1	08단	人(堀咸興旅團長/金寬鉉氏(前咸南知事)/石鎭衡氏(全南道知事)/金栗四三氏歸京/二宮德氏(東拓監査課長)消防大會出席組頭/佐藤虎次郎氏全快)
132202	朝鮮朝日	1926-08-20/1	08단	朝鮮物語(四十二)/細井肇さしゑ梨本久
132203	朝鮮朝日	1926-08-20/2	01단	京城都計の方針がきまり委員當局を歷訪し詳細に亙って陳情す
132204	朝鮮朝日	1926-08-20/2	01단	外觀を整備し徐ろに內容改善/嫁入道具の古い考へを除去する平壤の高女校
132205	朝鮮朝日	1926-08-20/2	01단	何年續いても完成する/慶南土木事業根本方針決定
132206	朝鮮朝日	1926-08-20/2	01단	朝日碁戰臨時手合(十)
132207	朝鮮朝日	1926-08-20/2	02단	醫專問題で平壤の奮起/結束をかため或運動を起す
132208	朝鮮朝日	1926-08-20/2	03단	繭仲買入組合平壤に出來る
132209	朝鮮朝日	1926-08-20/2	03단	長旗を飜へし知事に陳情/學校問題にて面民いきりたつ
132210	朝鮮朝日	1926-08-20/2	03단	豊上新興間の鐵道工事進む
132211	朝鮮朝日	1926-08-20/2	04단	復舊できぬ錦江の船橋
132212	朝鮮朝日	1926-08-20/2	04단	朝鐵下半期建設費の不足
132213	朝鮮朝日	1926-08-20/2	04단	平南道の豫算本年と大差ない
132214	朝鮮朝日	1926-08-20/2	04단	注意を惹いた高崎課長の來新
132215	朝鮮朝日	1926-08-20/2	04단	鴨綠江畔が依然陷沒する
132216	朝鮮朝日	1926-08-21/1	01단	全鮮共産主義者を一網打盡に檢擧する/官憲の思ひきった手段/すでに檢擧の網が下る
132217	朝鮮朝日	1926-08-21/1	01단	免許制になる小學敎員の採用/審議室へ案を廻付す/實施は明年度よりか
132218	朝鮮朝日	1926-08-21/1	01단	雙方步み寄る/船夫爭議解決か
132219	朝鮮朝日	1926-08-21/1	01단	山間の運輸に朝鮮馬を使用/殖産局へ照會
132220	朝鮮朝日	1926-08-21/1	02단	言葉が通ぜず危險な目にあひ辛くも京城へ着いた世界徒步旅行家秋光君
132221	朝鮮朝日	1926-08-21/1	02단	有志の自己陶醉/陳情の裏と表/簡單な其要領總じて咸鏡南北道の有志が一番たくみだ

일련번호	판명	간행일	단수	기사명
132222	朝鮮朝日	1926-08-21/1	03단	世界一周家また平壤通過
132223	朝鮮朝日	1926-08-21/1	04단	人の噂/堅い石黑さん
132224	朝鮮朝日	1926-08-21/1	05단	ヘースモーを留任せしめ 敎勢を擴張せしめる東洋宣傳部長の方針/私刑博士の控訴公判決定
132225	朝鮮朝日	1926-08-21/1	05단	故鄕の味/柳田國男
132226	朝鮮朝日	1926-08-21/1	06단	無資格の醫師化の皮はげる
132227	朝鮮朝日	1926-08-21/1	06단	法延へ飛込み被告人を斬る/殺された者の實弟が兄の仇を法延で報ふ
132228	朝鮮朝日	1926-08-21/1	06단	新聞記者採用を種に大金を捲あげる/惡事露見し捕へられた國粹日日朝鮮支社長
132229	朝鮮朝日	1926-08-21/1	07단	採取犯を送局
132230	朝鮮朝日	1926-08-21/1	07단	めづらしや馬山の鬪牛會
132231	朝鮮朝日	1926-08-21/1	07단	八道溝官憲の馬賊襲來警戒
132232	朝鮮朝日	1926-08-21/1	07단	女郎自殺を企つ
132233	朝鮮朝日	1926-08-21/1	08단	間島附近を去らぬ馬賊
132234	朝鮮朝日	1926-08-21/1	08단	支那紙幣の僞造犯人逮捕
132235	朝鮮朝日	1926-08-21/1	08단	柳行李からピストル現る
132236	朝鮮朝日	1926-08-21/1	08단	朝鮮物語(四十三)/細井肇さしゑ梨本久
132237	朝鮮朝日	1926-08-21/1	09단	金氏の死體か/山口縣へ漂着
132238	朝鮮朝日	1926-08-21/1	09단	人(大橋■三氏(新任平壤兵器製造所長)/中山天理敎管長)
132239	朝鮮朝日	1926-08-21/1	09단	半島茶話
132240	朝鮮朝日	1926-08-21/2	01단	退職のことば/SPR生
132241	朝鮮朝日	1926-08-21/2	01단	ワザワザ天津から鹽を賣込に來る/然し鹽が豊作なので買約は出來ぬらしい
132242	朝鮮朝日	1926-08-21/2	01단	平壤の鄕軍會館竣成する
132243	朝鮮朝日	1926-08-21/2	01단	朝日碁戰臨時手合(十一)
132244	朝鮮朝日	1926-08-21/2	02단	北鮮の警備で大氣焰/渡邊師團長羅南へ赴任
132245	朝鮮朝日	1926-08-21/2	03단	內鮮に發生せぬ限り虎疫は怖くない 特に玄關口の守りをかたくするつもりだ 石川總督府衛生課長談/靑島を虎疫流行地に指定/疑似虎疫慶南に發生
132246	朝鮮朝日	1926-08-21/2	04단	馬山において鐵道要望大會
132247	朝鮮朝日	1926-08-21/2	04단	銃の修繕まで引うける/大勉强をする平壤兵器製造
132248	朝鮮朝日	1926-08-22/1	01단	東宮のお迎へができぬ/畏れ多いが經費がない/どこに永住するかまだ判らぬよ/令息の慶事には相恰を崩し喜ぶ/大元氣で齋藤總督歸鮮する
132249	朝鮮朝日	1926-08-22/1	01단	國境は安全だいふ程でないよ/匪賊は腹背の攻襲で全く手も足も出ない/富營サンの國境物語
132250	朝鮮朝日	1926-08-22/1	02단	瑞典皇太子の御來鮮と日程/御入城豫定は十月十一日頃
132251	朝鮮朝日	1926-08-22/1	02단	流水で蔬菜の洗滌を禁ずる

일련번호	판명	간행일	단수	기사명
132252	朝鮮朝日	1926-08-22/1	03단	海面か土地か曖昧な所有地面/淺野氏の埋築事業に紀州の富豪から横槍
132253	朝鮮朝日	1926-08-22/1	03단	魚釣/豊前中野關東
132254	朝鮮朝日	1926-08-22/1	03단	趣味の婦人(六)/歌のおかげで平和にくらす/春のごとく和やかな歌人鈴木久子サン
132255	朝鮮朝日	1926-08-22/1	04단	施肥栽培の講習と品評會/總督府で奬勵
132256	朝鮮朝日	1926-08-22/1	04단	寄附が集らねば規模を縮小する/下關の隣保館
132257	朝鮮朝日	1926-08-22/1	05단	民間の奬勵だけでは運動は發達せぬ/官廳の奮起が必要だ/岡部滿洲軍監督の談
132258	朝鮮朝日	1926-08-22/1	05단	五錢安くして「不二」を賣出す
132259	朝鮮朝日	1926-08-22/1	05단	不良米から慶北道叱らる
132260	朝鮮朝日	1926-08-22/1	06단	十七年ぶりに露國から便り
132261	朝鮮朝日	1926-08-22/1	06단	母に小使錢を仕送る兵卒
132262	朝鮮朝日	1926-08-22/1	07단	貧民校に對し閉鎖を命ずる
132263	朝鮮朝日	1926-08-22/1	07단	電車正面衝突/老人一名負傷
132264	朝鮮朝日	1926-08-22/1	07단	殺さんとして逆に殺害さる
132265	朝鮮朝日	1926-08-22/1	07단	檢事局の門を今年で九回目/稀代の惡少年
132266	朝鮮朝日	1926-08-22/1	08단	運動界(鐵道軍勝つ 鐵道３關大０/鮮滿競技會へ總督カップ)
132267	朝鮮朝日	1926-08-22/1	08단	朝鮮物語(四十四)/細井肇さしゑ梨本久
132268	朝鮮朝日	1926-08-22/1	09단	新刊紹介(朝鮮俳句集/東亞法務新聞)
132269	朝鮮朝日	1926-08-22/1	09단	人(齋藤朝鮮總督/町野代議士/堀內正重氏(奉天醫大教長)/松山常次郎氏(代議士)/池田龜氏(步兵中)/岩崎卯一氏(關大教授)/大森新任忠南土木課長)
132270	朝鮮朝日	1926-08-22/2	01단	朝日碁戰臨時手合(十二)
132271	朝鮮朝日	1926-08-22/2	01단	水利資金の貸出を拒絶し土地改良事業が平南で遂にボロをさらけだす
132272	朝鮮朝日	1926-08-22/2	01단	無煙炭層發見
132273	朝鮮朝日	1926-08-22/2	01단	京城商業生の照準演習
132274	朝鮮朝日	1926-08-22/2	03단	驚くほどの進步ぶり/軍司令官も驚かされた/池田軍高級參謀の談
132275	朝鮮朝日	1926-08-22/2	03단	平壤第三期不水道工事
132276	朝鮮朝日	1926-08-22/2	03단	水利組合の低利資金融通
132277	朝鮮朝日	1926-08-22/2	04단	釜山公會堂工事入札終る
132278	朝鮮朝日	1926-08-22/2	04단	明年から着工鎭南浦下水工事
132279	朝鮮朝日	1926-08-22/2	04단	昨年の綠肥成績頗るよい
132280	朝鮮朝日	1926-08-22/2	04단	十一年計劃の鐵道敷設線
132281	朝鮮朝日	1926-08-22/2	04단	南海岸地方の鐵道敷設要望
132282	朝鮮朝日	1926-08-22/2	04단	平壤農學校を甲種に昇格
132283	朝鮮朝日	1926-08-22/2	04단	鎭南浦小學改築

일련번호	판명	간행일	단수	기사명
132284	朝鮮朝日	1926-08-24/1	01단	雨中に行はれた第二回鮮滿對抗陸上競技大會/朝鮮の雪辱成らず七七對二五で敗る(戰ひの跡/狂蝶生)
132285	朝鮮朝日	1926-08-24/1	04단	瑞典王子の御日程/鮮內各地を具に御視察
132286	朝鮮朝日	1926-08-24/1	04단	二百二十萬圓で燈臺を增設/四ヶ年の繼續事業で/海岸線の割に燈台の少い朝鮮
132287	朝鮮朝日	1926-08-24/1	05단	官業收入の豫想額/四千萬圓見當
132288	朝鮮朝日	1926-08-24/1	05단	編輯局選
132289	朝鮮朝日	1926-08-24/1	05단	殖銀配當年九步/總會で可決
132290	朝鮮朝日	1926-08-24/1	05단	線路のお蔭で水害を蒙ったと沿線民が/金剛山電鐵を訴ふ
132291	朝鮮朝日	1926-08-24/1	06단	平壤と大邱が血眼で奪合ふ/醫專の設置問題は平壤側は有利と消息通が洩す/然し當局は極祕に附す
132292	朝鮮朝日	1926-08-24/1	06단	需要期が迫り波瀾を想はせる/平壤石炭の爭奪戰
132293	朝鮮朝日	1926-08-24/1	06단	三島女史の實姉に決定/釜山實習女校主
132294	朝鮮朝日	1926-08-24/1	06단	奉天城內に虎疫發生/國境で大警戒
132295	朝鮮朝日	1926-08-24/1	06단	カフェーの倅女給と共鳴/手に手を取り釜山に逃ぐ
132296	朝鮮朝日	1926-08-24/1	06단	ボートに乘った靑年行方が不明
132297	朝鮮朝日	1926-08-24/1	07단	材木積取の艀船が遭難/損害は四萬圓
132298	朝鮮朝日	1926-08-24/1	07단	靑年教徒は獨立を叫ぶが老人が牛耳る西鮮では外人から離れるのは困難
132299	朝鮮朝日	1926-08-24/1	07단	朝鮮物語(四十五)/細井肇さしゑ梨本久
132300	朝鮮朝日	1926-08-24/1	08단	一絲も纏はぬ裸體の死女/鴨綠江に漂流
132301	朝鮮朝日	1926-08-24/1	08단	人(泉哲氏(法學博士)/池田佐忠氏(慶北道評議員)/泉崎釜山府尹)
132302	朝鮮朝日	1926-08-24/1	09단	半島茶話
132303	朝鮮朝日	1926-08-24/2	01단	産米增殖問題私見(完)/鈴木文助(寄)
132304	朝鮮朝日	1926-08-24/2	01단	十三哩の線路を僅か一ヶ月で工兵の手で敷設する/千葉鐵道隊の先發隊が入鮮
132305	朝鮮朝日	1926-08-24/2	01단	九月中に目鼻つく?/農事改良の資金貸出
132306	朝鮮朝日	1926-08-24/2	01단	金融組合の利子引下/平南管內で自發的に實施
132307	朝鮮朝日	1926-08-24/2	01단	全國上水の協議會京城で開催
132308	朝鮮朝日	1926-08-24/2	01단	新義州電氣の電力契約/幾分値下か
132309	朝鮮朝日	1926-08-24/2	02단	中央線問題の根本策を協議/大邱商議で
132310	朝鮮朝日	1926-08-24/2	02단	山地一帶に造林を計劃/平北道當局が
132311	朝鮮朝日	1926-08-24/2	02단	朝日碁戰臨時手合(十三)
132312	朝鮮朝日	1926-08-24/2	03단	平北道管內粟の收穫減/結實期の雨で
132313	朝鮮朝日	1926-08-24/2	03단	徒弟學校の必要を叫ぶ/釜山の有志が
132314	朝鮮朝日	1926-08-24/2	04단	一息吐いた新義州水道/數日の大雨で
132315	朝鮮朝日	1926-08-24/2	04단	新義州中學いよいよ起工/二階建煉瓦造
132316	朝鮮朝日	1926-08-24/2	04단	全鮮圍碁大會京城で開催

일련번호	판명	간행일	단수	기사명
132317	朝鮮朝日	1926-08-24/2	04단	運動界(關大軍再敗 六A三鐵道軍勝つ/記者團庭球部女高普と戰ふ 二十八日に/兩道對抗の野庭球試合 農務課員達の)
132318	朝鮮朝日	1926-08-25/1	01단	政界の雲行が怪しく鐵道計劃その他が消滅には歸せぬかと朝鮮の官民が非常に憂ふる
132319	朝鮮朝日	1926-08-25/1	01단	清津の大築港いよいよ着工/石塊約八十萬噸で先づ海底に山を築く
132320	朝鮮朝日	1926-08-25/1	01단	馬天線速成の期成會創立/群山と馬山で
132321	朝鮮朝日	1926-08-25/1	02단	琿春の牛豚を露領へ輸出/値段が良いので
132322	朝鮮朝日	1926-08-25/1	02단	平壤測候所
132323	朝鮮朝日	1926-08-25/1	03단	富山縣から北鮮視察團/教育家が中心
132324	朝鮮朝日	1926-08-25/1	03단	府營を前に拂込金を徵收 平壤電氣の處置に批難の聲が高まる/松井府尹が突如上京 府營問題の研究の爲か
132325	朝鮮朝日	1926-08-25/1	04단	平安漁業の紛糾解決しいよいよ創立
132326	朝鮮朝日	1926-08-25/1	04단	編輯局選
132327	朝鮮朝日	1926-08-25/1	04단	幹線道路の補助金は却下/豫算の關係から或は計劃を變更か
132328	朝鮮朝日	1926-08-25/1	05단	四十日に互る巡歷の行商隊/名古屋商議の主催で申込人が殺到の盛況
132329	朝鮮朝日	1926-08-25/1	05단	五分の値下位では府民が承知すまい/瓦電の値下問題で社長と記者との對話
132330	朝鮮朝日	1926-08-25/1	05단	九龍浦に燈臺を建設/二十日から
132331	朝鮮朝日	1926-08-25/1	06단	辭令(東京電話)
132332	朝鮮朝日	1926-08-25/1	06단	專賣局を種に保證金を騙る/本府囑託と僞り
132333	朝鮮朝日	1926-08-25/1	06단	抱へ藝妓に賭博を强ひて敗けた金を前借に繰入る/料亭松吉の不正發覺
132334	朝鮮朝日	1926-08-25/1	07단	鮮人密航の首魁を逮捕/釜山警察署で
132335	朝鮮朝日	1926-08-25/1	07단	運動界(三菱軍優勝 西鮮豫選で/京中軍歸る 二十二日夜/大連商敗る 龍中よく勝つ)
132336	朝鮮朝日	1926-08-25/1	07단	會(樂浪講演會/軍人分會評議會)
132337	朝鮮朝日	1926-08-25/1	07단	人(渡邊壽中將/中野知事)
132338	朝鮮朝日	1926-08-25/1	08단	內地さまざま(女學生渡に泣る/寄邊なき浮れ女/漁夫五十名遭難)
132339	朝鮮朝日	1926-08-25/1	08단	朝鮮物語(四十六)/細井肇さしゑ梨本久
132340	朝鮮朝日	1926-08-25/1	08단	半島茶話
132341	朝鮮朝日	1926-08-25/2	01단	內地人の求職者が多い/平壤相談所に
132342	朝鮮朝日	1926-08-25/2	01단	第十二回全國中等學校優勝野球大會成績表(上)(チーム攻擊成績/各選手攻擊成績)
132343	朝鮮朝日	1926-08-25/2	02단	咸興のボウフリ殆どマラリヤ/全鮮で有名
132344	朝鮮朝日	1926-08-25/2	03단	大羽鰯の大魚群/清津で現る
132345	朝鮮朝日	1926-08-25/2	03단	朝日碁戰臨時手合(十四)

일련번호	판명	간행일	단수	기사명
132346	朝鮮朝日	1926-08-26/1	01단	五ヶ年繼續で國境の駐在所を全部改築する計劃/工費七十萬圓を投じ
132347	朝鮮朝日	1926-08-26/1	01단	咸鏡線の殘りや平元線の一部/さては東海岸の新線が來年度豫算に計上
132348	朝鮮朝日	1926-08-26/1	01단	朝鮮の對支貿易/入超四千萬圓
132349	朝鮮朝日	1926-08-26/1	01단	七月末の間島の人口/六月より増加
132350	朝鮮朝日	1926-08-26/1	01단	稅制整理の委員會/來月中旬開始
132351	朝鮮朝日	1926-08-26/1	02단	水利組合は事務の代行を喜ばぬ模樣
132352	朝鮮朝日	1926-08-26/1	02단	電話度數制は明年度實施か/所要經費を豫算に計上
132353	朝鮮朝日	1926-08-26/1	02단	內鮮滿連絡の第一回飛行は九月二十日頃決行か/要塞地問題で一悶着
132354	朝鮮朝日	1926-08-26/1	03단	喫茶室(大正の勘平/猪と見誤り人を射殺す)
132355	朝鮮朝日	1926-08-26/1	03단	大邱醫院の敷地が決定/買收に着手
132356	朝鮮朝日	1926-08-26/1	03단	學組管理者にキツイ質問/組合の議員が
132357	朝鮮朝日	1926-08-26/1	04단	在露鮮人の狀勢を調査/李鐘鼎氏が
132358	朝鮮朝日	1926-08-26/1	04단	十五年以上の勤續者を表彰/施政記念日に行はれる/新廳舍落成式當日
132359	朝鮮朝日	1926-08-26/1	04단	小作農は矢張り昨年より増加/是を自作農に引直すには二億圓の金が要る
132360	朝鮮朝日	1926-08-26/1	04단	伊豆めぐり/下村海南
132361	朝鮮朝日	1926-08-26/1	04단	農業技術員の朝鮮研究を當局が考慮
132362	朝鮮朝日	1926-08-26/1	05단	內地人會の補缺員當選/近く會長選擧
132363	朝鮮朝日	1926-08-26/1	05단	平壤の電氣府營は具體案を整へて來月匇々交渉を開始/府でも專門家を招聘
132364	朝鮮朝日	1926-08-26/1	05단	慶南當局が蒲鉾を奬勵/講習會を開き
132365	朝鮮朝日	1926-08-26/1	06단	傳書鳩の處女飛翔/極めて好成績
132366	朝鮮朝日	1926-08-26/1	06단	活動小屋の經營を調査/手數料問題で
132367	朝鮮朝日	1926-08-26/1	06단	柔魚漁撈法を巡回で講習/咸南試驗場が
132368	朝鮮朝日	1926-08-26/1	06단	福永氏追悼會/京城で執行
132369	朝鮮朝日	1926-08-26/1	07단	夢の世界かお伽の王國か/立木でかしぎ流れを汲み飼ひ放した牧馬を鞭ったり原始的なキャンプの生活
132370	朝鮮朝日	1926-08-26/1	07단	國境警備の慰問隊出發/二十五日京城を
132371	朝鮮朝日	1926-08-26/1	07단	野犬狩の撲殺を廢止/一度保護して引取人の無い時殺す
132372	朝鮮朝日	1926-08-26/1	07단	運動界(咸興優勝す北鮮豫選で)
132373	朝鮮朝日	1926-08-26/1	07단	男爵の子息が支那寺で泥棒/放蕩に身を持崩し定住もなきモヒ患者
132374	朝鮮朝日	1926-08-26/1	08단	會(鮮滿視察校長團)
132375	朝鮮朝日	1926-08-26/1	08단	朝鮮物語(四十七)/細井肇さしゑ梨本久
132376	朝鮮朝日	1926-08-26/1	08단	人(宮崎靑年團)

일련번호	판명	간행일	단수	기사명
132377	朝鮮朝日	1926-08-26/1	09단	半島茶話
132378	朝鮮朝日	1926-08-26/2	01단	少年碁士の手合せ/明後日の紙上から掲載
132379	朝鮮朝日	1926-08-26/2	01단	第十二回全國中等學校優勝野球大會成績表(下)(チーム守備成績/各選手守備成績)
132380	朝鮮朝日	1926-08-27/1	01단	水利組合に代行を强制するとの批難殖銀の貸出まで取消させる/當局は是を否認する/土地改良の代行をやる 朝鮮農事が
132381	朝鮮朝日	1926-08-27/1	01단	京城放送局は十月末に開始/資金の集りが惡く各郵便局で宣傳中
132382	朝鮮朝日	1926-08-27/1	01단	紅蔘拂下の契約を改め期間を延長す
132383	朝鮮朝日	1926-08-27/1	01단	寂光殿の壁畫が脱落/應急修理中
132384	朝鮮朝日	1926-08-27/1	02단	勤儉週間の期日を變更/十一月十日に
132385	朝鮮朝日	1926-08-27/1	02단	趣味の婦人(七)/庭球をやめて長唄をはげむ/常敗軍の綽名ついた/田口光子孃の事ども
132386	朝鮮朝日	1926-08-27/1	03단	料金不拂者に送電を中止/元山電氣が
132387	朝鮮朝日	1926-08-27/1	04단	辭令(東京電話)
132388	朝鮮朝日	1926-08-27/1	04단	葡萄色の美しい岩板/硯の好材料
132389	朝鮮朝日	1926-08-27/1	04단	暑さ續きで稻作は萬歲か/早魃も大した事もなく土用前後の照込も十分
132390	朝鮮朝日	1926-08-27/1	04단	京電の馘首/料金の値下で收入減を來すので社員二十名に因果を含む
132391	朝鮮朝日	1926-08-27/1	05단	機密費の噂
132392	朝鮮朝日	1926-08-27/1	06단	肺ヂストマの集團を發見/ザリ蟹捕食の爲
132393	朝鮮朝日	1926-08-27/1	06단	全鮮聯合宣教師大會/京城で五日間
132394	朝鮮朝日	1926-08-27/1	06단	コレラだと大騷ぎ/實は赤痢患者
132395	朝鮮朝日	1926-08-27/1	06단	重大事件の首魁病死/盲腸炎に罹り
132396	朝鮮朝日	1926-08-27/1	06단	個人の制裁はリンチと言はぬへースマー法延で答ふ/所謂リンチ事件の控訴公判
132397	朝鮮朝日	1926-08-27/1	07단	不良の夫妻を賣る/兩親が請出す
132398	朝鮮朝日	1926-08-27/1	07단	少女が燒死/火に包まれて
132399	朝鮮朝日	1926-08-27/1	07단	空巢狙逮捕/親子三人連の
132400	朝鮮朝日	1926-08-27/1	07단	鮮女二名があわや誘拐/平壤驛前で
132401	朝鮮朝日	1926-08-27/1	08단	人(渡邊十九師團長/森岡軍司令官/二宮德氏(東拓監査課長))
132402	朝鮮朝日	1926-08-27/1	08단	釜山火葬場の移轉で大騷ぎ/地元民が反對を叫ぶ/繁榮を害するとて
132403	朝鮮朝日	1926-08-27/1	08단	朝鮮物語(四十八)/細井肇さしゑ梨本久
132404	朝鮮朝日	1926-08-27/1	09단	半島茶話
132405	朝鮮朝日	1926-08-27/2	01단	人の噂/遞信局澤永海事課長
132406	朝鮮朝日	1926-08-27/2	01단	殖銀の增配は時機の問題で銀行首腦者も考慮し適當の時期に實現か

일련번호	판명	간행일	단수	기사명
132407	朝鮮朝日	1926-08-27/2	01단	勃興しかけた平壤の事業界/陶器會社も新設され其他の新事業も弗々計劃さる
132408	朝鮮朝日	1926-08-27/2	01단	滿洲米の輸入杜絶か/當局の取締で値開きが多く
132409	朝鮮朝日	1926-08-27/2	01단	朝日碁戰臨時手合(十五)
132410	朝鮮朝日	1926-08-27/2	02단	釜山水道の起債は本府が諒解
132411	朝鮮朝日	1926-08-27/2	03단	案じられる天圖鐵の滯貨/間島大豆は豊作
132412	朝鮮朝日	1926-08-27/2	03단	割引や値下で映畫界の大競爭/フ井ルム檢閲の手數料から經營困難に陷った結果
132413	朝鮮朝日	1926-08-27/2	04단	煙草耕地の大擴張/賣行の激增で
132414	朝鮮朝日	1926-08-27/2	04단	平南當局が牡蠣を養殖/好成績に鑑み
132415	朝鮮朝日	1926-08-27/2	04단	運動界(全鮮選拔野球大會二十九日から/大連商敗る 對鐵道局戰に)
132416	朝鮮朝日	1926-08-28/1	01단	大正十二年の記錄を破る國境一帶の大水害 鴨綠江の增水二十三尺 支那街の浸水家屋一萬餘戶/平北の水害意外に酷い 稻田の損害百五十萬圓/平北沿岸に小海嘯 五十戶浸水/救災費は恩賜金から支出する
132417	朝鮮朝日	1926-08-28/1	01단	醫專の設立が新事業の大宗/明年度豫算に關し靑木平南知事語る
132418	朝鮮朝日	1926-08-28/1	01단	金剛水電增資說/山內專務の談
132419	朝鮮朝日	1926-08-28/1	02단	聯合艦隊の元山入港 九月十二日に/十日朝に城津に到着 觀覽を許す
132420	朝鮮朝日	1926-08-28/1	02단	朝鮮を說明する代表者として努力はした積りだと民族會議出席の李東雨氏語る
132421	朝鮮朝日	1926-08-28/1	04단	大蜘蛛/中津あいば生
132422	朝鮮朝日	1926-08-28/1	04단	辭令(東京電話)
132423	朝鮮朝日	1926-08-28/1	04단	金融組合の利子引下一日から實施
132424	朝鮮朝日	1926-08-28/1	04단	經濟的に賄はうと奥さんや孃さんか/灼きつく暑さを厭はず料理の稽古に御熱心
132425	朝鮮朝日	1926-08-28/1	05단	內地渡航がまた激增/從來の阻止の反動の傾向か
132426	朝鮮朝日	1926-08-28/1	05단	仕事好きの私は轉任を喜んで居る/咸南道は面積も廣く爲すべき事業が多々あるので
132427	朝鮮朝日	1926-08-28/1	05단	船員船客の檢便開始/虎疫の警戒で
132428	朝鮮朝日	1926-08-28/1	06단	農夫に化けた不逞者/遂に捕はる
132429	朝鮮朝日	1926-08-28/1	06단	平壤の雜事(厄介な子供/肋鐵に短銃/女中と歳る)
132430	朝鮮朝日	1926-08-28/1	06단	全鮮スポーツの花神宮競技近づく/今年はア式蹴球も加ふ
132431	朝鮮朝日	1926-08-28/1	07단	連絡船から投身の仕損じ危く救助さる
132432	朝鮮朝日	1926-08-28/1	07단	幸運の手紙を眞似た怪文書/大田署で取調
132433	朝鮮朝日	1926-08-28/1	07단	人(高松宮殿下/小尾半治氏(文部省教育課長)/志賀潔博士(京城醫科大學教授)/湯淺政務總監)

일련번호	판명	간행일	단수	기사명
132434	朝鮮朝日	1926-08-28/1	07단	基本金まで貯へた鮮童の竊盜團/軍隊式の內規を定め/臟品は平等に分配する
132435	朝鮮朝日	1926-08-28/1	07단	鮮人青年會員警察に押掛け/少女リンチ事件の徹底的解決を迫る
132436	朝鮮朝日	1926-08-28/1	08단	會(中野知事歡迎會/珠算競技會/府尹郡守會議/朴知事送別會)
132437	朝鮮朝日	1926-08-28/1	09단	朝鮮物語(四十九)/細井肇さしゑ梨本久
132438	朝鮮朝日	1926-08-28/1	09단	半島茶話
132439	朝鮮朝日	1926-08-28/2	01단	千葉鐵道隊の線路の敷設は愈よ九月一日から着手
132440	朝鮮朝日	1926-08-28/2	01단	好成績は夜間徵稅/留守の家には注意書を貼る
132441	朝鮮朝日	1926-08-28/2	01단	人の噂/遞信局澤永海事課長
132442	朝鮮朝日	1926-08-28/2	01단	朝日碁戰臨時手合(一)
132443	朝鮮朝日	1926-08-28/2	02단	八月現在の製鹽高/一億九千萬斤
132444	朝鮮朝日	1926-08-28/2	02단	北海道の經濟調査委員が歸る
132445	朝鮮朝日	1926-08-28/2	03단	釜山南港の修築計劃/三年計劃で
132446	朝鮮朝日	1926-08-28/2	03단	校長さんの農事講習/京城農校で
132447	朝鮮朝日	1926-08-28/2	03단	魚介養殖の適地を調査/干潟淺海に就き
132448	朝鮮朝日	1926-08-28/2	03단	時節外れの鯖や明太魚が釜山沿岸で盛に獲れ/古老の漁犬も不思議がる
132449	朝鮮朝日	1926-08-28/2	04단	平北道內の自動車線路二百七十里
132450	朝鮮朝日	1926-08-28/2	04단	着色衣の普及を圖る/講習會を開き
132451	朝鮮朝日	1926-08-28/2	04단	朝鮮林檎が大もて上海の市場で
132452	朝鮮朝日	1926-08-28/2	04단	家畜の大市景品附で開始
132453	朝鮮朝日	1926-08-28/2	04단	運動界(大連商勝つ慶熙軍敗る)
132454	朝鮮朝日	1926-08-29/1	01단	內鮮電報料の統一は必要と當局も調査を開始/現在の通數は毎日一萬通
132455	朝鮮朝日	1926-08-29/1	01단	金融組合の利下平均七厘二毛/いよいよ一日から實施
132456	朝鮮朝日	1926-08-29/1	01단	徹底的な稅制整理/黑田局長も渡鮮
132457	朝鮮朝日	1926-08-29/1	01단	西鮮三道の兒童貯金高/一萬四百圓
132458	朝鮮朝日	1926-08-29/1	01단	趣味の婦人(八)/自然に歸り度い人の心が音樂を慕ふのでござゐませうか/ソプラノの三井とも子さん
132459	朝鮮朝日	1926-08-29/1	02단	辭令(東京電話)
132460	朝鮮朝日	1926-08-29/1	02단	電話が不十分でラヂオは是非必要/新任の十九師團長渡邊中將は語る
132461	朝鮮朝日	1926-08-29/1	03단	蘆屋寮/收容鮮人の成績良好/內地人に比べて遜色が無い
132462	朝鮮朝日	1926-08-29/1	03단	母の死/松下紫蜂
132463	朝鮮朝日	1926-08-29/1	04단	渡航鮮人の阻止策を協議/慶南道當局が
132464	朝鮮朝日	1926-08-29/1	04단	國境の兩河にプロペラー船/朝鮮軍の警備計劃
132465	朝鮮朝日	1926-08-29/1	04단	珍らしい夏の霜/咸南の山奧に
132466	朝鮮朝日	1926-08-29/1	04단	手で合圖し線路故障を敎へた鮮人

일련번호	판명	간행일	단수	기사명
132467	朝鮮朝日	1926-08-29/1	05단	不當貸出の金額が增加/殖銀麗水支店の
132468	朝鮮朝日	1926-08-29/1	05단	水上機による內鮮滿の飛行/支那との交涉が終れば本年中に飛行する
132469	朝鮮朝日	1926-08-29/1	06단	密航團の首魁が逃亡/釜山署から
132470	朝鮮朝日	1926-08-29/1	06단	人柱といふ白骨を發掘/濟州島山地で
132471	朝鮮朝日	1926-08-29/1	06단	平壤の雜事(夜半の出火/大膽な少年/女給に發砲)
132472	朝鮮朝日	1926-08-29/1	06단	銳利な刀で頸に斬つく/悽重ねの妻に
132473	朝鮮朝日	1926-08-29/1	07단	老人を毆殺す/小言に憤って
132474	朝鮮朝日	1926-08-29/1	07단	七千餘圓の竊盜犯/龍山署が逮捕
132475	朝鮮朝日	1926-08-29/1	07단	高瀨船が顚覆し三十餘名溺死 水嵩まさる鴨綠江で 死體は目下搜索中/龍岩浦の大慘狀 堤防が崩れ全町水に掩はる/奧地の出水で水ひかず端川地方の浸水八百戶/圖們江再び氾濫 鮮支交通杜絶
132476	朝鮮朝日	1926-08-29/1	07단	洗った野菜を賣ってはならぬ/今後嚴重に取締る
132477	朝鮮朝日	1926-08-29/1	07단	朝鮮物語(五十)/細井肇さしゑ梨本久
132478	朝鮮朝日	1926-08-29/1	08단	半島茶話
132479	朝鮮朝日	1926-08-29/2	01단	土地改良社の事業愈よ開始/代行手數料も決定す
132480	朝鮮朝日	1926-08-29/2	01단	土地改良の貸出資金八百萬圓
132481	朝鮮朝日	1926-08-29/2	01단	人の噂
132482	朝鮮朝日	1926-08-29/2	01단	五十萬圓で河川改修/明年豫算に計上
132483	朝鮮朝日	1926-08-29/2	01단	朝日碁戰臨時手合(二)
132484	朝鮮朝日	1926-08-29/2	02단	咸南線の豐上新興間列車が開通
132485	朝鮮朝日	1926-08-29/2	02단	新興道安間に鋼索鐵道/四十四萬圓で
132486	朝鮮朝日	1926-08-29/2	02단	咸興炭の需要激增/淸凉里驛に貯炭場建設
132487	朝鮮朝日	1926-08-29/2	03단	肥料檢查の機關を設置/人員を增して
132488	朝鮮朝日	1926-08-29/2	03단	珍らしく好成績な下半期の海運界/水利工事の材料が多分に移入されたから
132489	朝鮮朝日	1926-08-29/2	03단	釜山署の娼妓優遇法近く示達か
132490	朝鮮朝日	1926-08-29/2	03단	咸南野營會十一日から
132491	朝鮮朝日	1926-08-29/2	03단	水利組合の意志に反して代行を强ひはしないと池田水利課長の談
132492	朝鮮朝日	1926-08-29/2	04단	京城府の野外活寫會九月一日から
132493	朝鮮朝日	1926-08-29/2	04단	朝鮮語試驗各地で擧行
132494	朝鮮朝日	1926-08-29/2	04단	運動界(大連商業軍平壤で戰ふ/殖銀軍敗る大連よく勝つ)
132495	朝鮮朝日	1926-08-29/2	04단	會(歌劇演藝會)
132496	朝鮮朝日	1926-08-29/2	04단	人(兪忠南新知事/大森鶴吉氏(新任忠南土木課長))
132497	朝鮮朝日	1926-08-31/1	01단	命令線には優秀船を配置/朝郵の內容充實
132498	朝鮮朝日	1926-08-31/1	01단	慶北道內の郡守異動/豫想の顏觸れ
132499	朝鮮朝日	1926-08-31/1	01단	水産費豫算の考慮方を希望

일련번호	판명	간행일	단수	기사명
132500	朝鮮朝日	1926-08-31/1	01단	聯合艦隊元山入港豫定
132501	朝鮮朝日	1926-08-31/1	02단	國際航空路の要路にある朝鮮/朝鮮軍と遞信省の間で目下打合せ中
132502	朝鮮朝日	1926-08-31/1	02단	重役の爭奪は今後も免れぬ/結局は改革派の勝利
132503	朝鮮朝日	1926-08-31/1	03단	全國小學校長會議/奉天で開催
132504	朝鮮朝日	1926-08-31/1	03단	前知事の方針を踏襲/朴咸北知事談
132505	朝鮮朝日	1926-08-31/1	03단	辭令(東京電話)
132506	朝鮮朝日	1926-08-31/1	03단	朝鮮の河川令
132507	朝鮮朝日	1926-08-31/1	04단	全鮮內務部長會議
132508	朝鮮朝日	1926-08-31/1	04단	十餘の飛行機が玄海灘を橫斷/今秋の大演習に參加する平壤飛行隊
132509	朝鮮朝日	1926-08-31/1	04단	編輯局選
132510	朝鮮朝日	1926-08-31/1	04단	平壤飛行隊實彈觀測演習
132511	朝鮮朝日	1926-08-31/1	05단	地方改良講習
132512	朝鮮朝日	1926-08-31/1	05단	危險を冒して軍人を渡す出水美談
132513	朝鮮朝日	1926-08-31/1	05단	天長節祭執行
132514	朝鮮朝日	1926-08-31/1	05단	衡平社との紛爭圓滿解決
132515	朝鮮朝日	1926-08-31/1	06단	浸水家屋一千戶を數へた安東の洪水/咸興方面の浸水六百戶/國境方面の水害と郵便物
132516	朝鮮朝日	1926-08-31/1	07단	黑髮を切り男の膝に叩つく
132517	朝鮮朝日	1926-08-31/1	07단	支那酒の密輸團十餘名捕る
132518	朝鮮朝日	1926-08-31/1	07단	二十萬の漁業者に豫防注射を行ふ/旅順のコレラで鮮內の大警戒
132519	朝鮮朝日	1926-08-31/1	08단	自動車の川流
132520	朝鮮朝日	1926-08-31/1	08단	朝鮮物語(五十一)/細井肇さしゑ梨本久
132521	朝鮮朝日	1926-08-31/1	09단	半島茶話
132522	朝鮮朝日	1926-08-31/1	09단	京城及び仁川方面防疫
132523	朝鮮朝日	1926-08-31/1	09단	夫婦共謀でモルヒネ密賣
132524	朝鮮朝日	1926-08-31/1	09단	人(湯淺政務總監)
132525	朝鮮朝日	1926-08-31/2	01단	肥料の不良品製造元へ警告/農作に有害なものもある
132526	朝鮮朝日	1926-08-31/2	01단	朝鮮農會を引直し中央農會を設立/明年度補助九萬圓
132527	朝鮮朝日	1926-08-31/2	01단	電氣料金引下問題漸くおさまる
132528	朝鮮朝日	1926-08-31/2	01단	元山電燈値下
132529	朝鮮朝日	1926-08-31/2	01단	新義州電氣料金値下
132530	朝鮮朝日	1926-08-31/2	01단	朝日碁戰臨時手合(三)
132531	朝鮮朝日	1926-08-31/2	02단	釜山の舊債借換と新規起債
132532	朝鮮朝日	1926-08-31/2	02단	浮塵子發生で撲滅道令を發す
132533	朝鮮朝日	1926-08-31/2	03단	來鮮する銀行團の顔觸
132534	朝鮮朝日	1926-08-31/2	03단	平南秋の牛市

일련번호	판명	간행일	단수	기사명
132535	朝鮮朝日	1926-08-31/2	03단	米穀法の施行を陳情
132536	朝鮮朝日	1926-08-31/2	03단	九龍浦の鯖網漁船引揚
132537	朝鮮朝日	1926-08-31/2	03단	會(朝鮮拓植會社計劃/水産會社創立)
132538	朝鮮朝日	1926-08-31/2	03단	平電買收資金は殖銀から引出す/話は七分通り進捗/某消息通の話
132539	朝鮮朝日	1926-08-31/2	04단	運動界(第三回全鮮野球第一日戰積/准優勝戰全州、京熙勝つ)

1926년 9월 (조선아사히)

일련번호	판명	간행일	단수	기사명
132540	朝鮮朝日	1926-09-01/1	01단	輸出米の檢査を明年度から統一/中央檢査場を設け專任の檢査官をおく
132541	朝鮮朝日	1926-09-01/1	01단	小、普校教員を免許狀制度に大體の成案を得て近く審議室に廻附
132542	朝鮮朝日	1926-09-01/1	01단	朝鮮稅制體系整理と委員會意見
132543	朝鮮朝日	1926-09-01/1	01단	天道教の教勢挽回/記念祭執行
132544	朝鮮朝日	1926-09-01/1	01단	釜福連絡無線電話いよいよ廢止
132545	朝鮮朝日	1926-09-01/1	02단	事變突發と共に原隊に還らず/直接朝鮮の師團で是から召集できる
132546	朝鮮朝日	1926-09-01/1	02단	趣味の婦人(九)/趣味が遂に職業となった子供服の小母さん/大垣いち子さん
132547	朝鮮朝日	1926-09-01/1	03단	編輯局選
132548	朝鮮朝日	1926-09-01/1	03단	豆滿江の架橋工事遲る
132549	朝鮮朝日	1926-09-01/1	04단	所得稅を朝鮮にも設定/各方面で調査中
132550	朝鮮朝日	1926-09-01/1	04단	國境方面を湯淺總監巡視
132551	朝鮮朝日	1926-09-01/1	04단	鐵道敷設に軍隊の來鮮
132552	朝鮮朝日	1926-09-01/1	04단	釜山署の娼妓優遇規定
132553	朝鮮朝日	1926-09-01/1	05단	執務時間延長
132554	朝鮮朝日	1926-09-01/1	05단	筏の損害莫大なる見込
132555	朝鮮朝日	1926-09-01/1	05단	博覽會見物の田舍者を脅し刑事と僞稱して金品をまきあぐ
132556	朝鮮朝日	1926-09-01/1	06단	戀の勝利者/金文の夫妻が打揃ひ晴れの故鄕入り近く全鮮を音樂行脚
132557	朝鮮朝日	1926-09-01/1	06단	內地密航の惡周旋屋取締
132558	朝鮮朝日	1926-09-01/1	06단	コールタール私刑の診斷書を拒んだ三山病院長襲はる/群衆投石して暴行
132559	朝鮮朝日	1926-09-01/1	07단	嫁を毆り殺す
132560	朝鮮朝日	1926-09-01/1	07단	看護婦の盟休/まだつゞく
132561	朝鮮朝日	1926-09-01/1	08단	逃走娼妓畑中で心中
132562	朝鮮朝日	1926-09-01/1	08단	無免許で診療して罰金
132563	朝鮮朝日	1926-09-01/1	08단	會(視察團講演/社會改良講習會)
132564	朝鮮朝日	1926-09-01/1	08단	半島茶話
132565	朝鮮朝日	1926-09-01/1	09단	朝鮮物語(五十二)/細井肇さしゑ梨本久
132566	朝鮮朝日	1926-09-01/1	10단	人(秋光繁之氏)
132567	朝鮮朝日	1926-09-01/2	01단	鮮米買げの斷行は却々困難/米穀法と朝鮮の事情
132568	朝鮮朝日	1926-09-01/2	01단	兩取引所合倂依然反對
132569	朝鮮朝日	1926-09-01/2	01단	朝鐵短期借入
132570	朝鮮朝日	1926-09-01/2	01단	廣島物産宣傳の見本市
132571	朝鮮朝日	1926-09-01/2	01단	內地渡航者を咸南に振向ける計劃は中止
132572	朝鮮朝日	1926-09-01/2	01단	鮑の稚貝採取制限の緩和を陳情

일련번호	판명	간행일	단수	기사명
132573	朝鮮朝日	1926-09-01/2	02단	鴨綠江岸の駐在所改築
132574	朝鮮朝日	1926-09-01/2	02단	噂の人
132575	朝鮮朝日	1926-09-01/2	02단	鰹の罐詰は大概が鯖代用/不正營業で取締るか否か
132576	朝鮮朝日	1926-09-01/2	03단	奉天省の移住鮮人調査/無斷雇入禁止
132577	朝鮮朝日	1926-09-01/2	03단	慶北管內の十五年勤續者
132578	朝鮮朝日	1926-09-01/2	03단	おくれぬ會/會員は既に千名に達す
132579	朝鮮朝日	1926-09-01/2	03단	朝日碁戰臨時手合(四)
132580	朝鮮朝日	1926-09-01/2	04단	俸給をさいて細民の子弟に學資を供與/奇篤な警官
132581	朝鮮朝日	1926-09-01/2	04단	石森久彌氏京日社に入る
132582	朝鮮朝日	1926-09-01/2	04단	舊補助貨幣上半期引上高
132583	朝鮮朝日	1926-09-01/2	04단	キネマ便り(喜樂館)
132584	朝鮮朝日	1926-09-01/2	04단	全鮮野球爭覇慶熙軍勝つ/二A對一
132585	朝鮮朝日	1926-09-02/1	01단	大邱府內の官公衙を暗夜に爆破を企つ/鮮人主義者の大陰謀/十餘名いよいよ收容
132586	朝鮮朝日	1926-09-02/1	01단	醫專設置は明年度まで駄目/急ぐ必要はないと湯淺總監の御宣託
132587	朝鮮朝日	1926-09-02/1	01단	兩師團の秋季演習擧行
132588	朝鮮朝日	1926-09-02/1	02단	元山府の艦隊入港歡迎
132589	朝鮮朝日	1926-09-02/1	02단	鮮人勞働者に每夜無料で敎授/鮮人勞働相愛會の三島支部の企て
132590	朝鮮朝日	1926-09-02/1	02단	大阪の鮮人小學生は十七歳以上が多い/勞働の餘力を學窓に注ぐ/市でその敎育に力を入れる
132591	朝鮮朝日	1926-09-02/1	03단	編輯局選
132592	朝鮮朝日	1926-09-02/1	03단	就職口の相談から一椀の飯や旅費の無心/中には治療費をせしめる失業者/今後は取締を嚴にする
132593	朝鮮朝日	1926-09-02/1	04단	趣味の婦人(十)/師匠の主人を今は追ひ越す/半島俳壇の古强者四竈露草さん
132594	朝鮮朝日	1926-09-02/1	04단	銑鐵生産の獎勵金交附
132595	朝鮮朝日	1926-09-02/1	04단	內地さまざま(自動蘇生器發明/南洲翁銅像建立/海軍と市の啀合/青年訓練所不評/金魚の汽車往生)
132596	朝鮮朝日	1926-09-02/1	05단	辭令(東京電話)
132597	朝鮮朝日	1926-09-02/1	06단	平穩な危日
132598	朝鮮朝日	1926-09-02/1	06단	山くづれで二十三名壓死
132599	朝鮮朝日	1926-09-02/1	07단	不法監禁で告訴すると記者連怒る
132600	朝鮮朝日	1926-09-02/1	07단	三山病院投石事件は建築物毀棄
132601	朝鮮朝日	1926-09-02/1	07단	京城府內に小泥棒が多い今後は取締りを一層嚴重にする
132602	朝鮮朝日	1926-09-02/1	08단	平壤雜事(巡使に應授した男/小娘の行方/監獄が我家/美人殺しの男)
132603	朝鮮朝日	1926-09-02/1	08단	會(素人演藝會)

일련번호	판명	간행일	단수	기사명
132604	朝鮮朝日	1926-09-02/1	08단	人(梅林卯三郎氏(慶南金融組合聯合會理事長)/蘭牟田彦治郎氏))
132605	朝鮮朝日	1926-09-02/1	09단	朝鮮物語(五十三)/細井肇さしゑ梨本久
132606	朝鮮朝日	1926-09-02/1	09단	半島茶話
132607	朝鮮朝日	1926-09-02/2	01단	神仙爐(軍事教育の破綻)
132608	朝鮮朝日	1926-09-02/2	01단	朝鮮における內地人の通信數は內地より遙に多い/郵便局所增設の要
132609	朝鮮朝日	1926-09-02/2	01단	平壤驛の改築工事
132610	朝鮮朝日	1926-09-02/2	01단	噂の人
132611	朝鮮朝日	1926-09-02/2	02단	人蔘の聲價高まる
132612	朝鮮朝日	1926-09-02/2	02단	朝日碁戰臨時手合(五)
132613	朝鮮朝日	1926-09-02/2	03단	海員連の相互補助組合
132614	朝鮮朝日	1926-09-02/2	03단	書堂の數と教員兒童數
132615	朝鮮朝日	1926-09-02/2	04단	鴨綠江の流筏は不良
132616	朝鮮朝日	1926-09-02/2	04단	金融組合の貸出金利引下
132617	朝鮮朝日	1926-09-02/2	04단	修養團員數
132618	朝鮮朝日	1926-09-02/2	04단	弓道場建設
132619	朝鮮朝日	1926-09-02/2	04단	新刊紹介(金融と經濟(第八十六號)/專賣通報(九月號)/思想と生活(八月號)/京城雜筆(八月號))
132620	朝鮮朝日	1926-09-03/1	01단	東洋文明の精華の種子を蒔いた民族會議/出席代表李氏談
132621	朝鮮朝日	1926-09-03/1	01단	瑞典皇太子御視察日程
132622	朝鮮朝日	1926-09-03/1	01단	趣味の婦人(十一)/舞臺にも立ち詩も歌も堪能/半島文壇になくてならぬ衣川幽子さん
132623	朝鮮朝日	1926-09-03/1	02단	明年度豫算歲出は査定中
132624	朝鮮朝日	1926-09-03/1	02단	臺灣航路に割込む吾妻汽船
132625	朝鮮朝日	1926-09-03/1	03단	鮮內各道內務部長會議
132626	朝鮮朝日	1926-09-03/1	03단	生の力/八幡前田いさを
132627	朝鮮朝日	1926-09-03/1	03단	孟博線敷設其成運動
132628	朝鮮朝日	1926-09-03/1	03단	浮塵子の驅除費補助を申請し來る
132629	朝鮮朝日	1926-09-03/1	04단	慶南鐵道の溫陽溫泉經營
132630	朝鮮朝日	1926-09-03/1	04단	馬山天安線の速成運動繼續
132631	朝鮮朝日	1926-09-03/1	04단	金融組合の貸出金利率を十月から引下げる
132632	朝鮮朝日	1926-09-03/1	05단	內地さまざま(電燈のない村町/福岡の隣町合併/美人女給の驅落/入學試驗の出張/骨肉の財産爭ひ/不徹底な値下案/官憲の狼狽ぶり)
132633	朝鮮朝日	1926-09-03/1	05단	ポーランド訪日飛行機途中から引返す/平壤の歡迎準備
132634	朝鮮朝日	1926-09-03/1	05단	城大研究の死體不足/上田教授談
132635	朝鮮朝日	1926-09-03/1	06단	鮮人同志の珍らしい劇團/セリフも朝鮮語/華々しく大阪で開場
132636	朝鮮朝日	1926-09-03/1	06단	記者拘引は適宜の處置と突張る/警察部
132637	朝鮮朝日	1926-09-03/1	06단	十七年前に別れた父をしたうて赤露へ京城府書記の今石童丸

일련번호	판명	간행일	단수	기사명
132638	朝鮮朝日	1926-09-03/1	07단	椅子を投げ會場で格鬪
132639	朝鮮朝日	1926-09-03/1	07단	リンチ事件の處刑に對して厄介な投書
132640	朝鮮朝日	1926-09-03/1	07단	濁流に呑まれ警官溺死す
132641	朝鮮朝日	1926-09-03/1	08단	拐帶金で豪遊を極む
132642	朝鮮朝日	1926-09-03/1	08단	會(慶北教育總會)
132643	朝鮮朝日	1926-09-03/1	08단	朝鮮物語(五十四)/細井肇さしゑ梨本久
132644	朝鮮朝日	1926-09-03/1	09단	人(小學校長一行/西原八十八氏(慶南水産課長))
132645	朝鮮朝日	1926-09-03/1	10단	半島茶話
132646	朝鮮朝日	1926-09-03/2	01단	水害奥地の郵便物はプロペラ船で臨時に急送
132647	朝鮮朝日	1926-09-03/2	01단	平北各郡の納税組合設立
132648	朝鮮朝日	1926-09-03/2	01단	厄日すぎて白米相場下る
132649	朝鮮朝日	1926-09-03/2	01단	慶南の煎子乾燥器/設備を奬勵
132650	朝鮮朝日	1926-09-03/2	01단	朝日碁戰臨時手合(六)
132651	朝鮮朝日	1926-09-03/2	02단	盛況を豫想さるゝ咸北林山共進會
132652	朝鮮朝日	1926-09-03/2	02단	優良漁船の建造を奬勵
132653	朝鮮朝日	1926-09-03/2	03단	平壤高女の五年制は是非共實現せしめたい
132654	朝鮮朝日	1926-09-03/2	03단	金融組合と乙種銀行の協調が必要
132655	朝鮮朝日	1926-09-03/2	03단	豫稻作想增收の見込み
132656	朝鮮朝日	1926-09-03/2	03단	町村長連の滿鮮視察團
132657	朝鮮朝日	1926-09-03/2	04단	鴨綠江增水漂流材の損害莫大
132658	朝鮮朝日	1926-09-03/2	04단	明年度より簡保實施
132659	朝鮮朝日	1926-09-03/2	04단	赤化防止運動資金募集
132660	朝鮮朝日	1926-09-03/2	04단	五十圓を送附
132661	朝鮮朝日	1926-09-03/2	04단	夜間金庫成績
132662	朝鮮朝日	1926-09-03/2	04단	運動界(南鮮野球大會/大邱軍優勝)
132663	朝鮮朝日	1926-09-04/1	01단	負擔の均衡を期するための税制整理 消費移入兩税は改正/案を見ねば是非の論は禁物だと黑田主税局長語る
132664	朝鮮朝日	1926-09-04/1	01단	ポーランド飛行士歡迎
132665	朝鮮朝日	1926-09-04/1	01단	京城府の新廳舍落成式
132666	朝鮮朝日	1926-09-04/1	01단	京城の英國領事館根本的に改築
132667	朝鮮朝日	1926-09-04/1	02단	高松宮殿下佛國寺御見學
132668	朝鮮朝日	1926-09-04/1	02단	鐵道聯隊の敷設作業/始めての演習
132669	朝鮮朝日	1926-09-04/1	02단	瑞典皇太子歡迎準備
132670	朝鮮朝日	1926-09-04/1	03단	聯合艦隊行程參觀を許す
132671	朝鮮朝日	1926-09-04/1	03단	馬山の勤儉週間宣傳
132672	朝鮮朝日	1926-09-04/1	03단	伊豆めぐり/下村海南
132673	朝鮮朝日	1926-09-04/1	03단	土里洞に守備隊設置の請願を出す
132674	朝鮮朝日	1926-09-04/1	03단	姫御前たちが野球のをお稽古/平壤高女生徒がチームを組織
132675	朝鮮朝日	1926-09-04/1	04단	佛國極東艦隊旗艦仁川入港

일련번호	판명	간행일	단수	기사명
132676	朝鮮朝日	1926-09-04/1	04단	大邱女子高普新築費寄附金至急取纏め
132677	朝鮮朝日	1926-09-04/1	04단	日鮮連絡郵便飛行/近く第一回決行
132678	朝鮮朝日	1926-09-04/1	05단	キリスト教南管理派年會
132679	朝鮮朝日	1926-09-04/1	05단	整理を託してゐた夫の遺産を費消され宋秉峻の嗣子を相手取り/保管金四萬餘圓の返還訴訟
132680	朝鮮朝日	1926-09-04/1	05단	曉の夢を破った山崩れの慘事/三十餘名の死者を出した一村の慘狀
132681	朝鮮朝日	1926-09-04/1	06단	勇退した寺島才二郎氏
132682	朝鮮朝日	1926-09-04/1	07단	巷のたより(平壤雜事)
132683	朝鮮朝日	1926-09-04/1	07단	各港の防疫と採便檢査
132684	朝鮮朝日	1926-09-04/1	07단	密賣團檢事局送り
132685	朝鮮朝日	1926-09-04/1	07단	軍隊側の手當手落憲兵隊で調査
132686	朝鮮朝日	1926-09-04/1	08단	普校の訓導二人共謀して竊盜を働く
132687	朝鮮朝日	1926-09-04/1	08단	朝鮮物語(五十五)/細井肇さしゑ梨本久
132688	朝鮮朝日	1926-09-04/1	09단	平壤雜事(二少年の平壤見物/厄介な二人男/本心に立返った母/腰卷強盜)
132689	朝鮮朝日	1926-09-04/1	09단	半島茶話
132690	朝鮮朝日	1926-09-04/2	01단	北鮮各地で引つぱり凧の窒素肥料會社は前津港に決定か
132691	朝鮮朝日	1926-09-04/2	01단	灘酒の配米に朝鮮米が幅を利かす
132692	朝鮮朝日	1926-09-04/2	01단	平安南道の水の調査/飲料水救濟策
132693	朝鮮朝日	1926-09-04/2	01단	綿絲布の移入税撤廢で紡績會社恐慌
132694	朝鮮朝日	1926-09-04/2	02단	大豆粟の實收減退見込
132695	朝鮮朝日	1926-09-04/2	02단	漢山蔴の共同作業所と支那蔴輸入
132696	朝鮮朝日	1926-09-04/2	02단	京城組合銀行八月末帳尻
132697	朝鮮朝日	1926-09-04/2	02단	自動車の輸送調査委員
132698	朝鮮朝日	1926-09-04/2	02단	昌原郡の陸棉收穫豫想
132699	朝鮮朝日	1926-09-04/2	03단	死亡率は皆無の自信ある活魚輸送
132700	朝鮮朝日	1926-09-04/2	03단	朝日碁戰臨時手合(七)
132701	朝鮮朝日	1926-09-04/2	04단	殖銀の利下げ必要があれば何時でもやる
132702	朝鮮朝日	1926-09-04/2	04단	運動界(秋季競馬大會/大連商業勝つ/平壤鐵道勝つ/日糖は敗る)
132703	朝鮮朝日	1926-09-05/1	01단	類例のない土地代行機關に就て湯淺總監語る
132704	朝鮮朝日	1926-09-05/1	01단	光化門前幹線道路いよいよ着工
132705	朝鮮朝日	1926-09-05/1	01단	足くせの小男が勝つ草相撲/大田納涼角力の盛況
132706	朝鮮朝日	1926-09-05/1	02단	滿鐵は飽まで滿洲の開拓に力を盡してゐると入江滿鐵理事語る
132707	朝鮮朝日	1926-09-05/1	03단	第一潜水艦隊西湖津入港
132708	朝鮮朝日	1926-09-05/1	03단	樂浪一周道路近く新設
132709	朝鮮朝日	1926-09-05/1	03단	平南署長會議
132710	朝鮮朝日	1926-09-05/1	04단	江陸電氣許可

일련번호	판명	간행일	단수	기사명
132711	朝鮮朝日	1926-09-05/1	04단	編輯局選
132712	朝鮮朝日	1926-09-05/1	04단	釜山驛に『うどん』『そば』賣店を許す
132713	朝鮮朝日	1926-09-05/1	04단	大同江を挾んで大激戰/陸軍秋季大演習
132714	朝鮮朝日	1926-09-05/1	04단	涼風立って泥奉がふえる/戸締りが肝要
132715	朝鮮朝日	1926-09-05/1	05단	趣味の婦人(十一)/聲樂よりは器樂がおすきしとやかで美しい/藤波正枝さん
132716	朝鮮朝日	1926-09-05/1	05단	投石事件の取調べ終了す
132717	朝鮮朝日	1926-09-05/1	06단	賊團と交戰して負傷者を出す
132718	朝鮮朝日	1926-09-05/1	06단	三名の覆面強盜未だ捕らぬ
132719	朝鮮朝日	1926-09-05/1	06단	獨立運動の不穩鮮人/一味逮捕
132720	朝鮮朝日	1926-09-05/1	07단	小舟に乗り巧にモヒ密賣/中毒者が處罰から放免されると注射で歡迎
132721	朝鮮朝日	1926-09-05/1	07단	巷のたより
132722	朝鮮朝日	1926-09-05/1	08단	會(體操ダンス講習/府尹郡守會議)
132723	朝鮮朝日	1926-09-05/1	08단	人(スピアー博士/湯淺政務總監/審藤堂男大佐(平壤飛行聯隊長)/朴相駿氏(新任江原道知事))
132724	朝鮮朝日	1926-09-05/1	08단	朝鮮物語(五十六)/細井肇さしゑ梨本久
132725	朝鮮朝日	1926-09-05/1	09단	半島茶話
132726	朝鮮朝日	1926-09-05/2	01단	朝鮮神宮競技各種の豫選決定(陸上競技/排球籠球/ア式蹴球/野球部/庭球/全鮮女子陸上競技大會(京城軍敗退/ボートレース)
132727	朝鮮朝日	1926-09-05/2	01단	群山中學下水溝補助/電請と運動
132728	朝鮮朝日	1926-09-05/2	01단	朝日碁戰臨時手合(八)
132729	朝鮮朝日	1926-09-05/2	02단	精米の內地移出獎勵
132730	朝鮮朝日	1926-09-05/2	03단	放火防止に超過保險/取締を協議
132731	朝鮮朝日	1926-09-05/2	03단	金融組合中央會設置/實現を希望
132732	朝鮮朝日	1926-09-05/2	03단	平南衛生試驗室擴張
132733	朝鮮朝日	1926-09-05/2	04단	方魚津で鯖の大豊漁
132734	朝鮮朝日	1926-09-05/2	04단	臺灣方面の遠洋手繰漁業/頗る有望
132735	朝鮮朝日	1926-09-05/2	04단	平安南北兩道の農作物思ったより良好
132736	朝鮮朝日	1926-09-05/2	04단	大豆と粟本年收穫豫想
132737	朝鮮朝日	1926-09-05/2	04단	平壤棉作增收
132738	朝鮮朝日	1926-09-07/1	01단	鮮人の移住に有望な吉林の地/支那官憲の壓迫が無い
132739	朝鮮朝日	1926-09-07/1	01단	稅制調査の委員會いよいよ始る/財務部長の會議を開き稅制問題附議
132740	朝鮮朝日	1926-09-07/1	01단	農事改良の資金償還方法が決定
132741	朝鮮朝日	1926-09-07/1	01단	趣味の婦人(十二)/藝術は永遠だと趣味に生死する畵家でスポーツウーマンの飯田民榮さん
132742	朝鮮朝日	1926-09-07/1	02단	辭令(東京電話)

일련번호	판명	간행일	단수	기사명
132743	朝鮮朝日	1926-09-07/1	02단	全鮮四百名の先生が集って論戰の火花を散した/全鮮教員硏究會
132744	朝鮮朝日	1926-09-07/1	03단	緣故林拂下の細則を決定/一日から受付
132745	朝鮮朝日	1926-09-07/1	03단	八步の配當/京南鐵道が
132746	朝鮮朝日	1926-09-07/1	04단	營林署材流下を開始/まだ平水以上
132747	朝鮮朝日	1926-09-07/1	04단	四百萬圓に達する大供水の被害/死者が百二十九名で流失家屋四百六十戶に達す
132748	朝鮮朝日	1926-09-07/1	04단	高松宮殿下釋王寺御淸遊/總督もお供す
132749	朝鮮朝日	1926-09-07/1	04단	安奉兩贊店全部が休業/東票問題で
132750	朝鮮朝日	1926-09-07/1	05단	歌米送信に大成功/短波無線が
132751	朝鮮朝日	1926-09-07/1	05단	西二村洞の移轉先きは桃花洞に決定
132752	朝鮮朝日	1926-09-07/1	05단	編輯局選
132753	朝鮮朝日	1926-09-07/1	06단	寫眞說明/平壤着陸のポーランド機と操縱者のオ中尉(右)と機關士のレ曹
132754	朝鮮朝日	1926-09-07/1	06단	癲癇で溺死
132755	朝鮮朝日	1926-09-07/1	06단	鮮支人の大亂鬪/六十名が入亂れ
132756	朝鮮朝日	1926-09-07/1	07단	勤續店員表彰式
132757	朝鮮朝日	1926-09-07/1	07단	小銃を携へて密漁船を取締/不正漁業がダイナマイトで巡邏船を脅す事がある
132758	朝鮮朝日	1926-09-07/1	07단	朝鮮物語(五十七)/細井肇さしゐ梨本久
132759	朝鮮朝日	1926-09-07/1	08단	基督病院の看護婦盟休/漸く解決す
132760	朝鮮朝日	1926-09-07/1	08단	鮮人二名を手先に使ひ阿片の大密輸
132761	朝鮮朝日	1926-09-07/1	09단	半島茶話
132762	朝鮮朝日	1926-09-07/2	01단	眠熱醒しの怪談「夢物語」
132763	朝鮮朝日	1926-09-07/2	01단	手形の對照に鎭平銀も適用/對支取引上の大問題/高等法院での判決
132764	朝鮮朝日	1926-09-07/2	01단	聯合艦隊の上陸人員/歡迎會は謝絶
132765	朝鮮朝日	1926-09-07/2	01단	朝日碁戰臨時手合(九)
132766	朝鮮朝日	1926-09-07/2	02단	京城學校費戶別割の賦課標準低下
132767	朝鮮朝日	1926-09-07/2	03단	光化門線の複線工事は九月中に着工
132768	朝鮮朝日	1926-09-07/2	03단	釜山驛の改造を具體的に硏究/現在の棧橋に增築し舊驛は貸事務所に流用する
132769	朝鮮朝日	1926-09-07/2	04단	警察署長會議平南道內の
132770	朝鮮朝日	1926-09-07/2	04단	水害復舊の速成を要望/市民大會を開き
132771	朝鮮朝日	1926-09-07/2	04단	運動界(全龍中勝つ對慶熙戰に/南鮮野球大會大邱で擧行/全鮮庭球大會西鮮組が優勝/老童野球戰十二日擧行)
132772	朝鮮朝日	1926-09-07/2	04단	新著批判(短歌雜誌自然(九月號)/開城郡面誌(第一輯))
132773	朝鮮朝日	1926-09-08/1	01단	年産額三億圓を突破する全南道が今秋十一月に木浦で物産と綿業の大共進會開催

일련번호	판명	간행일	단수	기사명
132774	朝鮮朝日	1926-09-08/1	01단	金剛電の増資時機は何時か/京電と交渉中の電力賣買が纏った時
132775	朝鮮朝日	1926-09-08/1	02단	代行範圍は水利組合と懇談の上決定
132776	朝鮮朝日	1926-09-08/1	03단	勅任となりや嬉しさ/尚參與官語る
132777	朝鮮朝日	1926-09-08/1	04단	圖們江の架橋準備が漸く整ひ二十一日上山峰で入札/工費は約三十萬圓
132778	朝鮮朝日	1926-09-08/1	04단	李王職長宮の異動の噂さ/篠田次官も勇退の說/後任問題で李子爵一派の運動
132779	朝鮮朝日	1926-09-08/1	04단	第三戰隊が淸津に入港/四隻打揃ひ
132780	朝鮮朝日	1926-09-08/1	04단	高松宮殿下金剛山御探勝/十一、二の兩日
132781	朝鮮朝日	1926-09-08/1	04단	基督教徒の會堂奪合ひ/大邱府內の
132782	朝鮮朝日	1926-09-08/1	05단	編輯局選
132783	朝鮮朝日	1926-09-08/1	05단	鄕校の土地を儒林の經營に復歸させて吳れと儒林代表者が協議
132784	朝鮮朝日	1926-09-08/1	05단	辭令(東京電話)
132785	朝鮮朝日	1926-09-08/1	05단	新廳舍の壁畫紛失/和田畫伯の筆
132786	朝鮮朝日	1926-09-08/1	06단	モヒ密輸の犯人を逮捕/新義州署で
132787	朝鮮朝日	1926-09-08/1	06단	內地人を見て慄ひ怖がる困った狂鮮人
132788	朝鮮朝日	1926-09-08/1	06단	賭博に負け自殺を企つ危く救はる
132789	朝鮮朝日	1926-09-08/1	06단	巷のたより
132790	朝鮮朝日	1926-09-08/1	07단	平壤雜事(平壤でも檢診/矢張り死刑/夫と妻の訴訟/衛生活動寫眞)
132791	朝鮮朝日	1926-09-08/1	07단	朝鮮物語(五十八)/細井肇さしゑ梨本久
132792	朝鮮朝日	1926-09-08/1	08단	人(長當芳介氏(慶南衛生課長)/脇谷洋次郎博士(水産試驗場長)/西原八十八氏(慶南水産課長)/戶澤民一郎氏(代議士)/鹽入松三郎氏(西ケ原農事試驗所技師)/鹿野咸南警察部長/加藤平北衛生課長/高橋咸南衛生課長)
132793	朝鮮朝日	1926-09-08/1	09단	半島茶話
132794	朝鮮朝日	1926-09-08/2	01단	愈よ來月初めから農事資金を融通/從來の借入金も遡って借賛を許す
132795	朝鮮朝日	1926-09-08/2	01단	二十六萬圓の損を見越して愈よ簡保を實施/四年目から儲かる豫定
132796	朝鮮朝日	1926-09-08/2	01단	浦項濱田間航路開始/慶東線も値下
132797	朝鮮朝日	1926-09-08/2	01단	夏蠶は惡く秋蠶は良好/昨年より增産
132798	朝鮮朝日	1926-09-08/2	01단	激增した敦賀貿易/前年に比し
132799	朝鮮朝日	1926-09-08/2	02단	昨年中の果物生産高/前年より減收
132800	朝鮮朝日	1926-09-08/2	02단	金組の利益五十萬圓減利子引下で
132801	朝鮮朝日	1926-09-08/2	02단	鐵道聯隊の敷設工事は豫定通り進捗
132802	朝鮮朝日	1926-09-08/2	03단	龍井村の道路を改修/寄附を集めて

일련번호	판명	간행일	단수	기사명
132803	朝鮮朝日	1926-09-08/2	03단	釜商構內で見本市開催/展覽會時に
132804	朝鮮朝日	1926-09-08/2	03단	藝妓や娼妓に貯金の大宣傳/チップの一圓二圓を無駄費ひさせぬやう
132805	朝鮮朝日	1926-09-08/2	04단	名古屋商議の見本市開場/京城商議で
132806	朝鮮朝日	1926-09-08/2	04단	消防組頭の全國會議に京城から出席
132807	朝鮮朝日	1926-09-08/2	04단	不二興業の專務の後任飯泉氏に決定
132808	朝鮮朝日	1926-09-08/2	04단	大邱病院の移轉改築は十一月上旬起工
132809	朝鮮朝日	1926-09-08/2	04단	在鄉軍人射擊大會
132810	朝鮮朝日	1926-09-09/1	01단	李王殿下御洋行は無期延期では無い故李王殿下御一周後御出發/紀尾井坂御殿も御着工
132811	朝鮮朝日	1926-09-09/1	01단	集中か分駐か國境兵備の問題/教育が要らぬやう故兵のみを送れの議がある
132812	朝鮮朝日	1926-09-09/1	01단	高松宮殿下十一日朝に長箭御到着
132813	朝鮮朝日	1926-09-09/1	02단	本紙大阪版を飛行機で輸送/內鮮滿を連絡する試驗飛行機に托し
132814	朝鮮朝日	1926-09-09/1	03단	愈よ近づく山林大會七日打合會
132815	朝鮮朝日	1926-09-09/1	03단	黑蝶の幻想/門司山本稔子
132816	朝鮮朝日	1926-09-09/1	04단	朝鮮人の店員を喜ぶ傾がある/門司市では紹介所を移築し鮮人紹介に力を注ぐ
132817	朝鮮朝日	1926-09-09/1	04단	金城炭甘里間電車が開通十五日から
132818	朝鮮朝日	1926-09-09/1	04단	東條氏の理事就任を朝鮮では希望
132819	朝鮮朝日	1926-09-09/1	05단	日支官憲の打合せ圖們鐵橋で
132820	朝鮮朝日	1926-09-09/1	05단	豫算查定は九月一ぱいかゝる見込
132821	朝鮮朝日	1926-09-09/1	05단	衡平社の幹事から普通民を除け靑年總聯盟で協議/その蔭に咲く戀のいきさつ
132822	朝鮮朝日	1926-09-09/1	06단	巷のたより
132823	朝鮮朝日	1926-09-09/1	06단	保險會社の喧嘩お廢止/妥協成立し
132824	朝鮮朝日	1926-09-09/1	06단	辭令(東京電話)
132825	朝鮮朝日	1926-09-09/1	06단	京城でも娼妓待遇改善を實行
132826	朝鮮朝日	1926-09-09/1	07단	平壤飛機の大演習十五日から
132827	朝鮮朝日	1926-09-09/1	07단	內地荒しの鮮人を逮捕釜山水上署が
132828	朝鮮朝日	1926-09-09/1	07단	心中の片割に二年を求刑平壤法院で
132829	朝鮮朝日	1926-09-09/1	07단	社金橫領の犯人を逮捕/東萊で豪遊中
132830	朝鮮朝日	1926-09-09/1	07단	朝鮮郵船の櫻丸が坐礁/自力で離礁す
132831	朝鮮朝日	1926-09-09/1	08단	會(平壤招魂祭)
132832	朝鮮朝日	1926-09-09/1	08단	人(李鍝公殿下/全國町村長團/廢兵視察團)
132833	朝鮮朝日	1926-09-09/1	08단	朝鮮物語(五十九)/細井肇さしゑ梨本久
132834	朝鮮朝日	1926-09-09/1	09단	半島茶話

일련번호	판명	간행일	단수	기사명
132835	朝鮮朝日	1926-09-09/2	01단	鮮米禮讚/內地の酒米に早くから使用された朝鮮米/外聞を憚て祕して居た
132836	朝鮮朝日	1926-09-09/2	01단	中間の堤防を鐵橋に改める大漢江の大修築工事竣工すれば全鮮一
132837	朝鮮朝日	1926-09-09/2	01단	百萬圓を投じ平壤驛を改築/三ケ年の繼續事業/竣工せば京城驛と匹敵する
132838	朝鮮朝日	1926-09-09/2	02단	治水治山の砂防工事着々と進行
132839	朝鮮朝日	1926-09-09/2	02단	滿洲粟の輸入が增加/朝鮮米の內地移出で
132840	朝鮮朝日	1926-09-09/2	02단	釜山港の移出牛活況/昨年より增加
132841	朝鮮朝日	1926-09-09/2	03단	共同販賣の値頃が高い品質優良で
132842	朝鮮朝日	1926-09-09/2	03단	無爲に終り易い中産階級子弟の就職方を同民會が紹介
132843	朝鮮朝日	1926-09-09/2	03단	朝日碁戰臨時手合(十)
132844	朝鮮朝日	1926-09-09/2	04단	金寬鉉氏朝鮮土地入社/鮮人折衝に當る
132845	朝鮮朝日	1926-09-09/2	04단	孝子節婦の表彰に努む/京城府が
132846	朝鮮朝日	1926-09-10/1	01단	財團法人を組織させて鄕校財産を拂下げるか/儒林團は不承認の模樣で政府に　陳情すると敦圉く/地上勤務員平壤に到着不時着陸に備ふ
132847	朝鮮朝日	1926-09-10/1	01단	李王職の異動/自分は何も知らぬ顧みて他を言ふ篠田氏
132848	朝鮮朝日	1926-09-10/1	01단	八月一ぱいで二千二百圓フ井ルムの檢閱手數料
132849	朝鮮朝日	1926-09-10/1	01단	內鮮滿の連絡飛行十一日に延期
132850	朝鮮朝日	1926-09-10/1	02단	趣味の婦人(十三)/夕闇匂ふ庭に立ち哀れ床しき歌の調とセレナードを口ずさむ　坪川愛子さん
132851	朝鮮朝日	1926-09-10/1	03단	編輯局選
132852	朝鮮朝日	1926-09-10/1	03단	虎疫 國境地帶で是が防疫に大さわぎ/眞正コレラ安東に發生/虎疫豫防で戶口の調査京城府が/監視を設け戎船を警戒　虎疫豫防に/局子街に家畜コレラ頻りに蔓延
132853	朝鮮朝日	1926-09-10/1	04단	今年になって一度も見ない鮮匪の侵入騒ぎ/張合抜けの咸南當局
132854	朝鮮朝日	1926-09-10/1	04단	逃走を企てた娼妓二人に金を與へて是を懲慂する/救世軍のやり方に批難の聲
132855	朝鮮朝日	1926-09-10/1	06단	巷のたより
132856	朝鮮朝日	1926-09-10/1	06단	辭令(東京電話)
132857	朝鮮朝日	1926-09-10/1	06단	第二水雷艇釜山に入港/二十三日に
132858	朝鮮朝日	1926-09-10/1	06단	電線を盜む鮮童を捕ふ/釜山棧橋で
132859	朝鮮朝日	1926-09-10/1	06단	鮮人子供をまた私刑/桃を盜まれて
132860	朝鮮朝日	1926-09-10/1	06단	蓄妾や飮酒は嚴正な敎理に悖るとの强硬論から大邱基督敎會がまたまた紛糾
132861	朝鮮朝日	1926-09-10/1	07단	朝鮮半島が生んだ隱れたる藝術家/淺川伯敎氏の個人展/蘇峰氏等が肝煎り今秋東京で
132862	朝鮮朝日	1926-09-10/1	07단	小豆袋で綿紬を密輸/新義州で檢擧

일련번호	판명	간행일	단수	기사명
132863	朝鮮朝日	1926-09-10/1	07단	娼妓に迷ふ巡査の悪事/同僚の預金を騙取して駈落
132864	朝鮮朝日	1926-09-10/1	08단	詐欺紳士奉天で逮捕/餘罪ある見込
132865	朝鮮朝日	1926-09-10/1	08단	半島茶話
132866	朝鮮朝日	1926-09-10/1	09단	會(婦人講演會/鐵道圍碁會)
132867	朝鮮朝日	1926-09-10/1	09단	朝鮮物語(六十)/細井肇さしゑ梨本久
132868	朝鮮朝日	1926-09-10/1	09단	人(農事視察團)
132869	朝鮮朝日	1926-09-10/2	01단	平壤公設の運動場いよいよ竣工
132870	朝鮮朝日	1926-09-10/2	01단	原書を漁る人科學書を繙く人/圖書館の讀者の傾向
132871	朝鮮朝日	1926-09-10/2	01단	安田家との借欵成立/釜山府の
132872	朝鮮朝日	1926-09-10/2	01단	慶東線の永川引込を會社に要望
132873	朝鮮朝日	1926-09-10/2	02단	道路開設に村民が反對/不穩の模様
132874	朝鮮朝日	1926-09-10/2	03단	牡蠣蛤の養殖を計劃/平南當局が
132875	朝鮮朝日	1926-09-10/2	03단	林山共進會の催し物打合/大邱協贊會が
132876	朝鮮朝日	1926-09-10/2	03단	大邱府が徽章を募集/懸賞を附して
132877	朝鮮朝日	1926-09-10/2	03단	朝日碁戰臨時手合(十一)
132878	朝鮮朝日	1926-09-10/2	04단	兒童協會の愛護デー全鮮へ宣傳
132879	朝鮮朝日	1926-09-10/2	04단	運動界(女子庭球大會一日京城で/間島野球大會優勝旗爭奪の/七千圓で第二期工事京城の運動場)
132880	朝鮮朝日	1926-09-11		缺號
132881	朝鮮朝日	1926-09-12/1	01단	長鯨を屠る勇ましき漁夫を興趣探く御覽ぜらる古鷹御搭乘の高松宮殿下が/第三戰隊淸津入港伏見宮殿下朱乙溫泉御成/高松宮の御道筋を檢分 府尹と署長が/聯合艦隊の元山入港は十四日に變更/記念スタンプ艦隊入港の
132882	朝鮮朝日	1926-09-12/1	01단	飛機の憩ひ/内鮮滿連絡の川西機
132883	朝鮮朝日	1926-09-12/1	02단	買收の値段が交渉の大難點/平壤府は法規を楯に會社は電氣協會を背景に
132884	朝鮮朝日	1926-09-12/1	03단	朝鮮内の醫學會總會滿州からも出席
132885	朝鮮朝日	1926-09-12/1	03단	空には飛行機地上では競技 十一日からの體育デーに京城府の大宣傳/體育デーに競技の大會馬山教育會が
132886	朝鮮朝日	1926-09-12/1	04단	内地さまざま
132887	朝鮮朝日	1926-09-12/1	04단	孫秉熙の白金像/天道教内で教徒が禮拜
132888	朝鮮朝日	1926-09-12/1	04단	思ひ出深い戰跡視察/廢兵の人達が
132889	朝鮮朝日	1926-09-12/1	05단	活魚輸送の革命/舊式の倍も入れて死亡數は極めて少い/目下船へ取付の研究中
132890	朝鮮朝日	1926-09-12/1	05단	虎疫愈よ迫り列車乘客を警戒 萬一に備へて醫生五十名の急遽出動隊を組織/コレラ遂に侵入 愈よ新義州に/安東のコ疫七十七名支那町だけで/防疫のため醫員を急派平北地方へ/平壤も大童 虎疫の豫防に/釜山も警戒 新義州からの船員を採便/監視所を設け必死の防疫 平北道では

일련번호	판명	간행일	단수	기사명
132891	朝鮮朝日	1926-09-12/1	07단	甘い言葉で女工に賣る計劃中に逮捕
132892	朝鮮朝日	1926-09-12/1	07단	テモ恐ろし十四の娘が情夫と逃亡
132893	朝鮮朝日	1926-09-12/1	07단	滿洲銀行店員の悪事/一萬圓を費消
132894	朝鮮朝日	1926-09-12/1	08단	蔚山行の列車河中に墜落し重輕傷者七名を出す
132895	朝鮮朝日	1926-09-12/1	08단	朝鮮物語(六十二)/細井肇さしゑ梨本久
132896	朝鮮朝日	1926-09-12/1	09단	會(教育視察團)
132897	朝鮮朝日	1926-09-12/1	09단	人(朴咸北知事/房宗鉐五郎氏(國際運輸清津支店長)/朴江原知事/有賀光豐氏(殖銀頭取)/一色中佐(總督府御用掛))
132898	朝鮮朝日	1926-09-12/1	09단	半島茶話
132899	朝鮮朝日	1926-09-12/2	01단	巷のたより
132900	朝鮮朝日	1926-09-12/2	01단	私鐵の買收は實狀に適する方法を設くべしとの意見が有力である
132901	朝鮮朝日	1926-09-12/2	01단	清津の貿易頻りに好況/二千萬突破か
132902	朝鮮朝日	1926-09-12/2	01단	慶南の秋蠶申分のない立派な出來
132903	朝鮮朝日	1926-09-12/2	01단	朝日碁戰臨時手合(十二)
132904	朝鮮朝日	1926-09-12/2	02단	穀物商達が總督府を訪問/全鮮大會の希望の陳情
132905	朝鮮朝日	1926-09-12/2	02단	狩獵免狀の出願が少い黃海道でも
132906	朝鮮朝日	1926-09-12/2	03단	天水灌漑の基本調査を近く實施する
132907	朝鮮朝日	1926-09-12/2	03단	金組理事に農事の講習/京畿道が開催
132908	朝鮮朝日	1926-09-12/2	03단	水産會への補助費增額を當局に要望
132909	朝鮮朝日	1926-09-12/2	03단	月賦償還で資金を融通し郵便所の廳舍を新築/百七十五箇所に達す
132910	朝鮮朝日	1926-09-12/2	04단	下駄ばきが成績が良い三越支店の
132911	朝鮮朝日	1926-09-12/2	04단	運動界(齊藤總督がカップを寄贈運動場開きに)
132912	朝鮮朝日	1926-09-12/2	04단	京城府廳に運動熱旺盛競步部を新設/京城府廳勝つ/更に聯隊と十二日對戰
132913	朝鮮朝日	1926-09-14/1	01단	背廣服に麥帽子と御いでたちも輕く高松宮金剛山を御跋渉/お連の人達を勵ましながら疲れも見えぬ御健脚で八潭の高峰を御極め/咸北古都の面影を御覽 伏見宮殿下が/內鮮美妓の手踊の興に艦隊員を歡迎/御迎への總督の來元 十三日午後
132914	朝鮮朝日	1926-09-14/1	03단	金剛山名物の松の實を獻上/江原道から
132915	朝鮮朝日	1926-09-14/1	04단	漢江有罪/京城篠原芳彥
132916	朝鮮朝日	1926-09-14/1	04단	ポーランド機平康に不時着陸/ガソリンの不足で十四日平壤に飛來の豫定
132917	朝鮮朝日	1926-09-14/1	04단	不時着陸で待ぼうけ聯絡飛行に
132918	朝鮮朝日	1926-09-14/1	05단	鮮銀券を浦潮に輸送/露政府默認す
132919	朝鮮朝日	1926-09-14/1	05단	冬の音づれ/咸南端川に雪降る寸餘も積る
132920	朝鮮朝日	1926-09-14/1	05단	遊廓移轉を市民が絶叫/當局は聞かぬ

일련번호	판명	간행일	단수	기사명
132921	朝鮮朝日	1926-09-14/1	05단	風雨荒狂ふ麗水の被害/榮山江增水道路を破壞/豪雨續きで馬山の被害鮮女が行方不明
132922	朝鮮朝日	1926-09-14/1	06단	抱負の一端も實現せぬ間に長逝したのは殘念だ/湯淺總監藏相を悼む
132923	朝鮮朝日	1926-09-14/1	06단	虎疫に備へて各地の大警戒/沿岸一帶に虎菌蔓る 新義州では眞性が八名/コレラ國境に蔓延 上流に續發す/コレラで大騷ぎ實は食傷中毒/平壤のは眞性で無い檢鏡の結果判明/流行地通過の旅客を檢診 咸北の警戒
132924	朝鮮朝日	1926-09-14/1	07단	鴨綠江で高瀨船顚覆/三名行方不明
132925	朝鮮朝日	1926-09-14/1	07단	朝鮮物語(六十三)/細井肇さしゑ梨本久
132926	朝鮮朝日	1926-09-14/1	08단	三人がゝりで大男を逮捕/前科七犯の曲者
132927	朝鮮朝日	1926-09-14/1	08단	リンチ事件は傷害罪で起訴/近く公判開廷
132928	朝鮮朝日	1926-09-14/1	08단	自轉車泥棒/二人組捕はる
132929	朝鮮朝日	1926-09-14/1	08단	耳を嚙切り逃走を企てた男は懲役六月
132930	朝鮮朝日	1926-09-14/1	08단	人(齊藤總督/高原氏一行/大村卓一氏(鐵道局長))
132931	朝鮮朝日	1926-09-14/1	09단	半島茶話
132932	朝鮮朝日	1926-09-14/2	01단	滿場一致の盛況で電車の府營を可決/釜山の相談會賑ふ
132933	朝鮮朝日	1926-09-14/2	01단	耕牛のため低資を融通/金組東拓拓殖で
132934	朝鮮朝日	1926-09-14/2	01단	麥は悪いが大豆は豊作/間島地方の
132935	朝鮮朝日	1926-09-14/2	01단	朝日碁戰臨時手合(十三)
132936	朝鮮朝日	1926-09-14/2	02단	大邱管內の葉煙草收穫/平年作以上
132937	朝鮮朝日	1926-09-14/2	02단	慶北九龍浦の秋鯖の收獲極めて豊況
132938	朝鮮朝日	1926-09-14/2	03단	十萬頭突破は難事で無い平南の豚飼育
132939	朝鮮朝日	1926-09-14/2	03단	漁港として浦項の築港/頻に叫ばれる
132940	朝鮮朝日	1926-09-14/2	03단	穀物業者が營業の打合/南滿、黃海道の
132941	朝鮮朝日	1926-09-14/2	03단	電燈會社を面營で設立/慶北醴泉で
132942	朝鮮朝日	1926-09-14/2	03단	靈光電氣創立/資金十萬圓
132943	朝鮮朝日	1926-09-14/2	04단	全南製絲建築工費は十萬圓
132944	朝鮮朝日	1926-09-14/2	04단	驅逐艦隊仁川に入港/十七日朝
132945	朝鮮朝日	1926-09-14/2	04단	群山には十五日入港/府民の大歡迎
132946	朝鮮朝日	1926-09-14/2	04단	平壤鐵道の起工視賀會平壤で開催
132947	朝鮮朝日	1926-09-14/2	04단	間島牛に炭疽病發生/官憲の大警戒
132948	朝鮮朝日	1926-09-14/2	04단	闘牛の大會馬山で開催
132949	朝鮮朝日	1926-09-14/2	04단	運動界(海州大運動會/龍中再勝す對慶熙戰に)
132950	朝鮮朝日	1926-09-15/1	01단	昨年に比して十萬石の增收/案じられた米作も案外收獲が良好
132951	朝鮮朝日	1926-09-15/1	01단	生活にあへぐ細民の窮狀を警務當局が調査し産米增殖の工事に雇備する
132952	朝鮮朝日	1926-09-15/1	01단	辭令(東京電話)
132953	朝鮮朝日	1926-09-15/1	01단	九月十日の棉作豫想/一億七千萬斤

일련번호	판명	간행일	단수	기사명
132954	朝鮮朝日	1926-09-15/1	01단	第二艦隊元山に入港/高松宮殿下に齊藤總督伺候
132955	朝鮮朝日	1926-09-15/1	01단	高松の御宮に扈從して(一)/狂蝶生
132956	朝鮮朝日	1926-09-15/1	02단	ペトロスがあるから今死んでは詰らぬとお喋りをつゞけて萬歲を連呼し平康にサヨナラ/御心配かけて濟まないとオ中尉語る/波蘭機の平康出發 平壤に向け/平壤出發は十五日の朝
132957	朝鮮朝日	1926-09-15/1	03단	編輯局選
132958	朝鮮朝日	1926-09-15/1	03단	朝鮮鐵道の資金調達は社債募集か
132959	朝鮮朝日	1926-09-15/1	04단	勢力の失墜を挽回する策にと南北監理の宣教師が頻りに合同策を講ず
132960	朝鮮朝日	1926-09-15/1	04단	京城支局長就任披露宴/朝鮮ホテルで
132961	朝鮮朝日	1926-09-15/1	05단	秋やうやく整ひ松茸や粟拾ひにふさはしい野山の景色/ピクニックによき京城近郊
132962	朝鮮朝日	1926-09-15/1	06단	內地さまざま
132963	朝鮮朝日	1926-09-15/1	06단	目賀田男に香料を贈る/金組聯合會が
132964	朝鮮朝日	1926-09-15/1	06단	コレラますます蔓延 新義州附近で患者の累計三十四名/支那側は百七十七名 死亡五十七名
132965	朝鮮朝日	1926-09-15/1	07단	燃ゆる想ひを愛のステージで唄ひ續ける金氏夫妻/直子さんは純白の朝鮮服で
132966	朝鮮朝日	1926-09-15/1	07단	會(目賀田男追悼會/史蹟講習會)
132967	朝鮮朝日	1926-09-15/1	07단	半島茶話
132968	朝鮮朝日	1926-09-15/1	08단	人(高原氏一行/淸浦子爵/海軍兵學生)
132969	朝鮮朝日	1926-09-15/1	08단	朝鮮物語(六十四)/細井肇さしる梨本久
132970	朝鮮朝日	1926-09-15/2	01단	猫の目のやうくるくる變る總督府の教育方針/近頃は何でもかでも産業第一
132971	朝鮮朝日	1926-09-15/2	01단	水利組合を淘汰す/慶南當局が
132972	朝鮮朝日	1926-09-15/2	01단	海州水道の大擴張十年は大丈夫
132973	朝鮮朝日	1926-09-15/2	01단	朝日碁戰臨時手合(一)
132974	朝鮮朝日	1926-09-15/2	02단	漁業家連の玄海集談會/慶南道內の
132975	朝鮮朝日	1926-09-15/2	03단	法院の新築愈よ始る/六十萬圓で
132976	朝鮮朝日	1926-09-15/2	03단	娼妓優遇案十月から實施 大邱署が通達/本町署でも主意を促す 署屋業者に
132977	朝鮮朝日	1926-09-15/2	03단	一千名を擁する馬賊の大集團が鮮內に潛入の虞ありとて咸南察警部の警戒
132978	朝鮮朝日	1926-09-15/2	04단	龍井村の人民會議員選擧が大ゴテ
132979	朝鮮朝日	1926-09-15/2	04단	發電機購入群山電氣が
132980	朝鮮朝日	1926-09-15/2	04단	勞働團體の解散を要求/平壤聯盟が
132981	朝鮮朝日	1926-09-15/2	04단	給水會社創立
132982	朝鮮朝日	1926-09-15/2	04단	亞細亞詩脈十月に創刊

일련번호	판명	간행일	단수	기사명
132983	朝鮮朝日	1926-09-16/1	01단	密雲と風に惱みつゝ二時間餘も海上を彷ふ內鮮滿連絡飛機の宮、乾両飛行士難航を語る/內鮮滿連絡の飛機が通過大邱上空を/新義州の上空を縫ひ大連に向ふ
132984	朝鮮朝日	1926-09-16/1	01단	高松の御宮に扈從して(二)/狂蝶生
132985	朝鮮朝日	1926-09-16/1	02단	冒險飛行大邱で開催
132986	朝鮮朝日	1926-09-16/1	03단	電氣府營の促進大會釜山有志が
132987	朝鮮朝日	1926-09-16/1	03단	高松宮殿下/玉流洞を御覽の
132988	朝鮮朝日	1926-09-16/1	03단	江岸地方に愈よ蔓延平北のコレラ/防疫準備全く整ふ平壤府の
132989	朝鮮朝日	1926-09-16/1	04단	朝鮮の事情を宣傳するとて金剛山を御探勝の高松宮殿下が活寫を御撮影
132990	朝鮮朝日	1926-09-16/1	05단	今は亡き早速氏に可愛がられた美妓/今は釜山で料亭を開き夫婦で義太夫のお師匠さん
132991	朝鮮朝日	1926-09-16/1	06단	移出超過が五千七百萬圓/對內地の移出入貿易移出入總額は三億七千萬圓
132992	朝鮮朝日	1926-09-16/1	06단	暴力の取締法いよいよ施行/現在の制令丈では不充分だとあって
132993	朝鮮朝日	1926-09-16/1	06단	編輯局選
132994	朝鮮朝日	1926-09-16/1	06단	鮮銀支店を襲ふ怪漢五人連を逮捕
132995	朝鮮朝日	1926-09-16/1	07단	心中男に一年の懲役/平壤賑町の
132996	朝鮮朝日	1926-09-16/1	07단	晝夜兼行で注射藥を製造/八萬人分を使ひ盡す/平北のコレラ緩慢ながら蔓延
132997	朝鮮朝日	1926-09-16/1	08단	他人の株で金を引出し勝手に費消す
132998	朝鮮朝日	1926-09-16/1	08단	人(栃木縣々會議員/高原大朝編輯局長/中野咸南知事/森田赦次氏/朴相駿氏)
132999	朝鮮朝日	1926-09-16/1	09단	朝鮮物語(六十五)/細井肇
133000	朝鮮朝日	1926-09-16/1	10단	半島茶話
133001	朝鮮朝日	1926-09-16/2	01단	咸南方面の亞鉛鑛に注目/鈴木商店が調査す/埋藏量は相當豊富らしい
133002	朝鮮朝日	1926-09-16/2	01단	さっぱり振はぬ東拓の北滿電氣/今では持てあましの形
133003	朝鮮朝日	1926-09-16/2	01단	鮮米移出昨年より增加
133004	朝鮮朝日	1926-09-16/2	01단	平南の棉作今年は豊況
133005	朝鮮朝日	1926-09-16/2	01단	不正商人の撲滅を圖る大邱卸商が
133006	朝鮮朝日	1926-09-16/2	01단	朝日碁戰臨時手合(二)
133007	朝鮮朝日	1926-09-16/2	02단	艦隊見物に臨時列車運轉元山咸興間
133008	朝鮮朝日	1926-09-16/2	02단	朝鮮米の試食會東京で開く
133009	朝鮮朝日	1926-09-16/2	03단	內地さまざま(唐津/大分/長崎/鹿児島/鹿児島)
133010	朝鮮朝日	1926-09-16/2	03단	淸溪川の蓋橋を出願大村百藏氏が
133011	朝鮮朝日	1926-09-16/2	03단	西鮮日々が題號を改め記念號を發行
133012	朝鮮朝日	1926-09-16/2	03단	平中記念式創立十周年

일련번호	판명	간행일	단수	기사명
133013	朝鮮朝日	1926-09-16/2	03단	會(財務部長會議/警察署長會議(京畿管內)/憲兵隊長會議)
133014	朝鮮朝日	1926-09-16/2	03단	救護會で扱った免囚の保護は五百餘名の多數に達し三十以下が一番多い
133015	朝鮮朝日	1926-09-16/2	04단	運動界(全鮮中學校庭球の大會釜山で開催/李王殿下のカップ爭奪 朝鮮ゴルフ選手權大會/體育デーで關係者協議大邱府內の/群山の競馬十月一日から)
133016	朝鮮朝日	1926-09-17/1	01단	鮮人の教育狀態を親しく御覽あって生徒三千名の奉送裡に釋王寺に向はせらる/伏見宮殿下も釋王寺御成高松殿下同樣
133017	朝鮮朝日	1926-09-17/1	01단	釜山牧の島に無電局を設置/主として船舶との通信を扱ふ來春までに竣工か
133018	朝鮮朝日	1926-09-17/1	01단	資金に惱む朝鮮私鐵既設線買收が唯一の望みか
133019	朝鮮朝日	1926-09-17/1	01단	英艦長が総督を訪問午餐會に臨む
133020	朝鮮朝日	1926-09-17/1	01단	鐵道網促進の幹部達が朝鮮を視察
133021	朝鮮朝日	1926-09-17/1	02단	コンパスが狂ふ鎭海沖の眞中で大鐵鑛脈があるにでは無いかそれとも無電の影響か
133022	朝鮮朝日	1926-09-17/1	02단	龍塘浦の築港を請願/地元民達が
133023	朝鮮朝日	1926-09-17/1	03단	ダ二一親王の京城到着は二十五日頃
133024	朝鮮朝日	1926-09-17/1	03단	辭令(東京電話)
133025	朝鮮朝日	1926-09-17/1	03단	四割方の增收の見込全北の稻作
133026	朝鮮朝日	1926-09-17/1	03단	鐵道局が傳書鳩を硏究/交通社絶の場合に備ふべく
133027	朝鮮朝日	1926-09-17/1	03단	馬賊討伐に警官を急援/茂山對岸に
133028	朝鮮朝日	1926-09-17/1	04단	電/母指大のが平南に降る
133029	朝鮮朝日	1926-09-17/1	04단	生別れた實父と面會/十七年振に
133030	朝鮮朝日	1926-09-17/1	04단	コ疫愈よ南下 今度は定州に發生大騷ぎで防疫官を特派/海港檢疫釜山が實施/支那商人の野菜行商を嚴しく消毒/豫防協議會平壤府民が/發病原因は支那人の野菜 新義州患者の/自衛團を設け必死に豫防新義州府民が/揚四面の發患の系統 東からと判明/鐵橋の袂で首實驗防疫官達がヘトヘトに疲る/高瀬船の檢疫嚴重上流地方で
133031	朝鮮朝日	1926-09-17/1	04단	不眠不休の豫防
133032	朝鮮朝日	1926-09-17/1	05단	馬の扱方が下手だとて鞭で撲って重傷を負はす
133033	朝鮮朝日	1926-09-17/1	06단	蛸のダンス(小倉)
133034	朝鮮朝日	1926-09-17/1	08단	嫌疑者たる女に戲れた二巡査は處刑
133035	朝鮮朝日	1926-09-17/1	08단	第二艦隊の機關兵自殺原因は不明
133036	朝鮮朝日	1926-09-17/1	08단	會(財務主任打合會)
133037	朝鮮朝日	1926-09-17/1	08단	無煙炭合同で池田殖産局長聲明
133038	朝鮮朝日	1926-09-17/1	08단	朝鮮物語(六十五)/細井肇
133039	朝鮮朝日	1926-09-17/1	09단	人(齋藤總督/高原操氏(大朝編輯局長))
133040	朝鮮朝日	1926-09-17/1	09단	半島茶話

일련번호	판명	간행일	단수	기사명
133041	朝鮮朝日	1926-09-17/2	01단	口園勞働/九年間苦心專念して一段から十石の米/イタリー種と日本種の交配基礎的研究に成功した
133042	朝鮮朝日	1926-09-17/2	03단	朝日碁戰臨時手合(三)
133043	朝鮮朝日	1926-09-17/2	04단	秋の魚釣り(まぶなとへらぶな/ぼらと鯉)
133044	朝鮮朝日	1926-09-18/1	01단	本省の廊下をブラついたので誰かゞ憶測しただらう/警務局長後任の噂ある/淺利香川縣知事もなげに打消す
133045	朝鮮朝日	1926-09-18/1	01단	中野咸南知事社長就任の噂/東亞勸業の石津氏談
133046	朝鮮朝日	1926-09-18/1	01단	平壤に不時着陸のポーランド機と京城に着いた內鮮滿連絡の宮機
133047	朝鮮朝日	1926-09-18/1	02단	會社銀行(朝黑淸算總會)
133048	朝鮮朝日	1926-09-18/1	03단	停車場新設/京釜京義線に
133049	朝鮮朝日	1926-09-18/1	03단	全州市民會
133050	朝鮮朝日	1926-09-18/1	03단	*連絡飛機の復航豫定二十四日出發/劉飛行士の鄕土訪問で海州民歡迎*
133051	朝鮮朝日	1926-09-18/1	04단	高松の御宮に扈從して/狂蝶生
133052	朝鮮朝日	1926-09-18/1	04단	千五百萬圓中三百萬圓位か肥料資金の低資を銓衡の上決定する
133053	朝鮮朝日	1926-09-18/1	04단	*鮮銀利下斷行 同業者の貸出に二三厘方を引下げて二錢四五厘で貸付く/定期預金の利率を引下京畿金組が*
133054	朝鮮朝日	1926-09-18/1	05단	結構で困る生牛の內地移出/優良牝牛が少くなり是が補充に大困難
133055	朝鮮朝日	1926-09-18/1	05단	*百名以內に喰止め度いと防疫に必死の努力 十七日まで七十六名/注射しても入る事御斷り南下に脅え安州の警戒*
133056	朝鮮朝日	1926-09-18/1	06단	京日祝賀宴/二十五周年の
133057	朝鮮朝日	1926-09-18/1	06단	印刷會社の職工が盟休/同僚を馘られ
133058	朝鮮朝日	1926-09-18/1	07단	停留中の客車內で縊死/電燈の柄に帶を懸けて
133059	朝鮮朝日	1926-09-18/1	07단	內地さまざま(大分/大分/住世保/島柄/大分/熊本/門同/大分/福福/長崎/長崎)
133060	朝鮮朝日	1926-09-18/1	08단	會(詩話硏究會)
133061	朝鮮朝日	1926-09-18/1	08단	人(山田大介氏(大朝通信部長)/谷辰次郎氏(大朝門司支局長)/姬路師範四年生/作田工兵大佐(工兵艦部付)/草葛林五郎氏(京城檢事長)/安達開壁課長/石津半治氏(東亞勸業重役)/新井賢太郎氏(朝鮮土地改良會社々長))
133062	朝鮮朝日	1926-09-18/1	08단	朝鮮物語(六十七)/細井肇
133063	朝鮮朝日	1926-09-18/1	09단	半島茶話
133064	朝鮮朝日	1926-09-18/2	01단	巷のたより
133065	朝鮮朝日	1926-09-18/2	01단	サバや鰮を甘く喰はせる方法は無いかと/慶南水産課で硏究
133066	朝鮮朝日	1926-09-18/2	01단	間島の豊作で天圖鐵の準備/昨年の滯荷に懲りて出穀期を待ち構へる

일련번호	판명	간행일	단수	기사명
133067	朝鮮朝日	1926-09-18/2	01단	財政窮乏に惱む普天教全北井邑の
133068	朝鮮朝日	1926-09-18/2	01단	朝日碁戰臨時手合(四)
133069	朝鮮朝日	1926-09-18/2	02단	營業稅收入百萬圓か明年から實施
133070	朝鮮朝日	1926-09-18/2	02단	大豆の作柄非常に良く移出增加せん
133071	朝鮮朝日	1926-09-18/2	03단	第四回の虹原社展十月初開催
133072	朝鮮朝日	1926-09-18/2	03단	旱魃と洪水で流筏が少い昨年の六分位しか無い
133073	朝鮮朝日	1926-09-18/2	03단	鐵道豫定線の變更を請願/佛宣教師が
133074	朝鮮朝日	1926-09-18/2	03단	二百萬圓の巨費を投じ連結器の移上を計劃/來年度豫算に計上/滿鐵、支鐵と聯絡上必要
133075	朝鮮朝日	1926-09-18/2	04단	全南道の水の被害高知事の警報
133076	朝鮮朝日	1926-09-18/2	04단	平安漁業が目出度創立十六日に總會
133077	朝鮮朝日	1926-09-18/2	04단	運動界(運動場開きの競技大會盛大に擧行/門鐵軍來襲十八日から戰ふ)
133078	朝鮮朝日	1926-09-19/1	01단	中央會を設け金融組合を統一/實現せば資金は共通し殖銀引受で募債も可能
133079	朝鮮朝日	1926-09-19/1	01단	飛行練習所の三角飛行/京城南川海州間
133080	朝鮮朝日	1926-09-19/1	01단	伊艦が入港二十三日仁川に
133081	朝鮮朝日	1926-09-19/1	01단	高松の御宮/雄基に御成國境方面を親しく御展望
133082	朝鮮朝日	1926-09-19/1	01단	高松の御宮に扈從して/狂蝶生
133083	朝鮮朝日	1926-09-19/1	02단	永年の苦勞こゝに酬ゐられ目出度く朝鮮を去る警察局長の三矢さん
133084	朝鮮朝日	1926-09-19/1	03단	三姓始祖の祭典盛大に執行
133085	朝鮮朝日	1926-09-19/1	04단	十月一日から列車時間改正經費三十萬圓を要し列車運轉數を增加す
133086	朝鮮朝日	1926-09-19/1	05단	公娼廢止を鎭南浦の矯風會支部是が先驅となって當局へ運動
133087	朝鮮朝日	1926-09-19/1	06단	編輯局選
133088	朝鮮朝日	1926-09-19/1	05단	密陽驛で外貌の檢査/慶南の警戒
133089	朝鮮朝日	1926-09-19/1	06단	七草彩る秋の牡丹臺茸がりで賑ふ
133090	朝鮮朝日	1926-09-19/1	06단	弔ふ者も無い無緣佛の供養/釜山府が
133091	朝鮮朝日	1926-09-19/1	06단	百人に足らぬわづかに一名/十八日までの眞患者百名喰止の策も駄目か
133092	朝鮮朝日	1926-09-19/1	06단	銀行荒しの竊盜逮捕二人組を
133093	朝鮮朝日	1926-09-19/1	07단	秋の風靜に吹く
133094	朝鮮朝日	1926-09-19/1	07단	茸狩で賑ふ釜山の近郊
133095	朝鮮朝日	1926-09-19/1	07단	上流對岸に馬賊が徘徊/咸北が警戒す
133096	朝鮮朝日	1926-09-19/1	07단	軍人對手の大詐欺師/大邱で取調
133097	朝鮮朝日	1926-09-19/1	07단	支那人を襲ふ鮮人の追剝金品を强奪す
133098	朝鮮朝日	1926-09-19/1	08단	同棲五日で捨てられた慰藉料を請求
133099	朝鮮朝日	1926-09-19/1	08단	會(目賀田男追悼會)

일련번호	판명	간행일	단수	기사명
133100	朝鮮朝日	1926-09-19/1	08단	朝鮮物語(六十八)/細井肇
133101	朝鮮朝日	1926-09-19/1	09단	人(生田內務局長/佐久間權太郎氏(朝郵瓦電會社專務)/節部荒熊氏/中馬代護士/三浦碌郎氏(臺灣高雄州知事)/山內釜山府理事官/池內たけし氏/非上歲太郎中將(航空本部長)/海軍機關學校練習生/岐阜縣師範學校生徒)
133102	朝鮮朝日	1926-09-19/1	09단	半島茶話
133103	朝鮮朝日	1926-09-19/2	01단	巷のたより
133104	朝鮮朝日	1926-09-19/2	01단	新船は全部內燃機に改め度いは山々だが先立つものはみなお金
133105	朝鮮朝日	1926-09-19/2	01단	數社が入亂れ洋灰の大競争市價協定が破れて
133106	朝鮮朝日	1926-09-19/2	01단	大邱の林檎/山と積まれて各地に送らる
133107	朝鮮朝日	1926-09-19/2	02단	平壤栗今年は豊作石五十圓位
133108	朝鮮朝日	1926-09-19/2	03단	第一艦隊の鎭海入港は二十三日
133109	朝鮮朝日	1926-09-19/2	03단	食糧品は一切買はぬチブス發生で
133110	朝鮮朝日	1926-09-19/2	03단	數こそ無いが品質がよくて內地から注文の多い朝鮮産の蠶の種
133111	朝鮮朝日	1926-09-19/2	03단	朝日碁戰臨時手合(五)
133112	朝鮮朝日	1926-09-19/2	04단	慶北の種牛注文が殺到
133113	朝鮮朝日	1926-09-19/2	04단	釜山高女の記念祝賀會二十周年の
133114	朝鮮朝日	1926-09-19/2	04단	運動界(門鐵軍慘敗/平壤で試合 門鐵野球團が)
133115	朝鮮朝日	1926-09-21/1	01단	水力電氣の基本調査始る三十五萬圓を投じ五ヶ年繼續事業で
133116	朝鮮朝日	1926-09-21/1	01단	居住地以外での所得も加算し戶別稅を賦課する實現せば收入は激增
133117	朝鮮朝日	1926-09-21/1	01단	高松宮雄基御成/稅關山上から淸津を御覽羅南を御訪門
133118	朝鮮朝日	1926-09-21/1	01단	朝鮮軍當局に內閣彈劾の小冊子を配布
133119	朝鮮朝日	1926-09-21/1	02단	女高師範の入學試驗は朝鮮でも施行
133120	朝鮮朝日	1926-09-21/1	02단	アリランの峠で愛すればこそ美しい女を中心に二人の若人が爭鬪/朝鮮キネマの特作「アリラン」の梗概
133121	朝鮮朝日	1926-09-21/1	03단	埋藏六億と人が言ふ平南炭鑛の鑛區所有者
133122	朝鮮朝日	1926-09-21/1	03단	金剛電鐵の豫定線變更第三期工事の
133123	朝鮮朝日	1926-09-21/1	03단	米国全権ストローン氏
133124	朝鮮朝日	1926-09-21/1	04단	農校奪合で評議會賑ふ忠淸南道の
133125	朝鮮朝日	1926-09-21/1	04단	大連から京城へ一氣に飛翔す內鮮滿の連絡機が乾飛行士の操縱で
133126	朝鮮朝日	1926-09-21/1	05단	關東廳の記念祝賀に松寺局長臨席
133127	朝鮮朝日	1926-09-21/1	05단	辭令(東京電話)
133128	朝鮮朝日	1926-09-21/1	05단	編輯局選
133129	朝鮮朝日	1926-09-21/1	05단	渡航の阻止は案外の好成績で今後も持續する方針一ヵ年で四割の減少

일련번호	판명	간행일	단수	기사명
133130	朝鮮朝日	1926-09-21/1	06단	秋の風静に吹く
133131	朝鮮朝日	1926-09-21/1	06단	農民百餘名醫院に殺到擴張工事で耕作地が無くなるとて
133132	朝鮮朝日	1926-09-21/1	06단	警官警戒裡に有志者大會瓦電府營で
133133	朝鮮朝日	1926-09-21/1	06단	全北短歌會十月三日開催
133134	朝鮮朝日	1926-09-21/1	07단	馬賊移動で鮮內に避難對岸住民が
133135	朝鮮朝日	1926-09-21/1	07단	平南にも疑似が一名遂に南下か/二十日迄に百二十五平北のコレラ/三十萬本の注射藥製造京畿府が
133136	朝鮮朝日	1926-09-21/1	07단	反基督教熱がだんだん高まり既に二割を減じた挽回策に牧師が腐心
133137	朝鮮朝日	1926-09-21/1	08단	道路でお産母子共に健全
133138	朝鮮朝日	1926-09-21/1	08단	松林中に人骨が下る縊死體らしい
133139	朝鮮朝日	1926-09-21/1	08단	拳銃を盗み朝鮮に高飛/濱松中學生が
133140	朝鮮朝日	1926-09-21/1	08단	時間は半減し一圓の値下京城の自動車
133141	朝鮮朝日	1926-09-21/1	08단	會(兵事事務講習會/修養講話會)
133142	朝鮮朝日	1926-09-21/1	08단	朝鮮物語(六十九)/細井肇
133143	朝鮮朝日	1926-09-21/1	09단	人(山田大介氏(大朝通信部長)/谷辰次郎氏(大朝門司支局長)/山本利雄氏(京電馬山鎭海支店長)/守岡軍司令官/栃木縣視察團/福島道正伯(京城日報社長)/渡邊豐日子氏(總督府農務課長)/井上航空本部長/沈慶南參與官)
133144	朝鮮朝日	1926-09-21/1	09단	社告
133145	朝鮮朝日	1926-09-21/2	01단	巷のたより
133146	朝鮮朝日	1926-09-21/2	01단	二千萬圓で電氣會社設立全南に配給の計劃
133147	朝鮮朝日	1926-09-21/2	01단	釜山鎭の埋立いよいよ着工か會社の創立委員會で資本金三百萬圓に決定
133148	朝鮮朝日	1926-09-21/2	01단	鎭海小學校校舍の新築改正案出來上る
133149	朝鮮朝日	1926-09-21/2	01단	朝日碁戰臨時手合(六)
133150	朝鮮朝日	1926-09-21/2	02단	鎭邱線の期成會設立鎭海有志が
133151	朝鮮朝日	1926-09-21/2	03단	安寧水利の組合長決定矢野氏就任
133152	朝鮮朝日	1926-09-21/2	03단	殉職警官の招魂祭執行平壤協會支部が
133153	朝鮮朝日	1926-09-21/2	03단	仁川招魂祭
133154	朝鮮朝日	1926-09-21/2	03단	讀者優待新聞賣捌店が
133155	朝鮮朝日	1926-09-21/2	03단	河川の管理や改修費の負擔等を改正の主眼とした河川令新に制定さる
133156	朝鮮朝日	1926-09-21/2	04단	運動界(朝日カップ運動場開の競技會に寄贈/慶熙軍敗る對門鐵野球戰/龍中惜敗す門鐵軍再勝/籠排球豫選十九日擧行)
133157	朝鮮朝日	1926-09-22/1	01단	新事業は見合既定計劃だけの實現に努める方針明年度の土木事業費
133158	朝鮮朝日	1926-09-22/1	01단	四千八百萬圓の預金の八割は金融組合員外のもの/利率を違はせろとの議論がある

일련번호	판명	간행일	단수	기사명
133159	朝鮮朝日	1926-09-22/1	01단	愛國婦人會に鮮人が入會一時に二十名が
133160	朝鮮朝日	1926-09-22/1	02단	高松の御宮/石窟庵御覽二十二日に/慶州での御出迎盛ん古蹟を御巡覽
133161	朝鮮朝日	1926-09-22/1	03단	寢冷(下關)
133162	朝鮮朝日	1926-09-22/1	03단	支那の態度が注意の焦點東支鐵道が根本をなす歐亞間の鐵道連絡
133163	朝鮮朝日	1926-09-22/1	04단	湯淺總監が一場の挨拶/朝鮮宣教師聯合大會で
133164	朝鮮朝日	1926-09-22/1	04단	鎮南浦苹果ハルビンへ初めて輸送
133165	朝鮮朝日	1926-09-22/1	04단	艦隊員を歡迎の準備釜山府民
133166	朝鮮朝日	1926-09-22/1	04단	圖們江鐵橋いよいよ着工七萬九千餘圓で荒井組に落札十月五日から着工
133167	朝鮮朝日	1926-09-22/1	05단	內鮮滿連絡機
133168	朝鮮朝日	1926-09-22/1	05단	秋に驕るコスモス鎮海に亂咲く
133169	朝鮮朝日	1926-09-22/1	05단	朝鮮種牛が八割を占む堺の市場で
133170	朝鮮朝日	1926-09-22/1	06단	現金をやめて熟田を貸與す/種牡牛增殖の補助に金ならば飼主が食って仕舞ふ
133171	朝鮮朝日	1926-09-22/1	06단	毒ある釉藥を使った陶器警察が押收
133172	朝鮮朝日	1926-09-22/1	06단	釜山の藝妓下關で取押へ其名は小菊
133173	朝鮮朝日	1926-09-22/1	07단	京城神社の神域を擴張/三ヶ年繼續で
133174	朝鮮朝日	1926-09-22/1	07단	京城府が種痘を施行十月七日から/平壤秋季種痘十月四日から
133175	朝鮮朝日	1926-09-22/1	07단	東萊方面に牛の氣種痘頻りに流行
133176	朝鮮朝日	1926-09-22/1	07단	若者の自殺借金を苦にし
133177	朝鮮朝日	1926-09-22/1	07단	秋の風静に吹く
133178	朝鮮朝日	1926-09-22/1	08단	獨房が少なく雜房の囚人に惡思想を吹込む恐虞がある朝鮮の刑務所の不備
133179	朝鮮朝日	1926-09-22/1	08단	平北のコレラそろそろ下火 二十一日累計百三十四死亡率は非常に少ない/隔離病舍を義州が急造/野菜類を深夜に輸入取押へらる/支那人には一名も無い水を飲まぬから
133180	朝鮮朝日	1926-09-22/1	09단	會(拳銃射擊大會/京畿醸造品評會/仁川法人懇談會/消防記念祝賀會)
133181	朝鮮朝日	1926-09-22/1	09단	人(清津子一行/全國町村長一行/小河正儀氏(政務總監視察官)/石渡敏一博士/小宮萬次郎氏(釜山消防組頭))
133182	朝鮮朝日	1926-09-22/1	09단	半島茶話
133183	朝鮮朝日	1926-09-22/2	01단	巷のたより
133184	朝鮮朝日	1926-09-22/2	01단	鮮産品充用のお達しが利き朝鮮産石炭の需要增加しお陰で出炭高も增加す
133185	朝鮮朝日	1926-09-22/2	01단	半額を三菱殘りは各社で合同出資の會社を組織平南無煙炭鑛區の合同
133186	朝鮮朝日	1926-09-22/2	01단	蝦漁船に外國人乘組の制限撤廢

일련번호	판명	간행일	단수	기사명
133187	朝鮮朝日	1926-09-22/2	01단	朝日碁戰臨時手合(七)
133188	朝鮮朝日	1926-09-22/2	02단	進化社團義金募集演藝會開催
133189	朝鮮朝日	1926-09-22/2	03단	金剛電鐵が農村電化の計劃を樹立
133190	朝鮮朝日	1926-09-22/2	03단	內務局長に陳情の數々鎭南浦府民が
133191	朝鮮朝日	1926-09-22/2	03단	自動車屋の合同を協議釜山府內の
133192	朝鮮朝日	1926-09-22/2	03단	內地より一割は高く賣り度い釜山瓦電の賣込で香椎源太郎氏語る
133193	朝鮮朝日	1926-09-22/2	04단	京南鐵道の建設資金は植銀から借入
133194	朝鮮朝日	1926-09-22/2	04단	水産業者の社交俱樂部水交會を組織
133195	朝鮮朝日	1926-09-22/2	04단	殖銀軍大勝
133196	朝鮮朝日	1926-09-22/2	04단	喜樂館
133197	朝鮮朝日	1926-09-22/2	04단	新刊紹介(寂光)
133198	朝鮮朝日	1926-09-23/1	01단	新規事業の認定額は一千五百萬圓程度要求總額は五千二百萬圓增收は僅に二百五十萬圓
133199	朝鮮朝日	1926-09-23/1	01단	朝鮮と關東廳との敎科書を統一すべく編纂官會議を開催
133200	朝鮮朝日	1926-09-23/1	01단	匪賊橫行等はみんな嘘だと北鮮を初度巡視した森岡司令官は語る
133201	朝鮮朝日	1926-09-23/1	01단	湖南線の用地を拂下十二日までに
133202	朝鮮朝日	1926-09-23/1	01단	新羅王朝の古蹟御覽高松の御宮が
133203	朝鮮朝日	1926-09-23/1	02단	滿洲殖銀近く創立在滿鮮農の金融機關に
133204	朝鮮朝日	1926-09-23/1	02단	公娼の廢址は救世軍に任せ敎會は陣頭に起たぬ宣敎師大會で決議
133205	朝鮮朝日	1926-09-23/1	03단	淸津子一行京城を視察二十四日出發
133206	朝鮮朝日	1926-09-23/1	03단	編輯局選
133207	朝鮮朝日	1926-09-23/1	03단	禿山に萩の植栽を奬勵
133208	朝鮮朝日	1926-09-23/1	04단	會議所査定の評價に從ひ自動車會社合同
133209	朝鮮朝日	1926-09-23/1	04단	記者を招宴泉崎府尹が
133210	朝鮮朝日	1926-09-23/1	04단	始政記念日の佳き日を卜し/新廳舍の落成祝賀會午後は一般の參觀を許す
133211	朝鮮朝日	1926-09-23/1	04단	簡單に木の葉などで蠅や蛆を驅除すべく長富衛生課長が研究無花果の蛔蟲驅除から考へつき
133212	朝鮮朝日	1926-09-23/1	04단	七十八の老翁大陸踏破を企つ萬國風土記の著述を志し本年六月無斷で出發し四ヶ月目に安東縣から音信
133213	朝鮮朝日	1926-09-23/1	05단	四人を殺す恐ろしい電/農作物も全滅
133214	朝鮮朝日	1926-09-23/1	05단	大邱府での冒險飛行共進會當日
133215	朝鮮朝日	1926-09-23/1	06단	落穗(堆肥の山/鮮牛の移出旺勢/專門校檢定試驗/朝鮮米堆味好評/傳達の式に參列)
133216	朝鮮朝日	1926-09-23/1	06단	虎臥す野邊と傳へられる噂に違はずさすがは朝鮮猛獸のために斃れた者が八十二名

일련번호	판명	간행일	단수	기사명
133217	朝鮮朝日	1926-09-23/1	06단	他人名義で金を借り勝手に消費す
133218	朝鮮朝日	1926-09-23/1	06단	鐵道工事の兵士の奇禍/三名死亡し一名は重傷
133219	朝鮮朝日	1926-09-23/1	07단	一發で五六羽も雉子が獲れる京城郊外の山野にポンポンと銃聲が響く
133220	朝鮮朝日	1926-09-23/1	08단	盲人を轢く釜山電車が
133221	朝鮮朝日	1926-09-23/1	09단	會(マンドリン會/朝鮮鑛業懇談會)
133222	朝鮮朝日	1926-09-23/1	09단	滿浦鎭から下流の河水の使用を嚴禁 上海一帶の支那地に發生した虎病死體を河中に投棄/平南でも愈よ蔓延 更に疑似患者四名を出す
133223	朝鮮朝日	1926-09-23/1	09단	公金一萬圓を會計係が横領/狼狽した慶南當局が秘密裡に取調を開始
133224	朝鮮朝日	1926-09-23/1	09단	半島茶話
133225	朝鮮朝日	1926-09-23/1	10단	人(山田大朝通信部長谷門司支局長/原田助氏(元同志社大學總長)/藤川清助氏(代護士)/榊原經武氏(代護士)/湯淺凡平氏(代護士)/村瀨文雄氏(陸軍兵器本廠員)/中野寅吉代護士)
133226	朝鮮朝日	1926-09-23/2	01단	噂の噂
133227	朝鮮朝日	1926-09-23/2	01단	輸入は增したが輸出は減少する朝鮮の對支貿易高セメントが減ったため
133228	朝鮮朝日	1926-09-23/2	01단	自分にはチャンと確信があるからまあ任せて吳れと瓦電府營で泉崎府尹語る
133229	朝鮮朝日	1926-09-23/2	01단	奥さん達や局長連まで腕に撚かけ競走を始める體育會發會式
133230	朝鮮朝日	1926-09-23/2	01단	朝日碁戰臨時手合(八)
133231	朝鮮朝日	1926-09-23/2	03단	神饌奉納は十五日までに到着を要す
133232	朝鮮朝日	1926-09-23/2	03단	特殊現業員に手當を支給試驗の上で
133233	朝鮮朝日	1926-09-23/2	03단	愈よ近づいた大邱林産共進會全國山林大會出席者を始め團體入場 の申込多い
133234	朝鮮朝日	1926-09-23/2	04단	稚魚の濫獲を道令で取締る慶南當局が
133235	朝鮮朝日	1926-09-23/2	04단	東都名家の作品を展覽三越樓上で
133236	朝鮮朝日	1926-09-23/2	04단	聯合靑年の資金募集に活寫會を開催
133237	朝鮮朝日	1926-09-23/2	04단	運動界(野球爭覇戰大邱體協の)
133238	朝鮮朝日	1926-09-24	01단	桐材の供給が日本で一番の慶北で森林共進會日本全土の林業家が視察
133239	朝鮮朝日	1926-09-24	01단	婦人も交って愈よ開かれる大日本山林の大會內地からも多數出席/京城府が歡迎準備に忙さ殺れる/出席者達を各地に案內歡待に努める
133240	朝鮮朝日	1926-09-24	01단	山陽線安藝中野驛附近にて顚覆した三等特急列車(上)現場にて死體を發掘す(下)
133241	朝鮮朝日	1926-09-24	03단	編輯局選
133242	朝鮮朝日	1926-09-24	04단	瞬く間に賣り切れ廣島の見本市

일련번호	판명	간행일	단수	기사명
133243	朝鮮朝日	1926-09-24	04단	放慢貸付の整理は終わって活動の準備が出來たと鈴木鮮銀社長は語る
133244	朝鮮朝日	1926-09-24	05단	商品見本市釜山商議が
133245	朝鮮朝日	1926-09-24	06단	費消の金は舊債の埋合/慶南會計の公金の横領
133246	朝鮮朝日	1926-09-24	06단	釜山癩病院の死體を寄贈す/解剖用に困り拔く城大の醫學部教室へ
133247	朝鮮朝日	1926-09-24	06단	日支連絡飛機は木浦にも着水/來月はじめ決行し年內に二往復の豫定
133248	朝鮮朝日	1926-09-24	06단	噂の人/落穗
133249	朝鮮朝日	1926-09-24	07단	全鮮短歌大會
133250	朝鮮朝日	1926-09-24	07단	八十餘名の農民が負傷/江原の雹の被害
133251	朝鮮朝日	1926-09-24	08단	秋漸く酣に圖書に親む人/漸く人足が殖えた南大門通の圖書館
133252	朝鮮朝日	1926-09-24	09단	男に多い今年のコレラ
133253	朝鮮朝日	1926-09-24	09단	犯罪李節に入って警戒を嚴重にする拳銃事件が頻發すて當局は捜査に大車輪
133254	朝鮮朝日	1926-09-24	10단	郡守の免官慶北道內の
133255	朝鮮朝日	1926-09-24	10단	賞品授與の適不適が問題になる
133256	朝鮮朝日	1926-09-24	10단	人(伏見宮殿下/井上準之助氏(大日本聯合青年團長)/栃木縣産業視察團/鈴木締吉氏(朝銀總裁)/松寺竹雄氏(總督府法務局長)/生田清三郎氏(同府內務局長)/三好きく女史(公立第二小學校訓導))
133257	朝鮮朝日	1926-09-25		休刊
133258	朝鮮朝日	1926-09-26/1	01단	十有一年の歳月を閲し竣工した白堊の新廳舍所要工費が六百七十五萬圓で總坪數が九千と六百坪
133259	朝鮮朝日	1926-09-26/1	01단	總ての材料は鮮産品を用ひ花崗岩張りの外壁は近世復興式を採る/完備した新設備至れり盡せり
133260	朝鮮朝日	1926-09-26/1	01단	東洋一の新廳舍と十年苦心を續けた富士岡技師
133261	朝鮮朝日	1926-09-26/1	03단	瑞典皇子の御日程/朝鮮御視察の
133262	朝鮮朝日	1926-09-26/1	03단	朝鮮刺繡/御來壤の瑞典皇子に道から獻上
133263	朝鮮朝日	1926-09-26/1	04단	高松の御宮
133264	朝鮮朝日	1926-09-26/1	04단	落着いた地味なものと苦心の甲斐があってこれ丈は誇るに足ると富士岡技師の苦心談/諸式典次々に行はる
133265	朝鮮朝日	1926-09-26/1	04단	兩商議會頭が營業税問題で草間局長と意見を交換
133266	朝鮮朝日	1926-09-26/1	04단	陸軍飛行場を大邱に一つ位設け度いものだと井上航空部長語る
133267	朝鮮朝日	1926-09-26/1	04단	全鮮醫學會京城醫專で二日間擧行
133268	朝鮮朝日	1926-09-26/1	05단	警察廳舍の改築計劃六十七箇所の/總工費百二十萬圓で
133269	朝鮮朝日	1926-09-26/1	06단	朝鮮人の學生は優れた頭腦の持主/スミス博士が激賞す在布鮮人は內地人と仲が惡い

일련번호	판명	간행일	단수	기사명
133270	朝鮮朝日	1926-09-26/1	06단	離反を懼れて左傾的青年を手なづけやうとする平壤の基督教宣教師
133271	朝鮮朝日	1926-09-26/1	06단	*拳銃や短刀を閃し二十餘名が大難鬪 オートバイ競走から國粹會とMC俱樂部が/關係者を引致し目下取調中*
133272	朝鮮朝日	1926-09-26/1	06단	全鮮短歌大會
133273	朝鮮朝日	1926-09-26/1	08단	秋の風静に吹く
133274	朝鮮朝日	1926-09-26/1	08단	詩興を唆る秋の一日を淸浦子を迎へ有賀氏の詩會
133275	朝鮮朝日	1926-09-26/1	08단	遭難者が安東にもある列車顚覆の
133276	朝鮮朝日	1926-09-26/1	08단	平北の虎疫/漸く下火/汚染區域も擴大せぬ
133277	朝鮮朝日	1926-09-26/1	09단	信者の子は佛人の胤と侮辱したとて外人宣教師が訴へる
133278	朝鮮朝日	1926-09-26/1	09단	鮮人學生が自殺を企つ學資薄を嘆き
133279	朝鮮朝日	1926-09-26/1	09단	斷髮美人も交り物凄い論爭を演出した衡平社大會/宣言と綱領を可決す
133280	朝鮮朝日	1926-09-26/1	10단	會(國字問題講習會)
133281	朝鮮朝日	1926-09-26/1	10단	人(伏見宮殿博信王殿下/中野代護士一行/赤木萬二郎氏(官立京城師範學校長))
133282	朝鮮朝日	1926-09-26/1	10단	半島茶話
133283	朝鮮朝日	1926-09-26/2	01단	平壤から/落穗
133284	朝鮮朝日	1926-09-26/2	01단	*吳越同舟で瓦電問題附議釜山商議聯合部會で口角泡を飛ばし激論/電氣値下の決議を提出釜山商議が總督府に*
133285	朝鮮朝日	1926-09-26/2	01단	朝日碁戰臨時手合(十)
133286	朝鮮朝日	1926-09-26/2	02단	臺灣航路の寄港地增加を目下に研究中
133287	朝鮮朝日	1926-09-26/2	02단	昨年よりも三割の增收慶南米作豫想
133288	朝鮮朝日	1926-09-26/2	03단	値段は廉い平壤の栗注文は多いが
133289	朝鮮朝日	1926-09-26/2	03단	山十製絲愈よ開業平壤工場の
133290	朝鮮朝日	1926-09-26/2	03단	魚群見張に無電設置を當局に要望
133291	朝鮮朝日	1926-09-26/2	03단	十六歲の少年が當選京城府章募集に
133292	朝鮮朝日	1926-09-26/2	04단	朝鮮思想通信近く改善する
133293	朝鮮朝日	1926-09-26/2	04단	殉難兵士の假葬儀二十五日馬山で
133294	朝鮮朝日	1926-09-26/2	04단	運動界(元山高女優勝全鮮庭球戰で/善隣商優勝排球大會で/警察署對抗柔劍道道大會京畿道管內の)
133295	朝鮮朝日	1926-09-28/1	01단	前年の實收高より八十餘石の增收見込/總督府から發表した鮮米第一回收穫豫想高
133296	朝鮮朝日	1926-09-28/1	01단	朝鮮の事情に御通じの高松宮六十萬道民の光榮朴咸鏡北道知事談
133297	朝鮮朝日	1926-09-28/1	01단	スポーツの秋
133298	朝鮮朝日	1926-09-28/1	03단	轉任をを惜まる三矢前局長
133299	朝鮮朝日	1926-09-28/1	03단	秋立の頃(福岡白雲洞)
133300	朝鮮朝日	1926-09-28/1	03단	鷺梁津の京城編入要望

일련번호	판명	간행일	단수	기사명
133301	朝鮮朝日	1926-09-28/1	04단	飛行便寫眞
133302	朝鮮朝日	1926-09-28/1	04단	新義州で耐寒飛行準備に着手
133303	朝鮮朝日	1926-09-28/1	04단	鮮人製絲工女妃殿下より金指環下賜
133304	朝鮮朝日	1926-09-28/1	04단	呉服界流行のいろいろ(上)/黃色禮讚が廢れ六色を基調に本年の流行は移る佛國の流行を其まゝ受けて
133305	朝鮮朝日	1926-09-28/1	05단	コレラ防疫費三十萬圓を突破蔓延力漸く衰ふ
133306	朝鮮朝日	1926-09-28/1	06단	秋の風静に吹く
133307	朝鮮朝日	1926-09-28/1	06단	反響を呼ぶ全鮮短歌會/閨秀歌人十數名來會さるゝはず
133308	朝鮮朝日	1926-09-28/1	06단	京城府廳の徽章一等當選者は田內文藏少年
133309	朝鮮朝日	1926-09-28/1	07단	咸南新米出廻
133310	朝鮮朝日	1926-09-28/1	07단	民籍係と連絡をとり婦女誘拐團
133311	朝鮮朝日	1926-09-28/1	08단	道會計係の公金消費犯蹟
133312	朝鮮朝日	1926-09-28/1	08단	勇敢な女房强盗を捕へる表彰されるか
133313	朝鮮朝日	1926-09-28/1	09단	大邱府の强盗逮捕さる
133314	朝鮮朝日	1926-09-28/1	09단	兇行の原因は勢力爭ひから師範學校前のピストル亂鬪事件
133315	朝鮮朝日	1926-09-28/1	10단	山中の怪死體
133316	朝鮮朝日	1926-09-28/1	10단	會(運動映畫公開/名古屋物産市/警察署長會議)
133317	朝鮮朝日	1926-09-28/1	10단	人(滿鮮視察團/一戸大將/後藤端嚴氏/伊澤慶大校長)
133318	朝鮮朝日	1926-09-28/2	01단	紅葉色に出初む鮮內の名所いろいろ/遊覽列車や四割引
133319	朝鮮朝日	1926-09-28/2	01단	朝鮮神宮競技陸上豫選大會戰績(トラック/フィルド)
133320	朝鮮朝日	1926-09-28/2	02단	神宮競技豫選
133321	朝鮮朝日	1926-09-28/2	02단	野球リーグ戰
133322	朝鮮朝日	1926-09-28/2	02단	慶熙軍の勝利
133323	朝鮮朝日	1926-09-28/2	03단	愈よ開いた林産共進會
133324	朝鮮朝日	1926-09-28/2	03단	鴨綠江沿岸蝦桂木網漁業/府令一部改正
133325	朝鮮朝日	1926-09-28/2	03단	朝日碁戰臨時手合(十一)
133326	朝鮮朝日	1926-09-28/2	04단	慶南道の棉作補助引上
133327	朝鮮朝日	1926-09-28/2	04단	平壤會議所臨時評議員會
133328	朝鮮朝日	1926-09-29/1	01단	平電買收交涉はいよいよ一兩日中に開始/雙方の態度强硬で相當の波瀾を豫想さる
133329	朝鮮朝日	1926-09-29/1	01단	明年度から半島の交通網完成に力を入れる大村鐵道局長談
133330	朝鮮朝日	1926-09-29/1	01단	寫眞說明(廿四日平壤公設運動場開きに催した內鮮人初等學校オリンピック大會(上)/テープを切る靑木平南知事(右)/漢江の短艇競漕(下))
133331	朝鮮朝日	1926-09-29/1	03단	冒險飛行大會
133332	朝鮮朝日	1926-09-29/1	04단	編輯局選
133333	朝鮮朝日	1926-09-29/1	04단	平北地方初霜
133334	朝鮮朝日	1926-09-29/1	04단	辭令(東京電話)
133335	朝鮮朝日	1926-09-29/1	04단	金泉上水完成

일련번호	판명	간행일	단수	기사명
133336	朝鮮朝日	1926-09-29/1	04단	喫茶室
133337	朝鮮朝日	1926-09-29/1	05단	秋の風静に吹く
133338	朝鮮朝日	1926-09-29/1	05단	竣工した京城府廳
133339	朝鮮朝日	1926-09-29/1	05단	朝鮮小銀行の合同は大反對/金利引下には追隨せぬ有賀殖銀頭取談
133340	朝鮮朝日	1926-09-29/1	05단	釜山の電氣事業府營値下問題促進運動の實行委員連各所を訪問
133341	朝鮮朝日	1926-09-29/1	07단	理髮業者試驗
133342	朝鮮朝日	1926-09-29/1	07단	公金盜人判決
133343	朝鮮朝日	1926-09-29/1	07단	生活難から娘を賣り飛す
133344	朝鮮朝日	1926-09-29/1	08단	頭腦明晰で地方官中の警察通淺利新警務局長
133345	朝鮮朝日	1926-09-29/1	10단	新義州に僞紙幣現はる
133346	朝鮮朝日	1926-09-29/1	10단	倉庫保管の服地類盜まる
133347	朝鮮朝日	1926-09-29/1	10단	人(森岡軍司令官/臺灣警察幹部二十名/日本青年團代表/和田慶南知事/村山沼一郎(慶南警察部長)/谷口源十郎氏(代護士)/有賀植銀頭取/シャム、ダ二一親王/安達開墾課長/山本犀藏氏(本部事務官)/有賀光豊氏(植銀頭取)/川潤善太郎氏(林學博士))
133348	朝鮮朝日	1926-09-29/1	10단	半島茶話
133349	朝鮮朝日	1926-09-29/2	01단	奉天票使用を安東縣に强制/日支貿易にも影響
133350	朝鮮朝日	1926-09-29/2	01단	清津魚肥の不合格品救濟を圖る
133351	朝鮮朝日	1926-09-29/2	01단	郵便飛行と出張所汝矣島に設置
133352	朝鮮朝日	1926-09-29/2	01단	朝日碁戰臨時手合(十二)
133353	朝鮮朝日	1926-09-29/2	01단	人の噂
133354	朝鮮朝日	1926-09-29/2	02단	內地産の絹布輸入增加
133355	朝鮮朝日	1926-09-29/2	03단	鴨綠江の着筏すくなし
133356	朝鮮朝日	1926-09-29/2	03단	京城の體育デー/十月一日から三日間京城運動場で擧行
133357	朝鮮朝日	1926-09-29/2	03단	運動場開き庭球野球
133358	朝鮮朝日	1926-09-29/2	03단	すぐ寒さが來る新品の注文は少く專返しや染直しが多い/不景氣をこぼす洋服屋
133359	朝鮮朝日	1926-09-29/2	04단	第二日目の野球試合戰
133360	朝鮮朝日	1926-09-29/2	04단	體育デーの釜山マラソン
133361	朝鮮朝日	1926-09-30/1	01단	無煙炭礦區を合同統一して資本金一千萬圓の會社新設決定す
133362	朝鮮朝日	1926-09-30/1	01단	朝鮮の禿山は昔の夢とならう 杉も竹も育ってゐる 川瀬善太博士談/山林行政統一に異論はあるまい
133363	朝鮮朝日	1926-09-30/1	02단	宗教法案實施と朝鮮
133364	朝鮮朝日	1926-09-30/1	02단	渡航阻止の勞働者のため就職口を世話する 釜山府當局の協議/平壤では時宜の策と贊意を表して歡迎
133365	朝鮮朝日	1926-09-30/1	03단	喫茶室
133366	朝鮮朝日	1926-09-30/1	03단	朝鮮出版令の改正原案要點

일련번호	판명	간행일	단수	기사명
133367	朝鮮朝日	1926-09-30/1	04단	京城府內の學校を御視察ダニー親王
133368	朝鮮朝日	1926-09-30/1	04단	漢口沿岸の堤防を高める人道橋も架設
133369	朝鮮朝日	1926-09-30/1	04단	編輯局選
133370	朝鮮朝日	1926-09-30/1	04단	總督府新廳舍落成式
133371	朝鮮朝日	1926-09-30/1	05단	今秋の流行界いろいろ(下)/ラクダの出現はショール界の新傾向しっくりと落つきのある帽子の流行とリボン
133372	朝鮮朝日	1926-09-30/1	05단	辭令(東京電話)
133373	朝鮮朝日	1926-09-30/1	06단	平壤の虎疫豫防注射
133374	朝鮮朝日	1926-09-30/1	06단	總督府會議室の王冠
133375	朝鮮朝日	1926-09-30/1	06단	秋の風静に吹く
133376	朝鮮朝日	1926-09-30/1	07단	人氣をよぶ秋の動物園/滑稽味あふるゝ子持ちの河馬君
133377	朝鮮朝日	1926-09-30/1	08단	龍山聯隊の赤痢蔓延患者五十四名
133378	朝鮮朝日	1926-09-30/1	08단	平安のコレラ
133379	朝鮮朝日	1926-09-30/1	09단	警察方面とも陰に聯絡をとり學生の思想取締嚴重をきはめる
133380	朝鮮朝日	1926-09-30/1	09단	同房囚の妻女を欺き金錢を騙る
133381	朝鮮朝日	1926-09-30/1	10단	衡平社幹部金を騙って國境で捕まる
133382	朝鮮朝日	1926-09-30/1	10단	天道教幹部金取調べらる
133383	朝鮮朝日	1926-09-30/1	10단	會(江原道農會)
133384	朝鮮朝日	1926-09-30/1	10단	半島茶話
133385	朝鮮朝日	1926-09-30/2	01단	京城の郊外は土饅頭で一杯/こゝ五年もしたら埋葬地に困って火葬の大宣傳
133386	朝鮮朝日	1926-09-30/2	01단	鮮內の水産業者
133387	朝鮮朝日	1926-09-30/2	01단	模範青年に時計を贈與
133388	朝鮮朝日	1926-09-30/2	01단	釜山の酒類醸造見込石數
133389	朝鮮朝日	1926-09-30/2	02단	平南道の米作増收見込
133390	朝鮮朝日	1926-09-30/2	02단	京畿道米作昨年より増收
133391	朝鮮朝日	1926-09-30/2	02단	龍尾山神社の秋祭
133392	朝鮮朝日	1926-09-30/2	02단	人の噂
133393	朝鮮朝日	1926-09-30/2	03단	釜山府內の運動會の日取
133394	朝鮮朝日	1926-09-30/2	03단	朝日碁戰臨時手合(十三)
133395	朝鮮朝日	1926-09-30/2	04단	優勝盃受領者
133396	朝鮮朝日	1926-09-30/2	04단	全鮮軍勝つ

1926년 10월 (조선아사히)

일련번호	판명	간행일	단수	기사명
133397	朝鮮朝日	1926-10-01/1	01단	大部分の時間は專門の御研究に御來鮮の瑞典皇儲/御歡迎準備に忙殺
133398	朝鮮朝日	1926-10-01/1	01단	釜山府內に燃え上った瓦電事業改革の烽火 數ヶ所で市民大會を開き諺文宣傳ビラを配布/釜山瓦電折衝經過 委員から報告
133399	朝鮮朝日	1926-10-01/1	01단	幼兒と共に/愛婦幼稚園にお成り園兒と記念御撮影のシャム■ダ二一親王(又印)
133400	朝鮮朝日	1926-10-01/1	03단	趣味の婦人(十三)/御夫婦づれて旬作に耽ける詩情ゆたかな秀旬/新田松汀女
133401	朝鮮朝日	1926-10-01/1	04단	大日本山林大會諸般の準備進む千七百餘名出席のはず
133402	朝鮮朝日	1926-10-01/1	04단	編輯局選
133403	朝鮮朝日	1926-10-01/1	04단	慶南教育總會
133404	朝鮮朝日	1926-10-01/1	05단	稅關長財務部長會議
133405	朝鮮朝日	1926-10-01/1	05단	モヒ患者の治療所を設置すべく計劃準備中
133406	朝鮮朝日	1926-10-01/1	05단	鎭南浦商工開設十年/記念祝賀式
133407	朝鮮朝日	1926-10-01/1	05단	又も慶州で黃金造の寶冠/木櫃の中から發見/その他貴重品も多數出る
133408	朝鮮朝日	1926-10-01/1	06단	雁の聲
133409	朝鮮朝日	1926-10-01/1	06단	鐵道聯隊の鐵道工事/漸く順調
133410	朝鮮朝日	1926-10-01/1	07단	辭令(東京電話)
133411	朝鮮朝日	1926-10-01/1	07단	釜山の開港五十年記念祝賀/十一月一日から五日間に互りいろいろの催し決まる
133412	朝鮮朝日	1926-10-01/1	08단	上海飛行/木浦に一泊
133413	朝鮮朝日	1926-10-01/1	08단	平北東興地方早くも薄氷
133414	朝鮮朝日	1926-10-01/1	08단	自動車三臺と車庫を燒失
133415	朝鮮朝日	1926-10-01/1	08단	平北のコレラ又もり返す
133416	朝鮮朝日	1926-10-01/1	09단	鯖漁船衝突し一艘は破船
133417	朝鮮朝日	1926-10-01/1	09단	半島のカメラ熱勃興を機會にサロン開催を計劃/秋の京城を飾らん
133418	朝鮮朝日	1926-10-01/1	10단	船中で格鬪/男女とも入水
133419	朝鮮朝日	1926-10-01/1	10단	人(蒲原久四郎氏(遞信局長)/有賀光豊氏(殖銀頭取)/佐々木志賀二氏(貴族院議員)/エムエムベーカー氏(佛國郵船橫濱支店長)/ラムステッド氏(フ井ンランド駐日公使)/中野寅吉氏(代議士))
133420	朝鮮朝日	1926-10-01/2	01단	寫眞說明(平壤公設グラウンド開きの西鮮庭球戰で優勝し大阪朝日カップを獲た鎭南浦軍)
133421	朝鮮朝日	1926-10-01/2	01단	留置場入りを極樂と稱する不良鮮童の始末にこまる釜山府
133422	朝鮮朝日	1926-10-01/2	01단	釜山の食糧品豫防/府營論擡頭
133423	朝鮮朝日	1926-10-01/2	01단	平南道の今年麥作實收
133424	朝鮮朝日	1926-10-01/2	02단	平北道の本年稻作狀況

일련번호	판명	간행일	단수	기사명
133425	朝鮮朝日	1926-10-01/2	03단	運動界(朝鮮神宮競技參加資格協定/朝鮮神宮競技平壤の豫選/大邱の野球戰/慶南庭球豫選/西鮮女子庭球)
133426	朝鮮朝日	1926-10-01/2	03단	公州面評議員/總選擧迫る
133427	朝鮮朝日	1926-10-01/2	03단	朝日勝繼碁戰/第廿八回(一)
133428	朝鮮朝日	1926-10-01/2	04단	平南道の赤痢豫防施設
133429	朝鮮朝日	1926-10-01/2	04단	大冶鐵山の鐵鑛杜絶か
133430	朝鮮朝日	1926-10-02/1	01단	東洋一と誇る總督府の新廳舍/十年の日子と六百七十萬の巨費を投じて竣工す/盛大を極めたその落成祝賀式(式辭/工事報告)
133431	朝鮮朝日	1926-10-02/1	03단	記念スタンプ押捺
133432	朝鮮朝日	1926-10-02/1	04단	編輯局選
133433	朝鮮朝日	1926-10-02/1	04단	朝鮮憲兵隊長會議
133434	朝鮮朝日	1926-10-02/1	04단	趣味の婦人(十五)/御姉妹お揃ひで美しく優しい運動と手藝に熱心/由喜子さんと京子さん
133435	朝鮮朝日	1926-10-02/1	05단	辭令(東京電話)
133436	朝鮮朝日	1926-10-02/1	05단	中央物産が大冷藏庫設置
133437	朝鮮朝日	1926-10-02/1	05단	根本計劃を基礎に愈よ着工する/群山築港の改修
133438	朝鮮朝日	1926-10-02/1	06단	雁の聲
133439	朝鮮朝日	1926-10-02/1	06단	大邱で空陸攻防演習
133440	朝鮮朝日	1926-10-02/1	06단	平電買收價格協定の交涉は愈よ本舞臺に入る
133441	朝鮮朝日	1926-10-02/1	07단	ピルケ氏の結核反應試驗釜山の試み
133442	朝鮮朝日	1926-10-02/1	07단	執務時間變更
133443	朝鮮朝日	1926-10-02/1	08단	故李王殿下忌明けまでは喪服着用申合
133444	朝鮮朝日	1926-10-02/1	08단	大邱署の公娼制度改善
133445	朝鮮朝日	1926-10-02/1	08단	判決に不服で暴れ出す
133446	朝鮮朝日	1926-10-02/1	08단	公金橫領犯の遊興事實白狀
133447	朝鮮朝日	1926-10-02/1	09단	不逞團が平壤に潛入か/當局の活動
133448	朝鮮朝日	1926-10-02/1	09단	農家の副業に養鷄を獎勵し畜産興業を提携しその販賣方法を講ず
133449	朝鮮朝日	1926-10-02/1	10단	船中で鮮人斬らる
133450	朝鮮朝日	1926-10-02/1	10단	普通學校に病名の判らぬ患者が續出
133451	朝鮮朝日	1926-10-02/1	10단	人(佐藤銀五郎氏(帝大講師)/船石晋一氏(滿洲醫大教授)/和田國次郎氏(帝室林野局御用掛)/後藤連平氏(朝鮮每日社長)/蒲原久四郎氏(遞信局長)/高橋健次氏(考古學者))
133452	朝鮮朝日	1926-10-02/2	01단	日頃きたへた健兒の晴の勝負/始政記念日で人出多く京城體育デー第一日(京城府廳勝つ/女子庭球戰)
133453	朝鮮朝日	1926-10-02/2	01단	平安南道の支那人勞働者
133454	朝鮮朝日	1926-10-02/2	01단	朝日勝繼碁戰/第廿八回(二)
133455	朝鮮朝日	1926-10-02/2	02단	無煙炭積込場工事に着手

일련번호	판명	간행일	단수	기사명
133456	朝鮮朝日	1926-10-02/2	02단	元山の綿布業/靑息吐息の態
133457	朝鮮朝日	1926-10-02/2	03단	平壤から
133458	朝鮮朝日	1926-10-02/2	03단	運動界(釜山の體育日/平壤體育デー/元山體育デー/慶南體協主催陸上競技大會/慶南體協發會/平壤高女優勝/忠南體協設立)
133459	朝鮮朝日	1926-10-02/2	04단	人の噂
133460	朝鮮朝日	1926-10-02/2	04단	新刊紹介(平南花こよみ)
133461	朝鮮朝日	1926-10-02/2	04단	會(忠南署長會議/消防記念祝賀會)
133462	朝鮮朝日	1926-10-03/1	01단	財務局で査定中の總督府十六年度豫算/大體二億二百四十八萬餘圓/前年より一千八百餘萬の增額
133463	朝鮮朝日	1926-10-03/1	01단	稅制案に反對で煙草値上げを陳情/三會議所の會頭が
133464	朝鮮朝日	1926-10-03/1	01단	免囚保護の新事業を考究/洋服裁縫は不成績/釜山の補成會近狀
133465	朝鮮朝日	1926-10-03/1	01단	朝鮮のため山林大會の開催を欣ぶ/齋藤總督談
133466	朝鮮朝日	1926-10-03/1	01단	新羅の古都慶州を大公園にする/本多博士談
133467	朝鮮朝日	1926-10-03/1	02단	全北の中學校は學務局も氣乘薄/群山と全州が躍氣運動
133468	朝鮮朝日	1926-10-03/1	03단	金剛山探勝團/安東驛で募集
133469	朝鮮朝日	1926-10-03/1	03단	編輯局選
133470	朝鮮朝日	1926-10-03/1	03단	新義州府協議會員改選/來月二十日に
133471	朝鮮朝日	1926-10-03/1	04단	辭令(東京電話)
133472	朝鮮朝日	1926-10-03/1	04단	阿片令改正の原案と要點
133473	朝鮮朝日	1926-10-03/1	04단	日和に惠まれて園遊會氣分みなぎる/總督府新廳舍落成式の雜觀
133474	朝鮮朝日	1926-10-03/1	05단	雁の聲
133475	朝鮮朝日	1926-10-03/1	06단	一萬本の瓶を近海に流し潮流の變化や漁場の消長を調査
133476	朝鮮朝日	1926-10-03/1	06단	いろいろの催し物に販ふ/京城の神無月
133477	朝鮮朝日	1926-10-03/1	07단	京城の放送局加入者が尠く一頓挫のかたち/最初の計劃を變更
133478	朝鮮朝日	1926-10-03/1	07단	雙方の主張に莫大な開きが/ある平電買收價格波瀾はまぬがれぬ
133479	朝鮮朝日	1926-10-03/1	09단	父を殺した强盜の妻子の困窮せる見かね金員を惠んで慰問
133480	朝鮮朝日	1926-10-03/1	09단	京城驛の公金橫領犯人/京城に送らる
133481	朝鮮朝日	1926-10-03/1	09단	四人組の匪賊/楚山地方を荒す
133482	朝鮮朝日	1926-10-03/1	10단	會(幼稚園祝賀會/西鮮刀劍大會)
133483	朝鮮朝日	1926-10-03/1	10단	平安のコレラは益々蔓延
133484	朝鮮朝日	1926-10-03/1	10단	人(山林會員一行/三矢林野局長官/東京實業家/薗部一郎氏(林學博士)/滿鮮視察靑年團/村山沼一郎氏(慶南警察部長)/松方正雄氏(十五銀行重役)/尾崎元次郎氏(貴族院議員)/安藤中將(帝國在鄕軍人會副會長))
133485	朝鮮朝日	1926-10-03/1	10단	喫茶室
133486	朝鮮朝日	1926-10-03/2	01단	活動フ井ルムの檢閱料撤廢は結局物になるまい
133487	朝鮮朝日	1926-10-03/2	01단	秋晴の訓練院に體育デー第二日目の女子オリムピック戰績

일련번호	판명	간행일	단수	기사명
133488	朝鮮朝日	1926-10-03/2	01단	體育デー/一日京城で行はれた小學兒童のマスゲーム
133489	朝鮮朝日	1926-10-03/2	03단	朝日勝繼碁戰/第廿八回(三)
133490	朝鮮朝日	1926-10-03/2	03단	慶南體育協會役員決定
133491	朝鮮朝日	1926-10-03/2	03단	優勝校表彰式
133492	朝鮮朝日	1926-10-03/2	04단	大邱體育デー
133493	朝鮮朝日	1926-10-03/2	04단	慶北代表チーム
133494	朝鮮朝日	1926-10-03/2	04단	平壤から
133495	朝鮮朝日	1926-10-05/1	01단	好晴にめぐまれて大日本山林大會賑ふ 全國から集る者千五百名 總裁宮樣から山林獎勵の令旨と山林功勞者に對し有功章を賜ふ/有力受賞者/京城府民は一行を歡迎 好感を與へる/朝鮮の山林總會 外材輸入制限請願を決議す/山林會員視察/釜山瓦電の値下有志大會
133496	朝鮮朝日	1926-10-05/1	01단	ひさしぶりに京城で短歌會/全鮮の歌人多數集り選歌批評席題で賑ふ
133497	朝鮮朝日	1926-10-05/1	03단	光と闇の戰ひ一層深刻となり飽氾目的の貫徹に力む/釜山瓦電事業改革問題
133498	朝鮮朝日	1926-10-05/1	06단	五間以內にある人間なら斃す/ベラボーに物凄い爆彈/試驗官や判官を驚す
133499	朝鮮朝日	1926-10-05/1	06단	釜山無電局の敷地決定する
133500	朝鮮朝日	1926-10-05/1	07단	急ぐ驛から改築する方針
133501	朝鮮朝日	1926-10-05/1	07단	編輯局選
133502	朝鮮朝日	1926-10-05/1	07단	上海行三機木浦安着/追風に乘って一氣に飛來す
133503	朝鮮朝日	1926-10-05/1	07단	他社の尻押などあり平電の立場は頗る苦い/平壤での解決はどうやら困難らしく結局齋藤總督によってさばかれるか
133504	朝鮮朝日	1926-10-05/1	08단	體育デーの競技終る
133505	朝鮮朝日	1926-10-05/1	08단	圖們江岸と鴨綠江岸飛行
133506	朝鮮朝日	1926-10-05/1	09단	無電の誤報で京取立會遲る
133507	朝鮮朝日	1926-10-05/1	10단	柳行李にモヒ大仕掛な密輸
133508	朝鮮朝日	1926-10-05/1	10단	被疑者を引致/モヒ密輸事件
133509	朝鮮朝日	1926-10-05/2	01단	平壤から
133510	朝鮮朝日	1926-10-05/2	01단	聲ばかりで一向に振はぬ朝鮮の都市計劃/都計令の公布が先決問題
133511	朝鮮朝日	1926-10-05/2	01단	河川の治水工事世評に耳を藉さず自信をもって斷行
133512	朝鮮朝日	1926-10-05/2	02단	朝鮮臺灣の定期航路/命令を待つ
133513	朝鮮朝日	1926-10-05/2	03단	工業用酒精の免稅方を陳情
133514	朝鮮朝日	1926-10-05/2	03단	性質を研究しその上で運動/營稅と釜山商議
133515	朝鮮朝日	1926-10-05/2	03단	朝日勝繼碁戰/第廿八回(四)
133516	朝鮮朝日	1926-10-05/2	04단	咸南線試運轉
133517	朝鮮朝日	1926-10-05/2	04단	咸南開通祝賀

일련번호	판명	간행일	단수	기사명
133518	朝鮮朝日	1926-10-05/2	04단	馬山重砲隊の秋季演習擧行
133519	朝鮮朝日	1926-10-05/2	04단	大悟氏告別式
133520	朝鮮朝日	1926-10-06/1	01단	外來者のために慶州に大公園を造る/本田博士に設計を依賴/すべて自然をいかし人工を加へず昔ながらの慶州の美を引立てる
133521	朝鮮朝日	1926-10-06/1	01단	さても現金な密航者が絶える/渡航阻止者に對しては釜山で就職口を周旋
133522	朝鮮朝日	1926-10-06/1	01단	表彰された林業功勞者
133523	朝鮮朝日	1926-10-06/1	01단	栗ひらひの好季
133524	朝鮮朝日	1926-10-06/1	02단	當分の間は從來のまゝ黃海線の時間
133525	朝鮮朝日	1926-10-06/1	03단	人數が多くて四班にわかち金剛探勝/五百名の山林會員が金剛へ登山にきまる
133526	朝鮮朝日	1926-10-06/1	04단	東洋第一の壁畫腐朽/浮石寺に於て保存せるもの
133527	朝鮮朝日	1926-10-06/1	04단	編輯局選
133528	朝鮮朝日	1926-10-06/1	04단	朝鮮神宮の秋季御例祭
133529	朝鮮朝日	1926-10-06/1	04단	京城神社例祭
133530	朝鮮朝日	1926-10-06/1	04단	土地改良社長は今井五介氏か
133531	朝鮮朝日	1926-10-06/1	05단	雁の聲
133532	朝鮮朝日	1926-10-06/1	05단	辭令(東京電話)
133533	朝鮮朝日	1926-10-06/1	05단	ボーリス氏京城で演奏/南露國出身の有名な提琴家
133534	朝鮮朝日	1926-10-06/1	05단	亂暴を通り越した支那官憲の鮮人壓迫/保護のため警官出動する/稻の刈取で日支官憲が睨み合ひ事態いよいよ急を告ぐるに至る
133535	朝鮮朝日	1926-10-06/1	06단	手遲れだと原告に有利なる證言/誤診訴訟の證人調べ
133536	朝鮮朝日	1926-10-06/1	06단	匪賊除けの保民會を組織
133537	朝鮮朝日	1926-10-06/1	06단	零下十七度の酷寒と戰ひ馬賊の襲來に備へる/國境を防備の警官隊
133538	朝鮮朝日	1926-10-06/1	07단	姑を溜池へ突落して殺す
133539	朝鮮朝日	1926-10-06/1	08단	要塞撮影中故障を生じ陸軍機海岸へ不時着陸する
133540	朝鮮朝日	1926-10-06/1	08단	增收を計劃する一方品質をも改良/平壤栗の聲價を高む當業者のどえらい意氣込
133541	朝鮮朝日	1926-10-06/1	09단	半島の秋/素通りの印象(1)/頓首冠
133542	朝鮮朝日	1926-10-06/1	09단	大邱警察署は籠の鳥を優遇
133543	朝鮮朝日	1926-10-06/1	10단	人(瑞典皇太子殿下/臺灣警察官の視察/高田耘平氏(農林省參與官)/下關梅光女學校生徒)
133544	朝鮮朝日	1926-10-06/2	01단	運動界(慶南道の出場選手神宮競技への/神宮競技會の野球組合せ/倭館普通優勝/大邱の野球戰
133545	朝鮮朝日	1926-10-06/2	01단	鑛業の中心を石炭と鐵に置く/この意味で無煙炭田の統一を計劃したのだ/黑木鑛務課長は語る
133546	朝鮮朝日	1926-10-06/1	01단	齋藤總督の痛い訓示/刑務所長會議京城で開かる

일련번호	판명	간행일	단수	기사명
133547	朝鮮朝日	1926-10-06/1	01단	義州郡で開く産業品評會
133548	朝鮮朝日	1926-10-06/1	02단	鎭平銀の暴落
133549	朝鮮朝日	1926-10-06/1	02단	朝日勝繼碁戰/第廿八回(五)
133550	朝鮮朝日	1926-10-06/1	03단	水利組合認可
133551	朝鮮朝日	1926-10-06/1	04단	釜山府議改選と選擧名簿調製
133552	朝鮮朝日	1926-10-06/1	04단	平壤に博物館設置の輿論/次第に高唱
133553	朝鮮朝日	1926-10-06/1	04단	中央物産が組織を變更
133554	朝鮮朝日	1926-10-06/1	04단	郵便所長會議
133555	朝鮮朝日	1926-10-07/1	01단	つひに軍隊出動し支那側の暴擧に備ふ 刈取事件いよいよ惡化 支那側の暴擧に愛想をつかして警察力で解決することにきまる/支那人またも無法に刈取る 日支の官憲相對峙して問題いよいよもつれる/知事の謝罪で事件は解決し支那官憲現場を引揚ぐ 刈取には卽時着手する
133556	朝鮮朝日	1926-10-07/1	02단	釜山港內が埋沒する/當局が驚いて近く浚渫する
133557	朝鮮朝日	1926-10-07/1	03단	京城府廳舍の落成式きまる
133558	朝鮮朝日	1926-10-07/1	03단	西瓜店/內田裳平
133559	朝鮮朝日	1926-10-07/1	03단	鐵道職員弔魂祭
133560	朝鮮朝日	1926-10-07/1	04단	培材學校休校/敎員の總辭職で
133561	朝鮮朝日	1926-10-07/1	04단	忠南臨港鐵道計劃を變更す
133562	朝鮮朝日	1926-10-07/1	04단	飛行士が腕をさすって待つ大阪上海間試驗飛行は天候險惡にて木浦滯在
133563	朝鮮朝日	1926-10-07/1	05단	不當な料金の値下げを絶叫　飽迄目的の貫徹を期す 釜山瓦電の値下府民大會/和田知事が居中調停
133564	朝鮮朝日	1926-10-07/1	05단	十日も早い平南の初霜
133565	朝鮮朝日	1926-10-07/1	05단	無産學校に警戒の眼/學務局の態度が注意を惹く
133566	朝鮮朝日	1926-10-07/1	06단	仁川港埋立は近く許可/總督府と淺野氏の意見合致
133567	朝鮮朝日	1926-10-07/1	06단	十一年計劃を中心に編成/新設豫定線もきまる/鐵道局の明年度豫算
133568	朝鮮朝日	1926-10-07/1	06단	永續きのせぬ內地の風來坊連/旅費さへ取れば逃出し釜山人事相談所弱る
133569	朝鮮朝日	1926-10-07/1	07단	各地のお祭で虎疫ブリ返す
133570	朝鮮朝日	1926-10-07/1	07단	鎭南浦に疑似コレラ
133571	朝鮮朝日	1926-10-07/1	08단	不逞團のため有金を奪はれ妻と逃げ歸って捕まる/不逞團とは關係がない/京城驛公金持逃事件の眞相
133572	朝鮮朝日	1926-10-07/1	08단	朝鮮の郡守達內地を視察
133573	朝鮮朝日	1926-10-07/1	09단	半島の秋/素通りの印象(2)/頓首冠
133574	朝鮮朝日	1926-10-07/1	10단	大阪から來た僞巡査を捕ふ
133575	朝鮮朝日	1926-10-07/2	01단	平壤から
133576	朝鮮朝日	1926-10-07/2	01단	本社見學の京城師範女生徒

일련번호	판명	간행일	단수	기사명
133577	朝鮮朝日	1926-10-07/2	01단	朝鮮米の品質を見て特異性を研究し大いに改良を施したい/田所農學博士來鮮する
133578	朝鮮朝日	1926-10-07/2	02단	釜山府の學校整理早晩實現する/草梁校は增築
133579	朝鮮朝日	1926-10-07/2	02단	鐵道協會の總會は京城で
133580	朝鮮朝日	1926-10-07/2	03단	總督と總監の官邸新築中止
133581	朝鮮朝日	1926-10-07/2	03단	京城同民總會
133582	朝鮮朝日	1926-10-07/2	03단	鮮人女工たちが汗と油の結晶を大島郡風水害の義損金に寄贈
133583	朝鮮朝日	1926-10-07/2	03단	朝日勝繼碁戰/第廿八回(六)
133584	朝鮮朝日	1926-10-07/2	04단	尺八演奏大會
133585	朝鮮朝日	1926-10-07/2	04단	喫茶室
133586	朝鮮朝日	1926-10-08/1	01단	委員が押かけ今井技師に談判 おれは修飾されたものだとしきりに辨明する/値下府民大會に警察部の警戒
133587	朝鮮朝日	1926-10-08/1	01단	德惠姬樣の御婚儀はうはさに過ぎぬ/兩殿下には御元氣でゴルフを樂まれてゐる/李恒九男の歸來談
133588	朝鮮朝日	1926-10-08/1	01단	二機出發し上海安着/龜井機だけ八日出發する
133589	朝鮮朝日	1926-10-08/1	02단	絹布共同作業場設置
133590	朝鮮朝日	1926-10-08/1	03단	編輯局選
133591	朝鮮朝日	1926-10-08/1	03단	平壤專賣局の模範職工表彰
133592	朝鮮朝日	1926-10-08/1	03단	交通協會が旅行倶樂部を今度組織す
133593	朝鮮朝日	1926-10-08/1	03단	スエーデン皇儲を奉迎する各地/國賓殿下に平南の獻上品 御宿舍も修理/國賓殿下の釜山御豫定/國賓殿下を下關へ御出迎/齋藤總督が慶州を下檢分
133594	朝鮮朝日	1926-10-08/1	04단	趣味の婦人(十六)/御飯を焚き乍ら獨りで『ララゝゝ』西洋音樂におこりの/坪川民子さん
133595	朝鮮朝日	1926-10-08/1	04단	人蔘の研究を完成し博士になった青年醫學者李錫甲君
133596	朝鮮朝日	1926-10-08/1	05단	昌德宮內の松樹に涎拂下てくれと山林會員の懇望
133597	朝鮮朝日	1926-10-08/1	06단	美術の秋を彩る寫眞大サロン/愛好者に大衝動を與へ各地から開催を希望/會場は追って發表する
133598	朝鮮朝日	1926-10-08/1	06단	注射などせずほったらかせば重病者も自然になほる/モヒ患者の刑務所生活
133599	朝鮮朝日	1926-10-08/1	07단	朝鮮に開いた山口村が衰へ他縣人に壓迫される/縣當局恢復に腐心
133600	朝鮮朝日	1926-10-08/1	08단	阿久根の鶴ぼつぼつ渡來/橫着を極める鴨の驅逐策につき協議
133601	朝鮮朝日	1926-10-08/1	08단	一向終熄せぬ平北のコレラ
133602	朝鮮朝日	1926-10-08/1	09단	半島の秋/素通りの印象(3)/頓首冠
133603	朝鮮朝日	1926-10-08/1	09단	手にをへぬ少年囚人/訓戒した處で一向改心せぬ
133604	朝鮮朝日	1926-10-08/1	10단	會(全北鐵道の總會)

일련번호	판명	간행일	단수	기사명
133605	朝鮮朝日	1926-10-08/1	10단	人(德川圀順候(赤十字副社長)/吉田十一氏(東京驛長)/阿部充家氏(國民新聞副社長)/久永雄吉氏(工學博士)/松山常次郎氏(代議士)/芳澤議吉氏(支那公使)/李恒九氏(男爵)/矢野恒太氏(第一生命社長)/松井民次郎氏(平壤府尹))
133606	朝鮮朝日	1926-10-08/2	01단	平壤から
133607	朝鮮朝日	1926-10-08/2	01단	鐵道病院組織變更の噂で職員が浮腰色んな不便の點もあり今の處までできまらぬ
133608	朝鮮朝日	1926-10-08/2	01단	牛三萬頭に一齊注射/釜山血清所で製造にきまる
133609	朝鮮朝日	1926-10-08/2	01단	事情聽取の上刈取事件にて芳澤公使語る
133610	朝鮮朝日	1926-10-08/2	02단	道路復舊費に百萬圓を計上
133611	朝鮮朝日	1926-10-08/2	02단	雁の聲
133612	朝鮮朝日	1926-10-08/2	03단	朝日勝繼碁戰/第廿八回(七)
133613	朝鮮朝日	1926-10-08/2	03단	獨逸舊國債を新國債に引替
133614	朝鮮朝日	1926-10-08/2	04단	運動界(釜山で開く野球リーグ戰/大毎野球團/コート新設)
133615	朝鮮朝日	1926-10-09/1	01단	紫煙る筑紫の山河に盡きぬ殘を惜まれつ瑞典皇儲、妃の兩殿下 一路朝鮮へ向け御出發遊さる/驚くべき御博學 わが國官民の厚意を喜ばる/釜山の御順序
133616	朝鮮朝日	1926-10-09/1	01단	關釜連絡船へ御乘船の國賓兩殿下
133617	朝鮮朝日	1926-10-09/1	03단	不法刈取の眞相を聽取し奉天總領事と打合すために芳澤公使奉天へ
133618	朝鮮朝日	1926-10-09/1	04단	編輯局選
133619	朝鮮朝日	1926-10-09/1	04단	苹果園に綿蟲が發生
133620	朝鮮朝日	1926-10-09/1	04단	趣味の婦人(１７)/流暢な英語を巧みに操り並居る人達を篤かす/英文學者の宮田愛子さん
133621	朝鮮朝日	1926-10-09/1	05단	朝鮮神宮へ神饌を奉納
133622	朝鮮朝日	1926-10-09/1	05단	産業組合令の趣旨徹底打合
133623	朝鮮朝日	1926-10-09/1	05단	金融組合の設立申請增加
133624	朝鮮朝日	1926-10-09/1	05단	南滿鐵道の吉林省視察團
133625	朝鮮朝日	1926-10-09/1	05단	富豪の家庭にお家騷動起る/孫の相續は不當だと長男が告訴を提起す
133626	朝鮮朝日	1926-10-09/1	06단	雁の聲
133627	朝鮮朝日	1926-10-09/1	06단	モヒ密輸事件擴大して芋蔓式に判明/犯人を嚴探中
133628	朝鮮朝日	1926-10-09/1	07단	平壤の降霜
133629	朝鮮朝日	1926-10-09/1	07단	鎭南浦に陰性
133630	朝鮮朝日	1926-10-09/1	07단	昆陽面のチブス蔓延
133631	朝鮮朝日	1926-10-09/1	07단	婦女誘拐の片割逮捕さる
133632	朝鮮朝日	1926-10-09/1	08단	狂人を箱詰にして朝鮮へ送り返す狐を食ってからキ印となり狂暴に限りを盡す
133633	朝鮮朝日	1926-10-09/1	08단	夫を絞殺し井戶へ投込む

일련번호	판명	간행일	단수	기사명
133634	朝鮮朝日	1926-10-09/1	08단	會(平讓家具陣列會/京城教育講演會/齒科醫學會總會/貯金組合總會)
133635	朝鮮朝日	1926-10-09/1	09단	人(藤井寬太郎氏(朝鮮土地改良會社重役)/飯田延太郎氏(天圖慶鐵社長)/和歌山縣教育團/飯泉賴太郎氏(朝鮮人事課長)/林仙轉氏(宇部市場)/後藤連平氏(朝鮮每日社長)/大村卓一氏(鐵道局長)/新田留次郎氏(鐵道局工務課長)/引田中將(第二十師團長))
133636	朝鮮朝日	1926-10-09/1	09단	半島の秋/素通りの印象(4)/頓首冠
133637	朝鮮朝日	1926-10-09/2	01단	産業組合定欵例の發表に就て岡崎課長の談
133638	朝鮮朝日	1926-10-09/2	01단	日銀にならひ鮮銀で二厘方金利引下/金融緩慢の現狀に鑑みこの際引下を斷行する
133639	朝鮮朝日	1926-10-09/2	01단	芳澤公使の歸任/京城驛にて湯淺總監の挨拶を受く
133640	朝鮮朝日	1926-10-09/2	01단	平壤から
133641	朝鮮朝日	1926-10-09/2	02단	平讓府議員の選擧名簿縱覽
133642	朝鮮朝日	1926-10-09/2	03단	平讓府電延長
133643	朝鮮朝日	1926-10-09/2	03단	運動界(平壤警察署の秋季射擊大會/神宮競技へ西鮮の出場者/神宮競技の慶北代表決定/大邱中學優勝/平壤の遠乘會)
133644	朝鮮朝日	1926-10-09/2	03단	第廿九回朝日勝繼碁戰(一)
133645	朝鮮朝日	1926-10-10/1	01단	御憧憬の朝鮮へ第一步を印せられ御機嫌うるはしく國旗の隧道をくゞらる 妃殿下には特に可憐の鮮人女生徒に御目を止められ御會釋を給ふ/いとお氣輕に大邱から慶州へ地圖をひろげられてお睦く歡談遊ばさる/途中絶景をカメラにおさめられて打興ぜられる/慶州御着籠にめされず 御登山遊さる/根ほり葉ほり御下問相成りいと御熱心の御態度で慶州の古蹟を御研究/御來臨をひたすらお待申上げる 京城府の準備/瑞典皇太子の奉迎者心得
133646	朝鮮朝日	1926-10-10/1	04단	選擧までには平電の問題を解決する/松井府尹の退官說は誤說もはなはだしい/靑木平南道知事歸來談
133647	朝鮮朝日	1926-10-10/1	05단	夜汽車/延岡ぐわん鐵
133648	朝鮮朝日	1926-10-10/1	05단	神宮の例祭に雅樂を奉奏
133649	朝鮮朝日	1926-10-10/1	06단	雁の聲
133650	朝鮮朝日	1926-10-10/1	06단	平北定州郡の産業品評會
133651	朝鮮朝日	1926-10-10/1	06단	料金値下の東萊面民大會演說中止などあって大賑ひ
133652	朝鮮朝日	1926-10-10/1	06단	悲慘を極める朝鮮の小作農
133653	朝鮮朝日	1926-10-10/1	06단	鮮人勞働者の需給を圓滑に總督府と打合すべく勞働共濟會長京城へ/虐待されて廢業を許さる
133654	朝鮮朝日	1926-10-10/1	07단	馬賊襲擊し燒打をくはす
133655	朝鮮朝日	1926-10-10/1	07단	春川高普生が盟休を斷行す
133656	朝鮮朝日	1926-10-10/1	07단	ブン毆られて普通生の盟休
133657	朝鮮朝日	1926-10-10/1	08단	山東省は貨物に對し稅をふんだくる/おまけに旅客にまでもうっかり足踏ができぬ

일련번호	판명	간행일	단수	기사명
133658	朝鮮朝日	1926-10-10/1	08단	會(アジア詩話會/玄海水産會開催)
133659	朝鮮朝日	1926-10-10/1	09단	城大醫科にてランプ爆發し學生一名重傷
133660	朝鮮朝日	1926-10-10/1	09단	竊盜團を逮捕
133661	朝鮮朝日	1926-10-10/1	09단	會(玄海水産會開催)
133662	朝鮮朝日	1926-10-10/1	09단	人(淺利警察局長)
133663	朝鮮朝日	1926-10-10/1	09단	半島の秋/素通りの印象(5)/頓首冠
133664	朝鮮朝日	1926-10-10/1	09단	牡丹臺一帶一瞥
133665	朝鮮朝日	1926-10-10/2	01단	産業組合定欵例の發表に就て岡崎課長の談
133666	朝鮮朝日	1926-10-10/2	01단	金融組合の中央會を組織/代表者が總督府を訪ひ設立につき交渉を進む
133667	朝鮮朝日	1926-10-10/2	01단	國稅營業稅に群山では反對
133668	朝鮮朝日	1926-10-10/2	01단	朝日勝繼碁戰/第廿九回(二)
133669	朝鮮朝日	1926-10-10/2	03단	群山府議改選
133670	朝鮮朝日	1926-10-10/2	03단	內地の優良な地方制度視察
133671	朝鮮朝日	1926-10-10/2	03단	咸南線一部の盛大な開通式
133672	朝鮮朝日	1926-10-10/2	03단	別な方面で咸南物産展觀
133673	朝鮮朝日	1926-10-10/2	04단	山林會員の安義兩地視察
133674	朝鮮朝日	1926-10-10/2	04단	山林大會員ら金剛山へ出發
133675	朝鮮朝日	1926-10-10/2	04단	自家用煙草の栽培廢止準備
133676	朝鮮朝日	1926-10-10/2	04단	運動界(全鮮中學校競技大會戰績/公州官民運動會/平壤鐵道運動會)
133677	朝鮮朝日	1926-10-12/1	01단	弦月の光を浴びて京城への第一步を靜に御踏みの瑞儲殿下齋藤總督以下文武官の御出迎へ/最も印象の深い土地だと御名殘を惜しまれて瑞儲殿下慶州御出發/御帽子を振られて堵列の小學生達に御會釋を賜ひつゝ一路京城に御出發/兩殿下を待つホテルの裝飾美しく整ふ
133678	朝鮮朝日	1926-10-12/1	01단	御附の人達に記念品を賜ふ/御苦勞だとの御言葉と共に
133679	朝鮮朝日	1926-10-12/1	04단	國有財産法明年に實施か
133680	朝鮮朝日	1926-10-12/1	04단	編輯局選
133681	朝鮮朝日	1926-10-12/1	04단	稅關長會議/十一日から
133682	朝鮮朝日	1926-10-12/1	05단	同民會の役員を追加/九日の總會で
133683	朝鮮朝日	1926-10-12/1	05단	圖們に鐵橋起工式/十日に擧行
133684	朝鮮朝日	1926-10-12/1	05단	幔幕を張り音響を調節/總督府ホールの
133685	朝鮮朝日	1926-10-12/1	05단	京城電車の速力增加は不許可らしい
133686	朝鮮朝日	1926-10-12/1	05단	總べて白紙だ宜敷賴むよと十一日釜山上陸の淺利新任警務局長語る
133687	朝鮮朝日	1926-10-12/1	06단	雁の聲
133688	朝鮮朝日	1926-10-12/1	06단	連絡飛機は平壤に一泊 郵便物は汽車輸送/國境守備隊と連絡を圖る飛行の演習

일련번호	판명	간행일	단수	기사명
133689	朝鮮朝日	1926-10-12/1	06단	委員を派し電燈値下の促進を期す
133690	朝鮮朝日	1926-10-12/1	06단	八日までに二百四十八名/平北のコレラ
133691	朝鮮朝日	1926-10-12/1	07단	朝鮮人の書いた時事問題の文獻を飜譯して出判するの計劃/朝鮮文獻協會生る
133692	朝鮮朝日	1926-10-12/1	07단	女性同盟の金女史引致/不穩な祝辭で
133693	朝鮮朝日	1926-10-12/1	07단	十數萬圓の大詐欺/勸農の支配人
133694	朝鮮朝日	1926-10-12/1	07단	小學生を人質に捕ふ慈城對岸の馬賊
133695	朝鮮朝日	1926-10-12/1	07단	馬賊團が安圖を襲擊/王洪德の一味
133696	朝鮮朝日	1926-10-12/1	08단	スリの親分を鍾路署が逮捕
133697	朝鮮朝日	1926-10-12/1	08단	コレラ豫防に費したお金を五十萬圓を突破す 平北以外の防疫官を引揚/培材高普の盟休は解決 心配なのは財政の逼迫
133698	朝鮮朝日	1926-10-12/1	09단	誘拐された七名の女を鍾路署で保護
133699	朝鮮朝日	1926-10-12/1	09단	半島の秋/素通りの印象(6)/頓首冠
133700	朝鮮朝日	1926-10-12/2	01단	平壤から
133701	朝鮮朝日	1926-10-12/2	01단	訓練院原頭若人の血沸く朝鮮神宮競技近づきプログラムも決定す(競技順序)
133702	朝鮮朝日	1926-10-12/2	01단	朝日勝繼碁戰/第廿九回(三)
133703	朝鮮朝日	1926-10-12/2	03단	運動界(選手後援會平壤が組織/寶塚軍來戰朝新の招聘で/釜山の野球/仁川高女優勝排球決勝で/大邱軍六A釜山税關二)
133704	朝鮮朝日	1926-10-12/2	04단	鎭南浦の輸移入商が組合を組織
133705	朝鮮朝日	1926-10-12/2	04단	高普校長會議/全南公州で
133706	朝鮮朝日	1926-10-12/2	04단	入境外人數/新義州通過の
133707	朝鮮朝日	1926-10-12/2	04단	産業品評會/平北五郡の
133708	朝鮮朝日	1926-10-12/2	04단	高齡者に木盃を贈る/關東廳から
133709	朝鮮朝日	1926-10-13/1	01단	樂浪三韓高麗歷代の美術品を御手に取り心ゆくまで御觀賞の瑞典皇太子妃兩殿下 夜は床しき朝鮮雅樂に御堪能/食事の時間も御忘れになる瑞儲殿下の御熱心 山縣式部官謹話/御慣れの樂浪へ 十五日御成/瑞典公使感激す 官民の歡迎に
133710	朝鮮朝日	1926-10-13/1	01단	垣間越した家屋を御覗/簡單な機に頗る御興じ
133711	朝鮮朝日	1926-10-13/1	04단	樂浪古墳で發掘の石棺
133712	朝鮮朝日	1926-10-13/1	05단	美しき少女の像で帝展に入選した京城の山田新一氏/モデルは李鍝公邸の李賢鄕孃
133713	朝鮮朝日	1926-10-13/1	05단	山林會員の平壤入/二百餘名が勢揃ひして
133714	朝鮮朝日	1926-10-13/1	05단	編輯局選
133715	朝鮮朝日	1926-10-13/1	06단	新局長は話せる若い事務官の囁き淺利局長の初登廳/是から勉強するとの言葉
133716	朝鮮朝日	1926-10-13/1	06단	全國水道會議第一日は開かる/總督總監も臨場し出席者百七十名に達す

일련번호	판명	간행일	단수	기사명
133717	朝鮮朝日	1926-10-13/1	06단	思想問題の被告の取扱は今後刑務部を別にし收容するのが必要
133718	朝鮮朝日	1926-10-13/1	07단	財務部長會議十二日から
133719	朝鮮朝日	1926-10-13/1	08단	鮮人畫家が帝展に入選/日本畫に
133720	朝鮮朝日	1926-10-13/1	08단	主人の金千圓を拐帶/各地を遊廻る
133721	朝鮮朝日	1926-10-13/1	08단	判檢事會議/平壤法院で
133722	朝鮮朝日	1926-10-13/1	08단	刑務所長會議終る
133723	朝鮮朝日	1926-10-13/1	08단	會(土木建築總會/畜産第六回總會)
133724	朝鮮朝日	1926-10-13/1	08단	人(道重信教僧正/蓑田長平氏(釜山形務所長)/久留米商業生徒十三名/京城第一高女三十九名/多木粂次郎氏(代議士)/スエーデン公使/中外商業生徒/茨木教育家七名/京城師範女子演習科生/山內釜山府理事官/飯泉幹太氏(不二■業資金課長)/慶南晉州鮮人內地視察團)
133725	朝鮮朝日	1926-10-13/1	09단	半島茶話
133726	朝鮮朝日	1926-10-13/1	09단	半島の秋/素通りの印象(7)/頓首冠
133727	朝鮮朝日	1926-10-13/2	01단	工場夜話/朝鮮女エローマンス/紀陽織布に三千人の集團をつくるまで
133728	朝鮮朝日	1926-10-13/2	01단	檢査を行うて叺を統一する總督府農務課の計劃/內地からの批難に困り
133729	朝鮮朝日	1926-10-13/2	01단	委員を派し値下陳情/十三日朝出城
133730	朝鮮朝日	1926-10-13/2	01단	朝日勝繼碁戰/第廿九回(四)
133731	朝鮮朝日	1926-10-13/2	02단	東萊も應援/値下運動に
133732	朝鮮朝日	1926-10-13/2	03단	無燈火の自轉車取締/一時間に百三十餘件
133733	朝鮮朝日	1926-10-13/2	03단	豚コレラの豫防注射執行
133734	朝鮮朝日	1926-10-13/2	03단	宣傳の割合に賣行が少ない/買はれるのは廉い物ばかり本町商店の冬物賣出
133735	朝鮮朝日	1926-10-13/2	04단	運動界(京龍兩中學優勝す全鮮大會で/神宮競技の選手出發す慶南道內の/記者團勝つ對道廳野球戰)
133736	朝鮮朝日	1926-10-14/1	01단	昌慶苑の博物館で學究の徒に歸って更に研究をお續け總督府新廳舍も限なく御覽/老松生ひ茂る秘苑を御散策 年後の瑞儲、妃殿下/京城府から獻上した朝鮮服の御揃ひで朝鮮料理の宴に御出席/勳章御贈 總監其他に
133737	朝鮮朝日	1926-10-14/1	03단	滿鐵との運賃協定近く決定か/木村局長歸來談
133738	朝鮮朝日	1926-10-14/1	03단	漁區擴張の決定を迫る浦項漁業家が
133739	朝鮮朝日	1926-10-14/1	04단	辭令(東京電話)
133740	朝鮮朝日	1926-10-14/1	04단	期待される吉州惠山鎭線木材の搬出に便利を與へる
133741	朝鮮朝日	1926-10-14/1	04단	醫師試驗/京城醫專で
133742	朝鮮朝日	1926-10-14/1	04단	突飛な安賣秋の市/商工聯合が京城で開く
133743	朝鮮朝日	1926-10-14/1	05단	烈作中より/頓首冠

일련번호	판명	간행일	단수	기사명
133744	朝鮮朝日	1926-10-14/1	05단	五千萬圓に對し要求の一割を漸く容認するらしい/明年度の新規要求
133745	朝鮮朝日	1926-10-14/1	05단	東拓耕地の小作人騒ぐ/農監の看坪が高すぎるとて
133746	朝鮮朝日	1926-10-14/1	05단	亞細亞一周の徒步旅行者/朝鮮を巡遊
133747	朝鮮朝日	1926-10-14/1	06단	川田順氏が鮮滿を行脚/高粱の秋を
133748	朝鮮朝日	1926-10-14/1	06단	平北の虎疫漸く終熄/患者總數は二百七十名
133749	朝鮮朝日	1926-10-14/1	06단	燒鏝を當て氣絶さす/痴情の末か
133750	朝鮮朝日	1926-10-14/1	07단	雁の聲
133751	朝鮮朝日	1926-10-14/1	07단	放火狂酒を醉へば放火したい
133752	朝鮮朝日	1926-10-14/1	07단	立派な畫家になって早く歸って來るやう/待って居りますと帝展入選の金氏の母堂喜ぶ
133753	朝鮮朝日	1926-10-14/1	08단	會(尺八演奏會/菊花品評會/革正會大會)
133754	朝鮮朝日	1926-10-14/1	08단	半島茶話
133755	朝鮮朝日	1926-10-14/1	09단	人(領木鮮銀總裁/佐藤恒太郎氏(新商銀釜山支店長)/興村源太郎氏(今回商銀釜山支店長)/東大學生團)
133756	朝鮮朝日	1926-10-14/1	09단	半島の秋/素通りの印象(8)/頓首冠
133757	朝鮮朝日	1926-10-14/2	01단	魚群發見の羅針盤となる基本調査が出來上る/慶南水産課の努力
133758	朝鮮朝日	1926-10-14/2	01단	癩病患者の研究材料に死體を提供
133759	朝鮮朝日	1926-10-14/2	01단	大邱卸商組合愈よ創立さる
133760	朝鮮朝日	1926-10-14/2	01단	第四回の教育會總會/光州木浦で
133761	朝鮮朝日	1926-10-14/2	01단	工場夜話/紀陽織布に働く朝鮮女工/みるもうれしい日鮮人の融和振り
133762	朝鮮朝日	1926-10-14/2	02단	給水を制限/釜山水道が
133763	朝鮮朝日	1926-10-14/2	02단	口付煙草の不二の賣行/珍しいから一時は賣れやう
133764	朝鮮朝日	1926-10-14/2	03단	朝日勝繼碁戰/第廿九回(五)
133765	朝鮮朝日	1926-10-14/2	03단	運動界(ゴルフ大會大邱リンクで/釜山の野球/釜商長距離競走/咸興普校運動會)
133766	朝鮮朝日	1926-10-15/1	01단	お牧の茶屋で妓生の僧都の舞に興ぜらる畫は樂浪の古蹟を仔細に御研究 平壤御成りの瑞儲殿下/堵列の幼兒にまで御會釋を賜ひ 瑞典皇太子、妃兩殿下平壤に御到着あり 二千年の古都樂浪を御覽/一路平壤に御出發 十四日早朝
133767	朝鮮朝日	1926-10-15/1	03단	編輯局選
133768	朝鮮朝日	1926-10-15/1	03단	御眞影遷御京城新廳舍に
133769	朝鮮朝日	1926-10-15/1	03단	百餘萬圓の收入減/營林材の流失で
133770	朝鮮朝日	1926-10-15/1	03단	十月上旬の鮮米移出四萬四千石
133771	朝鮮朝日	1926-10-15/1	04단	辭令(東京電話)
133772	朝鮮朝日	1926-10-15/1	04단	自家用酒の製造が激減す/經濟が不如意なのと酒造術の改良から

일련번호	판명	간행일	단수	기사명
133773	朝鮮朝日	1926-10-15/1	04단	鐵道貨物漸く忙し十月上旬來
133774	朝鮮朝日	1926-10-15/1	05단	燈臺建設費僅に四萬圓/二百萬圓の豫算を削除
133775	朝鮮朝日	1926-10-15/1	05단	第一回想豫より二三割の減收/意外に早い寒さの襲來で鎌入不足の米作狀況
133776	朝鮮朝日	1926-10-15/1	06단	美術の秋をかざる寫眞大サロン來月上旬京城で開く/出品規定發表される
133777	朝鮮朝日	1926-10-15/1	06단	預金勉强率/全廢か半減か總會で決定
133778	朝鮮朝日	1926-10-15/1	06단	平壤飛機の大演習參加/十二機編隊で太刀洗に向ふ
133779	朝鮮朝日	1926-10-15/1	06단	防疫官引揚コ疫終熄で
133780	朝鮮朝日	1926-10-15/1	07단	府廳舍の落成祝賀/各町とも大賑
133781	朝鮮朝日	1926-10-15/1	07단	布教師資格で基督教の恐慌/總督府が相手にせぬので文部省に陳情する
133782	朝鮮朝日	1926-10-15/1	07단	幼兒遺棄の牧師は十月執行猶豫三年
133783	朝鮮朝日	1926-10-15/1	07단	密漁者を逮捕/巨濟島沖合で
133784	朝鮮朝日	1926-10-15/1	07단	アイヌ人の混血兒/京城で泥棒
133785	朝鮮朝日	1926-10-15/1	08단	五十錢の僞造銀貨が平壤に現る
133786	朝鮮朝日	1926-10-15/1	08단	半島の秋/素通りの印象(9)/頓首冠
133787	朝鮮朝日	1926-10-15/1	10단	半島茶話
133788	朝鮮朝日	1926-10-15/2	01단	羽が生えたやう賣れて行のは婦人雜誌と子供のもの小說類は漸く下火/近來立ち讀みが馬鹿に多い
133789	朝鮮朝日	1926-10-15/2	01단	岩を掘った海望隧道/全北群山の
133790	朝鮮朝日	1926-10-15/2	01단	朝日勝繼碁戰/第廿九回(六)
133791	朝鮮朝日	1926-10-15/2	03단	平壤から
133792	朝鮮朝日	1926-10-15/2	03단	府協議員の改選迫る各候補者が作戰の準備
133793	朝鮮朝日	1926-10-15/2	03단	橋の少い朝鮮では渡し舟が千七百艘/船夫の數が二千餘人で大抵は農業の片手間稼ぎ
133794	朝鮮朝日	1926-10-15/2	04단	動力値下を更に要求す
133795	朝鮮朝日	1926-10-15/2	04단	緊張した攻擊演說會/瓦電値下の
133796	朝鮮朝日	1926-10-15/2	04단	朝臺航路の補助は容認/勃海航路はダメ
133797	朝鮮朝日	1926-10-15/2	04단	鎭昌線は一日に開通/營業を開始
133798	朝鮮朝日	1926-10-15/2	04단	運動界(秋季運動會)
133799	朝鮮朝日	1926-10-16/1	01단	そぼ降る雨も露お厭ひなく我國最後の御研究に樂浪古蹟を御研究 午後二時遂に平壤を御出發/瑞典皇儲殿下に御助力を仰がんと建白書を懷中した 學校經營者捕はる/御獻上の古器に御喜び考古學上の好資料だと
133800	朝鮮朝日	1926-10-16/1	01단	國の土産にと寫眞を御所望/御牧の茶屋の
133801	朝鮮朝日	1926-10-16/1	02단	國境地帶に飛行場の設備/是非實現したいと齋藤參謀は語る
133802	朝鮮朝日	1926-10-16/1	03단	土木事業の繼續費六百萬圓
133803	朝鮮朝日	1926-10-16/1	03단	移出超過が五千萬圓/對內貿易の

일련번호	판명	간행일	단수	기사명
133804	朝鮮朝日	1926-10-16/1	04단	內地朝鮮の水産打合/玄海水産集談會十六日から開催
133805	朝鮮朝日	1926-10-16/1	04단	渡鮮の外人が頻りに增加す/鮮滿事情が紹介され歡待されて朝鮮を褒め立る
133806	朝鮮朝日	1926-10-16/1	04단	編輯局選
133807	朝鮮朝日	1926-10-16/1	05단	雁の聲
133808	朝鮮朝日	1926-10-16/1	05단	大會議室の床張工事/明年一月竣工
133809	朝鮮朝日	1926-10-16/1	05단	安東の コ疫漸く終熄/防疫官も撤廢
133810	朝鮮朝日	1926-10-16/1	05단	煙草元賣捌所近く契約更新/目下祕密裡に調査中
133811	朝鮮朝日	1926-10-16/1	06단	哀れな孤兒の樂い運動會/十四日に擧行
133812	朝鮮朝日	1926-10-16/1	06단	全鮮優秀印畵/寫眞大サロン
133813	朝鮮朝日	1926-10-16/1	06단	女生徒十名を危く奪還/交戰の結果
133814	朝鮮朝日	1926-10-16/1	07단	帆船が沈沒/突然の旋風で
133815	朝鮮朝日	1926-10-16/1	07단	貧の喧嘩で母を刺殺す/平壤署で逮捕
133816	朝鮮朝日	1926-10-16/1	08단	進行列車に飛込み自殺/家庭の悲劇で
133817	朝鮮朝日	1926-10-16/1	08단	格鬪二時間半十五名を逮捕/さながら海賊同樣な巨濟島の不正漁者
133818	朝鮮朝日	1926-10-16/1	08단	半島の秋/素通りの印象（１０）/頓首冠
133819	朝鮮朝日	1926-10-16/1	09단	人(鹿野宏氏(咸南警察部長)/與田龜藤氏(貴族院議員))
133820	朝鮮朝日	1926-10-16/1	10단	半島茶話
133821	朝鮮朝日	1926-10-16/2	01단	李朝時代の作品を內地に紹介したい朝鮮美術の研究家/柳宗悅氏は語る
133822	朝鮮朝日	1926-10-16/2	01단	朝鮮內師團の軍馬の充足は鮮內で需めたいと是が改良を計劃
133823	朝鮮朝日	1926-10-16/2	01단	魚群回游の調査を互に交換したい/長崎水産試驗場の面高慶之助氏語る
133824	朝鮮朝日	1926-10-16/2	01단	朝日勝繼碁戰/第廿九回(七)
133825	朝鮮朝日	1926-10-16/2	02단	癩病患者が補助を懇願/齋藤總督宛に
133826	朝鮮朝日	1926-10-16/2	03단	一ヶ月に一二回づゝ全身が麻痺する/食餌も一切とれぬ世にも珍らしい病氣/原因がまだ發見されない
133827	朝鮮朝日	1926-10-16/2	03단	火蓋は切らる朝鮮神宮の競技 覇王鐵道軍破れ全大邱幸先を祝す/神宮競技に優勝旗 神宮の紋章入/全朝鮮の選拔蹴球團 內地に遠征 全勝すると意氣込む
133828	朝鮮朝日	1926-10-16/2	04단	溫陽溫泉を鐵道が買收/慶南和鐵が
133829	朝鮮朝日	1926-10-16/2	04단	京城以下に値下せよ/瓦電動力の値下大會で
133830	朝鮮朝日	1926-10-17/1	01단	來年度總督府豫算二億一千萬圓に達し前年より二千萬圓を增加鐵道建設費が七百萬圓
133831	朝鮮朝日	1926-10-17/1	01단	御手を振りつゝ名殘を惜しまれ/妃殿下は菊花を胸に日本を離れ給ふ瑞儲、妃殿下
133832	朝鮮朝日	1926-10-17/1	01단	半島の守護神朝鮮神宮例祭十七日から嚴に執行 勅使齋藤總督參向/朝鮮神樂を神前で奉奏例祭終了後

일련번호	판명	간행일	단수	기사명
133833	朝鮮朝日	1926-10-17/1	01단	編輯局選
133834	朝鮮朝日	1926-10-17/1	02단	國際飛行場の設備は早過る新義州府の要望も實現は不可能らしい
133835	朝鮮朝日	1926-10-17/1	03단	京城神社の宵宮祭鮮人街も御輿が渡御
133836	朝鮮朝日	1926-10-17/1	03단	新朝鮮馬/蒙古牝馬と內地馬とを交配した雜種成績は良好
133837	朝鮮朝日	1926-10-17/1	04단	辭令(東京電話)
133838	朝鮮朝日	1926-10-17/1	04단	法學專門の新設延期で學生等憤慨す
133839	朝鮮朝日	1926-10-17/1	04단	內地の特定運賃で壓迫を蒙る鮮産品/是が撤廢を希望すと商議聯合會に提出
133840	朝鮮朝日	1926-10-17/1	04단	猛獸/熊と虎白馬附近の部落を荒す
133841	朝鮮朝日	1926-10-17/1	04단	趣味の婦人(１８)/趣味の深い書の三昧境これが何よりの幸福女流書家佐藤荻浦女史
133842	朝鮮朝日	1926-10-17/1	05단	雁の聲
133843	朝鮮朝日	1926-10-17/1	05단	眞正患者は百八十名七十名は陰性平北のコレラ/水原下車のコレラ患者目下調査中
133844	朝鮮朝日	1926-10-17/1	05단	オリンピヤの昔を忍ぶ大競技十六日いよいよ開始戰場と化した訓練院(トラック/フィールド/ア式蹴球戰/女子庭球決勝/硬式ダブル/排球戰/藍球戰/野球戰)/寶塚對鐵道ノーゲーム
133845	朝鮮朝日	1926-10-17/1	06단	靑年會館の二階が墜ち一名卽死す講演會の珍事
133846	朝鮮朝日	1926-10-17/1	07단	朝鮮船舶法も近く內地と共通/五年後には朝郵も活躍すと恩田朝郵社長語る
133847	朝鮮朝日	1926-10-17/1	08단	會(思想善導活寫會/淺利局長披露宴)
133848	朝鮮朝日	1926-10-17/1	08단	人(大分縣高女生/千棉榮六氏(釜山地方劍事)/小山正生(同上豫審判事)/恩田銅吉氏(朝郵社長)/河田銅郎氏(東大教授))
133849	朝鮮朝日	1926-10-17/1	09단	半島の秋素通りの印象(１１)/頓首冠
133850	朝鮮朝日	1926-10-17/1	10단	半島茶話
133851	朝鮮朝日	1926-10-17/2	01단	未墾地開拓の事業が進まぬ/企業者に誠意が無く是が選拔に當局が腐心
133852	朝鮮朝日	1926-10-17/2	01단	幾らでも要る咸南の勞働者今後は設備をよくし引留策を講ずる
133853	朝鮮朝日	1926-10-17/2	01단	全鮮商議の要望案保留のものが非常に多い
133854	朝鮮朝日	1926-10-17/2	01단	朝日勝繼碁戰/第廿九回(八)
133855	朝鮮朝日	1926-10-17/2	02단	不良水組の救濟策五十萬圓を低利で貸出
133856	朝鮮朝日	1926-10-17/2	03단	漢江修理の起工式/工費は千萬圓
133857	朝鮮朝日	1926-10-17/2	03단	釜山棧橋の板張工事/本年一杯を要する模樣
133858	朝鮮朝日	1926-10-17/2	03단	復活した工事界/諸契約高が三千百萬圓
133859	朝鮮朝日	1926-10-17/2	03단	秋旣に老いて小火の期近づき警察が防火の大宣傳年々殖える京城の火事
133860	朝鮮朝日	1926-10-17/2	04단	水産集團會員各地を視察四班に分れ

일련번호	판명	간행일	단수	기사명
133861	朝鮮朝日	1926-10-17/2	04단	貨物拔取の取締を要望/商議聯合會へ元山商議から
133862	朝鮮朝日	1926-10-17/2	04단	漢江南部の發展を要望/實行委員達が龍山江南部發展會では今回實行委員十五名を擧げ
133863	朝鮮朝日	1926-10-19/1	01단	豫算案を携へ湯淺總監が東上政府と折衝すべく三大問題があると語る
133864	朝鮮朝日	1926-10-19/1	01단	朝鮮憲兵隊長會議十八日から
133865	朝鮮朝日	1926-10-19/1	01단	山林大會員國境視察安東で解散
133866	朝鮮朝日	1926-10-19/1	01단	陸地輸送の必要を説く鴨江材に就き和田博士が
133867	朝鮮朝日	1926-10-19/1	01단	臣子の分を缺いだと恐懼して自殺/慶南道廳移轉に反對した石井高曉翁が自刃
133868	朝鮮朝日	1926-10-19/1	02단	定期預金の勉强率全廢/二十日から實施
133869	朝鮮朝日	1926-10-19/1	02단	簡易保險は來年から實施/釜山の無電局も開始蒲原遞信局長語る
133870	朝鮮朝日	1926-10-19/1	03단	編輯局選
133871	朝鮮朝日	1926-10-19/1	03단	朝鮮教育總會光州で開催
133872	朝鮮朝日	1926-10-19/1	03단	平北江界に初雪新義州の薄氷
133873	朝鮮朝日	1926-10-19/1	03단	龍山騎兵が海州に行軍新川に向ふ
133874	朝鮮朝日	1926-10-19/1	04단	强い態度に出て欲しい瓦電値下で局長に陳情
133875	朝鮮朝日	1926-10-19/1	04단	急行列車が大火事/死傷は無い
133876	朝鮮朝日	1926-10-19/1	04단	統營の火事損害三萬圓
133877	朝鮮朝日	1926-10-19/1	04단	船員が共謀し反物を盜む淸津丸の
133878	朝鮮朝日	1926-10-19/1	05단	慰藉料を着服リンチ事件の
133879	朝鮮朝日	1926-10-19/1	05단	株金横領の首魁の行方未だに判らぬ
133880	朝鮮朝日	1926-10-19/1	06단	朝鮮神宮例祭勅使參向(上)と南大門通過の京城神社神輿
133881	朝鮮朝日	1926-10-19/1	06단	大邱市內の大賭博三名を逮捕/釜山でも同じ賭博鮮人も交る
133882	朝鮮朝日	1926-10-19/1	06단	學生の勉强に差支へぬ程な修繕は加へる積り法學專門問題で湯淺總監語る
133883	朝鮮朝日	1926-10-19/1	07단	會(群山商議役員會/南浦商議役員會)
133884	朝鮮朝日	1926-10-19/1	08단	雁の聲
133885	朝鮮朝日	1926-10-19/1	08단	人(四元齋平氏(淸津商業會議所會頭)/日本電通京坡支局長/吉川義章氏/濱田實氏(大海釜山通信部主任)/蒲原遞信局長/時實秋穗氏(福岡市長))
133886	朝鮮朝日	1926-10-19/1	08단	半島の秋素通りの印象(１２)/頓首冠
133887	朝鮮朝日	1926-10-19/1	10단	半島茶話
133888	朝鮮朝日	1926-10-19/2	01단	海には驅逐艦空には飛行機が景氣を添へる豫定期日が漸く迫って共進會の氣分漂ふ木浦府
133889	朝鮮朝日	1926-10-19/2	01단	棉價暴落の救濟を考究個人賣買を許す
133890	朝鮮朝日	1926-10-19/2	01단	朝鮮語試驗合格者發表十三日附で
133891	朝鮮朝日	1926-10-19/2	01단	莞草疊表の注文が殺到製造高は一萬五千枚

일련번호	판명	간행일	단수	기사명
133892	朝鮮朝日	1926-10-19/2	01단	朝日勝繼碁戰/第廿九回(九)
133893	朝鮮朝日	1926-10-19/2	02단	店頭裝飾競技安東で擧行
133894	朝鮮朝日	1926-10-19/2	02단	浮浪鮮童を警察が收容籠編を授ける
133895	朝鮮朝日	1926-10-19/2	03단	肌寒を冒して若人達の舊鬪神宮競技の二日目(トラック/フ井ルド/籃球/排球/庭球/男子軟庭球/野球決勝戰)/寶塚軍惜敗對鐵道野球戰/大邱の競馬二十二日から
133896	朝鮮朝日	1926-10-20/1	01단	水産の獎勵に力を注ぐ積り/豫算案を携へ東上の湯淺政務總監は語る
133897	朝鮮朝日	1926-10-20/1	01단	金融組合の利率を引下ぐ組合員外の預金を銀行との間に協定が成立
133898	朝鮮朝日	1926-10-20/1	01단	産業組合主任會議十九日開催
133899	朝鮮朝日	1926-10-20/1	01단	收入見込は三十萬圓資本利子稅の
133900	朝鮮朝日	1926-10-20/1	01단	收入減は償はれる京電の增設が七割も增加す
133901	朝鮮朝日	1926-10-20/1	02단	自家用莨は二三年後に廢止される
133902	朝鮮朝日	1926-10-20/1	02단	趣味の婦人(１９)/洋服や帽子に工夫を凝らす手先きの器用な井上萬壽子さん
133903	朝鮮朝日	1926-10-20/1	03단	長崎經由で活牛を移出牛疫發生で
133904	朝鮮朝日	1926-10-20/1	03단	光化門の取毀ち十一月に終る
133905	朝鮮朝日	1926-10-20/1	03단	近い中にまた暖くならう十六日の寒さは攝氏の一度九分
133906	朝鮮朝日	1926-10-20/1	03단	俄の寒さ/冬着を出すやら大さわぎ釜山府內の
133907	朝鮮朝日	1926-10-20/1	04단	內鮮滿連絡機不事着陸 十九日大邱に/平壤飛行機が大邱に着陸 大演習參加に九州に向ふ途中
133908	朝鮮朝日	1926-10-20/1	04단	海賊と同樣な不正漁者の跳梁/濟州島の住民達は糧食や漁獲物を奪はる
133909	朝鮮朝日	1926-10-20/1	05단	雁の聲
133910	朝鮮朝日	1926-10-20/1	05단	危篤に陷った朴泳孝侯爵
133911	朝鮮朝日	1926-10-20/1	05단	殉敎者に特別の祈禱宣敎師團が
133912	朝鮮朝日	1926-10-20/1	05단	婦女誘拐團の首魁が潛入平壤府內に
133913	朝鮮朝日	1926-10-20/1	06단	同じ家に四回の棄兒鐘路署で取調
133914	朝鮮朝日	1926-10-20/1	06단	技藝女學院の生徒が萬引手先となって
133915	朝鮮朝日	1926-10-20/1	06단	百五十餘名の學生が血判し/決議文を總監に提出法學專門校校舍新築で
133916	朝鮮朝日	1926-10-20/1	07단	叶わぬ戀から看護婦の家出自殺の虞がある
133917	朝鮮朝日	1926-10-20/1	07단	編輯局選
133918	朝鮮朝日	1926-10-20/1	07단	富豪脅迫の不逞團共犯者嚴探
133919	朝鮮朝日	1926-10-20/1	08단	人(湯淺政務總監/草間財務局長/石黑氏母堂/大森吉五郎氏(山口縣知事)/麗井第三中將(築城本部長)/京都府立龜岡農學校生徒四十五名/全北全州公立農學校生徒三十名/渡邊定一郎氏(京城商議會頭)/時實秋穗氏(福岡市長)/大阪市敎員視察員/山

일련번호	판명	간행일	단수	기사명
133919	朝鮮朝日	1926-10-20/1	08단	內釜山府理事官/京都府立木津農學校生徒/忠北永同郡深用面內地視察團二十五名)
133920	朝鮮朝日	1926-10-20/1	08단	半島の秋素通りの印象(１３)/頓首冠
133921	朝鮮朝日	1926-10-20/1	10단	半島茶話
133922	朝鮮朝日	1926-10-20/2	01단	品質を統一せば滿洲の市場から米國林檎を驅逐出來る菊池林檎博士は語る
133923	朝鮮朝日	1926-10-20/2	01단	新穀を賣急ぐ農村の新傾向端境期の高値を狙ふ
133924	朝鮮朝日	1926-10-20/2	01단	理髮學校を設立の計劃營業者達が
133925	朝鮮朝日	1926-10-20/2	01단	李王宮秘史を讀んで
133926	朝鮮朝日	1926-10-20/2	02단	大激戰を豫想される淸津の府議戰
133927	朝鮮朝日	1926-10-20/2	03단	朝日勝繼碁戰/第廿九回(十)
133928	朝鮮朝日	1926-10-20/2	03단	不法稅金微收取締を道尹に陳情
133929	朝鮮朝日	1926-10-20/2	03단	保險金欲しさの放火を防ぐべく超過保險の契約をせぬやう各代理店が協議す
133930	朝鮮朝日	1926-10-20/2	04단	連帶規則の改正を打合朝鐵と滿鐵
133931	朝鮮朝日	1926-10-20/2	04단	鎭南浦の共進會計劃三十周年記念に
133932	朝鮮朝日	1926-10-20/2	04단	道立病院の移轉に反對義州面民が
133933	朝鮮朝日	1926-10-20/2	04단	運動界(實業庭球大會)
133934	朝鮮朝日	1926-10-21/1	01단	豫算の金額だけを見て批評して貰ひ度く無い/政府との諒解を求むべく東上の湯淺總監語る
133935	朝鮮朝日	1926-10-21/1	02단	辭令(東京電話)
133936	朝鮮朝日	1926-10-21/1	02단	第二回の米作豫想一日に発表
133937	朝鮮朝日	1926-10-21/1	03단	釜山の初霜二十年來の寒さ
133938	朝鮮朝日	1926-10-21/1	03단	平壤で見る昨今の情景(上)/半白の頑固老が二人四股を踏んで大取組/片や松井翁に片や宮川老手に汗する電氣府營
133939	朝鮮朝日	1926-10-21/1	04단	朴泳孝侯稍小康伊藤博士見舞ふ
133940	朝鮮朝日	1926-10-21/1	04단	今度は淸津で電燈料の値下府民の間に叫ばれる羅南、鏡城とも連絡
133941	朝鮮朝日	1926-10-21/1	04단	永劫の榮えと淸新の希望を讚へた大京城の歌木內爲棲氏が當選
133942	朝鮮朝日	1926-10-21/1	05단	生絲の移出が昨年より激增/總額八百十五萬餘圓製絲業は逐年發達
133943	朝鮮朝日	1926-10-21/1	06단	大阪大連間の宮機が到着京城汝矣島に
133944	朝鮮朝日	1926-10-21/1	06단	道路鋪裝車の下敷となり慘死を遂ぐペチャンコとなって
133945	朝鮮朝日	1926-10-21/1	06단	妻の母を誑らかし財産横領の目的で家出
133946	朝鮮朝日	1926-10-21/1	07단	雁の聲
133947	朝鮮朝日	1926-10-21/1	07단	隔離中の鮮牛百餘頭は銃殺いよいよ燒却する/移出會社が大恐慌肺疫牛發生で
133948	朝鮮朝日	1926-10-21/1	08단	人(丸山幹治氏(京日主筆)/宮部敬治氏(京日副社長))

일련번호	판명	간행일	단수	기사명
133949	朝鮮朝日	1926-10-21/1	08단	半島の秋素通りの印象(１４)/頓首冠
133950	朝鮮朝日	1926-10-21/1	10단	半島茶話
133951	朝鮮朝日	1926-10-21/2	01단	燒酎の特定運賃を要望して貰ひ度い釜山の當業者達が商議所に交渉方を要望
133952	朝鮮朝日	1926-10-21/2	01단	珍書が少い/開館日淺く寄贈者が無い總督府の圖書館篤志家の寄附を希望す
133953	朝鮮朝日	1926-10-21/2	01단	城川港改修起工式二十七日擧行
133954	朝鮮朝日	1926-10-21/2	01단	全北蠶繭の增收四千石總算二萬餘石
133955	朝鮮朝日	1926-10-21/2	01단	朝日勝繼碁戰/第廿九回(十一)
133956	朝鮮朝日	1926-10-21/2	02단	被服類自給を計劃全北當局が
133957	朝鮮朝日	1926-10-21/2	02단	農具價格の照會が頻々釜山商議に
133958	朝鮮朝日	1926-10-21/2	03단	仁取の配當年一割五分總會で決定
133959	朝鮮朝日	1926-10-21/2	03단	三郡品評會列車の割引參觀團體にも
133960	朝鮮朝日	1926-10-21/2	03단	朝鮮で始めのガソリン軌道全南咸平の
133961	朝鮮朝日	1926-10-21/2	03단	資金を借り線路を延長朝鮮鐵道が
133962	朝鮮朝日	1926-10-21/2	03단	府協議會と學校組合會二十三四日頃から開催釜山府の
133963	朝鮮朝日	1926-10-21/2	04단	府協議員の有權者增加釜山府內の
133964	朝鮮朝日	1926-10-21/2	04단	畜産主任官會議二十二日まで
133965	朝鮮朝日	1926-10-21/2	04단	電話申込が豫想外に多い事業界の繁忙で
133966	朝鮮朝日	1926-10-21/2	04단	全北叺の生産四百五十萬枚
133967	朝鮮朝日	1926-10-21/2	04단	運動界(寶塚軍再敗對鐵道軍野球戰)
133968	朝鮮朝日	1926-10-21/2	04단	喫茶室
133969	朝鮮朝日	1926-10-22/1	01단	不德義な組合の設立が許さぬ産業組合の濫設を取締るやう道へ通牒
133970	朝鮮朝日	1926-10-22/1	01단	資本流入を妨げる資金利子稅に反對の聲
133971	朝鮮朝日	1926-10-22/1	01단	下級官吏優遇案三十萬圓で明年度から
133972	朝鮮朝日	1926-10-22/1	01단	天長節祝日總督の招宴龍山官邸に
133973	朝鮮朝日	1926-10-22/1	01단	平壤の地震震動時間は一分三十秒
133974	朝鮮朝日	1926-10-22/1	01단	間島各地にチブス流行九月下旬來
133975	朝鮮朝日	1926-10-22/1	02단	平北の口疫愈よ熄む防疫官達も全部引揚ぐ/鴨綠で江の漁撈は許可口疫終熄で
133976	朝鮮朝日	1926-10-22/1	02단	自家用莨は廢止を決意いよいよ明年度から歳入不足を補ふため
133977	朝鮮朝日	1926-10-22/1	02단	平壤で見る昨今の情景(下)/嫁入道具の時代は過ぎた今日の女學校の教育にこれはまたあまりに貧乏臭い/平壤高女の校舎や設備
133978	朝鮮朝日	1926-10-22/1	03단	編輯局選
133979	朝鮮朝日	1926-10-22/1	03단	食料品の輸入禁止も二十日解禁
133980	朝鮮朝日	1926-10-22/1	04단	辭令(東京電話)

일련번호	판명	간행일	단수	기사명
133981	朝鮮朝日	1926-10-22/1	04단	高麗共産黨が各地に宣傳間島へも來る
133982	朝鮮朝日	1926-10-22/1	04단	肺病牛銃殺の救濟金は出せぬ所有主は泣面に蜂の氣の毒な有樣/鮮牛移入組合が銃殺に反對
133983	朝鮮朝日	1926-10-22/1	05단	雁の聲
133984	朝鮮朝日	1926-10-22/1	05단	鮮人四名と巡査を抑留支那官憲が
133985	朝鮮朝日	1926-10-22/1	06단	繋留期間を延長させて檢疫を行ふ
133986	朝鮮朝日	1926-10-22/1	06단	御祭騷中に商店を荒す白シャツ團平壤で逮捕
133987	朝鮮朝日	1926-10-22/1	06단	出來る限り經費を縮め二百萬圓を支出す各道水害復舊費に
133988	朝鮮朝日	1926-10-22/1	07단	私刑事件惡化す被害鮮童の經過は良好
133989	朝鮮朝日	1926-10-22/1	07단	保甲隊と馬賊の交戰拉致した生徒を置去る
133990	朝鮮朝日	1926-10-22/1	07단	校舍の新築を明言せぬ限り同盟休校を續けると法學專門學生敦圉く
133991	朝鮮朝日	1926-10-22/1	08단	會(支那語講習會)
133992	朝鮮朝日	1926-10-22/1	08단	人(京師南鮮見學團/林朝鮮軍參謀長/南長視察團/木島駒藏氏(農林省書記官)/藤田亮策氏(總督府博物館長)/安邊房治郎氏(總督府開墾課長)/榮文與氏(支那地質調査所長)/李恩浩氏(北京大學敎授))
133993	朝鮮朝日	1926-10-22/1	09단	半島茶話
133994	朝鮮朝日	1926-10-22/1	09단	半島の秋素通りの印象(１５)/頓首冠
133995	朝鮮朝日	1926-10-22/2	01단	盛り澤山な遞信局の豫算議會さへ解散せねば好都合に行くと局長語る
133996	朝鮮朝日	1926-10-22/2	01단	稻作に關する基本の調査を是非やって見度い加藤水原試驗場長談
133997	朝鮮朝日	1926-10-22/2	01단	漁船新造に補助を交附二千圓以內
133998	朝鮮朝日	1926-10-22/2	01단	新義州港の九月貿易高三百五十萬
133999	朝鮮朝日	1926-10-22/2	01단	營業稅の反對を決議仁川商議が
134000	朝鮮朝日	1926-10-22/2	02단	傳習會で技術を練るタオル業者
134001	朝鮮朝日	1926-10-22/2	02단	餘興澤山な釀造品評會京城で開催
134002	朝鮮朝日	1926-10-22/2	03단	金融組合の職員優遇を理事長會議で申合せる
134003	朝鮮朝日	1926-10-22/2	03단	府協議員の有權者名簿縱覽を許す
134004	朝鮮朝日	1926-10-22/2	03단	龍山聯隊が演習に參加新幕附近の/大邱聯隊も二十日出發
134005	朝鮮朝日	1926-10-22/2	03단	朝日勝繼碁戰/第廿九回(十二)
134006	朝鮮朝日	1926-10-22/2	04단	專賣支局の職工慰安會運動會も開く
134007	朝鮮朝日	1926-10-22/2	04단	運動界(體育聯盟庭球大會二日間擧行/神宮競技の三種に出場朝鮮の選手)
134008	朝鮮朝日	1926-10-23/1	01단	蔓延するばかりの肺ヂストマの患者/蟹の捕食がその原因愈よ活寫で豫防宣傳
134009	朝鮮朝日	1926-10-23/1	01단	長慶天皇の祭祀を通知總監の名で
134010	朝鮮朝日	1926-10-23/1	01단	撫順炭の大輸入北鮮炭界の不振により

일련번호	판명	간행일	단수	기사명
134011	朝鮮朝日	1926-10-23/1	01단	編輯局選
134012	朝鮮朝日	1926-10-23/1	01단	技術家達が洋炭視察に獨逸に向ふ
134013	朝鮮朝日	1926-10-23/1	02단	肥料代金の負擔をせぬ地主がある
134014	朝鮮朝日	1926-10-23/1	02단	竣工した京城新廳舍と大平通(朝鮮飛行練習所西尾大尉)
134015	朝鮮朝日	1926-10-23/1	03단	總督府招待鮮人の生活を職業紹介關係者らが視察に出かける/鮮人保護視察團總督府から要求されて)
134016	朝鮮朝日	1926-10-23/1	04단	水原農校が寄宿舍建築工費五萬圓で
134017	朝鮮朝日	1926-10-23/1	04단	少も狂はぬ南面の像秘密に埋めた何物かがある
134018	朝鮮朝日	1926-10-23/1	05단	憧れて居たフレンドに御逢ひしたのが嬉しい運動等も非常に御上手と泉尾高女生の喜び內鮮女學生の樂しき交驩(交暢な國語で/兩校生徒達は/學校用服裝は)
134019	朝鮮朝日	1926-10-23/1	05단	天道教徒を滿洲に移し農業を營ませて赤化を宣傳する
134020	朝鮮朝日	1926-10-23/1	05단	舊馬山の驛長を糺彈運送業者が
134021	朝鮮朝日	1926-10-23/1	05단	五百圓を贈って解決曲馬團の豹の殺人事件
134022	朝鮮朝日	1926-10-23/1	06단	平北道の匪賊歸順者百六十八人
134023	朝鮮朝日	1926-10-23/1	06단	駐在所を襲うた賊是が逮捕に警察が大童
134024	朝鮮朝日	1926-10-23/1	07단	二百名が大亂鬪松汀里驛で
134025	朝鮮朝日	1926-10-23/1	07단	不逞鮮人の片割を逮捕新義州に護送
134026	朝鮮朝日	1926-10-23/1	07단	會(菊花品評會/憲兵隊長會議/工業品展覽會)
134027	朝鮮朝日	1926-10-23/1	07단	帆船が覆り四名が溺死五名は板子に縋り漂流
134028	朝鮮朝日	1926-10-23/1	08단	人(齋藤總督/野口遵氏(日本空素專務)/京城女子高普生一行/鐵道從事員養成所生/飯田支吉氏(釜山府協議會員)/三島喜軍氏)
134029	朝鮮朝日	1926-10-23/1	09단	半島茶話
134030	朝鮮朝日	1926-10-23/1	09단	半島の秋素通りの印象(16)/頓首冠
134031	朝鮮朝日	1926-10-23/2	01단	雁の聲
134032	朝鮮朝日	1926-10-23/2	01단	密陽に設置の水電の事業は許可次第に起工す/日窒野口專務は語る
134033	朝鮮朝日	1926-10-23/2	01단	十七年度に共進會の計劃/築港着手と開港三十周年を記念すべく群山府が
134034	朝鮮朝日	1926-10-23/2	01단	鮮銀總裁が湖南を視察二十日から
134035	朝鮮朝日	1926-10-23/2	01단	元山府議員選擧が迫り顔觸を詮衡
134036	朝鮮朝日	1926-10-23/2	02단	豫算査定會平安北道の
134037	朝鮮朝日	1926-10-23/2	02단	見本市の出品を整理三日午後に
134038	朝鮮朝日	1926-10-23/2	02단	品評會の訪問飛行は卅一日擧行
134039	朝鮮朝日	1926-10-23/2	02단	慶山水組竣工式擧行二十二日に
134040	朝鮮朝日	1926-10-23/2	03단	平壤府協議追加豫算附議
134041	朝鮮朝日	1926-10-23/2	03단	當局が立會ひ境界を定む常に紛擾の絶えぬ/慶全兩南道の漁業
134042	朝鮮朝日	1926-10-23/2	03단	朝日勝繼碁戰/第三十回(一)

일련번호	판명	간행일	단수	기사명
134043	朝鮮朝日	1926-10-23/2	04단	運動界(各校運動會/鷄林賞杯戰平壤の庭球/元山府の公設運動場來春に延期)
134044	朝鮮朝日	1926-10-23/2	04단	喫茶室
134045	朝鮮朝日	1926-10-24/1	01단	保留炭田の問題で綱記肅正とは心外受益者は炭田所有者の全部湯淺總監東京で語る
134046	朝鮮朝日	1926-10-24/1	01단	亡父/松尾ぬまを
134047	朝鮮朝日	1926-10-24/1	01단	この戀叶へてと神に捧ぐる祈父によって仲を壓れ結婚の夜男と走る/彼女が强盜を働くまで
134048	朝鮮朝日	1926-10-24/1	02단	他地方に比し金利が高い大邱の地場銀行批難の聲が起る
134049	朝鮮朝日	1926-10-24/1	02단	學務課の要求が注視される慶南の豫算
134050	朝鮮朝日	1926-10-24/1	03단	慶長天皇の御事蹟講話釜山囚人に
134051	朝鮮朝日	1926-10-24/1	04단	辭令(東京電話)
134052	朝鮮朝日	1926-10-24/1	04단	井浦辯護士異議を申立風紀問題の決議に對し
134053	朝鮮朝日	1926-10-24/1	04단	電氣の府營は平壤の結末を見た上で決しようと生田內務局長語る釜山の陳情委員に對し
134054	朝鮮朝日	1926-10-24/1	04단	總豫算二億餘圓で鐵道網を完成の計劃豫算案を提げて大村鐵道局長の東上
134055	朝鮮朝日	1926-10-24/1	05단	大邱測候所地震計設置寄附三千圓で
134056	朝鮮朝日	1926-10-24/1	05단	ランプを廢し電燈に改める流石保守的な英國の領事館漸く改修
134057	朝鮮朝日	1926-10-24/1	06단	毛糸の腰卷を差出しどうぞ五十錢だけと拜み倒す女達もある質屋から見た不景氣の現れ
134058	朝鮮朝日	1926-10-24/1	06단	鰊漁場の公人札不景氣で希望者が少い
134059	朝鮮朝日	1926-10-24/1	06단	母を相手に親權喪失の告訴を提出
134060	朝鮮朝日	1926-10-24/1	06단	法學專門依然盟休愼重な態度を申合せる
134061	朝鮮朝日	1926-10-24/1	07단	自動車で鮮人を轢き重傷を負はす
134062	朝鮮朝日	1926-10-24/1	07단	剃刀で自殺痴情の果に
134063	朝鮮朝日	1926-10-24/1	07단	警官數百名の必死の搜査も更にその甲斐なく漸く迷宮に入らんとする駐在所の襲擊犯人
134064	朝鮮朝日	1926-10-24/1	08단	會(釜山商議役員會)
134065	朝鮮朝日	1926-10-24/1	08단	半島の秋素通りの印象(１７)/頓首冠
134066	朝鮮朝日	1926-10-24/1	10단	半島茶話
134067	朝鮮朝日	1926-10-24/2	01단	漫然渡航する鮮人の捌口は一寸容易では無いが質の良いのは好評と視察の人達語る
134068	朝鮮朝日	1926-10-24/2	01단	百萬石豫想の實現は容易か平南道の産繭は年々に好成績を示す
134069	朝鮮朝日	1926-10-24/2	01단	朝郵が盛に傭船鮮米の出廻漸く迫って
134070	朝鮮朝日	1926-10-24/2	01단	船舶業者が給水會社を釜山に設立
134071	朝鮮朝日	1926-10-24/2	01단	漢江改修起工式總督も參列

일련번호	판명	간행일	단수	기사명
134072	朝鮮朝日	1926-10-24/2	02단	京城府の秋の市人出の割に賣行は尠い
134073	朝鮮朝日	1926-10-24/2	02단	大村飛機が大邱に着陸大連からの歸還の途に/大連飛行の宮機が着陸京城汝矣島に
134074	朝鮮朝日	1926-10-24/2	02단	大波瀾を豫想される衡平社總會
134075	朝鮮朝日	1926-10-24/2	03단	五十萬石を移出の計劃北海道地方に
134076	朝鮮朝日	1926-10-24/2	03단	水産製造の傳習卒業式咸北試驗場の
134077	朝鮮朝日	1926-10-24/2	03단	ロマノフ王朝の榮えを祝福する信從はメッキリ減った京城の露西亞正教會
134078	朝鮮朝日	1926-10-24/2	03단	朝日勝繼碁戰/第三十回(二)
134079	朝鮮朝日	1926-10-24/2	04단	運動界(大海軍來壞全大邱と戰ふ/大海軍勝つ對鐵道野球戰/ア式蹴球の聯盟を組織鮮人學生が)
134080	朝鮮朝日	1926-10-26/1	01단	日鮮の同化が最上の良策と日本贔屓のス博士朝鮮統治を語る
134081	朝鮮朝日	1926-10-26/1	01단	中村再造氏陞叙御沙汰二十五日附(東京電話)
134082	朝鮮朝日	1926-10-26/1	01단	金利引下を銀行者協議大邱府內の
134083	朝鮮朝日	1926-10-26/1	01단	漢口改修起工式の總督と(上)生産品展覽會場
134084	朝鮮朝日	1926-10-26/1	02단	二十萬圓の豫算と聞き府民が驚く鎭南浦共進會
134085	朝鮮朝日	1926-10-26/1	02단	立候補は旣に四十名に達す京城の府讓選擧迫る有權者九千餘名
134086	朝鮮朝日	1926-10-26/1	03단	奉栗維持の對策を協議滿洲商議が
134087	朝鮮朝日	1926-10-26/1	04단	編輯局選
134088	朝鮮朝日	1926-10-26/1	04단	畜産協會大會を京城で開會
134089	朝鮮朝日	1926-10-26/1	04단	二十機編隊で平壤の飛機一氣九州に飛翔す大演習參加のため/大村海軍機朝鮮を縱斷大連に飛行/水上飛機は十一、二日頃木浦い飛來
134090	朝鮮朝日	1926-10-26/1	05단	淺い交りの親しみに拘らず泣いて別れを惜んだ非常な感動にうたれました鮮人女生徒を懷しむ泉尾校長
134091	朝鮮朝日	1926-10-26/1	05단	鎭南浦の道路開鑿は直ちに着工
134092	朝鮮朝日	1926-10-26/1	05단	地震計新設平壤測候所が
134093	朝鮮朝日	1926-10-26/1	05단	國立の大公園慶州に設置を要望する
134094	朝鮮朝日	1926-10-26/1	05단	春川の大祭天長の佳節に
134095	朝鮮朝日	1926-10-26/1	06단	財政の窮迫で學校や病院の一部を閉鎖する南監理派の教會
134096	朝鮮朝日	1926-10-26/1	06단	拳銃所持の强盗現れ一名を射殺/拳銃事件の共犯者逮捕京城授恩洞で
134097	朝鮮朝日	1926-10-26/1	06단	自動車で人を轢傷すあやまって
134098	朝鮮朝日	1926-10-26/1	06단	西湖津沖で船客の投身身許が不明
134099	朝鮮朝日	1926-10-26/1	07단	牛商殺しの犯人を逮捕西大門署が
134100	朝鮮朝日	1926-10-26/1	07단	會(若松校音樂會/菊花品評會/朝鮮藥學會/總督婦人晚餐會/淑明女校祝賀會/畜産協會總會)

일련번호	판명	간행일	단수	기사명
134101	朝鮮朝日	1926-10-26/1	07단	一家を載せた漁船が顚覆し母と子供の三名は遂に行方不明となる
134102	朝鮮朝日	1926-10-26/1	08단	人(北支那視察團/鈴木鮮銀總裁/今井氏送別宴/山本咸南財務部長/番權源太郎氏(釜山會議所會頭)/一色建之助中佐(總督府御用掛)/本元貞氏(國際聯盟日本新聞代表)/武久捨吉氏夫人)
134103	朝鮮朝日	1926-10-26/1	08단	半島茶話
134104	朝鮮朝日	1926-10-26/1	09단	半島の秋素通りの印象(１８)/頓首冠
134105	朝鮮朝日	1926-10-26/2	01단	雁の聲
134106	朝鮮朝日	1926-10-26/2	01단	品は賣れても金高が上らぬ安物のみがはけて高級品はさっぱり駄目値段は昨年より二割安い
134107	朝鮮朝日	1926-10-26/2	01단	藝妓や娼妓に毛糸の編物が非常な勢で流行御茶挽のひまひまに京城の毛糸屋が三百餘軒
134108	朝鮮朝日	1926-10-26/2	01단	南洲翁五十年祭典/京城で開催二十日午後
134109	朝鮮朝日	1926-10-26/2	01단	二十萬圓を減收の見込葉煙草の賣行
134110	朝鮮朝日	1926-10-26/2	02단	鴨綠江の浮標の引揚十一月上旬
134111	朝鮮朝日	1926-10-26/2	02단	運動界(庭球選手の四孃出發す二十五日に/七十一點の最高得點で大學豫科優勝/釜山對大邱庭球戰擧行/誌友會運動會/道廳軍快捷/釜商運動會)
134112	朝鮮朝日	1926-10-26/2	03단	白粉コテ塗の中流の奥さんが盛んに買出に出掛る漸く利用されて來た京城府の公設市場
134113	朝鮮朝日	1926-10-26/2	03단	東明銀行記事に付
134114	朝鮮朝日	1926-10-26/2	03단	朝日勝繼碁戰/第三十回(三)
134115	朝鮮朝日	1926-10-27/1	01단	こんなに遠慮した豫算が通過せねば/朝鮮統治はブツ毀しだと齋藤總督は語る
134116	朝鮮朝日	1926-10-27/1	01단	一兩年中に改築する齋藤總督が學生に聲明
134117	朝鮮朝日	1926-10-27/1	01단	輸出入ども前年に比し何れも増加(總督府調査)
134118	朝鮮朝日	1926-10-27/1	01단	辭令(東京電話)
134119	朝鮮朝日	1926-10-27/1	01단	天長節奉祝各地に於る(安東縣/平壤府)
134120	朝鮮朝日	1926-10-27/1	02단	平北道內の水の被害高百六十萬圓
134121	朝鮮朝日	1926-10-27/1	02단	夜もすがら足踏して上空を渡る寒風に身を慄はせて火事や無きと目を皿にする望樓手
134122	朝鮮朝日	1926-10-27/1	03단	支那側の電燈會社は設立が困難
134123	朝鮮朝日	1926-10-27/1	03단	傳染病の原因は不良な井戸水全鮮に亘り水質調査總督府衛生課が
134124	朝鮮朝日	1926-10-27/1	04단	歐米各國の動員計劃を研究に行く長谷川大尉
134125	朝鮮朝日	1926-10-27/1	04단	編輯局選
134126	朝鮮朝日	1926-10-27/1	04단	牛の飼料に萩の栽培を平南が獎勵
134127	朝鮮朝日	1926-10-27/1	05단	雁の聲
134128	朝鮮朝日	1926-10-27/1	05단	銅貨大の降雹慶北尚州に

일련번호	판명	간행일	단수	기사명
134129	朝鮮朝日	1926-10-27/1	05단	自轉車で世界を一周外人二名が
134130	朝鮮朝日	1926-10-27/1	05단	世界一周の無錢旅行者國境に到着
134131	朝鮮朝日	1926-10-27/1	05단	寒さが迫り女中子守の傭手が多い
134132	朝鮮朝日	1926-10-27/1	06단	糖尿病の研究で鮮靑年の博士セフランス病院の沈氏論文が東大通過
134133	朝鮮朝日	1926-10-27/1	06단	美人藝妓がお客と心中危く蘇生す
134134	朝鮮朝日	1926-10-27/1	06단	國葬當時の騷擾學生は改悛したので停學を解除
134135	朝鮮朝日	1926-10-27/1	06단	三百餘名の馬賊と交戰支那官憲が
134136	朝鮮朝日	1926-10-27/1	06단	教會堂の所有權爭ひ愈よ公判開廷
134137	朝鮮朝日	1926-10-27/1	07단	十九師團の除隊兵歸鄕大阪に向ふ
134138	朝鮮朝日	1926-10-27/1	07단	暫らく時日を假して欲しい授恩洞の拳銃事件で三輪高等課主任は語る
134139	朝鮮朝日	1926-10-27/1	08단	會(淸津在鄕軍人會/希望社講演會/刀劍陳列會)
134140	朝鮮朝日	1926-10-27/1	08단	人(齋藤總督/武藤信義大將(關東軍司令官)/ストウジ博士/ブース代將/佐藤碧雄氏(新鎭海驛長)/二宮德氏/野村商船東洋課長、岡田同會計課長/鈴木島吉氏(鮮銀總裁))
134141	朝鮮朝日	1926-10-27/1	09단	半島の秋素通りの印象(１９)/頓首冠
134142	朝鮮朝日	1926-10-27/1	10단	半島茶話
134143	朝鮮朝日	1926-10-27/2	01단	うら若い女性の閲覽者が多い明治町の府立圖書館大多數は女學生
134144	朝鮮朝日	1926-10-27/2	01단	北鮮四道に肺疫豫防で警務局長が通牒
134145	朝鮮朝日	1926-10-27/2	01단	商議聯合の提出案京城で取纒
134146	朝鮮朝日	1926-10-27/2	01단	期待通り實現せん電燈値下の陳情員歸釜
134147	朝鮮朝日	1926-10-27/2	01단	釜山から
134148	朝鮮朝日	1926-10-27/2	02단	要求全部は容認が困難學校建築費
134149	朝鮮朝日	1926-10-27/2	02단	動員事務は警務局移管
134150	朝鮮朝日	1926-10-27/2	02단	學校長會議慶南管內の
134151	朝鮮朝日	1926-10-27/2	03단	圖書館の休みを廢止十一月から
134152	朝鮮朝日	1926-10-27/2	03단	金泉敬老會在鄕軍人の
134153	朝鮮朝日	1926-10-27/2	03단	朝日勝繼碁戰/第三十回(四)
134154	朝鮮朝日	1926-10-27/2	04단	松永氏を專務に推薦朝鮮私鐵が
134155	朝鮮朝日	1926-10-27/2	04단	京城電話局加入者名簿新に配布す
134156	朝鮮朝日	1926-10-27/2	04단	新刊批評(由美の道(北村明太郎著))
134157	朝鮮朝日	1926-10-27/2	04단	運動界(羅南軍優勝北鮮の野球)
134158	朝鮮朝日	1926-10-28/1	01단	二十五萬圓の工費と三ヶ年の歲月を閲し漸く竣工した新廳舍 全市を俯瞰し得る大白舍/官民を問はず喜びに堪へぬ三府尹に歷任した長尾內務課長語る/舊廳舍は七萬圓で建てられた領事館の古物/三萬人の旗行列落成式當日學校生徒が
134159	朝鮮朝日	1926-10-28/1	04단	編輯局選

일련번호	판명	간행일	단수	기사명
134160	朝鮮朝日	1926-10-28/1	04단	京城府の財産は四億餘萬圓
134161	朝鮮朝日	1926-10-28/1	05단	李堈公殿下大演習御成佐賀縣下の
134162	朝鮮朝日	1926-10-28/1	05단	支那代表の翁氏が東上釜山を經て
134163	朝鮮朝日	1926-10-28/1	05단	舊韓國の軍人が年金を使ひ盡し救濟方を願出づべく陸軍大臣に陳情
134164	朝鮮朝日	1926-10-28/1	06단	東拓田の賣渡で小作面民が極度に憤慨
134165	朝鮮朝日	1926-10-28/1	06단	急轉直下に解決平壤の電氣府營買收價額は百三十萬圓か雙方の互讓により/買收の價格も內容を見たら大した不足も言へまい靑木知事は語る
134166	朝鮮朝日	1926-10-28/1	07단	京仁取引所合倂の機運なほ相當の時日が要る
134167	朝鮮朝日	1926-10-28/1	07단	卒業生が復校を促す/校舍改築の運動は續行
134168	朝鮮朝日	1926-10-28/1	07단	爆藥を盜まる目下嚴探中
134169	朝鮮朝日	1926-10-28/1	08단	半島茶話
134170	朝鮮朝日	1926-10-28/1	09단	人(荒井初太郎(京城實業家)/韓相龍氏(漢城銀行頭取)/阿部慶南財務部長/岩潤赤十字病院長/ベビットソン氏(駐日英國大使館一等書記官)/大川朝鐵社長/阿部優氏(釜山譯高級助役)/金東炫氏(釜山地方判事))
134171	朝鮮朝日	1926-10-28/1	09단	會(阿南氏母堂)
134172	朝鮮朝日	1926-10-28/1	09단	半島の秋素通りの印象(２０)/頓首冠
134173	朝鮮朝日	1926-10-28/2	01단	秋に入って南鮮の漁業は鯖や煎子で大豊漁水溫の關係から
134174	朝鮮朝日	1926-10-28/2	01단	皮膚科學會京城支部會
134175	朝鮮朝日	1926-10-28/2	01단	東京中心に鮮米の需要愈よ增加す
134176	朝鮮朝日	1926-10-28/2	01단	陳情委員の經過報告會電燈値下の/釜山瓦電の經營狀態を當局が調査
134177	朝鮮朝日	1926-10-28/2	02단	釜山鎭の埋立工事は一日から開始
134178	朝鮮朝日	1926-10-28/2	02단	消防夫點檢訓練院廣場で
134179	朝鮮朝日	1926-10-28/2	02단	釜山協議會二十六日開催
134180	朝鮮朝日	1926-10-28/2	02단	京畿道內の珠算競技會十一月四日
134181	朝鮮朝日	1926-10-28/2	03단	入場者を抽籤で釣る生産品展の御客が增加
134182	朝鮮朝日	1926-10-28/2	03단	運動界(新義州三勝對安東縣の陸上競技で/朝鮮代表排球の選手二十七日出發/女子庭球選手/大池軍勝つ/山崎孃出發第二高女の)
134183	朝鮮朝日	1926-10-28/2	03단	朝日勝繼碁戰/第三十回(五)
134184	朝鮮朝日	1926-10-29/1	01단	年産一億圓の水産に着眼し海苔や牡蠣の養殖に四十萬圓を補助
134185	朝鮮朝日	1926-10-29/1	01단	都市と地方との電信の連絡がだんだんと善くなる郵便局の整理で
134186	朝鮮朝日	1926-10-29/1	01단	五億圓を要する京城の都市計劃先づ千七百萬圓を投じ一萬九千間の道路を擴張電車府營で財源捻出

일련번호	판명	간행일	단수	기사명
134187	朝鮮朝日	1926-10-29/1	02단	仁川の銀行勉強率廢止京城に倣ひ
134188	朝鮮朝日	1926-10-29/1	03단	釜山鎭埋立愈よ起工一日から
134189	朝鮮朝日	1926-10-29/1	03단	松井府尹と會見の結果宮川社長愴惶と上城或は兩者の間に意見が相違したか/まだまだ豫斷は許されぬ府營案の成行/殖銀引受の府債で資金を調達
134190	朝鮮朝日	1926-10-29/1	03단	編輯局選
134191	朝鮮朝日	1926-10-29/1	04단	慶南咸陽に水電の計劃落差四十尺を利用して
134192	朝鮮朝日	1926-10-29/1	05단	辭令(東京電話)
134193	朝鮮朝日	1926-10-29/1	05단	空中輸送平壤飛機の
134194	朝鮮朝日	1926-10-29/1	05단	大紛糾した三道浪頭の水田は收穫
134195	朝鮮朝日	1926-10-29/1	05단	三放送局の粹を蒐めたお自慢の京城放送局二十七日上棟式
134196	朝鮮朝日	1926-10-29/1	06단	雁の聲
134197	朝鮮朝日	1926-10-29/1	06단	厚昌地方に雪頻に降り交通杜絶す
134198	朝鮮朝日	1926-10-29/1	06단	記念スタンプ釜山共進會の
134199	朝鮮朝日	1926-10-29/1	06단	秋を惜しむ昌慶苑の菊今が眞盛り
134200	朝鮮朝日	1926-10-29/1	07단	清津の大暴風西水羅の出漁船二十四隻が遭難
134201	朝鮮朝日	1926-10-29/1	07단	大松茸/高さが二尺五寸で周圍が三尺
134202	朝鮮朝日	1926-10-29/1	07단	閣下を信賴し復校すると決議を提出法專の盟休熄む
134203	朝鮮朝日	1926-10-29/1	08단	お役所の支拂が甚だ惡いと商議所決議
134204	朝鮮朝日	1926-10-29/1	08단	私刑事件は無事に解決慰藉料を贈り
134205	朝鮮朝日	1926-10-29/1	08단	事件は漸く迷宮に入る授恩洞の射殺事件警察は必死の搜査
134206	朝鮮朝日	1926-10-29/1	09단	コ疫終熄で停留檢疫は二十六日廢止
134207	朝鮮朝日	1926-10-29/1	09단	汽船の火事牧島海岸で
134208	朝鮮朝日	1926-10-29/1	09단	航行中に船長が喪失行方が不明
134209	朝鮮朝日	1926-10-29/1	09단	醫者も病人も樂に成った/最近獨逸の世界的發見
134210	朝鮮朝日	1926-10-29/1	09단	連絡船から投身自殺す/內地人の男
134211	朝鮮朝日	1926-10-29/1	10단	情夫と謀り兄を殺す墮胎したのを面罵され
134212	朝鮮朝日	1926-10-29/1	10단	會(營外者射擊會/實彈射擊會/天長節祝賀宴)
134213	朝鮮朝日	1926-10-29/1	10단	人(淺利警務局長/生田內務局長/池田秀雄氏(殖産局長)/脇谷洋次郎氏(釜山水産試驗場長)/田所哲太郎(北大敎授)/高津前府尹母堂/チレー日駐日大使令息/鮫島宗也氏(京日每申支配人)/田中守覺氏(前京日販賣部長)/川崎地質調査所長/今井嘉幸博士(大阪辯護士)/芥川正夫妻(釜山日報社長)/澤山寅彦氏(釜山實業家))
134214	朝鮮朝日	1926-10-29/1	10단	半島茶話
134215	朝鮮朝日	1926-10-29/2	01단	知識階級の失業者が殖え腰かけ的の敎員を志望する者が續出
134216	朝鮮朝日	1926-10-29/2	01단	二つに集め大增築釜山の學校
134217	朝鮮朝日	1926-10-29/2	01단	京城府の圖書館週間一日から
134218	朝鮮朝日	1926-10-29/2	01단	佛敎團が支部を設置鮮內各地に
134219	朝鮮朝日	1926-10-29/2	01단	金は落ち洪水を免れ咸興は大助り本間技師の談

일련번호	판명	간행일	단수	기사명
134220	朝鮮朝日	1926-10-29/2	02단	釜山見本市實質本位で廉賣を實行
134221	朝鮮朝日	1926-10-29/2	02단	立消えした龍山の劇場警察署長の忠告により
134222	朝鮮朝日	1926-10-29/2	03단	平壤から
134223	朝鮮朝日	1926-10-29/2	03단	何か良いお土産を持って來たいと山崎孃
134224	朝鮮朝日	1926-10-29/2	03단	運動界(鐵道軍敗る大海復讐す/大海軍來釜谷口投手出場/釜山の野球秋季聯盟戰)
134225	朝鮮朝日	1926-10-29/2	03단	朝日勝繼碁戰/第三十回(六)
134226	朝鮮朝日	1926-10-30/1	01단	府面事務の施行細則を近く改正して事務の簡捷を計る
134227	朝鮮朝日	1926-10-30/1	01단	李王家は無影響王家納稅令發布の後も
134228	朝鮮朝日	1926-10-30/1	01단	大演習に參加すべく翼を並べた平壤の飛機
134229	朝鮮朝日	1926-10-30/1	02단	秋旣に老いて山野を樂しむ旅客が減少して京城驛も一服の姿
134230	朝鮮朝日	1926-10-30/1	03단	聖上陛下に林檎を獻上森岡司令官が
134231	朝鮮朝日	1926-10-30/1	03단	辭令(東京電話)
134232	朝鮮朝日	1926-10-30/1	03단	木浦財界憂慮される棉の不況で/米綿安で昨年の半値朝鮮棉花も/陸地棉の共同販賣は出廻が少い
134233	朝鮮朝日	1926-10-30/1	03단	菊花を繞るひとびと/三度のご飯より菊の手入が好き十年この方怠りない龍山驛長の飯島さん
134234	朝鮮朝日	1926-10-30/1	04단	編輯局選
134235	朝鮮朝日	1926-10-30/1	04단	大邱鎭海間鐵道不必要を唱へた鐵道側を糺彈
134236	朝鮮朝日	1926-10-30/1	05단	電氣府營の期成會その會合が注視される
134237	朝鮮朝日	1926-10-30/1	05단	氣候はよし油は乘るし大賑ひを呈する釜山の五十周年記念/列席の人々全鮮各地の
134238	朝鮮朝日	1926-10-30/1	06단	雁の聲
134239	朝鮮朝日	1926-10-30/1	06단	十二月から操業の豫定鴨江製紙は
134240	朝鮮朝日	1926-10-30/1	06단	京城を中心に開城附近まで狩り暮しますと英國大使の令息が來鮮
134241	朝鮮朝日	1926-10-30/1	07단	木浦穀物商延取引始る二十八日から
134242	朝鮮朝日	1926-10-30/1	07단	大村大連間冬季飛行の日程が決定
134243	朝鮮朝日	1926-10-30/1	07단	鷄のペスト平壤で流行
134244	朝鮮朝日	1926-10-30/1	07단	奉天發の列車が延着一時間餘も
134245	朝鮮朝日	1926-10-30/1	07단	朝鮮火災を對手に訴訟保險金を拂はないとて
134246	朝鮮朝日	1926-10-30/1	08단	英宣教師を橫領で訴ふ鮮人寡婦が
134247	朝鮮朝日	1926-10-30/1	08단	本町通りの商店を襲ふ鮮童の群れ
134248	朝鮮朝日	1926-10-30/1	09단	女工が慘死朝鮮紡績の
134249	朝鮮朝日	1926-10-30/1	09단	病氣を苦に若者の自殺剃刀で咽喉をかっ斬り
134250	朝鮮朝日	1926-10-30/1	09단	中樞院議員とは眞赤な空言朴烈問題で政黨に苦情を申出た男
134251	朝鮮朝日	1926-10-30/1	09단	稲を踏んだ少女を毆打鮮人百姓が
134252	朝鮮朝日	1926-10-30/1	09단	尚武官落成近く武道大會
134253	朝鮮朝日	1926-10-30/1	10단	電車から飛降り損じ生命が危い

일련번호	판명	간행일	단수	기사명
134254	朝鮮朝日	1926-10-30/1	10단	會(釜山府協議會/憲兵分隊長會議)
134255	朝鮮朝日	1926-10-30/1	10단	人(エトゲル、ヘルム博士/田中三雄氏母堂)
134256	朝鮮朝日	1926-10-30/1	10단	半島茶話
134257	朝鮮朝日	1926-10-30/2	01단	早婚の弊！性に關する女の犯罪が四十%に達する
134258	朝鮮朝日	1926-10-30/2	01단	商議聯合提出案全部出揃ふ
134259	朝鮮朝日	1926-10-30/2	01단	朝鮮産の軍馬購入/大邱、京城で
134260	朝鮮朝日	1926-10-30/2	01단	六ヶ條を總督に陳情咸興市民が
134261	朝鮮朝日	1926-10-30/2	01단	平壤から
134262	朝鮮朝日	1926-10-30/2	02단	安東縣の誓文拂初ての試み
134263	朝鮮朝日	1926-10-30/2	02단	共進會に八萬の人出が豫想さる
134264	朝鮮朝日	1926-10-30/2	03단	一府二郡の酒類品評會龍岡郡廳で
134265	朝鮮朝日	1926-10-30/2	03단	社會事業の中堅人物が內地を視察
134266	朝鮮朝日	1926-10-30/2	03단	十九年の歷史を有つ培英學校が廢校の噂さ
134267	朝鮮朝日	1926-10-30/2	03단	朝日勝繼碁戰/第三十回(七)
134268	朝鮮朝日	1926-10-30/2	04단	義州の大賑品評會や紀念の祝賀で
134269	朝鮮朝日	1926-10-30/2	04단	親日米博士平壤で講演宗教問題の
134270	朝鮮朝日	1926-10-30/2	04단	えびの大漁平南沿岸で
134271	朝鮮朝日	1926-10-30/2	04단	運動界(共進會中の野球と庭球木浦協會で/釜山庭球大會)
134272	朝鮮朝日	1926-10-31/1	01단	學校の盟休が流行の有樣各學校長に對し是が訓育方を通牒
134273	朝鮮朝日	1926-10-31/1	01단	咸南の地質はリンゴに最適太鼓判を押して保證すとリンゴ博士語る
134274	朝鮮朝日	1926-10-31/1	01단	木浦共進會觀客輸送を驛長が打合
134275	朝鮮朝日	1926-10-31/1	01단	*功勞者として表彰される人五氏の略歷/祝賀の文字を染ぬいた社旗を一萬人の學童に配布*
134276	朝鮮朝日	1926-10-31/1	02단	大邱府協議選擧が迫り候補者を擁立
134277	朝鮮朝日	1926-10-31/1	02단	三萬餘人の旗の大行列目出度く終った京城府廳落成式
134278	朝鮮朝日	1926-10-31/1	03단	鐵道局が全北輕鐵を來年度に買收
134279	朝鮮朝日	1926-10-31/1	03단	鮮人愛護の視察團入京三十一日夜
134280	朝鮮朝日	1926-10-31/1	04단	全山錦の白羊寺の楓人出が盛ん
134281	朝鮮朝日	1926-10-31/1	04단	*頸を長くして大將の來鮮を待って居りますよと卜少將は喜び語る/滯京中の日程ブース大將の*
134282	朝鮮朝日	1926-10-31/1	05단	冬來る釜山の寒さ
134283	朝鮮朝日	1926-10-31/1	05단	知識階級の鮮人達が in 朴烈問題の政爭化を
134284	朝鮮朝日	1926-10-31/1	05단	靴下まで脫がす大搜査に拘らず鼠一匹も出ぬ始末拳銃事件は愈よ迷宮入
134285	朝鮮朝日	1926-10-31/1	06단	辭令(東京電話)
134286	朝鮮朝日	1926-10-31/1	06단	編輯局選
134287	朝鮮朝日	1926-10-31/1	07단	雁の聲
134288	朝鮮朝日	1926-10-31/1	07단	*慶北の初雪二十九日朝/間島の大雪三寸に達す*

일련번호	판명	간행일	단수	기사명
134289	朝鮮朝日	1926-10-31/1	07단	大邱署の藝妓優遇は料理屋優遇と批難さる
134290	朝鮮朝日	1926-10-31/1	07단	私刑に絡し騷擾犯公判檢事は懲役六月を求刑
134291	朝鮮朝日	1926-10-31/1	08단	東拓が橫暴と面民が憤慨 文山面の土地問題で小作人の態度强硬/道當局と東拓が密議爭議に關し
134292	朝鮮朝日	1926-10-31/1	09단	一萬圓を詐取す漢城銀行で
134293	朝鮮朝日	1926-10-31/1	09단	京城の火事九戶を全燒
134294	朝鮮朝日	1926-10-31/1	09단	國境方面一帶の通信悉く不通積雪一尺五寸に及び復舊の見込立たず/海岸に泣叫ぶ遺族の群れ遭難漁夫六十名漁船の破壞二十三隻
134295	朝鮮朝日	1926-10-31/1	10단	發生以來のコ疫患者は二百五十に名
134296	朝鮮朝日	1926-10-31/1	10단	人(齋藤總督/吉川義童氏(電通緖務課長)/澤田豊丈氏(東拓理事)/武藤關東軍司令官/山澤大邱地方檢事)
134297	朝鮮朝日	1926-10-31/1	10단	半島茶話
134298	朝鮮朝日	1926-10-31/2	01단	有毒な染料を用ゐた危險な朝鮮のあ菓子/取締の方法が困難だから各自の注意が肝要
134299	朝鮮朝日	1926-10-31/2	01단	商工の發達には全く驚きました本社を見學した朝鮮郡守一行は語る
134300	朝鮮朝日	1926-10-31/2	01단	慶北の養鼈頗る好成績
134301	朝鮮朝日	1926-10-31/2	01단	殖産銀行の支店長異動二十八日附
134302	朝鮮朝日	1926-10-31/2	01단	國境守備の兵員を增加本年度から
134303	朝鮮朝日	1926-10-31/2	02단	釜山敬老會佛敎靑年會の
134304	朝鮮朝日	1926-10-31/2	03단	京城府內圖書館週間一日から
134305	朝鮮朝日	1926-10-31/2	03단	朝日勝繼碁戰/第三十回(八)
134306	朝鮮朝日	1926-10-31/2	04단	各地だより(浦項/光州/濟州島)

1926년 11월 (조선아사히)

일련번호	판명	간행일	단수	기사명
134307	朝鮮朝日	1926-11-02/1	01단	府から提出の價額で買收に應せねば斷然たる處置をとると府尹內務部長と携へ出城/平電買收問題の成行如何
134308	朝鮮朝日	1926-11-02/1	01단	鐵道計劃の全部の要求が認められるかは疑問/齊藤總督は語る
134309	朝鮮朝日	1926-11-02/1	01단	新廳舍に御眞影奉遷/天長の佳節に
134310	朝鮮朝日	1926-11-02/1	01단	京城府廳落成式場と三萬學生の旗行列
134311	朝鮮朝日	1926-11-02/1	02단	學務局の新規要求/五百六十萬圓
134312	朝鮮朝日	1926-11-02/1	03단	事務官異動
134313	朝鮮朝日	1926-11-02/1	04단	教育會總會十八日から
134314	朝鮮朝日	1926-11-02/1	04단	鎭南浦の銀行も利下/勉强率廢止
134315	朝鮮朝日	1926-11-02/1	04단	鮮南鐵道設立計劃/二千萬圓で
134316	朝鮮朝日	1926-11-02/1	04단	雜木林の中に二名の怪鮮人/京城の拳銃事件に關係があるらしい
134317	朝鮮朝日	1926-11-02/1	04단	記念日の佳き日埋築の起工式豫定より一年早く竣工の豫定である/汽車汽船の割引を行ふ貿易品展中/人夫は地元の鮮人を使用する
134318	朝鮮朝日	1926-11-02/1	05단	大阪大連間連絡飛機が京城を出發
134319	朝鮮朝日	1926-11-02/1	05단	和の宮の追悼會道重僧正を釜山に迎へ
134320	朝鮮朝日	1926-11-02/1	06단	天長節園遊會雜觀/齊藤総督の
134321	朝鮮朝日	1926-11-02/1	06단	李王殿下御新邸御下賜金で御建築の筈
134322	朝鮮朝日	1926-11-02/1	07단	咸南の大雪二尺以上/新義州の雪二十九日朝
134323	朝鮮朝日	1926-11-02/1	07단	昔噺(虎が出た話/黑砂糖を嚙る/間女の晒し首)
134324	朝鮮朝日	1926-11-02/1	08단	强盜犯破獄/釜山刑務所を
134325	朝鮮朝日	1926-11-02/1	08단	土産にと實彈を實父に送る
134326	朝鮮朝日	1926-11-02/1	08단	南洋旅行家釜君
134327	朝鮮朝日	1926-11-02/1	09단	列車機降の逃亡兵捕る/定州警察署で
134328	朝鮮朝日	1926-11-02/1	09단	巡査が過って拳銃で人を射る/拳銃事件で警官に携帶させたのが祟る
134329	朝鮮朝日	1926-11-02/1	09단	人(齊藤總督/京城女子師範內地視察團/河谷靜夫氏(南鮮日報社長)/角谷七五郎氏(神戶實業家))
134330	朝鮮朝日	1926-11-02/1	10단	半島茶話
134331	朝鮮朝日	1926-11-02/2	01단	北漢山の史蹟めぐり(1)/京城緖方生
134332	朝鮮朝日	1926-11-02/2	01단	盤龍神社の遷座祭擧行/咸興聯隊の
134333	朝鮮朝日	1926-11-02/2	01단	鮮銀利下は洋頭狗肉/大邱地場銀行利下を肯ぜぬ
134334	朝鮮朝日	1926-11-02/2	02단	天長節祝賀釜山府內の
134335	朝鮮朝日	1926-11-02/2	02단	無料のため閱覽者殺到/京城府內の圖書週間
134336	朝鮮朝日	1926-11-02/2	03단	平南道が篤行者表彰/天長節當日
134337	朝鮮朝日	1926-11-02/2	03단	第三十回朝日勝繼碁戰(九)
134338	朝鮮朝日	1926-11-02/2	04단	土木建築會秋季の總會講演もある
134339	朝鮮朝日	1926-11-02/2	04단	步兵隊の陸上競技會盛會を極む/大毎軍大將

일련번호	판명	간행일	단수	기사명
134340	朝鮮朝日	1926-11-02/2	04단	新刊紹介
134341	朝鮮朝日	1926-11-03/1	01단	朝日の社旗を振翳し大釜山の幸先よかれと榮光そのものゝ感激に一夜を徹した釜山府民/けふの佳き日各種の催しもの老總督も臨席し釜山の萬歳を歡呼(貿易展發會式/開港祝賀會/見本市開會式/埋築起工式)
134342	朝鮮朝日	1926-11-03/1	01단	今年は栗の當り年/相場が安く搬出も多い
134343	朝鮮朝日	1926-11-03/1	01단	二十五錢の半額で濟む/溫突の改造を頻に獎勵
134344	朝鮮朝日	1926-11-03/1	02단	座敷一杯に咲く菊花の大輪小輪/家庭圓滿を齎す菊花手入の大妙提菊花を繞るひとびと
134345	朝鮮朝日	1926-11-03/1	03단	大連飛行海軍機平壤に着陸/三機とも大邱に着陸直ちに出發/一機は故障タイヤが破る/F五號艇が木浦に飛ぶ全南共進會に參列する
134346	朝鮮朝日	1926-11-03/1	03단	平壤府からの提示値通り平電買收は解決せん/靑木平南知事語る
134347	朝鮮朝日	1926-11-03/1	04단	歐洲諸國の警察行政を視察し度い洋行の田中氏
134348	朝鮮朝日	1926-11-03/1	05단	後任の人/富永課長は非常な適任
134349	朝鮮朝日	1926-11-03/1	05단	編輯局選
134350	朝鮮朝日	1926-11-03/1	05단	演習中の部隊が歸還/二十師團の
134351	朝鮮朝日	1926-11-03/1	05단	間島地方に牛疫が發生/防疫に力む
134352	朝鮮朝日	1926-11-03/1	05단	唄ひ女達の技倆を檢査/鎭南浦署が
134353	朝鮮朝日	1926-11-03/1	05단	力作に忙しいカメラ愛好者/全鮮寫眞大サロンは盛況を豫期さる
134354	朝鮮朝日	1926-11-03/1	06단	雁の聲
134355	朝鮮朝日	1926-11-03/1	06단	寫眞(安東縣驛員が天長節當日意匠を凝した二見が浦)
134356	朝鮮朝日	1926-11-03/1	06단	森岡辯護士橫領事件で召喚さる
134357	朝鮮朝日	1926-11-03/1	06단	瑞氣山上の怪漢二名は內地人らしい
134358	朝鮮朝日	1926-11-03/1	07단	國葬儀當日の騷擾犯の公判各被告惡びれもせず何も犯行を認む
134359	朝鮮朝日	1926-11-03/1	08단	專賣局の會計係自殺獵銃にて
134360	朝鮮朝日	1926-11-03/1	08단	人影の無い漁船を發見/遭難船らしい
134361	朝鮮朝日	1926-11-03/1	08단	會(山十製絲開場宴)
134362	朝鮮朝日	1926-11-03/1	08단	御目度の藤波正枝さん/夫君は早大出身の俊才
134363	朝鮮朝日	1926-11-03/1	09단	結ばれた戀/金武官の息と奈良高女出身の北村梅子さん
134364	朝鮮朝日	1926-11-03/1	10단	人(齊藤總督/多田榮吉氏(新義州實業家)/岡本保誠氏(仁川會議所普記長)/前田大尉母堂)
134365	朝鮮朝日	1926-11-03/1	10단	半島茶話
134366	朝鮮朝日	1926-11-03/2	01단	牡丹臺野話
134367	朝鮮朝日	1926-11-03/2	01단	北漢山の史蹟めぐり(2)/京城緒方生
134368	朝鮮朝日	1926-11-03/2	02단	貨車配給の增加を要請/鎭南浦の穀物業者達が

일련번호	판명	간행일	단수	기사명
134369	朝鮮朝日	1926-11-03/2	03단	各地だより(大田/江界/元山/會寧)
134370	朝鮮朝日	1926-11-03/2	03단	金融組合の監督取締を知事に通牒
134371	朝鮮朝日	1926-11-03/2	03단	新義州の道立病院は義州とは別箇
134372	朝鮮朝日	1926-11-03/2	03단	朝日勝繼碁戰/第三十回(十)
134373	朝鮮朝日	1926-11-03/2	04단	運動界(專門校の蹴球聯盟第一回大會を京中で擧行す/大每快勝す釜山の野球/鮮鐵軍破る對滿鐵弓道戰)
134374	朝鮮朝日	1926-11-04/1	01단	朝鮮の統治は古い政策を改める必要は無いか石本惠吉男語る
134375	朝鮮朝日	1926-11-04/1	01단	勅語奉戴式德洞普高の
134376	朝鮮朝日	1926-11-04/1	01단	長慶天皇の報告祭執行朝鮮神宮に/平壤でも三日に執行平壤神社で
134377	朝鮮朝日	1926-11-04/1	01단	湖南地方の電氣合同曙光が見ゆ
134378	朝鮮朝日	1926-11-04/1	01단	讚美歌のメロデーと鍬と鎌との赤旗とが交錯する貞洞の一角で赤と白との子供達の爭ひ/神樣は居らぬ、イヤ居るで
134379	朝鮮朝日	1926-11-04/1	02단	我々の騷ぎに總べての人が呼應すると思った萬歲騷ぎの學生の答辯/執行猶豫を辯護士主張萬歲事件の學生の公判
134380	朝鮮朝日	1926-11-04/1	03단	中鐵除外の對策を協議大邱商議で
134381	朝鮮朝日	1926-11-04/1	03단	金剛山電氣增資計劃/二十五日の總會に提案
134382	朝鮮朝日	1926-11-04/1	05단	預金率協調金組と乙銀が
134383	朝鮮朝日	1926-11-04/1	05단	編輯局選
134384	朝鮮朝日	1926-11-04/1	06단	內地人學生の氣風が泌み込み從順の美風が廢れたと昔を偲ぶ兒島教諭/二十年勤續で表彰される(第一高普校/圖畫とを受持/生徒を思ひ出)
134385	朝鮮朝日	1926-11-04/1	06단	統營郡民が水産協會を設立の計劃
134386	朝鮮朝日	1926-11-04/1	06단	日本代表チームに砂を嚙ませた朝鮮蹴球團歸る/廣島の鯉城を破って
134387	朝鮮朝日	1926-11-04/1	06단	八十名の妓生が學校に押寄せ差別待遇を理由に支配人の辭職を强要
134388	朝鮮朝日	1926-11-04/1	07단	普校生徒の生産品展覽實科教育の振興を圖る
134389	朝鮮朝日	1926-11-04/1	07단	三回位の寒が襲ひその後本當の冬が來る
134390	朝鮮朝日	1926-11-04/1	08단	爆彈と實彈の亂鬪の末に不正漁業百餘名を釜山、統營署が逮捕/驅逐艦樫の應援をうけて
134391	朝鮮朝日	1926-11-04/1	08단	富豪名士の夜間外出を遠慮する樣警察が依賴
134392	朝鮮朝日	1926-11-04/1	08단	外國兒童の出品が多い木浦で開く教育品展に
134393	朝鮮朝日	1926-11-04/1	09단	會社復活の望が無く債權の回收を辯護士に委任
134394	朝鮮朝日	1926-11-04/1	09단	レールの上に自動車を走らす發明に成功
134395	朝鮮朝日	1926-11-04/1	10단	雁の聲
134396	朝鮮朝日	1926-11-04/1	10단	人(目下部少將(朝鮮憲兵司令官)/周防政李氏(京畿道衛生課長)/穗積眞六郎氏(總督府會計長)/田中武雄氏/淺利警務課長)
134397	朝鮮朝日	1926-11-04/1	10단	半島茶話

일련번호	판명	간행일	단수	기사명
134398	朝鮮朝日	1926-11-04/2	01단	牡丹臺野話
134399	朝鮮朝日	1926-11-04/2	01단	北漢山の史蹟めぐり(3)/京城緒方生
134400	朝鮮朝日	1926-11-04/2	03단	平南の稻作/水陸稻ともに昨年より增加
134401	朝鮮朝日	1926-11-04/2	03단	朝日勝繼碁戰/第三十回(十一)
134402	朝鮮朝日	1926-11-04/2	04단	釜山府が屠獸場直營一日から
134403	朝鮮朝日	1926-11-04/2	04단	警察官に賞與金下附米田知事から
134404	朝鮮朝日	1926-11-04/2	04단	地方民達が兵士を歡待/秋季演習で
134405	朝鮮朝日	1926-11-04/2	04단	ゴム鞠野球
134406	朝鮮朝日	1926-11-05/1	01단	四等米廢止の贊成が多い道檢查が統一されゝば玄米業者も贊成
134407	朝鮮朝日	1926-11-05/1	01단	都計案變更か年經費を減少されて(京城/平城/釜山/大邱)
134408	朝鮮朝日	1926-11-05/1	01단	京城府の御引越
134409	朝鮮朝日	1926-11-05/1	02단	今度は一寸骨が折れる/警察部長に轉じた甘蔗氏語る
134410	朝鮮朝日	1926-11-05/1	02단	年々一割內外の增收を得てゐる/心配に及ばないと私鐵の現狀を說く大川社長
134411	朝鮮朝日	1926-11-05/1	03단	普通江橋の架替起工式三日に擧行
134412	朝鮮朝日	1926-11-05/1	04단	辭令(東京電話)
134413	朝鮮朝日	1926-11-05/1	04단	無料の日のみに閲覽が殺到し公開日で無い日はやっぱり平常通り/不成績の京城の圖書館週間
134414	朝鮮朝日	1926-11-05/1	04단	秋日遊步/京城/高梨一郎
134415	朝鮮朝日	1926-11-05/1	04단	木浦での共進會準備が整ふ
134416	朝鮮朝日	1926-11-05/1	04단	資金を與へ北鮮漁業を發展させ度い松本課長語る
134417	朝鮮朝日	1926-11-05/1	05단	東京まで航路延長が朝郵會社が
134418	朝鮮朝日	1926-11-05/1	05단	見本品を持參し賣込/咸南の商人
134419	朝鮮朝日	1926-11-05/1	05단	傳道の旅を續けて自髮童顔のブ大將/四日朝釜山に上陸直ちに京城に向ふ
134420	朝鮮朝日	1926-11-05/1	05단	霧の斷れ間から篝火を發見危く平壤に着陸大連歸路の海軍機一機は不時着陸鎭南浦近き北西地點に/海軍機二臺翼を列ねて大邱に着陸
134421	朝鮮朝日	1926-11-05/1	06단	統營沖で逮捕された密漁船
134422	朝鮮朝日	1926-11-05/1	06단	自治促進の研究會議に安東から出席
134423	朝鮮朝日	1926-11-05/1	06단	昨年に比し半額の値段全南の棉花
134424	朝鮮朝日	1926-11-05/1	07단	五十萬圓に上る押收品の數々 資金や爆藥を給する黑幕があるらしい/まづまづ大成功松川水上署長喜び語る/海軍機二臺翼を列ねて大邱に着陸
134425	朝鮮朝日	1926-11-05/1	07단	未だ何等の端緒も得ぬ授恩洞の拳銃事件警察必死の捜索も空し
134426	朝鮮朝日	1926-11-05/1	08단	兵士上りが歡迎される警官の試驗
134427	朝鮮朝日	1926-11-05/1	08단	指折り數へ其日を待つ除隊の兵士

일련번호	판명	간행일	단수	기사명
134428	朝鮮朝日	1926-11-05/1	08단	私刑事件のへ博士歸壤/公判を待つ
134429	朝鮮朝日	1926-11-05/1	09단	好成績の傳書鳩/京城警察の
134430	朝鮮朝日	1926-11-05/1	09단	汶山面民の爭議解決は本月中に片づくか土地代を農監に支拂ひ
134431	朝鮮朝日	1926-11-05/1	09단	釜山の鼠賊三百圓を盜む
134432	朝鮮朝日	1926-11-05/1	10단	滿浦鎭線の速成を要望平壤商議が
134433	朝鮮朝日	1926-11-05/1	10단	會(財務主任會議)
134434	朝鮮朝日	1926-11-05/1	10단	人(佐々木藤太郎氏(東亞勸業工司社長)/王守普氏(京城支那領事)/道重大僧正/ストウジ博士/梅津咸南技師息/大川平三郎氏(朝鐵社長)/植村救世軍少佐/中井嚴氏/高須賀虎夫氏(京日釜山支局長))
134435	朝鮮朝日	1926-11-05/1	10단	半島茶話
134436	朝鮮朝日	1926-11-05/2	01단	雁の聲
134437	朝鮮朝日	1926-11-05/2	01단	二大水電が完成の曉は北鮮の工業は目覺しく勃興せん
134438	朝鮮朝日	1926-11-05/2	01단	自動電話を全鮮に設備/遞信局の新計劃來年度實現の豫定
134439	朝鮮朝日	1926-11-05/2	01단	府協議員戰各地とも緊張(木浦/新義州/咸興)
134440	朝鮮朝日	1926-11-05/2	02단	憲兵駐屯の主義が變る國境守備が改まれば
134441	朝鮮朝日	1926-11-05/2	03단	兵事々務を警官に講習
134442	朝鮮朝日	1926-11-05/2	03단	運動界(有馬辰男君遂に優勝神宮競技の鐵彈投射で/弓道競技會木浦で開催)
134443	朝鮮朝日	1926-11-05/2	03단	牡丹臺野話
134444	朝鮮朝日	1926-11-06/1	01단	混入った事情があり炭礦合同容易に纏らぬ海軍側でも異論があり秘密漏洩でゴタゴタ
134445	朝鮮朝日	1926-11-06/1	01단	議會に對し參政權附與の請願をなすべく甲子倶樂部が協議
134446	朝鮮朝日	1926-11-06/1	01단	歷代天皇の代數繰下を學校へ通牒
134447	朝鮮朝日	1926-11-06/1	01단	金剛山電鐵今期の配當一割一分
134448	朝鮮朝日	1926-11-06/1	01단	鐵道豫算は通過せん/六日の閣議で京城へ入電到着
134449	朝鮮朝日	1926-11-06/1	02단	改正される阿片令十二月初から
134450	朝鮮朝日	1926-11-06/1	02단	未だ意見に開きがあり更に重役會を開き平電問題を協議
134451	朝鮮朝日	1926-11-06/1	02단	運輸能率の增進を圖る/列車を增發したり時間なども改正し
134452	朝鮮朝日	1926-11-06/1	03단	朝鮮輸出の穀類に課稅が支那官憲
134453	朝鮮朝日	1926-11-06/1	04단	編輯局選
134454	朝鮮朝日	1926-11-06/1	04단	故障機は解體し輸送鎭南浦から/大演習の參加機平壤を出發/平壤飛機京城を通過四機編隊で/大邱に着陸內地に向ふ/大村海軍機大邱を出發內地に向ふ
134455	朝鮮朝日	1926-11-06/1	05단	鎭昌鐵道愈よ開通十一日から
134456	朝鮮朝日	1926-11-06/1	05단	昌慶丸が彦島に入渠定期檢査で
134457	朝鮮朝日	1926-11-06/1	05단	咸興水道が電力を使用月四百圓の經濟になる

일련번호	판명	간행일	단수	기사명
134458	朝鮮朝日	1926-11-06/1	05단	七十の老齡の胸に無限の愛を湛へつゝ人類愛への巡禮を續ける/ブース大將の京城入
134459	朝鮮朝日	1926-11-06/1	06단	雁の聲
134460	朝鮮朝日	1926-11-06/1	06단	病蟲の發生で廢園となった果樹園が百餘町步/近く豫防驅除法を研究
134461	朝鮮朝日	1926-11-06/1	07단	死者二十六名行方不明が二十九名に達した咸北道の暴風被害
134462	朝鮮朝日	1926-11-06/1	08단	巡査教習生野外で演習
134463	朝鮮朝日	1926-11-06/1	08단	在外鮮人が不穩圖書を頻に送り取締に大困り
134464	朝鮮朝日	1926-11-06/1	08단	不穩文書を電柱に粘村/不良學生が
134465	朝鮮朝日	1926-11-06/1	09단	文子の遺骨愈よ埋葬/警官立會で
134466	朝鮮朝日	1926-11-06/1	09단	圖々しき夫殺し三年六月の懲役を求刑
134467	朝鮮朝日	1926-11-06/1	09단	二百餘名の馬賊と交戰支那官憲が
134468	朝鮮朝日	1926-11-06/1	09단	鮮人の轢死/身許が不明
134469	朝鮮朝日	1926-11-06/1	10단	拐帶店員が新義州で御用
134470	朝鮮朝日	1926-11-06/1	10단	警察へ逃込/樓主の虐待に泣く娼妓
134471	朝鮮朝日	1926-11-06/1	10단	會(洋畫展覽會/釜山局祝宴/南鮮實業懇話會)
134472	朝鮮朝日	1926-11-06/1	10단	人(道重大僧正(芝增上寺管長)/佐々木志賀治氏(貴族院議員)/吉岡重實氏(釜山府協議員)/天日當次郎氏(京城實業家)/奈良好三氏(釜山日報支配人)/今村武志氏(黃海道知事)/甘蔗義邦氏(新任江原道警察部長)/加藤凡平氏(平每支配人)/竹中政一氏(滿鐵經理部長)/中野咸南道知事/田中武雄氏(元本府保安課長)/今村武志氏(全羅南道知事))
134473	朝鮮朝日	1926-11-06/1	10단	半島茶話
134474	朝鮮朝日	1926-11-06/2	01단	北漢山の史蹟めぐり(４)/京城緖方生
134475	朝鮮朝日	1926-11-06/2	01단	學校や官廳の支拂が不確實/是を正確にすべく商議聯合に提案
134476	朝鮮朝日	1926-11-06/2	03단	平北本年度稻作の豫想昨年より減收
134477	朝鮮朝日	1926-11-06/2	03단	五萬圓で職業紹介所/總督府社會課の新計劃
134478	朝鮮朝日	1926-11-06/2	03단	釀造品評會褒賞を授與
134479	朝鮮朝日	1926-11-06/2	03단	朝日勝繼碁戰/第卅一回(一)
134480	朝鮮朝日	1926-11-06/2	04단	聯邦祝賀會/勞農露國の
134481	朝鮮朝日	1926-11-06/2	04단	時代日報は中外日報と改題し發行
134482	朝鮮朝日	1926-11-06/2	04단	水利組合認可/咸北慶興の
134483	朝鮮朝日	1926-11-06/2	04단	運動界(釜中惜敗す對鐵道野球戰/釜山の競馬/慶北道が體協を組織活躍を企圖)
134484	朝鮮朝日	1926-11-07/1	01단	三億二千萬圓を投じ鐵道網完成の計劃/豫定新線が八百餘哩で十一年の繼續事業
134485	朝鮮朝日	1926-11-07/1	01단	本社見學の朝鮮女教員團
134486	朝鮮朝日	1926-11-07/1	02단	改正期に迫った料金の値下各電氣會社の意嚮
134487	朝鮮朝日	1926-11-07/1	03단	標準米の査定會議三十日から

일련번호	판명	간행일	단수	기사명
134488	朝鮮朝日	1926-11-07/1	03단	朝鮮海苔の檢査が改正される
134489	朝鮮朝日	1926-11-07/1	03단	編輯局選
134490	朝鮮朝日	1926-11-07/1	03단	來年度の平南豫算二百二十萬圓
134491	朝鮮朝日	1926-11-07/1	04단	買收値段絶對秘密支拂は現金府債で半々
134492	朝鮮朝日	1926-11-07/1	04단	朝鮮語紀元祭今後も愈よ普及を圖る
134493	朝鮮朝日	1926-11-07/1	04단	鎭海の黎明/鐵道開通で市民熱狂す
134494	朝鮮朝日	1926-11-07/1	04단	南鮮に多いラヂオの聽取者/遞信局の放送は顔觸が惡く評判が惡い
134495	朝鮮朝日	1926-11-07/1	05단	雪霜を冒して咲き笑む所に菊花の尊さがある中島さんは誇々と説く/菊花を續る人々
134496	朝鮮朝日	1926-11-07/1	05단	馬の鼻疽病當局の大警戒
134497	朝鮮朝日	1926-11-07/1	05단	選擧地域の中に四府を加へろと參政權の要求運動憲法改正の要不要が問題
134498	朝鮮朝日	1926-11-07/1	05단	百噸級ぐらゐの警備船を造り跳梁する不正漁業者を一掃するの計劃
134499	朝鮮朝日	1926-11-07/1	06단	平壤飛機大邱に着陸內地に向ふ
134500	朝鮮朝日	1926-11-07/1	06단	魚市場の大合同/中央物産の構內に移轉
134501	朝鮮朝日	1926-11-07/1	07단	免疫地帶構成の打合咸南で開催
134502	朝鮮朝日	1926-11-07/1	07단	恩給請願の成功を祈る/祈禱會擧行
134503	朝鮮朝日	1926-11-07/1	07단	鮮人保護の視察團歸任十日釜山出發
134504	朝鮮朝日	1926-11-07/1	07단	治療費の下附を陳情癩病患者が
134505	朝鮮朝日	1926-11-07/1	07단	力作揃ひの寫眞大サロン內地でも珍らしい全紙の出品もある
134506	朝鮮朝日	1926-11-07/1	08단	箕城券番取締排斥愈よ紛糾か
134507	朝鮮朝日	1926-11-07/1	08단	塵溜箱から嬰兒の死體犯人嚴探中
134508	朝鮮朝日	1926-11-07/1	09단	橇に發動機とプロペラー設け氷上を走らす計劃成功せば國境警備の福音
134509	朝鮮朝日	1926-11-07/1	09단	轢死者は破獄の囚人身の振方を悲觀の結果
134510	朝鮮朝日	1926-11-07/1	09단	釜山署が耕牛に對し豫防の注射
134511	朝鮮朝日	1926-11-07/1	09단	朝鮮佛教團沙里院支部四日發會式
134512	朝鮮朝日	1926-11-07/1	10단	警官の彈で一名死亡/交戰檢擧中不正漁者が
134513	朝鮮朝日	1926-11-07/1	10단	會(土木協會招待宴)
134514	朝鮮朝日	1926-11-07/1	10단	人(李岡公殿下/小坂龍山署高等主任/堂本貞一氏(新忠北財務部長)/本田義政氏(代議士)/佐々木藤太郎氏(前東亞勤業公司社長)/鮫島宗也氏(新京日支配人)/大谷大邱專賣支局長/富永交一氏(新任總督府保安課長)/富田縣議一行)
134515	朝鮮朝日	1926-11-07/1	10단	半島茶話
134516	朝鮮朝日	1926-11-07/2	01단	北漢山の史蹟めぐり(5)/京城緒方生
134517	朝鮮朝日	1926-11-07/2	01단	各地だより(九龍浦/城津/全南都草/光州/天安)
134518	朝鮮朝日	1926-11-07/2	03단	金融組合と預金利子の改定を協議銀行業者が

일련번호	판명	간행일	단수	기사명
134519	朝鮮朝日	1926-11-07/2	03단	一升に一錢精米を値下組合業者が
134520	朝鮮朝日	1926-11-07/2	03단	咸興刑務所石細工好評內地方面で
134521	朝鮮朝日	1926-11-07/2	03단	朝日勝繼碁戰/第卅一回(二)
134522	朝鮮朝日	1926-11-07/2	04단	京城府が夜間金庫を常設の計劃
134523	朝鮮朝日	1926-11-07/2	04단	咸興商工社事務室落成
134524	朝鮮朝日	1926-11-07/2	04단	慶北杞溪面の駐在所竣工面民の寄附で
134525	朝鮮朝日	1926-11-07/2	04단	喫茶室
134526	朝鮮朝日	1926-11-09/1	01단	若槻首相に對し僞證罪の告訴を箕浦氏より提起す/松島事件の一進展と各方面への大波紋/首相各方面へ諒解を求む事態急を告ぐ/暫く推移を嚴重に監視官權を信賴すと政友會の申合せ
134527	朝鮮朝日	1926-11-09/1	01단	鐵道豫算に中鐵組入を期成會が運動
134528	朝鮮朝日	1926-11-09/1	02단	平北の銀鑛發掘の計劃
134529	朝鮮朝日	1926-11-09/1	03단	平電問題八日調印/齊藤總督の電報到着後
134530	朝鮮朝日	1926-11-09/1	03단	菊の間の盛裝
134531	朝鮮朝日	1926-11-09/1	04단	中等同等の學校と認定/光州農校が陸文省から
134532	朝鮮朝日	1926-11-09/1	04단	採木公司が原木の値上在荷うすで
134533	朝鮮朝日	1926-11-09/1	04단	航空に必要な氣象や海洋の調査が甚だ不完全/運輸機關の聯絡も不徹底
134534	朝鮮朝日	1926-11-09/1	05단	內鮮滿の聯絡機平壤に到着
134535	朝鮮朝日	1926-11-09/1	05단	銀行設置を信川が運動/不便が多いと
134536	朝鮮朝日	1926-11-09/1	05단	孟山郡廳を北倉に移せ有志が陳情
134537	朝鮮朝日	1926-11-09/1	05단	御洋行の期は今の處未定/一度は朝鮮に御歸りと李王職長官語る
134538	朝鮮朝日	1926-11-09/1	06단	木浦共進會日漸く迫る 總べての準備成りたゞお客を待つばかり/教育品展と衛生品展開催/種々の大會會期中開催
134539	朝鮮朝日	1926-11-09/1	06단	編輯局選
134540	朝鮮朝日	1926-11-09/1	07단	鐵道洋畫展盛況を示す
134541	朝鮮朝日	1926-11-09/1	07단	恐しく素れた學生の風紀/料理室で婦女子に戲る/今後警察が取締る
134542	朝鮮朝日	1926-11-09/1	07단	晩秋を彩る寫眞のサロン一流の人達の腕比べで係員は準備忙殺
134543	朝鮮朝日	1926-11-09/1	08단	鎭海驛竣工
134544	朝鮮朝日	1926-11-09/1	08단	ドルメンの全部を發掘/慶北迎日郡の
134545	朝鮮朝日	1926-11-09/1	08단	慶北の製紬漸次增加す
134546	朝鮮朝日	1926-11-09/1	08단	棉花激落の對策を協議/當業者集り
134547	朝鮮朝日	1926-11-09/1	09단	俵米品評會淸州で開催
134548	朝鮮朝日	1926-11-09/1	09단	手刷の機械で鮮銀券を僞造/使用せぬ裡に發見
134549	朝鮮朝日	1926-11-09/1	09단	單なる惡戲で無いらしい成川の爆彈
134550	朝鮮朝日	1926-11-09/1	09단	斷髮が熄む朝鮮婦人に

일련번호	판명	간행일	단수	기사명
134551	朝鮮朝日	1926-11-09/1	10단	咸興署が建築取締の內規を制定
134552	朝鮮朝日	1926-11-09/1	10단	會(若松校唱歌會/共濟館開館式)
134553	朝鮮朝日	1926-11-09/1	10단	人(淺利警務局長/閔泳綺氏(李王職長官)/佐々木藤太郎氏(前東亞勤業公司社長)/成富道正氏(石油利權代表)/ミスターウッド氏(ライジングサン京城支配人))
134554	朝鮮朝日	1926-11-09/1	10단	半島茶話
134555	朝鮮朝日	1926-11-09/2	01단	牡丹臺野話
134556	朝鮮朝日	1926-11-09/2	01단	內容の堅實な組合のみ認可/産業組合設立の方針理事の選任も嚴重
134557	朝鮮朝日	1926-11-09/2	01단	京畿道の酒類生産高百六十萬石
134558	朝鮮朝日	1926-11-09/2	01단	當業者の自省に待ち自動車の通行を禁する
134559	朝鮮朝日	1926-11-09/2	01단	慈惠分院の開院式擧行
134560	朝鮮朝日	1926-11-09/2	02단	各地だより(群山/大田/江界/大浦)
134561	朝鮮朝日	1926-11-09/2	02단	兒童協會支部を設置釜山府內に
134562	朝鮮朝日	1926-11-09/2	02단	士氣を勵す憲兵の歌を司令部が募集
134563	朝鮮朝日	1926-11-09/2	03단	運動界(高工優勝蹴球聯盟戰で/釜一商勝つ釜山の庭球/庭球の耆宿岡田選手去る/大邱野球軍釜山に挑戰)
134564	朝鮮朝日	1926-11-09/2	03단	朝日勝繼碁戰/第卅一回(三)
134565	朝鮮朝日	1926-11-10/1	01단	平電の身代金百三十六萬圓で買收問題愈よ調印 引繼は明年の三月/價格の點で府民は大不滿會社の勝だと敦圉く更に紛擾起るか/及ぶ限り値も下る平電の買收で當局語る/起債額は百四十萬圓殖銀が引受か
134566	朝鮮朝日	1926-11-10/1	01단	雁の聲
134567	朝鮮朝日	1926-11-10/1	02단	朝鮮の學生が職業に自覺め實業方面を志望すると阿部充家氏は語る
134568	朝鮮朝日	1926-11-10/1	03단	柞蠶取引の改善を打合/福井商業所員が來安し
134569	朝鮮朝日	1926-11-10/1	03단	府協選擧戰(平壤)
134570	朝鮮朝日	1926-11-10/1	04단	採木公司が近く値上か/當業者は反對
134571	朝鮮朝日	1926-11-10/1	04단	新しき村の泰西名畵展釜山で開催
134572	朝鮮朝日	1926-11-10/1	04단	編輯局選
134573	朝鮮朝日	1926-11-10/1	04단	乾機の平壤發宮機は一週間滯在豫定/定州共進會訪問飛機を李君が操縱平壤に到着/九機だけが二日に互り大邱を經て歸還飛行す
134574	朝鮮朝日	1926-11-10/1	05단	光州と小鹿島の病院の新築で總ての癩患者を收容し得る見込
134575	朝鮮朝日	1926-11-10/1	05단	百四十名の不正漁者檢事局送り
134576	朝鮮朝日	1926-11-10/1	06단	努力の後を顧る菊作りの樂しみ今年は出來が惡いと宮崎さんのお話/菊花を繞る人々
134577	朝鮮朝日	1926-11-10/1	06단	客觀から主觀に移る寫眞界の新傾向/大サロンの現れ
134578	朝鮮朝日	1926-11-10/1	07단	彈藥庫外に怪しき人憲兵隊が大搜査を開始

일련번호	판명	간행일	단수	기사명
134579	朝鮮朝日	1926-11-10/1	07단	選擧名簿を筆寫して運動員に交付京城府吏員が/府協議戰の瀆職事件で本町署が取調
134580	朝鮮朝日	1926-11-10/1	08단	ブース大將の祈禱會の席上白鮮兩士官の大亂鬪差別待遇の撤廢問題で/またも大亂鬪警官出張し漸く取鎭む
134581	朝鮮朝日	1926-11-10/1	09단	海苔養殖の繩張爭から兩道民の大紛擾遂に本府に持出す
134582	朝鮮朝日	1926-11-10/1	10단	非常なる興味を唆る釜山日報の鐵道リレー
134583	朝鮮朝日	1926-11-10/1	10단	會(憲兵分隊長會議/慶南農會總會/初等校長會議)
134584	朝鮮朝日	1926-11-10/1	10단	人(當永保安課長)
134585	朝鮮朝日	1926-11-10/1	10단	半島茶話
134586	朝鮮朝日	1926-11-10/2	01단	北漢山の史蹟めぐり(６)/京城緒方生
134587	朝鮮朝日	1926-11-10/2	01단	漁獲高は一億圓稅金は十七萬圓/課稅標準が低過ぎると是が調査を開始
134588	朝鮮朝日	1926-11-10/2	03단	議會解散は大學は困る/服部總長談
134589	朝鮮朝日	1926-11-10/2	03단	木浦共進會視察團組織十三日出發
134590	朝鮮朝日	1926-11-10/2	03단	朝日勝繼碁戰/第卅一回(四)
134591	朝鮮朝日	1926-11-10/2	04단	十萬圓で淡水養魚池鎭海に設立
134592	朝鮮朝日	1926-11-10/2	04단	三萬圓を釜山に寄附/大倉男が
134593	朝鮮朝日	1926-11-10/2	04단	新刊紹介(半島に聽く)
134594	朝鮮朝日	1926-11-10/2	04단	運動界(蹴球聯盟で優勝した高工チーム)
134595	朝鮮朝日	1926-11-11/1	01단	府營の目的は料金の値下それが實現出來ねばこの後が案ぜらる/驚くほど廉くする關水內務松井府尹語る/漸く重荷を下した宮川社長談/好影響を齎すだらう京城電氣武者專務談
134596	朝鮮朝日	1926-11-11/1	01단	釜山稅關の今昔
134597	朝鮮朝日	1926-11-11/1	01단	京城に移し植られた箕城の名妓金玉蘭孃某大官を父と仰いだ/秋に驕る名花一輪
134598	朝鮮朝日	1926-11-11/1	03단	圖們江下流に自由港の計劃/全財産を拋って熱心に主張する松尾氏
134599	朝鮮朝日	1926-11-11/1	04단	編輯局選
134600	朝鮮朝日	1926-11-11/1	04단	京城では容易で無い馬野京城府尹
134601	朝鮮朝日	1926-11-11/1	04단	村落金融組合設置所十五年度中の
134602	朝鮮朝日	1926-11-11/1	05단	雁の聲
134603	朝鮮朝日	1926-11-11/1	05단	補習學校を增設の計劃明年度に十五校を高橋視學官が內地を視察
134604	朝鮮朝日	1926-11-11/1	05단	勤儉週間の趣旨を宣傳大邱府當局が
134605	朝鮮朝日	1926-11-11/1	06단	田中大將暗殺を企て遂に大邱で捕れた張建浩の記事解禁/行金を拐帶し資金に充つ
134606	朝鮮朝日	1926-11-11/1	07단	京畿道が蒸氣機關の取締を厲行
134607	朝鮮朝日	1926-11-11/1	07단	百萬圓を增加地方豫算が
134608	朝鮮朝日	1926-11-11/1	07단	鄭氏出現の豫言を信じ論山に集った人達/夢醒めて各地浮浪す

일련번호	판명	간행일	단수	기사명
134609	朝鮮朝日	1926-11-11/1	08단	釜山南港の埋立工事で釜山府が見書を進達
134610	朝鮮朝日	1926-11-11/1	08단	籠の鳥の妓生達が雜誌を發行「ソウルの妓生」と銘うって
134611	朝鮮朝日	1926-11-11/1	09단	鴨江の結氷漸くせまる
134612	朝鮮朝日	1926-11-11/1	09단	麵業者の雇人が盟休/橇を飛ばし應援を求む
134613	朝鮮朝日	1926-11-11/1	09단	莫大小の職工が盟休賃銀値上で
134614	朝鮮朝日	1926-11-11/1	09단	私刑に絡む騷擾犯人は六月の懲役
134615	朝鮮朝日	1926-11-11/1	10단	人斬巡査は遂に免職
134616	朝鮮朝日	1926-11-11/1	10단	嬰兒の死體釜山で發見
134617	朝鮮朝日	1926-11-11/1	10단	高飛男逮捕釜山で豪遊中
134618	朝鮮朝日	1926-11-11/1	10단	會(釜山局祝賀會/漁業研究會/洛東品評會)
134619	朝鮮朝日	1926-11-11/1	10단	人(關水武氏(平南內務部長)/松井信助氏(平壤府尹)/杉村豫樓氏(釜山地方法院檢事正)/布川秀三氏(新任龍山署高等係主任)/大田高女生/橘高變敢士(門鐵釜山營業所助彼)/今村覺次郎氏(仁川實業家))
134620	朝鮮朝日	1926-11-11/1	10단	半島茶話
134621	朝鮮朝日	1926-11-11/2	01단	牡丹臺野話
134622	朝鮮朝日	1926-11-11/2	01단	人の印象(淺野總一郎翁)
134623	朝鮮朝日	1926-11-11/2	01단	*重量制の採用案を鮮米査定會議で附議/産米檢査の監督官設置全鮮各地で巡回せしむ*
134624	朝鮮朝日	1926-11-11/2	02단	咸南商工の新館が竣工/七日落成式
134625	朝鮮朝日	1926-11-11/2	02단	共用栓に計量器設備平壤水道が
134626	朝鮮朝日	1926-11-11/2	02단	朝鮮內で軍馬の買入/蒙古牝馬と內地の雜種
134627	朝鮮朝日	1926-11-11/2	03단	寄生蟲の驅除藥配布各小學校に
134628	朝鮮朝日	1926-11-11/2	03단	*畜産品評會統營で開催/大邱狩獵會*
134629	朝鮮朝日	1926-11-11/2	03단	朝日勝繼碁戰/第卅一回(五)
134630	朝鮮朝日	1926-11-11/2	04단	秋季射擊會在鄕軍人の
134631	朝鮮朝日	1926-11-11/2	04단	華燭の睦び
134632	朝鮮朝日	1926-11-11/2	04단	新刊紹介
134633	朝鮮朝日	1926-11-11/2	04단	喫茶室
134634	朝鮮朝日	1926-11-11/3	02단	五年後には完備した棧橋も二つ三つ出來上る/飛鋪木浦府尹談
134635	朝鮮朝日	1926-11-11/3	02단	石橋を叩いて渡る主義の手固い木浦商人/銀行はまだ貸したくても商人はなかなか借らない/井上十八銀行支店長談
134636	朝鮮朝日	1926-11-11/3	03단	全南全般の狀況を髣髴せしむる趣向/物産と棉業二つの共進會/けふ華々しく開場
134637	朝鮮朝日	1926-11-11/3	06단	築港も大事だが南海岸線の敷設が大浦として最も肝腎/總督府の 繼子扱ひには困る/山野會議所會頭の慨嘆咄
134638	朝鮮朝日	1926-11-11/3	07단	無盡藏の寶庫を控へ鮮かな躍進ぶり/木浦港の現況
134639	朝鮮朝日	1926-11-11/3	07단	共進會場の全景と物産棉業兩共進會長石全羅南道知事

일련번호	판명	간행일	단수	기사명
134640	朝鮮朝日	1926-11-11/4	01단	全南共進會の開催は天の時と地の利に人の和を併せ得たもの/その成功疑ひなしと信ずる/商工課長岡崎哲郎氏(奇)
134641	朝鮮朝日	1926-11-11/4	02단	鮮棉の五割を消費する木浦/棉花の增産に伴ひ繰綿工業も發展
134642	朝鮮朝日	1926-11-12/1	01단	格別御變化もあらせられぬ聖上陸下御容態
134643	朝鮮朝日	1926-11-12/1	01단	朝鮮私鐵の社債發行七百萬圓程
134644	朝鮮朝日	1926-11-12/1	01단	慶北の豫算五百四十萬圓
134645	朝鮮朝日	1926-11-12/1	01단	精米業者の大困憊/無謀な競爭で
134646	朝鮮朝日	1926-11-12/1	01단	待ち構へられた物産棉業の共進會松寺總督代理も臨席十一日から愈よ開催/景氣を添ふ海軍機Ｆ五號機が/雪崩を打つ大觀衆朝日社旗に滿場が埋る/審査の期日漸く決定す/會期延長が叫ばれる/記念スタンプ會場で捺印/福引デーの催しもある/木浦劇場も漸く竣工す/旅館が割引共進會期中
134647	朝鮮朝日	1926-11-12/1	02단	百三十萬圓で府に身賣した平壤電燈會社
134648	朝鮮朝日	1926-11-12/1	03단	棉花暴落で當業者困憊破産者もある
134649	朝鮮朝日	1926-11-12/1	03단	恩給運動の委員が東上陳情書を携へ
134650	朝鮮朝日	1926-11-12/1	03단	貞洞に新築の法院の信聽舍工費六十三萬圓で三箇年の繼續事業
134651	朝鮮朝日	1926-11-12/1	04단	求人者は增加するが求職者は漸次減少する/不景氣立直りか
134652	朝鮮朝日	1926-11-12/1	04단	入場人員が十七萬餘人定州品評會
134653	朝鮮朝日	1926-11-12/1	05단	宣川電氣が工事を急ぐ本年中に點燈
134654	朝鮮朝日	1926-11-12/1	05단	編輯局選
134655	朝鮮朝日	1926-11-12/1	05단	短歌と俳句選者を決定
134656	朝鮮朝日	1926-11-12/1	05단	離れ行く信者の引留/順安の敎會が
134657	朝鮮朝日	1926-11-12/1	05단	不便勝なる計量を正さにやらぬ日の本の記念行進歌も勇ましくメートル法の大宣傳
134658	朝鮮朝日	1926-11-12/1	05단	漢江上流で食器の洗滌を嚴禁したためか傳染病が激減す
134659	朝鮮朝日	1926-11-12/1	06단	雁の聲
134660	朝鮮朝日	1926-11-12/1	06단	兒童の竹細工
134661	朝鮮朝日	1926-11-12/1	07단	和田知事に面會を強要怪しい狂人が
134662	朝鮮朝日	1926-11-12/1	07단	犯した罪の恐ろしさに河豚を食ひ自殺を圖る
134663	朝鮮朝日	1926-11-12/1	08단	ブース大將に陳情文を手交/差別撤廢の待遇を說く二十箇條の長文
134664	朝鮮朝日	1926-11-12/1	08단	牛の角で人妻が負傷/橫腹を刺さる
134665	朝鮮朝日	1926-11-12/1	08단	端女から嫌はれた男/自殺を遂ぐ
134666	朝鮮朝日	1926-11-12/1	08단	時局標榜の強盜を逮捕慶北榮陽で
134667	朝鮮朝日	1926-11-12/1	09단	京城の火事原因は不明
134668	朝鮮朝日	1926-11-12/1	09단	第一回全鮮寫眞大サロン
134669	朝鮮朝日	1926-11-12/1	10단	會(事故防止打合會/朴知事招待會)

일련번호	판명	간행일	단수	기사명
134670	朝鮮朝日	1926-11-12/1	10단	人(李堈公殿下/李埈公妃殿下/大内暢三氏(代義士)/フオスター夫妻/江庸氏、鄭貞文(東洋文化事榮委員)/大獨城大敎授/島原鐵三氏(一銀支店長)/石井光雄氏(殖銀理事)/波邊中將(第十九師團長))
134671	朝鮮朝日	1926-11-12/1	10단	半島茶話
134672	朝鮮朝日	1926-11-12/2	01단	牡丹臺野話
134673	朝鮮朝日	1926-11-12/2	01단	人の印象/鈴木莊六大將
134674	朝鮮朝日	1926-11-12/2	01단	甜菜栽培を大奬勵/補助額を十萬圓に增加
134675	朝鮮朝日	1926-11-12/2	02단	山林警察と司法警察が連絡を取り盜伐の取締
134676	朝鮮朝日	1926-11-12/2	02단	警官の異動京畿道內の
134677	朝鮮朝日	1926-11-12/2	02단	飼牛全部に牛疫の調査/平南當局が
134678	朝鮮朝日	1926-11-12/2	03단	各地だより(鎭南浦/淸津/城津/光州)
134679	朝鮮朝日	1926-11-12/2	03단	慈惠病院の鎭南浦分院十四月開院
134680	朝鮮朝日	1926-11-12/2	03단	朝日勝繼碁戰/第卅一回(六)
134681	朝鮮朝日	1926-11-12/2	04단	運動界(全南初等校對抗運動會光州校優勝/女子庭球會釜高女で擧行)
134682	朝鮮朝日	1926-11-13/1	01단	御食事は一切流動物を召され蓄音機、ラジオ等も一と先づ御中止聖上陛下御容態
134683	朝鮮朝日	1926-11-13/1	01단	有望な亞鉛鑛/將來倍額の産出は可能
134684	朝鮮朝日	1926-11-13/1	01단	城津港外に燈台を新設/十五日から
134685	朝鮮朝日	1926-11-13/1	01단	十二萬圓で防水堤防を改修の計劃
134686	朝鮮朝日	1926-11-13/1	01단	七字の妙法を唱へ西洋料理の研究/麥粉に眞白になり食パンの燒方に大苦心
134687	朝鮮朝日	1926-11-13/1	02단	商議聯合の出席者決定/鎭南浦からの
134688	朝鮮朝日	1926-11-13/1	02단	土地改良の補助金交付土地改良案を作製中
134689	朝鮮朝日	1926-11-13/1	03단	安東縣が道路を改修明年度で
134690	朝鮮朝日	1926-11-13/1	03단	麻布機が便利となる/慶北道では奬勵の計劃
134691	朝鮮朝日	1926-11-13/1	03단	釜山府の社會事業に國庫が補助
134692	朝鮮朝日	1926-11-13/1	03단	大邱師範に普校を新設來年度から
134693	朝鮮朝日	1926-11-13/1	04단	新義州の道立醫院は二十日頃開院
134694	朝鮮朝日	1926-11-13/1	04단	守備隊の分遣所復活五龍背と沙河鎭とに
134695	朝鮮朝日	1926-11-13/1	04단	恩給の年限に達すれば退職/囚人の數に比べて人數の少ない朝鮮の看守達
134696	朝鮮朝日	1926-11-13/1	04단	編輯局選
134697	朝鮮朝日	1926-11-13/1	04단	短歌と俳句選者を決定
134698	朝鮮朝日	1926-11-13/1	05단	雁の聲
134699	朝鮮朝日	1926-11-13/1	05단	鎭南浦港改築地鎭察九日に擧行
134700	朝鮮朝日	1926-11-13/1	05단	慶北道の小作爭議二十一名が減免を懇願
134701	朝鮮朝日	1926-11-13/1	05단	沿岸郡守に不正漁者の取締を通牒

일련번호	판명	간행일	단수	기사명
134702	朝鮮朝日	1926-11-13/1	05단	基地快設の防止に困る/巫子の言を信じ眼を盗んで基地を入贊ふ
134703	朝鮮朝日	1926-11-13/1	06단	第一回全鮮寫眞大サロン
134704	朝鮮朝日	1926-11-13/1	06단	主人の家へ忍び入って千圓を盜む
134705	朝鮮朝日	1926-11-13/1	06단	夫の浮氣を悲んで投身
134706	朝鮮朝日	1926-11-13/1	07단	怖い小父さんとは見えない程な優男の如才なさ/新任の富永保安課長
134707	朝鮮朝日	1926-11-13/1	07단	英鮮下士官の根強い爭ひ 朝鮮の基督教界に一大暗翳を投じた/進級の遲速は己むを得ぬブース大將語る
134708	朝鮮朝日	1926-11-13/1	08단	二人連れでモヒを密賣大邱府內で
134709	朝鮮朝日	1926-11-13/1	08단	稀代の色魔公州で逮捕
134710	朝鮮朝日	1926-11-13/1	09단	人斬巡査は檢事局送り
134711	朝鮮朝日	1926-11-13/1	09단	自動車衝突平壤府內で
134712	朝鮮朝日	1926-11-13/1	09단	今年が丁度猩紅熱の流行年/學童豫に防注射を行ひ是が豫防に 大童べ
134713	朝鮮朝日	1926-11-13/1	10단	會(初等學校長會)
134714	朝鮮朝日	1926-11-13/1	10단	人(脇谷洋次郎氏(總督府水産試驗場長)/大崎文雄氏(安東副領事)/淺利警務局長/李軫鎬氏(總督府學務課長)/田中三雄氏(同上稅務課長)/阿部慶南財務部長/段茂祺氏(東北陸軍第七團々長)/雷番榮氏(參謀本部局長中將))
134715	朝鮮朝日	1926-11-13/1	10단	半島茶話
134716	朝鮮朝日	1926-11-13/2	01단	牡丹臺野話
134717	朝鮮朝日	1926-11-13/2	01단	朝鮮で初ての淡水魚の研究/鎭海に養魚池を設け基本調査を行ふ
134718	朝鮮朝日	1926-11-13/2	01단	府協議員の選擧戰迫る各地の情熱(鎭南浦/咸興/京城)
134719	朝鮮朝日	1926-11-13/2	02단	府協議員電立會人決定釜山府の/波瀾重疊の平壤府議戰
134720	朝鮮朝日	1926-11-13/2	02단	民籍不明で取締に困る支那勞働者
134721	朝鮮朝日	1926-11-13/2	03단	各地だより(大田)
134722	朝鮮朝日	1926-11-13/2	03단	京南鐵道が拂込を徵收/安城長城間新線延長で
134723	朝鮮朝日	1926-11-13/2	03단	朝日勝繼碁戰/第卅一回(七)
134724	朝鮮朝日	1926-11-13/2	04단	精神的方面の發表が多い/慶南教育總會
134725	朝鮮朝日	1926-11-13/2	04단	人の印象/恩田銅吉氏朝郵の社長
134726	朝鮮朝日	1926-11-14/1	01단	鐵道網
134727	朝鮮朝日	1926-11-14/1	01단	國境を見たとて俄に政策を立直しはせぬよ淺利警務局長談
134728	朝鮮朝日	1926-11-14/1	01단	仔豚の飼養數を十萬頭以上に達せしめたいと平南當局が意氣込む
134729	朝鮮朝日	1926-11-14/1	01단	慶北米の十月受檢量七萬七千叺
134730	朝鮮朝日	1926-11-14/1	01단	平北の秋蠶四千五百石昨年より增收
134731	朝鮮朝日	1926-11-14/1	02단	三社汽船大競爭北鮮沿海で

일련번호	판명	간행일	단수	기사명
134732	朝鮮朝日	1926-11-14/1	02단	銀蛇は躍り天馬空を翔る/天姿萬態の鍾乳石の亂舞/最近平南道で發見された神秘の香り高き一大鍾乳洞
134733	朝鮮朝日	1926-11-14/1	03단	最近お食事をお待遊ばさる/お熱もいくぶん降下あらせらる/聖上陛下の御容態
134734	朝鮮朝日	1926-11-14/1	03단	平北電氣が値下を申請/電力は其儘
134735	朝鮮朝日	1926-11-14/1	04단	慶北內に炭鑛發見/明春から採掘
134736	朝鮮朝日	1926-11-14/1	04단	坊さんや牧師の給金が拂へぬ/教會や寺院の財務難/不景氣風が沁込んで寄附強要の輩が續出
134737	朝鮮朝日	1926-11-14/1	05단	學術會議の出席者來鮮/十一月末頃
134738	朝鮮朝日	1926-11-14/1	05단	林業功勞者表彰式擧行
134739	朝鮮朝日	1926-11-14/1	05단	木浦共進會
134740	朝鮮朝日	1926-11-14/1	06단	雁の聲
134741	朝鮮朝日	1926-11-14/1	06단	辭令(東京電話)
134742	朝鮮朝日	1926-11-14/1	06단	新斗普校が溫室を設け花卉を栽培
134743	朝鮮朝日	1926-11-14/1	07단	宋學先は更に上告/死刑が不服
134744	朝鮮朝日	1926-11-14/1	07단	掖濟寮に忍び入って金品を盜む
134745	朝鮮朝日	1926-11-14/1	08단	天然痘患の隔離に手傳巡査が罹病
134746	朝鮮朝日	1926-11-14/1	08단	全く以て成功した木浦の共進會/興を添ふる海軍機
134747	朝鮮朝日	1926-11-14/1	08단	古典的な金剛山の傳說を活寫に撮影
134748	朝鮮朝日	1926-11-14/1	09단	密造酒の取締方法を當局が研究
134749	朝鮮朝日	1926-11-14/1	09단	大邱中學生が校內で血の雨/五年と三年が入亂れ大亂鬪を演出す
134750	朝鮮朝日	1926-11-14/1	10단	銀行窓口で金を搔拂ふ犯人は不明
134751	朝鮮朝日	1926-11-14/1	10단	會(京師附屬展覽會/在鄕軍人總會/國本社弓術大會)
134752	朝鮮朝日	1926-11-14/1	10단	人(李堈公殿下/尾野後備陸軍大將/新藤寬三郎氏(新任新義州檢事正)/ホースター氏(京城駐在米國副領事)/加藤茂包氏(水原勸業模範場長)/後藤一郎氏(仁川觀測所長)/松野二平氏(總督府水産課技師))
134753	朝鮮朝日	1926-11-14/1	10단	半島茶話
134754	朝鮮朝日	1926-11-14/2	01단	銀行利率の全鮮的協定は一寸容易で無くまた必要もあるまい
134755	朝鮮朝日	1926-11-14/2	01단	人の印象/柳宗悅氏と布施辰治氏
134756	朝鮮朝日	1926-11-14/2	02단	金剛山電鐵木炭の滯貨列車增發で近く一掃か
134757	朝鮮朝日	1926-11-14/2	02단	沖賣業者の組合を設け不正を取締
134758	朝鮮朝日	1926-11-14/2	02단	慶南道農會第一回總會
134759	朝鮮朝日	1926-11-14/2	03단	各地だより(沙里院/群山)
134760	朝鮮朝日	1926-11-14/2	03단	一月以降の鮮牛移出數/四萬一千頭
134761	朝鮮朝日	1926-11-14/2	03단	勞働者の汽車賃割引三箇月間を動かぬ者へ
134762	朝鮮朝日	1926-11-14/2	03단	鮮人娼妓にモヒ注射の迷信が流行
134763	朝鮮朝日	1926-11-14/2	03단	鼻疽病の豫防に努力/容疑馬が五頭も現れる

일련번호	판명	간행일	단수	기사명
134764	朝鮮朝日	1926-11-14/2	03단	朝日勝繼碁戰/第卅一回(八)
134765	朝鮮朝日	1926-11-14/2	04단	演藝界(喜樂館)
134766	朝鮮朝日	1926-11-14/2	04단	運動界(馬山軍惜敗對鎮海野球戰)
134767	朝鮮朝日	1926-11-14/2	04단	喫茶室
134768	朝鮮朝日	1926-11-16/1	01단	父子お揃ひ
134769	朝鮮朝日	1926-11-16/1	01단	果樹栽培者の組合を設け各種の研究機關を設置するやう當局が努力
134770	朝鮮朝日	1926-11-16/1	01단	蓋開けの共進會/出品點數一萬五千點/大人氣の衛生相談所地方人士の
134771	朝鮮朝日	1926-11-16/1	02단	吉林城外に移住地の經營天道教徒たちが日支合瓣の計劃
134772	朝鮮朝日	1926-11-16/1	03단	不二興業が二百萬圓の新債を募集
134773	朝鮮朝日	1926-11-16/1	03단	御平癒祈願の參詣者多し/朝鮮神宮の
134774	朝鮮朝日	1926-11-16/1	03단	御氣分も宜敷く御小康を得給ふきのふの聖上御容態
134775	朝鮮朝日	1926-11-16/1	03단	平壤興電の配當は五分二十七日總會
134776	朝鮮朝日	1926-11-16/1	03단	海軍機歸還
134777	朝鮮朝日	1926-11-16/1	03단	三日目雜觀
134778	朝鮮朝日	1926-11-16/1	04단	木浦廻着の籾の山品質は惡い
134779	朝鮮朝日	1926-11-16/1	04단	成程と首肯し平電の買收を協議會一齊に可決/電力は半値に買收後の平電が値下す/電車府營の記念視賀會商議所が主催
134780	朝鮮朝日	1926-11-16/1	05단	相當手當を支給せよ鮮人士官が本營に押寄/口校長の非を鳴らし士官學校生遂に盟休す
134781	朝鮮朝日	1926-11-16/1	05단	「百メートル出てから並ぶ若夫婦」等の文句で人を呼ぶメートル展覽會
134782	朝鮮朝日	1926-11-16/1	06단	金剛山神話「羽衣と天女」(上)/透き徹る玉の肌もあらはに八潭の池に浴する天女獐を救けた山かづは遂に美姫と妹脊を結ぶ
134783	朝鮮朝日	1926-11-16/1	06단	讀者優待活寫會
134784	朝鮮朝日	1926-11-16/1	06단	大邱中學鐵拳事件告訴されて學校側狼狽
134785	朝鮮朝日	1926-11-16/1	07단	人妻殺さる暴漢のため
134786	朝鮮朝日	1926-11-16/1	07단	二名の强盜百萬長者の家に押入る
134787	朝鮮朝日	1926-11-16/1	07단	忠南禮山の遞送夫殺し八年後に漸く判明主犯は巡査あがり
134788	朝鮮朝日	1926-11-16/1	07단	會(三島高女音樂會/釜山遞友會/咸南修養會)
134789	朝鮮朝日	1926-11-16/1	08단	白襯衣團の首魁を逮捕開城生れの
134790	朝鮮朝日	1926-11-16/1	08단	人(邊利警務局長/松寺法務局長總督代理/有賀殖銀頭取全南金融業者大會/多木桑太郎氏(代談士)/服部宇之吉氏(京城大學總長)/渡邊洞雲氏(京城大學助教長)/尾崎元次郎氏(上院議員))
134791	朝鮮朝日	1926-11-16/1	09단	半島茶話
134792	朝鮮朝日	1926-11-16/1	10단	試乘列車で熱狂の街鎮海への旅
134793	朝鮮朝日	1926-11-16/2	01단	牡丹蔓野話

일련번호	판명	간행일	단수	기사명
134794	朝鮮朝日	1926-11-16/2	01단	府協議員の選擧戰近づき京城では運動猛烈各地とも二十日一齊に擧行(京城府/釜山府/公州)
134795	朝鮮朝日	1926-11-16/2	01단	鴨江製紙が操業を開始十二月から
134796	朝鮮朝日	1926-11-16/2	01단	氣の毒な在滿鮮人伊達平南警察部長語る
134797	朝鮮朝日	1926-11-16/2	02단	新貝局長が學童貯金の獎勵を懇談
134798	朝鮮朝日	1926-11-16/2	02단	安東外人が歐洲大戰の記念視賀祭
134799	朝鮮朝日	1926-11-16/2	03단	各地だより(江界/沙里院)
134800	朝鮮朝日	1926-11-16/2	03단	麗水附近の群島巡航船開始の計劃
134801	朝鮮朝日	1926-11-16/2	03단	學校生徒の無錢旅行を慶北が嚴禁
134802	朝鮮朝日	1926-11-16/2	03단	朝日勝繼碁戰/第卅一回(九)
134803	朝鮮朝日	1926-11-16/2	04단	運動界(大邱女高普金斐組優勝慶南北道の庭球大會で/體育會主催全鮮蹴球會十八日から)
134804	朝鮮朝日	1926-11-17/1	01단	爐紅葉に照り映ふ劍光帽影の閃き佐賀の野に兩軍必死の猛鬪北軍利非ず遂に退却/特別大演習の第一日目
134805	朝鮮朝日	1926-11-17/1	01단	移行く戰況を明快に御說明李王殿下の御聽明ぶり
134806	朝鮮朝日	1926-11-17/1	02단	金融協會の組織を改善し全鮮金融組合の機關とし種々の事業を企劃
134807	朝鮮朝日	1926-11-17/1	03단	酒造用に慶北米金澤當業者注文を發す
134808	朝鮮朝日	1926-11-17/1	04단	郵便物の遞送增加を鐵山面要望
134809	朝鮮朝日	1926-11-17/1	04단	消防後援會を全鮮に設けて冬迫る鮮內各地の火災豫防の徹底を期す
134810	朝鮮朝日	1926-11-17/1	04단	反抗士官分裂す軟派は任地に歸る硬派は依然本營に踏留
134811	朝鮮朝日	1926-11-17/1	05단	海苔漁場の繩張爭ひを和田知事が調停に奔走
134812	朝鮮朝日	1926-11-17/1	05단	講や楔を嚴重取締る歲末に際し
134813	朝鮮朝日	1926-11-17/1	05단	寫眞說明
134814	朝鮮朝日	1926-11-17/1	06단	全鮮的に統一した連絡を取り勞働者の需給を圖る來年の事業勃興で
134815	朝鮮朝日	1926-11-17/1	06단	不正漁者の大公判廿二、三日頃
134816	朝鮮朝日	1926-11-17/1	07단	强盜が減って智能犯が增加鮮人の再犯者が目立って增加して來た
134817	朝鮮朝日	1926-11-17/1	08단	十四、五兩日木浦で開く新聞記者大會
134818	朝鮮朝日	1926-11-17/1	08단	まどロで金を盜まる犯人は不明
134819	朝鮮朝日	1926-11-17/1	08단	柞蠶輸出の風袋を改む支那當業者が
134820	朝鮮朝日	1926-11-17/1	08단	會(ポスター展覽會)
134821	朝鮮朝日	1926-11-17/1	09단	讀者優待活寫會
134822	朝鮮朝日	1926-11-17/1	09단	人(齋藤總督/伊國大使)
134823	朝鮮朝日	1926-11-17/1	10단	半島茶話
134824	朝鮮朝日	1926-11-17/2	01단	渡航鮮人の素質が向上/密航者の群もだんだんと減少
134825	朝鮮朝日	1926-11-17/2	01단	人の印象/大工原博士と加藤博士

일련번호	판명	간행일	단수	기사명
134826	朝鮮朝日	1926-11-17/2	01단	十月中の木浦港貿易百三十萬圓
134827	朝鮮朝日	1926-11-17/2	02단	百五十萬圓內地に流出郵便爲替で
134828	朝鮮朝日	1926-11-17/2	02단	洋灰の消費八十萬樽
134829	朝鮮朝日	1926-11-17/2	02단	石炭産出高昨年より一割二三分増
134830	朝鮮朝日	1926-11-17/2	02단	間島市日の商品に課税支那官憲が
134831	朝鮮朝日	1926-11-17/2	02단	運動資金の調達出來ず國民協會困る
134832	朝鮮朝日	1926-11-17/2	03단	神宮奉納の雜巾を集む安東誌友會が
134833	朝鮮朝日	1926-11-17/2	03단	慶北から教育總會に議案を提出
134834	朝鮮朝日	1926-11-17/2	03단	貯金事務の選手が出場全國大會へ
134835	朝鮮朝日	1926-11-17/2	03단	京城府內にまた鼻疽病全市の飼馬に豫防注射/清津にも鼻疽病發生一頭斃死す
134836	朝鮮朝日	1926-11-17/2	03단	總督府で檢閱した活寫のフ井ルム釜山京城間の長さその手數料が八萬餘圓
134837	朝鮮朝日	1926-11-17/2	03단	朝日勝繼碁戰/第卅一回(十)
134838	朝鮮朝日	1926-11-17/2	04단	演藝界(本紙連載の「照る日曇る日」中央館で上映)
134839	朝鮮朝日	1926-11-17/2	04단	喫茶室
134840	朝鮮朝日	1926-11-18/1	01단	貧困に苛まれて天を恨み人を呪ふ拳銃事件の眞犯人利川邑內で捕はる/御蔭樣で親の讎を討った氣がすると/最初から檢擧の自信はあったよ安藤警察部長喜ぶ
134841	朝鮮朝日	1926-11-18/1	01단	細雨霏々として降續き戎衣の袂シトド濡る花隈山下、南軍死守すれば北軍巨砲の釣瓶うち/特別大演習の第二日目
134842	朝鮮朝日	1926-11-18/1	04단	犯人李壽興と潛伏して居た家屋
134843	朝鮮朝日	1926-11-18/1	05단	面長の處置が不公平だと面議員戰の投票箱破壞
134844	朝鮮朝日	1926-11-18/1	06단	宮三面事件土地の分讓方法を研究/不公平の無いやう
134845	朝鮮朝日	1926-11-18/1	06단	御食事もお進み御熱も御減退/日増に御順調の聖上陛下御容態
134846	朝鮮朝日	1926-11-18/1	07단	國葬儀日萬歲騷の學生達には執行猶豫
134847	朝鮮朝日	1926-11-18/1	07단	國境警官の辛勞振りには全く涙が出た淺利警務局長語る
134848	朝鮮朝日	1926-11-18/1	07단	大演習ゴシツプ/第二日一十七日
134849	朝鮮朝日	1926-11-18/1	07단	會(度量衡講習會/實科教育展)
134850	朝鮮朝日	1926-11-18/1	08단	平壤農校の生徒が盟休二年生全部
134851	朝鮮朝日	1926-11-18/1	08단	京城の秋を飾る寫眞の大サロン力作の印畵六十餘點待ちかねた觀衆が殺到す/第一日の入場者二千三百人
134852	朝鮮朝日	1926-11-18/1	09단	人(バス、ファンダー外人觀光團一行十八名/李學務局長/慶南內地視察團/渡邊定一郎氏(京成商議會頭)/恩田銅吉氏(朝郵社長)/吉庄逸夫氏(新任平南財務部長)/西原慶南道水産課長/吉川岩喜氏(工學博士))
134853	朝鮮朝日	1926-11-18/1	09단	鴨綠江の流氷始まる月末頃結氷か
134854	朝鮮朝日	1926-11-18/1	09단	第一回全鮮寫眞大サロン
134855	朝鮮朝日	1926-11-18/1	10단	雁の聲

일련번호	판명	간행일	단수	기사명
134856	朝鮮朝日	1926-11-18/1	10단	半島茶話
134857	朝鮮朝日	1926-11-18/2	01단	活社會に卽した科學の偉力を知らせる目的で科学館の標本を蒐集
134858	朝鮮朝日	1926-11-18/2	01단	注射藥の發明で全鮮モヒ患者の根絶を期する計劃
134859	朝鮮朝日	1926-11-18/2	01단	金剛電鐵の豫定變更に淮陽面民が反對の陳情
134860	朝鮮朝日	1926-11-18/2	01단	汎太平洋會議出席者續々と來鮮
134861	朝鮮朝日	1926-11-18/2	01단	牛肺疫の豫防を研究道に依賴し
134862	朝鮮朝日	1926-11-18/2	02단	けし收穫高二百貫の見込
134863	朝鮮朝日	1926-11-18/2	02단	鎭南浦電燈來春頃値下自發的に
134864	朝鮮朝日	1926-11-18/2	02단	候補者が突然と增し公州面議戰混亂を來す
134865	朝鮮朝日	1926-11-18/2	03단	共進會便り
134866	朝鮮朝日	1926-11-18/2	03단	鼻疽病の發生地帶に軍馬の出入を嚴禁する
134867	朝鮮朝日	1926-11-18/2	03단	運動界(釜日主催の鐵道リレー紅軍の勝利リレー大會)
134868	朝鮮朝日	1926-11-18/2	03단	朝日勝繼碁戰/第卅一回(十一)
134869	朝鮮朝日	1926-11-18/2	04단	人の印象/大川平三郎氏朝鮮鐵道社長
134870	朝鮮朝日	1926-11-19/1	01단	弦月淡く冴え渡る拂曉かけての大劍戟たゞ大君の馬前に死せんと猛り狂ふ兩軍戰士の大奮戰大演習最後の場面/兩將軍の溫き握手講評場で
134871	朝鮮朝日	1926-11-19/1	01단	寫眞說明((上)決戰日の統監宮殿下(下)御觀戰中の各皇族殿下)
134872	朝鮮朝日	1926-11-19/1	02단	議會さへ通れば鐵道綱の完成は吾人の期待通りと渡邊京城商議會頭語る
134873	朝鮮朝日	1926-11-19/1	04단	李王殿下が近く御歸鮮大造殿其他を御改造
134874	朝鮮朝日	1926-11-19/1	04단	魚市場の合同に反對が起る/日の丸仲買人達に當事者は否定す
134875	朝鮮朝日	1926-11-19/1	05단	辭令(東京電話)
134876	朝鮮朝日	1926-11-19/1	05단	大阪商船の寄港を要望鎭海市民が
134877	朝鮮朝日	1926-11-19/1	05단	木浦の寒さ俄に襲來す
134878	朝鮮朝日	1926-11-19/1	05단	龍井村で農産品評會明春頃開催
134879	朝鮮朝日	1926-11-19/1	06단	流石は特選の傑作揃ひとて逝く秋に明い光を與へ 全市の人氣を唆る本社支局主催の寫眞大サロン/二人の對話マドロスパイプとロイド眼鏡子/內地物の摸倣が多い地方色が欲しいと田澤氏語る
134880	朝鮮朝日	1926-11-19/1	07단	水害のため免稅を嘆願百二十餘名が
134881	朝鮮朝日	1926-11-19/1	07단	基督敎徒が公娼廢止を總督に陳情
134882	朝鮮朝日	1926-11-19/1	07단	間島東興校大紛擾無産主義に絡む軋轢で
134883	朝鮮朝日	1926-11-19/1	07단	不順な寒氣を御懸念申上げ暖房裝置を急ぐ御順調の聖上御容態
134884	朝鮮朝日	1926-11-19/1	08단	不正漁者が一時に終熄大檢擧に懲り
134885	朝鮮朝日	1926-11-19/1	08단	木浦で開かれた全鮮商議聯合會幾多の案件を議決
134886	朝鮮朝日	1926-11-19/1	09단	佐藤署長の殉職記念碑工費五百圓

일련번호	판명	간행일	단수	기사명
134887	朝鮮朝日	1926-11-19/1	09단	馬賊團に拉去された人質が歸る
134888	朝鮮朝日	1926-11-19/1	09단	萬歲騷ぎの犯人に對し檢事が控訴
134889	朝鮮朝日	1926-11-19/1	10단	救世軍がまた亂鬪鐘路署員の警戒で無事
134890	朝鮮朝日	1926-11-19/1	10단	會(管絃團演奏會)
134891	朝鮮朝日	1926-11-19/1	10단	人(大川平三郎氏(朝鐵社長)/藤原銀次郎氏(王子製紙社長)/スウイングル氏/ウ井ルバー博士/渡邊定一郎氏(京城商議會頭)/松山忠次郎代議士/和田慶南知事/大川朝鐵社長/平井學務課長/梁娘浩氏(前中華民國總理))
134892	朝鮮朝日	1926-11-19/1	10단	半島茶話
134893	朝鮮朝日	1926-11-19/2	01단	各地だより(淸津/間島/鎭南浦)
134894	朝鮮朝日	1926-11-19/2	01단	小作人と地主の相互の利益を增進せしむべく總督府が頻りに研究
134895	朝鮮朝日	1926-11-19/2	01단	人の印象/中山正善氏洋食の大通
134896	朝鮮朝日	1926-11-19/2	02단	總督府が經濟の金融調査會設置
134897	朝鮮朝日	1926-11-19/2	02단	全國大會で氣を吐く朝鮮の淸酒
134898	朝鮮朝日	1926-11-19/2	02단	馬山選擧戰府面協議員
134899	朝鮮朝日	1926-11-19/2	03단	支那官憲が移住鮮人の入籍を取締る
134900	朝鮮朝日	1926-11-19/2	03단	朝日勝繼碁戰/第卅一回(十二)
134901	朝鮮朝日	1926-11-19/2	04단	博川寧邊の兩署が優勝武道大會で
134902	朝鮮朝日	1926-11-19/2	04단	共進會便り(普通出品の褒賞授與式二十三日擧行/軍艦名取を更に特派し樂隊を演奏/日延はせぬ/天候回復し入場者增加第五日目/嚴梁組優勝木浦庭球大會)
134903	朝鮮朝日	1926-11-20/1	01단	人馬肅として大觀兵武終る統監宮殿下の御閲兵佐賀地方空前の盛觀/御賜饌佐賀高校で
134904	朝鮮朝日	1926-11-20/1	03단	明年は大阪を中心に擧行
134905	朝鮮朝日	1926-11-20/1	03단	安東縣の豆粕の輸出昨年の二倍
134906	朝鮮朝日	1926-11-20/1	03단	慶北道が桑樹植栽に補助金下附
134907	朝鮮朝日	1926-11-20/1	03단	金剛山神話「羽衣と天女」(下)/可愛の妻の跡を追ひ雲井に上って見れば嬉しや妻は空にあり遂に天上で世を樂しむ
134908	朝鮮朝日	1926-11-20/1	04단	水原利川間鐵道敷設明年度から工事に着手
134909	朝鮮朝日	1926-11-20/1	04단	鐵道網完成せば車輛數が七千/淸津に工場を新設し機關車も製造す
134910	朝鮮朝日	1926-11-20/1	04단	一時的救濟の義捐金の募集は今後は取締る方針京畿道保安課の意見
134911	朝鮮朝日	1926-11-20/1	05단	長津江水電明春に着工實測は終る
134912	朝鮮朝日	1926-11-20/1	05단	古藤氏の慰靈記念碑この程竣功
134913	朝鮮朝日	1926-11-20/1	06단	雁の聲
134914	朝鮮朝日	1926-11-20/1	06단	二日目も大盛況京城支局主催寫眞大サロン/寫眞聯盟が明年は主催

일련번호	판명	간행일	단수	기사명
134915	朝鮮朝日	1926-11-20/1	06단	清州普校で教育展覽會二十一日から
134916	朝鮮朝日	1926-11-20/1	06단	姉さんお嫁に行く時にやメートル尺を持っといで姉さんお里へ歸るときやみどりの絹を四メートルメートル宣傳の一等當選童謠
134917	朝鮮朝日	1926-11-20/1	07단	昌慶丸就航二十五日から
134918	朝鮮朝日	1926-11-20/1	07단	海苔漁場の紛爭破裂總督府の裁決を待つ
134919	朝鮮朝日	1926-11-20/1	08단	朝鮮古來の童謠や民謠を總督府で出版する方言研究に屬が行脚
134920	朝鮮朝日	1926-11-20/1	08단	光州の火事損害四萬圓
134921	朝鮮朝日	1926-11-20/1	08단	賭博の場句鋏で突殺す支那人の喧嘩
134922	朝鮮朝日	1926-11-20/1	09단	不正漁者の一味が逃走釜山水上署員に追はれ
134923	朝鮮朝日	1926-11-20/1	09단	京城の小火
134924	朝鮮朝日	1926-11-20/1	09단	人(森岡軍司令官/島原一銀京城支店長/續田豊氏(東拓土地敗浪部長)/平尾壬于郎氏(遞信局監理課長)/羅原久四郎氏(遞信局長)/ウイーバー博士、スタンダード大學總長ウイーバー博士夫婦)
134925	朝鮮朝日	1926-11-20/1	09단	湖南線行き(一)/全州/ポプラの紅葉
134926	朝鮮朝日	1926-11-20/1	09단	鮮人士官の敗北で救世軍の紛糾漸く一段落を告ぐ
134927	朝鮮朝日	1926-11-20/1	10단	半島茶話
134928	朝鮮朝日	1926-11-20/2	01단	牡丹臺野話
134929	朝鮮朝日	1926-11-20/2	01단	海苔の養殖に干瀉地を利用現在の六千町步を三十倍に増加の計劃
134930	朝鮮朝日	1926-11-20/2	01단	産繭百萬石に伴ふ根本問題を協議/水原蠶業試驗場に原蠶種製造所長が集り
134931	朝鮮朝日	1926-11-20/2	01단	人の印象/鈴木島吉氏と有賀光豊氏
134932	朝鮮朝日	1926-11-20/2	02단	現在の處は二名の超過釜山府議戰/候補者に警告を發す大邱署長が
134933	朝鮮朝日	1926-11-20/2	03단	各地だより(元山/清津)
134934	朝鮮朝日	1926-11-20/2	03단	朝日勝繼碁戰/第卅一回(十三)
134935	朝鮮朝日	1926-11-20/2	04단	水利組合の復舊費補助追加豫算で支出するか
134936	朝鮮朝日	1926-11-20/2	04단	運動界(釜山庭球選手權大會二十八日擧行)
134937	朝鮮朝日	1926-11-21/1	01단	各地協議員戰 檢番の綺麗首や可憐は小學生まで街頭に立って運動京城の府議戰終る/當選者のおもかげ/釜山の投票(千八百餘票/大邱府の結果/平壤の當選者)
134938	朝鮮朝日	1926-11-21/1	04단	今度は三十年で操車場の擴張/軍隊の輸送能力と大陸物資の關係を考慮し
134939	朝鮮朝日	1926-11-21/1	04단	光州の癩病院いよいよ移轉/候補地を物色中民間の寄附金がやゝ難澁
134940	朝鮮朝日	1926-11-21/1	05단	共進會/觀衆が大激增天候回復で(店頭裝飾競技/不良團を一掃/軍艦名取入港)

일련번호	판명	간행일	단수	기사명
134941	朝鮮朝日	1926-11-21/1	06단	雁の聲
134942	朝鮮朝日	1926-11-21/1	06단	煉炭が幅を利かす京城の燃料界木炭の消費は漸減總消費高は百二十萬噸
134943	朝鮮朝日	1926-11-21/1	06단	海/京城/石井能史
134944	朝鮮朝日	1926-11-21/1	06단	ウ博士以下六名の碩學京城を視察
134945	朝鮮朝日	1926-11-21/1	07단	貸出の利子引下大邱地場銀行
134946	朝鮮朝日	1926-11-21/1	07단	染織女工が組合を組織男子に對抗
134947	朝鮮朝日	1926-11-21/1	07단	警察官たちに拳銃の射撃を練習する者が激增拳銃携帶の兇賊の出沒で
134948	朝鮮朝日	1926-11-21/1	08단	釣錢詐欺の外人を取調登據が無くその儘放免
134949	朝鮮朝日	1926-11-21/1	08단	可哀想な鮮人の一家有志が同情
134950	朝鮮朝日	1926-11-21/1	08단	他の男への燒付く樣な戀文を見く前妻を傷く
134951	朝鮮朝日	1926-11-21/1	09단	成川警察署爆彈裝塡の犯人を逮捕
134952	朝鮮朝日	1926-11-21/1	09단	護送中の重大犯列車から逃走
134953	朝鮮朝日	1926-11-21/1	09단	渡航票の密賣し逮捕鮮人二名が
134954	朝鮮朝日	1926-11-21/1	10단	結婚費の捻出に困り强盜を働く
134955	朝鮮朝日	1926-11-21/1	10단	會(京一高女音樂會)
134956	朝鮮朝日	1926-11-21/1	10단	人(米國副領事/淸水正己氏(商店界社長)/大川平三郎氏(朝鮮私鐵社長)/堆浩氏(仁川會議所評議員)/宮部敬治氏(京日副社長)/野口日筆社長/澤田豊丈氏(東拓京城駐在理事)/韓相能氏(漢城銀行頭取)/高野平壤憲兵隊長/五味平壤地方法院長/平井學務課長/松村外事課長、岩佐編輯課長、安部城大敎長/渡邊農務課長/中村交書課長、岡崎商工課長、韓忠北知事)
134957	朝鮮朝日	1926-11-21/1	10단	半島茶話
134958	朝鮮朝日	1926-11-21/2	01단	牡丹臺野話
134959	朝鮮朝日	1926-11-21/2	01단	漁業組合への資金の貸付は來年度に三百萬圓利率は年九分五厘
134960	朝鮮朝日	1926-11-21/2	01단	今のところ私の仕事は発表できぬ間島入りの石本男語る
134961	朝鮮朝日	1926-11-21/2	01단	小作料の納入に支障穀價暴落で
134962	朝鮮朝日	1926-11-21/2	02단	猩紅熱の反應注射を學童に執行
134963	朝鮮朝日	1926-11-21/2	02단	全南穀物商聯合大會開催
134964	朝鮮朝日	1926-11-21/2	02단	演藝界(照る日曇る日釜山で上演/喜樂館)
134965	朝鮮朝日	1926-11-21/2	03단	各地だより(注文津/洪原/江界/楚ヨ/淸州)
134966	朝鮮朝日	1926-11-21/2	03단	平壤電氣府營視賀會二十五日頃
134967	朝鮮朝日	1926-11-21/2	03단	湖南線行き(二)/全州/全州の李氏
134968	朝鮮朝日	1926-11-23/1	01단	參政權問題で議會の質問に對する答辯書を總督府で作製中
134969	朝鮮朝日	1926-11-23/1	01단	來年の大演習を朝鮮で行ふは理想ではあるが費用の點で實現できぬ
134970	朝鮮朝日	1926-11-23/1	01단	王支那領事近く榮轉か家族同伴歸國

일련번호	판명	간행일	단수	기사명
134971	朝鮮朝日	1926-11-23/1	01단	京城府協選擧當日の雜沓と婦人連の運動振り
134972	朝鮮朝日	1926-11-23/1	02단	三製絲社の秋蠶購入高五十餘萬圓
134973	朝鮮朝日	1926-11-23/1	02단	一番重要なのは圖們線の三十哩政府の承認を得て大村局長喜び歸る
134974	朝鮮朝日	1926-11-23/1	03단	耶蘇教徒が公娼廢止を總督に陳情
134975	朝鮮朝日	1926-11-23/1	03단	朝鮮神宮の新嘗祭二十三日執行
134976	朝鮮朝日	1926-11-23/1	04단	營林署の本年着筏高二十八萬尺締
134977	朝鮮朝日	1926-11-23/1	04단	寫眞のファン達に强い光を投げ全鮮寫眞大サロン終る入場者六千に達す
134978	朝鮮朝日	1926-11-23/1	04단	太平洋會議出席者來城市內を見物
134979	朝鮮朝日	1926-11-23/1	05단	雁の聲
134980	朝鮮朝日	1926-11-23/1	05단	短歌(橋田東聲選/選後に)
134981	朝鮮朝日	1926-11-23/1	05단	平壤飛行隊歸還は延期
134982	朝鮮朝日	1926-11-23/1	05단	犯人は意外にも第一高女の生徒電話で家族を騷がせた變態性慾の所有者京城女子教育界の不祥事
134983	朝鮮朝日	1926-11-23/1	06단	救世軍の紛擾また盛返す
134984	朝鮮朝日	1926-11-23/1	06단	淫蕩な女賊釜山で逮捕
134985	朝鮮朝日	1926-11-23/1	06단	隣の人たちのお惠を受けてストーブを溫める巡査派出所の石炭不足
134986	朝鮮朝日	1926-11-23/1	07단	材木の下に子供の死體十七八歳の
134987	朝鮮朝日	1926-11-23/1	07단	豪商を恐喝し大散財閔氏の息が
134988	朝鮮朝日	1926-11-23/1	08단	十四の人妻が洗濯棒を揮ひ十八の夫を殺す自責の念に堪へず自首
134989	朝鮮朝日	1926-11-23/1	08단	會(平電臨時總會/全南實業大會)
134990	朝鮮朝日	1926-11-23/1	08단	人(大村卓吉氏(鮮鐵局長)/橋本萬三郎氏(鮮銀)/古川國治氏(鮮鐵釜山運輸事務所長)/飯田延太郎氏(天圖教道重役)/森岡調鮮軍司令官/武藤史郎大佐(二十八聯隊長)/今村武志氏(黃海道知事)/高松四郎氏(朝鮮神宮々司)/多田榮吉氏(新義州實業家))
134991	朝鮮朝日	1926-11-23/1	09단	高女出身の人妻が家出年增夫を嫌ひ
134992	朝鮮朝日	1926-11-23/1	09단	精神病者の夫を嫌うて自殺を企つ
134993	朝鮮朝日	1926-11-23/1	09단	湖南線行き(三)/米の向阪/三南の富の實力
134994	朝鮮朝日	1926-11-23/1	10단	半島茶話
134995	朝鮮朝日	1926-11-23/2	01단	米の山を築く群山港の埠頭本年度移出百三十萬石開港以來の記錄
134996	朝鮮朝日	1926-11-23/2	01단	輸入超過が九千餘萬圓十一月上旬までの累計
134997	朝鮮朝日	1926-11-23/2	01단	四等米の廢止に反對大邱組合が
134998	朝鮮朝日	1926-11-23/2	01단	柞蠶絲の正量取引は一日から實行
134999	朝鮮朝日	1926-11-23/2	02단	電氣課に平電會社の建物を充當
135000	朝鮮朝日	1926-11-23/2	02단	水利組合の納入問題で紛擾が起る

일련번호	판명	간행일	단수	기사명
135001	朝鮮朝日	1926-11-23/2	03단	交叉點の二度停車を一度に改正
135002	朝鮮朝日	1926-11-23/2	03단	除隊兵の朝鮮永住を軍隊がはが希望す
135003	朝鮮朝日	1926-11-23/2	03단	發疹チブス豫防宣傳の活寫を映寫
135004	朝鮮朝日	1926-11-23/2	03단	朝日勝繼碁戰/第卅二回(一)
135005	朝鮮朝日	1926-11-23/2	04단	盛況を極めた朝日活寫會平壤で開催
135006	朝鮮朝日	1926-11-23/2	04단	喫茶室
135007	朝鮮朝日	1926-11-24/1	01단	圖們線から先に着工する議會が解散するなら臨時議會へ提案する鐵道網につき大村局長歸來談
135008	朝鮮朝日	1926-11-24/1	01단	滿洲移住鮮人の書堂を禁止出身者の犯罪が非常に多い理由で
135009	朝鮮朝日	1926-11-24/1	01단	慶北道の豫算要求額本年の倍額
135010	朝鮮朝日	1926-11-24/1	01단	野球の小父さんと綽名を持った大邱の大橋さん書籍定價賣の快男兒
135011	朝鮮朝日	1926-11-24/1	02단	新規事業の一切を見合大邱府豫算
135012	朝鮮朝日	1926-11-24/1	02단	高等小學校に實業教育を施し卒業後直ちに實社會の活動を期す
135013	朝鮮朝日	1926-11-24/1	03단	金利問題で京畿道の通牒
135014	朝鮮朝日	1926-11-24/1	03단	棉價上向く木浦の入札
135015	朝鮮朝日	1926-11-24/1	03단	火葬と土葬の費用の差を衛生課が調査
135016	朝鮮朝日	1926-11-24/1	04단	平壤陸軍機釜山を通過/大邱に着陸八機は出發
135017	朝鮮朝日	1926-11-24/1	04단	年內に實現する/京城放送局準備全く整ひ創立總會を開いて總ての膳立をする
135018	朝鮮朝日	1926-11-24/1	04단	道立醫院の設計が竣成最新式の試み//八機打揃ひ平壤に歸還
135019	朝鮮朝日	1926-11-24/1	05단	納稅組合の組織を奬勵京畿道廳員が率先して
135020	朝鮮朝日	1926-11-24/1	05단	利權屋たちの漁場取消を運動により復活の噂で漁業者達が激昂
135021	朝鮮朝日	1926-11-24/1	05단	三組も四組もブツかる程な神前結婚の増加朝鮮人間にも流行す
135022	朝鮮朝日	1926-11-24/1	06단	雁の聲
135023	朝鮮朝日	1926-11-24/1	06단	稻の香/佐藤魚雨
135024	朝鮮朝日	1926-11-24/1	06단	モヒ患者の收容所設置海州警察が
135025	朝鮮朝日	1926-11-24/1	07단	列車の顚覆死傷者は無い
135026	朝鮮朝日	1926-11-24/1	07단	射殺巡査に罰金百圓判決言渡
135027	朝鮮朝日	1926-11-24/1	07단	僞造銀貨を仁川で發見
135028	朝鮮朝日	1926-11-24/1	07단	韓建團員に懲役を言渡京城法院で
135029	朝鮮朝日	1926-11-24/1	07단	木浦の會合
135030	朝鮮朝日	1926-11-24/1	07단	爲替係りが行金を横領
135031	朝鮮朝日	1926-11-24/1	08단	不當利得の置屋にお灸營業を停止
135032	朝鮮朝日	1926-11-24/1	08단	釜山府議戰の不正が暴露替玉の選擧人が一割以上に達す/問題は愈よ擴大選擧無效の申立を提出

일련번호	판명	간행일	단수	기사명
135033	朝鮮朝日	1926-11-24/1	09단	裝塡中の銃が倒れて通行人を傷く
135034	朝鮮朝日	1926-11-24/1	09단	人(アーホツト博士/バーカー博士/藤原銀次郎氏(王子製紙社長)/伊藤正慶氏(同取締役)/高玄遞氏(能井村商埠局長)/竹內靜街氏(間島總領事館副領事)/大村卓一氏(鐵道局長)/澤尾務仍氏(雜誌社長)/全鮮女敎員內地視察團/米國力州聯人觀光團/額田李王職次官/松川釜山水上課長/村山慶南警察部長/前忠南知事/渡邊農務課長/池田本府水利課長)
135035	朝鮮朝日	1926-11-24/1	09단	湖南線行き(四)/地主の話/小作爭議が問題
135036	朝鮮朝日	1926-11-24/1	10단	半島茶話
135037	朝鮮朝日	1926-11-24/2	01단	牡丹臺野話
135038	朝鮮朝日	1926-11-24/2	01단	朝鮮に適した農業を授けて農業補習學校の內容充實を期す
135039	朝鮮朝日	1926-11-24/2	01단	計上された退職慰勞金淘汰のためでは無い
135040	朝鮮朝日	1926-11-24/2	01단	總督府認定治水河川は十四江と決定
135041	朝鮮朝日	1926-11-24/2	01단	社會課が勞働者紹介明年度から
135042	朝鮮朝日	1926-11-24/2	02단	各地だより(間島/朔洲)
135043	朝鮮朝日	1926-11-24/2	02단	土地改良家懇談會開催來月中旬に
135044	朝鮮朝日	1926-11-24/2	02단	總督府が朝鮮宣傳の繪葉書發行
135045	朝鮮朝日	1926-11-24/2	02단	協議員選擧各地の成績(松汀里/海州/咸興)
135046	朝鮮朝日	1926-11-24/2	02단	龍山中學が營內を見學二日に互り
135047	朝鮮朝日	1926-11-24/2	03단	龍山除隊式各部隊の
135048	朝鮮朝日	1926-11-24/2	03단	朝日勝繼碁戰/第卅二回(二)
135049	朝鮮朝日	1926-11-24/2	04단	運動系(木浦軍慘敗對鐵道野球戰/全鮮弓道大會木浦で擧行/老童庭球團馬山で組織/釜山府での公設運動場明年から着工/馬山軍復讎)
135050	朝鮮朝日	1926-11-25/1	01단	聖上御容態(二十四日)前日より御良好けふは各大臣御見舞申上る
135051	朝鮮朝日	1926-11-25/1	01단	舊府廳の敷地賣却が行惱む第一相互から逃げられ己むなく切賣りか
135052	朝鮮朝日	1926-11-25/1	01단	早くも噂されるボーナスの多寡時代の趨勢で上薄下厚警官は例年より高率
135053	朝鮮朝日	1926-11-25/1	02단	一機のみ無事歸還し殘る一機は不時着陸す
135054	朝鮮朝日	1926-11-25/1	02단	釜山府の伏兵山に隧道開鑿の計劃/工費五十萬圓で三ヶ年の繼續事業
135055	朝鮮朝日	1926-11-25/1	03단	私鐵買收の法案は目下作成中大村鐵道局長談
135056	朝鮮朝日	1926-11-25/1	03단	京城の金利協定率實施
135057	朝鮮朝日	1926-11-25/1	03단	標準米の査定會開催三十日から
135058	朝鮮朝日	1926-11-25/1	04단	また發見された樂浪の古器物壺や鏡や古い瓦何れも二千年以上のもの
135059	朝鮮朝日	1926-11-25/1	04단	鎭南浦電氣料金値下を非公式に發表

일련번호	판명	간행일	단수	기사명
135060	朝鮮朝日	1926-11-25/1	05단	秋晴れ/藤容ひろを
135061	朝鮮朝日	1926-11-25/1	05단	初府協議會平壤府の
135062	朝鮮朝日	1926-11-25/1	05단	當局も困る境界爭ひ蟾津江口の海態養殖場
135063	朝鮮朝日	1926-11-25/1	06단	九名の選手の眞劍に感激が湧きます窓越に泉水の囁きを聞いて野球を語る上內夫人
135064	朝鮮朝日	1926-11-25/1	06단	結核菌の混じる牛乳を發見人體にも感染するので徹底的に取締る
135065	朝鮮朝日	1926-11-25/1	06단	有夫の女の女中奉公が目立って增加
135066	朝鮮朝日	1926-11-25/1	07단	選擧取消申請內容當局の措置が注目さる
135067	朝鮮朝日	1926-11-25/1	07단	何でもかでも値下が出來ると電氣府營實現で平壤府當局が意氣込む/替玉選擧は私印僞造で嚴重に處分
135068	朝鮮朝日	1926-11-25/1	08단	府議員の當選者辭退事情が伏在
135069	朝鮮朝日	1926-11-25/1	08단	李堈公家が貸金の訴訟漁業權貸付の
135070	朝鮮朝日	1926-11-25/1	09단	火災昨年より減少す消火栓の增設計劃
135071	朝鮮朝日	1926-11-25/1	09단	人(米田京畿道知事/利田商銀頭取、石塚本府技師/李學務局長/渡邊全北知事/算光顯氏(日本ソイ・エム・シー・エー總主事)/フエルフス氏(同上名春主事)/島原鐵造氏(京城一銀支店長)/天日常次郎氏(京城實業家)/朴相駿氏(江原道知事)/木村丈夫氏(畫家))
135072	朝鮮朝日	1926-11-25/1	09단	御注意
135073	朝鮮朝日	1926-11-25/1	09단	湖南線行き(五)/裡里/住めば都の感じ
135074	朝鮮朝日	1926-11-25/1	10단	半島茶話
135075	朝鮮朝日	1926-11-25/2	01단	牡丹臺野話
135076	朝鮮朝日	1926-11-25/2	01단	多數官民參列し木浦共進會の褒賞授與式は終る
135077	朝鮮朝日	1926-11-25/2	01단	手ぐすねひき年末を待つ各郵便局
135078	朝鮮朝日	1926-11-25/2	01단	賣行の良い刑務所製品マークを捺して區別す
135079	朝鮮朝日	1926-11-25/2	02단	新聞懇話會迎送會開催
135080	朝鮮朝日	1926-11-25/2	02단	除隊兵士の歸省で賑ふ釜山の棧橋
135081	朝鮮朝日	1926-11-25/2	03단	損な立場にある朝鮮米の格上商習慣以外理由は無い天日常次郎氏語る
135082	朝鮮朝日	1926-11-25/2	03단	朝日勝繼碁戰/第卅二回(三)
135083	朝鮮朝日	1926-11-25/2	04단	世界一周團三百餘名が京城を見物
135084	朝鮮朝日	1926-11-25/2	04단	運動界(木浦野球戰二十三日擧行)
135085	朝鮮朝日	1926-11-25/2	04단	喫茶室
135086	朝鮮朝日	1926-11-26/1	01단	鍊買出漁民の査證を淸津でやって貰ひ度いと總督府が領事に交涉
135087	朝鮮朝日	1926-11-26/1	01단	安價に水利を供給するために地下水の利用を專門的に研究する
135088	朝鮮朝日	1926-11-26/1	01단	安東防穀令いよいよ撤廢

일련번호	판명	간행일	단수	기사명
135089	朝鮮朝日	1926-11-26/1	01단	咸南名物の公魚の養殖成績が良好
135090	朝鮮朝日	1926-11-26/1	01단	渡航鮮人の取締を緩和素質の良いのは許可す
135091	朝鮮朝日	1926-11-26/1	02단	慶南道の鷺繭實收高一萬六百石
135092	朝鮮朝日	1926-11-26/1	02단	景品つきだ、やれ福引だと奥さん連の心を睃る/歳末各商店の苦心とりどり今年は昨年より二割方廉い
135093	朝鮮朝日	1926-11-26/1	03단	法律上の解釋は明言出來ぬ和田知事談/選擧取消は不能らしい/替玉容疑者取調が進捗
135094	朝鮮朝日	1926-11-26/1	03단	短歌/橋田東聲選
135095	朝鮮朝日	1926-11-26/1	04단	木浦府民の歡迎を受け各取艦歸保
135096	朝鮮朝日	1926-11-26/1	04단	木浦共進會好成績で目出度く終了
135097	朝鮮朝日	1926-11-26/1	05단	頹廢的な現代の文學は大嫌ひと餘念もなく古典を繙くタイピスト茨木辰子さん
135098	朝鮮朝日	1926-11-26/1	06단	自動車火事運轉手重傷
135099	朝鮮朝日	1926-11-26/1	06단	不時着機は解體の上で平壤に輸送
135100	朝鮮朝日	1926-11-26/1	06단	朝鮮の河川が初めて確認さる審議中の河川令は十二月中旬に發布
135101	朝鮮朝日	1926-11-26/1	06단	年末の休みに溫泉に浸る人へ鐵道局が汽車賃割引二週間位の期間で
135102	朝鮮朝日	1926-11-26/1	07단	一萬圓の米豆詐取紳士風の男が
135103	朝鮮朝日	1926-11-26/1	08단	朔州溫泉設備を整へて客を待つ
135104	朝鮮朝日	1926-11-26/1	08단	毎月受ける僅かな俸給を貯蓄して實家の母へ送る表彰された兵士伊藤信雄君
135105	朝鮮朝日	1926-11-26/1	08단	自轉車競走の女流選手を誘拐した男釜山で御用
135106	朝鮮朝日	1926-11-26/1	08단	元看守が京城で竊盜釜山で手配
135107	朝鮮朝日	1926-11-26/1	08단	詐欺男逮捕二人連れの
135108	朝鮮朝日	1926-11-26/1	09단	慶北沖合で大鯨が大敷網に掛る
135109	朝鮮朝日	1926-11-26/1	09단	强盜が縊死自責して
135110	朝鮮朝日	1926-11-26/1	09단	三百名の馬賊團鮮內潜入をもくろむ
135111	朝鮮朝日	1926-11-26/1	09단	藝妓二名を引連れ逃亡釜山で取押
135112	朝鮮朝日	1926-11-26/1	10단	坑夫二名が卽死を遂ぐ天井墜落で
135113	朝鮮朝日	1926-11-26/1	10단	女優が拘留春を賣って
135114	朝鮮朝日	1926-11-26/1	10단	會(林野調査打合會/穀物檢查查定會/京畿道評議會/水利事業懇談會)
135115	朝鮮朝日	1926-11-26/1	10단	人(三浦書氏(日本製群理事)/三井榮長氏(總督府技師)/石塚駿氏(總督府技師)/田中明氏(總督府技師)/石塚惠吉男)
135116	朝鮮朝日	1926-11-26/1	10단	半島茶話
135117	朝鮮朝日	1926-11-26/2	01단	間伐を行ひ焚木を紛與樹木の成長を妨げる鮮人の伐採を防ぐべく本府造林課が計劃
135118	朝鮮朝日	1926-11-26/2	01단	四等米の廢止鮮米擁護の上から必要

일련번호	판명	간행일	단수	기사명
135119	朝鮮朝日	1926-11-26/2	01단	粉炭から高麗炭廉くて便利で歡迎さる
135120	朝鮮朝日	1926-11-26/2	01단	島根縣が鮮牛移入を防止するか
135121	朝鮮朝日	1926-11-26/2	02단	京電運轉の回數が增加停留所半減で
135122	朝鮮朝日	1926-11-26/2	02단	道立醫院新義州分院一日から開院
135123	朝鮮朝日	1926-11-26/2	02단	大邱聯隊の滿期除隊兵五百八十名
135124	朝鮮朝日	1926-11-26/2	02단	守備隊の入營期日は目下審議中
135125	朝鮮朝日	1926-11-26/2	03단	消火栓增設京城府內に
135126	朝鮮朝日	1926-11-26/2	03단	運動界(スケート全日本選手權大會を鴨綠江で擧行/養正校勝つ二十哩リレー/東大門にスケート場京電が設置)
135127	朝鮮朝日	1926-11-26/2	03단	一女性の舊圖に刺戟され堆肥の製造に一生懸命百四十六戶の全部落民が咸南甲山模範里の出來事
135128	朝鮮朝日	1926-11-26/2	03단	朝日勝繼碁戰/第卅二回(四)
135129	朝鮮朝日	1926-11-26/2	04단	喫茶室(火つけ役は中野知事ダ)
135130	朝鮮朝日	1926-11-27		缺號
135131	朝鮮朝日	1926-11-28/1	01단	御疲れる忘れ給ひ御看護遊される星后宮の御有樣はまことに畏れ多い一木宮相謹みて語る/幾分御輕快
135132	朝鮮朝日	1926-11-28/1	01단	現代法では私鐵の買收は困難な點があり近く單行法を發布
135133	朝鮮朝日	1926-11-28/1	01단	國境郵便局員の辛酸(2)/四六時銃を執って妻女と交替し漸く睡眠をとるといふ隱れたる辛苦ぶり
135134	朝鮮朝日	1926-11-28/1	02단	金融機關取締明年から實施
135135	朝鮮朝日	1926-11-28/1	02단	和田慶南知事が京畿道に入り平井學務の知事就任が巷間頻りに傳はる
135136	朝鮮朝日	1926-11-28/1	03단	辭令(東京電話)
135137	朝鮮朝日	1926-11-28/1	03단	鮮米格付の意見書堂島に提出總督府から
135138	朝鮮朝日	1926-11-28/1	03단	短文/秋
135139	朝鮮朝日	1926-11-28/1	04단	選擧無效の訴訟を提出次點者から京城府議戰の餘沫
135140	朝鮮朝日	1926-11-28/1	04단	ローマ字の投票を無效浦項面議選擧の紛糾
135141	朝鮮朝日	1926-11-28/1	04단	乾燥の惡い咸南米檢査が通らず出廻りが少い
135142	朝鮮朝日	1926-11-28/1	05단	耳を揃へて三十萬圓の稅金を納入ス石油社が
135143	朝鮮朝日	1926-11-28/1	05단	土地所有者たる鮮人を招き水利事業の必要を理解せしぬる計劃
135144	朝鮮朝日	1926-11-28/1	05단	平南大同の小作爭議は署長に一任
135145	朝鮮朝日	1926-11-28/1	05단	洋服職工愈よ盟休賃金値上を拒絕されて
135146	朝鮮朝日	1926-11-28/1	05단	第三高女に猩紅熱發生小學校にも患者が續出
135147	朝鮮朝日	1926-11-28/1	06단	ちらほらと鴨江の結氷盛なる流氷
135148	朝鮮朝日	1926-11-28/1	06단	社會運動者の黑表を添付裁判所にも
135149	朝鮮朝日	1926-11-28/1	06단	私刑事件の外人が退鮮
135150	朝鮮朝日	1926-11-28/1	06단	警察官の丸腰は眞平御免だ服裝改正に議論多く未だ決定せぬ模樣

일련번호	판명	간행일	단수	기사명
135151	朝鮮朝日	1926-11-28/1	06단	帽爾山に大馬賊頻りに出沒
135152	朝鮮朝日	1926-11-28/1	07단	證人を殺した巡査の公判三年を求刑
135153	朝鮮朝日	1926-11-28/1	07단	本夫殺しに死刑の判決
135154	朝鮮朝日	1926-11-28/1	07단	亂暴な人妻夫を嚙殺す新義州で逮捕
135155	朝鮮朝日	1926-11-28/1	07단	空家に巢喰ふ不良の一團六名を逮捕
135156	朝鮮朝日	1926-11-28/1	08단	平壤官憲が頻に緊張重大犯人の彈丸を嚴探
135157	朝鮮朝日	1926-11-28/1	08단	近く京城で糺彈の演說會退營されられた鮮人士官寒さを前に困惑
135158	朝鮮朝日	1926-11-28/1	08단	寫眞用の鏡玉を密輸列車內で發見
135159	朝鮮朝日	1926-11-28/1	08단	硫酸キ二ネをモヒと偽り支那人に密賣
135160	朝鮮朝日	1926-11-28/1	09단	雁の聲
135161	朝鮮朝日	1926-11-28/1	09단	專賣局の倉庫が燒く大した損害は無いらし
135162	朝鮮朝日	1926-11-28/1	09단	釜山牧の島渡航と漁航棧橋で衝突婦人が負傷
135163	朝鮮朝日	1926-11-28/1	09단	會(高商辯論大會/音樂演奏會/慶南水産研究會/朝鮮汽船試乘會)
135164	朝鮮朝日	1926-11-28/1	10단	人(安達房次郎氏(總督府開墾課長)/池田恭次郎氏(同水利課長)/岡崎折郎氏(同商工課長)/杉村逸攄氏(釜山地方法院檢事正)/村山慶南警察部長/宮部敬治氏(前京日副社長)/玉井莊爭畵伯/金藤壽良氏(支那陸軍中將))
135165	朝鮮朝日	1926-11-28/1	10단	半島茶話
135166	朝鮮朝日	1926-11-28/2	01단	牡丹臺野話
135167	朝鮮朝日	1926-11-28/2	01단	內地資本家が朝鮮の土地への投資熱は頻る旺勢/安達開墾課長視察談
135168	朝鮮朝日	1926-11-28/2	01단	鎭南浦の電燈料値下二十三日發表
135169	朝鮮朝日	1926-11-28/2	01단	鮮人たちの間島移住がだんだん增加
135170	朝鮮朝日	1926-11-28/2	02단	古切符姿を變へ市場に賣出婦人達に好評
135171	朝鮮朝日	1926-11-28/2	02단	水利技術員五名を增員平南農務課が
135172	朝鮮朝日	1926-11-28/2	03단	物産協會が苹果運賃の低減を陳情
135173	朝鮮朝日	1926-11-28/2	03단	平壤飛行隊除隊式擧行
135174	朝鮮朝日	1926-11-28/2	03단	朝日勝繼碁戰/第卅二回(六)
135175	朝鮮朝日	1926-11-28/2	04단	演藝界(照る日くもる日)
135176	朝鮮朝日	1926-11-28/2	04단	運動界(全鮮中等校柔劍道大會/鷄林軍勝つ)
135177	朝鮮朝日	1926-11-28/2	04단	喫茶室(南米倉町の惡路)
135178	朝鮮朝日	1926-11-30/1	01단	就學希望者の收容に惱む京城の普校の貧弱取敢へず二十六學級增設
135179	朝鮮朝日	1926-11-30/1	01단	合併の私案を京取が示す仁取との合併はたゞ時期の問題か
135180	朝鮮朝日	1926-11-30/1	01단	木浦港の鮮米移出高新記錄を作る
135181	朝鮮朝日	1926-11-30/1	01단	醴泉まで慶北線延長起工は明年
135182	朝鮮朝日	1926-11-30/1	01단	平壤署のみ新築を認容明年豫算に
135183	朝鮮朝日	1926-11-30/1	01단	慶東沿線の稻作が豐況出廻增加す

일련번호	판명	간행일	단수	기사명
135184	朝鮮朝日	1926-11-30/1	02단	平壤市內の小學生達が御平癒を祈願
135185	朝鮮朝日	1926-11-30/1	02단	聖上御不例の御見舞電送京城府議會が
135186	朝鮮朝日	1926-11-30/1	03단	榮轉說を打消す和田慶南知事
135187	朝鮮朝日	1926-11-30/1	03단	穀物出廻と利子引下で米資金融通額が膨脹す
135188	朝鮮朝日	1926-11-30/1	03단	水産試驗御自慢の改良漁船みさど丸鰯漁業に成功する
135189	朝鮮朝日	1926-11-30/1	03단	一寸姿が見えぬともう應接室でピアノのキーを叩くといふ音樂熱心の上村康子さん今年丁度二八の花盛り
135190	朝鮮朝日	1926-11-30/1	04단	安東局の市外電話の擴張を行ふ
135191	朝鮮朝日	1926-11-30/1	04단	鮮人職業紹介所を釜山に設立か總督府が豫算に計上經費四萬圓餘で
135192	朝鮮朝日	1926-11-30/1	05단	平壤飛行隊に戰鬪機增設/取敢へず二機
135193	朝鮮朝日	1926-11-30/1	05단	朝鮮水電は五分の配當二十九日總會
135194	朝鮮朝日	1926-11-30/1	05단	寒さに入って圖書館が賑ふ/防寒かたがたプロ連の讀書者が殖えて
135195	朝鮮朝日	1926-11-30/1	05단	不正投票者の處罰は好まぬ警察側の意向　自治訓練の機關だから
135196	朝鮮朝日	1926-11-30/1	06단	鶴橋成平間瓦斯軌道車いよいよ開通
135197	朝鮮朝日	1926-11-30/1	06단	電氣府營の期成會解散目的を達し
135198	朝鮮朝日	1926-11-30/1	06단	鄭議員は有資格者と府當局明言
135199	朝鮮朝日	1926-11-30/1	07단	選擧やり直しをやるかも知れぬ替玉投票問題で和田慶南知事語る/不正投票の五名は起訴檢事局送り
135200	朝鮮朝日	1926-11-30/1	07단	俳句/鈴木花蓑選
135201	朝鮮朝日	1926-11-30/1	07단	平南道で釀造品評會開催の計劃
135202	朝鮮朝日	1926-11-30/1	07단	朝鮮式の改良屋根/郵便所長の馬郡氏發明
135203	朝鮮朝日	1926-11-30/1	07단	世界一周團京城を視察
135204	朝鮮朝日	1926-11-30/1	08단	總督府のボーナス二十日ごろ
135205	朝鮮朝日	1926-11-30/1	08단	肉食妻帶を許して欲しいと寺法改正の訴へが各寺院間に擡頭
135206	朝鮮朝日	1926-11-30/1	08단	猩紅熱が平壤に發生豫防に努力中
135207	朝鮮朝日	1926-11-30/1	08단	盟休した洋服職工の要求の內容
135208	朝鮮朝日	1926-11-30/1	09단	銃器所持を嚴重に取締違反者は處罰
135209	朝鮮朝日	1926-11-30/1	09단	陽德面民が面長を排斥道に陳情す
135210	朝鮮朝日	1926-11-30/1	09단	山中から拳銃を發見所持者は不明
135211	朝鮮朝日	1926-11-30/1	09단	少女の轢死草梁踏切で
135212	朝鮮朝日	1926-11-30/1	10단	實弟を毆り卽死せしむ
135213	朝鮮朝日	1926-11-30/1	10단	會(堀少將招宴/酒稅講習會/學校組合會議)
135214	朝鮮朝日	1926-11-30/1	10단	人(ペン氏一行/魚潭氏(元李王職持從武官)/韓銀命氏(慶南保安課長)/李學務局長/前田濟州島司/三井本府技師/和田知事/岡本釜山署長/松村鎭海要塞司令官/村橋勇氏(新任平壤憲兵分隊長)/アートウツド博士/當藤堂々男氏(平壤飛行聯隊長)/大村總督府鐵道局長/劉海鎭氏(李王職典紀))

일련번호	판명	간행일	단수	기사명
135215	朝鮮朝日	1926-11-30/1	10단	半島茶話
135216	朝鮮朝日	1926-11-30/2	01단	牡丹臺野話
135217	朝鮮朝日	1926-11-30/2	01단	千名を超える多人數の總督府のお臺所一ケ月に七十萬圓暖房用の石炭が一日に七噸
135218	朝鮮朝日	1926-11-30/2	01단	穩健になって來た朝鮮の社會運動內地留學生が主唱/どれだけの刺戟を與へるか
135219	朝鮮朝日	1926-11-30/2	01단	共進會中の木浦驛下車五萬人乘車二萬人
135220	朝鮮朝日	1926-11-30/2	01단	北海道に鮮米を宣傳方針を變へ
135221	朝鮮朝日	1926-11-30/2	02단	米の出廻が一時に殖え叺が暴騰す
135222	朝鮮朝日	1926-11-30/2	02단	林木聯合會解散に決す內部の暗鬪で
135223	朝鮮朝日	1926-11-30/2	02단	判檢事が思想問題の研究を始む
135224	朝鮮朝日	1926-11-30/2	03단	各地だより(裡里/大田/間島)
135225	朝鮮朝日	1926-11-30/2	03단	警部試驗の合格者發表
135226	朝鮮朝日	1926-11-30/2	03단	朝日勝繼碁戰/第卅二回(七)
135227	朝鮮朝日	1926-11-30/2	03단	雁の聲
135228	朝鮮朝日	1926-11-30/2	04단	郡衙落成式黃海道瑞興の
135229	朝鮮朝日	1926-11-30/2	04단	喫茶室(白雪降る間島へ)

1926년 12월 (조선아사히)

일련번호	판명	간행일	단수	기사명
135230	朝鮮朝日	1926-12-01		休刊
135231	朝鮮朝日	1926-12-02/1	01단	米の投賣に農務課が大心配/何とか阻止しようと對策を頻りと協議
135232	朝鮮朝日	1926-12-02/1	01단	生れ出でた京城放送局/役員が決定
135233	朝鮮朝日	1926-12-02/1	01단	富永氏が榮轉の噂/黃海道知事に
135234	朝鮮朝日	1926-12-02/1	01단	平北道評議會一月に延期稅目異動で
135235	朝鮮朝日	1926-12-02/1	01단	一日の官報で王公家軌範いよいよ發布二十一日より實施
135236	朝鮮朝日	1926-12-02/1	02단	濟州島通ひ汽船の競爭/新會社對手に
135237	朝鮮朝日	1926-12-02/1	02단	重量取引問題で議論が沸騰した/標準米の査定會議
135238	朝鮮朝日	1926-12-02/1	03단	竣工した信川郡廳舍工費一萬餘圓
135239	朝鮮朝日	1926-12-02/1	04단	四等米廢止木浦は反對/三等米の名聲を落すと
135240	朝鮮朝日	1926-12-02/1	04단	御不例以來朝鮮神宮の參詣者激增/雨を冒して御平癒を祈る釜山在鄕軍人
135241	朝鮮朝日	1926-12-02/1	04단	鎭海要港部將校の異動
135242	朝鮮朝日	1926-12-02/1	05단	京城の女學校愈よ五年制學校組合議員茶話會で滿場一致可決す
135243	朝鮮朝日	1926-12-02/1	05단	釜山病院に博士二名を增員する
135244	朝鮮朝日	1926-12-02/1	05단	例年に見ぬ京城の暖さ攝氏四度內外
135245	朝鮮朝日	1926-12-02/1	06단	大邱市內の歲末大賣出/景氣は盛ん
135246	朝鮮朝日	1926-12-02/1	06단	共進會で休んだ學校/漸く開校す
135247	朝鮮朝日	1926-12-02/1	06단	洋服職工の盟休騷ぎは持久戰に入る
135248	朝鮮朝日	1926-12-02/1	06단	平北漁業の重役取調/社金費消で
135249	朝鮮朝日	1926-12-02/1	07단	吳醫師が公娼廢止の期成會組織
135250	朝鮮朝日	1926-12-02/1	07단	浦項面議の異議申立は理由薄弱で採納せず
135251	朝鮮朝日	1926-12-02/1	07단	東萊に巢喰ふ癩患者の群れ相助會を組織し共產的の生活をなす補助金交付は却下さる/癩病院の擴張 有志の寄附で
135252	朝鮮朝日	1926-12-02/1	07단	岸和田の朝鮮村で純朝鮮式の結婚/花聟は紫の着物花嫁は眞紅な緋の衣/內鮮の見物で人の山
135253	朝鮮朝日	1926-12-02/1	08단	賭場の夜嵐內鮮人達を一網打盡に
135254	朝鮮朝日	1926-12-02/1	08단	移住鮮人を匪賊が銃殺/支那官憲が現場に急行
135255	朝鮮朝日	1926-12-02/1	09단	國境對岸に馬賊が出沒/咸北警察部警戒に努む
135256	朝鮮朝日	1926-12-02/1	09단	二人殺犯行を自白
135257	朝鮮朝日	1926-12-02/1	09단	公金費消の中村軍曹は軍法會議送り
135258	朝鮮朝日	1926-12-02/1	09단	結婚を嫌ひ戀人と駈落/釜山で發見
135259	朝鮮朝日	1926-12-02/1	09단	不正漁者に懲役と罰金それぞれ言渡
135260	朝鮮朝日	1926-12-02/1	10단	漁期に入り不正漁者の爆藥密輸を慶北が取締
135261	朝鮮朝日	1926-12-02/1	10단	會(大邱商議評議會/酒造講習會/穀物商會議/大邱圍碁大會)

일련번호	판명	간행일	단수	기사명
135262	朝鮮朝日	1926-12-02/1	10단	人(犬塚司令官/松尾利原校長/床仁變氏(平北茂山郡守)/持永毒兵大佐(羅南憲本附)/大家大佐(七十三聯隊長)/中島圓吉氏(東京如島銀行重役)/松井房次郎氏(慶南內務部長)/林仙之小將(朝鮮軍參謀將))
135263	朝鮮朝日	1926-12-02/1	10단	半島茶話
135264	朝鮮朝日	1926-12-02/2	01단	洋琴のメロデーに少女の夢を追ふ靜な趣味に生きる淑やかな井村文子さん
135265	朝鮮朝日	1926-12-02/2	01단	新義州港の客月貿易高/三百二十萬圓
135266	朝鮮朝日	1926-12-02/2	01단	授産部を釜山に新設/局員家族の工場を設く
135267	朝鮮朝日	1926-12-02/2	01단	江界守備隊營舍の新築工事着々進む
135268	朝鮮朝日	1926-12-02/2	01단	初等先生を京師に集め講習會開催
135269	朝鮮朝日	1926-12-02/2	02단	元山商校の後援會組織/父兄有志が
135270	朝鮮朝日	1926-12-02/2	02단	豐殖會解散/當局から忌避されて
135271	朝鮮朝日	1926-12-02/2	02단	運動界(朝鮮初てのスキー大會元山で擧行/平場弓道會)
135272	朝鮮朝日	1926-12-02/2	03단	牡丹臺野話
135273	朝鮮朝日	1926-12-02/2	03단	朝日勝繼碁戰/第卅二回(九)
135274	朝鮮朝日	1926-12-02/2	04단	演藝界(活寫館落成元山唯一の/情熱の浮沈/消防劇)
135275	朝鮮朝日	1926-12-02/2	04단	喫茶室(債券の悲喜劇が信ぜぬ)
135276	朝鮮朝日	1926-12-03		缺號
135277	朝鮮朝日	1926-12-04/1	01단	配偶關係から見た內鮮人の融和振り一年間に五百組を突破鮮人の入智もある
135278	朝鮮朝日	1926-12-04/1	01단	水産組合員への資金の貸出を組合が實行するやう總督府に建議
135279	朝鮮朝日	1926-12-04/1	01단	王公家軌範(承前)
135280	朝鮮朝日	1926-12-04/1	02단	朝鮮水産會臨時總會六月から開催
135281	朝鮮朝日	1926-12-04/1	03단	*神前に額づき御平癒を祈原 南浦の生徒達/大邱府民も祈願*
135282	朝鮮朝日	1926-12-04/1	03단	白米布袋の重量取引を滿場一致要望
135283	朝鮮朝日	1926-12-04/1	03단	驛屯土納金の取立が嚴重と小作人達が恨む
135284	朝鮮朝日	1926-12-04/1	04단	鮮銀支店の廢止は訛傳/當局が打消す
135285	朝鮮朝日	1926-12-04/1	04단	咸北道の杞柳細工が好評を博す
135286	朝鮮朝日	1926-12-04/1	04단	平電賣渡を總會に附議/反對者もあったが可決
135287	朝鮮朝日	1926-12-04/1	05단	不逞團掃伐に協力した住民の死傷者に對する給與規定を發布
135288	朝鮮朝日	1926-12-04/1	05단	短歌/橋田東聲選
135289	朝鮮朝日	1926-12-04/1	06단	平壤電車の寺洞延長は愈よ實行か
135290	朝鮮朝日	1926-12-04/1	06단	濟州汽船割込みで朝鮮京阪間運賃の下落
135291	朝鮮朝日	1926-12-04/1	06단	女王の惱み/細井肇作/近日連載
135292	朝鮮朝日	1926-12-04/1	06단	水南極洞間開通す汽車を見んと見物殺到
135293	朝鮮朝日	1926-12-04/1	07단	守備隊の入營は年に二度の制度/兵力の不足するを補ふための方策

일련번호	판명	간행일	단수	기사명
135294	朝鮮朝日	1926-12-04/1	07단	京城放送局事務所移轉/新築局舍に
135295	朝鮮朝日	1926-12-04/1	07단	女性解放を叫んで結黨/安州の女工
135296	朝鮮朝日	1926-12-04/1	07단	數十萬圓は大きな間違/一圓銀貨を五百枚發見
135297	朝鮮朝日	1926-12-04/1	08단	大邱府徽章當選者決定
135298	朝鮮朝日	1926-12-04/1	08단	咸興署管內猩紅熱患者九名に達す
135299	朝鮮朝日	1926-12-04/1	08단	京城水道の人夫の盟休/無事に解決
135300	朝鮮朝日	1926-12-04/1	09단	三十餘頭の豚が頓死す梅干を食し
135301	朝鮮朝日	1926-12-04/1	09단	雪降る中での隧道の工事は眞つ平御免だと日窒肥料工事人夫の應募者が滅法少ない
135302	朝鮮朝日	1926-12-04/1	09단	釜山の火事二戶を燒失
135303	朝鮮朝日	1926-12-04/1	09단	會(咸南財務主任會/新義州府初協議會/鎭南浦商議評議會/平北郡■講習會)
135304	朝鮮朝日	1926-12-04/1	10단	賭博犯人/珠數つなぎ十九名を逮捕
135305	朝鮮朝日	1926-12-04/1	10단	外泊證を兵士が僞造/遊廓を迂路つく
135306	朝鮮朝日	1926-12-04/1	10단	竊盜犯逮捕/遊廓で豪遊中
135307	朝鮮朝日	1926-12-04/1	10단	人(齋藤總督/長澤直太郎中將)
135308	朝鮮朝日	1926-12-04/1	10단	半島茶話
135309	朝鮮朝日	1926-12-04/2	01단	雁の聲
135310	朝鮮朝日	1926-12-04/2	01단	卒業生の賣行醫專を除いては專門學校は駄目/中等學校は好成績
135311	朝鮮朝日	1926-12-04/2	01단	平元線の繰延は難工事が多いから
135312	朝鮮朝日	1926-12-04/2	01단	平南の豫算/二百萬圓程度に削減か
135313	朝鮮朝日	1926-12-04/2	01단	民事訴訟が大增加/不景氣の爲
135314	朝鮮朝日	1926-12-04/2	02단	支那勞働者續々歸國す/結氷迫って
135315	朝鮮朝日	1926-12-04/2	02단	咸南國境の巡回施療を道が計劃
135316	朝鮮朝日	1926-12-04/2	02단	間島移住を防止すべく當局が研究
135317	朝鮮朝日	1926-12-04/2	03단	龍山砲兵隊現地戰術の研究を行ふ
135318	朝鮮朝日	1926-12-04/2	03단	平壤署が水管車購入/消防手も增員
135319	朝鮮朝日	1926-12-04/2	03단	朝日勝繼碁戰/第卅二回(十一)
135320	朝鮮朝日	1926-12-04/2	04단	滿洲鑛藥社配當年一割
135321	朝鮮朝日	1926-12-04/2	04단	平壤府が小學校增設/更に一校を
135322	朝鮮朝日	1926-12-04/2	04단	南市小學校認可
135323	朝鮮朝日	1926-12-04/2	04단	喫茶室(來年度のはなし)
135324	朝鮮朝日	1926-12-05		缺號
135325	朝鮮朝日	1926-12-07/1	01단	よし議會が解散しても朝鮮統治の大方針は決して變らぬから旣定方針を進めるだけさ/齋藤總督上機嫌に語る
135326	朝鮮朝日	1926-12-07/1	01단	向ふ五ケ年間に各郡に一校づゝ實業補習校を設置/普通の學校も課目を課す
135327	朝鮮朝日	1926-12-07/1	01단	御眞影の奉安所設置/咸興小學校創立記念に

일련번호	판명	간행일	단수	기사명
135328	朝鮮朝日	1926-12-07/1	01단	王公家軌範(承前)
135329	朝鮮朝日	1926-12-07/1	02단	平壤醫專を設立の決心靑木知事出城
135330	朝鮮朝日	1926-12-07/1	03단	棉價慘落の打擊は激甚/全南の金融極度に梗塞/納稅期が憂慮さる
135331	朝鮮朝日	1926-12-07/1	03단	御平癒祈願祭
135332	朝鮮朝日	1926-12-07/1	04단	大羽鰯漁業成績
135333	朝鮮朝日	1926-12-07/1	04단	莞島の海苔/旣に出始む
135334	朝鮮朝日	1926-12-07/1	04단	內地需要の八割を占む鮮産スッポン
135335	朝鮮朝日	1926-12-07/1	05단	大邱府御平癒祈願祭
135336	朝鮮朝日	1926-12-07/1	05단	徒らに握潰はしないと蔚山當局辯明
135337	朝鮮朝日	1926-12-07/1	05단	至るの處朝鮮の人達の教育熱の旺盛には全く驚かされた/南鮮を視察の湯淺氏語る
135338	朝鮮朝日	1926-12-07/1	06단	職工の怠業ますます惡化
135339	朝鮮朝日	1926-12-07/1	06단	移出は減じ移入が增加/元山對內貿易
135340	朝鮮朝日	1926-12-07/1	07단	肺疫の疑ある畜牛を多數發見 平南孟山郡地方で衛生課狼狽 豫防に懸命/發生期に入り牛疫豫防に懸命の平南道
135341	朝鮮朝日	1926-12-07/1	07단	普校生が校長排斥/盟休を企つ
135342	朝鮮朝日	1926-12-07/1	07단	俳句/鈴木花蓑選
135343	朝鮮朝日	1926-12-07/1	07단	辯護士團が事實を指摘當局に迫る 京城府議戰紛糾/替玉投票で檢事が活動 京城府議戰の
135344	朝鮮朝日	1926-12-07/1	08단	零下十二度/新義州の寒さ
135345	朝鮮朝日	1926-12-07/1	08단	饘體を突付當豪を脅迫金品を强奪す
135346	朝鮮朝日	1926-12-07/1	08단	逃走中の强盜犯逮捕/鮮魚行商中
135347	朝鮮朝日	1926-12-07/1	08단	四十餘年の大部分を暮したなつかしい日木に別れ老齡故國に去る領事/生字引の綽名ある日本通
135348	朝鮮朝日	1926-12-07/1	09단	小學校長を襲うた强盜/安東で逮捕
135349	朝鮮朝日	1926-12-07/1	09단	モヒ密賣の犯人を逮捕
135350	朝鮮朝日	1926-12-07/1	10단	會(佛教團評議會/殉職警官追悼會/內地旅行報告會/司令官一行送別會/淺利局長披露宴/新築落城披露宴/警官記者懇親會/大邱府名刺交換會)
135351	朝鮮朝日	1926-12-07/1	10단	人(齋藤總督/岡本蚤中校長/西崎鶴太郎氏(鎭南浦實業家)/守屋榮夫氏(社會局社會部長)/遠藤眞一氏(醫學博士))
135352	朝鮮朝日	1926-12-07/1	10단	半島茶話
135353	朝鮮朝日	1926-12-07/2	01단	仕立上った時が一番嬉しいと一寸の暇も惜んで縫を動か針す明渡澄子さん
135354	朝鮮朝日	1926-12-07/2	01단	十四年度水産高一億四千萬貫でその價格五千萬圓/古來漁業の明太グチが減少
135355	朝鮮朝日	1926-12-07/2	01단	不登薄船に認めて欲い五十噸末滿の發動漁船を
135356	朝鮮朝日	1926-12-07/2	01단	仁川府の初府協議會活況を呈す

일련번호	판명	간행일	단수	기사명
135357	朝鮮朝日	1926-12-07/2	02단	萬國傳染病情報會議に二龜技師出席
135358	朝鮮朝日	1926-12-07/2	02단	牡丹臺野話
135359	朝鮮朝日	1926-12-07/2	03단	鎭海の埋立/三十日認可
135360	朝鮮朝日	1926-12-07/2	03단	農事懇談會
135361	朝鮮朝日	1926-12-07/2	03단	生徒を連れての活動寫眞見物があんまり多過ぎると平壌で批難の聲
135362	朝鮮朝日	1926-12-07/2	04단	運動界(スキー講習一週間元山で)
135363	朝鮮朝日	1926-12-07/2	04단	各地片信(間島/光州/江界/寧邊/羅南/淸州/全州)
135364	朝鮮朝日	1926-12-08		缺號
135365	朝鮮朝日	1926-12-09/1	01단	集ったお金を朝鮮で使ふ/それが問題となり簡保實施は困難
135366	朝鮮朝日	1926-12-09/1	01단	難工事の多い平元線の完成は二十四年度に延期/大村鐵道局長の歸來談
135367	朝鮮朝日	1926-12-09/1	01단	永登浦起點の私鐵計劃/認可を申請
135368	朝鮮朝日	1926-12-09/1	01단	王公家軌範(承前)
135369	朝鮮朝日	1926-12-09/1	02단	平壌肉屋に肉薄せんと鬱陵島を移出
135370	朝鮮朝日	1926-12-09/1	03단	年々隆起する朝鮮內の河床/火田整理と禿山植林の緊急が唱道される
135371	朝鮮朝日	1926-12-09/1	05단	日露の海戰をスケッチして明治大帝の乙夜の御覽を賜はったといふ榮譽の畸人/ペンキ畫の巨匠早川さん
135372	朝鮮朝日	1926-12-09/1	05단	基地に困る京城が大火葬場を新設/簡易と安値が判り鮮人の火葬も漸增/重油使用の新式竈を設く
135373	朝鮮朝日	1926-12-09/1	05단	短歌/橋田東聲選
135374	朝鮮朝日	1926-12-09/1	06단	次から次へと文學書が出版/毎月二百冊を突破すぐ消へる三文雜誌が多い
135375	朝鮮朝日	1926-12-09/1	06단	海苔漁場の紛爭/未解決で當業者大困り
135376	朝鮮朝日	1926-12-09/1	07단	一萬二千圓を張氏に寄附/女高普工費に
135377	朝鮮朝日	1926-12-09/1	07단	自轉車で世界一周家大邱に到着
135378	朝鮮朝日	1926-12-09/1	07단	警察官が拷問した田中大將狙擊犯敦圍く
135379	朝鮮朝日	1926-12-09/1	08단	全鮮の大荒れ各地とも風雪頻る/二十年來の大寒 平壌地方が/大邱は零下十度
135380	朝鮮朝日	1926-12-09/1	08단	四百五十の米國觀光團十一日入京
135381	朝鮮朝日	1926-12-09/1	08단	七十歲の老人も加り間島に移住
135382	朝鮮朝日	1926-12-09/1	09단	妾取戻しを領事に頼み正式に交渉
135383	朝鮮朝日	1926-12-09/1	09단	鍼首工復職で盟休は解決/大和印刷所の
135384	朝鮮朝日	1926-12-09/1	10단	支那料理屋五鐵錢の値下
135385	朝鮮朝日	1926-12-09/1	10단	飛降て轢死/無切符鮮人が
135386	朝鮮朝日	1926-12-09/1	10단	平壌の火事損害五萬圓
135387	朝鮮朝日	1926-12-09/1	10단	會(英領事送別會/全鮮中學校長會/警官記者合同忘年會)

일련번호	판명	간행일	단수	기사명
135388	朝鮮朝日	1926-12-09/1	10단	人(湯淺總監/加藤定吉氏(元代講士)/黑木吉郎氏(殖産局港務課長)/杉村陽太郎氏(國際聯盟事務次長)/澤永彦四郎氏(遞信局海事課長)/日夜春吉氏(慶南道會社係))
135389	朝鮮朝日	1926-12-09/1	10단	半島茶話
135390	朝鮮朝日	1926-12-09/2	01단	外國文學に讀耽り暇つぶしだとて白粉一つ使はぬ風變りな靜子さん
135391	朝鮮朝日	1926-12-09/2	01단	各國の學者を驚かした白萩防破砂力が偉大で綠肥がとれる福音
135392	朝鮮朝日	1926-12-09/2	01단	若い時一度流配さる六日蘿じた李氏の逸話
135393	朝鮮朝日	1926-12-09/2	01단	牡丹臺野話
135394	朝鮮朝日	1926-12-09/2	02단	朝鮮政治の考察使入京/執務振を視察
135395	朝鮮朝日	1926-12-09/2	03단	船舶法が通過せば內地と同樣/澤永課長談
135396	朝鮮朝日	1926-12-09/2	03단	第卅三回朝日勝繼碁戰(一)
135397	朝鮮朝日	1926-12-09/2	04단	宮三面農民に東拓が同情/種籾不足の對策を考究
135398	朝鮮朝日	1926-12-09/2	04단	京城天然氷五分の配當
135399	朝鮮朝日	1926-12-09/2	04단	喫茶室(阪井鮮銀の活劇)
135400	朝鮮朝日	1926-12-10/1	01단	氣管支肺炎の御病狀を拜す御食量は御減少/聖上陛下御容態
135401	朝鮮朝日	1926-12-10/1	01단	河川の改修で沿岸の住民に損害を與へる憂へあり當局者對策に腐心
135402	朝鮮朝日	1926-12-10/1	01단	金が無くては宗教も振はぬ最近基督教が衰へ佛敎各派が目覺しく發展/朝鮮宗敎界の遷り戀り
135403	朝鮮朝日	1926-12-10/1	01단	王公家軌範(承前)
135404	朝鮮朝日	1926-12-10/1	03단	海軍界漸く活況/米の出廻で
135405	朝鮮朝日	1926-12-10/1	03단	大阪地方の有志を招待/朝鮮宣傳に總督が懇談
135406	朝鮮朝日	1926-12-10/1	04단	農事改良低資融通全鮮各道に
135407	朝鮮朝日	1926-12-10/1	04단	慶州公園設置費/寄附金募集には大海大朝の兩社が提携して努力する
135408	朝鮮朝日	1926-12-10/1	04단	朝鮮産の苹果が好評/上海地方で
135409	朝鮮朝日	1926-12-10/1	04단	南滿校生が總督府訪問/廢校反對の諒解を求む
135410	朝鮮朝日	1926-12-10/1	04단	水産會の建議案總督府に提出
135411	朝鮮朝日	1926-12-10/1	05단	點燈時延長/大興電氣が
135412	朝鮮朝日	1926-12-10/1	05단	俳句/鈴木花蓑選
135413	朝鮮朝日	1926-12-10/1	05단	公娼廢止の反對宣傳を東京營業者から飛檄
135414	朝鮮朝日	1926-12-10/1	05단	矢頭議員への辭職勸告から釜山初府協議會替玉問題で紛擾
135415	朝鮮朝日	1926-12-10/1	06단	寒さを冒して警官隊の演習/全鮮嘗て無き大仕掛良好な成績を收む
135416	朝鮮朝日	1926-12-10/1	06단	辭令(東京電話)
135417	朝鮮朝日	1926-12-10/1	06단	賀陽宮殿下銀盃御下賜多田榮吉氏に
135418	朝鮮朝日	1926-12-10/1	07단	全鮮の在監人二萬餘名

일련번호	판명	간행일	단수	기사명
135419	朝鮮朝日	1926-12-10/1	07단	鴛鴦の契り
135420	朝鮮朝日	1926-12-10/1	08단	浦潮在住の鮮人團體が琿春地方で水田を經營
135421	朝鮮朝日	1926-12-10/1	08단	會社には損害が無い/平北漁業の重役の不正
135422	朝鮮朝日	1926-12-10/1	08단	女王の惱み/細井肇作/明日から連載
135423	朝鮮朝日	1926-12-10/1	08단	忠南麻谷寺の愈住職排斥/不正選擧が行はれたと
135424	朝鮮朝日	1926-12-10/1	09단	李中將葬儀十三日京城で
135425	朝鮮朝日	1926-12-10/1	09단	釜山發の連絡船缺航旅客大混雜
135426	朝鮮朝日	1926-12-10/1	09단	宿根性の稻を蔚山農民が栽培/田植も苗代も肥料も不用/世に珍らしい晩稻
135427	朝鮮朝日	1926-12-10/1	09단	齋藤氏に破産申請泰束信託が
135428	朝鮮朝日	1926-12-10/1	10단	共産黨の遺族二名を主義者が保護
135429	朝鮮朝日	1926-12-10/1	10단	會(新年名刺交換會/全鮮地主懇談會/京城同民會協議會)
135430	朝鮮朝日	1926-12-10/1	10단	人(湯淺總督/松岡正男氏(京日副社長)/町野武馬氏(張作霖顧問)/本田萌成氏(代議士)/大村鐵道局長)
135431	朝鮮朝日	1926-12-10/1	10단	半島茶話
135432	朝鮮朝日	1926-12-10/2	01단	卓球と庭球に迢えた腕の持主/活潑で美しい益山の今村あい子さん
135433	朝鮮朝日	1926-12-10/2	01단	一千六百間の混凝土管を設け京城府の不淨物を遠く農家へ賣出す
135434	朝鮮朝日	1926-12-10/2	01단	幼稚園の利用を擴大/兒童保護會出席の日野氏語る
135435	朝鮮朝日	1926-12-10/2	01단	李堈公家の漁場問題は金氏が債務を拂はねば解決はしない
135436	朝鮮朝日	1926-12-10/2	02단	復興債券の一等に當選/濡手に粟の三千圓
135437	朝鮮朝日	1926-12-10/2	02단	京城驛前の圓タク駐車/近く許可か
135438	朝鮮朝日	1926-12-10/2	02단	新義州署の度量衡檢查不正はない
135439	朝鮮朝日	1926-12-10/2	03단	順川、舍人間は目下實測中/明年早々着工
135440	朝鮮朝日	1926-12-10/2	03단	歲末大賣出水浦商店の
135441	朝鮮朝日	1926-12-10/2	03단	朝日勝繼碁戰/第卅三回(二)
135442	朝鮮朝日	1926-12-10/2	04단	各地片信(裡里/江界/熙川/間島)
135443	朝鮮朝日	1926-12-10/2	04단	喫茶室(石川さんの雉射)
135444	朝鮮朝日	1926-12-11/1	01단	御側の者も淚ぐむ太妃殿下の御愼み一寸も居室を御出なく故垎殿下の御靈を御慰め
135445	朝鮮朝日	1926-12-11/1	01단	慶北の蠶種十八萬餘枚
135446	朝鮮朝日	1926-12-11/1	01단	十月中の水浦貿易高二百六十萬圓
135447	朝鮮朝日	1926-12-11/1	01단	京仁取引所合併條件/重役が協議
135448	朝鮮朝日	1926-12-11/1	01단	吉田雅一氏平安漁業の社長に決定
135449	朝鮮朝日	1926-12-11/1	01단	釜山同率の値下は困難/鎮南浦電氣の
135450	朝鮮朝日	1926-12-11/1	02단	電力供給の條例草案が漸く出來上る
135451	朝鮮朝日	1926-12-11/1	02단	各道から推薦の土地改良者が集り産米增殖の懇談會
135452	朝鮮朝日	1926-12-11/1	02단	十圓餘の船貸を一圓半に値下/淸州航路で三社の爭

일련번호	판명	간행일	단수	기사명
135453	朝鮮朝日	1926-12-11/1	02단	戰鬪機の試驗飛行を年內に行ふ
135454	朝鮮朝日	1926-12-11/1	03단	御不例祈願祭
135455	朝鮮朝日	1926-12-11/1	03단	博川孟中里鐵道が開通
135456	朝鮮朝日	1926-12-11/1	03단	辭令(京城電話)
135457	朝鮮朝日	1926-12-11/1	03단	小作人が收納者達を包圍し毆打
135458	朝鮮朝日	1926-12-11/1	03단	義勇消防隊を五箇所に新設/連日の火事騷ぎに京城府が大警戒
135459	朝鮮朝日	1926-12-11/1	04단	暴力的な解決を辭せぬ程の東興校紛擾
135460	朝鮮朝日	1926-12-11/1	04단	惡性流感が平壤に續出
135461	朝鮮朝日	1926-12-11/1	04단	盟休中の洋復工復職一部賃金を增率されて
135462	朝鮮朝日	1926-12-11/1	05단	朝鮮婦人勞働者は仕事に眞面目で賃金も廉くて濟むと內地紡績で引張風
135463	朝鮮朝日	1926-12-11/1	05단	朝鮮の面目を改める第一步を踏み出したと豫算通過に成就した湯淺總監は喜び語る
135464	朝鮮朝日	1926-12-11/1	05단	短歌/橋田東聲選
135465	朝鮮朝日	1926-12-11/1	06단	淸川江結氷交通杜絶す
135466	朝鮮朝日	1926-12-11/1	06단	月謝を滯納した八十餘名を停學/貧困兒童の多い/全南綾州公立普校が
135467	朝鮮朝日	1926-12-11/1	06단	大藏經四冊美濃部氏が圖書官寄贈
135468	朝鮮朝日	1926-12-11/1	06단	普天敎が女宣敎師を各地に派し盛んに宣傳
135469	朝鮮朝日	1926-12-11/1	07단	凍死者續出/平壤の寒で
135470	朝鮮朝日	1926-12-11/1	07단	ロシヤから送られた不穩文書發見
135471	朝鮮朝日	1926-12-11/1	07단	二十餘名の部下を率い自轉車を盜む
135472	朝鮮朝日	1926-12-11/1	07단	賭博に負け眼玉を突上/死亡せしむ
135473	朝鮮朝日	1926-12-11/1	08단	溫突內で男女が窒息/人妻と姦夫が
135474	朝鮮朝日	1926-12-11/1	08단	十九娘家出戀を叱られ
135475	朝鮮朝日	1926-12-11/1	08단	平壤の火事
135476	朝鮮朝日	1926-12-11/1	08단	會(甑山敎徒大會/御眞影奉安所地鎭祭/咸南道酒造組合發會式/長谷川基大尉/電氣府營視賀式)
135477	朝鮮朝日	1926-12-11/1	08단	女王の惱み(1)/細井肇作
135478	朝鮮朝日	1926-12-11/1	09단	人(松岡正男氏(新京日副社長)/齋藤吉次郎氏(朝紡社長)/趙欣伯博士(張作霖顧問)/大村朝鮮鐵道局長/恩田朝郵社長/松井平壤府尹/多田榮吉氏(新義州實業家)/大平滿鐵副社長/篠田李王職次官)
135479	朝鮮朝日	1926-12-11/1	09단	半島茶話
135480	朝鮮朝日	1926-12-11/2	01단	ポンポンと彈む球の音を聞くと身の內が引締ると庭球狂の鹽田花子さん
135481	朝鮮朝日	1926-12-11/2	01단	阿片賠償の價格規定十日に決定
135482	朝鮮朝日	1926-12-11/2	01단	六十箇所の道路改修工費六十萬圓
135483	朝鮮朝日	1926-12-11/2	01단	釜山牧ノ島渡津橋實現はさまで困難で無い
135484	朝鮮朝日	1926-12-11/2	01단	各地片信(裡里/裡里/熙川/江界/會寧/穩城/淸津/沙里院)

일련번호	판명	간행일	단수	기사명
135485	朝鮮朝日	1926-12-11/2	02단	便利になった釜山の電車/運轉改正で
135486	朝鮮朝日	1926-12-11/2	02단	小鹿島の癩療所擴張/明年度に
135487	朝鮮朝日	1926-12-11/2	02단	永樂町の水道課敷地五百坪を賣却
135488	朝鮮朝日	1926-12-11/2	03단	一捫着は免れがたい女高普設置の市民大會
135489	朝鮮朝日	1926-12-11/2	03단	朝日勝繼碁戰/第卅三回(三)
135490	朝鮮朝日	1926-12-11/2	04단	咸興市の公設運動場明春頃着工
135491	朝鮮朝日	1926-12-11/2	04단	野砲將校が義州附近で現地戰術演習
135492	朝鮮朝日	1926-12-11/2	04단	東亞日報が新社屋に移轉
135493	朝鮮朝日	1926-12-11/2	04단	牡丹臺野話
135494	朝鮮朝日	1926-12-12/1	01단	水産品の對支輸出に補助金を交付/一噸當り五圓づつで三千噸輸出を目論む
135495	朝鮮朝日	1926-12-12/1	01단	朝鮮林檎の進出に靑森縣が驚いて株式會社を設立して是が驅逐を計劃
135496	朝鮮朝日	1926-12-12/1	01단	平壤府電値下率府協議會に提出される
135497	朝鮮朝日	1926-12-12/1	01단	咸興農村の金融逼迫穀の出廻少く/西湖津の築港具體化 本府も諒解
135498	朝鮮朝日	1926-12-12/1	02단	御眞影奉安所の/地鎭祭を擧行
135499	朝鮮朝日	1926-12-12/1	02단	鎭南浦の電氣府營で公職者協議
135500	朝鮮朝日	1926-12-12/1	02단	銀行取引の停止者增加/不景氣深刻で
135501	朝鮮朝日	1926-12-12/1	03단	大邱の金融やゝ引緩む
135502	朝鮮朝日	1926-12-12/1	03단	銀行業者が貸出を警戒/穀價安で
135503	朝鮮朝日	1926-12-12/1	03단	不正肥料屋連の跋扈を防ぐべく檢査や分拆費を國庫支出に仰ぐ
135504	朝鮮朝日	1926-12-12/1	03단	稚魚の快獲/漁民が覺醒せねば效果は擧らぬ
135505	朝鮮朝日	1926-12-12/1	04단	海苔漁場爭事態險惡大擧して押掛ける噂で
135506	朝鮮朝日	1926-12-12/1	04단	寒の日/竹崎冷風
135507	朝鮮朝日	1926-12-12/1	04단	天圖の滯貨五萬袋に達す
135508	朝鮮朝日	1926-12-12/1	04단	忠南評議戰運動開始/選擧は三月
135509	朝鮮朝日	1926-12-12/1	05단	不體裁な看板を取締南大門を美しく保つために
135510	朝鮮朝日	1926-12-12/1	05단	會社の不誠意と當局の無能とを痛烈に論議した釜山電氣値下批判演說會
135511	朝鮮朝日	1926-12-12/1	05단	陸軍連絡班馬賊に襲る警官が急行
135512	朝鮮朝日	1926-12-12/1	05단	平壤府の歲末大賣出客足が少い
135513	朝鮮朝日	1926-12-12/1	06단	イングラム氏十一日入京總督を訪問
135514	朝鮮朝日	1926-12-12/1	06단	六戶を全燒金海の火事
135515	朝鮮朝日	1926-12-12/1	06단	總督府病院に盜難がひんびん犯人は內部にあるらしく目下秘密裡に取調中
135516	朝鮮朝日	1926-12-12/1	07단	力士福柳が腹中毒で死ぬ戶畑市の旅館にて蒲瀨少佐とゝもに
135517	朝鮮朝日	1926-12-12/1	07단	百圓紙幣の僞造を發見

일련번호	판명	간행일	단수	기사명
135518	朝鮮朝日	1926-12-12/1	07단	刑務所に入れて呉れ鮮人が泣付
135519	朝鮮朝日	1926-12-12/1	07단	漁船難破し一名溺死す
135520	朝鮮朝日	1926-12-12/1	07단	會(新井氏壽像除幕式/忘年圍碁會/村山警察部長招宴/咸興小學校創立記念式)
135521	朝鮮朝日	1926-12-12/1	08단	人(李堈公殿下/池田殖産局長/一色海軍中佐/作間御用掛)
135522	朝鮮朝日	1926-12-12/1	08단	女王の惱み(2)/細井肇作
135523	朝鮮朝日	1926-12-12/1	09단	半島茶話
135524	朝鮮朝日	1926-12-12/2	01단	國境郵便局員の辛酸(4)/霜月の末より凍る國境の三百理/通信從業員の努力は想像に餘りがある
135525	朝鮮朝日	1926-12-12/2	01단	米田京畿道知事の無煙炭社長說は京城で作った噂だと一笑に附す池田殖産局長
135526	朝鮮朝日	1926-12-12/2	01단	製粉車扱の着驛を增加
135527	朝鮮朝日	1926-12-12/2	01단	置種の自給平北が計劃
135528	朝鮮朝日	1926-12-12/2	01단	酒願郵便所希望者續出/目下調査中
135529	朝鮮朝日	1926-12-12/2	02단	農事試驗場設置運動を裡里が開始
135530	朝鮮朝日	1926-12-12/2	02단	不良請の多い見込で今年末は嚴重に取締る
135531	朝鮮朝日	1926-12-12/2	03단	牡丹臺野話
135532	朝鮮朝日	1926-12-12/2	03단	朝日勝繼碁戰/第卅三回(四)
135533	朝鮮朝日	1926-12-14/1	01단	十三日夜はお變りなく御平ともれ承はる聖上陛下の御容態
135534	朝鮮朝日	1926-12-14/1	01단	鐵道網大工事の材料には多く鮮産品を使用するレールだけは出來ぬ
135535	朝鮮朝日	1926-12-14/1	01단	京城の兩高女が五年制を採用/明年から實施す學校組合で可決
135536	朝鮮朝日	1926-12-14/1	01단	赤誠を捧げ御平癒を祈願/御平癒祈願祭/聖上御不例で朝鮮神官の參詣者增加
135537	朝鮮朝日	1926-12-14/1	02단	朝鮮神官の御平癒祈願祭/中祭に準じて
135538	朝鮮朝日	1926-12-14/1	03단	窒素工場は咸興に設立/明春頃着工
135539	朝鮮朝日	1926-12-14/1	03단	失業勞働者の就職を斡旋す係員を社會課に置き事業會社と聯絡し
135540	朝鮮朝日	1926-12-14/1	03단	俳句/鈴木花蓑選
135541	朝鮮朝日	1926-12-14/1	04단	イングラム氏總督を訪問/十四日退城
135542	朝鮮朝日	1926-12-14/1	04단	九州と京阪巡遊團/鐵道局が斡旋
135543	朝鮮朝日	1926-12-14/1	04단	試驗地獄が迫って血の滲むやうな勉強に痩せ細る生徒たち/準備教育廢止に困る當局
135544	朝鮮朝日	1926-12-14/1	05단	好評の平南米
135545	朝鮮朝日	1926-12-14/1	05단	電氣府營の祝賀會盛況を極む
135546	朝鮮朝日	1926-12-14/1	05단	李子爵永別式
135547	朝鮮朝日	1926-12-14/1	05단	零下二十二度氷上の交通漸く始まる
135548	朝鮮朝日	1926-12-14/1	05단	府協議員を記者が恐喝本町署が逮捕
135549	朝鮮朝日	1926-12-14/1	06단	また三頭の肺牛を發見/鎭南浦の移出牛を福浦で檢疫の結果

일련번호	판명	간행일	단수	기사명
135550	朝鮮朝日	1926-12-14/1	06단	咸興小學校授業を休止/猩紅熱蔓延で
135551	朝鮮朝日	1926-12-14/1	06단	警察から泥棒警戒を家庭へ注意
135552	朝鮮朝日	1926-12-14/1	06단	不逞團員を奉天で逮捕
135553	朝鮮朝日	1926-12-14/1	06단	支那官憲が革進團員を國境で逮捕
135554	朝鮮朝日	1926-12-14/1	07단	不正投票で檢事が活動 鮮人三名を召喚取調の上收監す/證據書類の蒐集に努む
135555	朝鮮朝日	1926-12-14/1	07단	釜山の初雪昨年より早い
135556	朝鮮朝日	1926-12-14/1	07단	女だてらに出刃で自殺/精神異狀者
135557	朝鮮朝日	1926-12-14/1	08단	辯士と藝妓猫入らず心中
135558	朝鮮朝日	1926-12-14/1	08단	四人組の鮮人強盜東萊に現る
135559	朝鮮朝日	1926-12-14/1	08단	帆船が沈沒/船頭の行方が不明
135560	朝鮮朝日	1926-12-14/1	08단	女王の悩み(３)/細井肇作
135561	朝鮮朝日	1926-12-14/1	09단	會(海事會總會/鮮南鐵發起人會/亞細亞詩脈詩話會)
135562	朝鮮朝日	1926-12-14/1	09단	人(李堈公殿下/湯淺總監/篠田治笛氏(李王職次官)/森岡守成大將(朝鮮軍司令官)/和田知事)
135563	朝鮮朝日	1926-12-14/1	10단	半島茶話
135564	朝鮮朝日	1926-12-14/2	01단	四五年の計劃で私鐵を買收/選擧取締法は考慮すと湯淺總監釜山で語る
135565	朝鮮朝日	1926-12-14/2	01단	海軍側も補助を仰ぐ平壤電車の寺洞延長で
135566	朝鮮朝日	1926-12-14/2	01단	元山清津間定期航路は廢止される
135567	朝鮮朝日	1926-12-14/2	01단	渡航鮮人がまた增加す/係官手古摺る
135568	朝鮮朝日	1926-12-14/2	01단	牡丹臺野話
135569	朝鮮朝日	1926-12-14/2	02단	外國煙草の自家用輸入一日三萬本
135570	朝鮮朝日	1926-12-14/2	02단	海員達の紛爭が少い海事會が圓滿に發達し
135571	朝鮮朝日	1926-12-14/2	03단	咸興の都計/目下準備中
135572	朝鮮朝日	1926-12-14/2	03단	委員を選み電氣府營を鎭南浦が研究
135573	朝鮮朝日	1926-12-14/2	03단	少年浮浪者の取締に困り取りあへず十八名を永興學校に送る
135574	朝鮮朝日	1926-12-14/2	03단	朝日勝繼碁戰/第卅三回(五)
135575	朝鮮朝日	1926-12-14/2	04단	長興電氣は遠からず實現
135576	朝鮮朝日	1926-12-14/2	04단	喫茶室(陳情書さまざま)
135577	朝鮮朝日	1926-12-15/1	01단	聖上昨日の御容態十四日夜宮内省發表/宮中小祭に東宮殿下還啓か 官房庶務も葉山に移る 白根庶務課長謹話
135578	朝鮮朝日	1926-12-15/1	01단	炭田の合同問題は海軍との間に協議の餘地がある/炭田、鐵道、簡保、私鐵買收と湯淺總監の縱橫談
135579	朝鮮朝日	1926-12-15/1	01단	朝鮮で初めての府の公債發行平壤電氣府營の公債條令を附議
135580	朝鮮朝日	1926-12-15/1	01단	御勤務の都合で王殿下の御歸鮮は困難
135581	朝鮮朝日	1926-12-15/1	02단	近年稀な不成績/新義州の本年度流筏
135582	朝鮮朝日	1926-12-15/1	03단	聖上御平癒祈願祭
135583	朝鮮朝日	1926-12-15/1	03단	俳句/鈴木花養選

일련번호	판명	간행일	단수	기사명
135584	朝鮮朝日	1926-12-15/1	03단	政本の提携遂に成立す三巨頭會合して
135585	朝鮮朝日	1926-12-15/1	04단	京畿道評議員請願案件で懇談を遂ぐ
135586	朝鮮朝日	1926-12-15/1	04단	齋藤總督が青銅の鼎をイ氏に贈呈
135587	朝鮮朝日	1926-12-15/1	04단	河床の隆起と砂防工事の競爭/工事の方が負け氣味/洪水全滅は容易で無い
135588	朝鮮朝日	1926-12-15/1	05단	舟の立往生
135589	朝鮮朝日	1926-12-15/1	05단	平南大同で肺牛を發見
135590	朝鮮朝日	1926-12-15/1	05단	漁場爭議愈よ惡化　警官が警戒/道當局は輕く見る　雙方で解決せよの意見/生活に窮す　當局に陳情
135591	朝鮮朝日	1926-12-15/1	06단	柳眉を逆だて二十名の妓生/警察に押し寄せる/後任取締役選出の紛糾で
135592	朝鮮朝日	1926-12-15/1	07단	咸興聯隊の新兵士たち清津に到着
135593	朝鮮朝日	1926-12-15/1	07단	鎮南浦移出牛は解剖の結果異狀なしと判明/殘牛二百餘頭を解放
135594	朝鮮朝日	1926-12-15/1	07단	賭博常習者を祕密に放免/釜山署の態度を批難
135595	朝鮮朝日	1926-12-15/1	07단	鮮女を射殺/放火して逃走
135596	朝鮮朝日	1926-12-15/1	07단	朝鮮步兵隊兵卒を募集/六十名ほどを
135597	朝鮮朝日	1926-12-15/1	08단	女王の悩み(４)/細井肇作
135598	朝鮮朝日	1926-12-15/1	09단	會(安東商議常議會/新義州名刺交換會)
135599	朝鮮朝日	1926-12-15/1	09단	人(松岡正男氏(京城日報副社長)/井上禧之助氏(旅大校長)/篠田李王職次官/ロンドン大司敎一行)
135600	朝鮮朝日	1926-12-15/2	01단	牡丹臺野話
135601	朝鮮朝日	1926-12-15/2	01단	京城の穢物處分場近く移轉の計劃/市外一哩の地に設けて專用電車で運搬
135602	朝鮮朝日	1926-12-15/2	01단	千圓以下の納稅者からも府稅戶別稅を徵收/來年度から實施
135603	朝鮮朝日	1926-12-15/2	01단	平壤局の年賀狀は二百萬通ぐらゐ十五日から特別取扱
135604	朝鮮朝日	1926-12-15/2	01단	十一月末迄の移出牛/四萬二千頭
135605	朝鮮朝日	1926-12-15/2	02단	新義州水道給水を制限/當分八時間に
135606	朝鮮朝日	1926-12-15/2	02단	內地人が高い幼兒死亡率/鮮人に比して
135607	朝鮮朝日	1926-12-15/2	03단	朝日勝繼碁戰/第卅三回(六)
135608	朝鮮朝日	1926-12-15/2	04단	東支通信社釜山で開始
135609	朝鮮朝日	1926-12-15/2	04단	喫茶室(道界爭ひの飛沫)
135610	朝鮮朝日	1926-12-16		缺號
135611	朝鮮朝日	1926-12-17/1	01단	再び食鹽水御注場　御足背に御浮腫御結代を伺ひ奉る　強心劑の御注射を參らす/功臣や各大臣に拜謁を仰せつけられ　交々單獨に謁を賜はる/聖上の御容態御脈はやゝ御整調　十六日夜宮內省發表/東宮同妃兩殿下御本邸に入らせらる　十六日宮內省非公式發表/御用邸の混雜　至急の御召により元老大官續々參入/重苦しい空氣が省內を包む　大官は葉山に赴き內藏頭留守を預る　十六日夜の宮內省內部

일련번호	판명	간행일	단수	기사명
135612	朝鮮朝日	1926-12-17/1	03단	聖上御不例を聞召し御心配の太妃殿下御服喪中のことゝて/東京別邸を通じ御見舞
135613	朝鮮朝日	1926-12-17/1	04단	御見舞の傳奏を受付　署名簿を備へ/御惱御平癒祈願祭
135614	朝鮮朝日	1926-12-17/1	05단	京城神社の御平癒祈願
135615	朝鮮朝日	1926-12-17/1	05단	御容態を氣遣ひ總督急遽東上/京城官民に憂色漂ふ
135616	朝鮮朝日	1926-12-17/1	05단	中央教務院が教育事業に努力/高普や宗教學校を建設/當局も相當援助す
135617	朝鮮朝日	1926-12-17/1	05단	手續が面倒で農業資金の借手が少い
135618	朝鮮朝日	1926-12-17/1	05단	慶東線の運賃低減を卸商が要望
135619	朝鮮朝日	1926-12-17/1	06단	細民達には電燈料減免/平壤府電計劃
135620	朝鮮朝日	1926-12-17/1	06단	大興電氣が自祝の御禮に値下を企圖
135621	朝鮮朝日	1926-12-17/1	07단	六十分の一に過ぎぬ棉花の出廻/價額慘落で
135622	朝鮮朝日	1926-12-17/1	07단	辭令(東京電話)
135623	朝鮮朝日	1926-12-17/1	07단	全南道評議/二月に開催
135624	朝鮮朝日	1926-12-17/1	07단	朝鮮名物大邱藥令市/十一月から開催
135625	朝鮮朝日	1926-12-17/1	07단	俳句/鈴木花蓑選
135626	朝鮮朝日	1926-12-17/1	07단	明春開く牛の大市/內地からも購入者來鮮
135627	朝鮮朝日	1926-12-17/1	08단	釜山府が電燈府營の實情を調査
135628	朝鮮朝日	1926-12-17/1	08단	北靑高普の財政難/教員の俸給も拂はれぬ
135629	朝鮮朝日	1926-12-17/1	08단	驅逐艦四隻東海岸巡航/十七日から
135630	朝鮮朝日	1926-12-17/1	08단	餅つく人が減少し糯の需要がかなり減る
135631	朝鮮朝日	1926-12-17/1	08단	株主は双方とも條件に大不滿/京仁取引所合併は前途なほ時日を要す
135632	朝鮮朝日	1926-12-17/1	09단	牛肺疫蔓延の兆/平安南北の兩道に發生
135633	朝鮮朝日	1926-12-17/1	09단	噴出盛んな溫泉を發掘/慶南東萊で
135634	朝鮮朝日	1926-12-17/1	09단	また京城に拳銃強盗/目腐金は要らぬと豪語
135635	朝鮮朝日	1926-12-17/1	10단	大邱市外最古の木橋/近く改修さる
135636	朝鮮朝日	1926-12-17/1	10단	五千圓の拐帶犯人/京都で逮捕
135637	朝鮮朝日	1926-12-17/1	10단	覆面の強盗/十圓を強奪
135638	朝鮮朝日	1926-12-17/1	10단	會(港友忘年會)
135639	朝鮮朝日	1926-12-17/1	10단	半島茶話
135640	朝鮮朝日	1926-12-17/2	01단	牡丹臺野話
135641	朝鮮朝日	1926-12-17/2	01단	失業に崇られ巡査希望が激増/中年者の應募が多く定員の六倍もある
135642	朝鮮朝日	1926-12-17/2	01단	十一月中貿易額/總督府調査
135643	朝鮮朝日	1926-12-17/2	01단	在外鮮人百萬人/警務局調査
135644	朝鮮朝日	1926-12-17/2	01단	人蔘を携へ南洋へ/ボロイ儲の行商が激増
135645	朝鮮朝日	1926-12-17/2	02단	授業料の徵收成績/割合に良好
135646	朝鮮朝日	1926-12-17/2	02단	京城驛前の空地賣却/坪二百餘圓で

일련번호	판명	간행일	단수	기사명
135647	朝鮮朝日	1926-12-17/2	03단	燃料輸送に電車使用は實現出來やう
135648	朝鮮朝日	1926-12-17/2	03단	朝日勝繼碁戰/第卅三回(八)
135649	朝鮮朝日	1926-12-17/2	04단	衡平社が地方視察/委員を派し
135650	朝鮮朝日	1926-12-17/2	04단	各地片信(茂山/淸州/光州/光州)
135651	朝鮮朝日	1926-12-17/2	04단	運動系(第四回氷上大會全日本大會豫選を兼ね)
135652	朝鮮朝日	1926-12-18/1	01단	全く御重體に陷らせらる各宮閣僚顧問官續々參殿/昨夜リンゲル氏液の皮下注入を奉上せるもその效果著しからず依然御病勢御減退の兆を拜せず/濱口內相の病名は肺炎
135653	朝鮮朝日	1926-12-18/1	01단	憂色に沈む/葉山御用邸
135654	朝鮮朝日	1926-12-18/1	03단	兩殿下の御見舞　總督府訪問/憂色に沈む平壤の人々/謹愼の意を表せと通達/音曲類は當分遠慮 京城放送局
135655	朝鮮朝日	1926-12-18/1	03단	鷺梁津研究所が試錐機を備付け/炭層試掘の依賴に應ず明年度豫算の計上
135656	朝鮮朝日	1926-12-18/1	04단	聖上御平癒祈願祭
135657	朝鮮朝日	1926-12-18/1	04단	豫期以上の好成績/平壤電氣府債
135658	朝鮮朝日	1926-12-18/1	05단	醫專建設で知事が上京/諒解を求む
135659	朝鮮朝日	1926-12-18/1	05단	太刀洗機の耐寒飛行/四機來翔す
135660	朝鮮朝日	1926-12-18/1	05단	議論は多岐だが結局は三種に分る 四等米廢止の可否 當局は時期を見た上で折衷案を採用する模樣/小口取引をやって中間利得を廢し鮮米移出を增したい
135661	朝鮮朝日	1926-12-18/1	05단	總商會長選擧
135662	朝鮮朝日	1926-12-18/1	05단	慶南道の學務豫算三十萬圓突破
135663	朝鮮朝日	1926-12-18/1	06단	表彰された二支那村長守備隊から
135664	朝鮮朝日	1926-12-18/1	06단	鮮人靑年が虛禮廢止の運動を起す
135665	朝鮮朝日	1926-12-18/1	06단	鎭南浦が電氣府營の第一回調査
135666	朝鮮朝日	1926-12-18/1	07단	意を決した漁民大擧して出動 事態いよいよ惡化す 蟾津江海苔漁場問題/或は絶望 海苔の採取が
135667	朝鮮朝日	1926-12-18/1	07단	新義州水道給水を制限/二十日から
135668	朝鮮朝日	1926-12-18/1	07단	一圓以上も高く賣れる/玄米の共販/當局も獎勵
135669	朝鮮朝日	1926-12-18/1	07단	大阪市內で朝鮮酒の密造を檢擧
135670	朝鮮朝日	1926-12-18/1	07단	電氣盜用の防止機/小倉氏が發明
135671	朝鮮朝日	1926-12-18/1	08단	百萬圓の公證券/發行犯の公判
135672	朝鮮朝日	1926-12-18/1	08단	映畵「海の野獸」の上映を差止む/滿鮮を巡業する/伊太利ドーテ口商會が
135673	朝鮮朝日	1926-12-18/1	08단	持兇器强盜七圓を强奪
135674	朝鮮朝日	1926-12-18/1	09단	支那監獄が奉票慘落で囚人の食費に窮亡す
135675	朝鮮朝日	1926-12-18/1	09단	二十三隻は危く助る/五隻はなほ行方不明
135676	朝鮮朝日	1926-12-18/1	09단	神理敎の婆さん亂暴/酔っぱらって
135677	朝鮮朝日	1926-12-18/1	09단	半島茶話

일련번호	판명	간행일	단수	기사명
135678	朝鮮朝日	1926-12-18/1	10단	毛皮の密輸/列車內で發覺
135679	朝鮮朝日	1926-12-18/1	10단	モヒ密賣者懲役二箇月
135680	朝鮮朝日	1926-12-18/1	10단	スキー講習/元山松濤園で
135681	朝鮮朝日	1926-12-18/1	10단	少女を轢死す
135682	朝鮮朝日	1926-12-18/1	10단	會(京畿道評議會/朝鮮農會理事會/營官講習所卒業式/國粹會支部發會式/平壤聯隊寒稽古)
135683	朝鮮朝日	1926-12-18/1	10단	人(齋藤總督/立川芳氏(京南鐵道社長)/齋藤吉十郎氏(朝紡社長)/黑板勝美氏(東大敎授))
135684	朝鮮朝日	1926-12-18/2	01단	完全に獨立出來る京南鐵の買收は無理には賴まぬ 一月更に五圓の拂込徵收/大株主達の諒解を求む
135685	朝鮮朝日	1926-12-18/2	01단	京仁取引所合倂案/作成の基礎
135686	朝鮮朝日	1926-12-18/2	01단	十一月中の貸出高(商議所調査)
135687	朝鮮朝日	1926-12-18/2	01단	水利工事を東拓が代行/手數料は九分五厘
135688	朝鮮朝日	1926-12-18/2	01단	公設市場の十一月賣上/十萬一千圓
135689	朝鮮朝日	1926-12-18/2	02단	お巡りさんと憲兵さんの賞與 昨年よりいゝ/平壤も脹ふボーナス期
135690	朝鮮朝日	1926-12-18/2	02단	嚴重取締る支那米の混入
135691	朝鮮朝日	1926-12-18/2	03단	平壤局の年賀郵便/大減少を示す
135692	朝鮮朝日	1926-12-18/2	03단	鐵道局が家族慰安に蓄音器配布
135693	朝鮮朝日	1926-12-18/2	03단	また激增した鮮人の渡航/十月迄に七萬六千人/殆ど全部が的無し/釜山で阻止する人數が八萬人
135694	朝鮮朝日	1926-12-18/2	03단	朝日勝繼碁戰/第卅三回(九)
135695	朝鮮朝日	1926-12-18/2	04단	風儀を紊す/素人下宿を警察が取締
135696	朝鮮朝日	1926-12-18/2	04단	喫茶室(冬上甲の雨に怯ゆ)
135697	朝鮮朝日	1926-12-19/1	01단	聖上の御容態(東京電話) 昨日再度食鹽水を御注腸 十八日宮內省發表/遠く伊勢大廟を御遙拜あそばされ御獸禱を續けさせ給ふ 申すも畏き皇后宮の御心盡し側近の者ら感激の涙にむせぶ/皇后宮、東宮妃深更までお揃ひで御枕邊に待らせらる/皇后宮の特別の思召で御病室で拜謁を賜った曾我子/親子三人連れが水垢離をとって酷寒の朝鮮神宮前御惱御平癒を祈願/天機奉伺受付(總督府廳舍前の)/歌舞音曲を御遠慮申上 京城府民が/御惱御平癒祈願祭/外國領事團御見舞 電送を申出
135698	朝鮮朝日	1926-12-19/1	06단	滿鐵多年の懸案/頁岩の製油に漸く成功を見た/大平滿鐵副社長談
135699	朝鮮朝日	1926-12-19/1	06단	短歌/橋田東声選
135700	朝鮮朝日	1926-12-19/1	06단	拷問致死の疑ひで/檢事が出張
135701	朝鮮朝日	1926-12-19/1	07단	辭令(東京電話)
135702	朝鮮朝日	1926-12-19/1	07단	合倂後の社長は天日氏有力
135703	朝鮮朝日	1926-12-19/1	07단	遭難船は僅に一隻/警務局の着電

일련번호	판명	간행일	단수	기사명
135704	朝鮮朝日	1926-12-19/1	07단	東上を急ぐ兩大將
135705	朝鮮朝日	1926-12-19/1	08단	緊急を要する水害復舊費に第二豫備金から支出/京城以南を年内に着工
135706	朝鮮朝日	1926-12-19/1	08단	司法官不足で無實に泣く/刑事被告人の數が年々に增加する
135707	朝鮮朝日	1926-12-19/1	08단	元山の猩紅熱漸く下火/必死の防疫で
135708	朝鮮朝日	1926-12-19/1	08단	毛皮密輸者頻りに增加/銀貨暴落で
135709	朝鮮朝日	1926-12-19/1	09단	高飛びした藝妓を情夫/釜山で御用
135710	朝鮮朝日	1926-12-19/1	09단	巡査殺し死刑を求刑
135711	朝鮮朝日	1926-12-19/1	10단	凍死の夫の跡を追ひ自殺
135712	朝鮮朝日	1926-12-19/1	10단	牛車を轢く/人畜には死傷なし
135713	朝鮮朝日	1926-12-19/1	10단	會(釜山學組會/囚人製品陣列會/新義州校父兄會)
135714	朝鮮朝日	1926-12-19/1	10단	人(李堈公殿下/齋藤總督夫人/アーサー・サイド・レー氏(京城英國總領事)/アシケイイエフ氏夫妻)
135715	朝鮮朝日	1926-12-19/1	10단	半島茶話
135716	朝鮮朝日	1926-12-19/2	01단	警官の退職が少くなって來た/不景氣のせいで傭ひ手がない結果
135717	朝鮮朝日	1926-12-19/2	01단	電氣料金改定期の近づいた七會社/値下げが出來るか(新義州/鎭南浦/江景/金剛山/江界/蔚山/城津)
135718	朝鮮朝日	1926-12-19/2	01단	東津水利の工事進捗/電燈會社設立も具體化
135719	朝鮮朝日	1926-12-19/2	01단	共進會場跡に水産試驗場/全南道の計劃
135720	朝鮮朝日	1926-12-19/2	02단	中央農會愈よ設立/來春一月に
135721	朝鮮朝日	1926-12-19/2	02단	科學的の捜査備品を揃ふ/京畿道刑事課
135722	朝鮮朝日	1926-12-19/2	03단	哩券の發行/漸次增加す
135723	朝鮮朝日	1926-12-19/2	03단	朝鮮水電の專用鐵道は全部竣工す
135724	朝鮮朝日	1926-12-19/2	03단	新義州校增築の計劃/十六年度
135725	朝鮮朝日	1926-12-19/2	03단	旭川師團が鮮米買入を總督府に通牒
135726	朝鮮朝日	1926-12-19/2	03단	窒素工場設置期成會/解散に決す
135727	朝鮮朝日	1926-12-19/2	04단	公共事業の功勞者表彰/記念碑を建立
135728	朝鮮朝日	1926-12-19/2	04단	船舶係有志が奇附を募り細民を救助
135729	朝鮮朝日	1926-12-19/2	04단	京取市場の本年度納會/二十七日限り
135730	朝鮮朝日	1926-12-19/2	04단	貯水池工事/工事が困難
135731	朝鮮朝日	1926-12-19/2	04단	スキー講習/御不例で中止
135732	朝鮮朝日	1926-12-19/2	04단	新刊紹介
135733	朝鮮朝日	1926-12-19/2	04단	各地片信(公州/咸興)
135734	朝鮮朝日	1926-12-21/1	01단	聖上御容態(東京電話)御平靜に御經過遊ばさる 二十日宮內省發表/感激のあまりに戲歌の聲洩るゝ 聖上御平癒の祈り 基督の前に額づく内鮮人一千名/某山御用邸參殿の齋藤總督/釜山券番も音曲を御遠慮/聖上御渡韓記念碑建設 倭城臺の御 休憩所跡に/クリスマスも一段淋しい 催物も中止

일련번호	판명	간행일	단수	기사명
135735	朝鮮朝日	1926-12-21/1	04단	南朝鮮海を荒す支那漁の風網/今後嚴重に取締る
135736	朝鮮朝日	1926-12-21/1	04단	御惱平癒祈願祭
135737	朝鮮朝日	1926-12-21/1	04단	京取仁取の合併は來春/重役は急ぐ
135738	朝鮮朝日	1926-12-21/1	04단	朝鮮史の編纂年末頃に着手か/黑板博士が來城し項目の作成を打合
135739	朝鮮朝日	1926-12-21/1	05단	辭令(東京電話)
135740	朝鮮朝日	1926-12-21/1	05단	無茶な安賣で本場を荒す/青森リンゴ
135741	朝鮮朝日	1926-12-21/1	05단	俳句/鈴木花蓑選
135742	朝鮮朝日	1926-12-21/1	06단	儒林團の總會紛糾/道廳に押掛陳情を爲す
135743	朝鮮朝日	1926-12-21/1	06단	田中大將狙擊犯/第二回公判
135744	朝鮮朝日	1926-12-21/1	06단	日本刀を揮ひ八名を斬倒す全南今井農場の工事で內地人と鮮工夫の喧嘩
135745	朝鮮朝日	1926-12-21/1	06단	茂山の寒さ氷上通過開始
135746	朝鮮朝日	1926-12-21/1	06단	大仕掛の紙幣僞造/平壤檢事局が活動す
135747	朝鮮朝日	1926-12-21/1	06단	九人組の竊盜團/裡里で逮捕
135748	朝鮮朝日	1926-12-21/1	07단	放火好きの怪少女/六回に亘り放火を企つ
135749	朝鮮朝日	1926-12-21/1	07단	四十萬圓の火藥密輸犯人つひに下關で逮捕/日本人が支那人に賣込む
135750	朝鮮朝日	1926-12-21/1	08단	製造中の爆藥が發火/二名重傷す
135751	朝鮮朝日	1926-12-21/1	08단	モヒ密賣の鮮人を逮捕
135752	朝鮮朝日	1926-12-21/1	08단	野積みの穀類が出火/損害千餘圓
135753	朝鮮朝日	1926-12-21/1	08단	會(京城商議役員會/送別琵琶會/大邱名刺交換會)
135754	朝鮮朝日	1926-12-21/1	08단	人(李堈公殿下/有賀光豊氏(殖銀頭取)/渡邊定一郎氏(京城會議所會頭)/今村那典氏(忠北道警察部長))
135755	朝鮮朝日	1926-12-21/1	08단	半島茶話
135756	朝鮮朝日	1926-12-21/1	09단	女王の惱に(６)/細井肇作
135757	朝鮮朝日	1926-12-21/2	01단	水産技術員の經費を增加し人員を充實するやう/各道へ通牒を發す
135758	朝鮮朝日	1926-12-21/2	01단	財界はまだ氣迷ひ/武安群銀支配人談/金融界最近の狀況につき群銀の武安營業部支配人は語る
135759	朝鮮朝日	1926-12-21/2	01단	一月四日放送開始/受付は二十二日から
135760	朝鮮朝日	1926-12-21/2	01단	滿洲粟の輸入激增/前年に比し三百噸增加
135761	朝鮮朝日	1926-12-21/2	01단	十一月迄の傳染病/一萬千餘人
135762	朝鮮朝日	1926-12-21/2	02단	無煙炭會社に入用な杭木/群山附近の國有林伐採
135763	朝鮮朝日	1926-12-21/2	02단	鮮牛と僞り間道枝肉を內地に賣る
135764	朝鮮朝日	1926-12-21/2	02단	海苔漁場の紛糾解決/總督府の編纂/地圖に據って
135765	朝鮮朝日	1926-12-21/2	02단	鯖巾着網の漁期延期/當局に陳情
135766	朝鮮朝日	1926-12-21/2	03단	大賣出の景品が客待顔に大欠伸/吳服店は競爭で投賣/目も當てられぬ歲末市況

일련번호	판명	간행일	단수	기사명
135767	朝鮮朝日	1926-12-21/2	03단	聖上御惱で京城驛頭の乘降客減少
135768	朝鮮朝日	1926-12-21/2	03단	新婚の思出を抱き/栃木縣へ轉ずる蒲田氏
135769	朝鮮朝日	1926-12-21/2	04단	光陽海苔出廻
135770	朝鮮朝日	1926-12-21/2	04단	在鄕軍人が訓練所設置/朝鮮で最初
135771	朝鮮朝日	1926-12-21/2	04단	簡易驛設置/請願書提出
135772	朝鮮朝日	1926-12-21/2	04단	十一月中の全南米出廻/十五萬八千石
135773	朝鮮朝日	1926-12-21/2	04단	喫茶室(活辯試驗の珍問答)
135774	朝鮮朝日	1926-12-22/1	01단	來年度の總豫算二十一日に發表さる/新規增加額の種目
135775	朝鮮朝日	1926-12-22/1	01단	雪中茂山の御平癒祈願
135776	朝鮮朝日	1926-12-22/1	03단	聖上御容態(東京電話)/御變りを拜し奉らず/二十一日宮內省發表
135777	朝鮮朝日	1926-12-22/1	03단	市場稅の廢止に代る/新財源を發見
135778	朝鮮朝日	1926-12-22/1	03단	御平癒を祈る 鮮人が多い 一日の平均六七百人/流言蜚語を 嚴しく取締る/御平癒まで上映を中止 京城黃金館が/京城府の名刺交換會 取りやめ
135779	朝鮮朝日	1926-12-22/1	04단	御惱御平癒祈願祭
135780	朝鮮朝日	1926-12-22/1	05단	生捕った大虎/胴體が八尺
135781	朝鮮朝日	1926-12-22/1	05단	六百名の馬賊跳梁/撫松城を襲ひ三百名を拉致
135782	朝鮮朝日	1926-12-22/1	05단	溫陽溫泉公園化/京南鐵の手で
135783	朝鮮朝日	1926-12-22/1	05단	高飛の人妻/自殺を圖る
135784	朝鮮朝日	1926-12-22/1	06단	地主と篤農を一堂に會して産米增殖の懇談會/湯淺總監も臨席す
135785	朝鮮朝日	1926-12-22/1	06단	子を負うた朝鮮婦人が列車に刎らる
135786	朝鮮朝日	1926-12-22/1	06단	女と會へぬ悲しさに自殺
135787	朝鮮朝日	1926-12-22/1	06단	短歌/橋田東声選
135788	朝鮮朝日	1926-12-22/1	06단	喧嘩が因で姙婦が死亡/死骸を對手方に投込む
135789	朝鮮朝日	1926-12-22/1	07단	飛んだ飛行士/宿料を踏倒して京城を跡に高飛び釜山に來て取押へらる
135790	朝鮮朝日	1926-12-22/1	07단	鷄のコレラ平南に發生
135791	朝鮮朝日	1926-12-22/1	07단	怪鮮人送致/前科數犯のしたゝか者
135792	朝鮮朝日	1926-12-22/1	08단	淸津驛で列車の火事/二輛を燒失
135793	朝鮮朝日	1926-12-22/1	08단	撲殺事件は拷問の結果/虛僞を申立てたと判明
135794	朝鮮朝日	1926-12-22/1	08단	府協議戰の替玉投票犯/懲役の申渡
135795	朝鮮朝日	1926-12-22/1	08단	會(申子俱樂部總會/林野調査委員會/鐵道經理打合會)
135796	朝鮮朝日	1926-12-22/1	08단	人(松井七夫少將(張作霖氏軍事頭問)/恩田朝郵社長/井上訢吉氏(中華蔣介石氏軍事頭問)/鎭海防備隊員/河上湯立氏)
135797	朝鮮朝日	1926-12-22/1	09단	女王の惱に(7)/細井肇作
135798	朝鮮朝日	1926-12-22/1	10단	半島茶話
135799	朝鮮朝日	1926-12-22/2	01단	牡丹臺野話

일련번호	판명	간행일	단수	기사명
135800	朝鮮朝日	1926-12-22/2	01단	馬鹿にはならぬボーナスの影響官吏の奥さん達の買物が矢張り相當にあった/龍山だけのお客を引留め度いと
135801	朝鮮朝日	1926-12-22/2	01단	鱈の山 盛漁期に入り馬山市場賑ふ/反則者續出 漁獲を競ひ
135802	朝鮮朝日	1926-12-22/2	03단	蔚山沿岸に牡蠣を養殖/大敵の藤壺が棲息せぬ
135803	朝鮮朝日	1926-12-22/2	03단	指定面は濟州に決定/實現は明春
135804	朝鮮朝日	1926-12-22/2	03단	釜山鎭埋立いよいよ着工
135805	朝鮮朝日	1926-12-22/2	03단	手も足も出ぬ朝鮮の海運界/動くたけ損が行く/東上中の恩田朝郵社長談
135806	朝鮮朝日	1926-12-22/2	04단	孝昌園の鐵道官舍がいよいよ落成
135807	朝鮮朝日	1926-12-22/2	04단	釜山北濱の棧橋が竣工/五日落成式
135808	朝鮮朝日	1926-12-22/2	04단	各地片信(會寧/雄基/春川/沙里院/平壤/木浦)
135809	朝鮮朝日	1926-12-23/1	01단	地主達の要望を懇談會で聽取して成るべく希望を容れたい總督府當局の意向/農業倉庫設立を穀物聯合會が要望
135810	朝鮮朝日	1926-12-23/1	01단	檢査濟の標準米/各道へ配布
135811	朝鮮朝日	1926-12-23/1	01단	明年度豫算の新規事業費/增加額の各部內容
135812	朝鮮朝日	1926-12-23/1	02단	馬山港の移出米激增/昨年に比し
135813	朝鮮朝日	1926-12-23/1	03단	李王職の贊侍を改め/事務官に任命
135814	朝鮮朝日	1926-12-23/1	03단	聖上御不例で自發的に音曲を御遠慮
135815	朝鮮朝日	1926-12-23/1	03단	京城の無線局試驗成績は良好/年末輻湊を機會に官報と新聞電報を受付く
135816	朝鮮朝日	1926-12-23/1	03단	朝鮮人女學生の御平癒祈願(大阪市東成隔八阪神社)
135817	朝鮮朝日	1926-12-23/1	04단	工事急ぎで京城の勞銀/高率を示す
135818	朝鮮朝日	1926-12-23/1	04단	俳句/鈴木花蓑選
135819	朝鮮朝日	1926-12-23/1	05단	實現近づく大成興/面當局では都計に着手
135820	朝鮮朝日	1926-12-23/1	05단	折角の秘密會も開けっぱなし 電力料買收交涉の秘密漏洩で平壤府協議會賑ふ/府營になり却て値上 平壤電力料問題の騷ぎ
135821	朝鮮朝日	1926-12-23/1	06단	鴨綠江名物/橇の交通がいよいよ始る
135822	朝鮮朝日	1926-12-23/1	06단	太刀洗機の耐寒飛行/新義州附近で
135823	朝鮮朝日	1926-12-23/1	06단	御惱み御小康でやゝ景氣づく/京城歲末の商品界
135824	朝鮮朝日	1926-12-23/1	07단	鈴木教授の博士論文が慶大をパス
135825	朝鮮朝日	1926-12-23/1	07단	嬰兒の死體/海岸に漂着
135826	朝鮮朝日	1926-12-23/1	07단	三倍に殖えた支那の勞働者/壓迫を被る內鮮人/當局は制限策を攻究
135827	朝鮮朝日	1926-12-23/1	08단	朝鮮勸農の莞草を盜む/鮮人を逮捕
135828	朝鮮朝日	1926-12-23/1	08단	元山穀物市場復活を協議/穀商組合が
135829	朝鮮朝日	1926-12-23/1	08단	會(吉田社長披露宴)
135830	朝鮮朝日	1926-12-23/1	08단	人(石黑英彦氏(總督府地方課長)/成田榮信代議士/飯塚祇吉氏(商船仁川支店長)/迫間房太郎氏、白壇善四郎氏/有賀朝鮮殖銀頭取/恩田銅吉氏(朝郵社長)/大村鐵道局長/線引朝光氏(坡大教授))

일련번호	판명	간행일	단수	기사명
135831	朝鮮朝日	1926-12-23/1	09단	女王の惱に(８)/細井肇作
135832	朝鮮朝日	1926-12-23/1	10단	半島茶話
135833	朝鮮朝日	1926-12-23/2	01단	牡丹臺野話
135834	朝鮮朝日	1926-12-23/2	01단	十ケ年計劃で火田民を取締/先づ來年度咸南北道五千餘名を整理
135835	朝鮮朝日	1926-12-23/2	01단	殖銀、東拓土地改良の各會社が協議し/水利組合の實情を調査し/救濟策を攻究する
135836	朝鮮朝日	1926-12-23/2	01단	年賀郵便五割以上の減少を示す
135837	朝鮮朝日	1926-12-23/2	01단	松飾りや餅の賃搗き/少いながら弗々始まる
135838	朝鮮朝日	1926-12-23/2	02단	懸案だった癩病院移轉/光州からは立退料交附
135839	朝鮮朝日	1926-12-23/2	03단	基督敎の聯合祈禱會/明春に開催
135840	朝鮮朝日	1926-12-23/2	03단	度量衡の一齊取締/某石炭屋は二割も不足
135841	朝鮮朝日	1926-12-23/2	03단	朝日勝繼碁戰/第卅三回(十)
135842	朝鮮朝日	1926-12-23/2	04단	四萬五千圓で馬山普校の擴張を完成
135843	朝鮮朝日	1926-12-23/2	04단	喫茶室(地下食堂の悲哀)
135844	朝鮮朝日	1926-12-24/1	01단	聖上御容態(東京電話) 御心臓再び御衰弱御脈弱く御結代あらせらる 二十三日宮內省發表/一流の料亭もヒッソリ閑と火の消えた寂れ方 大きな聲する者もない/神前に額づく少年と少女 御平癒を祈願/釜山の花柳界悉く謹愼す 自發的に/忘年會は一切取止め 國境兩地が
135845	朝鮮朝日	1926-12-24/1	01단	御平癒祈願祭
135846	朝鮮朝日	1926-12-24/1	02단	朝鮮の府債を內地の市場が/どれだけ消化するか試金石の平電債發行
135847	朝鮮朝日	1926-12-24/1	02단	案ぜられた鮮米の移出/先安見込と年末資金の逼迫から大增加
135848	朝鮮朝日	1926-12-24/1	04단	辭令(東京電話)
135849	朝鮮朝日	1926-12-24/1	04단	出願四私鐵の合同を獎勵/認可指令の競爭を續ける/全南の鐵道熱旺勢
135850	朝鮮朝日	1926-12-24/1	04단	儒林團が分裂/鄕校財産拂下を兩派で爭ふ
135851	朝鮮朝日	1926-12-24/1	04단	選擧取消は行はず 釜山府議選落着するか/不正投票の被告が控訴 二十二日
135852	朝鮮朝日	1926-12-24/1	04단	竣工した無線局
135853	朝鮮朝日	1926-12-24/1	05단	元山局が爲替貯金の取扱時間延長
135854	朝鮮朝日	1926-12-24/1	06단	朝鮮王家の文獻で昔の日鮮通商の關係がよく判明した/朝鮮史編纂の黑板博士談
135855	朝鮮朝日	1926-12-24/1	06단	短歌/橋田東声選
135856	朝鮮朝日	1926-12-24/1	06단	日本古來の鐵の釜/土中から發掘
135857	朝鮮朝日	1926-12-24/1	06단	降りしきる雪中に二百餘名の遺族が遭難漁夫の死を聞いて哀號を叫んで泣き狂ふ
135858	朝鮮朝日	1926-12-24/1	07단	松汀里附近大降雪/一尺五寸以上

일련번호	판명	간행일	단수	기사명
135859	朝鮮朝日	1926-12-24/1	07단	府廳財産の差押事件は三百圓を支拂って解決
135860	朝鮮朝日	1926-12-24/1	07단	紙幣僞造の資金調達中/元山で逮捕
135861	朝鮮朝日	1926-12-24/1	07단	馬賊團が死體四個を遺棄して逃走
135862	朝鮮朝日	1926-12-24/1	08단	印刷工盟休/待遇問題で
135863	朝鮮朝日	1926-12-24/1	08단	露領出稼者の遺骸百三十/帆船で送届く
135864	朝鮮朝日	1926-12-24/1	08단	破獄の强盜/群山で逮捕
135865	朝鮮朝日	1926-12-24/1	08단	一萬圓の拐帶犯/釜山で逮捕
135866	朝鮮朝日	1926-12-24/1	08단	會(元山畜産總會)
135867	朝鮮朝日	1926-12-24/1	08단	人(中島木浦警察署長/齋藤總督夫人/アーサー・ハイドリー氏(前京城駐在英國總領事)/山濁和三郎氏(全南道財務部長))
135868	朝鮮朝日	1926-12-24/1	09단	女王の惱に(９)/細井肇作
135869	朝鮮朝日	1926-12-24/1	10단	半島茶話
135870	朝鮮朝日	1926-12-24/2	01단	牡丹臺野話
135871	朝鮮朝日	1926-12-24/2	01단	修繕を追越す木橋の腐り/全南の橋が完備するは前途なほ遼遠である
135872	朝鮮朝日	1926-12-24/2	01단	平壤電車の寺洞延長は結局實現か
135873	朝鮮朝日	1926-12-24/2	01단	十五萬圓の增加を見た/平北道豫算
135874	朝鮮朝日	1926-12-24/2	01단	平壤府豫算/材料蒐集中
135875	朝鮮朝日	1926-12-24/2	01단	特許鑛山の持主が變り/感化事業の寄附金消失
135876	朝鮮朝日	1926-12-24/2	02단	斃死獸の取締規則を京畿道で發布
135877	朝鮮朝日	1926-12-24/2	02단	賞與の外に防役手當で/國境警官の大喜ひ
135878	朝鮮朝日	1926-12-24/2	02단	商船學校舍/目下建築中
135879	朝鮮朝日	1926-12-24/2	03단	平壤署が成績優秀な警官を賞與
135880	朝鮮朝日	1926-12-24/2	03단	入學試驗が迫り圖書館が大賑ひ/遲く入館した者は參考書も無い滿員
135881	朝鮮朝日	1926-12-24/2	03단	朝日勝繼碁戰/第卅三回(十一)
135882	朝鮮朝日	1926-12-24/2	04단	部長試驗成績
135883	朝鮮朝日	1926-12-25/1	01단	聖上崩御/廿五日午前一時廿五分/天皇陛下大正十五年十二月二十五日午前一時二十五分葉山御用邸に於て崩御あらせらる/大正十五年十二月二十五日/宮內大臣一木喜德郎　內閣總理大臣若槻禮次郎/大行天皇御尊影/御臨終の御模樣/二十五日宮內省發表(東京電話)
135884	朝鮮朝日	1926-12-25/1	05단	京城の哀悼/諸會合を見合
135885	朝鮮朝日	1926-12-25/1	06단	午前一時十五分御危險に陷らせらる(大正十五年十二月二十五日午前一時四十五分宮內省發表)
135886	朝鮮朝日	1926-12-25/1	06단	今上天皇踐祚(東京電話)/葉山御用邸に於て
135887	朝鮮朝日	1926-12-25/1	06단	聖上御容態(東京電話)
135888	朝鮮朝日	1926-12-25/1	06단	龍山の人道橋に電車の交通も實現が出來やう
135889	朝鮮朝日	1926-12-25/1	08단	大邱府の年末の金融/資金一巡し平穩に越年

일련번호	판명	간행일	단수	기사명
135890	朝鮮朝日	1926-12-25/1	09단	大連商人が間島大豆の安値に着目
135891	朝鮮朝日	1926-12-25/1	09단	德壽宮の空地賣却/百坪ほどを
135892	朝鮮朝日	1926-12-25/1	09단	上級學校へ入學希望者/平中と高女の
135893	朝鮮朝日	1926-12-25/2	01단	依然面白くない鮮人の就職率 二百五十人の求職者中僅に七十名が就職/歸國鮮人の汽車賃割引 總督府に要望
135894	朝鮮朝日	1926-12-25/2	01단	土地改良社總會/京城で開催
135895	朝鮮朝日	1926-12-25/2	01단	永登浦の面議員選擧/當選者取消
135896	朝鮮朝日	1926-12-25/2	01단	咸平鶴橋に電燈社創立/發起人協議
135897	朝鮮朝日	1926-12-25/2	01단	平壤府電の料金決定す/府協議會で
135898	朝鮮朝日	1926-12-25/2	01단	電力値上の鮮議の言は誤謬と判明
135899	朝鮮朝日	1926-12-25/2	02단	疑似病牛一頭を發見/平南大同郡で
135900	朝鮮朝日	1926-12-25/2	02단	猩紅熱の豫防注射を釜山が勵行
135901	朝鮮朝日	1926-12-25/2	02단	排日教授が京城を通過/警務局が警戒
135902	朝鮮朝日	1926-12-25/2	02단	莞島の海苔/第一回入札
135903	朝鮮朝日	1926-12-25/2	03단	新義州水道/給水制限撤廢
135904	朝鮮朝日	1926-12-25/2	03단	入學試驗(平壤中學校/平壤高等女學校)
135905	朝鮮朝日	1926-12-25/2	03단	不正漁者の大公判/法延は被告で一ぱい
135906	朝鮮朝日	1926-12-25/2	03단	朝日勝繼碁戰/第卅三回(十二)
135907	朝鮮朝日	1926-12-25/2	04단	激浪を冒し遭難漁船の乘組員を救ふ
135908	朝鮮朝日	1926-12-25/2	04단	電氣技師とは眞赤な僞り/實は市電運轉手
135909	朝鮮朝日	1926-12-25/2	04단	飴と問遠へ暴藥を嚙み老婆負傷す
135910	朝鮮朝日	1926-12-25/2	04단	血に染る斧/溫突內の殺人
135911	朝鮮朝日	1926-12-25/2	04단	飲屋荒しの僞刑事逮浦
135912	朝鮮朝日	1926-12-26/1	01단	愁雲深く地をこめて朝鮮の山河哀悼盡きるなし/消魂しき號外の鈴の音に驚かされ悲報を知る京城府民たゝ靜寂と哀悼の誠を致す/哀悼の誠を致す各地在住者の遙拜式/鳳凰の跡
135913	朝鮮朝日	1926-12-26/1	03단	大喪儀官制發布/總裁に閑院宮殿下
135914	朝鮮朝日	1926-12-26/1	04단	先帝御渡鮮の思出/在鮮の內地人四千有餘人は感激の涙に咽んだ/郵便局が唯一の建物/虎疫流行が心配だった
135915	朝鮮朝日	1926-12-26/1	05단	いよいよ始まる京城のラヂオ/二千三百口の申込に應募者僅に六百口
135916	朝鮮朝日	1926-12-26/1	05단	水産製品の檢查令改定 明年二月發令
135917	朝鮮朝日	1926-12-26/1	06단	新帝踐祚の報告祭
135918	朝鮮朝日	1926-12-26/1	06단	遞信局の新事業/百十萬餘圓の豫算計上
135919	朝鮮朝日	1926-12-26/1	07단	モヒと癩患の治療を主とし/豫算に計上された衛生課の新規事業
135920	朝鮮朝日	1926-12-26/1	07단	俳句/鈴木花蓑選
135921	朝鮮朝日	1926-12-26/1	07단	農事關係の國庫補助/注目の內容
135922	朝鮮朝日	1926-12-26/1	07단	釜山繁榮の懸賞論文を繁榮會が募集

일련번호	판명	간행일	단수	기사명
135923	朝鮮朝日	1926-12-26/1	08단	贅澤品の密輸二百萬圓を突破/來年度八萬圓を支出し取締を嚴重にする
135924	朝鮮朝日	1926-12-26/1	08단	二十五日夜來/釜山の寒さ/零下六度
135925	朝鮮朝日	1926-12-26/1	09단	兼二浦仁川間鐵銅の車扱/特定運賃實施
135926	朝鮮朝日	1926-12-26/1	09단	慶南道內乙種銀行が利率を協定
135927	朝鮮朝日	1926-12-26/1	09단	緣故林拂下/明年の二月から實施
135928	朝鮮朝日	1926-12-26/1	09단	年末賣出の裝飾も取止
135929	朝鮮朝日	1926-12-26/1	09단	實子確認の珍訴訟公判
135930	朝鮮朝日	1926-12-26/1	10단	漁船の遭難/二十三日夜の大時化で
135931	朝鮮朝日	1926-12-26/1	10단	モヒ密輸を學童に頼む
135932	朝鮮朝日	1926-12-26/1	10단	學校外でのスケートを平壤高女嚴禁
135933	朝鮮朝日	1926-12-26/1	10단	會(學組豫算內示會/牛豚舍推肥品評會/朝汽總會完了/釜山のクリスマス/釜山名刺交換會)
135934	朝鮮朝日	1926-12-26/1	10단	人(重村義一氏(科學記念會々長)/湯淺政務總監/趙欣伯博士)
135935	朝鮮朝日	1926-12-26/1	10단	半島茶話
135936	朝鮮朝日	1926-12-26/2	01단	稅關の出張を求め莞島の海苔の通關手續が出來るやう/當業者が陳情す
135937	朝鮮朝日	1926-12-26/2	01단	釜山の學組來年度豫算/緊縮一點張
135938	朝鮮朝日	1926-12-26/2	01단	自動車で小包を遞送/六萬餘圓で國境に實施
135939	朝鮮朝日	1926-12-26/2	01단	戰鬪機隊は來年から開始
135940	朝鮮朝日	1926-12-26/2	01단	在外鮮人を慰勞のため活寫隊を組織
135941	朝鮮朝日	1926-12-26/2	02단	京畿新設校
135942	朝鮮朝日	1926-12-26/2	02단	會社銀行(京城天然氷總會/中央物産總會)
135943	朝鮮朝日	1926-12-26/2	02단	借家組合を組織の計劃/勞働親睦會が
135944	朝鮮朝日	1926-12-26/2	02단	宮館府尹に千圓を贈る
135945	朝鮮朝日	1926-12-26/2	02단	漢江の氷/今年は上質
135946	朝鮮朝日	1926-12-26/2	02단	大邱の妓生/券番を組織
135947	朝鮮朝日	1926-12-26/2	03단	馬賊來襲の謠言が傳る
135948	朝鮮朝日	1926-12-26/2	03단	債券僞造犯/懲役を言渡
135949	朝鮮朝日	1926-12-26/2	03단	獵銃の盲發/鮮童を殺す
135950	朝鮮朝日	1926-12-26/2	03단	帆船が顚覆/船夫溺殺す
135951	朝鮮朝日	1926-12-26/2	03단	朝日勝繼碁戰/第卅三回(十三)
135952	朝鮮朝日	1926-12-26/2	04단	漁船を盜む/十五の少年
135953	朝鮮朝日	1926-12-26/2	04단	阿片の密賣/安東署が逮捕
135954	朝鮮朝日	1926-12-26/2	04단	自殺を企てた義烈團員が獄中で病死
135955	朝鮮朝日	1926-12-26/2	04단	面書記を待伏せして稅金を强奪
135956	朝鮮朝日	1926-12-26/2	04단	前借ケ踏倒
135957	朝鮮朝日	1926-12-26/3	01단	大喪寫眞飛行輸送/二十五日朝葉山にて本社寫眞班謹寫

일련번호	판명	간행일	단수	기사명
135958	朝鮮朝日	1926-12-26/4	01단	朝見の儀式は還幸後二十八日か/淺川在橫山村の御陵所は決定か 大喪儀は明春二月 新宿御苑で行はせらる
135959	朝鮮朝日	1926-12-26/4	10단	まだ御幼少の垠殿下を眞實の弟宮のやうに御可愛がりになった/先帝の舊韓皇室を御訪問(陛下は御滯在中/常に御側にあり)
135960	朝鮮朝日	1926-12-26/4	11단	新帝として初の東都還御/廿七日靈柩に先だち
135961	朝鮮朝日	1926-12-26/4	11단	近來にない難飛行を續け/本社の寫眞を空輸/大吹雪の空中にまよった/日本航空會社の龜井機
135962	朝鮮朝日	1926-12-26/4	12단	當分の御在所 赤坂離宮に定めらる/弔旗の揭げ方

색인

색인

ㄱ								
ガソリン	132916	133960						
グラウンド	130546	133420						
ゴム	131732	134405						
ゴルフ	133015	133587	133765					
メートル法	127614	134657						
モヒ	127948	128380	128683	129610	130512	130514	130536	131454	132156
	132373	132720	132786	133405	133507	133508	133598	133627	134708
	134762	134858	135024	135159	135349	135679	135751	135919	135931
リンチ	130844	131186	131243	131627	132396	132435	132639	132927	133878
ロマノフ	134077								
歌	127295	127511	127953	128161	128435	128646	128734	129164	129772
	130216	130845	131304	131530	131579	131601	131632	131769	131870
	132018	132254	132495	132622	132750	132772	132850	133133	133249
	133272	133307	133496	133635	133941	134378	134552	134562	134655
	134657	134697	134980	135094	135288	135373	135464	135697	135699
	135787	135855							
架橋	130452	132548	132777						
家禽	127546	127857	128390						
家禽コレラ	127546	128390							
街頭	134937								
加藤神社	130655								
街路樹	128100								
歌舞	135697								
袈裟	130607								
架設	128191	129342	129467	130056	133368				
家屋	128637	131384	131981	132416	132515	132747	133710	134842	
家財	131355								
家庭	127448	127451	127540	128284	128453	129250	130875	133625	133816
	134344	135551							
家庭工業	128284								
家庭工場	128284								
假政府	128974	129917	130324	130335	130372	132033			
暇政府 假政府	128974	129917	130324	130335	130372	132033			
家出	129360	129611	130459	130765	130913	133916	133945	134991	135474
各道	127370	127871	129077	129163	129691	130141	130615	130683	130808
	130816	130991	131506	131513	131942	132136	132625	133987	135406
	135451	135757	135810						
覺醒	128862	129594	135504						

各地	127426	128330	129128	129269	129657	129916	129924	129969	129971
	130153	130193	130201	130369	130943	130969	131072	131143	131296
	131413	131689	131903	132003	132053	132130	132175	132285	132493
	132690	132923	133106	133239	133569	133593	133597	133720	133860
	133974	133981	134119	134218	134237	134306	134369	134439	134517
	134560	134608	134623	134678	134718	134721	134759	134794	134799
	134809	134893	134933	134937	134965	135042	135045	135224	135363
	135379	135442	135468	135484	135650	135733	135808	135912	
懇談會	127420	131146	133180	133221	135043	135114	135360	135429	135451
	135784	135809							
間島	127587	127746	128590	129767	129805	129878	129985	130037	130075
	130275	130282	130577	130585	130716	130966	131111	131180	131186
	131227	131778	131883	132234	132350	132412	132880	132935	132948
	133067	133975	133982	134289	134352	134831	134883	134894	134961
	135035	135043	135170	135225	135230	135317	135364	135382	135443
	135891								
干魃 旱魃	128880	128893	129295	130279	130316	130414	130451	130716	130761
	132389	133072							
簡保	130007	131889	131934	132658	132795	135365	135578		
奸商	127343								
干潟地	128984								
看守	127908	134695	135106						
簡易保險	130433								
簡閱	130017	130409	131342	131672	131820				
肝要	127701	132714	134298						
簡易驛	127701	132714	134298						
簡捷	134226								
懇親會	129761	135350							
看板	130564	135509							
看護婦	127304	127666	127950	128238	128731	132560	132759	133916	
感冒	127381								
監囚	129991								
監視	129989	130180	131029	131213	131692	132852	132890	133181	134526
監視所	132890								
減額	131306								
監獄	127904	131531	132602	135674					
甘藷	131766								
甘浦	130984								
甲山	135127								
甲子園	131389	131884	132061						
江景	128693	129405	129579	130520	135717				
岡崎	127911	127954	127987	129810	133637	133665	134640	134956	135164

	127281	127308	127342	127348	127410	127456	127458	127652	127672
	127674	127720	127760	127836	127908	127951	128308	128349	128580
	128723	128763	128975	129142	129533	129571	129993	130292	130337
強盜	130377	130454	130562	130731	130845	130881	131492	131561	132688
	132718	133312	133313	133479	134047	134096	134324	134666	134786
	134816	134954	135109	135346	135348	135558	135634	135637	135673
	135864								
強盜團	127458	130562							
降雹	128923	130060	134128						
岡山	131697								
	127465	127469	127477	127656	127815	127844	127986	128210	128372
	128468	129078	129151	129809	129888	130339	130450	130590	130601
	130729	130730	130768	130877	131049	131069	131083	131119	131145
講習	131159	131366	131410	131483	131511	131630	131852	131930	132084
	132101	132255	132364	132367	132446	132450	132511	132563	132722
	132907	132966	133141	133280	133991	134441	134849	135213	135261
	135268	135303	135362	135680	135682	135731			
講習所	127477	128372	135682						
	127465	127469	127656	127986	128468	129078	129809	129888	130339
講習會	130450	130590	130601	130768	130877	131049	131083	131119	131159
	131366	131410	131483	131630	132101	132364	132450	132563	132966
	133141	133280	133991	134849	135213	135261	135268	135303	
	127622	128506	128744	128915	128917	128949	129093	129809	129849
講演	129883	129920	130420	130802	131015	131083	131159	131302	131158
	131365	131409	131482	131629	132100	132363	132449	132562	132965
	133140	133279	133990	134848	135212	135260	135267	135302	
	127622	128506	128744	128917	128949	129809	129883	129920	130420
講演會	130802	131015	131083	131159	131302	131885	132101	132336	132866
	133634	133845	134139						
江原	127330	127531	131523	131547	131651	131684	131748	132724	132898
江原道	132915	133251	133384	134473	135072				
降誕	130420								
強奪	128051	128096	129248	129571	129768	129993	130377	130659	131592
	133097	135345	135637	135673	135955				
糠蝦	127299								
凱歌	131769								
開墾	128368	128738	129434	133347	133992	134091	135164	135167	
開校	127355	127572	127740	127821	128265	128375	128627	128638	128647
	128809	128853	129327	130036	130214	135246			
	127863	128078	128184	128406	128516	128517	128570	128597	128610
	128641	128768	129212	129239	129288	129397	129421	129434	129684
改良	129705	129890	129897	129906	129965	130174	130354	130642	130689
	130760	130799	130928	131057	131070	131119	131250	131269	131323
	131381	131393	131450	131519	131538	131623	131704	131717	131733

	131849	131926	132064	132084	132101	132146	132271	132305	132380
	132479	132480	132511	132563	132740	133061	133530	133540	133577
	133635	133772	133822	134688	135043	135188	135202	135406	135451
	135835	135894							
開發	127369	127961	128908	129281	129410	129712	130048	130711	130784
	131773								
開城	127830	131193	132773	134241	134790				
改正	127476	127563	127664	128336	128711	128897	128905	129051	129087
	129221	129244	129387	129582	129634	129636	129651	129789	130203
	130244	130274	130407	130434	130484	130498	130673	130687	130935
	131028	131068	131139	131169	131220	131261	131387	131420	131553
	131699	131903	132005	132177	132663	133085	133148	133155	133324
	133366	133472	133930	134226	134449	134451	134486	134488	134497
	135001	135150	135205	135485					
開墾	127487	127539	128386	129314	129617	131543	135054		
開拓	129487	131317	132706	133851					
价川	128079								
改築	127629	129741	129824	129935	130516	131021	131037	131089	131231
	131283	131354	131614	132283	132346	132573	132609	132666	132808
	132837	133268	133500	134116	134167	134699			
据置	130253	131943							
健康	127825	129105	130151	130941					
健康診斷	127825								
乾繭	127768	130529							
乾繭場	127768	130529							
建設	128346	128902	129626	129656	129865	129897	129971	130086	130122
	130726	131099	131142	132103	132212	132330	132486	132618	133193
	133774	133830	135616	135658	135734				
健兒	127776	133452							
建議	127813	128185	128545	128708	135278	135410			
巾着網	128904	135764							
檢疫	127469	127957	128041	128416	130390	131129	131634	131875	132053
	133030	133985	134206	135549					
檢疫所	127957	131634							
檢閱	127738	129835	130896	131306	131315	132412	132848	133486	134836
格納庫	131859								
隔離病舍	127594	133178							
格鬪 搭鬪	129533	131532	132638	133418	133817				
繭	127444	127525	127768	127869	128546	128864	129032	129462	129581
	129790	129891	129964	130178	130250	130272	130299	130322	130381
	130382	130383	130431	130442	130471	130507	130529	130541	130570
	130624	130643	130662	130688	130702	130833	131034	131041	131076

	133676	133701	133735	133827	133844	133893	133895	134007	134180
	134182	134339	134442	134940					
京畿道知事	127974	135071	135525						
京南線	131834								
京大	127386	130046	131367	132106	133992				
京都	130421	130799	133919	135636					
敬老會	127840	134152	134303						
競馬	128698	128867	128931	129038	129273	129671	129864	132011	132012
	132118	132702	133015	133895	134483				
競馬大會	129038	129273	129671	132012	132702				
競賣	127581								
警務局 警務局	127317	127386	127571	129498	130740	131161	131198	131418	131526
	132060	132138	133044	133344	133686	134144	134213	134553	134714
	134727	134790	134847	135643	135703	135901			
警報	131355	133075							
景福宮	128757								
警部	132977	135225							
京釜線	131418								
慶北線	135181								
警備	129092	129474	129557	130141	130228	130719	131605	131718	132244
	132370	132464	134498	134508					
警備艦	130141								
慶尚南道 慶南道 慶南	127286	127329	127424	127550	127580	127637	127704	127734	127743
	127806	127850	127851	127871	127987	128014	128070	128105	128141
	128238	128276	128344	128368	128386	128519	128524	128613	128622
	128746	128775	129050	129164	129168	129260	129311	129400	129431
	129578	129590	129604	129622	129656	129659	129691	129722	129779
	129842	129886	129953	129959	129962	129969	130028	130032	130067
	130079	130110	130164	130194	130366	130426	130467	130473	130474
	130503	130592	130622	130690	130706	130712	130716	130740	130769
	130788	130815	130825	130828	130834	130898	130916	130948	130965
	131085	131119	131139	131141	131161	131262	131274	131295	131340
	131422	131439	131441	131443	131452	131504	131581	131663	131667
	131683	131685	131799	131856	131872	131963	132042	132053	132078
	132081	132084	132205	132245	132364	132463	132604	132629	132644
	132649	132792	132902	132971	132974	133065	133088	133143	133223
	133234	133245	133287	133326	133347	133403	133425	133458	133484
	133490	133544	133724	133735	133757	133828	133867	134049	134150
	134170	134191	134583	134714	134724	134758	134803	134852	134891
	135034	135091	135135	135163	135164	135186	135199	135214	135262
	135388	135633	135662	135926					
慶尚北道 慶北道	127425	127525	127555	127641	127730	127810	127946	128062	128215
	128303	128368	128920	128977	129109	129164	129175	129291	129451
	129614	129689	129753	129908	129920	130027	130032	130308	130315

130431	130601	130782	130825	130916	130986	131159	131307	131408
131418	131419	131467	131634	131702	131966	132117	132259	132301
132498	132577	132642	132937	132941	133112	133238	133254	133493
慶北 133643	134128	134288	134300	134483	134524	134544	134545	134644
134666	134690	134700	134729	134735	134801	134807	134833	134906
135009	135108	135181	135260	135445				
127274	127278	127281	127315	127325	127342	127373	127395	127408
127443	127450	127453	127460	127475	127482	127491	127505	127521
127663	127669	127681	127702	127740	127754	127763	127776	127785
127799	127854	127859	127863	127874	127899	127918	127935	127952
128034	128038	128126	128131	128151	128156	128164	128175	128209
128248	128253	128313	128331	128345	128352	128371	128373	128376
128381	128389	128421	128423	128426	128453	128454	128469	128478
128483	128565	128571	128576	128577	128579	128622	128647	128663
128787	128829	128841	128852	128856	128871	128884	128902	128926
128947	128951	128968	129052	129055	129117	129119	129126	129144
129164	129182	129200	129203	129224	129227	129234	129288	129294
129297	129332	129355	129373	129380	129381	129417	129473	129475
129505	129579	129588	129657	129670	129673	129686	129699	129728
129752	129764	129812	129835	129861	129871	129873	129917	129934
129971	130017	130020	130025	130029	130039	130051	130054	130056
130072	130086	130141	130143	130153	130200	130218	130226	130253
130270	130287	130292	130369	130380	130401	130406	130450	130451
130518	130536	130548	130612	130616	130625	130720	130749	130806
130814	130845	130854	130861	130872	130941	130954	130983	131029
131036	131043	131065	131100	131103	131132	131135	131152	131163
京城 131176	131187	131323	131342	131384	131389	131404	131448	131482
131538	131549	131573	131618	131633	131659	131672	131676	131714
131739	131743	131745	131758	131823	131884	131903	131947	131976
131979	131983	132022	132039	132061	132079	132087	132104	132122
132126	132127	132145	132148	132179	132203	132220	132273	132307
132316	132368	132370	132381	132393	132433	132446	132492	132522
132601	132619	132637	132665	132666	132696	132726	132766	132805
132806	132825	132837	132845	132852	132879	132885	132912	132915
132960	132961	133023	133046	133061	133079	133125	133140	133143
133173	133174	133205	133219	133239	133267	133281	133291	133300
133308	133338	133356	133367	133385	133417	133452	133476	133477
133480	133488	133495	133496	133529	133533	133546	133557	133571
133576	133579	133581	133634	133639	133645	133653	133677	133685
133712	133724	133736	133741	133742	133768	133776	133784	133829
133835	133859	133880	133919	133941	133943	134001	134014	134028
134072	134073	134077	134085	134088	134096	134107	134108	134112
134145	134155	134160	134170	134174	134186	134187	134195	134217
134229	134240	134259	134277	134293	134304	134310	134316	134318
134329	134331	134335	134367	134399	134407	134408	134413	134414
134419	134429	134434	134448	134454	134458	134472	134474	134516
134522	134553	134579	134586	134595	134597	134600	134667	134718

	134752	134790	134794	134835	134836	134851	134872	134891	134914
	134923	134924	134937	134942	134943	134944	134956	134971	134982
	135017	135028	135056	135071	135083	135106	135125	135139	135157
	135178	135185	135203	135232	135242	135244	135294	135299	135343
	135372	135398	135424	135429	135433	135437	135456	135458	135525
	135535	135599	135601	135614	135615	135634	135646	135654	135697
	135705	135714	135753	135754	135767	135778	135789	135815	135817
	135823	135867	135884	135894	135901	135912	135915	135942	
鏡城	133940								
京城圖書館	128579	129475	131100	134217	134304	134413			
京城法院	128884	134956	135028						
京城放送局	132381	134195	135017	135232	135294	135654			
京城紡績	129332								
京城府	127342	127373	127450	127453	127460	127491	127681	127702	127859
	127899	128034	128175	128248	128313	128423	128469	128576	128577
	128856	128871	129164	129473	129475	129673	129873	130020	130153
	130200	130218	130983	131043	131100	131135	131482	131672	131714
	131976	132148	132492	132601	132637	132665	132845	132852	132885
	132912	133174	133239	133291	133308	133338	133367	133452	133495
	133557	133645	133736	134072	134112	134160	134217	134277	134304
	134310	134335	134408	134522	134579	134600	134794	134835	134971
	135125	135139	135185	135343	135433	135458	135697	135778	135912
京城府立圖書館	128579	129475	131100	134217	134304	134413			
京城師範京城師範附屬校	127408	127669	129052	129144	131538	131618	133281	133576	133724
京城師範女子演習料	127669	133724							
京城市場	129505								
京城女子商業	128571								
京城女子實業校	128331								
京城少年團	132039	132079							
京城神社	129200	133480	133571	133639	134229	135437	135646	135767	
京城驛	129917	130536	130720	130872	130954	133480	133571	133639	134229
	135437	135646	135767						
京城運動場	127460	133356							
京城醫專	127274	129373	129728	130054	130749	130814	133267	133741	136150
	138379	138646	139705	141839	141910	142295	142798	143503	146381
京城日報	129579	133143	135599	139506					
京城日出小學校	146898								

京城銀行	127854	128483	129055	129686	129699	129752	130072	130253	130625
	131758	132696	134170	134187	134956	135942	136693	136790	138091
	139008	139017	139094	139716	141394	141443	141927	142315	142632
	142907	143606	144894	145146	146303	146681	147104		
京城電話局	131573	134155	141701						
京城中學	127776	131676	131884	131979	132022	132061	132127		
京城畫報	127952								
京城帝國大學 京城帝大 (京城) 帝大 城大	128418	128454	128745	128884	128951	129057	129381	130417	130450
	131187	131221	132635	133247	133660	134671	134791	134957	
耕牛	132933	134510							
京義鐵道 京義線	133048								
京仁	127625	128645	130768	131191	131223	131321	131425	131510	131866
	132189	134166	135447	135631	135685				
京電	127351	127358	127538	127564	127892	128074	128075	128157	128294
	128456	128622	128656	128741	128918	128965	129007	129047	129415
	129507	130149	130441	130528	130677	130746	130931	130964	130996
	131031	131067	131110	131210	131319	131320	131434	131453	131557
	131577	131628	131697	131701	131770	131795	131831	131974	132066
	132140	132331	132387	132390	132422	132459	132505	132596	132742
	132774	132784	132824	132856	132952	133024	133127	133143	133334
	133372	133410	133435	133471	133532	133739	133771	133837	133900
	133935	133980	134051	134081	134118	134192	134231	134285	134412
	134741	134875	135121	135126	135136	135416	135622	135697	135701
	135734	135739	135776	135844	135848	135883	135886	135887	
經濟 経済	127391	127481	127767	129151	129618	130205	130238	130345	130605
	130805	131167	131668	132424	132444	132619	133772	134457	134896
慶州	127991	128763	128839	129689	130184	130487	130750	133160	133407
	133466	133520	133593	133645	133677	134093	135407		
慶州博物館	128839								
耕地	131925	132413	133745						
警察	127268	127421	127454	127544	127550	127561	127692	127968	127982
	127987	128315	128469	128731	128846	128879	128909	128952	129004
	129060	129197	129351	129606	129660	129662	129679	129846	129959
	130143	130173	130192	130284	130319	130356	130375	130581	130661
	130734	130740	130816	130818	130825	130829	130867	130879	130891
	130916	130935	130973	131013	131139	131422	131555	131667	131746
	131790	131896	132143	132334	132435	132636	132769	132792	133013
	133083	133171	133268	133294	133316	133344	133347	133379	133484
	133542	133543	133555	133586	133643	133662	133819	133859	133894
	134023	134149	134205	134221	134327	134347	134391	134403	134409

	134425	134429	134470	134472	134541	134675	134796	134840	134947
	134951	135024	135034	135150	135164	135195	135255	135378	135520
	135551	135591	135695	135754	135867				
警察署	127544	127561	127692	129060	129846	131555	131667	131896	132334
	132769	133013	133294	133316	133542	133643	134221	134327	134951
	135867								
(警察署)署長	127363	127401	127511	127537	127561	127623	128467	130143	130175
	130560	131274	131384	131422	131427	131544	132709	132769	132881
	133013	133316	133461	134221	134424	134886	134932	135144	135214
	135867								
輕鐵	128079	128612	130052	134278					
京春鐵道 京春線	127442	127919	127953						
鯨捕	127333								
慶興	134482								
計量器	134625								
鷄林	134043	135176							
高校	134903								
高橋泰藏 高橋藏相	130315	131550	131607	132087	132792	133451	134603		
古器物	130750	135058							
高女	128195	128371	128426	128453	128541	128627	128708	128743	128809
	129093	129209	129224	129551	129588	130352	130952	131357	131977
	132087	132204	132653	132674	133458	133703	133724	134363	134619
	134681	134788	134955	134982	134991	135146	135535	135892	135932
高農	127371	130694							
高等警察	128469								
高等官	128662								
高等法院	132763								
高等商業學校 高商	130660	135163							
高麗	128526	133709	133981	135119					
高麗共産黨	128526	133981							
高瀬船 高瀬舟	132475	132924	133030						
拷問	135378	135700	135793						
高普 高等普通學校 高普學校	127355	127572	127719	127751	127779	127798	127831	127936	128055
	128065	128226	128264	128301	128313	128343	128352	128426	128853
	129164	129245	129614	129902	130144	130214	130289	130421	130614
	130820	130823	130852	130921	131006	131099	131102	131719	131768
	132317	132676	133655	133697	133705	134028	134384	134803	135376
	135488	135616	135628						

古墳	128267	128999	129133	131935	133711				
枯死	130577								
高砂	127838								
高商	130660	135163							
固城 固城邑	127940								
高松宮	132433	132667	132748	132780	132812	132881	132913	132954	132987
	132989	133117	133296						
孤兒	130505	131916	133812						
古屋	131294	131964	132328	132805	133316				
雇入	132577								
古蹟 古跡	130487	133160	133202	133645	133766	133799			
高專	131260	131654							
古川	134990								
穀類	128730	130593	130619	131252	134452	135752			
穀物	127404	127578	127599	127726	127784	127849	128245	128502	128734
	128814	128897	129404	129529	129549	129738	130193	130298	130404
	130405	130424	131227	131496	131699	131954	132071	132904	132940
	134241	134368	134963	135114	135187	135261	135809	135828	
穀物聯合會	128734	129738	135809						
穀物市場	135828								
穀物組合	127599	131954							
昆陽	133630								
空家	129951	131135	131823	135155					
公金	127985	128503	129664	129687	130372	132100	133223	133342	133446
	133480	133571	135257						
公金橫領	127985	132100	133446	133480					
公立	128216	131101	133256	133919	135466				
工務課	128559	130215	133635						
公司	128704	129807	130157	130721	134514	134532	134553	134570	
工事	127366	127396	127602	127639	127774	127817	128189	128274	128280
	128525	128582	128612	128616	128632	128707	128774	128981	129234
	129235	129266	129314	129327	129473	129780	129838	129863	129896
	129990	130052	130107	130231	130452	130610	130681	130684	130753
	130925	130984	130985	131061	131735	131782	131833	132110	132210
	132275	132277	132278	132488	132548	132609	132767	132801	132836
	132838	132879	132951	133122	133131	133218	133409	133430	133455
	133511	133808	133857	133858	134177	134609	134653	134908	135267
	135301	135311	135366	135534	135587	135687	135718	135730	135744
	135817								
共產黨	128526	131395	131461	133981	135428				

共産主義	128625	132216							
共産主義者	132216								
公設	128840	130005	130046	131169	132869	133330	133420	134043	134112
	135049	135490	135688						
公設市場	128840	134112	135688						
公設質屋	131169								
控訴　控告	129305	130944	131598	131871	132224	132396	134888	135851	
工業	128074	128134	128284	131369	131473	131732	133513	134026	134437
	134641								
工業協會	128074								
工藝	127593								
公園	128346	128876	129082	129182	130910	131003	131694	131720	133466
	133520	134093	135407	135782					
公認	130087	130556							
工場	127394	127399	127441	127945	128097	128140	128463	128548	128598
	128632	128703	128826	128860	128891	128980	130178	130383	130721
	130725	130904	130922	131094	131857	133289	133727	133761	134909
	135266	135538	135726						
共濟	128199	129318	130098	133653	134552				
共濟組合	129318								
共濟會	128199	133653							
公州	127606	128564	128568	129398	130471	131626	131683	133426	133676
	133705	134709	134794	134864	135733				
公職者	129119	129383	129435	130793	135499				
共進會	127512	127706	127810	128382	129459	129883	131159	131173	131671
	131934	132117	132651	132773	132875	133214	133233	133238	133323
	133888	133931	134033	134084	134198	134263	134271	134274	134345
	134415	134538	134573	134589	134636	134639	134640	134646	134739
	134746	134770	134865	134902	134940	135076	135096	135219	135246
	135719								
公娼制度	130816	133444							
公債	131206	131552	131975	135579					
公判	129070	129095	129098	129492	129518	130064	130533	130627	131207
	131243	131399	131590	131594	131627	132224	132396	132927	134136
	134290	134358	134379	134428	134815	135152	135671	135743	135905
	135929								
共學	136652								
恐慌	127620	130834	132693	133781	133947				
公會堂	128273	128402	128421	128823	132277				
科料	128527								
果物	128101	128977	129906	131710	132799				
課稅	129797	131125	134452	134587	134830				

菓子	127498	128549	128737	128829	129029	129118	134298		
科學	127724	128257	132087	132870	134174	134857	135721	135934	
灌漑	128368	131311	131899	132906					
觀光	127748	128156	130876	131456	134852	135034	135380		
觀光團	127748	134852	135034	135380					
管區	131284								
官金	128565								
關東	127317	127386	128559	129486	130007	130080	132253	133126	133199
	133708	134140	134296						
關東軍	128559	134140	134296						
關東州	129486	130007							
官吏	129820	131757	133971	135800					
官民	128565	130175	130276	130345	130709	131838	132318	133615	133676
	133709	134158	135076	135615					
官報	135235	135815							
關釜連絡船	128589	128964	129296	131867	133616				
官舍	128231	128339	129667	130133	135806				
關西	128258								
關稅	128203	129040	129087	129130	129582	130498	131297	131331	131338
關稅改正	129087	129582	130498						
關水	127312	128429	134595	134619					
官鹽	130113								
官邸	128701	130062	133580	133972					
官制	127821	129217	135913						
官廳	129593	132257	134475						
官憲 官憲	128292	128919	128998	129092	130173	130844	131691	132216	132231
	132632	132738	132819	132947	133534	133555	133984	134135	134452
	134467	134830	134899	135156	135254	135553			
鑵詰	128690	132574							
鑛區	133121	133185							
廣軌	129056	131231							
廣島	128009	128118	130480	130519	131008	132200	132570	133242	134386
鑛務課	131698	133545							
鑛山	135875								
鑛産	129887								
狂言	130881	131877							
鑛業	127664	129634	130244	130905	130982	131474	133221	133545	
鑛業家	131474								
光州	127486	127602	128139	129614	130201	131102	133871	134306	134517
	134531	134574	134678	134681	134920	134939	135363	135650	

光化門	128757	129905	131179	131869	132704	132767	133904		
拐帶	127309	127677	128503	129099	129879	130372	130567	133760	132641
	133720	134469	134605	135636	135865				
怪火	131660								
馘首	127711	128122	132390	135383					
教科書	129636	131937	132027	133199					
橋梁	131263	132192							
教練	130791								
蕎麥	130651								
教師	128423	128836	129054	129300	129594	129786	129809	131154	131186
	131243	132068	132393	132959	133073	133163	133204	133270	133277
	133781	133911	134246	135468					
絞殺	127410	127761	128123	129070	129768	130181	130264	130265	130630
	130912	132032	133633	140752	140842	141062	143410	143460	
教授	127386	127448	127954	127987	128485	128745	129579	129694	129799
	130799	130814	130948	131367	131483	132269	132433	132589	132634
	133451	133848	133992	134213	134670	135683	135824	135830	135901
教室	129979	133246							
郊外	127456	129626	133219	133385					
教員	127719	127763	129408	129516	129867	129899	129944	130019	130055
	130090	130105	130129	130213	130248	130437	130480	130601	130633
	130729	130851	130877	131147	131244	132217	132541	132614	132743
	133560	133919	134215	134485	135034	135628			
教諭	132087	134384							
教育	127445	127782	127788	127805	127825	127839	127855	128151	128453
	128486	128782	128892	128978	129103	129208	129382	129408	129465
	129564	129600	129676	129734	129764	129775	129861	129867	129932
	130036	130154	130202	130213	130550	130730	130751	130877	131048
	131140	131244	131251	131264	131302	131343	131366	131483	131550
	131615	131632	131716	131723	131726	132323	132433	132590	132607
	132642	132811	132885	132896	132970	133016	133403	133634	133635
	133724	133760	133871	133977	134313	134388	134392	134538	134724
	134833	134849	134915	134982	135012	135337	135543	135616	
教育研究會	129734	131244							
教育會	129208	129775	131726	132885	133760	134313			
教主	130142								
交通	128925	129164	129911	130048	130208	130416	130905	131022	131274
	131418	131683	132475	133026	133329	133592	134197	135465	135547
	135821	135888							
交通宣傳	130208								
矯風會	133086								
教化部	129016								
交換所	127785								

教會	127584	127671	131391	132860	133204	134077	134095	134136	134656
	134736								
俱樂部	127498	128853	130614	131119	133194	133271	133592	134445	135795
九龍浦	129046	131588	132330	132536	132937				
救世軍	132854	133204	134434	134889	134926	134983			
歐亞	129471	133162							
久留島武彦	130602								
狗肉	134333								
拘引	127510	127544	130177	132636					
舊正月	127469	127887	127932	128119					
救濟	127378	128220	128287	128374	128958	129254	129300	129610	129652
	129869	130112	130243	130505	130672	130712	131474	131496	131747
	132125	132692	133350	133855	133889	133982	134163	134910	135835
驅除	128984	129709	129936	130197	130199	130657	130710	132628	133211
	134460	134627							
救濟會	131747								
救助	127984	128198	128528	129566	129690	132431	135728		
九州	127301	127812	130015	130547	131261	133907	134089	135542	
歐洲	134798	138242	140046						
求職	129299	130998	132341	134651	135893				
驅逐隊 驅逐艦隊	128414	132944	133600	133888	133922	135495	135629		
驅逐艦	128414	132944	133888	135629					
救護	133014								
國境	127267	127439	127577	127579	127642	127900	128002	128452	128664
	128873	128880	129002	129049	129080	129123	129161	129179	129237
	129298	129301	129314	129379	129411	129474	129500	129630	129660
	129715	129824	129839	129874	129935	130078	130394	130516	130719
	130810	130900	130987	131484	131570	131605	131718	131740	131803
	131995	132003	132023	132028	132122	132130	132173	132249	132294
	132346	132370	132416	132464	132515	132550	132811	132852	132923
	133081	133381	133537	133688	133801	133865	134130	134294	134302
	134440	134508	134727	134847	135133	135255	135315	135524	135553
	135844	135877	135938						
國立職業 紹介所	130618								
國文學	135390								
國民	127480	127530	128289	133605	134831				
國民軍	128289								
國民協會	127530	134831							
國稅	133667								
國粹	129206	129211	129641	129934	130167	132228	133271	135682	

國粹會	129206	129211	130167	133271	135682			
國語	129097	131343	132027	134018				
國有財産	131253	133679						
局子街	132852							
國葬	129127	129164	129181	129182	129234	129321	129353	129376	129422
	129441	129480	129485	129558	129593	129594	129628	129658	129673
	129788	129803	129866	129870	129898	129940	129976	129982	130008
	130009	130047	130089	130132	130141	130143	130168	130169	130172
	130173	130177	130200	130222	130236	130237	130260	130283	130309
	130355	130387	130496	130819	130903	130906	134134	134358	134846
局長談	129751	130842	131198	131551	133329	134727	135055		
國際航空路	132501							
國債	133613							
國策	137268							
國鉄 國鐵	128429	131922						
國澤(警務部長)	129232							
軍旗祭	128685	128755	128883	128960	128977	129459		
軍隊	129486	130092	130200	130421	131644	131666	132434	132551	132685
	133555	134938	135002						
群馬	136475							
軍馬	131717	132146	133822	134259	134626	134866	144796	145333	
郡民大會	127330							
軍事教育	127788	128782	128892	129600	132607	136288	136555		
軍司令官	127386	127421	128059	128429	128459	128978	129477	130421	130464
	130810	131121	132274	132401	133143	133347	134140	134296	134924
	134990	135562	136588	137288	137535	137591	137755	137922	137951
	138053	138217	138798	139073	139074	139108	140182	140227	140465
	140543	140590	140629	140851	140941	141153	141392	142099	142495
	142591	142628	142678	143366	143948	144393	144520	144553	144904
	145394	145519	146327	146575	146673	146810			
群山	127392	127613	127643	128103	128709	128994	129264	129273	129311
	129541	129703	129707	129708	129714	129743	129937	130049	130246
	130348	130555	130583	130646	130759	131289	131444	131819	131827
	131834	131923	132320	132727	132945	132979	133015	133437	133467
	133667	133669	133789	133883	134033	134560	134759	134995	135762
	135864	135968	136131	136414	136506	136535	136543	136719	136721
	136825	136915	136935	137143	137168	137220	137525	137541	137652
	137820	139275	139321	139415	139419	139626	139933	139934	139946
	139949	140507	140537	140961	140972	141208	141866	141937	141941
	141944	142219	142388	142398	142423	142627	142634	142638	142824
	143131	143369	143381	143674	143675	144590	145085	145089	145229
	145572	145606	145644	145680	145792	145819	145824	146346	146354
	146432	146479	146977	147258	147262	147411			

郡屬	137359	142174							
郡守	128249	131141	131244	131265	131513	131885	132436	132498	132722
	133254	133572	134299	134701	135262	136632	136788	137597	138327
	139426	139434	140133	140180	140197	140360	140626	140634	140803
	141030	141155	141324	141607	142193	143165	143901	144175	144350
郡衙	135228	139612							
軍醫	127681	128118	128131	128194	128469	130602			
軍人	127565	128694	128844	128853	129127	129256	129321	129417	129523
	129725	129820	130018	130248	130408	130589	130775	130780	131145
	132336	132512	132809	133096	133484	134139	134152	134163	134630
	134751	135240	135770	136376	137308	137927	138433	138545	138940
	138995	139225	139345	139774	140180	140284	140827	141521	142680
	142812	144424	144818	144821	147082	147394			
軍人會	128853	129256	133484	134139	140180				
郡廳	128302	134264	134536	135238	139315	139373	139426	139457	139535
	139653	139748	140091	140654	141087	141141	141995	142048	143520
	143888	144774	144811	145904	147145	147490			
軍艦	128289	129127	129441	130132	131671	131877	131883	134902	134940
	136156	136494	138919	139959	140073	141327	143933	144088	
窮民	127499	136157	136795	137127	140433	147133			
窮狀	132951	138536							
窮乏	127718	127796	133067						
券番	134506	135734	135946	136857	145734	146113			
卷煙草	142445	142859							
拳銃	128021	129427	129533	133139	133180	133253	133271	134096	134138
	134284	134316	134328	134425	134840	134947	135210	135634	135978
	136235	136923	139845	142040	145431	145515			
蕨	142577								
蹶起	142526								
軌道 軌道車	131946	136075	136471	137168	137188	137418	142216	142414	143007
	146313	147415							
歸國	129901	131456	134970	135314	135893	140792	141186	146614	147247
歸鮮	127886	127927	128510	129039	129358	129982	130102	130673	132248
	134873	135580	137185	137547	137695	138435	138475	138516	139286
	140614	140658	142160	142609	144062	144325	145248	145732	146644
	146733	147354							
歸省	135080	136618							
歸順	130532	130891	134022						
歸朝	128385								
貴族 院貴院	128288	129579	129982	131085	133419	133484	133819	134472	
歸還	127475	127501	127712	129796	129912	130116	130236	130282	130485
	134073	134350	134573	134776	134981	135018	135053		

規則	128637	128711	129051	129977	130391	130687	130935	131169	133930
	135876								
劇	127886	129014	129161	129250	129407	130735	131155	132495	132635
	133816	134221	134646	135274	135275	135399			
劇團	132635								
極東	132675								
極東艦隊	132675								
劇場	131155	134221	134646						
勤續	132358	132577	132756	134384					
勤政殿	130907								
近海	127655	127731	130296	133475					
錦江	127365	132211							
金剛山	128213	128335	128548	131312	131798	131969	132290	132780	132913
	132914	132989	133468	133674	134381	134447	134747	134756	134782
	134907	135717							
金剛探勝團	130809								
金庫	130946	132661	134522						
金谷	129211	129235	129308	129374	130170	130200	130242		
金鑛 金礦	127447	127503	128124	130905					
金利	129677	129791	129967	130178	131861	132616	132631	133339	133638
	134082	135013	135056						
金肥	130160								
金屬	128967								
金融	127379	127771	127789	128168	128209	128506	128711	128853	128942
	129051	129061	129154	129155	129175	129279	129520	129578	129651
	129677	129678	129787	129834	129942	129958	129967	129970	130110
	130111	130124	130345	130572	130805	130991	131167	131281	131348
	131668	131675	132005	132276	132306	132423	132455	132604	132616
	132619	132631	132654	132731	133078	133203	133623	133638	133666
	133897	134002	134370	134518	134601	134790	134806	134896	135134
	135187	135330	135497	135501	135758	135889			
金融機關	128942	129155	133203	135134					
金融組合 金組	127771	128168	128506	128711	128853	129051	129061	129279	129651
	129677	129678	129787	129834	129942	129958	129967	129970	130110
	130991	131167	131281	131348	131499	131675	132005	132306	132423
	132455	132604	132616	132631	132654	132731	132800	132963	133053
	133078	133623	133634	133666	133897	134002	134370	134382	134518
	134601	134806							
禁酒	127900								
禁止	127402	127490	127650	127756	129105	129598	130423	131429	131575
	131610	131682	132576	133979	135008				
金泉	128189	130682							

金虎門事件	131207								
給水	129808	130053	131292	132981	133762	134070	135605	135667	135903
起工式	128533	129277	130000	130583	130646	130960	131200	133683	133856
	133953	134071	134083	134317	134341	134411			
機關車	129223	131057	131109	131384	131593	134909			
機關銃	131507								
記念スタンプ	132881	133431	134198	134646					
記念博	130045								
基督教	129594	129599	130685	131128	132781	132860	133136	133270	133781
	134707	134881	135402	135839					
杞柳	135285								
忌明	133443								
機密費	132391								
騎兵	127838	130764	131022	131085	131235	133873			
寄附	127541	127568	127597	127894	127944	127986	128488	128629	128715
	128824	131020	131327	131396	131414	131747	132256	132676	132802
	133952	134055	134524	134592	134736	134939	135251	135376	135407
	135875								
寄附金	127944	127986	131747	132676	134939	135407	135875	139550	143917
	143931								
技師	127911	128469	128642	128684	128723	129799	130291	130711	131437
	132792	133260	133264	133586	134219	134434	134752	135071	135115
	135214	135357	135908						
氣象	129983	129999	134533						
妓生	127295	128225	131027	133766	134387	134610	135591	135946	
寄生蟲 寄生虫	128650	129800	134627						
汽船	127392	128369	128473	128681	128859	129241	129642	129758	129798
	129998	130576	130583	130883	131502	132624	134207	134317	134731
	135236	135290							
箕城 平壤	131418	134506	134597	136812	136857	139965			
期成會	127919	127953	127977	128666	129078	129208	129398	129876	131274
	131373	131498	131512	131773	132320	133150	134236	134527	135197
	135249	135726							
起訴	128351	129518	130561	130595	130663	131046	131154	132927	135199
寄宿舍	127372	129026	134016						
技術	127377	128049	128211	130347	130463	131393	132361	134000	134012
	135171	135757							
技術官	127377								
技術員	127377								
企業	133851								

紀元節	127842	127868	127888	127914					
祈願祭	135331	135335	135454	135536	135537	135582	135613	135656	135697
	135736	135779	135845						
記者	128696	128852	128947	129206	129256	129948	129978	130047	130306
	130340	130350	131119	131466	131886	132120	132228	132317	132329
	132599	132636	133209	133735	134817	135350	135387	135548	
記者連	132599								
記章	127268	131865							
寄贈 奇贈	130216	132911	133156	133246	133582	133952	135467		
汽車	127941	127980	128078	129515	130493	130762	131982	132595	133647
	133688	134317	134761	135101	135292	135893			
起債	132410	132531	134565						
畸形	127938	129987							
吉林	128978	129625	132738	133624	134771				
吉林省	133624								
吉州	133740								
吉會線	128472								
喫煙	128466								

ㄴ								
ヌクテ	130307							
のぞみ	130973							
のり 海苔	127686 134929	128135 135333	128205 135505	129843 135666	134184 135764	134488 135769	134581 135902	134811 135936	134918
癩病	128350 134504	128461 134939	128933 135251	129574 135838	130492	131298	133246	133758	133825
癩療養所	129691							
癩患者	130671	134574	135251					
洛東江	131418	131574						
樂浪	127485 133766	128999 133799	129133 135058	129329	132101	132336	132708	133709	133711
落成式	127486 133370	129060 133473	129061 133557	129362	130463	130585	130682	132358	132665
亂脈	129679	130415						
難産	145033							
南極	135292							
南山	129182	129196	129953	130028	130289			
南山公園	129182							
南鮮	127953 130565 132771	128494 130587 133992	128852 130859 134173	128930 131105 134329	128947 131122 134471	129038 131448 134494	129627 131562 135337	129875 132144	130402 132662
南洋	127445	127822	134326	135644				
男爵	132373	133605						
南浦	127305 128747 130920 133190 134091 134699 135449	127343 128823 130952 133406 134314 134718 135499	127789 128906 131554 133420 134352 134863 135549	127829 130159 132002 133570 134368 134893 135572	128414 130277 132051 133629 134420 135059 135593	128473 130298 132278 133704 134454 135168 135665	128534 130352 132283 133883 134678 135281 135717	128540 130843 133086 133931 134679 135303	128640 130889 133164 134084 134687 135351
納涼	131295	131983	132705					
納税	129025	129862	131403	132647	134227	135019	135330	135602	
納額	129862							
内閣	129981	131498	133118	135883				
奈良	134363	134472						
内務	127489 129431 131402 134158	127911 130032 131551 134213	127954 130314 132200 134307	128105 130500 132507 134595	128200 130769 132625 134619	128221 130787 133101 135262	128334 130825 133190	128429 130916 133256	128614 130986 134053
内務局	128200 133256	128221 134053	128334 134213	128614	130500	131402	131551	133101	133190

內務部	127954	128429	129431	130032	130314	130769	130787	130825	130916
	130986	132200	132507	132625	134307	134619	135262		
內務部長	127954	128429	129431	130032	130314	130769	130787	130825	130916
	130986	132200	132507	132625	134307	134619	135262		
內鮮融和	128153	128329	130256						
內鮮人	127548	127571	131531	131912	133330	135253	135277	135734	135826
內野(旅團長)	127466	127776	131907						
內地	127290	127362	127403	127435	127440	127470	127475	127616	127626
	127634	127738	127865	127893	127924	127929	127939	127978	127989
	128036	128040	128082	128233	128290	128369	128385	128413	128457
	128555	128561	128594	128644	128648	128702	128707	128912	129021
	129042	129084	129194	129286	129328	129354	129399	129408	129484
	129560	129581	129592	129662	129676	129696	129760	129786	129853
	129925	129967	129972	130035	130070	130178	130210	130369	130375
	130434	130466	130571	130592	130633	130647	130707	130715	130764
	130772	130829	130867	130874	131073	131139	131183	131198	131290
	131332	131337	131420	131424	131462	131485	131529	131563	131600
	131606	131631	131637	131662	131699	131703	131727	131778	131877
	131902	131938	131968	132029	132068	132102	132135	132155	132338
	132341	132362	132425	132461	132557	132571	132595	132608	132632
	132729	132787	132827	132835	132839	132886	132962	132991	133009
	133054	133059	133110	133192	133239	133269	133354	133568	133572
	133670	133724	133728	133804	133821	133827	133836	133839	133846
	133919	134210	134265	134329	134357	134384	134454	134499	134505
	134520	134603	134626	134827	134852	134879	135034	135167	135218
	135334	135350	135395	135462	135606	135626	135744	135763	135846
	135914								
內地視察	129021	133724	133919	134329	134852	135034			
內地視察團	129021	133724	133919	134329	134852	135034			
內地語	132068								
內地人	127362	127893	127924	128912	129194	129286	129354	129408	129786
	129925	130035	130633	130707	132155	132341	132362	132461	132608
	132787	133269	134210	134357	134384	135606	135744	135914	
女	127266	127311	127355	127380	127405	127440	127448	127510	127572
	127601	127608	127612	127669	127741	127742	127759	127763	127779
	127782	127793	127795	127807	127893	127896	127906	127923	128038
	128043	128050	128065	128123	128160	128179	128195	128313	128331
	128345	128349	128352	128371	128389	128410	128423	128424	128426
	128453	128458	128466	128541	128554	128565	128571	128604	128627
	128647	128697	128708	128743	128773	128803	128809	128853	128968
	129093	129209	129224	129245	129249	129255	129275	129331	129332
	129333	129347	129362	129428	129453	129492	129493	129501	129506
	129546	129551	129573	129588	129605	129663	129668	129681	129871
	129902	129925	129979	130036	130086	130136	130143	130214	130288
	130312	130328	130332	130352	130450	130497	130627	130632	130653

農務課	132317	133143	133728	134956	135034	135171	135231		
農民	127683	128330	128791	129599	130279	130414	130712	130716	131241
	132029	133131	133250	135397	135426				
農事	128908	129212	129890	129965	130689	131393	131450	131726	132305
	132380	132446	132740	132792	132794	132868	132907	135360	135406
	135529	135921							
農産物	129900								
聾啞	132129								
農業	127371	128210	129656	132361	133793	134019	135038	135617	135809
農業技術員	132361								
農作	130615	131733	132525	132735	133213				
農場	131610	135744							
農村	128607	130079	133189	133923	135497				
農學校	127641	130633	131101	132282	133919				
農會	127393	127658	128204	128920	129103	129248	129340	129713	129854
	130013	130314	130315	130471	130601	130662	130724	130837	130933
	131063	131244	131505	131702	132526	133383	134583	134758	135682
	135720								
腦脊髓膜炎	130146								
漏電	130634								
泥棒	127340	128682	128717	128762	130946	132373	132601	132928	133784
	135551								
論文	128650	134132	135824	135922					

ㄷ								
ダイナマイト	132757							
ヂストマ	130657	131113	132193	132392	134008			
ドイツ 獨逸 獨	136426	128853	129761	129915	131120	133613	134012	134209
ドルメン	134544							
茶	127318	127349	127387	127422	127467	127522	127585	127624	127657
	127682	127723	127912	127955	127988	128024	128491	129210	129231
	129258	129309	129338	129364	129395	129432	129455	129522	129544
	129800	129955	129996	130033	130068	130293	130341	130379	130422
	130465	130501	130540	130569	130603	130635	130666	130949	130979
	131017	131051	131086	131246	131272	131299	131329	131362	131433
	131493	131535	131565	131604	132564	132606	132645	132689	132725
	132761	132793	132834	132865	132898	132931	132967	133725	133754
	133766	133787	133800	133820	133850	133950	134103	134107	134330
	134365	134397	134435	134473	134515	134525	134554	134585	134620
	134633	134671	134715	134753	134767	135263	135308	135352	135389
	135431	135479	135523	135563					
短歌	129772	131601	132772	133133	133249	133272	133307	133496	134655
	134697	134980	135094	135288	135373	135464	135699	135787	135855
斷髪	127900	131268	133279	134550					
斷髪令	127900								
端川	132475	132919							
膽	128096	129444	130200	132471					
擔税力	129659								
踏査	131934	132087	132089						
撞球	128427	130476	131989						
當局	127332	127398	127435	127476	127485	127542	127560	127567	127604
	127627	127660	127744	127750	127959	127977	127978	128034	128055
	128120	128141	128287	128332	128452	128519	128528	128645	128820
	129164	129245	129263	129275	129527	129574	129602	129718	129720
	129803	129821	129837	129842	130090	130180	130200	130245	130272
	130276	130336	130372	130467	130503	130525	130526	130541	130592
	130786	130788	130833	130868	130878	130932	130982	131262	131311
	131332	131338	131351	131439	131452	131774	131888	132116	132173
	132203	132291	132310	132361	132364	132380	132408	132414	132454
	132463	132853	132874	132908	132920	132951	132971	133086	133118
	133223	133234	133253	133290	133364	133447	133556	133599	133851
	133956	134041	134176	134291	134496	134565	134604	134677	134728
	134748	134769	135062	135066	135067	135198	135270	135284	135316
	135336	135343	135401	135510	135543	135590	135616	135660	135668
	135765	135809	135819	135826					
堂島	135137								

	127348	127398	127429	127456	127464	127521	127528	127572	127593
	127757	127808	127925	128065	128186	128195	128227	128259	128301
	128322	128337	128407	128421	128433	128547	128553	128635	128682
	128698	128749	128755	128779	128853	128867	128892	128928	128931
	129015	129045	129128	129163	129265	129285	129409	129601	129688
	129701	129730	129756	129796	129875	129912	129916	130118	130201
	130222	130308	130326	130352	130488	130562	130590	130793	130820
	130821	130888	130921	130923	130924	130937	131007	131023	131083
	131242	131244	131296	131396	131414	131428	131445	131618	131651
	131720	131725	131739	131790	131844	131876	131936	131966	131993
大邱	132065	132118	132144	132147	132180	132191	132291	132309	132355
	132585	132662	132676	132771	132781	132808	132860	132875	132876
	132936	132976	132983	132985	133005	133015	133096	133106	133214
	133233	133237	133266	133313	133425	133439	133444	133492	133542
	133544	133643	133645	133703	133759	133765	133827	133881	133895
	133907	134004	134048	134055	134073	134079	134082	134111	134235
	134259	134276	134289	134296	134333	134345	134380	134407	134420
	134424	134454	134499	134514	134563	134573	134604	134605	134628
	134692	134708	134749	134784	134803	134932	134937	134945	134997
	135010	135011	135016	135123	135245	135261	135281	135297	135335
	135350	135377	135379	135501	135624	135635	135753	135889	135946
大邱高女	128195								
大邱公職者協議會	130793								
大邱刑務所	131242								
大龜獲	130782								
對內貿易	130271	133803	135339						
大島	130363	133582							
大同江	130231	130781	131138	131730	131836	131873	132030	132185	132713
大同郡	135899								
大豆	127766	128397	128726	128734	130152	131375	132411	132694	132736
	132934	133070	135890						
大連	127701	130270	132702	132983	133125	133943	134073	134089	134242
	134318	134345	134420						
對馬	131748								
臺灣台灣	127445	128185	129629	129921	130073	130930	131190	132624	132734
	133101	133286	133347	133512	133543				
貸付	129965	130110	131499	131525	133053	133243	134959	135069	
大相撲	130046								
臺鮮航路	130784								
大雪	134288	134322							
大冶鐵山	133429								
大垣丈夫	139337								

	132879	132885	132904	132948	132986	133015	133077	133132	133163
	133180	133204	133233	133239	133249	133272	133279	133294	133319
	133330	133331	133398	133401	133458	133465	133482	133495	133563
	133584	133586	133643	133651	133674	133676	133735	133753	133765
	133808	133829	133865	133933	134007	134088	134252	134271	134373
	134538	134751	134790	134803	134817	134834	134867	134897	134901
	134902	134936	134963	134989	135049	135126	135163	135176	135261
	135271	135476	135488	135651					
大興電氣	128361	135411	135620	137190	137700				
德壽宮	135891								
德惠姫	128181	128993	129194	133587					
稻	128604	128622	128660	130220	130578	131229	131379	131787	132081
	132389	132416	132655	133025	133424	133534	133996	134251	134400
	134476	135023	135183	135426					
渡橋式	128898								
盗掘	128267								
陶器	127600	132407	133171						
道路改修	127958	128402	131371	135482					
道立醫院	134693	135018	135122						
圖們	129342	129758	130108	130452	130504	130962	132192	132475	132777
	132819	133166	133505	133683	134598	134973	135007		
圖們江	129342	130452	130504	130962	132192	132475	132777	133166	133505
	134598								
圖們鐵	130108	132819							
賭博	127544	131324	131399	132333	132788	133881	134921	135304	135472
	135594								
盗伐	131014	134675							
渡邊定一郎	130854	133919							
渡邊豊日子	133143								
圖書	127996	128186	128346	128579	128896	129475	130177	130475	131100
	132021	132024	132870	133251	133952	134143	134151	134217	134304
	134335	134413	134463	135194	135467	135880			
圖書館	127996	128186	128346	128579	128896	129475	130475	131100	132021
	132870	133251	133952	134143	134151	134217	134304	134413	135194
	135880								
渡鮮	128298	128614	129158	129523	129750	129868	129898	130141	130354
	131520	132456	133805	135914					
屠獸	134402								
屠獸場	134402								
都市計劃	127491	128592	128902	129269	129274	133510	134186		
道議 道議會	128482								
陶磁器	128184	128347							

稻作	132081	132389	132655	133025	133424	133996	134400	134476	135183
賭場	135253								
徒弟學校	132313								
道知事	127974	129350	129826	130621	130893	132015	132173	132201	132723
	133296	133646	134472	134639	134990	135071	135233	135525	
道廳	127323	127330	127442	127531	127547	127606	128438	128675	128699
	128796	128813	129779	130156	131021	131619	133735	133867	134111
	135019	135742							
道廳舍	131021								
道廳移轉	127323	127330	127442	127531	127606	128813	133867		
道評議會	127437	127479	127704	127743	127871	130898	131408	135114	135234
	135682								
渡航鮮人	128119	132463	134824	135090	135567				
蠹島	130123								
獨立	128846	129095	129484	130433	131681	132298	132719	135684	
獨立黨	128845								
獨立運動	132719								
讀書	127482	135194							
讀者	127999	129399	132870	133154	134783	134821			
瀆職	134579								
篤行者表彰	134336								
豚コレラ	133733								
敦化	130200	130282							
東京	127372	127538	127564	128004	128157	128294	128456	128656	128741
	128784	128884	128918	128965	129007	129047	129238	129415	129507
	129937	130005	130046	130441	130528	130673	130677	130931	130964
	130996	131016	131067	131085	131211	131256	131320	131377	131434
	131453	131518	131557	131628	131647	131697	131770	131795	131831
	131974	132066	132106	132140	132331	132387	132422	132459	132505
	132596	132742	132784	132824	132856	132861	132952	133008	133024
	133127	133334	133372	133410	133435	133471	133484	133532	133605
	133739	133771	133837	133935	133980	134045	134051	134081	134118
	134175	134192	134231	134285	134412	134417	134741	134875	135136
	135262	135413	135416	135612	135622	135697	135701	135734	135739
	135776	135844	135848	135883	135886	135887			
東宮	129870	132248	135577	135611	135697				
東大	127401	127987	130080	133755	133848	134132	135126	135683	
東萊	127857	131262	131841	132829	133175	133651	133731	135251	135558
	135633								
東萊溫泉	131262								
同盟	127341	127416	127548	127719	128330	128460	128545	128672	128789
	128869	129297	129543	129759	130177	130694	130823	130851	131245
	131485	133692	133990						

同盟罷業	128460							
同盟會	129543							
同盟休校 盟休	127719	130694	130823	130851	133991	127719	127751	127831	127936
	128055	128583	128968	129020	129121	129228	129303	129332	129337
	129355	129516	130154	130182	130334	130633	130694	130823	130851
	130852	130911	131006	131047	131245	131463	132094	132560	132759
	133057	133655	133656	133697	133990	134060	134202	134272	134612
	134613	134780	134850	135145	135207	135247	135299	135341	135383
	135461	135862							
動物園	127822	133376							
同民會	129178	131049	132842	133682	135429				
凍死	135469	135711							
凍死者	135469								
東亞勸業	130769	133045	133061	134434					
東洋	127509	127671	127861	129076	129511	130032	131262	131715	132224
	132620	133260	133430	133526	134140	134670			
東洋大學	130032								
童謠	128500	134916	134919						
動員	127406	131043	134124	134149	134579				
同情金	129492								
東條正平	132818								
東拓 東洋拓殖	127411	127489	127508	127562	127683	128155	128738	129288	129389
	129394	129397	129469	129599	130124	130268	130478	130602	131323
	131341	131344	131345	131387	131503	131762	131765	131849	131858
	132201	132401	132933	133002	133745	134164	134291	134296	134924
	134956	135397	135687	135835					
銅貨	134128								
東興	133413	134882	135459						
頭道溝	130175	130560							
豆滿江 豆滿江	132548								
豆粕	128167	129402	129713	130001	130157	131091	132183	134905	
痘瘡	131092								
頭取	127418	128076	129397	131064	131326	132897	133339	133347	133419
	134170	134790	134956	135071	135754	135830			
騰貴	130304	130542	130616	130651	131107				
燈臺	127297	130333	132330	133774					
登龍門	127423								

ㄹ								
ラジオ ラヂオ	128515 135915	129253	129825	131003	131071	131326	132460	134494	134682
リレー	134867	135126						
リンゴ	134273	135740						
ロンドン	135599							
拉去	134887							
靈柩	129163	129982	135960					
鈴木花蓑(俳人)	132020 135920	135200	135342	135412	135540	135583	135625	135741	135818
露(西亞) ロシヤ 露西亜 露國	127521 132260	127709 134480	128176 135470	128374	128377	128625	128739	129798	130870
露國領事館	130870							
露領	130594	132321	135863					
鹵簿	129413	129940	130200					
露人	127796							
雷 雷鳴	131482	132857						
琉球	131934							
流筏	131107	131380	131484	131893	131962	132615	133072	135581
柳生丸	131879							
鯉	133044	133043	134386					
李堈公	127347 135562	127421 135714	130242 135754	134161	134670	134752	135069	135435	135521
罹病	130833	134745						
梨本宮	128543							
燐寸	129706							

				□				
マッチ 燐寸	128460	129706						
マラソン	133360							
マラリア マラリヤ	129407	129517	132343					
モルヒネ モヒ	127948	128380	128683	129610	130512	130514	130536	131454	132156
	132373	132523	132720	132786	133405	133507	133508	133598	133627
	134708	134762	134858	135024	135159	135349	135679	135751	135919
	135931								
馬	127302	127487	127648	127941	128143	128144	128194	128311	128320
	128384	128407	128501	128588	128602	128613	128633	128696	128698
	128827	128848	128858	128867	128931	128933	129018	129038	129041
	129092	129123	129147	129255	129273	129307	129391	129416	129421
	129501	129540	129591	129603	129645	129671	129746	129771	129789
	129807	129808	129823	129864	129867	129911	129974	129979	130005
	130037	130123	130144	130354	130460	130463	130469	130476	130588
	130596	130601	130607	130760	130825	130851	131005	131295	131314
	131373	131444	131562	131591	131621	131717	131743	131748	131766
	131777	131786	131931	131933	131980	131990	131999	132011	132012
	132054	132111	132118	132121	132130	132144	132146	132219	132230
	132231	132233	132246	132320	132369	132630	132671	132702	132885
	132921	132948	132977	133015	133027	133032	133095	133101	133134
	133143	133293	133376	133518	133537	133654	133694	133695	133788
	133822	133836	133840	133895	133989	134020	134021	134135	134259
	134442	134467	134483	134496	134600	134626	134732	134763	134766
	134835	134866	134870	134887	134898	134903	135049	135110	135151
	135202	135255	135430	135511	135781	135800	135801	135812	135842
	135861	135947							
麻	127646	128490	128583	129127	129167	129323	130726	131943	132080
	133826	134690	135423						
馬鈴薯 馬齢薯	131765								
馬山	127487	127648	128143	128144	128311	128320	128501	128588	128613
	128633	128696	128848	128933	129041	129147	129307	129540	129591
	129603	129746	129771	129911	129974	129979	130005	130460	130463
	130469	130476	130588	130596	130601	130607	130851	131295	131314
	131373	131444	131562	131743	131786	131931	131933	131999	132111
	132144	132230	132246	132320	132630	132671	132885	132921	132948
	133143	133293	133518	134020	134766	134898	135049	135801	135812
	135842								
麻雀	127646								
馬賊	127302	128384	129018	129092	129123	129807	130037	130144	131591
	131621	131777	131990	132121	132130	132231	132233	132977	133027
	133095	133134	133537	133654	133694	133695	133989	134135	134467

	134887	135110	135151	135255	135511	135781	135861	135947
馬賊團	130037	131777	133695	134887	135110	135861		
痲疹	127946	129066						
馬車	129255	131005						
麻布	129127	129167	129323	131944	132081	134691		
萬國郵便條約	129127	129167	129323	131945	132080	134690		
滿蒙	128183							
滿鮮	128825	128871	128884	128958	129164	129315	129373	129460	129497
	129948	129949	130005	130140	130306	130421	130971	131303	131385
	132656	133203	133317	133484	134796	135672			
滿鮮對抗競技	129373	129497						
滿鮮視察	129460	130140	131303	132656	133317	133484		
滿銀	137637	141847						
滿洲	127269	127317	127320	127391	127475	127501	127712	127764	127773
	127949	127987	128036	128569	128730	129049	129087	129149	129191
	129233	129280	129433	129498	129702	129895	129972	130038	130099
	130323	130495	130593	130894	131090	131127	131225	131305	131817
	132062	132123	132257	132408	132706	132839	132893	133203	133451
	133922	134019	134086	135008	135320	135760			
滿鐵	127787	127987	128052	128353	128469	129233	129433	129487	129565
	129713	130014	130400	130485	131091	132134	132706	133074	133624
	133737	133930	134373	134472	135478	135698			
望哭	129164	129182						
妄動學生	130226	131590						
亡命	142928							
望月瀧三(農學博士)	136614	137045	137288					
賣却	128359	129315	129770	131309	135051	135487	135646	135891
埋立	127775	128274	129819	129838	130596	133147	133566	
埋立事業	141224							
賣惜	137144	141078						
梅雨	131234	131287	131318	131352	131476			
埋藏	133001	133121	140408	142473	143868	145953		
麥	128203	128989	129855	129927	130077	130117	130194	130297	130426
	130435	130473	130543	130578	130651	130743	132913	132934	133423
	134686	136745	138838	139558	140155	140157	140435	140471	140546
	140548	140596	140639	140853	141039	141144	141779	141890	142023
	142066	142204	142418	142576	142636	144653	144713	146529	
麥粉	134686	136745						
麥作	129855	129927	130297	130426	130435	130473	130743	133423	139558
	140435	140471	140546	140548	140596	140639	141039	141779	144653
	146529								

麥酒	128989	130543	138838	140853	141144	142576	144713		
猛獸	133216	133840	136255	136400					
盲啞	130466	140421							
盲人	129180	129628	133220	138335					
猛虎	129908	130934	140305	145898	145953	146104			
盟休 同盟休業	127719	127751	127831	127936	128055	128583	128968	129020	129121
	129228	129303	129332	129337	129355	129516	130154	130182	130334
	130633	130694	130823	130851	130852	130911	131006	131047	131245
	131463	132094	132560	132759	133057	133655	133656	133697	133990
	134060	134202	134272	134612	134613	134780	134850	135145	135207
	135247	135299	135341	135383	135461	135862	136540	137943	138042
	138332	138483	139221	139222	139339	139878	140257	140330	140339
	140424	140460	140497	140502	140540	140576	140620	140624	140625
	140627	140664	140668	140745	141022	141064	141103	141154	141188
	141190	141237	141278	141285	141325	141376	141430	141465	141510
	141559	141603	141722	141765	141805	141838	141952	141953	142116
	142141	142184	142306	142342	142372	142408	142535	142670	143105
	143308	143356	143499	143536	143567	143610	143676	143723	143803
	143936	144023	144097	144229	144435	144551	144684	144689	144734
	144776	145174	145266	145310	145342	145493	145513	145608	145614
	145618	145700	145728	145768	145935	145938	146010	146047	146126
	146397	146478	146480	146516	146591	146625	146749	146792	146841
	146979	147281							
盟休生	130911	131463	145614	145728	147281				
勉强 勉強	137481	139572	140622	127331	127558	128240	129213	130960	131280
	131559	132247	133715	133777	133868	133882	134187	134314	135543
	136911	142939	143011	145460	146463				
免官	131918	132015	133254						
綿絲布	127290	130074	130380	130768	131331	132693			
免税	130712	133513	134880						
棉業	134639	134646							
面議	134843	134864	135140	135250	135895	136632			
棉作	129199	129742	129962	130474	131056	132737	132953	133004	133326
面長	127378	134843	135209						
綿布	128082	130300	131257	131943	133456				
免許	128079	131147	132182	132217	132541	132562			
棉花	129326	129716	132041	134232	134423	134546	134641	134648	135621
棉花栽培	129326								
棉	128320	129199	129326	129716	129742	129962	130096	130301	130474
	130939	131056	131276	132041	132043	132698	132737	132953	133004
	133326	133848	133889	134232	134423	134546	134636	134639	134641
	134646	134648	135014	135330	135621				
綿	127290	127295	127872	127873	128082	129040	129499	130074	130300

	130380	130768	131057	131257	131331	131943	132693	132773	132862
	133456	133619	134232	134641					
茗溪	130519								
名古屋	131294	131964	132328	132805	133316				
名物	127329	127455	127650	128727	129249	129546	132914	135089	135624
	135821								
名取 軍艦名取	130141	134902	134940						
明治神宮	127266								
明太	127303	127402	127590	127731	127897	128017	129169	132448	134156
	135354								
明太魚	127303	127402	127590	127731	128017	132448			
牡丹臺 牡丹台	129082	129872	133089	133664	134366	134398	134443	134555	134621
	134672	134716	134928	134958	135037	135075	135166	135216	135493
	135531	135568	135600	135640	135799	135833	135870		
牡蠣	129083	129260	130346	132414	132874	134184	135802	136740	137740
模倣	130372								
模範	127373	128255	128512	129799	130202	133387	133591	134752	135127
母乳	128088								
募集	127453	127713	127727	128527	128734	129081	129705	129783	130809
	130845	131327	131747	131838	132142	132659	132876	132958	133188
	133236	133291	133468	134562	134772	134910	135407	135596	135922
牧師	127758	133136	133782	134736					
木材	128817	128962	129171	129778	129794	131107	131111	131962	133740
木炭	129189	129778	129815	130347	134756	134942			
木浦	127351	127512	127602	127706	127953	128310	128661	130381	130757
	131671	132773	133247	133412	133502	133562	133760	133888	134089
	134232	134241	134271	134274	134345	134392	134415	134439	134442
	134538	134589	134634	134635	134638	134641	134646	134739	134746
	134778	134817	134826	134877	134885	134902	135014	135029	135049
	135076	135084	135095	135096	135180	135219	135239	135808	135867
木浦高女	137417								
蒙疆 蒙古	129421	133836	134626						
苗木	128712	129739							
基地	128141	128344	129907	130963	134702	135372			
武功勳章	129127	129308	131825	133677	134252	134363	135214		
武官	129127	129308	131825	133677	134252	134363	135214		
武道	127385	127464	127493	127695	127844	128781	129192	129671	131580
	131810	134252	134901						
武道大會	127464	127695	129192	129671	131580	131810	134252	134901	
茂山	127812	131591	131621	131818	133027	135262	135650	135745	135775

無線	129675	131176	131232	131740	132544	132750	135815	135852
無線局	131176	131232	135815	135852				
無線電信	129675							
無線電話	131740	132544						
撫順	134010							
撫順炭	134010							
武術	131784							
貿易	127553	127587	128084	128400	128725	128739	128785	128888	128950
	128990	129343	129403	129490	129548	129555	129582	129749	130271
	130343	130428	130468	130838	131055	131075	131126	131277	131308
	131851	132001	132038	132348	132798	132901	132991	133227	133349
	133803	133998	134317	134341	134826	135265	135339	135446	135642
無煙炭	127630	129440	129483	129508	129653	129682	129721	131637	131698
	132272	133037	133185	133361	133455	133545	135525	135762	
武装	127302							
無電放送	127880	128117	130412	130548				
無盡會社	131616							
舞鶴	129947	129998	130368					
文官	132019							
文明	132620							
文部省	130970	132433	133781					
門司	131902	131968	132815	132816	133061	133143	133225	
文相	129750	130103						
文藝	132024	132181						
文學	127482	131907	133620	135097	135374	135390		
文化	129509	129626	131302	132101	134670			
物價	129546	130304	131073					
物價騰貴	130304							
物産	127706	127810	127994	128058	128621	128719	128899	129543	129883
	130149	130368	131216	131663	132059	132200	132570	132773	133316
	133436	133553	133672	134500	134636	134639	134646	135172	135942
物産共進會	127706	127810	129883					
米價	130616							
未墾地 未開墾地	133851							
米檢	131437	134623	135141					
米穀	128903	129218	130216	132535	132567			
米穀法	132535	132567						
美濃部(總裁)	135467							
美談	132512							
米豆	128029	128515	129552	131375	135102			

未亡人	130327							
米商	133724							
美術	127609	128578	129115	131999	133597	133709	133776	133821
美術展	128578	129115	131999					
美術展覽會	129115							
迷信	127983	131298	134762					
米屋	128086							
美人	128803	129324	131268	131748	132602	132632	133279	134133
美展	128497	129448	129526	129697	130130			
米增産	131849							
民力涵養 民力涵養講習會	131159							
民曆 民曆	129999							
閔妃	129105							
民事訴訟	130434	130484	131028	135313				
民心	131028							
閔泳綺	134553							
民謠	134919							
民籍	133310	134720						
民族	131213	131429	131563	131692	131911	132420	132620	
民族運動	131213							
民族會議	131429	131692	132420	132620				
民衆	127612	128847						
民衆化	127612							
密賣	127543	127907	127948	129202	132523	132684	132720	134708	134953
	135159	135349	135679	135751	135953			
密輸	127678	127803	128020	128051	128281	128683	128799	128808	129120
	129161	129179	129335	129878	130026	130144	130147	130498	130535
	131338	131454	131874	132517	132760	132786	132862	133507	133508
	133627	135158	135260	135678	135708	135749	135923	135931
密輸團	128683	132517						
密輸入	129161	129335	129878	130026	131338	131454		
密陽	129208	133088	134032					
密偵	129301							
密航	128681	128798	128879	129176	129606	129847	129882	132334	132469
	132557	133521	134824					

ㅂ								
バケツ	130651							
ビール	127441							
ビラ	127994	130407	133398					
ボーイ	129411							
ボーナス	135052	135204	135689	135800				
ボストン	129569							
雹 雨雹	128923	129806	129880	130025	130060	133028	133213	133250
博覽會	128008	128496	128922	129426	129509	129524	132555	
朴烈	128114	128523	131693	131919	132072			
撲滅	132532	133005						
博物館	128839	133552	133736	133992				
博士	127274	127911	127987	128200	128255	128469	128551	128604	128622
	128650	128660	128700	128753	128951	129108	129514	129579	129868
	129901	130059	130067	130126	130760	130822	130919	130948	131015
	131085	131221	131391	131524	131697	131871	132224	132301	132433
	132723	132792	133181	133269	133347	133362	133466	133484	133520
	133577	133595	133605	133866	133922	133939	134080	134132	134140
	134213	134255	134269	134273	134428	134434	134825	134852	134891
	134924	134944	135034	135214	135243	135351	135478	135738	135824
	135854	135934							
朴泳孝	133910	133939						
薄荷	129779							
半島	127279	127318	127349	127387	127422	127467	127522	127585	127624
	127657	127682	127723	127912	127955	127988	128024	128132	128165
	128201	128239	128271	128316	128354	128391	128430	128470	128508
	128531	128560	128623	128686	128721	128766	128811	128855	128885
	128939	129210	129231	129258	129309	129338	129364	129395	129432
	129455	129522	129544	129576	129615	129649	129672	129695	129736
	129776	129811	129851	129884	129922	129955	129996	130033	130068
	130104	130223	130269	130293	130341	130379	130422	130465	130501
	130540	130569	130603	130635	130666	130949	130979	131017	131051
	131086	131246	131272	131299	131329	131362	131433	131493	131535
	131565	131604	131999	132132	132167	132198	132239	132302	132340
	132377	132404	132438	132478	132521	132564	132593	132606	132622
	132645	132689	132725	132761	132793	132834	132861	132865	132898
	132931	132967	133000	133040	133063	133102	133182	133224	133282
	133329	133348	133384	133417	133541	133573	133602	133636	133663
	133699	133725	133726	133754	133756	133786	133787	133818	133820
	133832	133849	133850	133886	133887	133920	133921	133949	133950
	133993	133994	134029	134030	134065	134066	134103	134104	134141
	134142	134169	134172	134214	134256	134297	134330	134365	134397
	134435	134473	134515	134554	134585	134593	134620	134671	134715

背任罪	130561								
培材 培材校 培材學校 培材高普	131045	133560	133697						
排斥	127378	129228	129236	130175	130633	130654	134506	135209	135341
	135423	136256	136477	137783	138007	138071	138170	138438	138730
	139769	140424	140446	141003	144435	145342	145755	146233	146790
	146792								
培花	128352								
白軍	129805								
白圭福	140495								
白金 金銀の回收	138493								
白頭山 長白山	131069	131632	131666	132056	132087	132121			
白鷺 シラサギ	128921								
白米	132648	135282							
百姓	128813	130734	134251						
白菜	127395								
飜譯	132024	133691							
繁榮	128621	129375	130868	132402	135922				
繁榮會	135922								
筏橋	127857								
罰金	128796	130535	135259						
筏夫	130204	130374							
筏師	138695								
氾濫	130794	131418	131583	132475					
犯人	127309	127312	127513	127514	127520	127537	127543	127674	127760
	127794	127906	128092	128096	128123	128351	128522	128966	129010
	129177	129178	129427	129537	129646	130181	130499	130597	131044
	131117	131495	131533	131691	132100	132235	132787	132830	133481
	133628	134064	134100	134508	134615	134751	134819	134841	134843
	134889	134952	134983	135157	135305	135350	135516	135637	135750
法	127476	127563	127614	127615	127658	127703	127755	127821	127861
	127863	127981	127984	128041	128257	128290	128336	128387	128517
	128519	128522	128553	128585	128586	128594	128754	128795	128884
	128978	129136	129140	129151	129161	129217	129260	129412	129418
	129453	129484	129565	129598	129607	129642	129789	129930	129965
	130142	130176	130321	130395	130407	130420	130434	130455	130484
	130526	130673	130682	130811	130834	130863	130932	131028	131097

	131121	131123	131139	131181	131185	131253	131266	131297	131332
	131363	131410	131420	131442	131483	131553	131697	131763	131970
	132005	132055	132070	132227	132268	132301	132367	132396	132489
	132535	132567	132599	132740	132763	132828	132846	132883	132900
	132975	132992	133065	133180	133256	133363	133448	133555	133617
	133679	133721	133838	133846	133882	133915	133928	133990	134060
	134202	134298	134460	134497	134619	134650	134657	134675	134686
	134748	134790	134844	134956	135028	135055	135093	135132	135164
	135205	135257	135301	135395	135564	135706	135905		
法官	130321	131028	135706						
法規	131442	132070	132883						
法令	129789	130834							
法務局	128517	130484	131121	133257	134791				
法院	127615	128754	128884	128978	129607	130682	131697	132763	132828
	132975	133721	134619	134650	134956	135028	135164		
法人	129453	132846	133180						
法曹界	128522								
辨當	128268								
辯士	135557								
辯護士	127611	127965	128930	129206	130944	131109	131297	134052	134213
	134356	134379	134393	135343					
辯護士會	127965	128930							
病	127304	127594	128123	128227	128350	128379	128461	128510	128565
	128599	128884	128933	129062	129066	129318	129345	129357	129514
	129574	129799	129842	129903	130182	130186	130200	130242	130378
	130492	130530	130553	130692	130700	130804	130834	130861	130938
	130976	130983	131013	131039	131290	131298	131300	131325	131360
	131364	131394	131504	131607	131673	131745	131825	131841	131936
	131986	132145	132159	132395	132558	132600	132759	132808	132947
	133030	133179	133222	133246	133450	133598	133607	133758	133825
	133826	133932	133982	134095	134123	134132	134170	134209	134249
	134371	134460	134496	134504	134574	134658	134679	134745	134763
	134835	134866	134939	134992	135243	135251	135357	135400	135515
	135652	135697	135761	135838	135899	135954			
兵器	127833	128688	129375	129577	129595	132238	132247	133225	
兵器支廠	129375								
兵隊	127466	128118	128131	128164	128429	128507	128998	129597	129639
	130538	131555	132685	133013	133433	133864	134026	134339	134578
	134956	135317	135596						
兵士	127475	127802	128380	128756	130987	131845	133218	133293	134404
	134426	134427	135080	135104	135305	135592			
兵舍	129824	129935	130516	130764	130900				
病院	127304	128123	128379	128599	128884	129345	129903	130804	131039
	131607	132558	132600	132759	132808	133246	133607	133932	134095

	134132	134170	134371	134574	134679	134939	135243	135251	135515
	135838								
倂合	128493	128687	129971						
保甲隊	133989								
補給	128669	130084	130483						
報道	129948								
步兵隊	129597	129639	134339	135596					
普選	129939								
普天敎	130328	133067	135468						
普通學校	128215	128313	128577	129005	130289	130437	133450		
步合制度	131212	131267							
保險	127566	128234	129693	129992	130323	130433	130495	132730	132823
	133869	133929	134245						
福岡	127974	128469	128661	131753	132632	133299	133885	133919	
復舊	127286	127365	128306	130011	131418	131683	131881	132211	132770
	133610	133987	134294	134935	135705				
復舊費	131683	133610	133987	134935	135705				
福寧當	131033								
覆審	128754	129607	131697						
覆審法院	128754	129607	131697						
服役年限	130790								
福音	128564	130197	134508	135391					
服裝	127405	129222	129658	129673	130132	134018	135150		
復興	127961	128028	128500	128643	129524	130045	133259	135436	
本願寺	128345								
本町	127415	127520	127537	127948	129227	130284	131078	131457	131544
	132126	132976	133734	134247	134579	135548			
本町署	127415	127520	127537	127948	130284	131078	131457	131544	132126
	132976	134579	135548						
俸給	131563	131845	132580	135104	135628				
奉納 捧納	127874	129558	133231	133621	134832				
奉迎	133593	133645							
奉天	127542	127619	127681	127764	127796	128289	129456	129538	130304
	130400	131552	131814	132269	132294	132503	132576	132864	133349
	133617	134244	135552						
奉遷	129234	129276	129413	129499	129982	130047	130082	134309	
鳳凰	135912								
賦課 賦課金	127663	127750	128665	131942	132766	133116			
婦女子	129428	134541							

部隊	127301	131844	134350	135047					
不動産	130531								
埠頭	128914	134995							
部落	129515	133840	135127						
部落民	129515	135127							
浮浪者	131042	132126	135573						
不逞	127384	129423							
不逞團	129423								
府令	133324								
富士	133264								
釜山	127306	127350	127375	127376	127377	127469	127506	127573	127582
	127602	127631	127650	127655	127738	127753	127769	127775	127817
	127845	127865	127932	127957	127962	127978	128066	128083	128171
	128181	128241	128254	128307	128341	128346	128476	128484	128511
	128529	128543	128545	128565	128573	128591	128605	128617	128621
	128635	128644	128649	128681	128718	128731	128765	128813	128819
	128879	128914	128924	128925	128947	129011	129025	129036	129038
	129073	129164	129174	129182	129230	129245	129268	129328	129343
	129344	129345	129347	129363	129384	129390	129453	129463	129525
	129530	129572	129574	129577	129606	129626	129662	129663	129691
	129781	129784	129797	129798	129802	129808	129819	129821	129838
	129847	129850	129926	129930	129932	129975	130005	130087	130107
	130120	130141	130147	130162	130201	130207	130212	130217	130235
	130240	130296	130333	130351	130352	130389	130391	130419	130443
	130455	130456	130459	130470	130514	130525	130563	130579	130587
	130631	130647	130658	130671	130692	130696	130732	130735	130778
	130786	130818	130838	130850	130870	130883	130945	130946	130952
	130999	131030	131042	131055	131073	131080	131099	131133	131134
	131237	131238	131293	131312	131359	131360	131404	131418	131435
	131448	131466	131489	131509	131520	131537	131555	131566	131582
	131608	131649	131676	131712	131719	131749	131768	131788	131808
	131851	131941	131944	131973	131986	131998	132025	132026	132075
	132092	132101	132139	132161	132170	132172	132277	132293	132295
	132301	132313	132334	132402	132410	132445	132448	132469	132489
	132531	132552	132712	132768	132827	132840	132857	132858	132871
	132890	132932	132986	132990	133015	133017	133030	133090	133094
	133101	133113	133147	133165	133172	133181	133191	133192	133220
	133244	133246	133284	133340	133360	133364	133388	133393	133398
	133411	133421	133422	133441	133458	133464	133495	133497	133499
	133514	133521	133551	133556	133563	133568	133578	133593	133608
	133614	133615	133686	133703	133724	133755	133762	133765	133848
	133857	133869	133881	133885	133906	133919	133937	133951	133957
	133962	133963	134028	134050	134053	134064	134070	134102	134111
	134147	134162	134170	134176	134177	134179	134188	134198	134213
	134216	134220	134224	134237	134254	134271	134282	134303	134319

	134324	134334	134341	134373	134390	134402	134407	134419	134431
	134434	134471	134472	134483	134503	134510	134561	134563	134571
	134582	134592	134596	134609	134616	134617	134618	134619	134691
	134719	134788	134794	134836	134922	134932	134936	134937	134964
	134984	134990	135016	135032	135034	135049	135054	135080	135105
	135106	135111	135162	135164	135191	135214	135240	135243	135258
	135266	135302	135414	135425	135449	135483	135485	135510	135555
	135564	135594	135608	135627	135693	135709	135713	135734	135789
	135804	135807	135844	135851	135865	135900	135922	135924	135933
	135937								
釜山高女	130352								
釜山輔成會	145465								
釜山商議	128241	128511	129174	129850	131537	133244	133284	133514	133957
	134064								
釜山驛	132712	132768							
釜山中	127350	131649	131676						
釜山地方法院	134619	135164							
釜山鎮	127775	127817	128573	128605	129819	129838	130107	131489	131520
	131582	131768	131788	133147	134177	134188	135804		
釜山通信	133885								
釜山港	130333	130456	131749	132840	133556				
釜山會議所	128484	134102							
浮石寺	133526								
艀船	132297								
敷設	127713	128169	128564	128747	129311	129405	129828	130399	130565
	130801	130902	131168	131274	131467	132009	132280	132281	132304
	132439	132551	132627	132668	132801	134637	134908		
府稅	128887	135602							
府營	128307	128333	128472	128545	128617	128709	128840	128994	129344
	129442	130779	130866	131030	131148	131435	131466	131551	131973
	132025	132133	132324	132363	132932	132986	133132	133228	133340
	133422	133938	134053	134165	134186	134189	134236	134595	134779
	134966	135067	135197	135476	135499	135545	135572	135579	135627
	135665	135820							
富永一二	128315								
芙蓉	127295								
府尹	127550	127926	129443	129501	129623	129637	129723	129812	129867
	129920	130227	130280	130438	130440	130444	131030	131265	131435
	131513	131562	131712	131885	131975	132301	132324	132436	132722
	132881	133209	133228	133605	133646	134158	134189	134213	134307
	134595	134600	134619	134634	135478	135944			
附議	127777	128665	130469	131204	132739	133284	134040	134623	135286
	135579								

婦人	127334	127461	127482	128127	128230	128978	129214	129222	129334
	129579	129660	129769	129920	131083	131661	131870	131907	131940
	132018	132181	132254	132385	132458	132546	132593	132622	132715
	132741	132850	132866	133159	133239	133400	133434	133594	133620
	133788	133841	133902	134100	134550	134971	135162	135170	135462
	135785								
婦人會	131661	133159							
扶助料	127620								
浮腫	135611								
敷地	128065	128117	128548	129346	130888	130921	131469	131619	131928
	132355	133499	135051	135487					
浮塵子	131685	132532	132628						
富豪	127679	127794	127801	127934	129528	132252	133625	133918	134391
不況	129254								
府會	129614	133374	134396						
北京	128164	128353	129422	129423	133992				
北滿	129478	129487	129924	130593	130605	133002			
北鮮	129241	129348	129778	129927	130876	131108	131129	131180	131558
	131777	131857	131938	131995	132192	132244	132323	132372	132690
	133200	134010	134144	134157	134416	134437	134731		
北鮮視察團	132323								
北支	130930	131753	134102						
北靑	135628								
北風會	129726								
北海道	128241	128485	131924	132444	134075	135220			
奮起	127808	131392	131834	131968	132207	132257			
分岐點	127991								
奔騰	129167								
分配	132434								
紛爭	129094	132514	134918	135375	135570				
粉炭	135119								
奮鬪	127551	133895							
不景氣	127862	127865	130212	131122	134058	134651	134736	135313	135500
	135716								
佛教	128836	129513	130200	131336	131806	134218	134303	134511	135350
	135402								
佛國	131883	132667	132675	133304	133419				
佛國寺	132667								
不逞	127338	127388	127537	127619	127718	128016	128232	128342	128452
	128528	128935	129002	129069	129248	129335	129500	130148	130335
	130532	130891	131385	131491	131595	132428	133447	133571	133918
	134025	135287	135552						

不逞團	127718	128016	128342	128452	128935	129002	129069	129248	129500
	133447	133571	133918	135287	135552				
不逞鮮人	128232	128528	129335	130148	134025				
不逞鮮人團	128528								
不逞者	127619	130532	132428						
不時着陸	128128	129874	130330	131968	132846	133046	133539	135053	
不穩文書	127548	127576	128348	130143	130176	130199	130284	130324	130334
	130557	130598	130662	130791	134464				
不二興業	130854	131123	131376	132807	133448	134772			
拂入 拂込	127603	128669	130483	131377	132325	134723	135685		
拂下	127683	129501	132141	132382	132744	132846	133201	133596	135850
	135927								
不況	127285	129760	129927	130828	130831	131199	131266	131442	131506
	131894	131895	132007	132487	132525	132690	133052	134013	134232
	135301	135426	135503	135997	136114	136483	136805	137520	137869
	138866	140579	140876	141150	141349	141618	142774	143294	143636
	144212	144354	144398	144526	145025	145371	145741	145819	145908
	146495	146693	146837	147037	147261	147261			
肥料	127877	129050	129136	129212	129312	129468	129748	129890	129989
	130161	130645							
肥料取締法	131265								
非募債主義	130565								
秘密結社 祕密結社	127833	131725	131774	132318	133070	133179	133853	134018	134090
	134107	134348	134582	135008					
非常	127376	128415	128606	128729	128742	128856	129163	129781	130276
	130788	131403							
鼻疽病	133536	134022	134496	134763	134835	134866	135254		
匪賊	128022	128236	129660	129839	131385	131459	131918	132023	132249
	133200	133481							
卑賤	127380	128240	128272	128296	128324	128363	128401	128437	128455
	128458	128475	128537	128552	128600	128631	128638	128655	128716
	128732	128756	128776	128794	128821	128988	129034	129125	129152
	129162	129173	129190	129205	129282	129286	129287	129419	129476
	129486	129553	129562	129589	129601	129624	129638	129655	129688
	129704	129755	129892	129933	129936	129945	129946	129968	129983
	130063	130094	130270	130326	130448	130491	130740	130796	130868
	130988	131093	131205	131236	131294	131384	131416	131417	131514
	131523	131549	131563	131727	131737	131807	131837	131968	131971
	132178	132190	132353	132468	132508	132510	132633	132664	132677
	132723	132813	132849	132885	132917	132983	132985	133050	133079
	133125	133214	133266	133301	133302	133331	133351	133412	133505
	133562	133688	133801	133834	133888	133907	134014	134038	134073
	134089	134242	134345	134573	134981	135173	135192	135214	135453

	135659	135789	135822	135957	135961			
飛行	127270	127328	127574	127638	127714	127765	127870	127970	128089
	128166	128202	131807	132508	132633	132813	132885	133888	133907
飛行士養成所	129983								
飛行機	127270	129162	129936	130491	130868	131236	131384	131416	131514
	131549	131563							
飛行隊	128455	128756	129688	130796	131205	132508	132510	134981	135173
	135192								
飛行場	127574	127970	128638	129287	129486	133266	133801	133834	
飛行學校	128638	129205							
濱田	129947	132796	133885	136837	137274	137318	138232	139678	146865
氷上	127367	127492	127701	127737	128236	129179	134508	135547	135651
	135745								

サ行								
サイレン	138189							
スエーデン	131976	133593	133724					
スキー	135271	135362	135680	135731				
スケーチング	127701	127818						
スケート	127276	127464	127601	128030	135126	135932		
スケート大會	127276	128030						
スケート場	127464	135126						
スパイ	131801	131839	134879					
スポーツ	127266	127440	127790	131976	132430	132741	133297	
セフランス	134132							
セメント	129632	133227						
鰤	127687	131000						
士官	134580	134707	134780	134810	134926	135157		
四國	128798							
詐欺	127383	128234	128619	130846	131398	132864	133096	133693	134948
	135107							
師團	127343	127386	127406	127623	127681	127804	127901	128118	128131
	128270	128559	128606	128854	128884	129719	130291	131284	131607
	131697	131886	132085	132102	132244	132401	132460	132545	132587
	133635	133822	133911	134137	134350	134670	135725		
師團長	127386	127623	127804	128559	128884	130291	131697	131886	132085
	132102	132244	132401	132460	133635	134670			
寺洞	127670	135289	135565	135872				
辭令	127538	127564	128157	128294	128456	128487	128656	128668	128741
	128918	128965	129007	129047	129048	129278	129414	129415	129507
	129563	129754	129904	130008	130022	130320	130357	130411	130441
	130481	130528	130586	130652	130677	130745	130755	130817	130841
	130931	130964	130996	131038	131067	131096	131149	131211	131320
	131353	131434	131453	131475	131478	131541	131557	131628	131770
	131795	131831	131974	132063	132066	132108	132140	132331	132387
	132422	132459	132505	132596	132742	132784	132824	132856	132952
	133024	133127	133334	133372	133410	133435	133471	133532	133739
	133771	133837	133935	133980	134051	134118	134192	134231	134285
	134412	134741	134875	135136	135416	135456	135622	135701	135739
	135848							
司令官	127386	127421	127466	127584	127623	127954	128059	128118	128411
	128429	128459	128978	128998	129211	129477	130032	130421	130464
	130810	130916	131085	131121	131514	132274	132401	133143	133200
	133347	134140	134230	134296	134396	134924	134990	135214	135262
	135350	135562						
飼料	134126							
沙里阮	128526	130804	131171	134511	134759	134799	135484	135808	

沙里院								
私立	128126	128389	129786					
私立學校	129786							
死亡	127673	128856	128934	129178	130138	131694	132699	132889	132964
	133179	133218	134512	135472	135606	135788			
砂防	129077	132838	135587						
砂防工事	132838								
師範	127408	127669	127805	127839	128125	128659	129052	129144	129209
	129408	129564	131538	131618	133061	133101	133119	133281	133314
	133576	133724	134329	134692					
師範學校	133101	133281	133314						
司法	130321	134675	135706						
司法官	130321	135706							
死傷	127314	128498	129875	131626	131650	133875	135025	135287	135712
私設鐵道	131683								
飼養	134728								
飼牛	134677								
寺院	134736	135205							
飼育	128729	132938							
史蹟	131578	131754	132966	134331	134367	134399	134474	134516	134586
寫眞	127270	128163	128258	128789	130557	130601	130845	131080	131105
	131555	131627	131769	132753	132790	133301	133330	133420	133597
	133776	133800	133812	134353	134355	134505	134542	134577	134668
	134703	134813	134851	134854	134871	134879	134914	134977	135158
	135361	135957	135961						
社債	127626	127713	128335	128524	128746	128945	130478	132959	134644
私鐵	127359	127446	127626	127847	128130	128219	128489	128669	129232
	129583	130083	130483	131057	131192	131231	131259	131467	131569
	131577	132900	133018	134154	134410	134643	134956	135055	135132
	135367	135564	135578	135849					
私鐵買收計劃	131230								
砂糖	128799	134323							
沙河鎭	134694								
死刑	129226	129609	129954	130132	131207	131431	132790	134743	135153
	135710								
私刑	131391	131594	131642	131871	132224	132558	132859	133988	134204
	134290	134428	134614	135149					
社會	127373	127551	127627	127859	128088	128187	128929	128963	129932
	130647	130879	131119	131439	131951	132040	132563	134265	134477
	134691	134857	135012	135041	135148	135218	135351	135539	
社會事業	128929	128963	129932	131439	134265	134691			
社會主義	131951								

山車	130646							
山東	133657							
山東省	133657							
山林局	127319	129077	129217	130353				
山林會	131771	133484	133495	133525	133596	133673	133713	
産米	127263	127712	128036	128116	128280	128368	128494	128961	129090
	129263	129389	129412	129598	129938	130042	130160	130478	130571
	130572	130752	130831	131344	131437	131728	131781	131812	131848
	131849	131960	131997	132007	132169	132303	132951	134623	135451
	135784								
産米計劃	128961	129389	130042	130571				
産米資金	129412	130572						
産米増殖	127263	127712	128116	128280	128368	129090	129598	129938	130160
	130478	130831	131344	131728	131781	131812	131848	131960	131997
	132007	132169	132303	132951	135451	135784			
産米増産	131849							
散髪屋	128066							
産額	128134	128205	128490	132773				
山陽	133240							
産業	127369	127420	127550	127658	127961	127990	128329	128432	129116
	129410	129826	129865	130067	130111	130296	130609	130751	131024
	132008	132970	133194	133256	133386	133547	133622	133637	133650
	133665	133707	133898	133969	134556				
産業視察團	133256							
産業組合	127658	127990	129826	130111	131024	133622	133637	133665	133898
	133969	134556							
産出	128040	134682	134829					
産婆	129298							
殺人	128308	129331	129518	129537	130241	130627	130882	130944	131485
	131877	134021	135910						
森岡守成 朝鮮軍司令官	127681	128118	128411	128429	128459	128459	128469	128978	130421
	130421	130464	130810	130810	131121	131121	131618	132401	132401
	133200	133347	133347	134230	134356	134924	134924	134990	135562
三島	129331	129506	130944	132293	132589	134028	134788	
三菱	129647	132335						
三府尹	130438	134158						
三千浦	127715							
挿秧	130414	130446						
挿話	130934							
桑	127851	128362	128689	131279	131468	134790	134906	
賞	127595	128035	128042	128341	128650	128949	129052	129118	130997
	131918	132109	132876	133255	133269	133495	133709	134043	134403

	134478	134902	135076	135689	135877	135879	135922	
鱶	130503							
上京	127662	128207	128220	129105	130517	130673	131198	131646	132072
	132324	135658							
商工會	130380							
相撲	130046	130235	130352	132705				
商船	129327	129346	130509	134140	134876	135830	135878	
商船校 商船學校	129327	129346	130509	135879				
上水道	127661	128189	130191	130469	131968	132148	132307	133335
商業	127625	127862	127921	128126	128259	128314	128514	128571	128908
	129367	129821	130854	131174	131619	131650	131677	131980	132128
	132192	132274	132495	132703	133725	133886	134569		
商業校 商業學校	127625	127862	128126	131174				
商銀 商業銀行	127296	129373	130040	130650	130853	130958	131388	133755	135071
商議 商議所 商會	127292	127498	127521	127728	127780	127808	127880	128227	128241
	128256	128373	128511	128622	128749	129099	129130	129151	129174
	129240	129714	129743	129809	129850	129920	130246	130833	130947
	131537	131773	131827	132309	132328	132805	133244	133265	133284
	133514	133839	133853	133861	133883	133919	133951	133957	133999
	134064	134086	134145	134203	134258	134380	134432	134475	134687
	134779	134852	134872	134885	134891	135261	135261	135303	135598
	135661	135672	135686	135753					
商業會議所書 記長	130854							
尙州	127768	134128						
上海	128974	130148	130325	130371	130860	131040	131395	131458	131803
	131876	132034	132452	133223	133413	133503	133563	133589	135409
上海假政府	128974							
生徒	127450	127727	127782	128348	128424	128659	128729	129081	129420
	130054	130065	130310	130421	130657	130701	130707	130814	130906
	130911	131006	131156	131245	131564	131772	131976	132674	133016
	133101	133543	133576	133645	133724	133813	133914	133919	133989
	134018	134090	134158	134384	134388	134801	134850	134982	135281
	135361	135543							
生徒募集	127727	129081						
生絲	128864	133942						
生牛	128214	128485	130390	132067	133054			
生活	127504	127675	127742	128043	128048	128306	128453	128458	128806
	130177	130480	130524	131083	131140	131647	131912	132369	132619
	132790	132951	133343	133598	134015	135251	135590		

生活難	127675	133343						
西瓜	133558							
書堂	132615	135008	135137					
庶務	127804	127850	128105	135577				
庶務課長	127804	135577						
西鮮	127527	127556	129853	130188	132012	132298	132335	132457	132771
	133011	133420	133425	133482	133643			
鼠賊	134432							
瑞典 スウェーデン	130487	130626	132250	132285	132621	132669	133261	133262	133397
	133543	133615	133645	133709	133766	133799		
石窟庵	133160							
釋放	131595	131879						
釋王寺	132748	133016						
石油	134553	135142						
石炭	127667	127863	128040	128159	128262	129030	130071	130114	132292
	133184	133545	134829	134985	135217	135840		
選擧	127733	128039	128228	128481	128511	128670	128775	128996	129409
	129661	129701	129703	129723	129757	129859	129939	130018	130087
	130159	130179	130218	130246	130277	130303	130430	130513	130780
	130830	131210	131340	131446	131548	132362	132978	133426	133551
	133641	133646	134035	134085	134276	134497	134569	134579	134718
	134794	134898	134971	135032	135045	135066	135067	135093	135139
	135140	135199	135423	135508	135564	135661	135851	135895	
選擧權	130018	130780						
船橋	127365	132211						
宣教	127509	127671	128836	129054	129300	129594	131154	131186	132068
	132393	132959	133073	133163	133204	133270	133277	133911	134246
	135468							
宣教師團	133911							
宣教師 宣教師	128836	129054	129300	129594	131154	131186	132068	132393	132959
	133073	133163	133204	133270	133277	133911	134246	135468	
鮮軍	127421	128059	128118	128353	129308	130089	130093	130421	130464
	130602	131717	132123	132146	132464	132501	133118	133396	133992
	134990	135262	135562					
鮮女	130497	131296	132400	132726	132921	133425	135595		
鮮農	128908	129340	129599	131386	132380	132526	133203	135682	
鮮童	129530	129668	131662	132434	132858	133421	133894	133988	134247
	135949							
鮮滿	127747	127838	129238	129419	129562	130988	131093	131158	131305
	131957	132123	132266	132284	132353	132374	132468	132813	132849
	132983	133046	133125	133747	133805	133907	134534		
鮮滿案內所	127838	131957						

世界	127790	128060	128412	128453	128646	128760	128875	130410	130806
	130872	131386	131602	131949	132044	132220	132222	132369	134129
	134130	134209	135083	135203	135377				
世界一周	128412	128760	130410	130806	130872	131949	132044	132222	134130
	135083	135203	135377						
稅關	127312	127345	127550	127823	128315	129161	129614	129741	131454
	131611	131874	133117	133404	133681	133703	134596	135936	
稅關檢查	131454								
稅關吏	127345	127823	131611						
稅關長	127550	128315	129614	133404	133681				
稅金	128758	133928	134587	135142	135955				
稅令	130203	134227							
稅務	128850	128953	131453	134715					
世子殿下	128181	128451	128510	128543	128565	128604	128636	129127	
稅制調查委員會	130748	130803	131742						
蛸	133033								
少女	127906	128050	128123	128554	129255	129573	132398	132435	133712
	134251	135211	135264	135681	135748	135844			
少年	127337	127408	127410	127484	127635	127652	127830	128025	128197
	128342	129360	129657	130133	130338	130418	130458	130526	130537
	130658	130790	130829	130913	131079	131118	131154	131359	131533
	132039	132079	132098	132265	132378	132471	132688	133291	133308
	133603	135573	135844	135952					
所得稅	130892	131942	132549						
小鹿島	134574	135486							
小麥	128203								
消防	127608	129707	129708	130173	130910	131370	131384	132097	132201
	132806	133180	133181	133461	134178	134809	135274	135318	135458
小使	127760	132261							
燒死	128807	129207	132398						
訴訟	127649	127758	127876	128052	128261	129358	130434	130484	131028
	132679	132790	133535	134245	135069	135139	135313	135929	
消息通	132291	132538	139063						
騷擾	128874	130309	131876	134134	134290	134358	134614		
小作	127645	128094	128977	129627	129674	129748	130914	131028	131905
	132000	132359	133652	133745	134164	134291	134700	134894	134961
	135035	135144	135283	135457					
小作農	132359	133652							
小作令	132000								
小作料	134961								
小作人	127645	129627	130914	133745	134291	134894	135283	135457	

小作爭議	128094	131028	131905	134700	135035	135144			
少將	127421	127584	127764	127987	128131	128164	128353	128429	128469
	128559	128938	129614	130421	130916	131718	131825	134281	134396
	135213	135796							
小切手	127383	128553	128557	128584	128976	129457	130286	131214	131494
少佐	127302	127681	127804	128131	128507	129308	134434	135516	
燒酎	129080	131193	133951						
召集	127901	131145	132545						
蔬菜	127488	130095	132251						
小包	128208	135938							
小學	127332	127344	127457	127521	128254	128313	128345	128383	128680
	128810	128824	129070	129420	129605	129809	129899	130284	130628
	131103	131147	131283	131716	132134	132217	132283	132503	132590
	132644	133148	133256	133488	133677	133694	134627	134937	135012
	135146	135184	135321	135322	135327	135348	135520	135550	
小學敎	127332	129809	131147	132217					
小學校	127344	127457	127521	128254	128313	128345	128810	128824	129899
	130628	131103	132503	132644	133148	133256	134627	135012	135146
	135321	135322	135327	135348	135520	135550			
召喚	130732	131989	134356	135554					
速成運動	130517	131444	132630						
孫基禎 孫 (基禎) 孫君	129080	132887	133625						
孫秉熙	132887								
松濤園	135680								
松毛蟲	129709	129936	130710						
松山	128768	132269	133605	134891					
送電	129184	130985	132386						
松汀	133400	134024	135045	135858					
松川	134424	135034							
送還	128879	129606	130514						
刷新	129351	130213	130623						
收監	135555								
收繭	127869	128546	130272						
首魁	127935	129178	129557	130026	131396	132335	132396	132470	133880
	133913	134790							
收納	130611	135458							
水稻	130578	131229	131380						
水道	127602	127743	127903	128360	129023	129780	130191	130469	130493

	131058	131292	131903	132276	132315	132411	132922	132973	133717
	133763	134458	134626	135300	135488	135606	135668	135904	
隧道	127313	132030	133646	133790	135055	135302			
水力發電 水電	127478	128561	128598	128639	128707	128890	128910	129290	129789
	129828	130610	130705	131066	131408	132419	134033	134192	134438
	134912	135194	135724						
狩獵	127528	132906	134629						
修了	128293								
水利開墾	129434								
水利局	128406	132065							
水利事業	130953	135115	135144						
水利組合	127478	128104	128393	128815	128889	128921	128961	128981	129028
	129599	129789	129990	130649	131369	131441	131450	131869	131905
	132277	132352	132381	132492	132776	132972	133551	134483	134936
	135001	135836							
樹立	133190								
守備隊	128883	129001	130516	130987	131741	131819	132674	133689	134695
	135125	135268	135294	135664					
搜査	127310	127348	128308	129570	130255	130883	131385	133254	134064
	134206	134285	134579	135722					
水産業 水產業	128432	130296	133195	133387					
水産組合	135279								
水産學校	129113								
水産 水產	127377	127637	127789	127857	127897	127954	127986	128014	128060
	128432	128539	128585	128690	128775	129058	129076	129113	129169
	129230	129431	129722	129886	130267	130296	130825	130948	131085
	131161	131582	131800	131886	132079	132500	132538	132645	132793
	132909	133066	133195	133387	133659	133662	133758	133805	133824
	133861	133897	134077	134185	134214	134386	134715	134753	134853
	135164	135189	135279	135281	135355	135411	135495	135720	135758
	135917								
首相	127722	127769	134527						
水上署	127753	130883	132828	134425	134923				
修繕	129223	132248	133883	135872					
輸送	127684	127689	128041	128080	128219	128276	128495	128614	128883
	128955	129223	129233	130205	130211	131066	131227	131350	131419
	131512	131730	131903	132698	132700	132814	132890	132919	133165
	133689	133867	134194	134275	134455	134939	135100	135648	135958
手數料	128610	131306	131416	131833	132367	132413	132480	132849	134837
	135688								
修養團	127622	129849	131159	132618					
修業	131004								

授業	127325	127502	127631	127660	127669	127751	128488	129045	135551
	135646								
授與	127268	128042	128293	128341	128362	129052	131739	131866	132151
	133256	134479	134903	135077					
水泳	131115								
守屋榮夫	135352								
需要	127877	128116	128242	128672	129222	129280	129429	129581	129813
	130041	130349	131034	131170	131252	131699	131744	131792	132293
	132487	133185	134176	135335	135631				
收容所	127597	135025							
水運	128572								
水原	127371	129729	130052	130430	130513	130694	130749	130813	132010
	133844	133997	134017	134753	134909	134931			
獸肉	127429								
獸醫	130195	130602							
收益	131333								
囚人	128970	129106	129612	129950	131532	131935	133179	133604	134051
	134510	134696	135675	135714					
收入	127291	127460	127586	128595	128610	129770	130901	131943	132017
	132288	132391	133070	133117	133770	133900	133901		
輸入	127269	127320	128067	128082	128083	128167	128730	129087	129161
	129233	129323	129335	129488	129702	129813	129829	129878	129895
	129924	130001	130026	130076	130432	130593	130758	131026	131090
	131127	131225	131331	131338	131455	131815	131944	132409	132696
	132840	133180	133228	133355	133496	133980	134011	134997	135570
	135761								
水田	127809	131112	131905	134195	135421				
水電	127478	128561	128598	128639	128707	128890	128910	129290	129789
	129828	130610	130705	131066	131408	132419	134033	134192	134438
	134912	135194	135724						
守田勘彌	130850								
手紙	131486	131988	132433						
修築	127396	127602	128476	128617	130583	131200	132115	132116	132446
	132837								
輸出	128036	129086	130467	130869	131486	131711	131818	132322	132541
	133228	134118	134453	134820	134906	135495			
修學旅行	129308	129614	130065						
水害	127286	127973	127984	128374	128643	129524	129566	129875	130011
	130045	130243	130712	130744	130763	130788	130908	130925	131043
	131263	131296	131385	131419	131449	131527	131550	131575	131627
	131651	131671	131684	131804	131879	131883	131913	132029	132291
	132417	132516	132647	132771	133583	133988	134881	135706	
水害救濟	128374	130243							

受驗	127929	128125	128343	128576				
受驗插話	130934							
手形	127272	127785	130039	130836	130895	131059	132764	
手形交換	127785	130039	130895	131059				
收穫	127811	127872	130435	130527	132313	132699	132737	132937	133296
	134195	134863						
收賄	129914	129953						
淑明	128313	128426	134101					
淑明女校	134101							
熟田	133171							
殉教	133912							
殉難	133294							
巡査	127514	127543	127828	127989	128081	128122	129178	129226	129298
	129416	129428	130186	130416	130845	130879	131011	131117	131215
	131339	131533	131569	131691	131866	132864	133035	133575	133985
	134329	134463	134616	134711	134746	134788	134986	135027	135153
	135642	135711						
巡視	128459	128997	130488	131108	131438	132551	133201	
巡演	128365							
純宗	129160							
殉職	127828	129766	130813	130907	130947	131220	131428	131747	131839
	133153	134887	135351					
順川	135440							
順化院	127413							
蠅	127845	130199	133212					
昇格	127477	130438	132283					
乘組員	128419	135908						
乘車	131457	135220						
繩叺	128062							
詩	127295	128646	129105	132623	132983	133061	133275	133401	133659
	135562							
市街	127602	129268	130999					
詩歌	128646							
市區改正	128905	132178						
時局	128915	131324	134667					
試掘	135656							
矢島(內務部長)	129431	129995	130032	130470				
市民	128013	128230	128639	128713	130960	131174	131177	131233	131268
	131544	132771	132921	133050	133399	134261	134494	134877	135489
市民大會	128013	128230	128639	128713	131174	131177	131233	131544	132771
	133399	135489						

食料品	130947	133980						
植林	127447	129907	135371					
植民地	130310							
殖民 植民	130310							
殖産局	129560	129633	129789	130423	130943	130948	131019	131085	131909
	132220	133038	134214	135389	135522	135526			
殖産債券	131254							
殖産 殖產	127489	129373	129560	129633	129789	129827	130005	130249	130423
	130846	130943	130948	131019	131085	131254	131794	131909	132220
	133038	134214	134302	135389	135522	135526			
植樹	128608							
食鹽	135612	135698						
食鹽水	135612	135698						
殖銀支店	129877							
殖銀 殖產銀行 殖産銀行	127317	127418	127436	128076	128597	129129	129369	129397	129678
	129680	129683	129827	129877	130005	130249	130478	130609	130777
	130846	130853	130922	131064	131182	131199	131326	131335	131344
	131424	131794	131827	131850	131857	131901	132096	132290	132381
	132407	132468	132495	132539	132702	132898	133079	133196	133204
	133340	133420	134190	134302	134566	134671	134791	135755	135831
	135836								
植桑獎勵 補助金	131279							
薪	127863							
新刊	132269	132620	133198	133461	134157	134341	134594	134633	135733
新刊紹介	132269	132620	133198	133461	134341	134594	134633	135733	
新京	134515	135479						
神經病	129842							
神宮	127266	127350	127423	127634	127878	127888	128800	129200	129725
	132431	132727	133320	133321	133426	133529	133545	133622	133644
	133649	133702	133736	133828	133833	133881	133896	134008	134377
	134443	134774	134833	134976	134991	135698			
新記錄	131655	135181						
新羅	128843	129689	130750	133203	133467			
神理教	135677							
新聞	127476	127563	127703	127738	127866	128290	128329	128869	129076
	129098	129256	129293	129363	129948	129978	130260	131139	131421
	131473	131476	132229	132269	133155	133606	134103	134818	135080
	135816								
新聞記者大會	129256	129948	134818					
新聞紙法	127476	127563	127703	128290	131139	131421		

神社	129200	129272	129710	130655	130811	130847	133174	133392	133530
	133836	133881	134333	134377	135615	135817			
新嘗祭	134976								
神仙爐	127273	127293	127331	127369	127405	127449	127483	127573	127625
	127644	127667	127805	127839	127956	128133	128317	128396	128435
	128471	128532	128593	128767	129399	129465	129737	129816	129963
	130034	130105	131662	132608					
新設	127597	127641	127996	128371	128406	128914	129016	129077	129093
	129434	129486	129964	130036	130124	130281	130345	130575	130618
	130859	131190	131193	131283	131348	131548	131644	131682	131756
	132065	132106	132187	132408	132709	132913	133049	133260	133362
	133568	133615	133839	134093	134685	134693	134910	135267	135373
	135459	135942							
信仰	131473								
神域	129124	133174							
新義州	127294	127317	127394	127395	127426	127428	127471	127550	127553
	127557	127602	127646	127716	127728	127736	127780	127898	127903
	127921	127969	127970	127971	128084	128216	128223	128312	128333
	128359	128360	128375	128409	128412	128425	128488	128665	128670
	128703	128760	128772	128778	128808	128852	128860	128888	128896
	128909	128947	129064	129067	129081	129139	129165	129184	129270
	129315	129371	129538	129555	129614	129732	129741	129859	129862
	129864	129894	130023	130053	130060	130179	130201	130259	130308
	130329	130350	130364	130462	130468	130475	130493	130721	131094
	131292	131308	131376	131493	131502	131560	131671	131685	131688
	131709	131875	131891	131897	131929	131988	131991	132012	132094
	132123	132309	132315	132316	132530	132787	132863	132891	132924
	132965	132984	133031	133303	133346	133471	133707	133835	133873
	133999	134026	134183	134323	134365	134372	134440	134470	134694
	134753	134991	135123	135155	135266	135304	135345	135439	135479
	135582	135599	135606	135668	135714	135718	135725	135823	135904
申込	129637	129662	130056	130212	132329	133234	133966	135916	
神田 (忠南警務部長)	127415								
神饌	133232	133622							
信川	134536	135239							
新築	127373	128694	128824	128907	128909	128991	129033	129060	129863
	129905	130509	130932	131620	132677	132910	132976	133149	133581
	133916	133991	134575	134651	135183	135268	135295	135351	
信託	128765	129027	129132	135428					
薪炭	127863								
神戶	127270	127957	128530	128592	134330				
實家	135105								
實施	127566	127703	128371	128782	128892	128902	128905	128954	129063

	129484	129634	129826	129836	129857	130007	130433	130434	130896
	131039	131147	131166	131266	131421	132059	132218	132307	132353
	132424	132456	132659	132796	132907	132977	133031	133070	133364
	133680	133869	133870	135057	135135	135236	135366	135536	135603
	135926	135928	135939						
失業	127956	127978	129567	130867	132593	134216	135540	135642	
失業者	127956	127978	129567	132593	134216				
實業	127317	127350	127370	127604	128331	128505	128647	128852	129273
	129373	129430	129488	129743	129747	129864	130036	130099	130202
	130825	131171	131967	132028	132152	133485	133934	134171	134214
	134330	134365	134472	134473	134568	134620	134990	134991	135013
	135072	135327	135352	135479					
實業家	127317	129743	130825	133485	134171	134214	134330	134365	134473
	134620	134991	135072	135352	135479				
實業校	128331								
實業學校	127604	132152							
實業協會	131171								
實測	134912	135440							
實現	127287	127299	127396	127559	127813	128075	128221	128223	128334
	128371	128605	128669	129040	129242	129245	129375	129434	129436
	129453	129471	129472	129488	129629	129659	130049	130070	130107
	130120	130276	130453	130482	130549	130681	130784	130786	130901
	131311	131326	131623	131635	131732	131800	132407	132654	132732
	132923	133079	133117	133158	133579	133802	133835	134069	134147
	134439	134596	134970	135018	135068	135484	135576	135648	135804
	135820	135873	135889						
心中	129251	129663	130664	130938	131270	131489	131530	131564	131748
	131774	131840	131952	132073	132561	132828	132995	134133	135557
審判所	129436								

	○								
アメリカ 米 米國	127962 135380	129786	130412	130806	131748	133922	134752	134956	135034
イザ	129168	131768							
イザコザ	129168								
イタリー 伊太利 イタリヤ	133041	135672							
イリコ	131929								
インチキ	130846								
インド 印度	127790	128412	128760	128875					
うどん	132712								
エス語	127819								
オートバイ	133271								
オリムピック	133487								
オリンピック	133330								
ヨルダン	128003								
ワクチン	131290								
旅行	127754 132220	128004 133592	128884 133746	129308 134130	129614 134326	130065 134801	130410 135350	131602	131949
轢死	127382 134468	127461 134509	127517 135211	128420 135385	128504 135681	129255	129493	129517	131727
鍊	127689	128323	128415						
聯合大會	129175	129378	133163	134963					
列車	127497 128934 129836 131448 133007 134327 135792	127513 128966 130499 131456 133085 134451	127777 129003 130664 131485 133240 134756	127909 129035 130937 131489 133275 134792	128162 129068 131261 131946 133318 134952	128420 129324 131278 131988 133816 135025	128498 129411 131355 132484 133875 135158	128520 129471 131384 132890 133959 135678	128556 129585 131418 132894 134244 135785
獵銃	134359	135949							
醴泉	132941	135181							
療養所	132941	135181							
龍興江	127352	130231							
罹災	127973	128643	131448	131747					
罹災民	131448								
李朝	133821								
鵝口瘡	128540								

鷲口瘡								
兒島	127565	129209	130593	131586	134384			
兒童	127782	127792	127830	128340	128383	129121	129636	129698	129920
	131240	131662	131720	132457	132614	132878	133488	134392	134561
	134660	135434	135466						
兒童貯金	132457							
雅樂	133648	133709						
阿部充家	129320	133605	134567					
亜細亜 アジア アヂア	133658							
亞鉛鑛	129284	133001						
阿片	127543	128309	129878	131843	132760	133472	134449	135481	135953
安南	128689	130012	130013	130071	130117	130541	131284	132692	132735
	133453	135632							
安東	127334	127537	128659	129130	130725	131109	131486	132162	132515
	132852	132890	133212	133275	133349	133468	133809	133865	133893
	134119	134182	134262	134355	134422	134689	134714	134798	134832
	134905	135088	135190	135348	135598	135953			
鞍馬	128827	130123						
安州	128302	133055	135295					
斡旋	135539	135542						
暗殺	127542	127935	134605					
鴨江	127891	128378	128628	128673	128727	128861	131375	131380	131484
	131904	132162	132194	133866	134239	134611	134795	135147	
鴨綠江	127276	127367	127710	127737	128172	128397	128962	128986	129049
	129085	129086	129619	129727	129984	129997	130374	130591	131107
	131241	131507	131803	131893	131927	132122	132215	132300	132416
	132475	132573	132615	132657	132924	133324	133355	133505	134110
	134853	135126	135821						
押收	127861	130143	130177	130200	131219	133171	134424		
愛國婦人會 愛婦	127346	127465	133159	133399				
哀號	128160	129105	129127	129159	129163	129180	129628	130141	135857
縊死	127675	128197	129731	129952	130148	130289	130378	131223	133058
	133138	135109							
櫻	128501	128784	128797	128809	128876	128923	128957	129039	129159
	129195	129243	129246	129289	129330	129680	129731	131064	131489
	132830								
罌粟 楊貴妃	128384							
野球	127350	127762	128231	128505	128699	128852	128947	129273	129373

	129430	129577	129671	129747	129784	129864	129919	130005	130150
	130188	130352	130369	130476	130515	130546	130660	130767	130820
	130923	130952	131023	131036	131060	131065	131152	131172	131260
	131424	131514	131618	131620	131654	131676	131737	131786	131856
	131995	132342	132379	132415	132539	132584	132662	132674	132726
	132771	132879	133114	133156	133237	133321	133357	133359	133425
	133544	133614	133703	133735	133765	133844	133895	133967	134079
	134157	134224	134271	134373	134405	134483	134563	134766	135010
	135049	135063	135084						
野球大會	127762	128852	129273	129577	129671	129747	129784	130546	130660
	131036	131065	131152	131172	131514	132342	132379	132415	132662
	132771	132879							
野球試合	130820	133359							
野口遵	134028								
耶蘇 耶蘇敎	134974								
夜學	128991								
藥令市	135624								
藥水	130365								
養鷄	130690	132102	133448						
洋琴	135264								
養殖	128398	128921	129083	129260	130346	130467	131406	131706	132078
	132414	132447	132874	134184	134581	134929	135062	135089	135802
養鼉	130701	130799	131403	134300					
釀造	131259	131606	133180	133388	134001	134478	135201		
洋灰	128614	133106	134828						
漁撈	127299	127402	127731	129722	131853	132367	133975		
漁夫	132338	132881	134294	135857					
漁船	127655	129961	130012	130456	130736	131785	132536	132652	132757
	133186	133416	133997	134101	134200	134294	134360	134421	135188
	135355	135519	135907	135930	135952				
御所	133800								
漁業	127305	127353	127527	127556	127567	127580	127627	127640	127715
	127789	127827	127829	127897	128326	128357	129168	129169	129604
	130012	130182	130687	131178	131325	131358	131639	131665	131796
	132325	132518	132734	132757	132974	133076	133324	133738	134041
	134173	134390	134416	134498	134618	134959	135020	135069	135188
	135248	135332	135354	135421	135448				
御用邸	135611	135653	135734	135883	135886				
御眞影	130954	133768	134309	135327	135476	135498			
御親用品	130788								
言論	129385								
言論壓迫	129384								

諺文	130350	131682	132024	133398					
旅客	130389	131296							
旅館	129613	131447	134646	135516					
旅券	127607	128182							
女給	132295	132471							
輿論	127360	128227	128411	131973					
女流	127440	128458	133841	135105					
女房	128349	128466							
女性	135295								
麗水	131058	132921							
旅順	128659	132518							
汝矣島	128638	133351	133943	134073					
女子大學	128803								
女學校	127923	128345	128389	128424	129249	129492	129501	130627	131283
	131564	133543	133977	135242	135904				
女學生	127405	127601	127608	128453	129605	131150	131357	132338	134018
	134143	135816							
驛	127428	127592	127890	128164	128231	128268	128416	128569	128658
	128838	129371	129423	129570	129917	130043	130135	130207	130482
	130536	130720	130750	130872	130954	131309	131501	132400	132486
	132609	132712	132768	132837	133088	133240	133468	133480	133500
	133571	133605	133639	134020	134024	134140	134229	134233	134274
	134355	134543	135219	135283	135437	135526	135646	135767	135771
	135792								
驛屯土	135284								
疫病	131290	131841							
轢死	127461	127517	128420	129255	129517	131727	135211	135681	
轢殺	128052	131118	132076						
驛員	134355								
驛長	127592	128164	133605	134020	134140	134233	134274		
研究攻究	127430	127499	127701	127897	128200	128257	128449	128523	128862
	128871	128949	128951	128956	129030	129108	129133	129437	129638
	129719	129734	129790	129853	129868	129936	129981	130385	130618
	130626	130892	131069	131244	131321	131539	132087	132178	132183
	132324	132361	132634	132743	132768	132889	133026	133041	133060
	133065	133211	133397	133514	133577	133595	133645	133736	133758
	133766	133799	133821	134124	134132	134422	134460	134618	134686
	134717	134748	134769	134844	134861	134894	134919	135087	135163
	135223	135316	135317	135572	135655	135826	135826	135835	135835
研究會	128949	128956	129030	129734	129981	131244	132744	133061	134423
	134619	135164							
軟球	127423								

	131448	131456	131485	131489	131946	131988	132484	132890	132894
	133007	133085	133240	133275	133318	133816	133875	133959	134244
	134327	134451	134756	134792	134952	135025	135158	135678	135785
	135792								
鹽	127551	127962	128028	128083	128182	128828	129088	129469	129488
	129640	129829	130113	130344	130640	130758	130920	131154	131269
	131531	131791	132241	132443	132792	135480	135611	135697	
厭世	127457								
鹽業	128028								
鹽田	128828	131268	135480						
鹽鯖	127962								
捻出	130673	134186	134954						
葉書	131523	131609	131944	135044					
葉煙草	131571	132936	134109						
獵銃	134359	135949							
英	129297	132666	133019	134056	134170	134240	134246	134266	134707
英國	135387	135714	135830	135867					
營口	128270								
盈德	129114	130782							
永登浦	130676	131146	135367	135895					
營林廠	127317	127550	128136	128379	128817				
寧邊	135363								
營舍	135267								
領事館	127607	128513	129578	129767	130463	130585	130594	130870	131552
	131621	132106	132666	134056	134158	135034			
嬰兒	134507	134616	135825						
營養不良	129525								
營業稅	131942	133069	133265	133667	133999				
榮轉	127327	127632	128334	129451	131475	131607	132155	134970	135186
	135233								
靈前	129159	130010							
令旨	133495								
英艦	133019								
映畫 映畫 映画	127463	127557	127694	127816	128046	129036	130260	130896	131315
	131652	132412	133316	135672					
永興	135573								
豫科	128293	128418	128454	129628	134111				
預金	127390	127505	127559	127854	127864	127984	128168	128266	128277
	129055	129677	129787	129942	129967	129969	129970	130478	130864
	130961	131286	133053	133777	133868	133897	134518		

藝妓	127309	128043	128931	129765	129918	130460	130664	131589	132166
	132334	132805	133173	134108	134134	134290	135112	135558	135710
豫防注射	132003	132053	132518	133373	133733	134835	135900		
豫算	127289	127294	127366	127409	127663	127725	127736	127925	127969
	127971	128069	128307	128322	128338	128409	128595	128661	128724
	128912	129136	129439	129717	129865	129897	130083	130295	130673
	130804	130856	130893	130987	131232	131313	131442	131553	131709
	132000	132046	132064	132070	132138	132213	132327	132347	132352
	132417	132482	132499	132623	132820	133074	133462	133567	133774
	133830	133863	133896	133934	133995	134036	134040	134049	134054
	134084	134115	134448	134490	134527	134607	134644	134935	135009
	135011	135182	135191	135312	135463	135655	135662	135774	135811
	135873	135874	135918	135919	135933	135937			
藝術	128646	132741	132861						
豫習	129194	129982	130141	130169					
豫審	128978	129247	130241	133848					
五龍背	134694								
吳鎭	128164								
溫突	127863	129013	130071	134343	135473	135910			
溫泉	127309	128044	128386	131262	131877	132087	132629	132881	133828
	135101	135103	135633	135782					
甕	128652	129986							
瓦	127549	128547	129329	131270	132025	132092	132315	132329	133101
	133132	133192	133228	133284	133398	133495	133497	133563	133795
	133829	133874	134176	135058	135196				
瓦斯	127549	128547	131270	135196					
瓦電	132025	132092	132329	133101	133132	133192	133228	133284	133398
	133495	133497	133563	133795	133829	133874	134176		
瓦電會社	132092	133101							
莞島	135333	135902	135936						
王妃	127749	129485	129499	129558	129628	130668	131479		
王世子	127927	128510	128543	128565	128604	128636	128700	128720	129127
王世子妃	128565	128700	128720						
王子製紙	129184	129315	134891	135034					
倭館	133544								
倭城臺	128329	135734							
外國	127335	127824	128040	128082	128224	131134	133186	134392	135390
	135569								
外務省	129130	129735	130009						
外米	127343	130076	130574						
料理	127578	129110	132424	133736	134289	134541	134686	135384	
遙拜	129164	130201	130210	135697	135912				

遙拜式	129164	130201	130210	135912				
要塞	129141	131080	132353	133539	135214			
療養所	129691	132171						
要港部	127928	129579	129909	130032	130832	131085	135241	
龍塘浦	127326	130521	133022					
龍頭山	130847							
龍頭山神社	130847							
勇士	127270	129062	129688					
龍山	127343	127511	127521	127793	127804	127838	127890	128126	128231
	128234	128339	128598	128620	128643	128834	129205	129459	129692
	130011	130045	130062	130085	130476	130908	131241	131268	131355
	131384	131673	131676	131823	131844	132474	133377	133862	133873
	133972	134004	134221	134233	134514	134619	135046	135047	135317
	135800	135888							
龍山騎兵	127838	133873						
茸狩	133094							
龍岩浦	132476							
容疑者	128160	129178	130066	131691	135093			
龍井	128039	128912	130201	130303	130940	131965	132802	132978	134878
牛檢疫	128416	131634						
宇都宮	128131							
牛豚	132321	135933						
優良	128362	128485	129052	130178	131024	132652	132841	133054	133670
愚民	130653							
宇部	133635							
牛市	128464	129188	132534					
牛疫	128464	128628	128673	128873	131290	132067	133903	134351	134677
	135340							
牛乳	129525	130834	135064					
郵貯	129322							
郵便	127265	127614	128503	128706	128835	129282	129348	129419	129446
	129476	129562	129652	130098	130127	130132	130566	130679	130988
	131093	131278	131418	131523	131547	131549	131564	131611	131614
	131909	131968	131971	132122	132178	132381	132515	132608	132646
	132677	132909	133351	133554	133688	134185	134808	134827	135077
	135133	135202	135524	135528	135691	135836	135914		
郵便局	128503	129348	131611	131614	131909	132381	132608	134185	135077
	135133	135524	135914						
郵便所	129446	129652	130098	130127	130566	130679	131547	131564	132909
	133554	135202	135528						
牛肺疫	134861	135632						
牛皮	130121							

	133085	133516	135098	135121	135485	135908			
鬱陵島	130510	135369							
蔚山	132894	135336	135426	135717	135802				
雄基	130929	131200	133081	133117	135808				
元山	127317	127320	127338	127376	127383	127470	127554	127725	127731
	127996	128029	128054	128246	128291	128308	128639	129027	129283
	129429	129443	129551	129552	129783	129915	130050	130427	130786
	130992	130997	131059	131106	131398	131560	131624	131630	131645
	131648	131649	131679	131855	131963	132001	132386	132419	132500
	132528	132588	132881	132954	133007	133294	133456	133458	133861
	134035	134043	134369	134933	135269	135271	135274	135339	135362
	135566	135680	135707	135828	135853	135860	135866		
元山咸興	133007								
遠征	127440	128852	128947	130369	131137	133827			
原州	131546								
圍碁	132316	132866	135261	135520					
慰問	130421	132370	133479						
衛生 衛生	127681	127702	127825	128285	128428	129836	129959	131600	131986
	132048	132171	132245	132732	132790	132792	133211	134123	134396
	134538	134770	135015	135340	135919				
衛生檢查	129836								
衛生課長	127681	127702	129959	132171	132245	132792	133211	134396	
衛生相談所	134770								
衛生展覽會	128285	128428							
慰安	127465	128733	128949	129003	129491	131242	131983	134006	135692
慰安會	127465	128733	128949	129491	134006				
委員會	127953	128034	128245	128288	128942	129413	129940	130355	130489
	130748	130803	130892	131742	132350	132542	132739	133147	135795
慰藉	133098	133878	134204						
僞造	127383	128425	128553	128557	128976	129456	129730	129762	129916
	130286	130762	131082	131214	131494	131780	132234	133785	134548
	135027	135067	135305	135517	135746	135860	135948		
僞造紙幣	129456	131780							
僞造貨	128425								
僞紙幣	133345								
爲替	129323	134827	135030	135853					
柔劍道	133294	135176							
遺骨	129137	130328	130832	131693	132072	134465			
遊廓	128144	128758	129025	129501	130286	131185	131993	132920	135305
	135306								
誘拐	128554	129769	132400	133310	133631	133698	133912	135105	
有權者	129043	133963	134003	134085					

	132406	132533	132654	132696	132893	133047	133092	133339	133484
	133897	134048	134082	134113	134170	134187	134292	134301	134314
	134333	134518	134535	134635	134750	134754	134945	134956	135262
	135500	135502	135926	135942					
乙種銀行	127559	131281	132654	135926					
飲料水	130164	130259	130617	131890	132692				
音樂	128015	128038	128500	128949	128956	128978	129000	129307	129605
	130059	131049	131162	131189	131222	131249	131275	131304	131327
	131496	131983	132014	132200	132458	132556	133594	134100	134788
	134955	135163	135189						
音樂會	128500	128949	129307	129605	130059	131327	131496	131983	132014
	132200	132458	132556	133594	134100	134788	134955	135163	135189
醫官	130195								
義金	127771	127973	133188						
醫師	129214	131691	131968	132226	133741	135249			
醫師會	131968								
醫生	129520	129842	129903	129920	132890				
義捐金	129254	133581	134910						
義烈團	135954								
疑獄	129953								
義勇消防隊	135459								
議員	127498	127857	127959	128229	128253	128297	128314	128481	128482
	128484	128530	128670	128775	128778	128810	128822	128894	128949
	128996	129041	129058	129230	129269	129341	129363	129409	129579
	129661	129703	129745	129797	129830	130081	130159	130302	130403
	130520	130555	130978	131048	131085	131340	131601	132025	132301
	132356	132978	132998	133327	133419	133426	133484	133641	133792
	133819	133963	134003	134035	134250	134439	134472	134718	134719
	134790	134794	134843	134898	134937	134956	135045	135068	135198
	135242	135414	135548	135585	135895				
醫院	127398	127880	128227	128259	128599	128907	129863	130251	131554
	132114	132355	133131	134693	135018	135122			
醫者	134209								
醫專	127274	127905	129373	129671	129728	130054	130660	130749	130793
	130814	130888	131173	131396	131414	131445	132065	132103	132207
	132291	132417	132586	133267	133741	135310	135329	135658	
義州	127294	127317	127394	127395	127426	127428	127471	127550	127553
	127557	127602	127646	127716	127728	127736	127780	127898	127903
	127921	127969	127970	127971	128084	128216	128223	128312	128333
	128359	128360	128375	128409	128412	128425	128488	128665	128670
	128703	128760	128772	128778	128808	128852	128860	128888	128896
	128909	128947	129064	129067	129081	129139	129165	129184	129270
	129315	129371	129538	129555	129614	129732	129741	129745	129859
	129862	129864	129894	129910	130023	130053	130060	130179	130201

	130259	130308	130329	130350	130364	130462	130468	130475	130493
	130721	131094	131292	131308	131309	131375	131492	131501	131559
	131670	131684	131687	131708	131874	131890	131896	131928	131987
	131990	132011	132093	132122	132308	132314	132315	132529	132786
	132862	132890	132923	132964	132983	133030	133179	133302	133345
	133470	133547	133706	133834	133872	133932	133998	134025	134182
	134268	134322	134364	134371	134439	134469	134693	134752	134990
	135122	135154	135265	135303	135344	135438	135478	135491	135581
	135598	135605	135667	135713	135717	135724	135822	135903	
醫學	127477	128131	129514	129579	129734	131697	132884	133246	133267
	133595	133634	135351						
議會	127292	127357	127437	127479	127521	127535	127643	127662	127704
	127743	127871	127986	128072	128075	128229	128333	128338	128373
	128724	129240	129293	129809	129850	129941	130166	130399	130469
	130601	130793	130866	130898	131097	131220	131408	131419	131517
	131601	132307	132336	133030	133124	133265	133470	133919	133962
	133995	134028	134179	134254	134445	134588	134779	134852	134872
	134891	134968	135007	135061	135114	135185	135234	135261	135303
	135325	135350	135356	135414	135429	135496	135598	135682	135820
	135897								
李塌	127347	127421	130242	134161	134670	134752	135069	135435	135521
	135562	135714	135754						
離宮	127605	127636	127659	135962					
二宮(東拓移民課長)	132201	132401	134140						
伊藤博文 伊藤(統監)	127681	133939	135034	135104					
裡里	127779	127856	129469	129743	131618	131651	131807	135073	135224
	135442	135484	135529	135747					
移民	129054	129301							
理髮	127526	127691	128900	129117	130192	133341	133924		
伊勢	135697								
二審制	129436	132070							
二十師團	127386	127406	127623	127681	127804	127901	128118	128606	133635
	134350								
李完用	127537	127890	127933	129252					
李王 李王殿下	127866	127887	127927	128115	128299	128510	128543	128565	128604
	128660	128684	128700	128857	129105	129127	129128	129159	129197
	129376	129383	129499	129593	129594	129605	129628	129673	130010
	130088	130130	130168	130169	130200	130224	130236	130260	130273
	130274	130397	130436	130439	130447	130673	130720	130789	131044
	131081	131346	131347	131455	131477	131680	131744	131886	132014
	132778	132810	132847	133015	133443	133925	134227	134321	134537
	134553	134805	134873	135034	135214	135478	135562	135599	135813

李王家	127887	128604	128684	130673	131081	134227			
李王妃	129499	129628							
李王世子	127927	128510							
李王職	128510	128543	128565	128604	129593	130130	130274	130673	130789
	131886	132778	132847	134537	134553	135034	135214	135478	135562
	135599	135813							
李鍝 李垠公殿下	128469	131772	132832	133712					
移入稅	128943	130074	130300	130842	131914	131943	132116	132693	
罹災	127973	128643	131448	131747					
罹災民 罹災者	128643	131448	131748						
移住	127712	128528	129191	129478	129498	130485	132576	132738	134771
	134899	135008	135169	135254	135316	135381			
利川	134840	134908							
伊太利	135672								
李太王	129127	129211							
李太王殿下	129211								
李恒九	133587	133605							
溺死	127516	127835	128198	128932	130824	131010	131115	131296	131526
	131842	132194	132475	132640	132754	134027	135519		
籾	128977	128983	134778	135397					
認可	127359	127478	127639	127729	128331	128408	128515	128541	128571
	128575	128815	128889	129045	129081	129131	129551	129603	129902
	130219	130572	130596	131024	131269	131379	131701	133550	134482
	134556	135322	135359	135367	135849				
人口	127425	127924	128856	132004	132349				
印度	127790	128412	128760	128875					
人力車	131005								
人夫	129662	129990	131384	134317	135299	135301			
人事	127610	129016	131527	133568	133635	134021			
人事相談所	129016	133568							
人蔘	128499	128949	129105	132611	133595	135644			
印刷工	135862								
引揚	127301	128379	132536	133555	133697	133779	133975	134110	
仁川	127292	127361	128097	128256	128298	128315	128414	128460	128515
	128557	128632	128658	128840	128859	128881	129093	129346	129362
	129437	130052	130276	130612	130952	130963	131040	131075	131153
	131163	131520	131618	131743	132009	132153	132522	132675	132944
	133080	133153	133180	133566	133703	133999	134187	134364	134619
	134752	134956	135027	135356	135830	135925			
仁川港	133566								

ㅈ								
ザリ蟹	131113	132392						
ぞう蟲	129853							
島田	128739							
自家用	131076	131226	133675	133772	133901	133976	135569	
自給	128040	128566	129088	130604	133956	135527		
自給自足	128040	128566	129088	130604				
自動車	128882	128901	128971	129100	129612	129707	130622	130786	131118
	131462	131630	132449	132519	132697	133140	133191	133208	133414
	134061	134097	134394	134558	134711	135098	135938	
資本	128436	128457	129056	129088	129843	130311	131729	133147	133361
	133899	133970	135167					
資本金	128436	129088	133361					
資産家	131750							
自殺	127310	127313	127344	127457	127759	127980	128048	128309	128388
	129493	129533	129535	129918	130138	130182	130288	130332	130497
	131223	131268	131359	131361	131364	131534	131656	131774	131945
	131951	132197	132232	132788	133035	133176	133278	133816	133867
	133916	134062	134210	134249	134359	134662	134665	134992	135556
	135711	135783	135786	135954				
慈善	128949							
紫雲英	129883							
資源	128134							
自衛團	133030							
自由港	134598							
子爵	127623	132778	132968	135546				
自轉車	127790							
自治	127530	129420	130839	134422	135195			
自治制	130838							
赭土	128646							
自爆	127618							
慈惠	129214	134559	134679					
慈惠醫院 慈惠院 慈惠病院	134679							
作家	127616							
酌婦	127943	127980	129334					
柞蠶	130725	134568	134819	134998				
柞蠶絲	134998							
作況	129742							
棧橋	128936	130151	130162	130209	130230	130240	131934	132768	132858

齋藤實 齋藤 (總督)	127386	127400	127475	127623	127658	127681	127879	127987	128131
	128259	128429	128544	128559	128671	128978	128997	129104	129127
	129346	129978	130313	130353	130646	130791	130874	130891	130901
	130903	131323	131464	131646	131713	132146	132248	132269	133039
	133465	133503	133546	133593	133677	133801	133825	133832	134028
	134115	134116	134140	134296	134822	135307	135325	135351	135427
	135478	135586	135683	135714	135734	135867			
在露鮮人	132357								
在滿鮮人	128958	134796							
栽培	127427	127488	128384	129326	129779	130386	130651	131766	131843
	132255	133675	134126	134674	134742	134769	135426		
裁縫	133464								
財政	127631	127796	129274	130751	131713	132050	133067	133697	134095
	135628								
財政難	127631	131713	132050	135628					
裁判	127611	128387	130526	135148					
裁判所	135148								
災害	128338	131581	131747						
在鄉軍人	128694	128844	128853	129256	129321	129417	129523	129725	131145
	132809	133484	134139	134152	134630	134751	135240	135770	
爭議	127305	127734	128045	128094	128480	130779	130837	131028	131094
	131148	131902	131905	131911	132035	132218	134291	134430	134700
	135035	135144	135590						
爭奪	129894	132292	132502	132879	133015				
狙擊	131215	131690	135378	135743					
貯金	128367	128383	128862	129698	130098	130715	130859	130864	130956
	130969	131166	131305	131757	132457	132804	133634	134797	134834
	135853								
猪島	128087	128747							
貯水池	128921	130953	135730						
貯蓄	128266	135104							
貯炭場	132486								
敵	128669	129886	130711	131594	131871	132106	132837	135802	
赤ちゃん	128017								
赤軍	129301								
赤露	131404	131691	132637						
赤痢	130796	131039	132159	132161	132394	133377	133428		
赤誠	135536								
赤十字	127304	127408	129657	130790	133605	134170			
適宜	129164	129281	132636						
赤行囊	128522								
赤化宣傳	131531								

電氣	127322	127389	127570	127620	127930	127967	127977	127986	128034
	128075	128103	128230	128312	128317	128333	128335	128361	128472
	128550	128567	128568	128672	128709	128833	128869	128994	129014
	129184	129315	129368	129450	129527	129592	129637	129706	130227
	130280	130406	130489	130779	130972	131148	131177	131233	131289
	131311	131320	131512	131546	131743	131832	131859	131903	131978
	132133	132308	132324	132363	132386	132527	132529	132710	132883
	132942	132979	132986	133002	133115	133146	133284	133340	133938
	134053	134165	134236	134377	134381	134486	134595	134653	134734
	134966	134999	135059	135067	135197	135411	135449	135476	135499
	135510	135545	135572	135575	135579	135620	135657	135665	135670
	135717	135908							
電燈	127910	128013	128034	128561	128713	128715	129429	129443	130406
	130674	130957	131110	131743	131790	132528	132632	132941	133058
	133689	133940	134056	134122	134146	134176	134647	134863	135168
	135619	135627	135718	135896					
全羅南道 全南 羅南	127335	127359	127479	127503	127550	127686	127706	127870	127954
	128013	128135	128154	128300	128368	129009	129843	129875	130762
	131058	131607	131818	131822	132085	132201	132244	132773	132943
	133075	133117	133146	133705	133940	133960	134157	134345	134423
	134472	134472	134517	134636	134639	134640	134681	134790	134963
	134989	135262	135330	135363	135466	135623	135719	135744	135772
	135849	135867	135871						
全羅北道 全北	127437	128368	128719	128910	128944	130220	130299	130301	130346
	130347	131859	131878	133025	133067	133133	133467	133604	133789
	133919	133954	133956	133966	134278	135071			
展覽會	127781	127874	128285	128428	128693	128853	128990	129115	129734
	129920	130428	130838	130947	131251	132803	134026	134083	134471
	134751	134781	134820	134915					
電力	127953	127977	128749	130443	132308	132774	134457	134734	134779
	135450	135820	135898						
專賣	127653	129481	129577	129809	130432	132332	132619	133591	134006
	134359	134514	135161						
專賣局	129481	129577	130432	132332	133591	134359	135161		
專賣支局	129809	134006	134514						
全滅	133213	135587							
專務談	127351	128061	129368	134595					
專門學校 專門校	127350	129091	130515	130551	130660	132058	133215	133915	134373
	135310								
電報	128543	129297	130136	132454	134529	135815			
傳書鳩	130228	130754	132365	133026	134429				
全鮮	127368	127492	127620	127763	127864	128000	128034	128042	128591
	128782	128852	128947	129256	129322	129370	129373	129378	129383
	129417	129435	129482	129523	129613	129632	129657	129789	129864

	129868	129925	130035	130272	130389	130405	130428	130466	130546
	130617	130686	130739	130747	130800	131004	131023	131036	131065
	131077	131152	131230	131513	131618	131630	131632	131676	131677
	131711	131737	131856	131914	132157	132216	132316	132343	132393
	132415	132430	132507	132539	132556	132584	132726	132743	132771
	132836	132878	132904	133015	133249	133267	133272	133294	133307
	133396	133496	133676	133735	133812	134123	134237	134353	134438
	134623	134668	134703	134754	134803	134806	134809	134814	134854
	134858	134885	134977	135034	135049	135176	135379	135387	135406
	135415	135418	135429						
全燒	127280	127582	127676	128302	128764	128804	128805	129227	129670
	129692	130634	134293	135514					
傳習所	131245								
電信電話	131906								
傳染病	130530	130553	130861	130983	131504	131745	132159	134123	134658
	135357	135761							
戰跡	129910	132888							
全州	127355	127779	128853	128876	128907	129743	129902	130144	130165
	130214	130334	130910	131859	132141	132539	133049	133467	133919
	134925	134967	135363						
電柱	134464								
田中武雄	128469	134396	134472						
電車	128127	128129	128564	128718	128987	129344	129405	129903	130208
	130287	131030	131436	131467	131483	131527	131696	131973	132179
	132263	132817	132932	133220	133685	134186	134253	134779	135289
	135485	135565	135601	135647	135872	135888			
電鐵	128213	130994	131378	132290	133122	133189	134447	134756	134859
前觸	127972								
戰鬪機	135192								
殿下	127347	127421	127749	127866	127927	128115	128181	128299	128353
	128451	128469	128510	128543	128565	128604	128614	128636	128660
	128700	128720	128737	128857	128957	129039	129105	129127	129128
	129160	129163	129197	129211	129276	129376	129383	129485	129499
	129558	129628	129982	130010	130088	130168	130200	130224	130236
	130242	130260	130273	130313	130397	130436	130447	130626	130673
	130720	130789	131044	131346	131347	131455	131477	131479	131646
	131647	131772	131825	131886	131958	132433	132667	132748	132780
	132810	132812	132832	132881	132913	132954	132987	132989	133015
	133016	133256	133281	133303	133443	133543	133587	133593	133615
	133616	133645	133677	133709	133736	133766	133799	133831	134161
	134321	134514	134670	134752	134805	134871	134873	134903	135417
	135444	135521	135562	135577	135580	135611	135612	135654	135714
	135754	135913	135959						
電化	130079	131899	133189						

精神病	130378	130700	131013	134992					
政友會	127466	134526							
井邑	133067								
定州	128791	133030	133650	134327	134573	134652			
停車場	129689	133048							
町會	128810								
帝國	128429	131922	133484						
提琴	133533								
製糖	129640								
除幕式	129089	130024	130656	135520					
堤防	127396	130023	130794	132475	132836	133368	134685		
製絲	127399	128140	128399	128546	128770	128968	128980	129216	129462
	129758	130178	130381	130559	131250	131497	131816	132035	132094
	132943	133289	133303	133942	134361	134972			
鵜飼	127329	130448							
製絲業	129462	131250	131497	133942					
製鹽	129088	132443							
第二艦隊	128414	129319	129974	130370	130392	132954	133035		
第一艦隊	133108								
帝展	133712	133719	133752						
製造業	131094								
濟州	128179	128602	128690	131717	132097	132470	133908	134306	135214
	135236	135290	135803						
濟州島	128179	128602	128690	131717	132097	132470	133908	134306	135214
	135236								
製紙	128463	129184	129315	129860	134239	134795	134891	135034	
製鐵所	127764								
製鐵 製鉄	127764	130067							
彫刻	129511								
遭難	127655	131418	132338	133275	134200	134294	134360	135703	135857
	135907	135930							
遭難船	134360	135703							
造林	132187	132310	135117						
繰綿	134641								
弔問	129159								
調査	127317	127377	127398	127481	128075	128185	128194	128393	128523
	128749	128903	128942	128994	129030	129056	129219	129245	129274
	129281	129339	129478	129498	129590	129592	129618	129636	129868
	129971	130084	130122	130272	130345	130393	130503	130521	130526
	130608	130618	130650	130744	130748	130779	130803	130805	130815

130892	130904	131000	131238	131387	131404	131575	131668	131742
131853	131897	131899	131942	132000	132087	132357	132366	132444
132447	132454	132549	132576	132685	132692	132697	132739	132852
132906	132951	133001	133115	133475	133757	133810	133823	133843
133992	133996	134117	134123	134176	134213	134533	134587	134677
134717	134896	135015	135114	135528	135627	135642	135643	135665
135686	135795	135835						

朝鮮								
127296	127317	127321	127322	127403	127408	127421	127449	127480
127498	127566	127595	127609	127634	127688	127708	127709	127711
127721	127724	127747	127767	127770	127776	127781	127805	127807
127819	127820	127839	127870	127872	127873	127875	127878	127888
127929	127934	127957	127968	127973	127989	127994	128006	128008
128015	128040	128059	128074	128082	128092	128118	128169	128185
128205	128207	128222	128225	128250	128258	128266	128283	128290
128296	128329	128330	128336	128353	128382	128396	128411	128429
128449	128458	128485	128489	128493	128496	128497	128499	128546
128550	128551	128555	128558	128561	128578	128602	128614	128626
128653	128662	128664	128674	128697	128702	128705	128738	128764
128783	128784	128789	128790	128800	128818	128872	128887	128908
128919	128922	128949	129006	129017	129039	129049	129080	129095
129108	129115	129131	129132	129161	129177	129179	129182	129241
129294	129308	129313	129320	129324	129339	129340	129352	129363
129376	129377	129379	129388	129397	129411	129421	129426	129437
129448	129449	129474	129477	129488	129490	129500	129509	129526
129559	129560	129569	129583	129597	129600	129638	129640	129657
129660	129681	129696	129697	129706	129715	129719	129758	129802
129828	129886	129887	129934	129937	129972	129983	129999	130007
130040	130041	130048	130073	130083	130084	130089	130093	130119
130122	130130	130146	130149	130152	130200	130244	130252	130270
130309	130312	130317	130354	130368	130369	130387	130396	130421
130433	130464	130490	130492	130505	130517	130523	130524	130549
130561	130580	130602	130610	130638	130667	130687	130698	130741
130760	130765	130770	130797	130799	130802	130806	130826	130855
130867	130869	130884	130886	130916	130917	130950	130980	130993
131003	131018	131036	131052	131065	131066	131072	131087	131097
131120	131128	131151	131152	131160	131183	131188	131197	131218
131247	131252	131259	131264	131273	131284	131301	131317	131330
131332	131365	131381	131387	131400	131426	131429	131432	131465
131471	131497	131524	131536	131538	131567	131578	131580	131603
131606	131623	131629	131637	131657	131695	131698	131717	131722
131736	131762	131773	131775	131779	131792	131809	131830	131846
131887	131888	131920	131921	131956	131959	131994	132037	132044
132059	132077	132112	132123	132131	132146	132168	132178	132202
132219	132228	132236	132267	132268	132269	132284	132286	132299
132318	132339	132348	132361	132375	132380	132403	132420	132437
132451	132464	132477	132493	132501	132506	132520	132526	132537
132542	132545	132549	132565	132567	132605	132608	132635	132643

	132687	132691	132724	132726	132758	132791	132816	132818	132830
	132833	132835	132839	132844	132861	132867	132884	132895	132925
	132958	132960	132965	132969	132989	132999	133008	133015	133018
	133020	133038	133061	133062	133083	133100	133110	133118	133119
	133120	133139	133142	133163	133169	133178	133184	133199	133215
	133216	133221	133227	133261	133262	133269	133292	133296	133319
	133339	133362	133363	133366	133425	133433	133451	133465	133495
	133510	133512	133528	133572	133577	133599	133615	133621	133632
	133635	133645	133652	133691	133701	133709	133727	133736	133746
	133761	133793	133804	133805	133821	133822	133827	133832	133836
	133846	133853	133864	133871	133880	133890	133960	133961	133992
	134007	134014	134080	134089	134100	134115	134154	134182	134232
	134245	134248	134259	134298	134299	134374	134376	134386	134396
	134452	134485	134488	134492	134511	134537	134550	134567	134626
	134643	134695	134707	134717	134773	134869	134897	134919	134956
	134969	134975	134990	135002	135021	135038	135044	135081	135100
	135163	135167	135193	135202	135218	135240	135252	135262	135271
	135280	135290	135325	135337	135365	135370	135394	135402	135405
	135408	135462	135463	135478	135495	135536	135537	135562	135579
	135596	135624	135669	135682	135697	135723	135735	135738	135770
	135785	135805	135816	135827	135830	135846	135854	135912	
朝鮮キネマ	130312	130396	130524	133120					
朝鮮公論	128653								
朝鮮館	128382								
朝鮮教育財團	131263								
朝鮮國境	128664	129049	129080	129161	129179	129379	129411	129474	129500
	129660	129715							
朝鮮軍司令官	128059	130464	135562						
朝鮮農會	129340	132526	135682						
朝鮮貿易	129490								
朝鮮物産	127994	130149	132059						
朝鮮物産奨勵宣傳	127994								
朝鮮米	130869	131606	132691	132835	132839	133008	133215	133577	135081
朝鮮博覽會	128008	128496	128922	129426	129509				
朝鮮婦人	134550	135462	135785						
朝鮮史	130802	131524	131578	135738	135854				
朝鮮私鐵	128489	129583	133018	134154	134643	134956			
朝鮮商銀	127296	130040							
朝鮮少年赤十字團	129657								
朝鮮神宮	127634	127878	127888	128800	132726	133319	133425	133528	133621
	133701	133827	133832	133880	134376	134773	134975	134990	135697

朝鮮語	131003	132493	132635	133890	134492			
朝鮮語試驗	132493	133890						
朝鮮銀行	127747	128006	131471					
朝鮮人	128499	128662	128764	128783	128872	128919	129177	132816	133269
	133635	133691	135021	135816				
朝鮮人蔘	128499							
朝鮮鐵道 鮮鐵	127688	127711	128207	128786	129339	129487	129713	129717	129887
	130083	130084	130387	130517	130546	131151	131285	132959	133961
	134373	134869	134990	135478				
朝鮮體育協會	131036	131065	131151					
朝鮮總督	128887	132270						
朝鮮總督府	128887							
朝鮮統治	129715	134080	134115	135325				
租稅	127500							
朝郵	129261	129952	130032	130247	130311	130395	131464	131753	132497
	133101	133846	133848	134069	134417	134725	134852	135478	135796
	135805	135830						
弔慰金	131838							
朝日	127284	127354	127397	127433	127472	127524	127552	127598	127633
	127693	127732	127772	127814	127852	127917	127964	127998	128027
	128102	128142	128177	128212	128247	128282	128321	128538	128563
	128601	128695	128777	128895	128948	128985	129031	129122	129153
	129170	129187	129267	129316	129372	129466	129550	129586	129621
	129654	129744	129785	129858	129893	129929	129960	130006	130044
	130069	130115	130196	130221	130260	130294	130342	130384	130425
	130472	130506	130544	130573	130606	130641	130669	130703	130742
	130771	130798	130821	130827	130857	130887	130918	130951	130981
	131036	131053	131065	131088	131131	131152	131165	131196	131228
	131255	131282	131310	131334	131372	131409	131438	131470	131500
	131542	131572	131613	131636	131664	131705	131734	131739	131756
	131783	131815	131850	131898	131961	132006	132049	132083	132137
	132174	132206	132243	132270	132311	132345	132409	132442	132483
	132530	132579	132612	132650	132700	132728	132765	132843	132877
	132903	132935	132973	133006	133042	133068	133111	133149	133156
	133187	133230	133285	133325	133352	133394	133420	133427	133454
	133489	133515	133549	133583	133612	133644	133668	133702	133730
	133764	133790	133824	133854	133892	133927	133955	134005	134042
	134078	134114	134153	134183	134225	134267	134305	134337	134341
	134372	134401	134479	134521	134564	134590	134629	134646	134680
	134723	134764	134802	134837	134868	134900	134934	135004	135005
	135048	135082	135128	135174	135226	135273	135319	135396	135441
	135489	135532	135574	135607	135648	135694	135841	135881	135906
	135951							
朝日活寫會	135005							

組織	127488	127609	127715	127919	128566	128787	128852	129024	129160
	129168	129273	129317	129332	129453	130281	131043	131264	131373
	131440	131512	131632	131747	131773	132674	132846	132890	133185
	133194	133536	133553	133592	133607	133666	133703	133704	134079
	134483	134589	134806	134946	135019	135049	135249	135251	135269
	135940	135943	135946						
朝鐵海州延長	130783								
鳥致院	127606	131384							
組合	127269	127325	127389	127470	127478	127488	127502	127599	127627
	127640	127658	127715	127771	127854	127860	127949	127971	127990
	128028	128071	128101	128104	128168	128180	128228	128253	128300
	128322	128393	128481	128483	128506	128711	128740	128787	128814
	128815	128853	128870	128889	128921	128961	128981	128996	129028
	129043	129051	129055	129061	129103	129168	129279	129283	129318
	129332	129341	129599	129603	129625	129628	129651	129677	129678
	129686	129699	129787	129789	129826	129834	129942	129958	129967
	129970	129990	130072	130074	130081	130110	130111	130198	130300
	130520	130523	130649	130991	131024	131070	131073	131167	131181
	131244	131281	131283	131348	131358	131368	131440	131449	131675
	131730	131758	131868	131904	131954	132005	132029	132112	132180
	132208	132276	132306	132351	132356	132380	132423	132455	132491
	132604	132613	132616	132631	132647	132654	132696	132731	132775
	132971	133078	133151	133158	133544	133550	133622	133623	133634
	133637	133665	133666	133704	133759	133897	133898	133962	133969
	133982	134002	134370	134482	134518	134519	134556	134601	134757
	134769	134806	134935	134946	134959	134997	135000	135019	135213
	135242	135278	135476	135535	135828	135835	135943		
早婚	134257								
助興稅	128819								
卒業	127364	127435	127742	127862	127893	127926	128126	128216	128285
	128313	128352	128373	128389	128404	128426	129052	134076	134167
	135012	135310	135682						
卒業生	127364	127742	127862	127893	128404	129052	134167	135310	
卒業式	128126	128216	128285	128313	128352	128389	128426	134076	135682
宗敎	129599	131128	133363	134269	135402	135616			
宗敎學校	135616								
種痘	133174	133175							
鍾路	127448	127458	127623	127794	129127	129304	130143	131810	133696
	133698	133913							
鐘路署	127363	127416	130102	130335	131104	131395	134889		
種牡牛	133170								
鐘紡	130383	130471	131816						
種子	128919	132620							
綜合大學	132058								

仲買人	127860	130833	131041	131601	131750	134874		
中産階級	132842							
重油	135372							
仲裁	128074							
中樞院	127400	131647	134250					
重砲	128588	131586	133518					
卽賣會	128621	128719	132200					
卽死	127620	128047	128679	129177	129660	131384	131491	132073	133845
	135112	135212						
證券	130678	135671						
增俸	137698							
增産 增産	129401	131849	132797	134641				
增設	127448	127635	127992	128215	128361	129384	129489	130295	131284
	131906	132171	132286	132608	133900	134603	135070	135125	135178
	135192	135321						
增收	128512	129622	129717	130344	130387	130507	130953	131151	131440
	132043	132172	132655	132737	132950	133025	133198	133287	133295
	133389	133390	133540	133954	134410	134730			
增殖	127263	127712	128116	128280	128368	129090	129598	129938	130160
	130478	130831	131019	131344	131728	131781	131812	131848	131960
	131997	132007	132169	132303	132951	133170	135451	135784	
增資	130311	132418	132774	134381				
增築	128402	128599	129501	129979	130040	131977	132106	132768	133578
	134216	135724						
地價	129044	130815	130999					
芝居	129536	130460	131918					
地久節	129657							
支那	127334	127401	127412	127414	127458	127488	127542	127656	127770
	127824	128198	128292	128380	128480	128554	128614	128622	128704
	128761	128919	129005	129120	129141	129236	129323	129391	129425
	129444	129471	129536	129571	129629	129638	129667	129813	129837
	129878	130032	130035	130144	130331	130467	130498	130532	130670
	130725	130758	130914	131005	131125	131338	131390	131492	131753
	131948	132032	132234	132373	132416	132468	132517	132695	132738
	132890	132964	133030	133097	133162	133179	133222	133453	133534
	133555	133605	133984	133991	133992	134102	134122	134135	134162
	134434	134452	134467	134720	134819	134830	134899	134921	134970
	135159	135164	135254	135314	135384	135553	135663	135674	135690
	135735	135749	135826					
支那勞働者	131125	134720	135314					
支那人	127412	127414	127458	127488	128198	128480	128554	128761	129005
	129141	129391	129425	129536	129878	130035	130670	131492	131948

	131861	131879	131963	132111	132139	132180	132189	132203	132209
	132221	132535	132572	132846	132904	133190	133463	133513	133729
	133781	133874	133928	134053	134146	134163	134176	134260	134504
	134536	134649	134663	134859	134881	134974	135172	135209	135576
	135590	135742	135765	135936					
晋州 晉州	127602	128611	130449	131185	133724				
鎭昌線 鎭昌鐵道	130902	133798	134456						
鎭海	127574	127584	127928	127954	128089	128899	129287	129319	129327
	129579	129909	130032	130064	130392	130509	130723	130832	130963
	131085	131195	131743	133021	133108	133143	133148	133150	133168
	134140	134235	134493	134543	134591	134717	134766	134792	134876
	135214	135241	135359	135796					
鎭海商船校 商船學校	129327	129346	130509	135879					
疾病	129318								
質屋	128982	129696	130935	131169	131861	134057			
執達吏 執行吏	129539								
集配人	128759	129020	137177						
執行猶豫	133782	134379	134846						
集會	127575	129105	129958	131429					
懲戒	127611	129020							
徵兵	128158	128649	130901						
徵兵檢査	128158	128649							
徵兵稅	130901								
徵稅	128962	132440							
徵收	128576	128704	128819	131123	132324	134722	135602	135645	135684
懲役	128057	130533	131594	132929	132995	134290	134466	134614	135028
	135259	135679	135794	135948					

天安	128615	131881	132630	134517				
天然痘	128877	129390	134745					
天然氷	135398	135942						
天日鹽	130343	130639	131791					
天長節	132513	133972	134119	134212	134320	134334	134336	134355
遷座	129710	134332						
遷座祭	134332							
天主敎	127584							
天津	130549	131190	132241					
天皇	134009	134050	134376	134446	135883	135886		
鐵鋼	129543							
鐵鑛	133021	133429						
鐵橋	127366	127382	129302	129342	129984	130108	130504	130873	130962
	131354	131833	131939	132819	132836	133030	133166	133683	
鐵道	127291	127298	127366	127369	127376	127442	127521	127532	127533
	127586	127681	127688	127711	127713	127762	127766	127777	127804
	127843	127919	127953	127968	128002	128018	128023	128037	128080
	128164	128173	128176	128207	128262	128314	128339	128352	128427
	128429	128469	128477	128494	128559	128564	128581	128595	128598
	128611	128615	128616	128735	128744	128746	128820	128884	128941
	128944	128945	128978	129030	129056	129059	129078	129223	129230
	129232	129265	129266	129311	129313	129317	129339	129387	129398
	129410	129439	129487	129501	129515	129577	129587	129618	129700
	129712	129714	129747	129816	129820	129822	129828	129849	129865
	129875	129887	129896	129897	129926	130014	130049	130083	130084
	130106	130150	130155	130161	130165	130188	130211	130233	130351
	130387	130476	130477	130517	130565	130605	130684	130711	130763
	130775	130801	130856	130876	130878	130902	130919	131068	131151
	131273	131292	131312	131349	131384	131390	131421	131518	131543
	131683	131713	131735	131767	131773	131827	131834	131854	131884
	131892	131922	131932	131937	132009	132016	132095	132107	132139
	132173	132183	132210	132246	132266	132280	132281	132304	132317
	132318	132415	132439	132485	132551	132629	132668	132702	132745
	132801	132866	132930	132946	132958	133020	133026	133073	133162
	133193	133218	133329	133409	133559	133561	133567	133579	133604
	133607	133624	133635	133676	133773	133827	133828	133830	133844
	133895	133961	133967	134028	134054	134079	134091	134224	134235
	134278	134308	134315	134448	134455	134483	134484	134493	134527
	134540	134582	134722	134726	134867	134869	134872	134908	134909
	135007	135034	135049	135055	135101	135214	135366	135430	135455
	135478	135534	135542	135578	135683	135692	135723	135795	135806
	135830	135849							
鐵道局 鉄道局	127366	127376	127521	127681	127711	127777	127804	128023	128262

鐵道局友會	129747							
鐵道省	128164	130876						
鐵道學校	128352							
鐵道 鉄道	127291	127298	127366	127369	127376	127442	127521	127532	127533
	127586	127681	127688	127711	127713	127762	127766	127777	127804
	127843	127919	127953	127968	128002	128018	128023	128037	128080
	128164	128173	128176	128207	128262	128314	128339	128352	128427
	128429	128469	128477	128494	128559	128564	128581	128595	128598
	128611	128615	128616	128735	128744	128746	128820	128884	128941
	128944	128945	128978	129030	129056	129059	129078	129223	129230
	129232	129265	129266	129311	129313	129317	129339	129387	129398
	129410	129439	129487	129501	129515	129577	129587	129618	129700
	129712	129714	129747	129816	129820	129822	129828	129849	129865
	129875	129887	129896	129897	129926	130014	130049	130083	130084
	130106	130150	130155	130161	130165	130188	130211	130233	130351
	130387	130476	130477	130517	130565	130605	130684	130711	130763
	130775	130801	130856	130876	130878	130902	130919	131068	131151
	131274	131293	131313	131350					
鐵原	129076	129906	130804						
撤廢	127687	128289	128943	129040	129418	130053	130074	130300	130592
	130842	130940	131331	131914	132116	132143	132693	133186	133486
	133809	133839	134580	134663	135088	135903			
鐵砲	130182	131945							
鉄 鐵	127291	127298	127359	127366	127369	127376	127382	127442	127446
	127521	127532	127533	127586	127626	127681	127688	127711	127713
	127762	127764	127766	127777	127778	127787	127804	127843	127847
	127919	127953	127968	127987	128002	128018	128023	128037	128049
	128052	128079	128080	128090	128130	128164	128173	128176	128207
	128213	128219	128262	128314	128339	128352	128353	128427	128429
	128469	128477	128489	128494	128524	128559	128564	128581	128595
	128598	128611	128612	128615	128616	128669	128735	128744	128746
	128765	128786	128820	128884	128941	128944	128945	128978	129030
	129056	129059	129076	129078	129208	129216	129223	129230	129232
	129233	129265	129266	129302	129311	129313	129317	129339	129342
	129387	129398	129406	129410	129433	129439	129487	129501	129515
	129543	129565	129566	129577	129583	129587	129618	129700	129712
	129713	129714	129717	129747	129816	129820	129822	129828	129849
	129865	129875	129887	129896	129897	129906	129926	129984	130014
	130049	130052	130067	130083	130084	130106	130108	130150	130155
	130161	130165	130182	130188	130211	130233	130351	130387	130400
	130476	130477	130483	130485	130504	130517	130546	130565	130605
	130684	130705	130711	130763	130775	130783	130801	130804	130825
	130856	130873	130876	130878	130902	130919	130962	130994	131057
	131068	131091	131151	131192	131231	131259	131274	131285	131288
	131293	131313	131350	131354	131914	132116	132143	132693	133186
	133486	133809	133839	134580	134663	135088	135903		

甜菜	127554	129818	130096	134674				
鯖	127490	127962	129722	130080	131443	131511	132448	132536	132575
	132733	132937	133416	134173	135765			
淸溪川	133010	136671						
靑年	127416	127459	127790	127986	128063	128210	128291	128388	128412
	128514	128760	128789	128802	128824	128875	129091	129230	129308
	129321	129359	129424	129454	129495	129759	129876	130324	130375
	131049	131221	131361	131384	131601	131748	131902	132296	132298
	132376	132435	132595	132821	133236	133256	133270	133347	133387
	133484	133595	133845	134132	134303	135664			
靑年團	129230	129308	129321	130324	132376	133256	133347	133484	
靑年會	127459	128063	128291	128789	128802	129424	129454	132435	133845
	134303							
靑島	128083	129488	129829	130758	132245			
靑銅	135586							
請負	128136	128570	128582	128817	132048	137227		
靑少年	127484							
請願	127477	129617	129834	130054	130408	130575	130589	130749	131102
	131129	131337	131371	132673	133022	133073	133495	134445	134502
	135585	135771						
請願書	130749	135771						
淸酒	127426	134897						
淸州 淸州	127596	128389	128770	129216	134547	134915	134965	135363	135452
	135650							
淸津	127587	127791	127910	128068	128069	128274	128377	128414	128472
	128533	128541	128608	128627	128725	128809	128877	128915	128978
	129061	129146	129403	129438	129617	129679	129896	129959	129988
	129998	130201	130275	130360	130792	130929	130947	130960	131009
	131126							
淸津貿易	127587	128725	129403					
聽取者	134494							
滯納	135466							
遞送 遞傳	129419	130786	132122	134787	134808	135938		
遞信	127289	127430	127804	128034	128383	128434	128706	128950	129318
	129419	130139	130276	130713	130786	131351	131743	131832	132178
	132405	132441	132501	133419	133451	133869	133885	133995	134438
	134494	134924	135388	135918				
遞信局	127289	127430	128383	128434	128706	128950	129419	130139	130713
	131743	131832	132178	132405	132441	133419	133451	133869	133885
	133995	134438	134494	134924	135388	135918		
遞信省	127804	132501						
替玉投票	135199	135343	135794					

體育	127695	128735	128947	131036	131065	131152	132144	132191	132885
	133015	133229	133356	133360	133452	133458	133487	133488	133490
	133492	133504							
體育デー	132144	132885	133015	133356	133360	133452	133458	133487	133488
	133492	133504							
體操	132722								
逮捕	127308	127309	127339	127340	127345	127383	127414	127416	127456
	127458	127520	127576	127619	127720	127794	128096	128526	128529
	128681	128683	128714	128761	128845	128846	128935	129533	129537
	129540	129542	129646	129664	129730	129917	130181	130262	130337
	130418	130597	130727	131009	131082	131395	131398	131457	131533
	131690	131691	131990	132234	132334	132399	132474	132719	132786
	132827	132829	132864	132891	132926	132994	133092	133313	133631
	133660	133696	133783	133815	133817	133881	133986	134023	134025
	134096	134099	134390	134421	134617	134666	134709	134789	134951
	134953	134984	135107	135154	135155	135304	135306	135346	135348
	135349	135548	135552	135553	135636	135747	135749	135751	135827
	135860	135864	135865	135953					
體協	128630	128842	133237	133458	134483				
滯貨	127298	127587	127746	128018	129924	130075	130106	132411	134756
	135507								
初等教育	129408	129734	131244						
初登廳	127662	130436	130447	133715					
初等學校	133330	134713							
草梁	133578	135211							
楚山	130457	131371	133481						
招魂祭	129182	130581	130907	130947	131220	132831	133152	133153	
囑託	127724	131714	132332						
總監	127386	127435	127662	128622	128666	128832	128916	128938	129076
	129712	130340	130393	130402	130421	130488	130539	130565	130587
	130631	130637	130709	130803	130929	130934	131016	131029	131108
	131175	131180	131187	131248	131328	131402	131646	131819	132088
	132102	132120	132189	132433	132524	132550	132586	132703	132723
	132922	133163	133181	133580	133639	133716	133736	133863	133882
	133896	133915	133919	133934	134009	134045	135388	135562	135564
	135578	135784	135934						
銃器	127678	135208							
總督府辭令 総督府辭令	128487	129048	129278	129414	130586	130652	130745	130755	130817
	130841	131541	132063	132108					
總督府殖産局	130948								
總督府學務局 総督府學務局	128270								
總督府	127403	127411	127442	127466	127499	127567	127683	127760	127787
	127797	127824	127902	127954	127987	128270	128393	128452	128469

總督府	128486	128487	128499	128585	128599	128622	128708	128858	128887
	129048	129163	129194	129278	129363	129414	129472	129602	129614
	129738	129838	129980	130112	130238	130272	130586	130615	130652
	130697	130745	130755	130811	130817	130841	130871	130896	130927
	130948	131121	131198	131251	131306	131332	131541	131849	131935
	131969	132040	132063	132071	132108	132187	132245	132255	132897
	132904	132970	133143	133256	133284	133295	133370	133374	133430
	133462	133473	133566	133653	133666	133684	133728	133736	133781
	133830	133952	133992	134015	134102	134117	134123	134396	134477
	134514	134637	134714	134752	134836	134894	134896	134918	134919
	134968	135040	135044	135086	135115	135137	135164	135191	135204
	135214	135217	135278	135409	135410	135515	135642	135654	135697
	135725	135764	135809	135830	135893				
總督 総督	127386	127400	127403	127411	127442	127466	127499	127567	127658
	127683	127760	127787	127797	127824	127879	127902	127954	127987
	128259	128270	128393	128429	128452	128469	128486	128487	128499
	128544	128585	128599	128622	128671	128708	128858	128875	128887
	128978	128997	129048	129104	129127	129163	129194	129211	129220
	129233	129278	129363	129414	129472	129477	129602	129614	129738
	129838	129944	129978	129980	130062	130112	130238	130272	130313
	130339	130353	130408	130586	130615	130646	130652	130697	130745
	130751	130755	130808	130811	130817	130841	130871	130874	130891
	130896	130903	130927	130948	131028	131121	131140	131198	131251
	131306	131332	131464	131541	131646	131713	131849	131935	131969
	132040	132060	132063	132071	132108	132146	132187	132245	132248
	132255	132266	132269	132748	132897	132904	132911	132913	132930
	132954	132970	133019	133039	133143	133256	133284	133295	133370
	133374	133430	133462	133465	133473	133503	133546	133566	133580
	133593	133653	133666	133677	133684	133716	133728	133736	133781
	133825	133830	133832	133952	133972	133992	134015	134028	134071
	134083	134100	134102	134115	134116	134117	134123	134140	134260
	134296	134308	134320	134329	134341	134364	134396	134477	134514
	134529	134637	134646	134714	134752	134790	134822	134836	134881
	134894	134896	134918	134919	134968	134974	135040	135044	135086
	135115	135137	135164	135191	135204	135214	135217	135278	135307
	135325	135351	135405	135409	135410	135430	135463	135513	135515
	135541	135586	135615	135642	135654	135683	135697	135714	135725
	135734	135764	135809	135830	135867	135893			
總辭職	133560								
銃殺	127615	129301	132158	133947	133982	135254			
總選擧	133426								
總領事	127521	131404	133617	135867					
總裁 総裁	129288	129394	130602	133256	133495	133755	134034	134102	134140
	135913								
秋季競馬	132702								

追悼	127575	127722	127756	127769	128421	128675	128852	130363	131746
	132190	132368	132966	133099	134319	135350			
追悼會	127722	127756	127769	128421	128675	130363	132190	132368	132966
	133099	134319	135350						
秋芳洞探勝團	132087								
秋蠶	131307	131707	131761	132797	132902	134730	134972		
推薦	134155	134154	135451						
抽籤	127765	134181							
蹴球	129126	132430	132726	133827	133844	134079	134373	134386	134563
	134594	134803							
蹴鞠	128947	129102							
逐鹿	129409								
畜産 畜產	130013	133448	133723	133964	134088	134100	134628	135866	
祝宴	134471								
畜牛	131159	131704	131760	135340					
筑紫	128192	128260	133615						
築造	131269								
祝賀宴	133056	134212							
祝賀會	129150	133113	133180	133210	133461	133482	134100	134341	134480
	134618	135545							
築港	127392	127639	127643	127813	128472	128533	129046	129146	129242
	129264	129438	129617	129896	130521	130583	130646	130759	130929
	130960	131634	131897	132319	132939	133022	133437	134033	134637
	135497								
椿事	128881								
春蠶	129291	129504	129622	129814	130002	130545	131497		
春川	127330	127442	128439	128477	128529	128780	128781	128889	129053
	129823	129956	130251	130382	130515	130795	131210	131446	131548
	131549	133655	134094	135808					
出穀	133066								
出米	129552	131540	131610	132540	135812				
出版	129116	129445	129484	130176	132024	133366	134919	135374	
出品	127962	128070	128497	128550	128626	129244	129292	129524	130011
	133776	134037	134392	134505	134770	134902			
出荷	130211								
忠南	127606	128124	128368	128403	129056	129579	129709	130199	130718
	130801	130916	130933	130939	131049	131244	131355	131526	131747
	131824	132028	132269	132496	133458	133461	133561	134787	135034
	135423	135508							
忠清南道 忠南	127606	128124	128368	128403	129056	129579	129709	130199	130718
	130730	130801	130916	130933	130939	131049	131244	131355	131526

	131747	131824	132028	132269	132496	133124	133458	133461	133561
	134787	135034	135423	135508					
忠清北道 忠北	128211	128244	130756	131418	131448	131467	133919	134514	134956
	135754								
蟲害	130096								
忠魂碑	129910	130024	130327						
贅澤品	135923								
趣味	131870	131907	131940	132018	132181	132254	132385	132458	132546
	132593	132622	132715	132741	132850	133400	133434	133594	133620
	133841	133902	135264						
取引	128370	128515	128645	129937	130038	130109	130142	130206	130238
	130612	131163	131191	131224	131257	131280	131322	131425	131510
	131731	131764	132189	132568	132763	134166	134241	134568	134998
	135237	135282	135447	135500	135631	135660	135685		
取引所	128515	128645	129937	130142	130206	130238	130612	131163	131224
	131280	131425	131510	131731	131764	132189	132568	134166	135447
	135631	135685							
取調	127544	127907	129178	129225	129492	129679	129917	130177	130241
	130335	130595	130599	130766	130818	130967	131078	131268	131363
	131840	132120	132432	132716	133096	133223	133271	133382	133913
	134579	134948	135093	135248	135515	135554			
就職	132104	132592	132842	133364	133521	135539	135893		
取締	127567	128066	128141	128281	128372	128380	128499	128637	128742
	129136	129334	129593	129598	129866	130391	130532	130653	130687
	130736	130829	130904	131016	131080	131266	131338	131421	131422
	131442	131506	131817	131895	132408	132476	132557	132575	132592
	132601	132730	132757	132992	133234	133379	133732	133861	133928
	133969	134298	134370	134463	134506	134541	134551	134606	134675
	134701	134720	134748	134757	134812	134899	134910	135034	135064
	135090	135134	135208	135260	135509	135530	135564	135573	135591
	135690	135695	135735	135778	135834	135840	135876	135923	
就學	127793	129636	131662	135178					
就航	128676	134917							
測候	132010	132322	134055	134092					
測候所	132010	132322	134055	134092					
齒科	127929	131968	133634						
齒科醫	127929	131968	133634						
値上	127321	127325	127502	127614	127631	127660	129587	130523	130747
	131068	133463	134532	134570	134613	135145	135820	135898	
治水	130231	130744	132837	133510	135039				
治水工事	130231	133511							
治安	130143	130176							
稚魚	133234	135504							

値下	127892	127910	127930	127977	128013	128034	128074	128230	128317
	128333	128567	128568	128672	128713	128715	128748	128792	128833
	128869	128968	129186	129429	129443	129450	129527	129637	130866
	130957	130972	130982	131289	131321	131701	131743	131790	131859
	131903	132308	132329	132390	132412	132528	132529	132632	132796
	133140	133284	133340	133495	133563	133586	133651	133689	133729
	133731	133794	133795	133829	133874	133940	134146	134176	134486
	134519	134595	134734	134779	134863	135059	135067	135168	135384
	135449	135452	135496	135510	135620	135717			
値下運動	128672	128715	128869	133731					
勅使	128005	129658	129870	130168	130172	133832	133880		
勅語	128678	131615	134375						
勅任	128221	128662	128783	129753	129795	129832	132088	132776	
勅任官	128221	128662	128783						
針路	130333								
枕木	129030	130233							
沈沒船	127516								
浸水	131263	131355	131385	131599	131803	131860	132416	132475	132515

カ								
カフェ **カフヱー**	132295							
カメラ	133417	133645	134353					
キネマ	127415	128043	130312	130396	130524	130664	132583	133120
コカイン	131045							
コレラ **虎疫**	127546	128390	130860	131802	132003	132026	132053	132093	132096
	132245	132294	132394	132427	132518	132852	132890	132923	132964
	132988	132996	133135	133179	133252	133276	133305	133373	133378
	133415	133483	133569	133570	133601	133690	133697	133733	133748
	133843	135790	135914						
コ疫	131040	132890	133030	133779	133809	133975	134206	134295

E								
タイピスト	135097							
たばこ 煙草 葉煙草	127709 130611 131709 134109	127811 130680 131901 135569	128020 130774 132075	129161 131054 132413	130041 131183 132936	130385 131226 133463	130386 131411 133675	130432 131412 133763	130508 131571 133810
トラック	132123	133319	133844	133895					
打瀬網	127827								
墮胎藥	132128								
打合會	127406 135795	127869	128062	130978	131849	132814	133036	134669	135114
卓球	128000	135432							
炭	127438 128572 129653 130773	127549 129030 129682	127630 129189 129700	127667 129262 129721	127863 129440 129778	128040 129472 129815	128159 129483 130071	128262 129508 130114	128394 129602 130347
炭坑	131968								
炭鑛	127549	128394	133121	133185	134735				
彈藥	134578								
嘆願	127691	128432	131641	134880					
炭疽	131325	132947							
炭田	133545	134045	135578						
灘酒	132691								
脱線	127314	130762	131593						
奪還	128236	129557	133813						
湯淺	127386 130340 130709 132088 132723 133934 135784	127662 130393 130803 132102 132922 134045 135934	128622 130402 131016 132120 133163 135337	128916 130421 131108 132433 133225 135388	128938 130488 131180 132447 133639 135430	129194 130539 131187 132524 133863 135463	129631 130565 131248 132550 133882 135562	129712 130631 131328 132586 133896 135564	129944 130637 131402 132703 133919 135578
湯淺總監	127662 131180 133639 135784	128916 132088 133863	130402 132102 133882	130488 132120 133934	130565 132550 134045	130631 132586 135388	130709 132703 135562	130803 132922 135564	131108 133163 135578
太刀	127870 129945	128552 129946	128794 130063	129285 133778	129510 135659	129601 135822	129755	129756	129796
太刀洗	127870 129945	128552 129946	128794 130063	129285 133778	129510 135659	129601 135822	129755	129756	129796
台灣 台湾	130453	131710							
太妃殿下	129628	135444	135612						

太平洋會議	134860	134978						
兌換券	130895							
土木	127371	127602	128199	128622	128699	129038	129438	130231	131061
	131574	132136	132180	132205	132269	132496	133157	133723	133802
	134338	134513							
土木事業	127602	132136	132205	133157	133802				
土木會議	129438								
討伐	133027								
土産	127705	127796	132060	133800	134223	134325			
土地	127296	127581	127861	127928	128155	128406	128450	128512	128516
	128570	128579	128597	128610	128619	128641	128674	128738	128768
	128784	129239	129241	129397	129434	129444	129474	129530	129554
	129684	129705	129792	129906	130122	130174	130185	130642	130928
	130999	131070	131269	131323	131381	131521	131538	131623	131849
	131926	132064	132141	132252	132271	132380	132479	132480	132703
	132783	132844	133061	133530	133635	133677	134291	134430	134688
	134844	134924	135043	135143	135167	135451	135835	135894	
土地改良	128406	128516	128570	128597	128610	128641	128768	129239	129397
	129434	129684	129705	129906	130174	130642	130928	131070	131269
	131323	131381	131538	131623	131849	131926	132064	132271	132380
	132479	132480	133061	133530	133635	134688	135043	135451	135835
	135894								
土地調査	130122								
土地會社	128738	129397	129792	130185	131521				
統監	134871	134903							
慟哭	129135	129163	129164	129180	129558	129628	130200		
通關	135936								
通商	135854								
通信	127432	127558	127596	127763	128042	129131	130085	130412	131071
	131739	132608	133017	133061	133143	133225	133292	133885	134294
	135524	135608							
通信いろいろ	127432	127558	127596						
通信局	131739								
統營	129642	130219	130942	131929	133876	134385	134390	134421	134628
統一	127319	127809	128037	128151	128394	128769	128928	129351	130281
	130353	130896	131002	131147	131437	131970	132070	132454	132540
	133078	133199	133361	133362	133545	133728	133922	134406	134814
通學	128215	128313	128577	129005	130289	130437	130976	133450	
退去	128289	128292	129805						
堆肥	131700	133215	135127						
退學	129728	130417	130976						
投賣	135231	135766							

鬪牛會	132230								
投票	128086	130218	134843	134937	135140	135195	135199	135343	135554
	135794	135851							
特急列車	133240								
特務機關	127764								
特用作物	130527								
特許	135875								

Ⅱ								
パン	128164	134686						
ピクニック	132961							
ピストル	127803	131219	132235	133314				
プール	130308	131936						
フギルム	131970	132412	132848	133488	134836			
ペスト	134243							
ポスター	134820							
ポスター展	134820							
ポンプ	129707	131965						
派遣	127317	127374	127475	127501	127791	129127	129441	129673	130132
破産	130494	134648	135427						
罷業	127341	128460	128465	128759	128968	129297	130559	131116	131216
	131968	132030							
破獄	128308	128580	134324	134509	135864				
派出所	129384	131117	131688	134985					
判検事	127611	133721	134290	135223					
判事	127544	128978	129076	133848	134170				
阪神	131540	135816							
膨脹	127736	127969	130673	130856	135187				
苹果	128534	128928	133164	133619	135172	135408			
平毎	134472								
平安南道 平南	127308	127391	127485	127488	127826	127914	128188	128280	128368
	128390	128429	128539	128689	128846	129103	129138	129188	129295
	129326	130012	130013	130071	130117	130192	130541	130764	130794
	130833	130953	131551	131844	132028	132043	132053	132103	132113
	132173	132175	132213	132271	132306	132414	132417	132534	132692
	132709	132732	132769	132874	132938	133004	133028	133121	133135
	133185	133222	133330	133389	133423	133428	133453	133460	133564
	133593	133646	134068	134126	134270	134336	134346	134400	134490
	134619	134677	134728	134732	134796	134852	135144	135171	135201
	135312	135340	135544	135589	135790	135899			
平安北道 平北	127390	127421	127427	127547	127588	128125	128315	128397	128416
	128482	128637	128675	128724	128759	128765	128791	128804	128882
	128927	129001	129154	129401	129745	129844	129857	130153	130457
	130479	130508	131311	131459	131499	131503	131707	131802	131880
	131930	131981	132125	132310	132312	132416	132449	132647	132792
	132890	132988	132996	133135	133179	133276	133333	133413	133415
	133424	133601	133650	133690	133697	133707	133748	133843	133872
	133975	134022	134036	134120	134476	134528	134730	134734	135234
	135248	135262	135303	135421	135527	135873			
平壌	127280	127285	127295	127328	127381	127399	127470	127546	127623
	127630	127638	127661	127692	127695	127707	127714	127719	127751

	127798	127831	127832	127833	127924	127936	127977	128034	128055
	128072	128075	128140	128164	128200	128226	128228	128230	128264
	128269	128343	128353	128455	128507	128548	128552	128567	128685
	128688	128699	128710	128752	128756	128794	128795	128805	128826
	128831	128833	128837	128849	128863	128869	128905	128932	128959
	128969	128977	128996	129014	129043	129066	129094	129128	129134
	129145	129163	129214	129251	129285	129440	129461	129483	129508
	129510	129527	129567	129570	129577	129595	129601	129637	129653
	129661	129671	129682	129688	129700	129721	129755	129757	129777
	129784	129796	129809	129830	129840	129856	129876	129912	129919
	129928	129936	129941	129945	129946	129957	130021	130043	130046
	130097	130100	130101	130166	130167	130188	130201	130227	130280
	130302	130326	130330	130403	130482	130489	130767	130779	130783
	130796	130806	130833	130864	130866	130888	131060	131061	131094
	131148	131155	131181	131216	131283	131284	131840	131844	131884
	131977	131978	132004	132010	132048	132065	132091	132096	132101
	132103	132133	132143	132144	132159	132177	132185	132200	132204
	132207	132208	132222	132238	132242	132247	132275	132282	132291
	132292	132322	132324	132341	132363	132400	132407	132429	132471
	132494	132508	132510	132602	132609	132633	132653	132674	132682
	132688	132702	132723	132737	132753	132790	132826	132828	132831
	132837	132846	132869	132883	132890	132916	132923	132946	132956
	132980	132988	132995	133030	133046	133107	133114	133152	133174
	133270	133283	133288	133289	133327	133330	133364	133373	133420
	133425	133447	133457	133458	133494	133503	133509	133540	133552
	133575	133591	133605	133606	133628	133640	133643	133676	133688
	133700	133703	133713	133721	133766	133778	133785	133791	133799
	133815	133907	133912	133938	133973	133977	133986	134040	134043
	134053	134089	134092	134119	134165	134193	134222	134228	134243
	134261	134269	134345	134346	134376	134420	134432	134454	134499
	134534	134569	134573	134619	134625	134647	134711	134719	134775
	134850	134937	134956	134966	134981	135005	135016	135018	135061
	135067	135099	135156	135173	135182	135184	135192	135206	135214
	135289	135318	135321	135329	135361	135369	135379	135386	135460
	135469	135475	135478	135496	135512	135565	135579	135603	135619
	135654	135657	135682	135689	135691	135746	135808	135820	135872
	135874	135879	135897	135904	135932				
平壤高女	133977								
平壤兵器	127833	128688	129595	132238	132247				
平元線	129277	131025	132046	132092	132347	135311	135366		
平元鐵道	129059	129266	129822						
評議員	127498	127857	128314	128481	128484	128775	128778	128894	128949
	129341	130081	130555	131340	131601	132301	133327	133426	134956
	135585								
評議會	127292	127357	127437	127479	127535	127704	127743	127871	128724
	129809	130601	130898	131408	131419	132336	133124	135114	135234

	135261	135303	135350	135682				
肺ヂストマ	130657	132392	134008					
閉鎖	127824	130355	131094	132262	134095			
肺炎	135400	135652						
廢止	127431	127963	129477	129569	129597	129820	130423	130510	130961
	131226	131281	131529	132371	132544	132823	133086	133675	133901
	133976	134151	134187	134206	134314	134881	134974	134997	135118
	135239	135249	135284	135413	135543	135566	135660	135664	135777
布教	128413	133781						
葡萄	132388							
蒲鉾	131854	132364						
砲兵	135317							
褒賞	128341	134902	135076					
布哇 ハワイ	130412							
浦潮 ウラジオストク	127320	129380	129798	132918	135420			
浦項	127570	127629	129947	131634	131797	132796	132939	133738	134306
	135140	135250						
暴擧	128874	133555						
爆發	127462	127549	133659					
爆藥	130556	134168	134424	135260	135750			
爆藥密輸	135260							
爆彈	130284	133498	134390	134549	134951			
漂流	128419	128798	132301	132658	134027			
表彰	127526	127855	127868	127914	127953	128012	128697	129025	129406
	130903	130934	131845	131915	132358	132756	132845	133312	133491
	133522	133591	134275	134336	134384	134738	135104	135663	135727
品評會	127498	127593	127595	127730	127856	127857	128549	128899	128919
	128977	129118	130691	131159	132255	133180	133547	133650	133707
	133753	133959	134001	134026	134038	134100	134264	134268	134478
	134547	134618	134628	134652	134878	135201	135933		
豊漁	127303	128060	128415	129886	130003	131441	131929	132733	134173
	138792	142860	143328	145232	146019	147006	147111	147154	
豊作	130282	130344	130640	131056	132241	132411	132934	133066	133107
被告	130945	131627	132227	133717	134358	135706	135851	135905	
避難	129532	129805	130763	130908	131355	131488	131621	131670	131823
	133134							
披露	131401	132960	133847	135350	135829			
披露宴	132960	133847	135350	135829				
被害	128232	129331	129667	129762	129916	130415	130473	130716	131241
	131533	131532	131650	131683	131747	131767	131824	132122	132162

	132163	132747	132921	133075	133250	133988	134120	134461
逼迫	133697	135497	135847					

ㅎ								
ハルビン 哈爾賓	127709	127754	130713	133164				
フランス	127584	134132						
ホテル	127820	130523	131068	131293	131877	131969	132960	133677
下關	127886	128929	129366	129400	130210	130661	131249	131275	131304
	131950	132256	133161	133172	133543	133593	135749	
河東	127806							
荷馬車	129255							
下水 下水道	127602	128393	132278	132727	135087			
下宿	135695							
夏蠶	132797							
河川	127263	127352	128139	130925	131585	132482	132506	133155	133511
	135040	135100	135401					
河川令	132506	135100						
學校	127317	127325	127344	127448	127451	127457	127485	127502	127521
	127604	127625	127641	127666	127704	127742	127751	127776	127787
	127824	127825	127862	127893	127906	127923	127971	128038	128071
	128123	128126	128131	128180	128215	128253	128254	128300	128313
	128322	128345	128352	128372	128375	128389	128424	128453	128481
	128577	128638	128782	128810	128824	128996	129005	129041	129043
	129091	129105	129107	129113	129163	129164	129205	129249	129331
	129341	129346	129433	129492	129501	129593	129723	129761	129786
	129899	130081	130143	130150	130213	130289	130437	130476	130515
	130520	130551	130601	130627	130628	130633	130660	130701	130739
	130749	130767	130780	130874	130978	131027	131036	131047	131050
	131065	131101	131103	131152	131174	131237	131283	131452	131490
	131514	131564	131600	131829	132058	132151	132209	132282	132313
	132342	132379	132503	132644	132766	133015	133101	133148	133256
	133281	133314	133330	133367	133450	133467	133543	133560	133565
	133578	133676	133799	133919	133924	133962	133977	134018	134095
	134148	134150	134158	134216	134266	134272	134387	134446	134475
	134531	134603	134627	134713	134780	134784	134801	135012	135038
	135146	135213	135242	135246	135310	135321	135322	135326	135327
	135348	135387	135520	135535	135550	135573	135616	135878	135892
	135904	135932						
學校組合	127325	127502	127971	128071	128180	128253	128300	128322	128481
	128996	129043	129341	130081	130520	131283	133962	135213	135242
	135535							
學校閉鎖	127824							
學童	128367	129698	130437	131166	134275	134712	134797	134962	135931
學務	127560	127660	127744	127779	127788	128270	128286	128743	129275
	129659	130019	130032	130213	130289	130509	130623	130697	133467

	133565	134049	134311	134714	134852	134891	134956	135071	135135
	135214	135662							
學務局	127779	127788	128270	128286	128743	130019	130289	130509	133467
	133565	134311	134852	135071	135214				
學務局長	127788	128270	128743	130019	130289	134852	135071	135214	
學務行政	130213	130623							
學問	128724								
學費	127907								
學事	129382								
學生大會	130932								
學術	134737								
學藝會	128439								
學用品	131240								
學園	129447	129584							
學議選舉權	130018	130780							
學組議員	128670	129409	129745						
學組 學生組合	128665	128670	128822	128894	129409	129745	132356	135713	135933
	135937								
學會	127568	128917	128991	130683	131140	132134	132884	133267	133634
	134100	134174							
漢江	127366	127492	129302	130004	130131	130231	130873	130875	130925
	131263	131354	131355	131384	131803	131823	132836	132915	133330
	133856	133862	134071	134658	135945				
韓國	127675	129163	130283	130408	130589	131181	134163		
旱魃	128880	128893	129295	130279	130316	130414	130451	130716	130761
	132389	133072							
韓相龍	134170								
漢城	127362	130989	134170	134292	134956				
漢銀(漢城銀行)	127322	130699	130776	131031	131617				
旱天	130542	130577	130673	131441	132029				
咸鏡	128429	128616	129700	130753	132110	132221	132347	133296	
咸鏡南道 咸南	127393	127409	127431	127455	127496	127535	127589	127590	127704
	127815	127844	127853	127914	127916	127986	128368	128626	128728
	128796	128893	129116	129169	129192	129351	129529	129547	129801
	129815	130077	130254	130665	130705	130717	130890	131021	131092
	131370	131547	131576	131580	131619	131655	131771	131784	131885
	131998	132121	132155	132170	132201	132367	132426	132465	132484
	132490	132571	132792	132853	132919	132977	132998	133001	133045
	133309	133516	133517	133671	133672	133819	133852	134102	134273
	134322	134418	134434	134472	134501	134624	134788	135089	135127
	135141	135303	135315	135476	135834				
咸鏡北道	127600	127812	127871	127914	128002	128352	128429	128438	128582

咸北	129058	129189	129472	130000	130156	130291	130711	131967	132504
	132651	132897	132913	132923	133095	133296	134076	134461	134482
	135255	135285							
咸鏡線	130753	132347							
艦隊	128414	128906	129319	129974	130370	130392	131624	131797	132419
	132500	132588	132670	132675	132707	132764	132881	132913	132944
	132954	133007	133035	133108	133165				
咸平	133960	135896							
咸興	127396	127432	127536	127558	127601	127647	127840	127841	128010
	128063	128086	128093	128190	128481	128630	128822	128960	129065
	129262	129273	129931	130232	130405	130613	130702	130734	130820
	130821	131084	131177	131233	131357	131382	131475	131512	132114
	132201	132343	132372	132486	132515	133007	133765	134219	134260
	134332	134439	134457	134520	134523	134551	134718	135045	135298
	135327	135490	135497	135520	135538	135550	135571	135592	135733
合格	127691	127972	128009	128025	128098	128900	128901	129214	131863
	132019	133350	133890	135225					
合格者	128009	128901	132019	133890	135225				
合併	128075	128645	128902	129523	129569	130142	130168	130206	130235
	130238	130361	130502	130612	130650	130995	131153	131163	131191
	131224	131280	131322	131381	131425	131510	131640	131731	132568
	132632	134166	135179	135447	135631	135685	135702	135737	
合祀	127634								
哈爾濱 哈爾賓 ハルビン	127709	127754	129805	130713	133164				
航空	127623	128263	128295	128661	128753	130270	130518	132501	133101
	133143	133266	134533	135961					
航空隊	127623	128263	128295						
航路	127287	127326	127361	127735	128369	128950	129261	129629	129778
	129947	129998	130073	130276	130295	130453	130549	130576	130784
	130993	131124	131190	131351	131710	131753	131891	132624	132796
	133286	133512	133796	134417	135452	135566			
港灣協會	130360								
海軍	127584	128938	128949	128978	129037	129393	129909	130511	130963
	131121	131560	131934	132595	132968	133101	134079	134089	134224
	134345	134420	134424	134444	134454	134646	134746	134776	135404
	135521	135565	135578						
海軍記念日	129909								
海軍大將	131121								
解禁	127469	127685	127867	128214	128640	130894	133979	134605	
海女	127741	128179	128773	129681					
海事局	131684								

海事法規	132071							
海水浴	131143	131184	131314					
海水浴場	131143	131184						
海岸無電局	131755							
海運	127875	129760	132488	135805				
海運界	127875	129760	132488	135805				
海員	129346	132613	135570					
海員養成所	129346							
海賊	133817	133908						
海戰	135371							
海藻	129168							
海州	127361	127602	127986	128071	128094	128208	128357	129128	129164
	129450	129780	129863	130783	130823	130852	131006	132949	132972
	133050	133079	133873	135024	135045				
海苔	127686	128135	128205	129843	134184	134488	134581	134811	134918
	134929	135333	135505	135666	135764	135769	135902	135936	
海苔 のり	127686	128135	128205	129843	134184	134488	134581	134811	134918
	134929	135333	135505	135666	135764	135769	135902	135936	
行軍	133873							
行囊	128522							
行方不明	128937	129848	131384	131683	135675			
行政	129861	130213	130623	131910	133362	134347		
鄕軍	128591	128694	128844	128853	129256	129321	129417	129523	129725
	131145	132002	132242	132809	133484	134139	134152	134630	134751
	135240	135770							
享樂	127300	127612						
香椎	129850	133192						
鄕土	129286	133050						
獻穀田	130446							
獻納 献納	129673							
憲法	134497							
憲兵	127317	127466	127623	127804	128118	128131	128164	128429	128507
	128845	128954	128998	129021	129178	130173	130464	130538	130550
	130916	131014	131555	132685	133013	133433	133864	134026	134254
	134396	134440	134562	134578	134583	134956	135214	135689	
憲兵隊	127466	128118	128131	128164	128429	128507	128998	130538	131555
	132685	133013	133433	133864	134026	134578	134956		
憲兵司令部	127317							
獻上	130021	131479	132914	133262	133593	133736	133799	134230	
獻上品	133593							

玄米	134406	135668						
懸賞	130997	132876	135922					
縣知事	128200	128334	128429	130858	131121	133044	133919	
玄海	130230	132508	132974	133658	133661	133804		
玄海灘	132508							
穴居	129008	131912						
穴居生活	131912							
血書	129536	130199						
血淸 血淸所	131539	133608						
狹軌	130504							
脅迫	127679	127794	127798	130659	131324	133919	135345	
協議會	127986 130866 134254 135897	128072 131220 134779	128075 131601 135061	128333 132307 135303	129240 133030 135356	129293 133470 135414	130166 133962 135429	130469 134028 135496	130793 134179 135820
刑務所	127635 133722	127830 134324	130305 134520	130557 135078	130613 135518	131242	133178	133546	133598
衡平社	128802 135649	128841	128977	129103	132514	132821	133279	133381	134074
惠山 惠山鎭	127439	133741						
惠山線	127439	133740						
戶口	132852							
湖南	127569 134993	127784 135035	128997 135073	131136	133201	134034	134377	134925	134967
湖南線	127784	133201	134925	134967	134993	135035	135073	
戶別稅	133116	135602						
戶別割	132766							
虎病	131394	133222						
虎疫	130860 132428	131803 132853	132004 132891	132027 132924	132054 133276	132094 133373	132097 133569	132246 133748	132295 135914
虎列拉	130371							
豪雨	130716 132192	131241 132921	131355	131418	131767	131882	131981	132122	132163
戶籍	127981	128082	131363					
琿春	130531	132321	135420					
洪水	131105 135587	131138	131241	131296	131417	131747	132515	133072	134219
洪原	134965							
靴	127394	128762	128969	129024	129094	129324	130590	131094	131181

	134284							
和歌	133635							
花嫁	135252							
和歌山	133635							
花柳界	127690	135844						
花柳病	138578							
貨物	127428	128080	128495	129371	130211	130400	131501	131729	133657
	133773	133861						
火事	127339	127582	127620	128227	128303	128529	128590	128677	128684
	129011	129071	129073	129075	129109	129165	129207	129541	129572
	129670	129692	129956	130329	130338	131077	131485	132075	132097
	133859	133875	133876	134121	134207	134293	134667	134920	135098
	135302	135386	135458	135475	135514	135792			
火藥	130026	130147	135749						
火葬	128307	132402	133385	135015	135372				
火葬場	128307	132402	135372						
火災	127278	127306	129075	130119	130529	130561	130884	131736	134245
	134809	135070						
火災保險 火保	129574	130020							
火田	128287	129598	130863	135370	135834				
火田民	128287	129598	135834						
和布	128091								
和解	127829	129726							
歡迎會	129229	132436	132764						
活劇	135399								
活氣	127351	127743	129146	129319					
活動寫眞	128163	130557	130601	131105	132790	135361			
活寫	127999	128166	128202	128240	128272	128324	128363	128401	128437
	128475	128537	128600	128630	128631	128655	128732	128776	128821
	128927	128988	129034	129125	129152	129173	129190	129553	129578
	129589	129624	129655	129704	129892	129933	129968	130237	132492
	132989	133236	133847	134008	134747	134783	134821	134836	135003
	135005	135274	135940						
活寫會	128166	128202	128240	128272	128324	128363	128401	128437	128475
	128537	128600	128631	128655	128732	128776	128821	128988	129034
	129125	129152	129173	129190	129553	129578	129589	129624	129655
	129704	129892	129933	129968	132492	133236	133847	134783	134821
	135005								
活牛	127324	127867	133903						
黃金	127463	127651	129801	130716	130774	131660	133407	135778	
黃金館	127463	127651	135778						

皇室	135959							
皇帝	129160	129163						
黃海	127357	127437	127986	128368	128677	128835	129113	130279	130297
	130686	131168	131244	131284	131467	131704	131760	132905	132940
	133524	134472	134990	135228	135233				
黃海道	127357	127437	127986	128368	128677	128835	130297	130686	131168
	131244	131284	131705	131761	132906	132941	134473	134991	135229
	135234								
皇后	129870	135697							
繪	128131	128660	128875	135044					
會見	127977	131110	132555	134189					
會計	129076	129614	133223	133245	133311	133931	134140	134359	134396
會寧	128364	131235	131616	134369	135484	135808			
會豐	127804	128364	129706	131235	131616	134369	135484	135808	
栃木	132998	133143	133256	135768					
會社銀行	127296	127322	127358	127446	127569	127721	127847	128130	128436
	128790	129216	129241	129519	129575	129706	129758	129833	129906
	130057	130119	130149	130185	130445	130486	130650	130678	130746
	130853	130884	130958	131031	131259	131269	131288	131381	131388
	131521	131577	131736	133047	135942				
繪葉書	135044								
會議所	127663	128259	128484	129791	130555	132139	133208	133327	133463
	133885	134102	134364	134637	134956	135754			
橫斷航路	129998								
橫領	127794	127985	128056	129423	130098	130373	130597	131751	132030
	132101	132830	133223	133245	133446	133480	133879	133945	134246
	134356	135030							
橫濱	133419								
橫須賀	131481								
孝昌園	135806								
涸渴	130493								
後援	131036	131065	131152	133703	134809	135269			
侯爵	130421	131669	133910						
訓導	128850	132686	133256						
訓練所	132595	135770							
訓練院	130200	133487	133701	134178					
訓令	129837								
訓示	130751	130891	131028	131140	133546				
薨去	129105	129128	129197	129605					
彙報	129673	130132							
徽章	127453	129783	130036	131714	132876	133308	135297		

休憩所	135734						
休業	128891	129106	129127	129593	130200	131245	132749
休學	127831						
兇漢	127828	128580	129954				

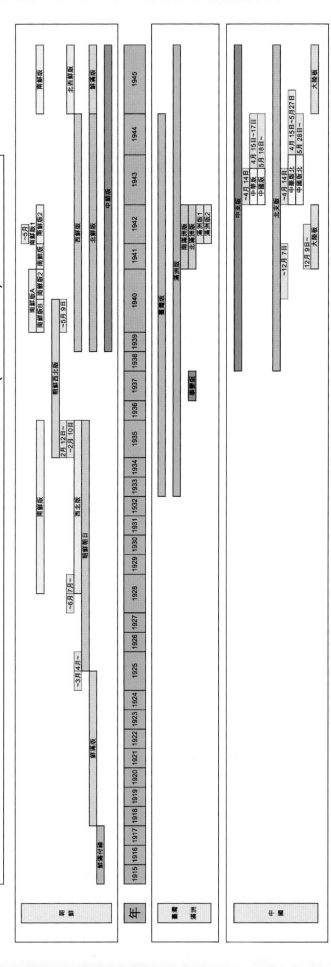

朝日新聞 外地版 세분화 그래프

翰林大學校 日本學研究所 日本學圖書館所藏

大正4年~昭和10年(1915~1945)

* 작성 : 김서연 (일본학연구소 연구보조원)

한림일본학자료총서 아사히신문 외지판 10

아사히신문
외지판(조선판)
기사명 색인_제5권

초판인쇄 2020년 3월 31일
초판발행 2020년 3월 31일

지은이 한림대학교 일본학연구소
　　　　서정완, 심재현, 고하연, 김건용, 김유진, 박상진, 현정훈, 홍세은,
　　　　김채연, 김은경, 안덕희, 안소현, 장덕진
　　　　ⓒ Johngwan Suh 2020 Printed in Korea.
기획 한림대학교 일본학연구소
펴낸이 채종준
펴낸곳 한국학술정보㈜
주소 경기도 파주시 회동길 230(문발동)
전화 031) 908-3181(대표)
팩스 031) 908-3189
홈페이지 http://ebook.kstudy.com
전자우편 출판사업부 publish@kstudy.com
등록 제일산-115호(2000. 6. 19)

ISBN 978-89-268-9970-0 91070

이 책은 한국학술정보㈜와 저작자의 지적 재산으로서 무단 전재와 복제를 금합니다.
책에 대한 더 나은 생각, 끊임없는 고민, 독자를 생각하는 마음으로 보다 좋은 책을 만들어갑니다.